高等院校市场营销系列
精品规划教材

SERVICE MARKETING MANAGEMENT

服务营销管理

聚焦服务价值

李巍　编著

机械工业出版社
China Machine Press

图书在版编目（CIP）数据

服务营销管理：聚焦服务价值 / 李巍编著．—北京：机械工业出版社，2019．2
（高等院校市场营销系列精品规划教材）

ISBN 978-7-111-61959-8

I. 服… II. 李… III. 服务营销 – 营销管理 – 高等学校 – 教材 IV. F719.0

中国版本图书馆 CIP 数据核字（2019）第 019793 号

服务经济的崛起在为中国服务型企业的发展以及制造型企业服务化转型带来机遇与挑战的同时，也给企业的服务营销管理提出了新的要求。特别是在大数据、云计算、物联网以及人工智能飞速发展的新技术背景下，服务营销管理正站在“时代的十字路口”。本书紧紧围绕服务价值管理构建整体框架，涵盖绪论以及服务价值识别、创造、传递和维护五个部分。本书较好地吸纳了国内外最新的研究成果及观点，既体现国际视野，又彰显中国实践。

本书适合高等院校市场营销专业和工商管理专业的本科学生、研究生使用，也可作为企业从业人员的参考读物。

出版发行：机械工业出版社（北京市西城区百万庄大街 22 号 邮政编码：100037）

责任编辑：岳小月　　责任校对：殷　虹

印　　刷：北京文昌阁彩色印刷有限责任公司　　版　　次：2019 年 3 月第 1 版第 1 次印刷

开　　本：185mm × 260mm 1/16　　印　　张：25

书　　号：ISBN 978-7-111-61959-8　　定　　价：55.00 元

凡购本书，如有缺页、倒页、脱页，由本社发行部调换

客服热线：（010）68999210 88361066　　投稿热线：（010）88379007

购书热线：（010）68326294 88379649 68995259　　读者信箱：hzjg@hzbook.com

推荐序

中国的改革开放已走过40年历程，而中国经济正步入新阶段。中国经济占世界经济的比重从1978年的1.8%提升到了2017年的14.8%；第三产业在中国经济三大产业中的比重从1978年的24%上升到2017年的51.6%。以服务业为内核的第三产业已成为中国经济增长的新引擎，对社会经济发展的主导作用日渐增强。中华民族40年的励精图治与奋勇革新，使中国迎来"服务经济时代"，这不是偶然的，更不是昙花一现，这是中国社会和经济全球化、市场化、城市化与信息化相互迭加的必然结果。特别是在以信息技术为核心的数字时代，互联网、云计算与人工智能等"技术赋能"为服务经济及服务业的发展带来深远的影响。

在服务业良好发展态势的背后，仍然有许多问题值得关注。例如，服务业吸纳就业的潜力发挥得还不充分，第三产业内部发展水平参差不齐，产业内部分工深化和融合互动不足等。为充分发挥服务业在推进产业结构转型升级、推动经济高速增长上的动力作用，中共中央在"十三五"规划中提出了"开展加快发展现代服务业行动"，并进一步指出要"推动生产性服务业向专业化和价值链高端延伸、生活性服务业向精细和高品质转变，推动制造业由生产型向生产服务型转变"，这些意见为中国现代服务业的发展提供了新思路以及指明了新方向。近日，中共中央政治局会议首次明确提出"推进先进制造业与现代服务业深度融合"，预示着中国的服务经济及服务业的发展将翻开新的篇章。

服务业正在发生的诸多变化，对服务运营及管理的主体理论和实践提出了新的要求。如果说早期服务业发展依赖的是出口导向的政策红利、加工贸易的技术溢出效应，那么当前及未来的服务业必须向优化服务品质、提高企业运营水平、挖掘多样化服务需求进行转变。这些转变的实现，既需要科学的理论指导，又需要实践的经验总结，更需要专业领域的人力资本，进而为中国服务营销学科的理论研究和教育实践带来了新的挑战。令人欣喜的是，越来越多的高校开设服务营销及管理相关课程，为培养服务营销管理人才做出了卓有成效的贡献；服务营销及管理相关教材的百花齐放，不断丰富着这门学科的专业教育资源，也确保了服务营销学科专业的与时俱进。

李巍博士撰写的这本《服务营销管理》融合了他的专业思考、教学经验以及实践经历，联结了服务营销研究领域的传统理论与最新观点，吸收了国内外服务营销学者的经典思想。本书紧密围绕服务价值的管理活动构建整体框架，并结合知识的掌握及扩散规律，辅之以“服务洞察”“服务技能”“服务案例”三个知识专栏，从技能训练、视野拓展、决策感知等方面全方位构建服务营销管理的知识体系。本书既涵盖了全球知名服务营销专家的前沿理论，又汇聚了丰富的服务营销管理案例；既有经典的理论知识体系，又有服务技能的培育方法，并配以大量相关知识的阅读材料，辅助读者扩充背景知识，使本书尽可能实现创新性、教学性、启发性、趣味性的多重统一。

作为李巍博士的导师，我非常欣慰地看到这本服务营销管理教材的出版，这是他在南开大学商学院所学所感的继承与延伸，体现着一位青年才俊对商科教学与科研事业的执着追求，以及对服务营销管理的持续思考。对年轻的大学教师而言，应孜孜以求地吸收中西方前沿思想，融合多学科视角，认识真理，无惧不惑；将所感所闻化为传道的理性之光，将所学所思化为解惑的教学之源，传播科学思想，献身教育事业。热切期望越来越多的年轻人才投身于中国服务营销管理的研究及实践，孕育更多有价值的读物以飨莘莘学子。

许晖

南开大学商学院教授、博士生导师

南开大学服务管理研究中心主任

美国富布莱特项目高级访问学者

2019 年 1 月于南开园

PREFACE

前　言

从产业演进规律来看，“服务经济”是国家现代化和经济高级化的重要标志之一。目前，服务业已成为中国国民经济第一大产业，是国民经济发展的“稳定器”和“助推器”，并在实现经济“稳中有进、稳中向好”中发挥着积极作用。毫无疑问，中国经济正在步入服务经济时代。服务经济的崛起在为中国服务型企业的发展以及制造型企业向服务化转型带来机遇与挑战的同时，也给企业的服务营销管理提出了新的要求。无论是生产性服务业，还是消费性服务业，服务消费的特征及档次正在发生革新性变化。特别是在大数据、云计算、物联网以及人工智能飞速发展的新技术背景下，服务营销管理正站在“时代的十字路口”。

早在2009年，我在南开大学商学院攻读博士学位期间，便开始系统接触服务营销的相关理论与实践，并参与我的博士生导师许晖教授所著的系列教材的编写工作。随后近10年的专业教学与研究，让我对服务营销管理有了更多新的认识与理解，并一直试图将这些点滴的想法用更加规范的方式系统地展现出来。2017年9月在加拿大不列颠哥伦比亚大学（UBC）开始的研修生活，让我有更多的时间思考和总结，并着手开始本书的撰写工作。UBC尚德（Sauder）商学院图书馆丰富的资料，使本书更好地吸纳了国外最新的研究成果及观点，既体现国际视野，又彰显中国实践。在南开大学的学习生涯以及在UBC的访问学者经历，将成为我专业生涯中浓墨重彩的一笔。

本书紧密围绕服务价值管理构建整体框架，涵盖绪论、服务价值识别、创造、传递和维护五篇，共计14章内容。在每章的基本知识以外，本书还设置了“服务洞察”“服务技能”和“服务案例”三大专栏，从技能训练、视野拓展和决策感知等方面对本书所讲授知识进行扩展、呼应和补充。“传授知识、拓展视野、建构思维”是我课堂教学的一贯准则，也是本书希望为此做出的积极努力。需要特别说明的是，本书的撰写借鉴和引用了约亨·沃茨（Jochen Wirtz）、克里斯托弗·洛夫洛克（Christopher Lovelock）、瓦拉瑞尔·泽丝曼尔（Valarie Zeithaml）、玛丽·比特纳（Mary Bitner）、克里斯廷·格罗鲁斯（Christian Grönroos）等全球知名服务营销学家，以及郭国庆、张金成、许晖、王永贵、韦福祥、范秀成等中国服务营销学领域著名教授的经典理论与最新观点。

同时，来自中国服务营销管理实践领域的智慧启迪也让我受益良多：金科物业服务集团总经理罗传嵩先生、广州金夫人婚纱艺术摄影有限公司总经理阎顺山先生、绿城物业服务有限公司重庆分公司副总经理李红军先生、立信（重庆）市场研究股份有限公司总经理张鸿翔先生、重庆兰博中物企业管理咨询有限公司总经理董兰女士……与他们的观点交流或案例研讨，让我感受到服务营销管理领域的前沿思想与创新实践。在此，向那些为中国服务营销管理实践辛勤付出的企业家致以最诚挚的敬意。同时，还要感谢重庆理工大学物业管理 MBA 项目一至五期以及创业投资 MBA 项目一、二期全体学员，在与你们的课堂互动与课后交流中，我对当前服务业及服务营销管理有了更多新的认识和见解。

虽然我承担了本书的全部撰写工作，但仍可将本书视为集体创作的结果。重庆理工大学管理学院硕士研究生杨雪程、冯珠珠、谈丽艳三位同学在案例资料收集及整理、英文材料翻译等方面付出了辛苦努力。作为志同道合的研究伙伴，重庆理工大学管理学院副教授黄磊博士给予了我有益的意见和热切的鼓励。同时，为了将价值共创进行到底，重庆理工大学工商管理和市场营销专业的陈妍伶、廖俊博、李曼、张妍、赵宇五位高年级本科同学也全程参与了本书的构思和初稿的校订，并从读者角度提出诸多有益建议。因此，我要向这个精于协作、乐于奉献、充满战斗力的团队表达谢意。

此外，感谢机械工业出版社华章公司对本书的认可，以及在本书编辑过程中的专业付出。本书的撰写及出版还得到重庆市特色专业建设计划、重庆市研究生优质课程建设项目，以及重庆理工大学规划教材出版基金的资助，在此一并致谢。最后，也是最重要的，感谢我的家人在本书撰写过程中给予的充分的理解和默默的支持，没有他们的分担和付出，本书不会如此顺利地完成。

本书的读者对象是商科的高年级本科学生、MBA 和 EMBA 学员，以及致力于提升服务营销管理水平的企业各级管理者。服务营销管理兼具高度的时代性、实践性和理论性，因而在本书撰写过程中，借鉴和引用了大量最新的高水平专业教材和研究论文。需要特别说明的是，本书已经尽可能完整和准确地罗列了所有参考资料，但仍难免疏漏，在此对可能忽略的作者表示歉意。因水平有限，本书难免存在欠缺与不妥之处，恳请同行专家及广大读者批评指正。

李巍

2019 年 1 月

目　录

第二篇　服务价值识别篇

第三篇 服务价值创造篇

第四篇　服务价值传递篇

第五篇　服务价值维护篇

PART 1

第一篇

绪论篇

第一章
服务经济、服务业与服务

本章提要

服务经济是后工业社会以知识、技术、信息等智力要素作为经济增长核心动力的新型经济形态。在服务经济时代，服务业是国民经济的主导产业和经济社会发展的重要推动力，服务业的发展和制造业的服务转型是服务经济的关键特征。服务是有别于一般商品的系列行为、活动或过程，具有独特性。由于服务的内容和形式多种多样，依据不同分类标准，服务可被划分为不同类型。

学习目标

- 认识服务经济的内涵与特征
- 掌握互联网时代服务经济发展的特点
- 掌握服务业的基本分类与发展趋势
- 了解服务的含义及主要类型
- 了解服务的基本特性

引导案例

中国正迈入服务经济时代

工业经济进入到后期了，接下来是什么经济？很多的回答是升级版工业经济：工业 2.0、工业 3.0、工业 4.0……工业 N.0。初步工业化之后，继续更新换代当然没有错，不过这并没有直接回答开篇的问题。即使是工业 N.0，那么工业升级的方向又是什么？根本的答案只有一个，那就是服务经济。

服务经济时代的到来，首先表现为服务部门在工业化经济中的作用不断增长，主要是用服务业，或者说第三产业，在整体经济产出中的比重来衡量。截至目前，第三产业对我国 GDP 增长的贡献和拉动在同期已经达到 58.9%，6.9% 的 GDP 增速中，4.1% 是由服务业拉动的。服务业对经济增长的贡献度从 2010 年第四季度的不足 4 成，上升到如今的接近 6 成。从宏观角度不难看出，服务经济已经日益成为发展的大方向。

其次，服务经济的兴起表现为产品提供中服务重要性的增加，也被称为产品的服务化。“互联网+”国家战略正是产业服务化最好的例子，因为互联网、TMT（电信、媒体和科技）本身就是服务业。代表中国经济活力与发展方向的已不再是钢铁、汽车等制造业，而是以BAT为代表的互联网服务企业。同时，不少领先的制造型企业正在进行服务化转型。例如，华为致力于成为“全球领先的信息与通信解决方案供应商，为电信运营商、企业和消费者等提供有竞争力的端到端ICT（信息和通信技术）解决方案和服务”，它所提供的产品不仅仅局限于通信设备，而是一套完整的解决方案和相关服务，硬件设备只是服务的载体。

服务经济时代，经济增长的引擎由投资切换为消费。服务业的轻资产特性使得投资对服务业产能的拉动十分有限，而提供满足消费者需求的产品，通过消费端的刺激才能拉动经济增长。例如，票房逾14亿元的《夏洛特烦恼》，其投资成本仅2 100余万元。此外，服务经济属于典型的环境友好型产业，相对于工业更加节能环保。据统计，我国第二产业的能耗为2.03吨标准煤/万元，第三产业的能耗为0.48吨标准煤/万元。此外，服务业如碳金融及相关服务、环保运营服务等，也能减少工业企业的污染物排放。

随着中国迈向服务经济时代，宏观经济结构将发生质的变化。创造性毁灭的过程是痛苦的，但前途是光明的。认清方向，更新观念。决策者与监管者将在完善政策、维护市场、鼓励服务经济发展中发挥更大作用。众多优质的服务型企业、服务化的企业，也会迎来属于自己的黄金时代。

资料来源：根据“付立春.中国正迈入服务经济时代[N].证券日报，2015-10-31”相关内容改编。

服务经济是伴随生产力高度发达，在工业社会中后期出现的以服务业为主导，同时使国民经济整体服务化的高级社会经济形态。服务经济社会的突出表现为，以掌握知识、技术、信息的人力资本要素作为经济增长的核心动力。服务业的发展是服务经济兴起的必要前提和本质要求，但服务经济不仅表现为服务业的发展，还表现在服务业推动农业、工业的服务化转型。中国快速崛起的服务经济，以及蓬勃发展的服务业，为服务营销管理的兴起和发展提供了重要的社会经济和产业背景，也为服务营销管理带来了更大挑战。

第一节　服务经济时代崛起

一、服务经济的概念内涵

美国经济学家维克托·福克斯（Victor Fuchs）1968年在《服务经济学》一书中率先提出“服务经济”概念，认为“服务业增加值占比50%以上、服务业就业占比50%以上的经济形态是服务经济”，并指出美国在西方发达国家中率先进入了服务经济社会。此后，美国社会学家丹尼尔·贝尔（Daniel Bell）的“后工业社会”，以及诺贝尔经济学奖得主西蒙·库兹涅茨（Simon Kuznets）的“工业服务化”等理论观点，均强调现代社会经济开始朝着服务经济转型的历史趋势。

20世纪90年代，服务经济的概念开始进入中国。随着中国社会经济的迅速发展，服务经济逐步在国民经济发展中占据重要地位，因而得到广泛重视。国务院《关于加快发展服务业的若干意见》中强调，有条件的大中城市形成以服务经济为主的产业结构，服务业增加值增长速度超过国内生产总值和第二产业增长速度；提出到2020年，基本实现经济结构向以服务经济为主的转变，服务业增加值占国内生产总值的比重超过50%的发展目标。

虽然关于服务经济的实践探索和理论研究已逾半个世纪，但时至今日，理论界对服务经济的概念并未形成较为一致的界定。目前，比较主流的服务经济定义方式主要有三种：一是从服务业的规模角度进行定义，即服务业在GDP中的占比和在就业中的占比均超过50%，就可以称为服务经济；二是从经济形态的属性角度进行定义，即服务经济是与农业经济、工业经济相比，存在特殊属性的经济形态；三是从社会经济的发展阶段角度进行定义，即在农业经济、工业经济顺序发展后的经济发展阶段被称为服务经济。此外，维基百科将服务经济定义为：从宏观来看，服务业比重在整个经济体中占据主导地位；从微观来看，在企业生产增值链条中服务业贡献率越来越高，许多产品越来越向服务转型。当这两种现象出现一种或者同时出现时，该经济体便是服务经济。

综上所述，本书认为，**服务经济（service economy）是以知识、信息、智力等要素的生产、扩散及应用为关键推动力，以法律法规及市场经济为制度基石，以人力资本及科学技术投入为核心生产方式，将服务产品生产及配置作为经济社会发展基础的经济形态。**

自20世纪60年代以来，世界主要发达国家的经济重心开始向服务业转变，产业形态呈现由工业型经济向服务型经济转型的发展趋势。因而，全球服务业迅猛发展，服务业产值在国民经济结构中的比重不断攀升，逐渐成为欧美发达国家的主导产业。与发达国家相比，我国社会经济发展起步较晚，服务经济发展相对比较滞后。但是，在我国经济结构转型日益加快背景下，服务业正保持着持续增长的趋势。根据国家统计局数据，2017年，中国服务业增加值占GDP的比重为51.6%，对国民经济增长的贡献率为58.8%。可见，随着中国各级政府坚持新的发展理念，大力实施创新驱动发展战略，同时推进以供给侧结构性改革为主线的产业结构转型升级，使服务业保持着较快发展，规模持续扩大，已成为中国国民经济第一大产业，是推动经济发展的主动力。

服务洞察

服务经济思想演进的主要阶段

服务经济思想史研究对服务经济思想划段的观点不完全相同。根据法国学者让－克洛德·德劳内（Jean-Claude Delaunay）和让·盖雷（(Jean Gadrey）的研究观点，经济思想史中对服务议题的探讨可以分为以下四个主要阶段。

（一）质疑服务时期（18世纪晚期～19世纪中期）

在质疑服务时期，以亚当·斯密（Adam Smith）和马克思（Karl Marx）的观点最为典型。前者是古典经济学家中，在服务经济思想史中具有开拓性影响的学者。亚当·斯密将经济行为划分为生产性与非生产性两类，并将服务归于后一类。他认为，只有实物性的产出具有耐久性，能够保留下去随时取用，才是可积累的财富，而服务作为非实物性的产出随产随用，不能积累，因而对财富和增长的意义有限。

马克思并没有专门的服务业理论，只是在讨论其他问题时附带涉及了服务业。他认为，服务业存在"低效率"问题。服务业作为商业部门，劳动分工并不是依据机械化过程，而是依据它们活动的专门化。商业企业数量的相对增长是因为服务活动不容易实现机械化，因此没有规模效益。

（二）服务泛在时期（19世纪50年代～20世纪20年代中期）

服务泛在时期的理论观点可以用"一切皆生产、一切皆服务"（All is productive, all is service）进行概括。这一时期对服务经济理论发展有重要贡献的两位经济学家是弗雷德里克·巴斯蒂亚（Frederic Bastiat）和克莱芒·卡尔松（Clément Colson）。两位学者的立场相近，弗雷德里克·巴斯蒂亚的理论核心是，资本主义条件下的经济关系都是交换服务的关系；克莱芒·卡尔松的观点则是，人类的每一项活动都是服务，物质生产本身也是提供服务。

（三）第三产业时期（20世纪20年代中期～60年代中期）

这个时期将经济部门划分为第一、二、三次产业，并探讨专业化服务提供和第三产业的发展对经济社会结构变化的影响。三次产业概念和测量方法的形成要归功于许多学者的贡献。代表性的学者有阿伦·费希尔（Allan Fisher）、科林·克拉克（Colin Clark）和让·福拉斯蒂埃（Jean Fourastié），三人对经济活动宽口径的分类方法相似，都强调第三产业对经济社会发展的若干重要性。三次产业的概念为此后描述经济发展历史变化和阶段特征提供了主要分析框架。

（四）服务经济时期（20世纪60年代中期至今）

维克托·福克斯，现代服务经济理论的重要开拓者，他的专著《服务经济学》（*The Service Economy*）已经成为服务经济研究的经典之作。该书第一次明确地将服务经济作为研究对象。美国社会学家丹尼尔·贝尔在《后工业社会的来临》（*The Coming of Post-Industrial Society*）一书中对美国社会的未来转型进行了观察和预测，并提出"美国已经进入后工业社会，即以第三产业为主导的社会"。

资料来源：根据相关资料整理。

二、服务经济的本质特征

根据世界银行数据，目前中上等收入国家服务业比重为57%，高收入国家服务业比重为74%，个别国家或地区已接近80%。可见，世界经济已经开始步入服务经济时代。服务经济作为后工业化阶段的新经济形态，具有与传统农业经济、工业经济不同的本质特征。

（一）产业结构服务化

产业结构服务化是指服务活动逐渐成为产业活动的主导方式，服务业取代农业和工业成为国民经济的主导产业，同时农业和工业的发展也日益呈现服务化趋势。产业结构服务化首先表现为服务业的中心化。科学技术持续进步、市场竞争日益加剧，以及消费需求逐步升级，不仅催生了大量的服务型企业，使服务业增加值在国民经济中的比重不断提升，以至于超过农业和工业的增加值总和，还使服务互动逐渐与农业和工业生产过程进行融合，使农业和工业的有形产品凝聚着越来越丰富的无形服务价值。

从发达国家产业演进的历程看，服务业从工业化初期在三大产业中比重最小，到在工业化中期比重逐步提高，再到工业化后期快速提高并最终稳定在70%以上。同时，围绕农业生产的技术咨询、田间管理、农产品销售等服务活动，围绕工业生产的设计研发、营销咨询以及金融保险等服务活动，逐渐与工农业产品生产和消费融为一体，甚至将工农业产品视为满足特定服务需求的物质载体，从而使工农业产品与服务业产品的边界日益模糊。

产业结构服务化的另一重要表现是就业结构服务化。从宏观层面看，服务业成为吸纳就业数量最多、占比最高的产业门类。从人类社会经济发展过程看，不同收入国家的服务业就业比重都呈现出上升趋势。以美国为例，服务业就业比重在1950年达到50.8%，此后总体呈现不断增加趋势，而同期工业和农业的就业比重持续下降。到2009年，美国三大产业就业比重中，服务业为85%、工业为14.1%、农业不到1%。从微观层面看，企业中直接从事有形产品生产的员工比例越来越小，从事产前、产中、产后各种服务的员工比重越来越大。尤其是高科技企业，从事生产性服务的员工数量甚至超过直接从事产品生产的员工数量。

（二）中间投入服务化

中间投入服务化是指国民经济总体及各类企业发展中，服务性投入（主要是生产型服务投入）快速增长进而取代物质性投入成为中间投入的主体，人力资本、科学技术等要素逐渐成为推动经济发展的核心动力。需要注意的是，国民经济核算体系所列的生产型服务投入是指已经外部化和市场化的服务业对各类企业的投入，而不是企业内部自我提供的服务活动。

随着社会分工的持续深化、生产专业化程度的不断加深，以及差异化竞争逐步取代同质化竞争成为市场竞争的优先形式，生产性服务业获得快速增长。生产性服务业并不直接向最终消费者提供服务产品，而是为保持工业生产过程的连续性，推动促进工业技术进步与产业升级，提高生产效率而进行的系列支持与保障服务活动。在企业经营活动中，成本节约与盈利增加的潜力由生产制造环节逐渐转向产前、产中、产后的服务环节，经营重心转向关注核心技术，应对不确定需求和个性化需求，共同促进了生产性服务的外部化，形成独立行业并得到长足发展。

同时，由整个社会经济、科学技术和资源环境等多种因素共同作用引发的新需求也促使生产型服务快速发展，服务性投入占中间投入的比重日益提高。统计数据显示，2015 年第一、二、三产业的服务投入率美国为 19.7%、26.5% 和 32.6%，英国为 14.7%、18.9% 和 36.3%，而中国仅为 9.7%、12.4% 和 27.3%。如果把企业内部自我提供的服务活动也纳入中间投入范畴，在率先进入服务经济社会的发达国家中，中间投入服务化特征就更为突出。

（三）价值创造服务化

价值创造服务化，是指经济产出的核心价值构成，从有形的产品价值为主向无形的服务价值为主进行转变。在市场经济与现代化生产中，因产业分工日趋细化和市场竞争不断加剧，制造环节逐渐趋于价值链的低端，对企业利润的贡献水平越来越低；产前的创意构思与设计研发，产中的流程管理与供应链管理，产后的营销规划与售后服务等越来越趋于价值链高端，并日益成为企业竞争优势和高水平绩效的主要源泉。

价值创造服务化主要表现在两方面：在宏观经济层面，生产性服务业增加值占服务业乃至 GDP 比重日益提高。统计数据显示，英国生产性服务业增加值占 GDP 比重，从 1992 年的 19% 上升到 2002 年的 26%，美国 1998～2003 年均保持在 25% 以上。在微观经营层面，服务活动（如产品研发、流程管理及市场营销等活动）日益成为企业竞争优势构建和经营利润创造的主要环节，处于价值链“微笑曲线”的两端。以 iPhone 手机为例，2010 年每部 iPhone 的利润，以研发设计、品牌营销为主业的苹果公司占 58.5%，塑胶和金属等原材料供应厂商占 21.9%，以零组件生产为主业的中国台湾代工企业仅占 0.5%，中国大陆从事整机组装的企业仅占 1.8%。

服务洞察 1-1

施振荣的产业“微笑曲线”

宏碁集团创办人施振荣先生，在 1992 年为了“再造宏碁”提出了著名的“微笑曲线”（Smiling Curve）概念，用一个类似微笑嘴形开口向上的抛物线形象地描述个人电脑制造流程中各个环节的附加值（见图 1-1）。

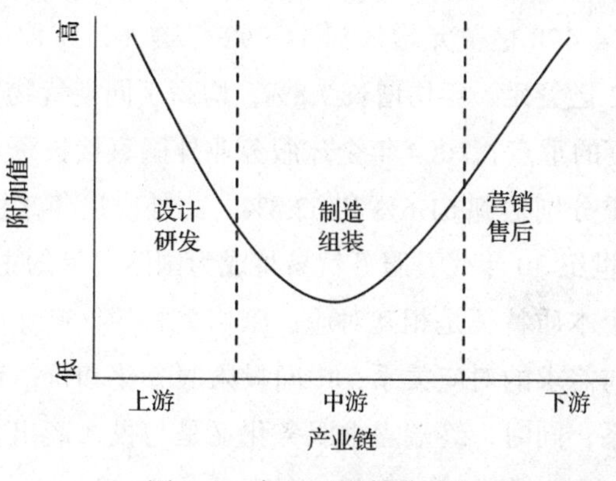

图 1-1　产业“微笑曲线”

在抛物线的左侧，即产业链上游，随着新技术研发的投入，经营活动及产品的附加值呈现逐步上升的趋势；在抛物线的右侧，即产业链下游，随着品牌、销售渠道的建设，企业所获得的附加值也在逐步上升；而作为劳动密集型的中间制造、组装等环节，不仅技术含量低、利润空间小，而且市场竞争激烈，很容易被成本更低的同行所替代，因此成为整个产业链中利润最低的部分。

"微笑曲线"理论强调，制造产生的利润低，而全球制造也已供过于求，但是研发与营销的附加价值高。因此，企业应该朝微笑曲线的两端发展：一方面加强研发创造智慧财产权；另一方面加强顾客导向的营销与服务。

资料来源：根据相关资料整理。

（四）终端需求服务化

终端需求服务化是指服务需求逐步取代实物需求成为社会终端需求的主要构成。终端需求主要包括消费需求、投资需求和出口需求三方面。

（1）在消费需求方面，居民消费结构随着国民收入水平的提高而逐步升级，以吃穿用为主要构成的生存型物质需求比重逐渐降低，以教育、健康、娱乐等为主要内容的发展型和享受型服务需求比重不断增长。同时，物质产品消费在数量上趋于饱和后转向追求质量提升，并日益呈现多元化、个性化趋势，这必然要求在物质产品的需求中派生出系列相关的服务需求。例如，顾客对私家轿车的需求，不仅仅停留在轿车作为交通工具，还将其视为生活体验与个性表达的工具，因而会对轿车品牌、外观设计、维保服务等方面产生更多衍生需求。

（2）在投资需求方面，科学技术持续进步及技术商业化速率不断加快，使信息技术、人力资本等智力资源投入对物质资源投入的优化作用与替代效应不断增强，消费需求服务化引导投资更多地聚集于服务业和服务环节，使投资需求也日益服务化。

（3）在出口需求方面，国内消费需求与和投资需求的服务化，势必导致国际服务贸易活动日益频繁、规模不断扩大，占贸易总额的比重持续提高。数据显示，1980～2013年，全球服务贸易进口总额从4 478亿美元增加到44 992亿美元，年均增长7.2%，出口总额从3 957亿美元增长到47 202亿美元，年均增长7.8%，均高于同期货物贸易增长速度。同时，服务业正成为外国直接投资的重点，2004年全球服务业外国直接投资流量及存量占全球外国直接投资流量及存量的比重分别达到61.6%和62.8%。此外，近年来由服务外包带动的服务贸易快速发展，预计在21世纪30年代，服务贸易将成为国际贸易的主要对象和内容。

服务经济的上述四个本质特征是相互对应、密切关联的。产业结构服务化和终端需求服务化反映服务经济供给与需求的对应关系；中间投入服务化和价值创造服务化则反映服务经济投入与产出的关联关系；同时，终端需求服务化又是与投入产出方面的服务化相互匹配和密切关联的。

三、服务经济发展的关键影响因素

伴随着新兴技术革命和不断加快的全球化进程，服务经济加速发展已成为当今世界经济发展的重要特点。服务经济发展既是人类社会经济形态演变的必然产物，又是社会经济结构调整和技术进步的现实结果，因而受到各类社会经济因素的影响。

（一）国民收入水平

服务经济的形成与发展，与国民收入水平密切相关。一般而言，高收入国家既是经济发达国家，也是率先进入服务经济社会的国家。其原因在于：一方面，经济发展带来的国民收入水平提高，直接推动居民消费水平和习惯的变化，使社会需求结构实现升级；在以生存为主要目的的物质产品需求得到满足以后，以发展和享受为目标的居民健康、继续教育和生活娱乐等服务消费需求显著增加，从而拉动服务业迅速发展，占据国民经济发展主导地位，并促进第一、第二产业的服务化转型。

另一方面，社会经济持续发展与国民收入水平提高的根本动因，并非经济数量规模的简单扩大，而是产业结构由低级向高级的不断演进。产业结构的升级带来经济增长方式与社会生产方式的变革，使经济增长不再简单地依赖物质资源，如自然资源、初级原材料等的持续投入，转向对智力资源，如信息技术、管理方式等服务活动的急迫需求，从而推动服务业，特别是生产性服务业的快速发展。

研究表明，随着国民收入水平提高，服务业比重并不是无限提高的，人均国民收入与服务业增加值比重的相关性呈现不同的阶段性特征：当人均收入达到 2 000～4 000 美元时，服务业比重在 48%～55%，总体趋势是在徘徊波动中缓慢上升，与收入水平呈较明显的正相关性；人均收入达到 4 000～7 000 美元时，服务业比重随人均收入增加而快速提高，由 55% 上升到 70%，与收入水平呈很强的正相关性；人均收入超过 7 000 美元后，服务业比重达到 70% 以上，并逐步趋于稳定，但第一、第二产业的服务化趋势日益明显。

（二）社会分工

服务经济作为产业结构高度专业化的经济新形态，其形成与发展是社会分工不断深化的产物。从人类社会的第三次社会大分工，㊀即商业从农业和手工业中分离出来开始，服务业便成为一个相对独立的产业门类逐渐发展起来。

在农业经济社会，为农业和手工业提供辅助服务的商业交易活动是服务经济的早期胚芽。当人类社会进入工业时代，特别是在工业社会后期阶段，专业化分工水平大幅度提高，不仅产业间分工大大加速，产业内分工也日益深化，从而使各类产业对服务活动的中间需求不断增长，直接促进生产性服务业的快速发展。同时，社会分工的深化会提高劳动生产率，加快

㊀ 弗里德里希·恩格斯（Friedrich Engels）在《家庭、私有制和国家的起源》一书中提出的发生在原始社会后期的三次社会大分工：第一次社会大分工是指原始社会后期农业部落和游牧部落从狩猎、采集者中分离；第二次社会大分工是指手工业与农业之间的分离；第三次社会大分工是指原始社会后期商人阶层的产生。

技术进步，促进国民收入水平快速上升和消费结构升级，从而拉动消费性服务业大发展。生产性和消费性服务业的快速发展，促使服务业成为国民经济支柱产业，服务经济发展占据主导地位，进而引导和促进第一、第二产业日益服务化，社会经济整体形态便由工业经济向服务经济转型。

在经济全球化时代，社会分工由国内分工向国际分工持续深入推进，并从主要基于产业链的社会分工转向主要基于价值链的社会分工，发达国家主要从事高附加值的高端服务和高端制造，发展中国家主要从事较低附加值的低端制造和初级服务。在发达国家主导的经济全球化进程中，发展中国家如何摆脱国际分工地位低下的被动局面，有效发展高端服务业是迫切需要解决的问题。

（三）城市化进程

城市化也称城镇化，是指一个国家或地区在生产力发展、科技进步以及产业结构调整等综合因素推动下，从以农业为主的传统乡村型社会，逐步向以工业和服务业等非农产业为主的现代城市型社会进行转变的历史过程。

城市是伴随商品经济发展和专业化社会分工而形成的非农产业集聚地及各类商品流通交易中心。城市化进程与服务经济发展呈现良性循环的互动过程。一方面，城市化进程会加快服务业发展，并推动农业与工业的服务化转型。在城市化过程中，大规模、高密度的非农产业、企业及人口集聚，大流量、高频度的商品及生产要素交易活动，推动了消费型和生产型服务业的快速发展。另一方面，服务经济发展又反推城市化进程。服务业发展以及农业与工业的服务化转型能够为城市创造更多就业机会，完善城市的软硬件设施，进而吸引更多的人口和生产要素向城市集中，加快城市化进程。

发达国家城市化的历史进程表明，社会经济工业化的中后期正是城市化进程的加速阶段，也是从工业经济向服务经济的转型阶段。根据经济合作与发展组织（OECD）的数据，城市化率每提高一个百分点，服务业增加值比重就会提高 0.321 个百分点。在经济全球化背景下，现代城市特别是国际大都市和大经济中心城市成为服务业广泛聚集的地区，更是引领地区和国家服务经济发展的龙头。

（四）人力资本积累

服务经济是以知识、技术密集型产业为主的，高度知识化、信息化和网络化的经济形态。在服务经济社会，传统的土地、能源、初级原材料以及一般劳动力等生产要素投入的作用已经弱化，而人力资本作为知识、信息和技术等高级生产要素的载体，已经成为推动服务经济发展的核心动力。

最能体现服务经济产业结构特征的是现代生产性服务业和高端消费性服务业，它们都需要高层次、高素质的专业人才。因此，教育是人力资本积累最重要的因素。受教育人口总体规模的增加，以及教育专业化程度的加深，均能够为服务经济发展提供重要的人力资本积累。

统计数据显示，发达国家劳动年龄人口平均受教育年限为12.8年，而我国为9.6年，远低于发达国家平均水平。我国“十三五”规划的主要目标中明确提出：“教育现代化取得重要进展，劳动年龄人口受教育年限明显增加；到2020年，将我国劳动年龄人口平均受教育年限增至10.8年。”

当然，服务经济体系中也存在相当多的劳动密集型服务业，例如，家政服务、餐饮服务等需要数量庞大、价格低廉的一般劳动力。但是，在传统服务行业中，拥有技术专长和专业能力的服务业工作者是推动传统服务迈向高端化和专业化的重要人力资本。

（五）虚拟经济发展

虚拟经济⊖，是指在经济全球化、信息化条件下，以金融系统为主要依托的与金融衍生工具循环运动有关的经济活动。虚拟经济是相对实体经济而言的，是通过金融创新使资本脱离实体经济，是经济虚拟化的必然产物。

金融业是服务业尤其是生产性服务业中最重要、最具代表性的行业之一，对国民经济其他产业和行业具有很强的影响力、渗透力乃至控制力，是社会再生产正常循环、持续进行的大动脉。虚拟经济是金融创新的重要成果，对提高金融效率、强化金融业在整个国民经济中的地位和作用具有重要作用，也是加快服务业发展，促进农业和工业经济服务化转型的强力催化剂。一般而言，服务业竞争力强、服务经济成熟的发达国家，都是金融业和虚拟经济比较发达的国家。因此，虚拟经济发展水平对服务经济发展具有重要的影响作用。

当然，如果虚拟经济背离为实体经济服务的基本宗旨而过度膨胀、虚假繁荣，金融创新成为不负责任、不受监管约束的投机冒险，就会造成严重的灾难性后果。日本泡沫经济的破裂、美国次贷危机引发的国际金融危机就是典型案例。虚拟经济恶性膨胀，表面上可制造服务经济暂时性的虚假繁荣，但实质上会对服务经济发展带来严重损害。

第二节　服务业与服务转型

一、服务业的分类

服务业（service industry）又称第三产业，是国民经济中除了第一产业（农业、林业、畜牧业和渔业）、第二产业（采矿业、制造业、建筑业、电力、热力、燃气及水生产和供应业）以外的产业。事实上，根据我国最新的《三次产业分类标准》，服务业不仅包括传统意义上的第三产业，还包括第一、第二产业中的一系列辅助性活动（见表1-1）。

⊖ “虚拟经济”作为20世纪90年代出现的经济学新词汇，由于翻译缘故形成三类基本范畴：一是与证券、期货、期权等虚拟资本交易有关的经济活动（fictitious economy）；二是以信息技术为工具所进行的经济活动（virtual economy），也被称为数字经济或网络经济；三是用计算机模拟的可视化经济活动（visual economy）。

表 1-1 我国三次产业的划分

产业分类	产业门类及名称
第一产业	农业、林业、畜牧业、渔业
第二产业	采矿业、制造业、建筑业、电力、热力、燃气及水生产和供应业
第三产业	批发和零售业，交通运输、仓储和邮政业，住宿和餐饮业，信息传输、软件和信息技术服务业，金融业，房地产业，租赁和商务服务业，科学研究和技术服务业，水利、环境和公共设施管理业，居民服务、修理和其他服务业，教育，卫生和社会工作，文化、体育和娱乐业，公共管理、社会保障和社会组织，国际组织

资料来源：根据《国民经济行业分类》(GB/T 4754—2017）整理。

最新的三次产业划分表明，服务业已经成为涉及范围最广的产业，它不仅包括诸如餐饮业、零售业等传统服务业，也包括金融业、电信业等新兴服务行业。根据世界贸易组织（WTO）统计和信息系统局制定的分类表，服务业涵盖 11 大类 150 多个分项。依据不同的分类标准，服务业被划分为不同类型。目前，服务业的主要分类方法有以下两种。

（一）依据产生时间顺序的服务业分类

依据服务业中各行业门类产生的时间顺序，服务业分为传统服务业和现代服务业（见表 1-2）。传统服务业是指在农业社会、工业社会初期就已经普遍存在的服务业，其主体行业门类包括运输业、餐饮业、邮电业等；现代服务业是指在工业社会后期开始产生的新兴服务行业门类，如金融保险业、信息传输和计算机软件业、科研技术服务业、文化体育和娱乐业、房地产业及居民社区服务业等。

表 1-2 传统服务业与现代服务业的分类

一级分类	二级分类	三级分类	四级分类
传统服务业	传统服务业（第一类）	批发、零售业 住宿、餐饮业 交通运输、仓储、邮政业 租赁业 居民服务业	批发、零售业 住宿、餐饮业 铁路运输、道路运输、城市公共交通、水上运输、航空运输、管道运输、装卸搬运和其他运输服务 机械设备租赁、文化及日用品出租 家庭服务、美容保健服务、婚姻服务、修理与维护、清洁服务等
现代服务业	成熟型服务业（第二类）	金融业 房地产业 电信业	银行、证券、保险 房地产 电信、广播电视传播视播服务、卫星传输服务
	基于信息技术的新兴服务业（第三类）	计算机服务、软件业 商务服务业	计算机服务、软件 企业管理服务、法律服务、广告、咨询与调查、知识产权服务、职业中介服务、市场管理、旅行社
		科研、技术服务	研究与试验发展、专业技术服务、科技交流和推广服务业、地质勘查
	提高科学文化素质的服务业（第四类）	教育 卫生、社会保障业、福利业 文化、体育、娱乐业	教育 卫生、社会保障业、社会福利 新闻出版、文化艺术、会展、体育、广播、电视、电影和音像、娱乐业

资料来源：梁新弘．服务营销 [M]. 北京：中国人民大学出版社，2014: 06.

现代服务业的产生本质上反映社会进步、经济发展，以及专业化社会分工等需求，具有智力要素集聚程度高、产出附加值高、资源消耗低、环境污染水平低等特点。现代服务业既包括新兴服务业，也包括对传统服务业的技术改造与升级，其本质是服务业的技术化和专业化。

（二）依据服务需求对象的服务业分类

美国经济学家哈里·格林菲尔德（Harry Greenfield）在1966年研究服务业及其分类时，根据服务需求对象性质的不同，提出生产性服务业和消费性服务业概念。**生产性服务业（producer services）是指为生产、商务活动和政府管理提供的服务，它不直接参与生产或物质转化，但又是任何生产环节中不可缺少的活动。**从本质上讲，生产性服务业是中间服务部门，服务对象是其他企业或组织，而不是个人。简而言之，生产性服务业是在产品生产和服务提供过程中，作为中间投入的服务的部门和行业。

相对于生产性服务业而言，**消费性服务业（consumer services）也称生活性服务业，是指生产消费者用于生活消费的服务产品的行业，即市场化的最终消费服务，它涵盖满足居民最终消费需求的所有服务活动。**生产性服务业和消费性服务业具体的行业门类如表1-3所示。

表1-3　生产性服务业与消费性服务业的分类

服务分类	大　类	中　类
生产性服务业	1. 研发设计与其他技术服务	研发与设计服务、科技成果转化服务、知识产权及相关法律服务、检验检测认证标准计量服务、生产性专业技术服务
	2. 货物运输、仓储和邮政快递服务	货物运输服务、货物运输辅助服务、仓储服务、搬运、包装和代理服务、国家邮政和快递服务
	3. 信息服务	信息传输服务、信息技术服务、电子商务支持服务
	4. 金融服务	货币金融服务、资本市场服务、生产性保险服务、其他生产性金融服务
	5. 节能与环保服务	节能服务、环境与污染治理服务、回收与利用服务
	6. 生产性租赁服务	融资租赁服务、实物租赁服务
	7. 商务服务	企业管理与法律服务、其他生产性商务服务
	8. 人力资源管理与培训服务	人力资源管理、职业教育和培训
	9. 批发经纪代理服务	产品批发服务、贸易经纪代理服务
	10. 生产性支持服务	农林牧渔服务、开采辅助服务、为生产人员提供的支助服务、机械设备修理和售后服务、生产性保洁服务
消费性服务业	1. 居民和家庭服务	居民服务、居民用品及设备修理服务、其他居民和家庭服务
	2. 健康服务	卫生服务、其他健康服务
	3. 养老服务	提供住宿的养老服务、不提供住宿的养老服务、其他养老服务
	4. 旅游游览和娱乐服务	旅游游览服务、旅游娱乐服务、旅游综合服务

（续）

服务分类	大　类	中　类
消费性服务业	5. 体育服务	体育管理服务、体育竞赛表演活动、电子竞技体育活动、体育健身休闲服务、其他健身休闲活动、体育场地设施服务、其他体育服务
	6. 文化服务	新闻出版服务、广播影视服务、广播电视传输服务、文化艺术服务、数字文化服务、其他文化服务
	7. 居民零售和互联网销售服务	居民零售服务、互联网销售服务
	8. 居民出行服务	居民远途出行服务、居民城市出行服务
	9. 住宿餐饮服务	住宿服务、餐饮服务
	10. 教育培训服务	正规教育服务、培训服务、其他教育服务
	11. 居民住房服务	居民房地产经营开发服务、居民物业管理服务、房屋中介服务、房屋租赁服务、长期公寓租赁服务、其他居民住房服务
	12. 其他生活服务	居民法律服务、居民金融服务、居民电信服务、居民互联网服务、物流快递服务、市场管理服务、文化及日用品出租服务、其他未列明生活服务

资料来源：根据国家统计局网站相关文件整理。

二、服务业发展带来的影响

在服务经济时代，服务业已经成为国民经济的主导产业和经济社会发展的重要推动力量，而这一趋势在未来几十年内还将得到进一步强化。服务业的发展推动了技术和管理现代化进程，重塑了现代市场经济竞争模式，以及人们的生活与工作方式。服务业的发展对社会经济产生的重大影响主要表现在以下几个方面。

（一）生产消费个性化

在工业经济社会，以流水线、机械化生产为特征的大规模制造，使众多技术产品（如家用轿车、电视机、个人电脑及手机）等快速得到普及，深入社会经济生活的各个角落。但是，随着科学技术的不断进步以及服务观念的深入人心，个性化观念开始对生产和消费活动产生重大影响。

在服务经济社会，以大数据、云计算和物联网等新兴技术为支撑，生产与消费活动的个性化特征越发明显。一方面，新兴技术的应用，能够帮助企业有效地识别和响应个性化市场需求。例如，智能预订系统、模块化生产及组合，以及数字 DIY 技术，能够实现产品大规模定制和个性化生产，从而满足消费者的差异化需求。另一方面，智能产品解决方案的普及，能够帮助消费者快速地搜寻和购买个性化的产品和服务。例如，智能电视系统能够让消费者享受定制化的电视及电影服务，以 App 为平台技术的外卖服务能够让消费者在家随时享用自己钟爱的美食。

（二）组织管理信息化

在服务经济社会，先进的科学技术在改变人们生活和工作方式的同时，也革新了组织管理的方式。随着信息化和专业化程度加深，以管理咨询、市场调研、精益生产、财务信息化等为专业服务的大量服务型企业设计和开发了全面的电子数据库和先进的管理信息系统，极大地提升了组织管理的信息化水平。

大量的科学技术在组织管理活动中的运用，不仅提高了组织管理决策的速度和质量，更优化了组织运营的效率水平。例如，企业资源计划（enterprise resource planning，ERP）作为主要面向制造行业进行物质资源、资金资源和信息资源集成一体化管理的信息管理系统，重新定义了供应商、分销商和制造商相互之间的业务关系，重新构建了企业的业务和信息流程及组织结构，极大地革新了组织管理的运行方式和效率。同时，管理驾驶舱（management cockpit，MC）作为基于ERP的高层决策支持系统，通过详尽的指标体系，实时反映企业的运行状态，实现了管理数据的形象化、直观化、具体化，进而将管理决策的信息化水平提升到新的高度。

（三）关键业务核心化

服务业的快速发展，突出表现为生产性服务业的持续增加。随着专业化分工的深化，为农业和工业部门提供智力支持和专业服务的专门机构不断涌现，服务外包（service outsourcing）已经成为服务经济中的重要经济活动和业务形态。

服务外包是指企业将价值链中原本由自身提供的基础性和共性的非核心业务剥离出来，委托给专业服务机构来完成的经济活动。服务外包不仅能够降低成本，提高效率，更能够使企业关键业务核心化。一方面，业务外包能够让复杂的业务，如市场调研、财税筹划、员工培训等，得到专业化处理，形成企业外部的规模效应，从而降低企业经营成本，提升管理效率；另一方面，企业能够将有限的组织资产和能力聚焦于关键业务领域和核心业务，通过持续和专注的资源投入形成竞争优势。总之，服务外包使企业通过重组价值链、优化资源配置，降低了成本并增强了企业核心竞争力。

服务洞察 1-2

中国服务外包行业10年发展成就

2006年，《国民经济与社会发展第十一个五年规划纲要》首次将发展服务外包列入国家规划，提出要“建设若干服务外包基地，有序承接国际服务业转移”。经过10年的发展，中国服务外包产业迅速崛起，取得了令人瞩目的发展成就。

（一）综合实力跻身世界前列

第一，政策体系日趋完善。国家支持服务外包发展的政策体系日趋完善，鼓励政策和措施涉及税收优惠、人才培训补贴、资质认证、政府采购、知识产权保护、数据安全等多方面。第二，产业规模迅速扩大。10年间，中国服务外包合同执行额从2006年的13.84亿美元激增至2015年的966.9亿美元，服务外包产业迅速形成，产业规模急剧扩大，10年跨越了两个量级。第三，国际竞争力显著提升。中国服务外包离岸市场覆盖区域不断扩大，覆盖200多个国家和地区，是全球第二大服务外包承接国；专业服务水平显著提升，技术、设计和标准与国际接轨。第四，区域集聚效应逐步显现。2016年，中国服务外包示范城市为31个，逐步形成了以北京、上海、深圳、大连四个国际化服务外包城市为核心，辐射周边地区发展的区域化格局。第五，企业实现快速成长。10年间，全国服务外包企业从500家左右骤增至39 277家，遍布中国几乎所有大中型城市，企业营业额和企业人员规模迅速扩大，市场主体日益多元化。

（二）产业发展水平全面提升

第一，数字化服务创新促进了产业转型升级。随着信息技术平台的不断更新换代，互联网创新模式的涌现，物联网时代的到来，催生了全新的数字化服务业务，服务外包进入全新的发展时代。第二，业务结构优化推动了产业链向中高端攀升。借助新一代信息技术，中国服务外包企业正由单一技术服务转向综合性行业解决方案服务，深耕垂直行业带动企业向高附加值业务转型，外包业务结构不断优化。第三，成本导向转为技术和价值驱动。云计算、大数据、人工智能等创新技术的发展及应用，使服务外包产业由传统的成本驱动转向以技术驱动和商业价值为导向，接发包双方形成紧密的战略合作关系。第四，离岸带动在岸市场潜力释放。2006年，中国服务外包由离岸起步，在岸外包业务几乎为零。进入“十二五”以来，内需市场不断释放，在岸业务增速明显，逐步形成离岸、在岸协调发展。第五，“中国服务”国家品牌初步到位。通过参与国际顶尖行业展会，与当地行业、企业对接，在不断拓展国际市场的同时，积极打造“中国服务”品牌，提升“中国服务”的国际竞争力。

（三）支撑引领经济社会和谐发展

第一，经济创新增长的新引擎。服务外包作为知识与智力人才密集型的创新服务产业，激发了服务领域新业态、新模式的蓬勃发展，是促进现代服务业发展，推动服务业拉动GDP的主要支撑。第二，开放型经济的新亮点。中国服务外包行业已经发展成为吸引外资新的增长点，海外并购的新生力量，推动实施“一带一路”战略的重要载体，成为开放型经济的新亮点。第三，贸易结构优化的新标志。随着服务外包出口规模迅速扩大，有效弥补了货物贸易发展的短期波动。服务外包作为开放型经济体系中最具活力组成部分，对转变贸易增长方式，促进现代服务出口至关重要。第四，信息技术与制造业深度融合的新平台。服务外包以互联网、物联网为发包、交付、共享平台，以数字、智能等先进技术的创新应用为核心驱动力，成为促进制造业实现数字化和智能化转型的加速器。第五，高学历人才聚集的新产业。服务外包产业是人才、知识密集型创新服务产业，以人才为核心，10年来聚集了数百万高学历复合型人才，成为中国高学历人才聚集程度最高的新产业。

资料来源：根据《中国服务外包产业十年发展报告（2006—2015）》整理。

（四）竞争优势无形化

竞争优势是企业超额绩效和持续成长的基本前提，但它并非来源于市场，而是基于企业所拥有的核心资源。在工业经济社会，企业竞争优势大多是基于规模效益，即生产规模化带来的单位成本降低，因而更多地依赖厂房、设备、原材料等物质资产。然而，在服务经济时代，企业竞争优势更多地来源于技术、服务及合作网络等无形要素。

一方面，企业产品传统的竞争优势，如价格、外观、功能等具有很强的可视化特征，比较容易被复制和模仿，而基于技术和服务的竞争优势，如品牌、专利、消费体验等具有较高的无形性特征，因而具有更强的竞争壁垒；另一方面，在服务经济社会，信息共享程度空前提高，技术进步不断加快，产品生命周期越来越短，企业几乎不可能实现维持静态竞争优势。同时，专业的研发机构、咨询机构、各种技术推广活动以及教育培训水平的不断提高，都使闭门造车的研发及创新模式越来越难以获取竞争优势。因此，企业通过战略联盟等多种合作方式，构建可以融合内外部资源的组织网络已成为竞争优势的重要来源。

（五）服务竞争多元化

服务业发展不可阻挡的增长势头，从辅助产业到主导产业的角色转变，服务产品内容和形式的持续丰富，使越来越多的企业和投资者看到服务业在未来国民经济中的作用和前景，导致参与行业竞争的企业数量不断增加，使服务业的竞争更加多元化。服务竞争多元化主要有如下表现。

（1）服务竞争主体多元化。在服务业中，除服务型企业以外，来自农业和工业的服务化转型，成为新的服务市场竞争主体。例如，乡村庄园从过去的单纯农产品种植，延伸到乡村旅游开发，通过亲子游、绿色行等主题旅游活动提供休闲娱乐服务。传统制造型企业已经开始从过去以产品生产及销售为盈利重心，转向了以综合解决方案及售后维保服务为盈利重点。此外，为推动政府向社会力量购买服务（如养老服务、公共教育等）的试点工作，以往属于公共部门的事业单位通过转制等方式也开始参与服务市场竞争。

（2）服务竞争方式多元化。无论生产性服务业还是消费性服务业，抑或传统服务业和现代服务业，其竞争方式都呈现多样化趋势。例如，汽车保险服务的核心是提供车辆保险及理赔等系列服务。但是，随着服务竞争的日益激烈，汽车保险企业开始为车主提供全方位、多层次的一站式车险服务，延伸服务成为主要的竞争手段。目前，汽车保险公司普遍采取推荐修理厂、紧急服务（车辆充电、紧急拖车、紧急开锁等）、附加服务（提供推荐理赔中心、拖车及修理厂等）、成立汽车俱乐部等方式实现服务的多样化。

三、服务业发展的主要趋势

随着我国经济增长方式的持续转变，产业结构的不断调整，以及经济全球化的日益加强，服务业呈现出加速发展势头。特别是第三次科技革命，不仅极大地推动了人类社会经济、政治、文化领域的变革，影响着人类生活和工作方式，更使服务业呈现出新的发展趋势。

（一）技术知识日益重要，服务业向专业化和信息化方向发展

以大数据、云计算和物联网为主要内核的信息技术和数字技术对服务业不断地进行改造和强化，促使服务业从传统的以劳动密集型或资本密集型为主，转向以技术密集型和知识密集型为主，推动了服务业向专业化和信息化方向发展。

服务业发展的专业化和信息化趋势，使科学技术和专业知识的作用日益重要，知识密集型和技术密集型的服务型企业，已经成为推动服务业发展的中坚力量。例如，传统的生产性服务业，如金融、保险等，主要以资本要素投入生产过程，充当“资本的中间人”；新兴的生产性服务业则开始向信息咨询、市场调查、广告策划、财税筹划、法律咨询等领域拓展，主要以知识要素投入生产过程，充当“知识的中间人”。

（二）产业边界不断模糊，服务业与第一、第二产业融合发展

服务经济的兴起不仅意味着服务业的快速发展并成为国民经济的主导产业，更表现为传统农业和工业的服务化转型，即第一、第二产业部门企业的经营重心逐渐从以往的生产、加工或制造，转向产品开发、流程控制、市场营销以及顾客关系等生产型服务，逐渐向价值链“微笑曲线”的两端延伸。

在服务经济时代，农业与工业的持续服务化转型，实现服务业与第一、第二产业相互融合，不断激发新的经济增长点。与高度依赖自然环境与资源条件的第一、第二产业相比，服务业特别是现代服务业更多地依赖科技技术应用和工作效率提升。农业、工业与信息技术、金融服务及文化娱乐等现代服务业相互融合的程度不断加深，成为服务业发展的重要趋势。此外，产业融合与分工细化还将不断催生新型的服务业发展业态。例如，农业电商化、制造智能化等都是服务业与第一、第二产业融合的新兴产物。

（三）服务需求逐步升级，消费结构变化推动服务业转型

随着居民收入水平的增长以及城市化进程的加快，消费需求结构不断升级，服务消费成为居民消费需求的重要内容。无论是中高收入阶层还是低收入阶层，在满足吃、穿、行等基本生存需要后，服务消费（如文体娱乐、旅游、教育等）在居民消费结构中的比重越来越大。

在服务业比较发达的国家和地区，服务消费已经成为居民消费的主要形式，服务消费支出迅速增长，成为推动经济发展的关键动力。在发展中国家，随着居民收入持续增长以及公共服务与社会保障的逐步完善，居民消费结构从生存消费转向生活质量提升，从而提升了服务消费需求。特别是随着新兴国家经济的快速增长，大量富裕中间阶层逐渐形成，产生了极

具规模的中高端服务需求，如境外旅游、继续教育、投资理财等，进而促进了服务业向高端化、专业化和定制化方向转型。

（四）服务出口持续增加，国际服务贸易快速增长

随着经济全球化进程的不断深化以及服务业主导地位的确立，服务出口在国际贸易中的比重不断增加。目前，在全球经济总量中，服务业所占比重超过60%，主要发达国家的服务业比重接近或超过80%，服务贸易已占世界贸易总额的25%，服务消费占所有消费额的50%左右。

随着我国制造能力向生产型服务能力的逐步扩展，以及专业服务领域竞争力的逐步提升，服务出口增速显著高于进口。尤其是在"互联网+"、大数据、人工智能等国家战略的推动下，服务型企业广泛应用新一代信息技术，加快与传统产业的跨界融合，数据分析、电子商务平台、互联网营销推广和供应链管理等服务新业态、新模式快速发展，成为服务出口增长最为迅速的部分。

根据商务部数据，2017年，我国全年服务进出口总额为46 991.1亿元，同比增长6.8%，服务进出口规模连续4年保持全球第二位。其中，服务出口额为15 406.8亿元，增幅达10.6%，出口增速比进口增速高5.5个百分点，7年来我国服务出口增速首次高于进口。同时，服务贸易结构持续优化，以技术、品牌、质量和服务为核心的新兴服务优势不断显现，新兴服务进出口额为14 600.1亿元，增长11.1%，占比达31.1%。

四、制造业的服务转型

服务经济的持续发展不仅依赖于服务业发展，还要求传统产业的服务转型。从广义上讲，服务转型主要是指第一、第二产业迈向服务化的过程；从狭义上讲，服务转型主要是指工业特别是制造业的服务化过程，即制造业服务转型。生产性服务业对制造业的推动为世界各国制造业的发展开辟了新的思路，制造与服务的融合成为经济发展的共识。因此，目前实践与理论界对服务转型的探讨更多是指制造业服务转型。

制造业服务转型（transformation of manufacturing to service）是指制造业与服务业融合，制造企业通过相互提供工艺流程级的制造过程服务，合作完成产品的制造，生产性服务企业通过为制造企业和顾客提供覆盖产品全生命周期的业务流程级服务，共同为顾客提供产品服务系统。

（一）制造业服务转型的动因

20世纪90年代以来，经济全球化与信息技术革命给世界经济发展带来革命性影响。一方面，在新的社会经济及政策背景下，中国制造业发展正面临着诸多新的挑战与困境；另一方面，以美国为首的发达国家开始进入新一轮的产业结构调整升级，形成全球范围内的产业转移和产业升级。来自内外部环境的诸多因素为制造业服务转型提供了重要动力。

1. 全球产业调整升级步伐加快

随着经济全球化趋势的不断加强和国际竞争的日趋激烈，发达国家为保持竞争优势，加快产业结构调整升级的步伐，重点发展具有更高附加值的新兴技术知识密集型产业，例如以信息技术为先导的高新技术产业和以金融、保险专业服务等为核心的现代服务业，而将附加值较低的一般劳动、资本和技术密集型产业向其他国家和地区大规模转移，从而不断形成新的产业转移浪潮。

为适应国际产业转移发展的新趋势，新兴经济体国家作为承接全球产业转移的重要角色，需要调整自身产业结构并进行产业升级，提升产业承接能力，充分利用发展契机加强制造业、服务业及配套产业的发展。

2. 服务业成为产业转移的热点

发达国家产业结构经过转型升级后，服务业在经济中的比重已超过 70%，制造业的大规模转移已经接近尾声，而服务业逐渐成为产业转移的新热点。其中，金融、保险、咨询、管理和法律等专业服务更是成为产业转移的重点领域，服务业占跨国直接投资的比重趋于上升，已超过制造业而高达 50% 以上。

制造业作为中国的重点产业，具有较大的规模和发展潜力。在全球制造业服务化的趋势下，中国制造业可以利用服务业的全球产业转移契机，拓展基于产品的配套服务业务等方式，逐渐实现自身服务转型，这不仅能够推动传统制造业的优化升级，同时也能提高服务业的发展水平。

3. 传统制造业的成本急剧攀升

长期以来，以低廉劳动力和廉价原材料为主要依托的成本优势，是中国传统制造业参与国际产业链分工以及国际市场竞争的重要法宝。但是，随着中国法律规范与政策的进一步完善，以及国际产业分工体系的不断重组，来自劳动力和原材料的成本优势逐渐消失，制造业的经营成本急剧攀升。

从劳动力成本看，一方面，近年来伴随中国经济自身的发展和《劳动合同法》及《就业促进法》的颁布，工人的平均工资不断提高，使原有成本优势被极大弱化；另一方面，中国劳动力成本优势正受到越来越多的发展中国家尤其是东南亚国家的挑战。例如，印度尼西亚、菲律宾、越南等国拥有大量更加廉价的劳动力，这将逐渐削弱中国劳动力市场的相对成本优势。

从原材料成本看，由于世界经济周期循环，以及新兴经济体对需求的拉动，国家原材料价格持续走高。原材料价格的持续上涨通过供应链向下传导，使中国制造型企业生产成本压力增大，利润空间被压缩。因此，依靠大规模、低成本的粗放式经营方式，将很难承受原材料成本上涨的压力，低附加值的传统制造业将面临生存危机。

4. 节能与环境保护的时代要求

从历史进程看，中国工业化发展走的是一条高能耗、高污染和低效率的道路。中国工程院院士、中国工业经济联合会会长徐匡迪教授曾说："我国经济的较快增长是用较大投入、较高消耗和较重污染换来的。能效问题已影响到中国制造业的整体竞争力，高能耗对应的是中国制造业的低技术含量、低水平和低竞争力。"

目前，中国能源利用效率为33%，比发达国家低近10个百分点；单位产值能耗是世界平均水平的两倍左右，比美国、欧盟和日本分别高2.5倍、4.9倍和8.7倍。然而，高能耗、低效率不仅严重限制了企业的利润率，也对环境产生了诸多不良影响。在全球呼吁低碳经济和可持续发展背景下，降低能耗、保护环境成为社会经济发展的主要目标，从而要求制造业优化产业结构，转变增长方式。

（二）制造业服务转型的基本阶段

自20世纪90年代以来，跨国企业纷纷开始了从"以产品为中心"到"以服务为中心"的转型。在欧美主要发达国家的制造业中，服务比重已达20%以上，美国制造业中服务比重高达58%。发达国家的制造业服务转型为新兴经济体国家的服务转型提供了重要借鉴。根据以往经验，制造业服务转型主要有两个基本阶段。

1. 提供完善增值服务

制造型企业现有服务主要集中在售后送货、维修保养等领域，没有涵盖顾客在整个产品或服务生命周期中的服务需求。事实上，无论是生产性服务业还是消费性服务业，制造型企业都需要站在顾客视角，分析顾客在消费或生产各个阶段所关注的各类关键问题，从而识别相应的服务机会，为顾客提供完善的系列增值服务（见表1-4）。

表1-4　生产或消费阶段中的服务机会

服务类型	生产或消费阶段	客户（或消费者）的关键问题	服务机会
生产性服务业	研发	• 应用研究能力不足 • 产品设计缺乏创新 • 设计缺陷导致的量产风险	• 应用研究 • 创新性设计 • 设计样品检测
	供应链	• 高库存成本，物流时间过长，配送网络有限 • 缺乏完备的逆向物流体系，退货及旧货再生产、再利用或合理处置的能力不足 • 缺乏供货商评估及管理能力	• 物流服务 • 逆向物流服务 • 采购服务
	销售与售后	• 商务交易的低效率和高成本 • 缺少资金投资新设备 • 维持内部维修队伍成本过高	• 电子商务服务 • 融资与租赁服务 • 维保服务管理
	业务支持活动	• 缺乏建设和管理IT基础架构、应用、数据的专门人才 • 管理非核心业务的低效率和高成本	• IT外包 • 人力资源外包 • 呼叫中心外包
消费性服务业	售前	• 不了解产品的质量 • 现有产品不符合顾客需求	• 顾客体验中心 • 定制化服务化
	售中	• 希望降低交易成本 • 缺乏资金购买	• 网络营销服务 • 消费金融服务

（续）

服务类型	生产或消费阶段	客户（或消费者）的关键问题	服务机会
消费性服务业	售后	• 关注产品故障的可能损失 • 希望降低成本进行产品更新 • 降低维修成本	• 维保服务 • 远程监控维修 • 物品回收

资料来源：本书整理。

2. 构建整体解决方案

制造型企业服务转型的成熟标志是提供“以服务为中心的整体解决方案”，即企业已不再是产品提供商，而成了服务提供商，产品已经成为整体解决方案的一部分。整体解决方案强调以服务为中心，有形产品只是承担服务价值的载体，通过“产品 + 服务”的组合形式形成满足顾客需求的“一站式解决方案”，帮助顾客达成业务目标或满足服务需求。

整体解决方案必须以顾客需求为根本出发点，要求制造型企业的业务模式实现根本转变，开发新的定价模型、业务流程、项目管理方式，以及整合外部服务与产品资源。此外，由于整体解决方案中服务范围扩大和复杂性增强，制造型企业难以凭一己之力满足全部服务需求，因而需要将多家业务伙伴的产品及服务镶嵌于整个解决方案。因此，构建整体解决方案是建立在有效战略联盟和深度合作网络之上的。

服务案例

陕鼓：传统制造企业的服务转型

“制造之觞”是很多企业的真实写照。将发展重心聚焦于低利润制造环节的企业越来越多的谋求转型，以寻求高利润区。陕西鼓风机（集团）有限公司（以下简称“陕鼓”）便是顺利完成服务转型的制造型企业。

（一）由单一产品转向系统解决方案，找到高利润区

从 2005 年开始，陕鼓开始从出售单一产品向出售透平成套机组问题的个性化解决方案和出售系统服务转变。在战略定位上，实现了从生产型制造向服务型制造的转变。系统解决方案本质上是一种个性化的解决方案，是企业根据用户的不同需要来定制不同的配置。这意味着，企业向客户提供的不仅仅是产品，还包括依托于产品的服务和整体解决方案，即“产品—服务包”。在这个“产品—服务包”中，系统解决方案是陕鼓提供给客户的一套“功能性”服务。自 2005 年起，陕鼓总产值中的 60% 以上的收入都来自“技术 + 管理 + 服务”的管理模式所创造。

（二）打造供应链同盟，成为“链主”

陕鼓在对低附加值环节进行外包的同时，立足于企业之间的相互生产服务，组建了一条外部供应链，通过资源的优化配置有效整合资源；通过相互的服务增值活动，最终实现了整个产业链的价值提升。目前，陕鼓成套技术协作网的会员已经发展到 58 家。在这个联盟当中，陕鼓掌控主机和核心零部件的加工、产品总装、试车等环节，这种核心能力使其始终处于集成商地位，促使各方结成稳定的彼此客户关系，形成多赢的格局和“链主”的核心地位。

（三）提供产品全生命周期的专业化服务

如果说单一产品只是提供给客户的一个“产品”，系统解决方案是陕鼓提供给客户的一套“专业化”服务。专业化维修服务、专业化远程状态服务、备品备件零库存服务和“三位一体”的金融服务——这些“专业化”服务是陕鼓对传统售后服务的颠覆性延伸和拓展。陕鼓努力在产品的全生命周期——产品开发改进、生产制造、安装调试、售后服务、检修维修等全过程，对服务范围进行拓宽和延伸，并与具有共同价值观的下游大客户结成战略合作伙伴关系，为合作伙伴提供全程、专业、系统的服务，战略合作伙伴在项目选择上则优先考虑陕鼓。

（四）为客户提供融资服务

考虑到用户企业不仅需要陕鼓的产品，更需要各种形式的融资服务，于是陕鼓提出“金融企业＋核心企业＋客户企业”的三位一体的融资服务模式。三位一体的融资模式是指由核心企业（制造业产品及各种配套服务的生产者）与客户企业（制造业产品及各种配套服务的购买者）建立市场联系，引入金融企业（即商业银行）向客户企业提供贷款，配以核心企业向客户企业的回购机制，从而降低核心企业和金融企业的共同风险。

（五）专业化维修改造服务

维修服务市场是一个利润丰厚、设备使用期间肯定存在的高端市场，被誉为“永不沉没的航空母舰”。陕鼓将自己的设备维修外包，然后去承包别人的设备维修，来提供专业的维修服务，有利于行业整体效率的提高。同时，根据附加值来做市场最需要、自己最擅长的部分，从而创造出更大的利润。

从单一产品供应商，转变成为动力成套装备系统解决方案商和系统服务商。这一成功转型让陕鼓集团在过去10年间营业收入增长了近20倍，净利润增长了46倍，可以说陕鼓既是中国传统制造业升级换代的样板，也是国有企业变革成长的标杆。

资料来源：根据相关资料整理。

（三）制造业服务转型的价值

制造业服务转型是服务经济时代制造型企业发展的重要方向，是转变经济增长方式和调整产业结构的关键环节，对经济社会发展、产业结构优化和企业竞争力提升均有重要价值。

1. 制造业服务转型的社会经济价值

（1）有助于促进国民经济增长方式的转变。制造业服务转型顺应了中国经济发展模式转变的需求，通过强化制造业产业链中人力资本、知识资本的价值创造，实现经济增长的软化。同时，制造业服务转型能够增强制造业的服务需求，推动业务外包，提升企业核心竞争力，加快从生产组装环节向自主研发和品牌营销等服务环节延伸，改变国民经济的增长方式。

（2）有助于制造业产业转型升级。制造型企业的服务化能够促使社会分工深化和专业化程度提升，从而有助于劳动生产效率的改进，同时服务部门的发展降低了投入到制造环节中间服务的成本。制造业服务转型提升制造型企业向产业链"微笑曲线"两端延伸，提升经营活动的附加值和利润水平，丰富产业内涵，优化产业结构。

（3）有助于推进新型工业化的进程。新型的工业化是工业和服务业的融合，是在原有的加工工业中包含更多技术、服务和品牌的工业。制造业服务转型能够有效地融合服务和制造，以服务为中心将产业链的各个环节串联起来，通过服务资源的合理组织和运用，提高研究设计、品牌营销、供应链管理等环节的增加值。

2. 制造业服务转型的企业经营价值

（1）有助于制造型企业避免同质化竞争并获取竞争优势。传统制造型企业通过开展个性化的服务业务，引入顾客参与合作生产，突出产品和服务的定制化，摆脱同质化竞争。制造与服务的融合，能够实现企业价值增长的"软化"，通过提高产品的附加值，帮助企业摆脱以往高能耗、高污染的增长模式，以获取市场竞争优势。

（2）有助于制造型企业打造快速高效的生产组织方式。制造业服务转型是对传统制造产业链的生产方式的再造和优化，帮助制造型企业正确选择在制造业产业链中的定位，通过适当地服务外包，引入关键中间服务投入，实现与产业链中其他企业的快速高效生产协作，增强生产柔性和效率，降低制造成本和投资风险，提高企业的快速反应能力。

（3）有助于制造型企业的价值创造方式升级。传统制造型企业在向服务领域延伸的过程中，通过对生产制造资源、服务资源和顾客资源进行整合和利用，从而达到生产成本和交易成本的降低，实现规模经济、范围经济和协同经济，从而创造出更大价值。同时，制造型企业从单纯的提供产品，转型为"以服务为中心、以产品为载体"的整合解决方案提供商，实现企业价值创造方式的升级。

第三节 服务的内涵、特性与类型

一、服务的内涵

有关服务概念的探讨最早源于经济学领域，而市场营销学对服务的研究大致从 20 世纪 60 年代左右开始。与经济学不同的是，市场营销学将服务视为一种产品或产出来进行研究，并针对服务内涵的界定提出了不同的观点（见表 1-5）。

表 1-5 服务内涵界定的代表性观点

学者或机构	内涵界定
美国市场营销协会（AMA）（1960）	服务是用于出售或同产品一起进行出售的活动、利益或满足感
威廉·里甘（William Regan）（1963）	服务是直接提供满足或者与有形商品或其他服务一起提供满足的抽象活动
威廉·斯坦顿（William Stanton）（1974）	服务是可被独立识别的不可感知活动，为消费者或工业用户提供满足感，但并非一定要与某个产品或服务连在一起出售
斯沃茨·莱蒂宁（Swartz Lehtinen）（1983）	服务是与某个中介人或机器设备相互作用并为消费者提供满足的一种或一系列活动
美国市场营销协会（1984）	服务是可被区分界定、不可感知却可使欲望得到满足的活动。这种活动的生产或出售与其他产品或服务的生产或出售可独立也可联系在一起。在需要借助某些有形产品协助生产服务时，不会涉及有形产品的所有权转移问题
克里斯廷·格罗鲁斯（Christian Grönroos）（1990）	服务是指或多或少具有无形特征的一种或一系列活动，通常（但并非一定）发生在顾客与服务的提供者及其有形的资源、产品或系统相互作用的过程中，以便解决消费者的有关问题
国际标准化组织（ISO）（1990）	服务是为满足顾客的需要，供方与顾客接触的活动和供方内部活动所产生的结果
菲利普·科特勒（Philip Kotler）（1997）	服务是一方能够向另一方提供的任何一项活动或利益；它本质上是无形的，并且不产生对任何东西的所有权问题；它的生产可能与实际产品有关，也可能无关
叶万春等（2001）	服务是具有无形性特征，却可给人带来某种利益或满足感的可供有偿转让的一种或一系列活动
瓦拉瑞尔·泽丝曼尔（Valarie Zeithaml）（2004）	服务是指某种能够使他人得到满足的行为、过程或表现
郭国庆（2005）	服务是一种或多或少具有无形性特征的活动或过程，它是在服务提供者与服务接受者（服务对象）互动的过程中完成的，服务行为主体的目的是为了另一个主体对象获得利益
克里斯托弗·洛夫洛克（Christopher Lovelock）（2007）	服务是一方向另一方提供的经济活动，通常通过限时的表演过程，给接受者、物体或买方所负责的其他对象带来所需要的结果
韦福祥（2012）	服务是为顾客创造价值的活动或过程，或多或少具有无形性，不可储存，而且在交易过程中不会发生所有权转移，顾客需要与服务组织中的人、系统或设施进行互动

资料来源：根据相关资料整理。

虽然对服务内涵的界定百花齐放、纷繁复杂，但市场营销学界普遍认为美国营销协会（AMA）1960 年对服务的界定以及 1984 年的补充完善比较全面地抓住了服务的本质。结合现有关于服务的内涵界定，本书认为**服务（service）是为满足顾客需求、创造顾客价值的、不可感知的系列行为、活动或过程，它能够为顾客带来效用、体验和满足感，但不涉及相关实物的所有权转移。**

二、服务的基本特性

通过对服务内涵的界定可知，服务虽然被视为市场营销活动中的“产品”，但具有一些有别于一般商品的特殊性质（见表 1-6）。正因为服务具有某些特殊性质，使服务的营销管理活动与一般商品的营销管理活动存在本质的差异。因此，把握服务的基本特性对深刻认识和理解服务营销管理活动具有重要意义。

表 1-6 商品与服务的主要区别

商品	服务
一种物体	一种活动或过程
有形	无形
生产、传递与消费过程分离	生产、传递与消费过程同时发生
通常顾客不参与生产过程	通常顾客参与生产过程
同质	异质
可以储存	不可储存
涉及所有权转移	不涉及所有权转移

资料来源：吴晓云 . 服务营销管理 [M]. 天津：天津大学出版社，2006: 56.

自 20 世纪 70 年代末起，市场营销学者为了将服务与一般商品进行区分，开始从产品特征视角探讨服务的本质。不同学者也从各自视角提出有关服务基本特性的观点。例如，美国营销学大师菲利普 · 科特勒认为，服务具有无形性、不可分性、易变性和时间性四个特性。英国服务营销学者阿德里安 · 佩恩（Adrian Payne）认为，服务具有无形性、不可分性、不一致性和不可储存性四个特性。法国服务营销学家皮埃尔 · 埃格里尔（Pierre Eiglier）和埃里克 · 兰吉尔德（Eric Langeard）认为，服务有三个基本特性：服务是非实体的；服务机构与顾客之间存在直接关系；服务生产过程有顾客参与。

事实上，有关服务基本特性的若干观点，虽表述各异，但其本质内容具有很强的关联性和共通性。无形性、异质性、不可分离性、不可储存性和所有权非转移性是服务的五大基本特性。

（一）无形性

无形性是指服务作为一系列的行为、活动或过程，虽能够为顾客带来效用、体验和满足感，但顾客不能像感受有形产品那样看到或触摸服务。无形性是服务最本质的特性。服务的无形性主要从三个层面进行理解：第一，服务的最终输出是无形的，即服务最终带给顾客的是一系列效用、体验和满足感，而不是某些具体的实体产品；第二，服务的基本构成是无形的，即顾客在决定购买服务之前无法通过视觉、触觉、味觉等感官对服务本身进行感知；第三，服务的评价标准是无形的，即顾客在消费全过程中，无法依据某些具体指标，如重量、体积、功能等，对服务品质进行客观评价，而只能依据主观感受对服务质量进行判断。

（二）异质性

异质性是指服务的构成要素、质量品质和效用结果会因服务人员、服务对象、服务外部条件等因素的不同而存在差异性。造成服务异质性的主要原因包括：首先，服务人员在服务过程中扮演着重要角色，服务人员在技术能力、心理状态等方面的差异，使不同人员提供相同服务，也会产生服务品质和效用方面的差异；其次，服务生产过程或多或少会依赖于顾客参与水平和互动程度，由于顾客在知识水平、参与意图、消费偏好等方面有所不同，因此相同服务面对不同顾客，其效用表现也会存在差异；最后，服务是在特定环境中的活动或过程，因而环境条件也会影响服务效果，例如，顾客在“早晚高峰”时段接受出租车服务必然会与平时有不同的服务过程和服务体验。

（三）不可分离性

不可分离性是指服务作为系列行为、活动或过程，企业生产和顾客消费过程是同时进行的，即服务人员提供服务的同时，顾客就在消费服务，两者在时间上不可分离。有形产品生产、储存、运输和消费的全过程，表明企业生产和顾客消费是在时间和空间上分离的，而在服务提供过程中，顾客消费服务是服务过程或活动的重要组成部分。因此，由于顾客参与服务提供过程，使服务型企业无法像制造型企业那样通过生产与消费活动分离来进行质量控制。顾客因素成为影响企业服务品质和质量的主要环节。例如，电影院放映电影的服务过程，也是顾客接受观影服务的消费过程，而电影院其他顾客随意走动、大声喧哗，会影响电影院提供服务的质量以及顾客的观影体验。可见，顾客教育也是提高服务质量的重要手段，只有确保顾客清楚服务流程以及具备足够的服务知识，才能使企业服务生产和顾客服务消费的双重过程顺利进行。

（四）不可储存性

不可储存性是指企业不能像有形产品那样对服务进行存储和运输，顾客也不能对服务进行保留和退换。服务具有的无形性和不可分离性，带来服务的不可储存性。一方面，服务型企业的服务产出和制造型企业的产品生产存在本质不同，服务不能像有形产品那样被储存起来，以实现跨时间和空间的销售。例如，在酒店行业，旅游淡季空闲的客房不可能留待旺季使用。另一方面，顾客对服务的消费在获得体验、效用和利益后，很难被保留，更无法因服务不满意而进行退换。由此可见，服务的不可储存性为企业服务营销管理活动，如服务供需管理、服务促销、售后服务等方面带来巨大的挑战。

（五）所有权非转移性

所有权非转移性是指在服务的生产和消费过程中不涉及任何相关实物的所有权转移。有形产品的消费是伴随着实物所有权从生产者转向消费者，即顾客对有形产品的购买实质是获取产品所有权。然而，由于服务所具备的无形性和不可分离性特征，使顾客在服务消费结束后，虽获得了某些预期的效用或利益，但不涉及相关实物的所有权转移。需要注意的是，某些服务在提供过程中较少或者几乎不涉及（或依赖）实物，如教育培训、管理咨询等，但是大多数服务在生产过程中都需要借助一定的物质设备，如美容美发、汽车维修、健康医疗等。无论在服务活动或过程中是否借助实物，服务消费都不涉及实物所有权的转移。

三、服务的主要类型

随着服务经济的发展，服务的形式与内容不断丰富。对服务进行有效的分类，不仅能够更充分地理解和掌握服务的基本内涵，更能为不同类型的服务型企业有效实施服务营销管理提供关键的理论基础。目前，国内外许多学者提出了极具意义的分类方案，例如，根据顾客参与程度、服务不可感知程度、实物与服务结合程度等标准对服务进行分类。

美国服务营销学家克里斯托弗·洛夫洛克在 1983 年的服务分类观点已成为服务营销管理领域比较权威和基础的服务分类。他认为不同服务之间存在着较多差别，而这些差别具有重要的营销意义。因此，他依据不同的分类标准，从五个方面对服务进行了分类（见表 1-7）。

表 1-7 克里斯托弗·洛夫洛克的服务分类

分类标准	服务类型	服务示例
根据服务活动性质和服务对象	针对人的身体提供的服务	健康医疗、体育训练、美容美发
	针对商品和其他有形财产提供的服务	工业设备修理和维护、货物运输、干洗
	针对人的思想提供的服务	教育、剧院、博物馆
	针对无形资产提供的服务	银行、证券、保险、法律服务
根据服务传递性质和顾客关系	连续的、会员关系的服务	银行、保险、大学教育
	连续的、非正式关系的服务	公共交通、广播电台
	间断的、会员关系的服务	电话服务、剧场会员服务
	间断的、非正式关系的服务	汽车租赁、邮寄服务、饭店
根据顾客需求判断程度和服务定制化程度	需求判断程度高、定制化程度高的服务	法律服务、健康医疗、建筑设计
	需求判断程度高、定制化程度低的服务	教育（正规教育）、预防保健计划
	需求判断程度低、定制化程度高的服务	宾馆服务、银行零售业务
	需求判断程度低、定制化程度低的服务	公共交通、电影院、热门体育赛事
根据服务供需关系	服务供应受限高、需求波动大	旅客运输、影剧院
	服务供应受限高、需求波动小	银行服务
	服务供应受限低、需求波动大	电力、急救服务
	服务供应受限低、需求波动小	法律服务、干洗服务
根据服务推广方式	有顾客接触的、单地点的服务	理发店、影剧院
	有顾客接触的、多地点的服务	快餐连锁、邮政服务
	无顾客接触的、单地点的服务	电子商务
	无顾客接触的、多地点的服务	信用卡服务、ATM

资料来源：根据“Lovelock C. Classifying Services to Gain Strategic Marketing Insights [J]. Journal of Marketing, 1983, 47(3): 9-20.”相关内容整理。

约亨·沃茨和克里斯托弗·洛夫洛克在 2018 年出版的《服务营销精要》(第 3 版）一书中，

继承和深化根据服务活动性质和服务对象对服务进行分类的方法，基于过程的视角将服务划分为四类。

（一）人体服务

人体服务（people processing），是指服务型企业为使人在生理上更舒适、更健康，而针对人的身体开展的系列行为、活动和过程，如美容美发、酒店服务、健康医疗等服务。在具备服务的基本特性基础上，人体服务的突出特点包括：①服务企业或服务提供者必须有顾客接触，良好的顾客互动是服务品质和质量保障的重要条件；②顾客是人体服务行为、活动或过程的重要参与者，因而顾客因素，如知识水平、技能条件、参与意愿等，会对服务最终质量和品质产生重要影响；③服务流程在人体服务中扮演重要角色，服务型企业或服务提供者必须从顾客角度进行服务流程设计，综合考虑流程各个环节给予顾客在成本和效用方面的影响。

（二）所有物服务

所有物服务（possession processing），是指针对顾客所属财产展开的服务，如包裹邮寄、宠物照看、汽车保养、设备维修等服务活动。所有物服务的特点包括：①顾客接触程度和顾客参与水平都非常有限。在大多数情况下，所有物服务并不需要顾客亲自前往服务现场，也不需要与顾客有高水平的互动；服务型企业或服务提供者按照事先约定对顾客所有物实施相应活动，并达到预期效果，服务即可完成。②所有物服务对服务设备等物质条件具有更高的依赖性。由于缺乏顾客接触和互动，所有物服务主要是针对事物展开，因而对服务所需设备、技术水平等外部物质条件的依赖程度更高。

（三）精神服务

精神服务（mental stimulus processing），是指针对人的思想、心理、意识等精神要素提供的服务，如培训教育、心理咨询、文体娱乐、宗教活动等。精神服务的特点有：①精神服务会对人的行为和态度产生影响，因而服务伦理道德、服务规范尤为重要。例如，流行歌曲需要宣扬正确的价值观和世界观，电影应该传播正能量。②精神服务可以发生在顾客接触过程中，也可以不需要顾客接触，但是总体而言，有顾客接触过程的精神服务其效用更高。例如，教育培训既可以通过课堂教学，也可以通过网络教学的方式进行，但从教学效果来看，面对面教学的培训效果要优于远程教学的效果。

（四）信息服务

信息服务（information processing），是指服务型企业针对组织或个人特定事件或问题所提供的资讯服务。随着信息社会的来临，无论是企业还是顾客，对信息的需求程度日益增强，因而催生了大量提供信息服务的组织或个人，如金融投资、市场调查、管理咨询、法律顾问等。信息服务高度依赖对信息采集和分析的专业设备，如远程数据系统、数据分析软件、大数据采集系统等，以及专业人才，如分析师在信息服务活动中扮演着关键角色。

需要注意的是，某些信息服务和精神服务的边界比较模糊。例如，股票经纪人在对客户交易进行数据分析后，对未来投资组合及投资战略提出建议；企业法律顾问在帮助企业发掘潜在法律风险后，会提出相应的应对方案；市场调查机构在对市场数据进行采集和分析后，会对企业营销策略提出具体建议。这些活动过程都与精神服务非常类似，即两种服务都与信息有关。因此，在某些特定时候，精神服务和信息服务可以统称为基于信息的服务。

关键概念

- 服务经济（service economy）
- 服务业（service industry）
- 生产性服务业（producer services）
- 消费性服务业（consumer services）
- 制造业服务转型（transformation of manufacturing to service）
- 服务（service）
- 服务的特性（characteristics of service）

课后思考

1. 相较于农业经济、工业经济，服务经济有什么样的本质特征？试举例说明。
2. 结合身边的例子，谈谈服务业发展对社会经济生活的重大影响。
3. 制造业进行服务转型的动因和价值主要表现在哪些方面？
4. 结合具体服务例子，谈谈服务的内涵及其基本特性。

讨论案例

南京市鼓楼区：开创服务经济时代新格局

2017 年 9 月，南京市鼓楼区首次以大型商务活动的方式集中推介三大核心产业，聚焦发展商务商贸、软件互联网和文化创意旅游产业。2016 年，全区服务业增加值 1 030 亿元，位居南京市第一。2017 年上半年鼓楼全区服务业增加值 581 亿元，增长 11%，占地区生产总值 93.8%。三大重点产业税收增幅分别达到 27.8%，32.4% 和 16.7%，现代服务经济领跑效应突显，南京鼓楼区奋力走在城区转型升级前列。

（一）向空间要效益，从传统商贸走向现代商务商贸

2016 年，鼓楼全区商务商贸产业营业收入 3 389.8 亿元，建成使用的商务办公面积 1 万平方米以上的规模商务楼宇 95 幢，总建筑面积 519 万平方米，楼宇内入驻企业 4 500 多家。截至 2016 年年底，全区税收亿元楼宇达 15 幢，目前全区共有在建楼宇 28 幢，总建筑面积 812 万平方米（含部分商住综合项目），另有储备类楼宇项目 11 个，南京市鼓楼区被授予“2016 年中国楼宇经济十大活力城区”。

2017 年，鼓楼区制定加快商务商贸产业发展的实施意见，坚持精品、高端、特色发展路线，引进顶级商务商贸企业，构建“核心商圈—重点街区—社区商业”三级产业层级和“一轴一带三街区多网点”的商务商贸产业发展布局。“一轴”，以泛中央路商务商贸产业核心发

展轴；“一带”，即下关滨江高端商务经济带，发展以高端航运物流服务为核心的商务服务业和高端商务消费和休闲购物娱乐业态；“三街区”，即大龙江商业街区、商文旅特色街区、环高校精品街区。

鼓楼区下大力气培育品牌，提升业态。盘活精品存量，推动传统商贸企业向互联网转型，引进电子商务运营、大数据分析、精准营销等互联网服务企业，促进传统商贸企业发展O2O模式，重点打造南京财经大学等电子商务产业园。同时，坚持商务商贸并重，引进高端增量。商贸产业着力发展体验经济，实现现有购物中心向主题鲜明、个性独特的主题型、体验型多元化消费场所转型；商务产业重点发展总部经济，发展高端商务和楼宇总部经济。

（二）用优质资源，恭候软件互联网创新创业者加盟

鼓楼区集聚南京大学等20所高校、120余家科研机构，68个博士后流动站，52个国家重点学科，拥有10多万名科技人才。创新资源、创新人才集聚度位居全国前列，是名副其实的科技高地、创新天堂。全区拥有江东软件城、模范路科技创新街区、幕府绿色小镇三个核心园区，拥有各类科技园区44个、市级以上众创空间18个，总建筑面积700万平方米，累计入驻企业3 000多家。鼓楼区主要负责人表示，将拿出最优越的空间、最优质的资源、最优惠的政策，恭候软件互联网企业和创业创新者的到来。

在软件开发领域、物联网、云计算、大数据等领域，鼓楼区拥有诸多在全国有较大影响力的企业和项目。例如，有华东地区最大规模的大数据存储中心——凤凰数据云计算中心，可容纳约6万台服务器；有苏宁云商、中储集团等传统企业不断拓建网上销售、网上订单制作、智慧物流等互联网交易平台，成功实现面向电子商务领域的转型升级；在军工开发领域，华讯方舟、全兴传输等14家驻区企业组成了南京国盛防务军工联盟，主营雷达设备、电子通信设备、微波及射频通信等尖端军工信息系统的开发应用。目前，鼓楼全区软件互联网企业已达1 161家，2016年产业收入为444.7亿元。2017年上半年，全区软件互联网产业保持旺盛增势，产业收入达236.7亿元，同比增长24.7%，预计到2020年总产值将突破1 000亿元规模。

（三）彰显历史文化个性，打造环南艺文创功能区

南京市鼓楼区集南京吴文化、明文化、民国文化特质为一身，历史文化底蕴深厚。2017年，区委、区政府将文化创意旅游产业确定为当前及今后一段时期全区重点产业之一，形成以文化创意产业为主导，文化休闲旅游产业为补充，总部经济繁荣，文化与科技并存，文化与商业融合，开发与保护并重的文化产业集聚区和功能区。

目前，全区文创纳税企业为3 747家，纳税企业年均增幅达近20%；2016年实现文化及相关产业增加值77.7亿元，占GDP比重6.9%，总量位居南京市第一方阵；注册资本规模以上企业共848家，其中千万元以上的近百家；2016年全区文创企业税收规模近5亿元；文化创意和设计服务、新闻出版发行类是鼓楼区的优势传统产业，占比达60%。近年来，与新科技、新媒体相融合的趋势不断凸显，在国家统计局发布的文化产业名录120个小类中，鼓楼文化企业涉及近80个小类；产业集聚较为明显，全区共有8个文化产业园区，环南艺文化创意产业功能区正在申报国家级文化产业示范园区。在产业方向上，重点发展新媒体、数字出版、创意设计、文化休闲、文化演艺、文化艺术品服务、文化艺术培训及总部经济、智力服务、旅游休闲、博览展陈等。

预计到2020年，鼓楼区文旅产业融合度进一步增强，文旅产业规模进一步提升、进入全市第一方阵；逐步形成3个以上国内知名文旅产业品牌，文旅产业收入年增速15%以上；文

化创意产业增加值占GDP比重达到10%，创建国家文化产业示范园区1个，省级以上文化产业园区1个或2个；旅游产业总收入300亿元以上，新创4A级旅游景区1个。

资料来源：本书根据“刘阳.南京鼓楼：聚焦三大产业，开创服务经济时代新格局[N].新华日报，2017-9-11.”相关内容改编。

思考题：

1. 根据南京鼓楼区的城市转型案例，谈谈服务经济和服务业的兴起对城市社会经济发展的影响。
2. 城市重视服务经济和服务产业的发展，为服务型企业和制造型企业服务转型提供了哪些重要契机？
3. 结合南京鼓楼区的案例，探讨服务型企业应该如何才能借助城市发展转型的东风实现自身快速成长？

第二章
服务营销管理概述

本章提要

服务营销学是伴随服务经济和服务业发展而兴起的一门新兴专业学科。服务营销管理是企业对服务价值进行识别、创造、传递和维护的整合管理流程，在新时代背景下呈现出新特点。因服务的特性以及新兴技术的广泛应用，服务营销管理正面临诸多挑战，以关系营销为内核的组合策略是服务型企业的应对之道。

学习目标

- 认识服务营销学的兴起和发展过程
- 掌握服务营销学在中国的实践与研究现状
- 理解服务营销管理的概念
- 掌握服务营销管理的发展阶段和基本过程
- 掌握服务营销管理面临的挑战与应对策略

引导案例

当南航遇上 SoLoMo

2011年2月，美国KPCB（成立于1972年，美国最大的风险基金）著名IT风险投资人约翰·杜尔（John Doerr）首次提出SoLoMo的概念。由Social（社交）、Local（本地化）和Mobile（移动）整合而来的SoLoMo，被认为是互联网的未来发展趋势。

中国南方航空公司（以下简称"南航"）是国内最先受益于移动终端的航空公司，为企业更加及时有效地接近用户提供了一个便捷的通道。目前，南航能够运用移动终端及时将南航促销信息精准推送给用户，让用户可以第一时间了解南航的促销信息。用户可以运用南航新开发的微信订购票功能在网上订票，还可以提供以下订票服务：航班查询、购票后信息提醒等。通过与用户持续进行一对一精准沟通，可以拉近品牌与用户之间的距离，带动官网流量，提高美誉度。

如果说Mobile为社会化媒体营销提供了新的依托平台，为企业更加及时有效地接近顾客提供了先进便捷的通道。那么，Local则更多的是拉近人与人之间在现实世界的真实关联性。南航计划运用定位服务（location based services，LBS）功能给顾客带来更好的用户体验，包括提供位置信息、导航服务和结合相关信息的定位服务。顾客可以在机场查询到周围的微信微博好友或者愿意接受信息的陌生旅客，并与其进行交流。还可以结合商家的一些促销活动进行LBS实践。例如，告诉顾客附近有一家星巴克咖啡店，并为其提供一张优惠券。此外，利用地理位置服务的另一个重要方式是进行忠诚度计划整合，例如，会员在指定机场签到，即有机会获赠航空公司的小礼品等。

Social解决了“我们是谁”和“我们把信息传递给谁”的问题，保证了Local的人流和Mobile的流量。作为一个连接桌面互联网和移动互联网的有效接点，社交平台将在线辅助服务的功能转移到手机设备上，作为出行向导、提供机型信息和目的地信息等，可以帮助旅客获取所需信息、购买所需商品。对于南航而言，社交媒体不仅仅是一个宣传工具，更是一个服务平台。例如，运用微博平台分享旅行体验，使高互动性的旅游消费者与企业加强联系。此外，航空公司还可以为愿意接受信息的旅客提供彼此的微博，大家相互了解后，可以选择坐相邻的座位，来打发无聊的时间。去机场或回市区的时候，可以在同机上或相同时间段的航班上找个人拼车等。南航推出这些服务，能使旅客感受到旅途上的温暖和便利。

资料来源：本书根据“梁新弘.一起微信吧：当南航遇上SoLoMo，中国管理案例共享中心案例库”相关内容改编。

南航在航空服务领域的卓越表现说明，企业实施有效的服务营销管理活动是获取顾客青睐，维持服务市场竞争优势的重要组织活动。在服务经济时代，服务业的飞速发展为服务型企业的成长提供了重要的外部条件，而科学、系统的组织管理则是服务型企业成长的内部要求。与有形产品的营销管理不同，服务的特殊性使服务营销管理具有独特的内涵与特点，成为服务型企业组织管理的重要内容。

第一节 服务营销学的发展历程

一、服务营销学的兴起

20世纪60年，西方市场营销学界有关有形产品与服务产品的争论使服务营销学逐步开始兴起。美国市场营销学专家约翰·拉斯摩（John Rathmall）于1966年首次对无形服务和有形产品进行区分，提出要以非传统方法研究服务的市场营销问题。1974年，约翰·拉斯摩撰写的第一本服务营销专著在美国出版，标志着服务营销学的诞生。

目前，对服务营销议题的研究大致可以分为两个学派：一是北美学派，以瓦拉瑞尔·泽丝曼尔、克里斯托弗·洛夫洛克等为代表，注重营销理论的体系，较多基于传统市场营销学的4P框架构建服务营销学的基本理论逻辑，例如，在4P基础上提出7P范式，将服务营销视为传统市场营销的延伸；二是北欧学派，以克里斯廷·格罗鲁斯等为代表，强调从服务的视角研究服务营销问题，根据营销活动中服务产出、传递等过程的特点，提出了一系列有别于传统市场营销模式的新概念和工具。

虽然服务营销学从基本理论和分析框架都脱胎于市场营销学，但由于服务活动的诸多特殊性，使服务营销学与市场营销学仍存在一些差异。

1. 关注的焦点不同

市场营销学是以企业整体营销战略，如目标市场战略、市场竞争战略以及营销组合策略（产品、价格、渠道和促销）为核心内容，强调对一般市场营销活动的管理。服务营销学则是以服务的营销活动为焦点，聚焦于服务型企业的市场营销活动，以及制造型企业的服务环节，因而在营销主体和营销行为方面存在特殊性。

2. 对质量的理解不同

市场营销学所强调的产品质量观是静态的观点，即企业产品只要符合特定的标准或指标，就意味着产品质量水平达到相关要求。虽然有关产品质量的判断也涉及顾客的主观感知，但是更多地还是依据客观的、静态的标准和指标。在服务营销活动中，虽然服务型企业尽可能地通过标准化、流程化的方式对服务过程进行控制，但由于服务本质上是无形的，服务提供过程是动态的，服务品质依赖顾客参与和顾客互动，因而对服务质量的评价仍然缺乏客观标准。因此，对服务质量的结果判断缺乏足够统一的、客观的标准，更多的是依赖顾客对效用、体验等形成的主观感受。

3. 服务营销学强调人员价值

服务过程是服务生产和消费统一的过程，是服务提供者和顾客互动的过程，因此服务营销学强调人员在服务营销活动中的独特价值。一方面，服务生产过程和质量结果高度依赖服务提供者的专业素质、综合能力和心理状态，因而服务提供者在服务营销活动中扮演着重要角色；另一面，服务活动需要顾客的积极参与和高水平互动，因而顾客情绪、顾客知识以及顾客关系质量等因素对服务过程和品质影响重大。因此，服务型企业的人员管理、顾客关系管理、内部营销及关系营销等活动，成为服务营销学关注的焦点问题。

4. 服务营销学强调有形展示

与有形产品不同，服务的无形性要求服务营销更强调服务的有形展示，因此服务有形展示的方法、路径和技巧成为服务营销学探讨的重要内容。例如，以克里斯托弗·洛夫洛克等为代表的服务营销学者突破传统市场营销学的4P范式，提出服务营销的7P范式，增加服务营销组合中的三个重要概念：人员、过程和有形展示。这充分表明，在服务营销活动中，为应对服务的无形性、不可储存性等特性，服务型企业强调服务有形展示的重要性。

二、服务营销学的发展阶段

服务营销是服务经济时代随着服务业发展以及制造业服务转型而形成的企业特殊营销活动。自20世纪60年代以来，针对服务业发展面临的诸多新的问题和挑战，服务营销开始得到理论和实践界的重视。在过去数十年里，伴随着服务在经济社会发展以及组织经营中的地位和作用日益凸显，服务营销及管理的理论研究不断加强。服务营销学的发展大致可以划分为以下四个阶段。

(一) 服务营销学的萌芽阶段 (20 世纪六七十年代)

本阶段是服务营销学从市场营销学中分离的时期，主要探讨服务与有形产品（如工业品和消费品）之间的区别，以及服务营销学与市场营销学之间的差异，同时界定服务具有的一些共有特征。约翰·拉斯摩 1966 年首次提出“对有形产品和无形服务进行区分”这一问题，从而引发一场关于服务与产品差异性的论战，进而引发构建独立的服务营销学理论观点的思考与讨论。

随后，约翰·贝特森（John Bateson）、利恩·肖斯塔克（Lynn Shostack）、克里斯托弗·洛夫洛克等均针对服务的特征提出各自的理论观点。其中，美国哈佛商学院教授厄尔·萨瑟（Earl Sasser）1976 年发表在《哈佛商业评论》的《服务业中的供需平衡》一文，以及 1978 年出版的《服务运营管理》一书，对服务的基本概念和运营体系构建进行了系统探讨。

(二) 服务营销学的探索阶段 (20 世纪 80 年代初期至中期)

本阶段服务营销学主要探讨服务的特征如何影响顾客的购买行为，尤其集中于顾客对服务特质、优缺点以及潜在购买风险的评估。研究主题涉及服务分类、服务接触、服务质量模型、服务营销组合以及关系营销等。例如，瓦拉瑞尔·泽丝曼尔 1981 年在美国市场营销学会年会上发表论文《顾客评估服务如何有别于评估有形产品》。

同时，服务营销学还探讨服务的特征对其市场营销战略的制定和实施是否有特别的影响，企业市场营销人员针对这种特别的影响是否应该跳出传统的市场营销技巧范畴，应用新的营销工具和手段。例如，帕尔苏·帕拉休拉曼（Parsu Parasuraman）、伦纳德·贝里（Leonard Berry）和瓦拉瑞尔·泽丝曼尔三位学者于 1985 年在《营销学杂志》(*Journal of Marketing*) 上提出“服务质量差距模型”（service quality gap model），为构建服务管理职能结构，开展有效的服务质量管理提供了主要工具。

服务营销学理论探索阶段的主要特点是，服务研究脱离了完全以产品为基础的研究，开始以服务领域自身内容和特征为研究对象，同时其他相关学科也将本学科的研究项目与服务管理相联系，进行跨学科研究。针对服务议题的探讨不再是简单的描述性，而是以抽象的概念框架和理论模型为主。

(三) 服务营销学的突破阶段 (20 世纪 80 年代后期～90 年代中期)

1985 年以后，服务研究取得了突飞猛进的发展，研究主题集中到服务营销中的若干具体问题上，对服务质量、关键接触、服务体验、顾客保留等议题进行了更为深入的研究。服务营销学逐渐呈现出多学科、多层次、多角度的发展特色。例如，美国服务管理专家詹姆斯·菲茨西蒙斯（James Fitzsimmons）等人通过服务蓝图、运筹学、排队论等管理学方法来研究服务系统的优化设计及供需管理问题。

在本阶段，服务营销学的研究者发表了大量跨学科的研究成果，并在企业盈利能力、服务生产效率、顾客忠诚、顾客满意、顾客感知价值、感知服务质量、内部营销之间逐渐形成了较为清晰的逻辑关系。例如，芬兰营销学家克里斯廷·格罗鲁斯在1990年出版的《服务管理与营销》一书将企业的竞争战略划分为以成本、价格、技术和服务为主的四种形态，并指出目前的市场处于服务竞争阶段，企业经营战略开始转向以“服务”为主导的战略。此外，他还发表了《从科学管理到服务管理：服务竞争时代的管理视角》一文，从理论上阐述了服务管理与科学管理的区别，论证服务管理特征及其理论和实践对经济发展的贡献。

（四）服务营销学的革新阶段（20世纪90年代后期至今）

自20世纪90年代后期，服务营销学的相关探讨开始实现由跨学科研究向交叉边缘学科本质回归：各学科逐渐分离，各自保持相对的独立性。詹姆斯·菲茨西蒙斯等1998年出版《服务管理》一书，从服务业与经济的关系探讨开始，依次涉及服务的内涵与竞争战略、服务性企业的构造、服务作业的管理、迈向世界级服务、服务应用的数量模型等，体现出服务营销学研究开始呈现数据化、科学化的发展趋势。

特别是进入21世纪后，随着互联网等新兴技术的不断发展，服务营销活动呈现出产品与服务融合、制造业向服务业转化的趋势。服务营销学与信息技术、工业工程技术等领域进行融合，为此服务科学的探讨开始兴起。2004年，作为21世纪美国国家创新战略之一，服务科学首次在美国国家创新计划报告中提出。美国亚利桑那州立大学服务领导力中心教授玛丽·比特纳将服务科学概括为，通过服务提升创新力、竞争力和生活质量的一些基本理论、模型和方法，是一门新兴学科。服务科学并不是对服务营销学的替代，而是在新兴技术条件下，运用数字化、信息化和网络化的相关工具、观点和理论对服务营销学进行革新。

三、服务营销学在中国

由于我国改革开放及市场经济发展相对较晚，因而无论是服务营销实践还是服务营销研究，在我国的起步都相对比较晚。但是，伴随着我国服务经济的快速形成、服务业的蓬勃发展，服务营销学相关理论和观点在我国的应用和发展十分迅速。

（一）中国服务营销实践的现状

随着我国第三产业的发展，市场竞争中价格因素的弱化，以及居民收入水平的提升，服务需求不断增加，服务竞争已经逐渐成为企业市场竞争的重要内容和手段。特别是在互联网时代，随着新兴技术的发展和普及，我国企业的服务营销实践呈现出新的亮点。

（1）新型服务不断涌现。随着第三次科技革命成果的不断成熟和普及，新技术推动大量新型服务的产生，不仅深化和丰富了我国服务业的发展内涵，更催生了大量新兴服务型企业的出现。例如，基于移动互联技术的外卖服务、专车服务，基于流媒体、大数据的在线教育、网络培训服务，基于“互联网 + 制造”的智能制造服务等，都是在新技术革命时代诞生的服务新类型。

（2）科学技术革新传统服务。在新兴技术促进新型服务产生的同时，科学技术也在对传统服务进行改造升级，改进服务质量品质，提升服务效用水平，如 3D/4D 电影、远程医疗、移动支付甚至是无人机包裹配送等。新兴科技的运用，能够有效提升传统服务的效率，降低服务成本，同时优化顾客服务体验。

（3）制造型企业开始服务化尝试。随着传统制造业的结构升级和发展转型，制造型企业开始服务化，即以“产品为中心”转向以“服务为中心”的发展模式成为我国制造型企业突破发展瓶颈的主要战略选择。例如，2015 年，以摩托车制造为主业的宗申集团成立“重庆宗申左师傅汽车服务有限公司”，进入汽车第三方维修连锁行业，并利用天猫等互联网平台构建“线上 + 线下”商业模式，推动企业的服务转型。

虽然我国服务业发展亮点频出，但与发达国家相比，我国的服务营销实践整体上仍比较落后。主要体现在以下几方面。

（1）服务营销的观念落后。长期以来，在传统的卖方市场条件下，企业大都对服务不够重视，缺乏服务的基本意识，而在一些竞争比较激烈的行业中，价格策略往往是企业优先考虑的竞争手段。同时，我国服务型企业有相当一部分处于缺乏竞争的行业，如银行、证券等金融行业，外贸出口、跨境电商等贸易行业，水电气等民生服务行业等，从而导致服务意识不足，服务的主动性和有效性都比较欠缺。

（2）服务营销的方式简单。许多企业缺乏服务营销的基本知识，在服务竞争中方式单一，同样会使服务竞争陷入同质化的价格竞争怪圈。我国大多数企业更擅长或倾向通过广告、促销等营销手段吸引顾客，即“获客”，但对通过系列个性化顾客服务，以创造顾客价值，提升顾客满意，形成顾客忠诚，以及构建长期顾客关系，即“留客”方面的活动重视不够。

（3）服务营销的人才缺乏。目前，无论是制造型企业的服务部门（如售后服务部），还是服务型企业（如物业服务公司等），都缺乏精通服务营销专业知识、掌握服务营销基本技能的专业人才。其原因在于：一方面，我国高等教育更注重对服务营销基本知识和理论的讲授，对相关技能的开发和培训不足；另一方面，服务营销涉及的诸多技能和知识属于默会知识，需要行业及管理工作经验的积累，很难通过简单的书本知识学习而获得。

（二）中国服务营销研究的现状

自 20 世纪 80 年代末，我国市场营销学者进入服务营销研究领域以来，国内对服务营销的研究大致经历了理念导入、基础理论研究、内涵拓展研究和深入细化研究四个逐渐演进的阶段（见图 2-1）。

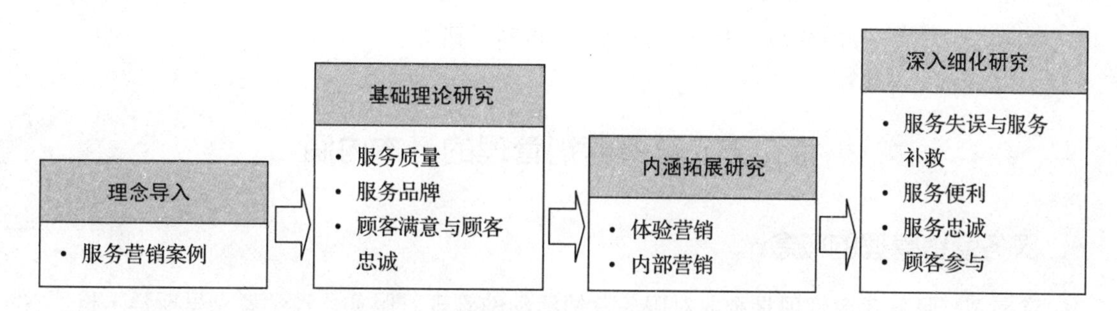

图 2-1　中国服务营销研究的四个阶段

资料来源：郑锐洪．中国营销理论与学派 [M]．北京：首都经济贸易大学出版社，2010：27.

1. 理念导入阶段

早在 1989 年，《外国经济与管理》杂志发表的论文《服务营销的概念及战略规划》就指出，随着世界经济的发展，越来越多的国家逐步由工业化经济转向服务经济，产品营销思维的统治地位将逐步为服务营销思维所取代，进而对服务的性质与特点进行了介绍。这是我国营销学者最早发表的服务营销研究论文。随后，1996 年关于企业服务营销成果案例分析文章《市场细分——服务营销新战略》的发表，引起了实践界对服务营销的关注。但是，随后几年对服务营销的理论探讨并不多，直到 2001 年，开始有大量服务营销研究论文发表，至此服务营销主题开始成为我国营销理论研究的热点领域。

2. 基础理论研究阶段

基础理论研究是学科及专业理论发展的必经阶段。2001 年以后，我国服务营销学者对服务营销的基本概念、基本理论等展开了系列的理论研究工作，研究内容涵盖服务质量管理、服务型企业品牌建设、顾客满意与顾客忠诚等诸多方面。基础理论的研究为服务营销学的整体理论框架搭建以及后续延伸研究提供了重要的基础。

3. 内涵拓展研究阶段

随着体验经济的到来和人本管理思想的兴起，20 世纪 90 年代末，在西方兴起的体验营销和内部营销理论及观点逐渐传入我国，有关体验营销和内部营销的系列探讨在我国服务营销的理论界和实践界开始被重视。体验营销和内部营销涉及诸如心理学、人力资源管理及团队建设等学科和领域的相关知识，因此可以认为这是服务营销研究实现跨学科、跨领域拓展和延伸的重要方式。

4. 深入细化研究阶段

从 2004 年开始，我国营销学界对服务营销的理论研究开始逐步转向服务失败与补救、服务便利、服务忠诚、顾客参与等更加细化的主题内容，尤其是关于服务失败与补救及其影响因素的探讨，一时成为服务营销研究领域的重要议题。研究者从顾客关系和信任感、关系品质、顾客损失与情绪反应、顾客心理特征以及顾客个体差异等视角，运用实证分析方法探讨服务补救的关键影响因素。同时，从方法论角度，服务营销研究开始从以往的概念型研究逐步转向以实证方法，如实验法、问卷法等为主导的科学研究。

第二节 服务营销管理的基本内涵

一、服务营销管理的概念

简言之，服务营销管理是企业对服务营销活动的管理。服务营销学者克里斯廷·格罗鲁斯和卡尔·阿尔布雷特（Karl Albrecht）均强调，服务营销管理是对顾客关系和服务质量的管理。将服务营销管理视为对关系与质量的管理，这种界定意味着管理重点的四大转移：①从研究产品的效用向研究顾客关系的总效用转移；②从短期交易向长期伙伴关系转移；③从产品质量或产出技术质量向顾客感知质量转移；④从将产品技术、质量视为组织生产的关键，向将全面效用和全面质量作为组织生产的关键转移。由此可见，克里斯廷·格罗鲁斯对服务营销管理的界定更多的是基于服务管理视角，并没有充分体现出服务营销管理与市场营销管理的共性，以及服务营销管理是企业重要管理活动的分支。

综合现有服务营销及管理的定义和内涵讨论，本书认为，**服务营销管理（service marketing management）是服务型企业通过关键组织资源与能力的合理配置，对服务价值进行识别、创造、传递和维护，以获取和维持服务市场竞争优势的整合管理流程**。对服务营销管理的概念界定，可以从以下几个方面进行理解。

（1）服务价值是服务营销管理活动的核心。无论是服务质量还是顾客关系，根本上都是服务价值，即企业所提供的系列行为、活动和过程给顾客带来的具体效用或体验。只有那些准确针对顾客“痛点”，高效满足顾客需求的服务，才能最终被顾客接受，并获得高水平的顾客满意。因此，从本质上讲，服务营销管理就是对服务价值进行的管理。

（2）服务营销管理是针对服务价值的系列管理活动。传统的管理活动围绕分析、计划、执行、控制等流程展开，而服务营销管理活动则是围绕服务价值的识别、创造、传递和维护等流程进行。围绕服务价值的四个管理流程在内容上相互区别，逻辑上相互联系，共同围绕服务价值这一核心焦点进行企业资源与能力的配置。

（3）服务营销管理旨在获取和维持市场竞争优势。与企业一般管理类似，服务营销管理应该具有战略性，而不是简单的管理策略设计；企业应该注重长期顾客关系的构建，而不是诱发短期交易行为，其最终目的是为了获取和维持竞争优势。因此，在服务营销管理视域下，顾客满意、顾客忠诚、顾客关系等影响竞争优势的关键议题占据着核心位置。

由于服务营销活动具有高度的顾客参与性与互动性，因而服务营销管理能够在企业和顾客两个层面体现：从企业层面看，服务营销管理表现为企业进行服务需求识别、服务产品设计、展示和传递，以及顾客价值维护和提升的过程；从顾客层面看，服务营销管理反映为顾客搜寻、接受、消费、感知和评价服务的行为过程。

二、服务营销管理的基本过程

服务营销管理本质上是针对服务市场需求展开的，有计划地组织资源配置活动，旨在对顾客关注的服务价值进行过程管理，以实现服务市场竞争优势的获取和维持。具体而言，服务营销管理包含服务价值的识别、创造、传递和维护四大基本过程（见图 2-2）。

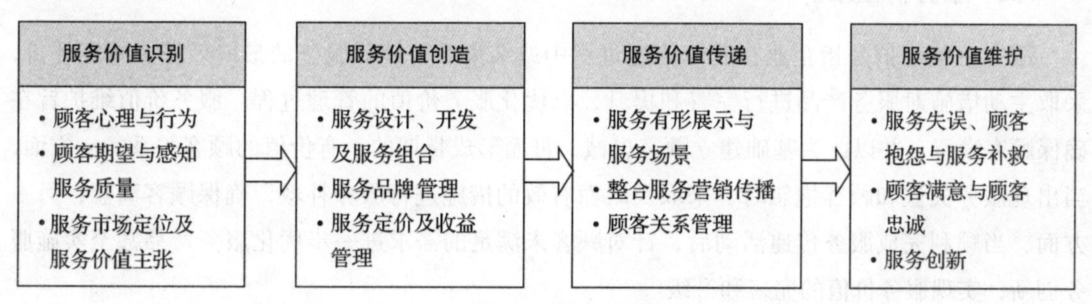

图 2-2　服务营销管理的基本过程

资料来源：本书设计。

（一）服务价值识别

服务价值识别是指企业通过行为观察、问卷调查、大数据分析等市场调查手段，洞悉顾客痛点，发掘现实或潜在的服务市场需求，并根据企业目标和资源能力状况进行服务定位的管理过程。服务价值识别过程包括三个重要环节：①洞察服务市场的顾客心理和行为，即准确理解服务市场中的顾客服务消费的心理特征和行为方式，发现潜在或现有顾客服务需求；②理解顾客期望和感知服务质量，即有效把握针对特定服务需求的顾客期望，以及顾客对感知服务质量的评价方式和标准；③实现服务市场的精准定位，即结合企业的市场发展目标和资源及能力状况，在竞争性服务市场中实现独特的位势选择。

（二）服务价值创造

服务价值创造是指企业针对顾客服务消费的心理和行为特征，服务市场的具体需求，以及企业在服务市场的定位，运用科学的方法和严谨的流程进行服务开发的管理活动。服务价值创造是从顾客的服务消费成本和收益视角解决服务提供问题，不仅包括最终的服务产品，还包括依附于服务产品的服务品牌、服务价格等附加要素，即整体服务产品。因此，服务价值创造并不简单地等同于服务产品的设计与开发。

（三）服务价值传递

服务价值传递是指企业通过有形展示、顾客关系建立，以及整合营销传播等方式，将整体服务产品送达目标顾客群的管理过程。由于服务有别于有形产品，具有无形性、不可分离性等特征，服务价值传递的过程本质上也是服务价值创造的过程，但服务价值传递的过程更关注服务产品的价值转移环节。服务价值传递的主要环节包括：①服务有形展示，即通过场景设计等方式向目标顾客群展示服务价值及其附属利益；②整合服务营销传播，即让目标顾客群知晓、认知、购买服务产品；③关系营销与顾客关系构建，即以顾客关系的建立和维持为基础，实现服务价值的有效传递。

（四）服务价值维护

服务价值维护是指企业在服务传递过程中或结束后，针对服务的最终效用及顾客评价，采取主动措施对服务产品进行完善和提升，以优化服务价值的管理过程。服务价值维护旨在确保顾客满意，并以此为基础建立顾客忠诚，进而形成长期的、有价值的顾客关系。一方面，当出现服务失误和顾客抱怨时，采取及时而有效的措施进行服务补救，确保顾客满意；另一方面，当顺利完成服务传递活动后，针对顾客未满足的需求进一步优化服务产品甚至实施服务创新，实现服务价值的完善和升级。

三、服务营销管理的发展阶段

服务营销管理作为一种特定的管理流程或活动，在不同的企业中焦点或重心会有所不同，它随着企业的发展阶段、营销管理经验以及外部竞争环境的发展而不断演化。一般而言，服务营销管理作为企业管理活动要经历 7 个发展阶段（见图 2-3）。

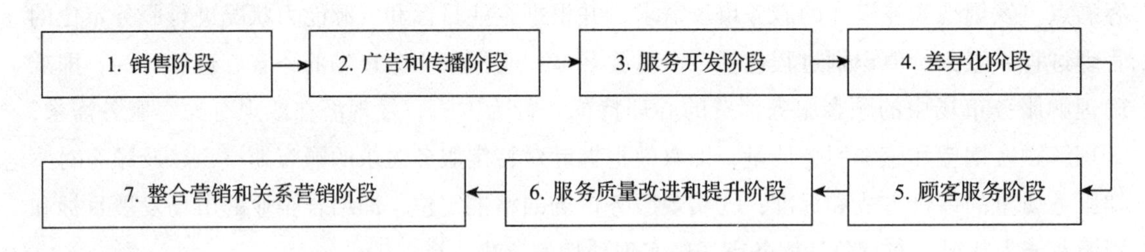

图 2-3 服务营销管理的发展阶段

资料来源：郭国庆，贾淼磊，孟捷. 服务营销管理 [M]. 3 版. 北京：中国人民大学出版社，2013：33.

（1）销售阶段。本阶段的企业注重确保服务产品的最终成交，因而强调制订周密的销售计划，重视对一线人员进行销售技能的培训，通过积极的人员推广、销售促进等方式，希望更多地获取新的顾客，但是对顾客满意度提升、顾客关系构建缺乏重视。

（2）广告和传播阶段。在本阶段中，企业认识到宣传活动对扩大企业影响力，促进服务产品的销售具有重要作用，因而加强广告与传播资源投入，充分利用传统和新兴的传播媒介，整合线上线下的多种传播方式，通过有计划的系统广告传播活动，向目标顾客群宣传企业的服务产品。

（3）服务开发阶段。本阶段的企业开始聚焦顾客需求，进行有针对性的服务产品开发，在不同的细分市场推出不同服务。企业重视服务流程设计的科学性和规范性，强调服务输出效率的提升和运营成本的降低。因此，企业会对服务运营环节投入更多资源，以提升整体的服务开发水平。

（4）差异化阶段。随着市场竞争的加剧，以及企业自身经验的积累及资源与能力的加强，企业开始通过更加细致的市场研究和市场细分实现差异化的市场定位，强调通过清晰的市场发展战略和系统的服务营销活动，实现品牌资产积累，在服务市场构筑差异化竞争优势。

（5）顾客服务阶段。本阶段中，企业重视对顾客服务水平的改善，在人员培训、团队管理和服务人员技能方面进行投入，通过业务培训和流程优化等方式，改进服务过程中顾客互动的质量和水平，从而提升顾客服务的质量。

（6）服务质量改进和提升阶段。本阶段的企业通过运用一系列的服务管理工具和模型，如“服务之花”“服务蓝图”和“服务质量差距模型”等，对服务质量进行改进和提升，强调好的服务产品是企业在服务市场中获取竞争优势的基础手段。

（7）整合营销和关系营销阶段。随着市场结构的成熟和竞争行为的加剧，以及企业经营经验和资源能力的完善，企业开始综合运用各种营销手段，即通过整合营销和关系营销的方式，建立持续的、有价值的顾客关系，重视对顾客资产的发掘和利用。

通过阶段特征的梳理可以发现，服务营销管理的特征与企业发展水平和服务市场成熟度密切相关。企业越成熟，管理能力和经验越丰富，越倾向于开展高级阶段的服务营销管理；市场的结构与规范越完善、竞争者的参与度和竞争意识越充分，顾客的心理和行为越成熟，企业就越适合进行高级阶段的服务营销管理。

四、服务营销管理的新特点

进入 21 世纪以来，随着社会经济文化环境的不断变化，科学技术水平的持续进步，服务市场的需求特点及竞争策略以及企业的服务提供方式均发生了一些重要变化，使服务营销管理的理论研究与实践活动都呈现出一些新特点。

（一）观念更新，从产品主导到服务主导

美国市场营销学教授斯蒂芬・瓦戈（Stephen Vargo）和罗伯特・勒斯克（Robert Lusch）2004 年在美国《营销学杂志》发表了题为《向新的市场营销主导逻辑迈进》的文章，提出用全新的服务主导逻辑替代传统的产品主导逻辑。服务主导逻辑的兴起和确立，革新了服务营销管理的理念。

服务营销管理是企业围绕服务价值对资源和能力进行配置，旨在获取和维持服务市场竞争优势的组织流程，因而对企业资源和能力的准确界定和科学应用意义重大。企业资源可以分为对象性资源和操作性资源：对象性资源主要指自然资源、原材料、设备等有形资源；操作性资源主要包括知识和技能等无形资源，在生产活动中往往处于主动地位。产品主导逻辑把对象性资源看作最重要的资源，并把体现对象性资源的最终成果形式的“商品”看作创造和积累财富的核心要素。这意味着，产品主导逻辑秉持的重对象性资源、轻操作性资源的观点。在产品主导逻辑下，企业没有给予知识、技能等操作性资源应有的重视，并且把这种资源的最终表现形式“服务”仅仅看作次优产出。

然而，在服务主导逻辑下，以知识和技能为代表的操作性资源成为最核心的要素。与对象性资源相比，操作性资源通常是无形的，但又是动态、无限的。因此，从资源角度上看，服务营销管理的重心逐渐从对象性资源的管理转向操作性资源的管理，强调通过行动及流程对组织知识和技能等专业化能力的创造性应用。

（二）重视过程，体验式营销日渐盛行

美国著名的未来学家阿尔文·托夫勒（Alvin Toffler）在1970年出版的《未来的冲击》一书中将产业经济发展划分为制造业经济、服务业经济和体验经济三个阶段，并把体验服务作为服务业的未来发展方向。美国的管理实践专家约瑟夫·派恩（Joseph Pine Ⅱ）和詹姆斯·吉尔摩（James Gilmore）于1998年在《哈佛商业评论》发表的文章《欢迎来到体验经济时代》认为体验经济时代已经来临，并指出体验经济是指企业以服务为舞台，以商品为道具，为顾客创造难忘的体验。

在体验经济环境下，服务营销活动呈现体验式的发展趋势。伯恩德·施密特（Bernd Schmitt）在《体验式营销》一书中指出，体验式营销是站在顾客的感官、情感、思考、行动、关联五个方面，重新定义、设计营销的思考方式。体验式营销倡导服务营销活动需要运用体验营销的营销理念，注重服务传递过程，创新服务营销模式。随着社会经济的发展和居民生活水平的提高，以及社会消费文化的变迁，顾客对心理的、情绪的、感官的体验需求正在成为服务需求发展的新亮点，体验式营销逐渐成为服务营销活动的新主流。

（三）关注个性，定制化服务方兴未艾

在企业与顾客之间一直存在着一个悖论：旨在通过规模效应降低成本和售价的生产内在扩张，即追求规模，与顾客个性化需求的重视和满足总是背向而行。进入21世纪以来，企业开始意识到如今的消费市场正在从“大众”市场进入“分众”市场，传统的服务策略、销售渠道以及传播媒介已经很难像以往那样有效覆盖更大规模和范围的市场，以聚焦个性化需求的服务定制化已成为新的潮流。

随着大数据、物联网、云计算等新兴技术的飞速发展，柔性生产的兴起和普及，使大规模定制化成为可能。定制化服务聚焦于顾客的个性化需求，在不显著提升服务成本的基础上，能够极大地增加顾客的服务效用感知和服务满意水平。例如，互联网金融企业能够通过大数据分析和人工智能技术，准确识别关键顾客的服务需求，提供具有针对性的个人投资和融资方案。同样，在传统制造领域，生产性服务业也逐渐实现个性化。IBM从传统的设备制造商，转型为整合解决方案的提供商，能够根据用户的需求，提供个性化的系统集成服务。

定制化服务的兴起对企业的服务营销管理活动提出了更高的要求，不仅需要深入洞察顾客的服务需求，还需要运用新的技术手段精准且成本可控地创造和传递服务价值，同时还需要在顾客服务后期及时发掘未被满足的潜在服务需求，以实现服务价值的维护和优化。

（四）价值共创，顾客参与服务过程

管理学大师普拉哈拉德和哈默在1996年出版的《竞争大未来》一书中指出，企业未来的竞争将依赖一种新的价值创造方法，即以个体为中心，由顾客和企业共同创造价值。传统的观点认为企业单独创造价值，即价值是由企业创造通过交换传递给顾客，顾客仅仅是价值的消耗者或使用者。企业单独创造价值的观点是典型的基于工业社会的产品主导逻辑，而随着产品主导逻辑向服务主导逻辑的转变，企业与顾客价值共创的理念便逐渐兴起。

价值共创（value co-creation）的观点认为，企业不再是唯一的价值创造者，顾客也不再是纯粹的价值消耗者，而是与企业互动的价值创造者。企业与顾客在合作与互动中共同创造价值，生产与消费过程进一步地紧密融合、深化互动，使顾客深度参与企业的服务过程。在价值共创模式下，顾客加入企业价值创造的过程，在服务价值识别、创造、传递和维护全过程中与企业进行合作与互动，进而对企业的服务价值创造产生影响。例如，高速路旁的自助加油站、超市的自助结账系统、银行的自助服务终端等传统服务，以及基于移动互联网技术的第三方支付、无人超市、无人银行等新兴服务，都反映出顾客参与服务过程，与企业共同实现价值创造的服务营销管理新特点。

服务案例

天猫无人超市诞生记

2017年7月，天猫无人超市在杭州开业。作为阿里巴巴集团的新零售成员，天猫无人超市主打“即拿即走，无需掏出手机”的支付体验。在许多人看来，无人超市还是一个未来社会的产物。但是，随着美国亚马逊无人超市的正式上线，中国的无人超市也快速地呈现到顾客面前。

顾客使用手机淘宝App或支付宝App扫码直接进入超市。第一次进店时，打开App，扫一扫店门口的二维码，获得一张电子入场券。通过闸机时扫这张电子入场券，扫码完成后闸机门就会自动打开，进到里面后就可以购物了。重要的是，进入之后整个过程不需要再掏出手机。

无人超市分成超市区和餐饮点单区，两个区域的结算方式略有不同。在超市区，陈列着各种淘公仔和创意类商品，你可以拿起任何一件商品，直接离店。当顾客拿着商品离开时，必须经过两道“结算门”：当顾客靠近第一道门，系统会自动感应并自动开启。顾客两三秒之后走到第二道门，屏幕显示“商品正在识别中……”再过一秒左右，显示“一件商品正在支付中……”大门开启，随后顾客的手机会收到相应的扣款信息。在购物过程中，无论是多人抢购一件商品，还是有未付款商品，系统均能够有效识别。

虽在餐饮点单区有售货人员值守，但大量AR技术，即增强现实技术的应用，使交易过程仍与众不同。顾客在点单过程中，收银机背面有一块带摄像头的屏幕，当收银员

输入订单，屏幕上会显示订单商品。顾客一旦确认，手机就显示扣款信息，即下单成功。等待区墙上有一块带着摄像头的大屏幕，在屏幕下方站几秒钟，大屏幕会显示取餐号码和剩余时间。如果你的餐点已经做好，屏幕会显示“××号，请取单”。

由于新颖的交易方式和先进的科技感，天猫无人超市自开业以来便备受顾客和媒体关注。超市24小时营业，没有一个收银员，但各种商品应有尽有，如玩具、公仔、日用品、饮料等。无人超市看似与传统超市基本没什么区别，然而，由于极低的人工成本，无人超市的运营成本支出大约只有传统超市的1/4。以人工成本为例，无人超市只需要一位补货员每天进行货物补充，这意味着平均一个人一天可以管理10家这类无人超市。按照补货员5 000元月工资计算，相当于平均一家店的月人工成本仅500元左右。

资料来源：根据相关资料整理。

第三节 服务营销管理的挑战与应对

一、服务营销管理面临的挑战

自服务营销学兴起以来，服务营销的管理活动就面临着来自理论与实践方面的挑战：一方面，传统的市场营销基本理论和观点很难在服务营销活动中进行直接应用，因而服务营销活动的管理急需新的理论及观点指引；另一方面，第三次科技革命以来，新技术、新设备和新方法的应用，既形成新的服务类型、服务方式和服务需求，又带来一些附带的新问题，给服务营销的管理实践带来新挑战。

（一）服务的特殊性使传统营销理念面临挑战

传统的营销理念大都建立在制造业和有形产品的基础之上，而服务业与制造业，服务与有形产品之间的差异，使传统的营销理念在指导服务营销管理活动中存在诸多缺陷。克里斯廷·格罗鲁斯在《服务营销与管理》一书中，阐述了有形产品与服务的关键区别，以及在两者区别基础上形成的营销地位和作用差异（见图2-4）。

有形产品的生产和消费，无论是空间上还是时间上都是分离的，传统营销理论与观念正是基于此。有形产品生产过程和消费过程相互分离，其消费是结果消费，而营销正扮演着联结生产和消费的“桥梁”。与此相对应，服务消费是一种过程消费，服务的生产与消费同步进行，顾客与生产资源，如人员、有形资产、运营系统等产生交互。由于服务的生产与消费天生地联结在一起，就不再需要特定的“桥梁”。传统营销对生产与消费的联结功能在服务过程中被极大地弱化，甚至是缺乏用武之地。因此，服务营销管理的核心功能体现在，将服务的生产过程与服务的消费过程有机地结合起来，让顾客感知到良好的服务质量和效用，从而与企业建立长期关系。

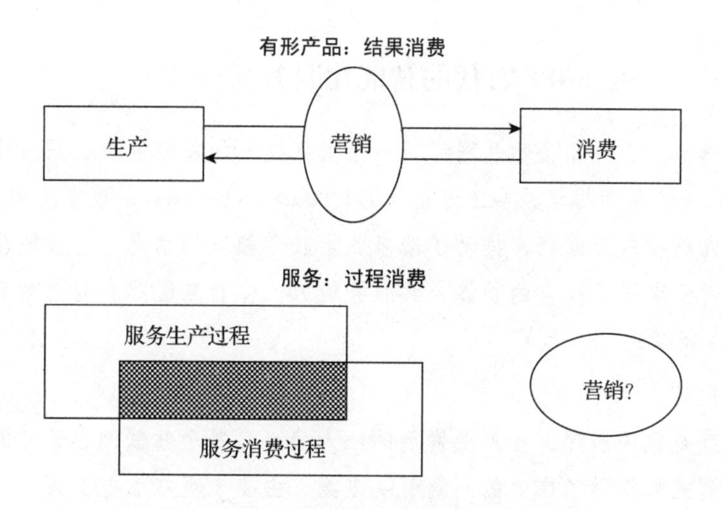

图 2-4 有形产品、服务的本质及营销的作用

资料来源：克里斯廷·格罗鲁斯. 服务管理与营销 [M]. 韦福祥，等译. 3 版. 北京：电子工业出版社，2008：44.

（二）技术的新颖性使传统营销方法面临挑战

第三次科技革命以来，信息、网络、新材料等诸多领域科技水平快速发展，新的科技成果不断应用，不仅极大地推动了人类社会经济、政治文化方面的变革，也对人类的工作、生活和消费方式产生了重要影响。在服务营销管理领域，以大数据、云计算、物联网、人工智能等为内核的新兴科技及其产品，使传统的营销方法面临诸多挑战。

（1）在服务价值识别方面，大数据分析、内容分析以及物联网技术使收集和分析顾客需求信息的方式变得更加高效和低成本，以往通过问卷调查、行为观察、深度访谈和焦点小组等方式研究顾客消费行为的方法，在新的技术背景下，其有效性已经受到严重挑战。

（2）在服务价值创造方面，新科学技术及设备的应用，使服务产品开发、服务流程设计等变得更加具有针对性和科学性，效率水平也更高。例如，ATM 的普及极大地提升了银行的零售业务办理效率；诸如支付宝、微信支付等第三方支付手段，再次升级了消费金融领域的特定服务价值。

（3）在服务价值传递方面，社会化媒介以及自媒体等传播手段和方式，极大地革新了传统的信息传播模式，电视、杂志、报纸、广播等大众广告传媒的传播有效性不断下降，营销信息的传播已经进入“分众”时代。

（4）在服务价值维护方面，物联网、云计算技术能够对顾客消费过程及满意水平进行精准测算，使企业及时而准确地掌握顾客消费后的评价；通过对社交媒体（如微博、微信等）的实时监控，能够及时掌握和有效回应消费评价、网络口碑等信息。

服务洞察 2-1

DT时代的智能化服务新模式

随着移动通信、云计算、物联网等新一代信息技术的蓬勃发展和深入应用，各类数据呈现爆炸式增长，从而推动社会逐渐迈入DT（data technology，数据技术）时代。大数据技术的发展成熟和应用创新，推动了诸多民生服务领域的信息化、智能化、网络化转型升级，从而大幅增强了社会的整体公共服务能力。在智慧医疗和智慧教育等方面，开创了智能化服务新模式。

（一）智慧医疗

看病难一直是我国医疗卫生产业发展的一大痛点。基于物联网、云计算和大数据技术的智慧医疗模式则提供了有效的问题解决方案，主要表现在智能决策、云平台应用和智能可穿戴设备等方面。

（1）智能决策。医疗卫生部门通过深度挖掘分析以前和现存的各类医疗数据信息，实现对一些传染病、流行病的有效监管及疾控，对疾病的预先诊断治疗，以及对公共卫生健康更科学合理的决策等。

（2）云平台应用。云医疗主要是打造云医疗健康信息平台、云医疗远程诊断及会诊系统、云医疗远程监护系统，以及云医疗教育系统等，以此提高医疗信息与资源的开放共享水平，实现医疗资源的更高效利用，从而降低医疗成本，提高医疗服务范围和水平，让更多民众享受到优质的医疗健康服务。

（3）智能可穿戴设备。在移动互联网、云计算、大数据等新一代信息技术的推动下，智能可穿戴设备市场呈现出巨大的发展活力。例如，各种实时监测老人身体健康状况的可穿戴智能医疗设备不断涌现，不仅可以让家人随时随地地了解老人的健康状况，在遇到突发问题时也能够快速进行救治。

（二）智慧教育

新兴技术的广泛应用给传统的教育行业和教育机构带来新的挑战。无论是教学理念与手段，还是教学过程与结果，云计算、物联网等新技术对教育活动的整体内涵和效果都给予了革命性的影响，主要体现在以下两个方面。

（1）教育云平台应用。利用云技术、大数据技术打造高度开放的教育资源库、新型图书馆、教学科研“云”环境、网络学习平台，推动区域教育资源共享、教育资源及时更新和线上协同办公，从而大幅提升教育服务水平。

（2）物联网应用。以电子书包和校园一卡通为例，电子书包通过物联网、云计算等技术，实现教科书、名师讲堂、考试测评等内容的电子化、数字化，让学生直接通过平板电脑等智能设备做作业和提交功课，老师通过相关系统实现统一批阅，并借助系统分析精准定位学生在学业方面的欠缺点，从而进行针对性、个性化的教育，这既能降低学生学业负担，也能减轻老师的工作量。

现在已较为广泛使用的校园一卡通也是利用物联网等信息化技术，将在校师生的身份识别、门禁、考勤、内部消费、会议签到、公共机房上网、图书馆借还图书等整合到校园卡系统中，从而提高校园内部的服务效率，实现“一卡走遍校园”。

资料来源：根据“程晓，邓顺国，文丹枫. 服务经济崛起[M]. 北京：中国经济出版社，2018：157-160.”相关内容整理。

二、服务型企业的应对之道

与产品营销管理相比，服务营销管理最重要的变化是不存在某种特定的产品，因而也不存在针对既定的产品展开营销活动。服务型企业只能根据事先设计好的服务概念，以及部分事先可以准备的服务，展开特定的组织或个人行为、过程和活动。重要的是，企业的服务人员和设备只有在与顾客进行适时互动的过程中才能发挥作用，为顾客创造服务价值。克里斯廷·格罗鲁斯1996年提出了服务营销三角形的思想，指出内部营销、外部营销和互动营销是服务型企业营销管理活动的基本构成部分（见图2-5）。

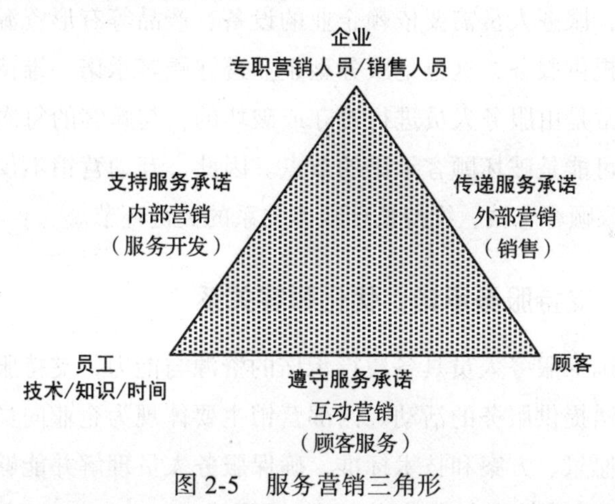

图2-5 服务营销三角形

资料来源：Grönroos C. Relationship Marketing Logic [J] Asia-Australia Marketing Journal, 1996: 4(1): 7-18.

服务营销三角形本质上是资源导向的关系营销策略。在服务营销三角形（triangle of service marketing）中，三个顶点分别表示服务的三个关键角色：企业、顾客和员工；三条边分别代表传递服务承诺的外部营销、支持服务承诺的内部营销和遵守服务承诺的互动营销三类主要活动。因此，对服务型企业而言，这三类活动是服务营销活动的核心，也是服务营销管理的重点。

（一）外部营销：传递服务承诺，建立顾客关系

外部营销是服务型企业根据顾客的服务需求和服务期望，运用多种传播媒介向顾客传递服务承诺以建立顾客关系的活动。在外部营销活动中，传统的营销活动，如广告、公共关系、

销售促进和人员推广以及价格策略等，在服务行业仍然适用。同时，服务行业特有的要素，如服务人员、服务场景甚至是服务过程，也会介入与顾客进行构成，向顾客传递承诺，并建立能够满足顾客期望的顾客关系。

外部营销活动旨在传递服务承诺，建立顾客关系，因此，服务型企业要通过外部营销传递可实现的、满足顾客需求的服务承诺。这意味着，企业所传递的服务承诺是基于顾客需求与期望，这有助于拉进顾客距离，为顾客关系的建立提供契机。但是，所传递的服务承诺必须是企业可实现的，一旦顾客关系是基于过高服务承诺，那么这种关系将变得非常脆弱且不稳定。

（二）互动营销：遵守服务承诺，维持顾客关系

互动营销是指企业或服务人员与顾客相互作用进行服务生产与消费，以遵守企业的服务承诺，并维持顾客关系的活动。外部营销是企业服务营销活动的开始，企业传递的承诺需要通过提供具体的服务进行兑现。服务人员与顾客之间的互动是企业兑现承诺的关键活动。由于互动是在服务人员、顾客以及其他顾客之间进行的，充分体现服务营销管理活动中“人”的重要性。

互动营销活动中，服务人员需要依赖企业的设备、产品等有形资源，以及技术、流程标准等无形资源向顾客提供服务，这也是服务型企业遵守顾客承诺、维持顾客关系的过程。一般而言，服务承诺通常是由服务人员进行遵守或破坏的，与顾客的每次接触和互动都是遵守服务承诺的契机，也可能是破坏顾客承诺的节点。因此，互动营销不仅是企业遵守服务承诺的过程，也是企业获取顾客忠诚、维持长期顾客关系的关键环节。

（三）内部营销：支持服务承诺，优化顾客关系

内部营销是企业确保服务人员具备履行承诺的资源与能力，支持服务人员按照外部营销活动所传递的服务承诺提供服务的活动。内部营销主要体现为企业向员工传递服务理念、服务文化和服务流程等愿景、方案和技术标准，确保服务人员理解并能够有效践行企业的整体服务设计，是服务型企业支持服务承诺的重要表现形式。

由于服务活动中服务人员高度的参与性，使服务人员的态度、技能和动机在服务传递过程中扮演关键角色。内部营销旨在使服务人员以更好的心理和行为状态参与服务提供，从根本上支持服务承诺，保障优质服务的创造和传递。因此，对服务人员的挑选、培训、激励和评估，是服务型企业支持服务承诺并优化顾客关系的重要内容。

对服务营销管理而言，以上三类营销活动都是服务型企业成功的关键。在服务营销三角形中，缺少任何一边，其他两边都缺乏支撑。可见，服务营销管理的内涵和外延比有形产品的营销管理更为复杂和难以控制。企业的服务营销管理必须全面整合和利用组织资源，建立顾客导向的服务体系，将服务生产与消费过程有机协调、良性互动，不仅致力于高质量地完成每一次顾客互动，而且还要致力于建立、维持和优化顾客关系。

服务营销的研究和实践均表明，围绕人际交互特征，服务型企业通过构建良好的内外部

交互关系，即企业与员工、企业与顾客，以及员工与顾客的互动关系，能够有效地实现营销目标，提升企业在服务市场的竞争力，获取和维持竞争优势。

服务洞察 2-2

服务 8 个典型的营销管理意义

克里斯托弗·洛夫洛克和约亨·沃茨在《服务营销》中总结了服务与有形产品所具备的 8 个方面的差异（见表 2-1），并指出这些差异使服务营销管理和有形产品营销管理存在诸多不同。只有深刻理解这些差异，才能避免生搬硬套传统的市场营销理论，进而从服务营销管理视角形成应对之道。

表 2-1　服务 8 个典型特征的营销意义

服务差异	营销管理挑战	服务营销管理应对
很多服务产品无法储存	• 顾客要么放弃服务，要么被迫等待	• 通过促销、价格的动态调整和预订来保持需求的平稳 • 与运营部门密切协调，以随时调整服务产能
在价值创造过程中，无形要素占主动地位	• 顾客无法品尝、闻味或触摸服务的构成要素，甚至可能无法观看和倾听这些要素 • 服务的度量非常困难，从而难以将一个企业的服务与竞争对手的服务区别开来	• 通过强调一些有形要素，促使无形服务有形化 • 在广告和品牌塑造过程中，利用具体的象征和生动的形象推广服务
服务难以看到和理解	• 顾客感知到的风险和不确定性更大	• 教育顾客做出正确的选择，向他们解释应当如何收集信息，如何提供服务保障
顾客可能会参与服务生产	• 在服务过程中，顾客与服务提供者的设备、设施和系统会发生互动 • 顾客不配合、参与度低，会直接影响服务生产率、顾客服务体验，并减少顾客得到的利益	• 为顾客提供方便、实用的设备、设施和系统 • 培训顾客更好地参与到服务当中，为顾客参与提供支持
认识服务体验中的一部分	• 服务人员和相关顾客的外表、态度和行为会对顾客的服务体验产生影响，并进而影响顾客满意度	• 通过招聘、培训和奖励，强化顾客对服务的认知 • 在正确的时间选择正确的顾客，按照服务特性塑造他们的行为
服务运营投入与产出差异性极大	• 难以保持服务质量的一致性、可靠性，也难以通过生产率的提高降低服务成本 • 服务失误难以避免	• 根据顾客的期望设定服务标准，重新设计服务产品，尽量简洁，尽量在第一次就把事情做好 • 建立良好的服务补救流程 • 当顾客不参与服务生产过程时，激发顾客与服务提供者之间的互动
时间因素极其重要	• 顾客将时间因素视为珍惜资源并慎重分配，厌恶无谓的等待，希望服务能够及时并且便利	• 在服务时间创新方面，提升服务传递速度，使顾客等待时间最小化
可能会通过非实体渠道分销	• 基于信息的服务可以通过电子渠道传送，如互联网或语言通信，但核心服务包含有形活动	• 能够设计出界面友好、安全的网站以及免费电话服务系统 • 确保所有的信息服务要素都能够从网站上下载

资料来源：Wirtz J, Lovelock C. Essentials of Services Marketing[M]. 3rd. Edinburgh Gate: Pearson Education Limited, 2018: 20.

关键概念

- 服务营销学（service marketing）
- 服务营销管理（service marketing management）
- 服务营销管理的基本过程（processes of service marketing management）
- 服务主导逻辑（dominant logic for service）
- 价值共创（value co-creation）
- 服务营销三角形（triangle of service marketing）

课后思考

1. 服务营销学发展的主要阶段有哪些？各个阶段有什么突出特点？
2. 服务营销管理的概念是什么？应该从哪些方面进行理解？
3. 服务营销管理包含哪些基本过程？在不同的过程阶段，服务型企业应该重点关注什么问题？
4. 举例说明，服务营销管理具有哪些新特点。
5. 在新的社会经济及技术条件下，服务营销管理面临着哪些挑战？服务型企业应该如何应对？

讨论案例

智尚酒店：用数据提升住宿体验

随着经营成本的上升，以及顾客住宿需求的升级，快捷酒店的发展已经明显遇到瓶颈，中端酒店将成为下一个战场。智尚酒店以智能家居和物联网切入，想以更具“未来感”的住宿体验找到一个新的增长点。

（一）以“未来感”为标签，在中端酒店市场另辟蹊径

作为经济型酒店——布丁酒店的创始人，朱晖以智能家居作为切入点进入中端酒店市场，2013年在杭州开出第一家智尚酒店。实际上，中端酒店这块市场不乏先入者。例如，如家早在2008年就推出了中档品牌“和颐”，发展不畅之后又推出“如家精选”。2012年，华住集团第一家中端酒店“全季酒店”开业，之后便迅速扩展。与服务同质化的快捷酒店不同，中端酒店需要抓住更精准的人群，或者说这是一个受众更分散的市场，先入场的未必有通吃的优势，所以不同酒店一开始就试图打上自己的“标签”，以便让顾客迅速地“认出来”。

与创立布丁酒店类似，刚开始智尚酒店更多是针对休闲人群，而非商务人士。至于用户年龄，也比布丁酒店的年长和宽泛一些，包括20～45岁、收入在5 000元以上的人。“我们想抓住喜欢新奇东西的年轻顾客，就切入了智能化。当时很多物联网和智能化很难在家庭实现，如果在酒店实现的话，会有超前的感觉。”朱晖希望这种“未来感”能成为智尚酒店的标签。

同时，智尚酒店CEO章建春还看到智能化酒店的另外一个优势。一般的酒店会有三个遥控器——空调、机顶盒和电视，按钮一多，自然会滋生不少细菌；对酒店来说，管理也很麻烦，时不时就会遇到遥控器丢失的情况。章建春指出，“我们想怎么让顾客躺在自己床上，不需要找遥控器和各类灯光的面板就能调节温度，关掉过道的灯。这需要通过自动化设备来实现和完成这些功能，同时也能解决酒店管理和清洁遥控器的痛点”。

（二）重视“人”的因素，努力平衡成本与体验

中端酒店和经济型酒店只是一词之差，背后的经营却完全不同。与制造业相比，酒店经营对人的依赖性更强。在国内，中端酒店的人才实际上出现了“断层”。很多中端酒店的员工都是来自从前的经济型酒店，他们一直以来接受的培训都是怎么“便宜，便宜，再便宜”，“差两块钱对经济型酒店都是很重要的，刚开始花钱都不太习惯。”朱晖说。智尚花了很长时间进行培训，才逐渐改变了员工的观念。

中端酒店的管理者也极其缺乏。在此之前，中国市场一直都是两个泾渭分明的阵营：经济型酒店和星级酒店。它们的思路完全不同，一个是尽量精减人员，另一个是不惜成本。以每个服务员负责的房间数为例，星级酒店能达到1∶1，但经济型酒店很多都是1∶5以上。中端酒店正好处在两者中间，既要考虑成本，又要考虑体验。经济型酒店不存在个性化服务，如果要提供星级的服务，工作效率又太低。如果一个星级酒店的总监来管理中端酒店，会觉得可调配的资源完全不够用。如何在其中找到平衡，是最考验管理者的。所以，最终负责智尚酒店的是既在星级酒店工作过，又在布丁酒店打磨多年的章建春。

（三）接驳移动互联时代，深挖顾客的服务价值

2013年刚开业的智尚酒店遇到移动互联网兴起浪潮，于是酒店开始在手机上做文章。最初阶段，顾客需要下载专门的App才能控制房间，除了电视、空调和灯光，窗帘也能直接在手机上开关。但是，App模式对顾客来说实在太“重”，很少有人会专门为了调节灯光去下载一个App注册并关注。直到2017年，微信推出了小程序，使用和下载变得更轻便，拓展性才一点点变得更强。平台跑通后，接入不同种类的服务就更容易了。例如，智尚酒店计划在一些热门旅游景区的门店增加按摩椅，顾客可以直接在智尚平台消费。

在动辄谈论“大数据”的今天，智尚酒店除了对互联网产品感兴趣，也很看重数据的价值。顾客每次入住后都会留下行为轨迹，以往顾客的开灯、关灯等动作不被酒店知道，但现在智能家居会记录下来，并根据这些使用数据来迭代产品，改进服务。同时，入住的顾客习惯几点睡觉，偏好哪些音乐，洗澡时习惯的温度是多少，这些都能记录下来，方便酒店更精准地为顾客画像，开发更多服务场景，为会员提供更加个性化的定制服务。例如，近期酒店发现，晚上10点后，会有很多顾客叫外卖。于是，酒店开始考虑增加24小时便利店，以及有自动售货机和支持移动支付的设备，解决晚上顾客想要吃夜宵的问题。

截至2018年5月，智尚酒店已经在全国17个城市开了55家门店。2017年智尚酒店的营收超过1.3亿元，并计划到2018年年底将门店扩充到120家。目前看来，主打“未来感”的智尚酒店算是找到一个比较新奇的切入点，但这块市场会面临越来越激烈的竞争。除了本土的亚朵酒店、全季酒店、丽枫酒店抢滩入局，国外的酒店集团也虎视眈眈，希尔顿在2014年便与铂涛集团合作开发“希尔顿欢朋”，喜达屋在中国创立了“雅乐轩”，万豪则在中国推出了中端品牌万枫。虽说赢者难易通吃，二八定律或许还是有效的，智尚酒店如果能够解决规模化的难题，靠着“智能”的入场券获取能够突破自己的天花板。

资料来源：本文根据“袁斯来．用数据提升住宿体验[J].第一财经周刊，2018（5）”相关内容改编。

思考题：

1. 结合案例材料，谈谈智尚酒店服务营销管理活动的新特点。
2. 运用“服务营销三角形”，谈谈智尚酒店是如何应对激烈的中端酒店市场竞争的。
3. 根据服务营销管理的基本过程，谈谈智尚酒店是如何更好地利用“未来感”标签提升企业的服务营销管理水平的。

第二篇

服务价值识别篇

第三章
服务中的消费行为

本章提要

理解顾客的服务消费行为是服务营销管理的起点与基础。服务消费行为是指顾客为有效满足自身服务需求而展开的一系列脑力与体力活动，它与有形产品消费相比具有独特的特点。服务消费行为受一系列个体因素和环境因素的影响。服务消费行为分为消费前、消费和消费后三阶段。感知风险理论、多属性态度模型等为理解顾客的服务消费行为提供了重要的理论工具。

学习目标

- 理解服务消费行为的内涵与特征
- 掌握顾客服务消费行为的关键影响因素
- 理解顾客服务消费行为的主要阶段
- 掌握阐释服务消费行为的主要理论

引导案例

消费升级下的北欧旅游发展新趋势

2018年6月1日，在北京举办的芬兰航空开航30周年中欧旅游峰会论坛上，携程目的地营销CEO钱臻在谈到消费者市场以及中国游客在北欧旅游消费新趋势时表示："随着整体消费升级，中国游客消费力在增强，消费较高的北欧旅游处于增长红利期。向中国游客介绍北欧时，除了传统的圣诞老人、极光等项目，我们可以挖掘更个性化、更丰富的产品，携程目的地营销对北欧旅游的推广从过去的标配产品正在转向更全面的产品，比如湖区产品、暑期产品等。"

近年来，北欧旅游市场变化趋势明显，在过去几年合作中，携程见证并与北欧的旅游局共同经历了中国出境游及北欧国家热度增长的阶段。携程大数据显示，过去三年，北欧旅游市场的整体预订数量增速达到50%以上，从机票预定来看，芬兰航空在携程旅行网上的出票量接近其他三个国家（挪威、瑞典、丹麦）的总和。

在分析中国"千禧一代"的特点和旅行消费趋势时，钱臻指出："'千禧一代'是最有潜力的消费者，从梦想到出行阶段，他们有独特的消费习惯与旅行偏好，更加注重‘好玩’与个性化体验，我们应考虑如何利用内容及渠道影响用户的核心决策时间点。另外，要从用户的兴趣上细分，‘千禧一代’与‘50后’‘60后’‘70后’有显著不同，比如从过去踩点旅游到现在个性化体验。在跟团游方面，‘千禧一代’更加注重品质，携程拥有主题游产品，可以基于用户消费喜好，打造个性化产品与服务。发展北欧旅游应结合‘千禧一代’的特质进行目的地推广和打造产品。”

“携程平台每天产生50TB的大数据让我们更清晰地了解用户，可以更好地为客户服务，提供效率更高的产品，为目的地及用户做更好的供求端匹配。携程大数据可以更好地帮助合作伙伴进行目的地营销。”钱臻表示。在推广方面，携程目的地营销团队会更加开放，包容所有的合作伙伴，包括腾讯、谷歌、今日头条、抖音等，通过将多个平台的数据有效打通，更完整地理解用户，提供更好的服务。

资料来源：本书根据环球网相关新闻报道内容改编。

在移动互联时代，大数据、云计算、物联网等新兴技术手段为企业洞察顾客心理和行为提供了重要支持。携程运用大数据技术进行旅游目的地营销，并取得了优异的市场业绩，这表明理解顾客行为及其背后蕴含的服务需求，是服务型企业进行有效服务营销管理的重要内容，也是企业获取市场优势的关键手段。因此，掌握服务中的顾客消费行为，是企业发掘服务价值的前提，是服务营销管理的逻辑起点和行动基础。

第一节 洞察服务消费行为

一、服务消费行为的基本内涵

服务型企业需要了解，顾客在购买、使用服务时如何做出决策，哪些因素决定或影响着顾客在实际消费过程中以及消费之后的顾客满意度。只有准确理解顾客的服务消费行为，才能帮助服务型企业有效地识别顾客的服务需求，为服务价值的创造、传递和维护提供必要基础。

概括地讲，**服务消费行为（services consumption behavior）是指顾客为有效满足自身服务需求而展开的一系列脑力与体力活动，主要体现为服务需求确认、服务信息的收集与决策，服务产品的消费，以及服务效用的评价与反馈等若干环节**。服务消费行为反映顾客在服务消费过程中的整体心理与行为特点，既体现为相对静态的服务需求特征，又体现为相对动态的消费决策过程。

相对静态视角的服务消费行为反映顾客服务需求的类型、服务消费档次的偏好、服务价格的敏感程度、服务信息的获取方式、服务过程的参与意愿，以及服务期望及评价等方面，体现出顾客的整体服务需求特征。通过洞察相对静态视角的服务消费行为，能够帮助服务型企业识别关键服务需求及特征，为服务产品开发、服务场景设计、服务信息传播、服务接触与互动，以及关系营销和顾客关系建立等服务的管理及营销活动提供基础信息，指引服务型企业营销管理活动的方向和路径。

相对动态视角的服务消费行为体现顾客的服务消费决策过程，即顾客从服务需求唤起与确认，到服务评价与反馈的心理和行为过程。从顾客与企业关系的视角看，顾客的服务消费决策过程也体现为顾客演进过程（见图 3-1）。顾客演进过程是指顾客从一般大众到最终成为企业忠诚顾客的发展历程，它是顾客与服务型企业之间从建立联系到积极互动，从初步了解到深度合作的发展过程。

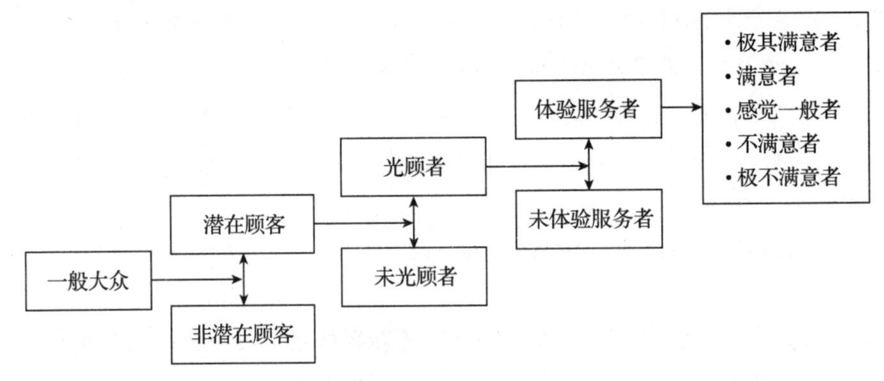

图 3-1 顾客演进模型

资料来源：郭国庆，贾森磊，孟捷. 服务营销管理 [M]. 3 版. 北京：中国人民大学出版社，2013：64.

二、服务消费行为的主要特征

服务所具备的五大特性，使顾客的服务消费行为存在诸多独特性。无论是相对静态的服务需求特征，还是相对动态的服务消费决策过程，都与传统的有形产品消费行为存在诸多不同。与有形产品的消费行为相比，服务消费行为具有以下主要特征。

（一）顾客个体特征影响显著

一般而言，顾客消费需求和购买行为均会因顾客个体特征的差异而呈现出不同特征，如性别、受教育水平、职业，以及生活方式等，均会影响顾客的消费行为。对服务消费行为而言，顾客个体特征的影响更为显著。

服务消费行为具有高度的顾客参与性，服务型企业的服务营销管理涉及管理企业与顾客、企业与员工、员工与顾客，甚至是顾客与顾客的相互关系。因此，相较于有形产品消费而言，服务消费行为更容易受顾客个体特征的影响。例如，消费可乐产品的既可以是老人也可以是小孩，既可以是高级知识分子也可以是普通装修工人。但是，服务消费过程存在高度的顾客嵌入，因而顾客个体因素，如受教育水平、性格特征以及态度及心情等，都会显著影响服务消费过程，从而使服务消费行为更多地体现出顾客个性特征。

（二）顾客参与互动水平较高

由于服务的消费本质上是一种过程消费，而非结果消费，因而服务的消费过程需要更多的顾客参与和互动。例如，手机的购买过程，顾客主要涉及购买决策、使用行为和购后感受环节，很少直接涉足于手机设计、生产和运输等环节。与此相对应，享受交响音乐会的过程，顾客会直接参与到服务的创造和传递过程，同时，顾客的参与水平和表现，如是否保持会场秩序、文明聆听等，还会影响服务的质量。因此，相较于有形产品消费而言，服务消费行为具有更高水平的顾客参与互动。

服务消费行为具备更高水平的顾客参与互动，是由服务的不可分离性和异质性直接决定的，同时也给企业的服务营销管理活动带来挑战。如何在服务过程中有效管理顾客参与互动的水平，是决定企业服务质量和顾客消费体验的关键环节之一。

（三）顾客消费决策难度较大

顾客购买有形产品的消费决策，即是否购买特定产品，是基于对特定产品的关键参数（如功能、外观、价格等）的客观评价，以及与竞争产品关键特性的横向比较。然而，由于服务的无形性、异质性和不可储存性等特征，使顾客在进行消费决策前无法对服务的具体功效和品质等进行直观评价，使服务消费的风险加大，进而增加了顾客消费决策的难度。

在进行服务消费决策时，顾客的服务信息收集和服务方案选择都面临诸多困难，需要更多外部线索，如顾客口碑、服务场景、服务人员专业性等因素帮助进行决策。这些都给服务型企业的服务营销管理带来巨大挑战。例如，在教育培训服务中，由于潜在顾客事先无法判定培训后的可能效果，因此在进行教育服务消费决策时，面临诸多困难，这为教育培训服务机构向顾客有效传递服务价值提出了更高的要求。

三、服务消费行为的关键影响因素

顾客的服务消费行为作为个体复杂的社会经济行为，不仅受到个体因素的影响，如年龄、性别、受教育程度和生活方式等，同时还受到外部环境因素的影响，如参照群体、社会阶层，以及服务场景、服务人员等。本书从个体因素和社会因素两方面来解构服务消费行为的关键影响因素。

（一）影响服务消费行为的个体因素

根据消费者行为学的基本观点，影响消费行为的个体因素主要包括生理因素、心理因素、经济因素、生活方式等。考虑到服务与有形产品之间存在的诸多差异，本书主要从三个方面考察影响服务消费行为的个体因素。

1. 顾客的人口统计学因素

人口统计学因素包括性别、年龄、健康状况、职业、受教育程度、婚姻状况、收入水平等方面指标。在服务消费中，顾客的人口统计学因素均会对消费行为产生影响。一般而言，以下为主要的人口统计学因素。

（1）收入水平。经济因素是消费行为的基础决定因素，它决定是否发生以及发生什么档次的消费活动，服务消费也不例外。顾客的收入水平决定服务消费行为的需求类型、发生频率以及消费档次和规模。特别是针对一些享受型和发展型服务，如文体娱乐、继续教育、出境旅游等，顾客收入水平的影响作用更为显著。

（2）受教育程度。受教育程度对服务消费行为的影响主要体现在两个方面。一方面，受教育程度影响顾客的服务需求类型，即顾客在寻求满足特定需求的服务时，受教育程度的差异会造成服务选择的不同。例如，在满足休闲娱乐需求的决策过程中，受教育程度较高的顾客更可能选择外出旅游、看电影、听音乐会等娱乐服务，而受教育程度相对较低的顾客则更可能选择棋牌娱乐、看电视等娱乐服务。另一方面，受教育程度影响服务过程中顾客参与程度和互动水平。服务活动的高参与性和互动性，意味着顾客的知识、技能和意愿对服务过程和质量具有重要影响。一般而言，受教育程度越高的顾客，越容易理解和掌握顾客参与及互动所需的知识和技能，进而具备更强的参与意愿和能力。

（3）性别与年龄。与产品消费行为一样，服务消费同样受顾客性别与年龄的影响，不同性别的顾客具有不同的服务消费行为。例如，总体而言，女性的服务消费行为更为感性，男性的逻辑思维能力更强，购物决策更为迅速。同样，不同年龄段顾客的服务需求也不尽相同。顾客在青年期、中年期和老年期，针对同类型需求，如个人健康服务，也具有不同的服务需求特征和服务产品选择。

2. 顾客的认知因素

认知是个体由表及里、由现象到本质反映客观事物的特性与联系的过程，可以分为感觉、知觉和记忆等阶段。认知因素是具有高度主观能动性的心理因素，它在顾客服务消费的整个过程中都发挥重要影响作用。

（1）感觉。感觉是人的大脑对直接作用于感觉器官（视觉、听觉、嗅觉、味觉和触觉）的客观事物形成的个别属性反应。感觉是顾客对服务需求、服务产品以及服务过程和效用进行感受，并掌握基本信息的重要方式。例如，顾客对服务型企业的广告传播、服务场景以及服务人员专业素养的感觉，影响着顾客的服务消费行为。

（2）知觉。知觉是人的大脑对直接作用于感觉器官的客观事物形成的整体反应。知觉与感觉的区别在于：第一，知觉反映整体属性，是对事物综合、全面的认知，感觉反映个别属性，是对事物部分、具体的认知；第二，感觉仅仅是对当前刺激的反映，而知觉包含运用以往经验对当前认识的理解。因此，知觉具有整体性和选择性。这意味着顾客对服务信息的收集和理解需要通过多个渠道和方式进行，同时，顾客更容易保留那些与自己态度和信念相符的服务信息。

（3）记忆。记忆是人的大脑存储曾经历过的事物以备将来使用的过程。顾客对过往服务消费经历的记忆会影响今后服务消费的选择和参与过程。例如，顾客曾接受过某种服务，这种服务经历会给顾客留下一个整体印象，当再接触类似服务时，过去的经历就会重现，成为引导顾客进行服务消费决策的重要依据。鉴于服务具有无形性等特征，以往接受服务的经历则会成为影响后续服务消费决策的关键因素。

3. 顾客的生活方式

从消费行为的角度讲，生活方式是指顾客选择支配时间和金钱的途径，以及如何通过个人的消费选择来反映价值取向和品位。生活方式营销的观点认为，在现代商品社会，消费是“一种操纵符号的系统行为”，顾客对商品的消费已经从对商品使用价值的消费转移到对商品符号价值的消费。

生活方式是由顾客的社会阶层、消费态度和消费偏好决定的，同时又通过顾客的生活观念、消费观念、传播观念等体现出来。生活方式会显著地影响顾客的服务消费行为，具有不同生活方式的顾客群，在满足同种需求的服务选择上具有很大差异。例如，崇尚自由生活方式的顾客，在工作之余会将时间和金钱更多地投入到参与户外活动、潜水等文体娱乐服务中。

服务技能

如何有效测量顾客的生活方式

目前国内外对顾客生活方式的测量，主要使用两种方法：一是 AIO 法，即活动、兴趣、意见综合法；二是 VALS 法，即价值观念和生活方式结构法。

（一）顾客的活动、兴趣、意见综合法 (AIO 法)

顾客的活动（activity）、兴趣（interest）、意见（opinion）综合法是通过问卷调查的方式掌握顾客的活动、兴趣和意见，以区分不同的生活方式类型。调查问卷中列出一系列问题：①活动方面的问题主要是顾客做什么、买什么、怎么样打发时间等；②兴趣方面的问题主要是顾客的偏好和优先考虑的事物等；③意见方面的问题是消费者的世界观、道德观、人生观、对经济和社会事物的看法等。表 3-1 列出了测量顾客活动、兴趣和意见因素的主要指标，以及回答者的人口统计项目。

表 3-1 顾客 AIO 与人口统计测试

活动	兴趣	意见	人口统计因素
工作	家庭	自我表现	年龄
爱好	性别	社会舆论	性别
社会活动	工作	政治	收入
度假	交际	业务	职业
文娱活动	娱乐	经济	家庭规模
俱乐部会员	时髦	教育	寓所地理区域
社交	食品	产品	教育
采购	媒介	未来	城市规模
运动	成就	文化	生命周期阶段

事实上，AIO问卷中的具体问项并没有一成不变的标注，而是根据研究者的目的和性质来进行问项设定。总体上讲，AIO问卷中的问题可分为具体问题和综合问题两种类型：具体问题主要是与特定产品相结合，测试顾客在某一产品领域的购买、消费情况；综合问题与具体产品或产品领域无关，意在探测人群中各种流行的生活方式。两类问题具有各自的营销价值。具体问题帮助企业更好地了解与产品相关的顾客信息，有助于企业改进产品和服务；综合问题提供的信息为企业勾勒出目标顾客的一般生活特征，有助于企业掌握目标顾客群全貌。表3-2列举了AIO问卷中的一些典型问题。

表3-2 AIO问卷中的典型问题

1. 活动方面的问题
（1）何种户外活动你每月至少参加两次？
（2）你一年读多少本书？
（3）你一个月去几次购物中心？
（4）你是否曾经到国外旅行？
2. 兴趣方面的问题
（1）你对什么更感兴趣？运动、电影还是工作？
（2）你是否喜欢尝试新事物？
（3）出人头地对你是否很重要？
（4）星期六下午你是愿意花两个小时陪妻子还是一个人外出钓鱼？
3. 意见方面的问题（回答同意或不同意）
（1）俄罗斯人就像我们一样。
（2）对于是否流产，妇女应有自由选择的权力。
（3）教育工作者的工资太高。
（4）我们必须做好应对核战争的准备。

（二）价值观念和生活方式结构法（VALS法）

价值观念和生活方式结构法（value lifestyles，VALS）是美国斯坦福国际研究所(SIR)于1978年开发的生活方式分类系统，并于1989年进一步升级和完善，即VALS 2。VALS 2关注两项指标，即资源水平和自我取向。顾客的资源水平不仅包括财务或物质资源，还包括心理和体力方面的资源。顾客的自我取向则被分成三种类型：①原则取向。持原则取向的人主要是依信念和原则行事，而不是依情感或获得认可的愿望做出选择。②地位或身份取向。持这种取向的人很大程度上受他人言行、态度的影响。③行动取向。持这一取向的人热心社会活动，积极参加体能性活动，喜欢冒险，寻求多样化。

VALS 2运用资源水平和自我取向两项指标将顾客划分为8个细分市场（见图3-2）：①成就者，约占人口的8%。他们是一群成功、活跃、独立、富有自尊的消费者。②思考者，约占人口的11%。他们采取原则导向，是一群成熟、满足、善于思考的人。③追求者，约占人口的13%。他们采取身份导向，是一群成功、事业型、注重形象、崇尚地位和权威、重视一致和稳定的人。④体验者，约占人口的12%。他们属于行动导向、年轻而充满朝气的一群人。⑤信仰者，约占人口的26%。他们采取原则导向，是传统、保守、墨守成规的一群人。⑥奋斗者，约占人口的13%。他们采取身份导向，寻求外部的激励和赞赏，将金钱视为成功的标准，由于拥有资源较少，因而常因感到经济的拮据而抱怨命运不公，易于厌倦和冲动。⑦制造者，约占人口的13%。他们是行动取向，保守，务实，注重家庭生活，勤于动手，怀疑新观点，崇尚权威，对物质财富的拥有不是十分关注的一群人。⑧挣扎者，约占人口的14%。他们生活窘迫，受教育程度低，缺乏技能，没有广泛的社会联系。

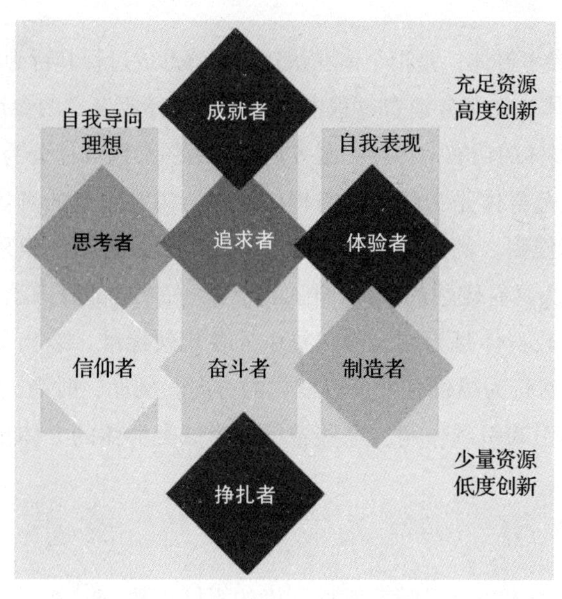

图 3-2　VALS 2 生活方式分类

资料来源：根据相关资料整理。

（二）影响服务消费行为的社会因素

影响服务消费行为的社会因素，是指外部世界中影响顾客服务消费行为的所有社会要素的总和，如消费文化、参照群体、社会角色等。社会因素反映人与人之间社会意义上的直接与间接作用，因而对顾客的服务消费行为具有重要的影响作用。

1. 消费文化

消费文化是指在一定经济社会背景下，人们在消费活动中表现出的消费价值观、行为，以及消费环境的总和。消费文化是社会文化在经济领域的重要表现形式，处在特定消费文化中的个体均会受到影响。消费文化是引导和约束顾客消费行为和偏好的文化规范，顾客的消费举止主要受其所在文化环境和氛围的影响。消费文化对顾客服务消费行为的影响主要体现在以下两个方面。

（1）消费文化影响顾客的服务消费观念。不同的经济社会发展状况，孕育着不同的消费文化，从而推动服务消费行为的变迁。例如，随着国民收入水平的提升，顾客更强调自我发展和生活享受，使发展型和享受型的服务消费，如继续教育、文体娱乐、个人康养等服务的开支比重越来越大。

（2）消费文化塑造顾客的服务消费方式。不同的消费文化使顾客具备差异化的服务消费方式。例如，享乐型和体验型的消费文化，决定顾客在服务消费中更强调细致入微的服务过程和身心愉悦的消费体验；符号型的消费文化，顾客的服务消费更突出自我表现和身份展示，甚至是炫耀型服务消费。

2. 参照群体

参照群体也被称为参考群体，是指个体在认知与情感形成过程和行为实施过程中用来作为参照标准的其他个体或群体。在服务消费过程中，顾客所选择或设定的参照群体会影响顾客的服务消费决策。根据参照群体的功能，将影响服务消费行为的参照群体分为规范群体和比较群体。

（1）规范群体。规范群体是为顾客消费提供榜样，树立规范的群体，它为顾客服务消费行为提供了基本范例和规则。例如，家庭成员、朋友，以及寝室、俱乐部等群体，对群体所属人员的消费心理和行为具有较强的规范作用，能够左右成员的服务消费选择。

（2）比较群体。比较群体是为顾客消费提供外在比较标准，以衡量个体消费行为尺度的群体，它为顾客服务消费行为提供了发展和变化的方向。例如，时尚人群、“驴友”等群体对顾客的消费行为具有吸引和引领作用，那些希望成为该类群体的个体更倾向于选择符合该类群体规范的消费行为。

3. 社会角色

角色身份论认为，个体的自我随着所处环境的不同而改变，在不同的环境中扮演着不同的社会角色，具有不同的行为，塑造不同的自我。在特定时间内特定的社会角色将占据主导地位，进而对包括消费行为在内的所有社会行为产生影响作用。

每个特定的社会角色需要特定的产品和服务来进行塑造；服务消费可以起到塑造自我、强化自我的作用。例如，企业高管在工作之余的娱乐消费可能是打高尔夫、境外旅游等，而一般员工的娱乐消费可能是观看电影、自驾游等。因此，不同的服务消费被用来彰显社会角色的不同；反过来，不同类型的服务消费又在塑造不同的社会角色。

第二节 服务消费行为的基本阶段

一、消费前阶段

消费前阶段是指顾客在购买服务之前展开的一系列行为或活动。对顾客而言，本阶段的核心内容涵盖服务需求确认、服务信息收集以及服务方案评估三项具体活动。

（一）服务需求确认

服务需求的确认是顾客消费过程的起始。一旦顾客意识到现实情况与预期之间存在差异，或者顾客对现实情况存在诸多不满意并急切地希望得到改进时，便会产生顾客“痛点”，即顾客需求。当顾客需求需要通过特定的服务，或者以服务为核心内容的系统解决方案进行满足时，服务需求便得以产生。服务需求的产生可能是内部原因，也可能是外部原因。

（1）内部原因，主要是指顾客自发地意识到需要某些服务，如继续教育服务、家政服务、健康医疗服务等，来解决自己工作、生活或身体等方面的现实问题；或者顾客主动地认为需要某些服务，如旅游服务、文体娱乐服务等，能够改善和优化自己工作或生活等方面的基本状态。

（2）外部原因，主要是指服务型企业或服务营销人员通过广告、人员推销和销售促进等方式，让顾客知晓某种特定的服务，或者让顾客意识到自己可能存在的某种特定需求，并引起顾客的兴趣，使顾客形成比较明确的需求确认。由于服务无法像有形产品那样用产品本身去吸引顾客的注意。因而，重视服务宣传和有形展示，以引导顾客的服务需求显得尤为重要。例如，美容 SPA 会所发放的低价体验宣传单，会引发顾客进行美容服务相关消费的欲望和动力；健康体验中心通过宣传活动告诉潜在顾客，漠视定期的健康检查可能会错过重大疾病的最佳治疗时机，从而引发潜在顾客的忧虑，产生顾客对健康问题的认知和体检服务需求。

（二）服务信息收集

当顾客形成比较明确的现实问题或服务需求后，他们便开始收集相关的信息，以寻找解决现实问题或满足服务需求的可行途径和目标。通常情况下，顾客获取服务信息包括三种主要渠道。

（1）人际渠道，是指顾客通过人际交流等方式获取有关服务信息。这些交流既包括通过面对面的方式与亲戚、朋友、同事等进行的信息交换，也包括通过网络途径，如微博、朋友圈、博客、电商平台的买家评价等社交媒体或信息平台，获取其他顾客发布的服务信息及评价等。从信息影响力来看，顾客通过人际渠道获得的信息对其服务消费行为具有关键作用。

（2）商业渠道，是指顾客通过服务型企业的商业广告、公共关系、人员推广等方式获取有关服务的信息。运用商业渠道传播服务信息，是企业影响顾客服务消费行为的重要手段。随着大数据、云计算等新兴技术的广泛应用，使针对特定顾客群进行精准信息传播成为可能，从而使商业渠道在信息传递过程中的作用变得越发明显。从信息量角度看，商业渠道是顾客获取服务信息的最重要方式。

（3）公共渠道，是指顾客通过大众媒体，以新闻消息、消费报告、公共讲座等形式获取服务信息。一般而言，由于公共渠道的信息不具备特定的倾向，因而具备更高的可信性和影响力。但是，针对顾客需求而言，来自公共渠道的服务信息可能缺乏特定的针对性。

（三）服务方案评估

在顾客获取有关服务的足够信息后，需要对不同的可能方案进行评估，以便做出最后的消费决策。对服务方案的评估是对服务消费需求和服务信息的再次审视和确认，并决定最终服务消费的方向和规模，因而在顾客的服务消费行为过程中具有承上启下作用。顾客对服务方案的评估主要有三项依据。

（1）顾客的消费目标，即顾客的服务消费是要满足什么需求，解决什么问题。明确消费目标是顾客进行服务方案评估和选择的首要工作，不同的目标会直接导致不同的服务方案选择。例如，当顾客决定外出就餐时，其目的是家庭聚会、朋友约会，还是宴请领导和同事，会直接影响顾客对就餐地点、方式和档次的选择。

（2）顾客的消费成本，即顾客进行预期服务消费时需要付出的各类成本，包括金钱、精力和时间等综合因素。服务的开支、服务获取过程中所需付出的时间和精力，以及服务的可获得性，均会被顾客视为服务选择的潜在成本，从而成为影响服务消费选择的重要因素。

（3）顾客的感知风险。在进行方案评估时，除了考虑目标和成本，顾客还可能会对购买服务可能遇到的风险感到焦虑，担心购买的结果会让人失望。事实上，由于有形的产品可以进行退换，但大多数服务却无法进行退换，因而在服务方案评估中，顾客面临的各类感知风险（见表 3-3）会影响消费决策。例如，在美发服务中，由于不确定染发后的效果，很多顾客在面对理发师提出的染发建议时都非常审慎。

表 3-3 服务购买使用的感知风险

感知风险类型	顾客感知举例
功能风险（不满意的表现结果）	• 培训课程会向我传授如何找到好工作的技能吗 • 这张信用卡在任何时间、任何地点购物都能有效吗 • 干洗能去除夹克上的污渍吗
财务风险（金钱损失、不可预期的成本）	• 如果我听从证券经纪人的建议进行这项投资是否会亏损 • 在网上购物，我的身份证号码是否会被窃取 • 如果去那里度假，我是否要承担许多额外的费用 • 修理汽车的费用是否比预先估计的要高
时间风险（浪费时间、时间延迟的影响）	• 进入展览会现场参观之前是否会排队等候 • 这家餐厅的服务效率是否很低，致使我下午开会迟到 • 浴室的装修是否可以在朋友拜访之前完工
物理风险（人身伤害、财产损失）	• 在度假胜地滑雪会不会受伤 • 包裹里的东西会不会在邮寄过程中受到损坏 • 在国外度假期间是否会生病
心理风险（担忧、情绪）	• 我怎么知道这架飞机会不会坠毁 • 咨询顾问会不会让我觉得自己很愚蠢 • 医生的诊断会不会让我感到心烦
社会风险（其他人的想法和反应）	• 如果朋友们知道我住在便宜的汽车旅馆会怎么看我 • 亲属们会满意我为家庭聚会选择的餐厅吗 • 我的生意合作伙伴会赞同我选择了一家不知名的法律事务所吗
感官风险（对五官感觉的负面影响）	• 从我就餐的餐桌向外望，看到的会不会只是停车场，而不是海滩 • 旅馆的床舒服吗 • 我会不会被隔壁客人的鼾声吵醒 • 我住的房间是否有霉味和烟味 • 早餐的咖啡会不会令人作呕

资料来源：Wirtz J, Lovelock C. Essentials of Services Marketing [M]. 3rd ed. Edinburgh Gate: Pearson Education Limited, 2018：43.

服务洞察 3-1

产品属性如何影响顾客的评价

当顾客面临多种选择时，就需要对不同的服务产品进行比较和评价。然而，许多服务在实际购买之前是无法评价的。对产品评价的难易程度取决于产品的属性，产品的属性有以下三种类型。

（1）搜寻属性。搜寻属性是指在购买之前顾客能够评价的、有形的产品特点。例如，产品的风格、颜色、质地、味道和声音，潜在顾客在购买产品之前可以对这些产品属性进行试用、品尝或试驾。这些有形的产品属性可以帮助顾客在购买之前了解、评价要购买的产品，减少顾客的不确定性感知和购买风险。在制造业产品中，服装、家具、汽车、电子设备和食品都是具有明显搜寻属性的产品。许多服务也具有搜寻属性，例如，在光顾某个餐厅之前就可以对餐厅的许多属性进行评价，包括食物的种类、餐厅的地点、餐厅的类型（是正式餐厅、休闲餐厅，还是家庭聚会餐厅）以及餐厅的价位；还可以在入住宾馆之前对各个房间进行查看和比较。

（2）经验属性。经验属性是指顾客在购买产品之前无法进行评价的产品属性。顾客在对诸如可靠性、易用性和用户支持等服务属性进行评价之前，必须对服务进行实际的“体验”。例如餐厅服务，你只有在餐厅进行实际消费以后，才能知道你是否喜欢餐厅的食物，服务员提供的服务到底如何，餐厅的氛围是否舒适。度假、现场娱乐演出甚至许多医疗过程，都具有非常显著的经验属性。虽然人们可以查看旅行宣传册，浏览描述度假胜地的网站，观看旅行影片，阅读旅行专家的评论，但是只有亲自体验过在加拿大落基山脉徒步旅行、在加勒比海潜水，才能实际感受到这些运动带来的激动人心之美。顾客在评估以上服务以及类似服务时，也不能总是依赖亲朋好友和其他的人际信息来源，因为不同的人对同一刺激因素的解释和反应方式是不同的。

（3）信任属性。某些产品特性即便在实际消费以后，顾客也很难对其进行评价，这就是产品的信任属性。顾客不得不相信供应商的某些工作流程是按照事先的承诺进行的，并且达到了承诺的质量水准。例如，餐厅服务的信任属性包括餐厅厨房的卫生条件，以及烹饪材料的安全性。对于顾客来说，很难判断汽车维修保养服务的好坏；病人通常也无法评价牙医在复杂的牙科手术过程中的表现。之所以对这些服务进行精确的搜索，是因为顾客本身可能没有经过相关的服务培训，缺乏服务专业知识。例如咨询服务、外科手术、法律咨询和顾问服务，实际上顾客对这些服务的评价归根到底是依靠对服务提供者技能和专业性的信任。

所有的产品都可以置于“评价容易”—“评价困难”的连续谱上，而产品评价的难易程度又取决于产品的搜寻属性、经验属性、信任属性是否显著（见图 3-3）。大多数的有形产品都位于连续谱的左侧区域，因为有形产品的搜寻属性显著。与之相反的是，多数的服务都位于连续谱的中间至右侧区域，因为服务具有较高的经验属性和信任属性。

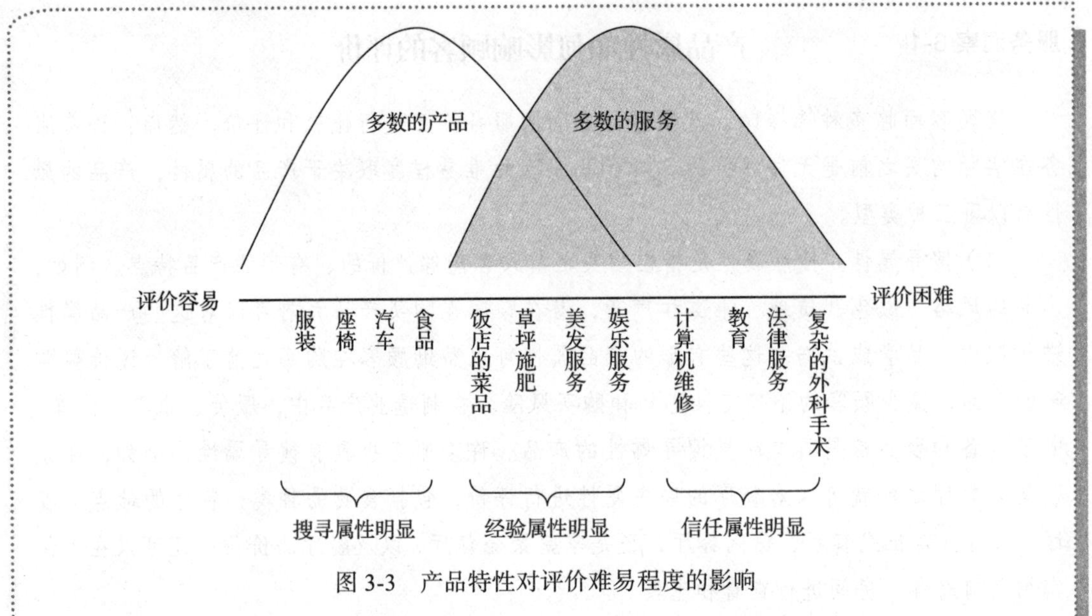

图 3-3 产品特性对评价难易程度的影响

资料来源：Wirtz J, Lovelock C. Services Marketing: People, Technology, Strategy[M]. 8th ed. New Jersey: World Scientific, 2016：107-110.

二、消费阶段

有形产品的消费阶段一般包括购买、使用和废物处理等过程。但是，由于服务具有生产与消费的不可分离性，即顾客购买和消费服务的过程也就是企业或服务人员提供和传递服务的过程，服务消费阶段的步骤相对比较简洁，各步骤的边界划分也并不是非常明显。总体而言，顾客的服务消费阶段主要包括顾客初步接触和服务消费体验两方面。

（一）顾客初步接触

当顾客形成初步消费决策时，就会通过各种渠道与企业进行初步接触或联系，以进一步获取信息并确认消费决策。例如，顾客事先到服务门店进行考察，通过电话或网络工具与服务型企业的客服人员进行初步沟通等。因此，对于服务型企业而言，充分认识和利用与顾客接触的关键时刻非常重要。关键时刻是指在特定的时间或特定的地点，服务型企业抓住机会向顾客展示服务的关键特征及其质量。一旦关键时刻出现失误，已经激发出的顾客服务需求就可能会退回到一种原始状态。

在顾客初步接触过程中，服务型企业及服务人员所采取的技巧和行为会极大地影响顾客期望，塑造顾客对未来服务品质和质量的潜在标准。因此，充分利用和管理与顾客接触的若干关键时刻，是企业有效管理顾客期望，并最终影响顾客满意度的重要手段。

（二）服务消费体验

服务消费体验是顾客接受企业或服务人员提供或传递服务的环节。从表现形式上看，顾客的服务体验阶段即服务人员的服务提供阶段。

顾客的服务消费体验，既由服务本身的品质和质量决定，又受服务人员和顾客两因素的影响。一方面，不同的服务人员，由于素质、能力、态度等方面的差异，导致提供的服务是不同质的；即使是同一个服务人员，由于自身因素（如心理状态）的影响，也不能够以始终如一的标准和水平提供服务。另一方面，顾客具备的不同知识水平、兴趣特征和个人倾向，也会影响服务消费体验的水平。例如，同一场交响音乐会会因听众的音乐素养和欣赏能力的不同，而呈现出不同的视听效果。

三、消费后阶段

在服务消费阶段后，便进入以服务消费评估及反应为主要内容的消费后阶段。对服务型企业而言，顾客服务消费的结束并不意味着服务营销管理活动的结束。企业通过关注顾客消费后阶段的评价和反应，可以发掘未被满足的顾客服务需求，进而提升现有服务价值，或开发设计新服务。同时，企业还需要致力于提升顾客满意，塑造顾客忠诚，以建立长期的顾客关系。

（一）服务消费评价

由于服务的无形性，导致顾客在消费以前无法像对有形产品那样对消费对象进行全面且客观的评估，因而在服务消费完成后，指向效用判断和满意度确定的服务消费评价，便会不自觉地在顾客心理和行为中展开：自己购买的服务是否达到预期效果？购买条件是否合适？消费过程是否顺利？如果选择另外的服务品牌是否能够获得更好的效用？服务消费评价是一个具有主观性的判断过程，主要受三方面因素的影响。

（1）服务的过程及效用。顾客在接受服务过程中的消费体验以及服务的最终效果，是影响顾客服务消费评价的决定性因素。在服务过程中，具有良好的顾客互动，并形成卓越的服务效用对顾客消费评价起到主要促进作用。

（2）顾客的服务预期。服务消费评价本质上是客观效果与主观预期之间的比较，因而顾客的服务预期会显著影响服务消费评价。若顾客的服务期望不同，即使是享受同一种服务，如观看同一部电影、听同一场音乐会，也会产生不同的消费评价。

（3）顾客的外部比较。顾客服务消费评价不仅受服务本身及顾客期望两方面内部因素的影响，还受到顾客对一些外部因素比较结果的影响。这种比较既可能是与亲友消费相类似服务效用进行比较，如公休假期亲友均参加出境旅游，也可能是与假定自己选择另外的服务品牌可能获得的效用进行比较。

（二）服务消费反应

在顾客的服务消费评价后会形成相应的评价结果，如满意或不满意，进而引发顾客的消费反应。若顾客对服务消费不满意，可能引发两类顾客消费反应：①顾客抱怨。针对服务不满意，顾客可能向服务人员或企业进行抱怨，也可能向亲友进行抱怨，形成负面口碑。②顾客沉默。顾客对服务消费不满意也可能选择沉默，即顾客"用脚投票"，虽没有形成顾客抱怨，但决定远离服务人员或企业。事实上，当顾客对服务不满意时，顾客抱怨比顾客沉默更有价值，因为公开的顾客抱怨能够为服务人员或企业弥补服务失误、进行服务补救提供机会。

如果顾客对服务消费满意，则会强化顾客继续进行服务消费的正面倾向，进而构建顾客忠诚，形成长期的顾客关系。同时，高水平的顾客满意可以形成正向口碑和推荐意愿，使顾客成为服务的宣传者和代言人。

总而言之，本书将顾客的服务消费行为划分为三大阶段 7 个环节（见图 3-4）。事实上，服务消费行为的基本阶段有别于有形产品的消费，各个阶段的界限并不是非常明晰，每个阶段的各个环节在时间上也并不是有绝对的前后逻辑。

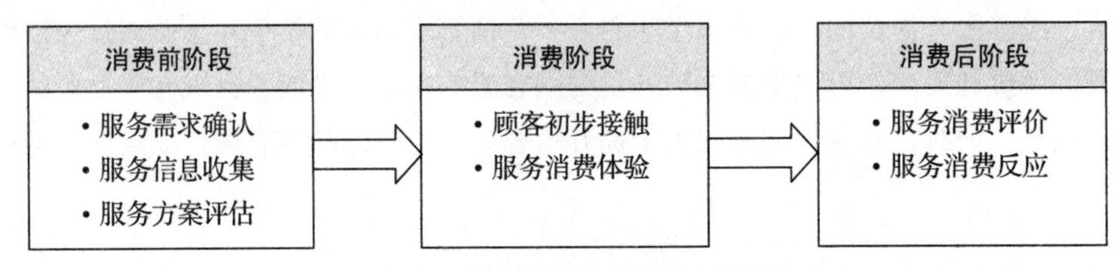

图 3-4 服务消费行为的基本阶段

资料来源：本书设计。

一方面，由于服务具备的不可分离性、不可储存性和所有权非转移性特征，使服务的消费不涉及有形产品所有权的转移，而是有较多顾客参与和顾客互动的过程消费；另一方面，由于服务的无形性、异质性特征，使服务的评价更为复杂和更具主观性。在一些特定的服务领域，服务的评价可能伴随着整个消费过程。同时，顾客的服务评价不仅受服务和顾客因素的影响，还受到一些来自社会和环境等方面因素的作用。从某种意义上讲，顾客的服务消费评价将取决于服务型企业如何管理顾客与顾客、服务人员与顾客、顾客与企业内部环境，以及服务人员与企业内部环境之间的各类关系。

第三节 服务消费行为的主要理论

一、感知风险理论

服务的无形性等特征使顾客的服务消费面临着比有形产品消费更大的潜在风险。对可能风险的识别与应对将会影响顾客的服务消费决策和行动，任何的服务消费决策都意味着需要承担潜在风险。因此，感知风险理论是理解服务消费行为的重要理论工具。

（一）感知风险理论的基本内涵

在 20 世纪 60 年代，消费者行为研究者就认为需要从风险认知的视角理解顾客的购买行为。在顾客的消费行为过程中，顾客可能面临一系列风险；由于消费行为及后果不确定性的存在，使得顾客的任何决策和行动都可能带来不希望甚至是不愉快的后果。因此，顾客对风险的认识和应对将会影响顾客消费决策的方式和方向。美国哈佛大学教授雷蒙德·鲍尔（Raymond Bauer）在1960年首次将“感知风险”的概念从心理学引入消费者行为学领域，认为顾客的风险感知包括两个层面，即后果和不确定性。

感知风险理论（perceived risk theory）认为，顾客在进行购物决策时，可能会感知到四个方面的潜在风险，即财务风险、绩效风险、物质风险和社会风险。财务风险是指由于顾客决策失误而带来的金钱损失；绩效风险是指现有服务无法像以前服务那样能够满足顾客的要求；物质风险是指由于服务提供不当而给顾客带来身体上的实质伤害；社会风险则指由消费某种服务而影响顾客的社会地位或社会角色。

（二）感知风险理论的营销应用

由于服务的无形性、异质性、不可分离性等本质特征，加之服务缺乏统一的质量标准，而且售前无法全面评价，因此，相较于有形产品而言，顾客进行服务消费将会感知到更大的潜在风险。顾客为了有效地规避或缓解可能的风险，在其消费决策和行动过程中将会有意识或无意识地采取一些策略。顾客在服务消费过程中降低风险的主要策略包括以下几种。

（1）重视服务品牌和企业形象。良好的企业形象和服务品牌为顾客提供重要的服务品质和质量保障，已经成为顾客进行服务选择的重要依据。例如，当顾客需要出国英语培训服务时，新东方、环球雅思等具有较高知名度和品牌影响力的培训机构更容易成为顾客的选择。同时，由于服务消费可能面临巨大潜在风险，一旦顾客在某品牌的服务消费过程中获得了良好的服务体验和效用满足，便不会轻易改变服务品牌选择，以免承受新的风险。因此，相较于有形产品，服务型企业更需要也更容易与顾客建立品牌忠诚和长期顾客关系。

（2）关注顾客口碑与意见领袖。顾客口碑对减少服务消费潜在风险有重要意义。在具有较高感知风险的情况下，顾客更倾向于听取亲戚、朋友以及具有类似消费经验顾客的意见。具有积极性质的消费意见和建议，为顾客消费决策和行动提供了信心保证。同时，顾客为降低潜在消费风险，也会听从意见领袖（opinion leaders）的观点和建议。意见领袖通常是一个群体中能够给他人以较好意见的人。研究表明，在服务消费过程中，顾客常常会寻求意见领袖的帮助，以减少潜在购买风险。

（3）强调其他外部线索的收集。为降低服务消费的潜在风险，顾客在服务选择时还会寻找更多的外部线索，以辅助决策。例如，当顾客到某旅游景点游玩需要寻找就餐地点时，由于对各个餐馆的菜品质量、价格等缺乏足够了解，顾客便会试图通过其他线索，如就餐人数、餐馆服务人员举止以及餐馆位置及装修等信息，来对餐馆进行判断。如果感知风险越大，顾客试图寻找的外部线索就会越多。

二、多属性态度模型

态度是个体对特定对象，如人、观念、事物等所持有的稳定心理倾向，它蕴含着个体对特定对象的主观评价，以及由此产生的行为倾向。从服务营销管理视角看，顾客的服务消费行为本质上反映顾客对特定服务的态度，而顾客对特定服务的态度决定服务行为，即顾客选择消费那些符合自己需求及观念的服务产品。因此，对顾客态度的理解是洞察顾客消费行为的关键环节之一。

（一）多属性态度模型的基本内涵

马丁·费舍宾（Martin Fishbein）在1963年提出的多属性态度模型（multi-attribute attribute model），假定顾客对特定对象的态度或评价取决于与对象相关的几个关键属性的信念，并且以各种构成的评分作为加权系数，以最终决定对特定对象的评价。多属性态度模型实现了对态度三个关键要素的量化：①属性，即某态度对象具有的若干关键特征或评价指标，如家用轿车的价格、品牌、安全性、舒适性等；②信念，即评价者对态度对象在各个属性方面的整体看法；③权重，即评价者对态度对象各个关键属性重要性的量化评价。

多属性态度模型公式为 $A_o=\sum_{i=1}^{n} B_iE_i$。其中，$A_o$ 指对评价事物的总体态度；B_i 指对态度对象的某种信念；E_i 指对每一重要属性或指标的评价。

（二）多属性态度模型的营销应用

作为顾客态度评价和行为预测的重要理论工具，多属性态度模型已广泛应用于服务营销管理领域。其基本思路是：在对特定服务进行评价时，首先确定评估该类服务的若干关键指标（即属性），并根据各个指标的重要性进行赋权（即确定权重）；然后顾客对该类服务的各类指标进行评分；最后在考虑权重的前提下计算出该类服务的整体得分，即综合评价。

以测量乘客对A、B、C、D四家航空公司的态度为例：根据航空运输服务的特点，选择评估此类服务的五项关键指标（或属性）——安全性、正点率、价格、机型和空姐仪表，并对以上五项指标进行赋权。假定在乘客心目中这五项指标的权重分别是10、8、9、5、7，然后通过问卷调查的方式让让乘客给这五家航空公司打分（10=最好；1=最差），得到的结果如表3-4所示。

表3-4 多重属性评分表

属性 \ 公司	A	B	C	D	权重
安全性	10	10	9	8	10
正点率	10	8	7	6	8
价格	9	9	10	10	9
机型	10	10	9	8	5
空姐仪表	9	9	10	8	7
加权平均值	374	358	351	314	

资料来源：李海洋，牛海鹏.服务营销[M].北京，企业管理出版社，1996：105.

最后，计算出每家公司的加权平均值，最终确定乘客对每一家航空公司的评价高低。数据结论显示，顾客对A航空公司的整体评分最高。

三、控制理论

“控制”作为一个心理学概念，旨在说明现代社会中人们已不再为满足基本的生理需求而困扰，追求对周围环境的控制成为人们行为的驱动力，因而包括消费行为在内的个体行动都蕴含控制的因素。因此，控制理论也成为理解顾客服务消费行为，指导服务型企业开展服务营销管理的重要理论。

（一）控制理论的基本内涵

控制理论（control theory）认为，个体在行动中的控制包含行为控制和认知控制两个层面：行为控制是指直接对个体的具体活动进行控制，它是基于个人的直接观察，表现为特定的控制能力。当工作绩效的要求或标准已众所周知，个体会运用行为控制的方式确保行动按照既定路线进行，确保行为符合既定的标准。认知控制是指通过调节、影响个体对事件、企业或个人的看法，使个人改变行为方式和决策，最终获得认知一致性的过程。控制的作用在于能够使个体运用有限的资源，抵制内外干扰，按照预定计划达成最终目标。

（二）控制理论的营销应用

在服务消费的过程中，行为控制能力对服务型企业、服务人员以及顾客都是十分重要的。一方面，如果顾客的行为控制能力增强，会强化顾客在服务互动和参与过程中的议价能力，从而可能导致企业及服务人员在服务过程中的位势受到损害，甚至可能带来财务方面的损失；另一方面，如果企业或服务人员拥有较强的行为控制能力，则可能使顾客感到缺乏公平和话语权，进而对服务过程感到不满意，失去建立长期顾客关系的意愿。此外，在企业与服务人员关系方面，若企业行为控制能力过强，可能导致服务人员缺乏自主性，难以及时有效满足顾客个性服务需求的组织条件，例如，对一线服务人员的授权。因此，在服务营销管理中，确保服务型企业、服务人员和顾客三方行为控制能力的动态均衡尤为重要。

个体在认知控制方面的特征，也为服务型企业带来诸多营销管理启示。在实际的服务消费过程中，顾客对服务的满足程度取决于其感觉到的自己对周围环境的控制能力；同样，服务型企业服务人员的满意程度在很大程度上也是由认知控制因素决定。因此，在服务过程中，服务型企业应为顾客提供足够的信息，以让他们感觉到自己拥有较多的主动权和控制力，并知道事情的进展过程。例如，当飞机误点时，航空公司应该及时向乘客解释飞机为何误点以及何时能起飞等，从而避免顾客对相关事实的认知缺乏导致顾客抱怨甚至是冲突；同样，服务型企业也应该让服务人员充分感受到工作的自主性，培育一线员工足够的主人翁意识，增强服务过程中的行为主动性。

四、服务脚本理论

服务是一个包含服务场景、服务设施等物质条件，以服务型企业及服务人员、顾客为主体的互动过程。**服务脚本理论（service scripting theory）试图从服务行为规范、服务场景设置、服务过程设定等方面，对企业提供服务与顾客参与服务的双重过程进行理论阐释。**

（一）服务脚本理论的基本内涵

脚本是指表演戏剧或拍摄电影、电视剧时，演职人员表演所依据的底本。服务脚本则是将服务活动类比为表演活动，提供给所有参与者的行为指南，规定服务传递过程中服务员工和顾客的一系列行为。

服务型企业员工通过接受正规培训以及实践学习等方式掌握服务脚本。根据服务类型的不同，服务员工可能要学习并不断重复一些规定的“台词”。例如，为吸引不同顾客而采用多种方式进行宣传，利用电话、网络等方式招揽生意、促进销售，还有程序化用语“您好！请问有什么可以为您效劳”“希望您今天过得很愉快”等。服务型企业通过服务脚本来规定员工的行为与台词。例如，与顾客的眼神交流，对顾客微笑，问候顾客的同时要握手，以及其他重要的行为规范，包括禁止员工在上班时间吸烟、吃东西、嚼口香糖、拨打手机等。

同时，顾客则会通过自身的实际服务经历、与其他顾客的交流、与企业之间的沟通、企业的培训熟悉服务脚本。顾客在某个服务型企业的服务体验越多，就会对该企业的服务脚本越熟悉。顾客不会转向企业竞争对手的原因之一，可能就是顾客不愿意再重新学习、熟悉新的剧本。任何有悖于服务脚本的行为都会使顾客和员工受挫，并导致顾客不满。当企业决定要改变服务脚本，例如银行利用移动互联网技术将高度接触服务转变为低度接触服务，那么企业就要对员工和顾客进行培训，告知他们新技术、新的运营模式可以带来的收益。

（二）服务脚本理论的营销应用

在服务提供过程中，一些服务需要严格按照服务脚本演出，例如星级酒店提供的标准化服务，这样就会减少服务的不稳定性，有利于保持服务质量的一致性。同时，一些高度定制化的服务则没有严格的服务脚本，服务过程和方式是灵活多变的。例如，家装设计师、幼儿教育专家、财务咨询顾问等服务脚本，需要随着服务情境和顾客特征的不同而发生变化。

服务脚本理论对指导服务型企业的营销管理活动，确保服务过程的标准化，进而确保服务品质水平具有重要意义。以牙科检查服务为例（见表3-5），诊所洗牙及简单牙科检查的“服务脚本”中有三个演员：病患、前台接待人员和牙科保健医师。每个人都有自己演绎的角色，反映了他们各自在服务接触中所起的作用。顾客扮演的角色区别于其余两个服务提供者扮演的角色（顾客并不期待这次的服务接触），前台接待人员的角色也有别于保健医师的角色，反映了他们两种不同的工作性质。这个服务脚本部分由牙科诊所的有效运营需要构成，更重要的是由精湛、安全的专业技术构成（而不是口罩、手套）。只有通过病患在服务传递过程中的配合，才能很好地完成检查、清洗牙齿的核心服务。

表 3-5　洗牙及简单牙科检查的“服务脚本”

病　　患	前台接待人员	牙科保健医师
1. 电话预约		
	2. 确认需求，安排应诊时间	
3. 到达牙科诊所		
	4. 问候病患，确认需求，引导病患到候诊室等候，通知医生病患已经到达	
		5. 浏览病患相关记录
6. 在候诊室等候		
		7. 问候病患，引导病患到诊疗室
8. 进入治疗室，在诊疗椅上坐好		
		9. 核实以往的诊断病历，询问前一次治疗过后发生的问题
10. 回答医师提出的问题		
		11. 为病患穿上防护衣
		12. 放平诊疗椅，佩戴防护口罩、手套和眼镜
		13. 检查病患的牙齿（选择性地向病患提出问题）
		14. 将吸引装置放在病患口中
		15. 用牙科高速设备和手动工具依次清洗病患的牙齿
		16. 取出吸引装置，完成清洗过程
		17. 将诊疗椅复位，让病患漱口
18. 漱口		
		19. 摘掉并丢弃口罩和手套，摘掉眼镜
		20. 完成治疗记录，将病患档案送还前台接待处
		21. 脱掉病患的防护衣
		22. 向病患赠送免费牙刷，提出个人口腔护理建议
23. 从诊疗室上坐起		
		24. 向病患致谢、道别
25. 离开诊疗室		
	26. 问候病患；核实接受的治疗，并出示账单	
27. 付账		

（续）

病　患	前台接待人员	牙科保健医师
	28. 出示收据；确定下次应诊的日期，并将预约日期记录在案	
29. 拿预约卡		
	30. 向病患致谢、道别	
31. 离开诊所		

资料来源：Wirtz, Lovelock C. Services Marketing: People, Technology, Strategy[M]. 8th ed. New Jersey: World Scientific, 2016: 130.

事实上，牙科诊所“服务脚本”中的许多要素都与信息流有关。确认预订可以避免顾客的迟到行为，进而保证牙医可以合理有效地利用工作时间。获取病人的病历、记录治疗分析，对于保持完整的治疗记录和清晰的账单记录至关重要。病患对治疗费用的及时支付可以增加诊所的现金流，避免坏账、呆账情况的发生。最后，对病患的问候，向病患表示感谢、告别可以传达诊所对病患的友好和人文关怀，最大限度地减轻他们的痛苦，并促进长期顾客关系的建立。

服务洞察 3-2

消费行为的其他理论模型

20 世纪 70 年代以来，消费行为的理论研究进入到全面发展阶段，表现为研究角度多元化、研究方法定量化，并取得了一系列丰硕成果。目前，阐释消费行为的理论模型还包括以下几种。

（一）消费行为总体模型

美国俄勒冈大学教授德尔·霍金斯（Dell Hawkins）、罗杰·贝斯特（Roger Best）和亚利桑那州立大学教授肯尼斯·科尼（Kenneth Coney）在《消费者行为学》一书中提出“消费行为总体模型”（见图 3-5）。他们认为，消费行为是一个在一定情境下的决策过程：“识别问题—信息收集—评价与选择—经销商选择与购买—购买过程。”在这个过程中，顾客在内外因素的影响下形成自我形象和生活方式，进而产生与之一致的欲望和需求，从而需要通过消费的方式来进行满足。一旦顾客面临相应的环境，消费决策过程就会启动。

（二）消费者关系购买模型

美国埃默里大学教授杰格迪什 N. 谢斯（Jagdish N. Sheth）和北肯塔基大学教授本瓦利·米托（Banwari Mittal）在《消费者行为学：管理视角》一书中，将顾客角色划分为使用者、购买者和付款者；同时认为所有消费行为都受到顾客取得并使用产品和服务时所得到价值的驱动。他们基于顾客角色界定和顾客价值观点，提出了消费者关系购买模型（见图 3-6）。消费者关系购买模型指出，消费者在购买之前会锁定一些供应商，依靠这些供应商来满足其对产品和服务的需求。消费者关系购买模型由前因、关系和结果三部分构成。关系是由成本利益因素和社会文化因素决定，但影响消费者与供应商关系的建立及后续消费态度和行为的形成。

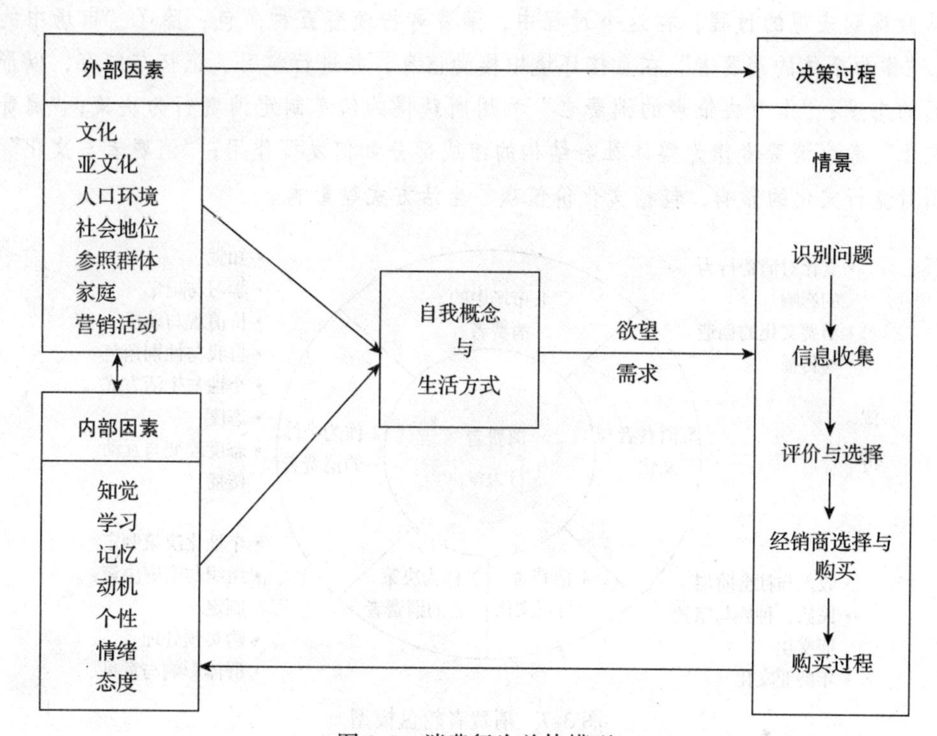

图 3-5　消费行为总体模型

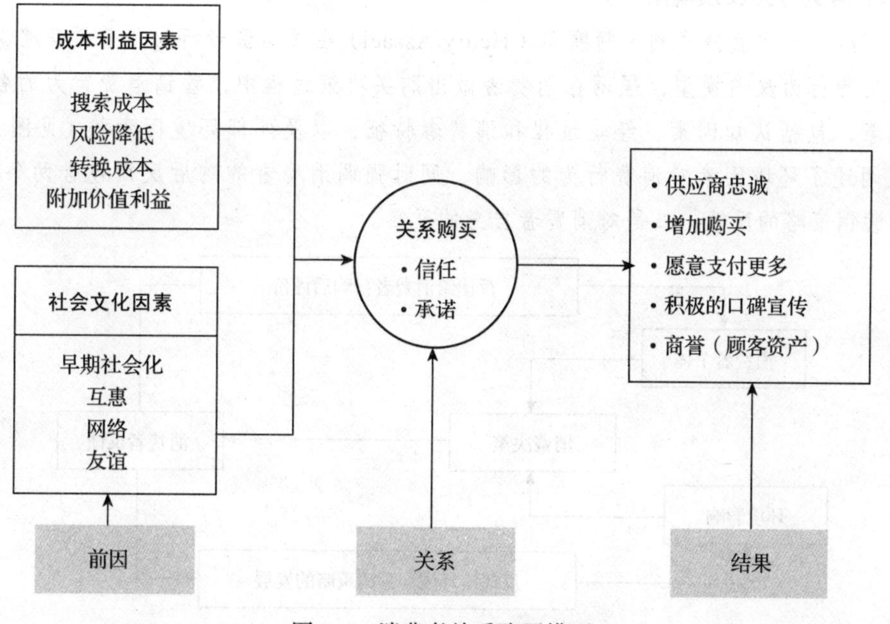

图 3-6　消费者关系购买模型

（三）消费者行为轮盘

美国奥本大学教授迈克尔·所罗门（Michael Solomon）在《消费者行为学》一书中提出“消费者行为轮盘”模型（见图3-7）。该模型认为，消费者行为运行的基本逻辑是一个从微观到宏观的过程，在这个过程中，消费者扮演着五种角色：除了“市场中的消费者”“作为个体的消费者”在直接环境中接受信息，并进行学习、记忆与储存，以形成对产品的态度；“作为决策者的消费者”利用所获得的信息制定消费行为决策；“消费者与亚文化”考察消费者作为整体社会结构的组成部分如何发挥作用；“消费者与文化”考察营销对流行文化的影响，包括文化价值观、生活方式等影响。

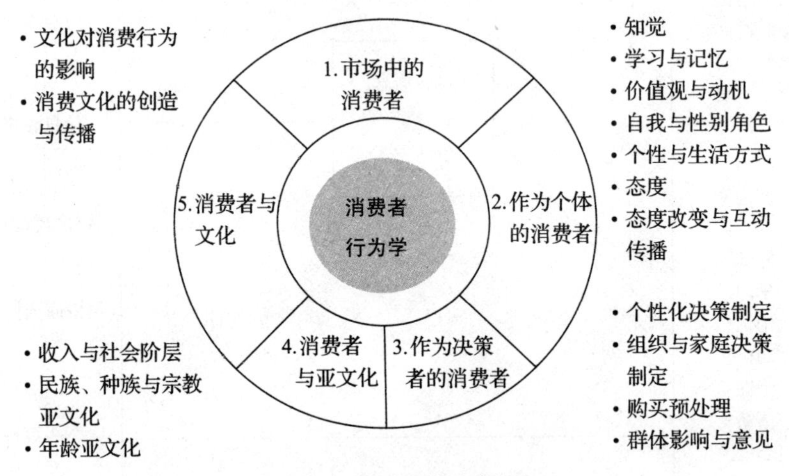

图3-7 消费者轮盘模型

（四）消费行为反馈模型

美国纽约大学教授亨利·阿塞尔（Henry Assael）在《消费者行为与营销策略》一书中提出消费行为反馈模型，强调在消费者做出购买决策过程中，营销消费行为的各种内外部因素，包括认知因素、经验过程和消费者特征，以及外部环境因素等（见图3-8）。该模型阐述了环境因素对消费行为的影响，同时强调消费者的购后反馈包含两条路径：一是对营销策略的反馈；二是对消费者自身的反馈。

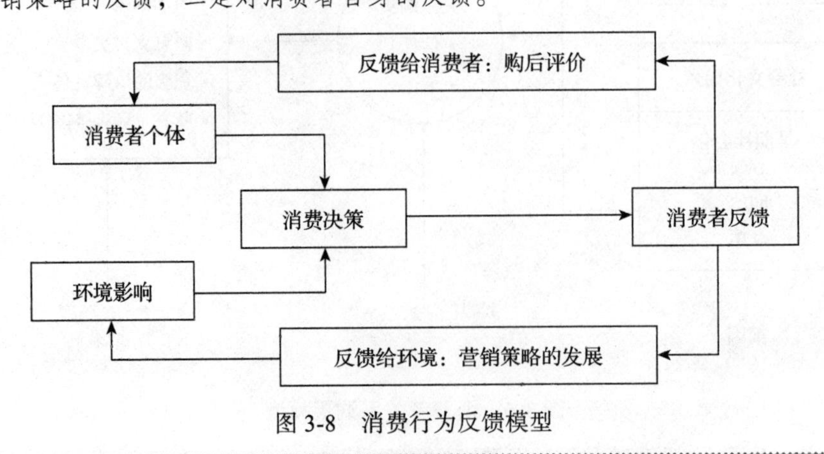

图3-8 消费行为反馈模型

（五）消费者行为分析轮状模型

美国威斯康星大学教授保罗·彼得（Paul Peter）和宾夕法尼亚州立大学教授杰里·奥尔森（Jerry Olson）在《消费者行为与营销战略》一书中提出“消费者行为分析轮状模型”（见图 3-9），指出应该从消费者感知与认知、消费者行为、消费者所处的环境和公司的营销战略等方面对顾客的消费行为进行分析。这意味着，消费者在选择某类特定商品时，其购买和使用产品的目的情境不同，产生的关键需求就不同。对购买决策产生重要影响的利益需求，就是消费者的关键需求；要准确理解消费者的关键需求，就必须准确识别消费者购买和使用产品的目的情境。

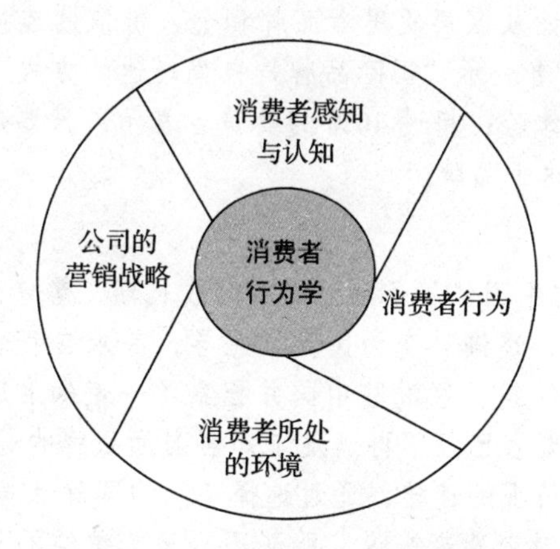

图 3-9　消费者行为分析轮状模型

资料来源：根据相关资料整理。

基本概念

- 服务消费行为（service consumption behavior）
- 服务消费行为的基本阶段（stages of services consumption behavior）
- 感知风险理论（perceived risk theory）
- 多属性态度模型（multi-attribute attitude model）
- 控制理论（control theory）
- 服务脚本理论（service scripting theory）

课后思考

1. 什么是顾客的服务消费行为？它有什么样的特征？
2. 举例说明影响顾客服务消费行为的个体因素和环境因素。
3. 顾客服务消费行为由哪些阶段构成？在不同阶段中，顾客行为的主要内容有哪些？
4. 理解顾客服务消费行为的主要理论有哪些？这些理论对服务营销管理有什么启示？

讨论案例

中国时尚消费者的六大新趋势

中国市场早已成为全球时尚品牌的兵家必争之地。需求不断变化与升级的中国时尚消费者，正给这个市场注入新鲜的血液和源源不断的活力。目前，中国时尚消费者呈现六大新趋势。

趋势一：需求多样化

从需求层面来讲，中国消费者的偏好越来越多样化，品位也越来越个性化。整体来看，品牌知名度、体现个人品位的设计、制作精良是决定购买的首要因素。同时，在品牌选择上消费者更注重个人感受，开始从深层次思考品牌和个人价值的连接。在被问及购买国际品牌的原因时，超过60%的受访者表示“国际品牌是自我表达的方式”；超过50%的受访者声称是因为优质的服务和良好的体验；超过40%的受访者表示，只要产品符合心意就很愿意尝试新的品牌，哪怕从未听说过这个品牌。

趋势二：诉求悦己化

过去20多年，奢侈品在中国经历了从无到有的成长期，奢侈品市场也从由男性主导、以彰显地位为主的炫耀性消费，逐渐转变为由女性主导，寻求自我表达和价值观认同为出发点的悦己性消费。在国际品牌纷纷已经进驻中国并积累了一定知名度。同时，在消费者的海外经历日渐丰富的情况下，消费者已经不再满足于知名国际品牌的标签带来的“合群感”，而是更深入地考量品牌与自身价值观的连接，通过选择不同的国际品牌来满足和表达自己的诉求，完成对于“本我”的探索。对消费者来说，购买不再只是单纯的货品和金钱交换，而是品牌故事和价值观的态度表达。调查显示，约45%的受访者在“是否愿意承担环境友好型产品的额外成本”这一项上，选择了“非常愿意”或“愿意”。

趋势三：过程体验化

在体验式消费大行其道的当下，越来越多的消费者愿意为更好的购物体验和休闲娱乐服务支付溢价。目前，生活方式一体化的购物广场风头正劲。例如，以摩天轮著称的上海大悦城推出了下午茶套餐、情侣纪念品、照片拍摄等服务，旨在促成交叉销售，大悦城变为城市购物目的地，每天最高人流量超过4 000人，消费者力求实现以生活方式为导向的购物体验。定位“艺术购物中心”的K11，继香港和上海之后，于2017年11月在武汉开设了分店，在华中发力。除了“云、湖泊、瀑布”科技互动装置，前后下沉式广场、主题中庭、小剧场和屋顶花园之外，K11还设立了Coffee Museum咖啡博物馆、Herb Museum草本健康区、Zona Fresca“新鲜食·集”的体验区域，力求实现以生活方式为导向的购物体验。

趋势四：信息扁平化

从信息的获取来说，从过去单向的品牌推送转变为自上而下的、由用户口碑引导的消费。随着科技的发展，消费者和品牌的接触点越来越多，这一点在中国消费者身上体现得尤为明显。调查显示，中国消费者在单次决策旅程中平均要经历15个信息接触点，包括7个线下触点和8个线上触点，是所有国家接触点最多的消费者。同时，数据表明，在最近一次的消费中，59%的信息触点来自品牌导向，包括店内体验、品牌广告和明星代言，其余41%的信息触点则是来自用户主导的信息渠道，包括看见他人展示、亲朋推荐、用户评价、网红推广和网络资讯平台的介绍。

趋势五：决策冲动化

如今，消费者购买前考虑的时间越来越短。数据显示，超过50%的奢侈手袋购买决定是在一天之内做出的。相比2010年的25%，决策时间大大缩短。同时，消费者纳入考量的品牌数量却有所增多。大约1/4的消费者表示现在相比一年之前考虑更多的品牌（考虑减少品牌数量只有6%）。信息的全球化和数字化让消费者掌握了更加丰富的奢侈品知识，也越来越有信心做出即兴的购买决定。从品类和客群来看，“90后”考虑的品牌数量最少、时间最短，而“80后”考虑的品牌最多，“70后”考虑的时间最长。相较于重奢，消费者购买轻奢时普遍考虑的品牌数量更多，但考虑时间更短。

趋势六：渠道合一化

尽管最终购买仍然绝大多数在线下实现，但消费者决策过程已经全渠道化，并对在线购买国际品牌兴趣浓厚。就最终购买行为来说，国际品牌线上消费经历了每年27%的增长，线上渗透率从2012年的3%增长到了2016年的9%。数据显示，只有16%的消费者在线下完成了解、考察和购买的全部过程，而84%的消费者在整个购物过程中受到线上的影响，但其中只有9%在线上埋单。此外，60%的消费者表示未来愿意尝试在网上购买国际品牌，虽然仍然存在产品真伪和购物体验的痛点。因此，未来的国际品牌消费是一个全渠道驱动的消费模式，而线上也会成为越来越重要的终端购物渠道。

随着信息的全球化和社交化，以及线上和线下科技的突破，中国的时尚消费者将更加成熟，更知道自己认同的价值观和品牌内涵，多触点、重体验、随时即兴地按个人喜好进行购买。消费者的新面貌，给企业带来了新的启示和挑战。

资料来源：根据“Achille A, Kim A, 栾岚. 中国时尚消费者的六大新趋势[R]. 肯锡咨询公司，2018”相关内容改编。

思考题：

1. 如何从顾客的服务消费行为视角，理解中国时尚消费者呈现的若干新趋势？
2. 中国时尚消费者的消费新趋势为服务型企业的营销管理带来了什么样的机遇与挑战？
3. 结合六大新趋势，谈谈服务型企业应该进行怎样的服务及营销创新，以应对消费者新需求？

第四章 服务期望与感知服务质量

本章提要

服务期望是顾客评估服务的基础标准和参考点，由理想服务、适当服务和容忍服务三个基本层次构成，并受到复杂因素的影响。感知服务质量是顾客对服务型企业或服务人员所提供服务过程和结果的主观感受和价值判断，由技术质量、功能质量和企业形象三方面构成，也受到诸多内外部关键因素的影响。感知服务质量由多重维度构成，其评价方法也各异。服务质量差距模型为服务质量管理提供了重要的分析工具和行动路径。

学习目标

- 理解服务期望的含义与主要类型
- 掌握影响服务期望的关键因素
- 理解服务质量的内涵与构成要素
- 认识影响感知服务质量的关键因素
- 掌握感知服务质量的评价维度及方法
- 掌握服务质量差距模型及服务质量管理策略

引导案例

快捷酒店顾客的服务期望

随着酒店行业的日渐兴盛，提供可靠的房间住宿以及对顾客进行优质服务已难以形成独特的竞争优势，顾客满意已成为企业竞争的重要领域。快捷酒店作为经济型酒店服务品类的开创者，能够在与传统中高档酒店的竞争中“杀出重围”，依靠的是对目标顾客期望的精确理解，并提供与顾客需求相匹配的服务产品。

整体色彩：简约 VS 华贵

对于快捷酒店的顾客而言，他们对酒店色彩的关注度不高，通常期望干净即可。因此，快捷酒店客房内部整体装饰色彩与外部一致，色泽纯正，无强烈的视觉冲击感，搭配力求淡雅简约，符合心理学中精神调节原则。快捷酒店装饰整体感强，形成较强归属感，形象装饰利于提升品牌可信度。传统中高档酒店的顾客则期望酒店营造出庄重华贵的感觉。因此，传统酒店顾客对整体色彩的期望要高于快捷酒店顾客，这也导致高档酒店在房间陈设上多选用深色调。

家具陈设：节约 VS 高大

快捷酒店顾客期望得到便利的服务，要求快捷酒店在设计上应精巧。例如，可折叠衣架数目充足，不使用时可以收起以节约空间，选用性价比高的小尺寸彩电，屋内桌柜精致小巧，无衣柜及储物间，利用电视柜或置物架下方空间放置行李，不阻碍屋内活动范围，使用起来贴心方便。床具宽大舒适，被单选用与屋子整体颜色相搭的浅色被褥。传统酒店的客户则期望获得高层次的服务，因此高档酒店进门设有衣柜和小吧台，方便旅客更衣置物，卫生间设有浴缸等洗浴设施，一般在床侧摆两个沙发等，力求凸显服务的层次感。

细节设置：周到 VS 惊喜

快捷酒店的顾客对细节的追求并不是很苛刻，他们并不期望快捷酒店能够满足他们尽可能多的要求，但必须要满足基本需求。因此，快捷酒店准备有洗漱用具、小贴士、茶杯托盘等器具，插销、宽带端口的位置以商旅实用为原则，不以美观为首选。传统中高端酒店的顾客期望能够获得尽可能优质的服务，因此高档酒店在细节方面需要做到更好，比如需要考虑客人的不同需求，在门口小吧台上放开水壶、饮料以供顾客享用，小型电器、地区黄页及服务指南满足旅客需求，尽可能想顾客之所想，完成顾客之所需，体现出酒店的人文关怀和优质服务理念。

软件配置：需要 VS 必要

顾客对酒店服务的优劣认知波动很大，因为受很强的主观态度的影响。例如，一个酒店的服务质量与另一个酒店相差无几，但是顾客对于提升服务的细节不甚满意，便造成了主观评价的极大差异。对快捷酒店而言，顾客对一些外加服务的需求的期望不是很高，如前台服务、客房服务等，如果快捷酒店为了节约成本而没有设置，顾客可以接受，这对顾客来说虽是需要的，但并非一定必须存在。但是对于高档酒店而言，如果仅有这些基本的软件服务，不一定能够达到顾客的期望值，还必须在这些软件服务的基础上提升服务质量，才能获得顾客的认可。对这些顾客来说，这些软件配置则是必要的。

资料来源：马征 . 快捷酒店赢在哪里——快捷酒店与中档传统酒店之比较 [J]. 经济与管理，2012（6）：66-68.

在竞争激烈的酒店服务市场，准确理解目标顾客的服务期望成为快捷酒店赢得竞争的重要基础。事实上，顾客及其服务需求特征是服务营销管理的逻辑起点。顾客的服务需求是否被满足，顾客对服务体验是否满意，最重要的两方面影响因素是顾客的服务期望和感知服务质量。顾客在服务消费过程中及消费后会将服务期望与感知质量进行比较，这是顾客进行服务评价的核心环节。因此，对服务型企业而言，理解顾客的服务需求，识别服务价值，应先对服务期望及感知服务质量有深刻的理解，以指导服务营销管理活动。

第一节 理解服务期望

一、服务期望的基本含义

服务期望是服务传递的信念，是评估服务过程和效用的基础标准和参考点。当顾客对服务质量和品质进行评价时，会将服务期望与其对服务过程和效用的感知进行比较，从而实现对服务的评价。因此，关注顾客的服务期望是服务营销管理活动的重要出发点。

服务期望（service expectations）是指顾客心中服务应达到和可以达到的水平，它是顾客基于以往的消费经历、企业的服务承诺，以及与其他顾客的消费比较等综合因素形成的主观意识。服务期望会影响顾客的服务购买行为。一般情况下，顾客在做出消费决策前会形成针对服务的预评价，在预评价基础上产生消费行为并在接受服务后对其进行评价，同时形成下一次消费前的预评价。预评价过程就是顾客的服务期望形成过程。

顾客一般通过多种渠道，如以往消费经验、企业宣传、口碑等方式，获得有关服务的信息后，对服务型企业及其服务形成一种预设的内在标准，进而形成顾客的服务期望。对服务型企业而言，顾客的服务期望具有双重性质：一是高水平的服务期望能够成为吸引顾客服务消费的驱动力；二是服务期望为顾客评估企业提供的服务建立了关键标准。事实上，顾客针对特定的服务，可能形成对服务期望的一个连续集。服务期望不同，顾客对服务型企业提供的服务过程及品质的评估也会不同。例如，当顾客准备去一家餐厅就餐，可能会对特定餐厅形成顾客期望的连续集，顾客服务期望的高低会影响其对餐厅服务的评估（见图 4-1）。

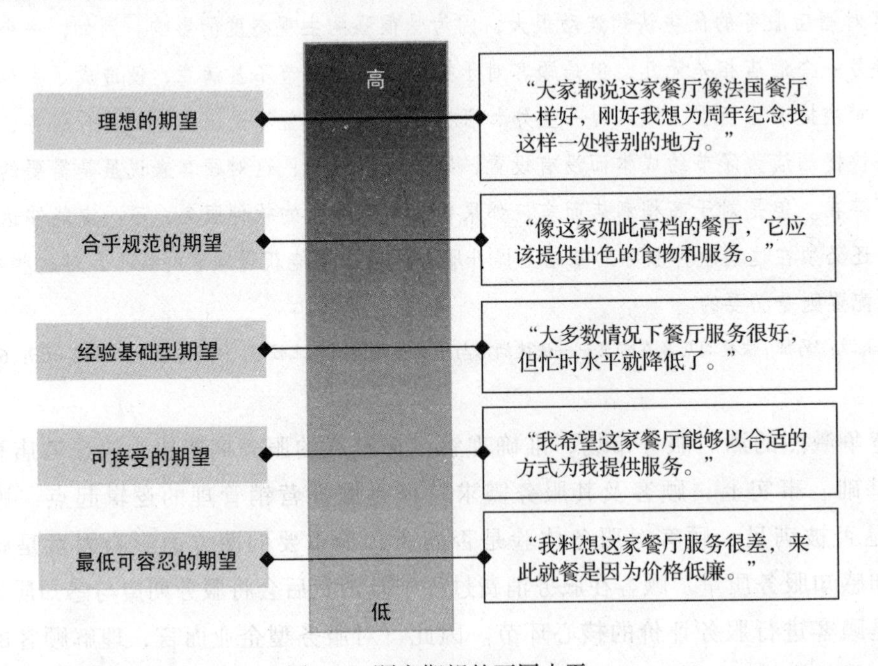

图 4-1 顾客期望的不同水平

资料来源：Zeithaml V, Bitner M，Gremler D. Services Marketing[M]. 7th ed. New York: McGraw-Hill Education, 2017: 52.

服务期望在影响甚至是决定服务质量评价和顾客满意度方面具有重要作用，因而理解顾客的服务期望对企业开展服务营销管理活动具有重要意义。一旦服务型企业对目标顾客的服务期望理解产生偏差，会使服务营销管理面临困境：①如果顾客的服务期望高于企业所制定的服务标准，即使服务人员按照企业的既定要求达到服务标准，顾客也很难满意；②如果目标顾客的服务期望低于企业所制定的服务标准，那么服务型企业则可能因标准过高而浪费服务成本，或者不自觉地进入另一类细分市场，逐渐偏离企业的目标顾客群。

因此，对服务型企业而言，在创造和传递高水平服务价值之前，首先应该准确把握目标顾客群的服务期望。如果竞争者能够更准确地理解顾客服务期望并提供服务，那么对企业而言就意味着顾客的流失和业务的失败，同时可能意味着在与目标顾客无关的环节上投入过多的组织资源，从而使企业在激烈的服务竞争中处于不利局面，甚至带来生存危机。

二、服务期望的主要类型

由于顾客的服务期望具备不同的水平，使服务期望形成不同的层次；顾客期望水平的连续集使顾客期望的层次呈现阶梯状。根据美国服务营销学教授瓦拉瑞尔·泽丝曼尔等的观点，按照顾客服务期望的水平，服务期望可以分为理想服务、适当服务和容忍服务三类。理想的服务与适当的服务分别是顾客服务期望的上限和下限，而容忍服务则介于两者之间（见图 4-2）。

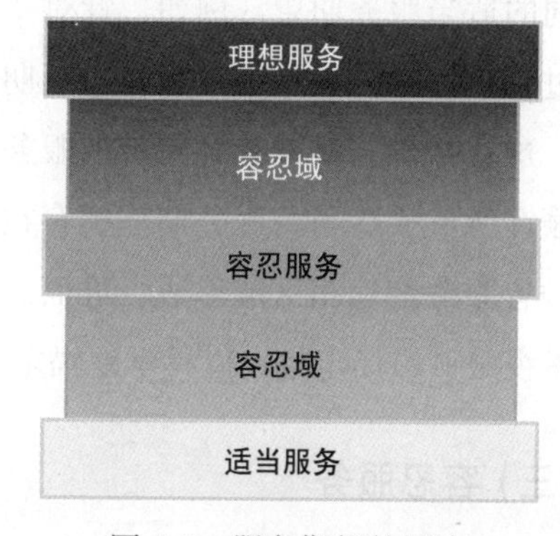

图 4-2　服务期望的层次

资料来源：Zeithaml V, Bitner M, Gremler D. Services Marketing[M]. 7th ed. New York: McGraw-Hill Education, 2017: 53，略有改动。

（一）理想服务

理想服务（desired service）是指顾客心中向往和渴望追求的较高水平服务，即顾客最想获得的服务水平。理想服务是顾客认为“可能是”与“应该是”的结合物，反映顾客进行服务消费的最高愿望。例如，家长在找家教时常常向家教服务中心提出一些附加条件，如教师的性别、年龄甚至爱好、专长等，这些附加条件体现着家长心目中理想的家教服务。精明的家教服务中心会对这些附加条件进行积极的关注，并努力予以满足。

顾客心中的理想服务是一种心理期望，反映顾客希望服务能够达到的最佳水平。由于不同顾客对服务应达到最佳水平的理解存在差异，最佳水平也没有实际的上限，因此理想服务并不仅仅代表一种服务期望类型，而是服务水平的理想区间，即服务的理想区域。若顾客感受到的服务质量水平处于理想区域，顾客就会感到满意；若顾客感受到的服务质量水平处于理想区域上方，顾客就会感到惊喜。例如，顾客对快餐厅形成理想的服务期望是在干净环境下快速、方便和好吃的食物；在高档餐厅中，优雅的环境、亲切绅士的侍者、美味精致和伴随烛光的食物，则成为顾客理想的服务期望。

服务型企业和服务人员可以通过行为观察、深度访谈等了解顾客心中的理想服务水平。此外，有时顾客心中的理想服务是一种潜在的心理需求，具有很强的模糊性，顾客很难非常明确地表达，这就要求服务型企业和服务人员能够深度地洞察顾客潜在心理倾向和行为需求，识别顾客心中理想的服务。

（二）适当服务

适当服务（adequate service）是指顾客可以接受的服务水平，代表顾客最低的可接受服务期望。作为顾客期望的最低要求，适当服务实际上也存在一个波动区间，可以称为服务的适当区域。若顾客感受到的服务质量水平处于适当区域，顾客可能会因为服务水平较低而感到不满意，但还是可以勉强容忍和接受。一旦顾客感受到的服务质量处于适当区域的下方，顾客便会难以容忍，并产生强烈不满的情绪，从而失去建立顾客关系的可能性。

顾客对同一行业中的不同服务型企业所形成的期望是不同的，针对同一服务可能形成完全不同的适当服务期望。例如，针对一般餐馆，顾客适当的期望可能是卫生的食物、快速的就餐过程；针对高级餐馆，顾客适当期望就可能还包括比较规范的服务、适合就餐的环境装饰等。这意味着，顾客针对同类型服务具有相似的期望，但是服务型企业的服务市场定位不同，顾客所形成适当的服务期望仍存在较大差异。这意味着，不同的服务市场定位会显著地影响顾客服务的适当区域形成，进而影响顾客满意度和顾客关系建立。这就要求服务型企业高度重视服务市场定位，以科学地锚定适当服务的区域。

（三）容忍服务

容忍服务（tolerant service）是指顾客心中介于理想服务和适当服务之间的服务水平。某些服务虽然不那么理想，但比适当服务水平略高，总体是比较正常的，是顾客放心且不必去挑剔的服务水平，因此容忍服务是反映在整个服务期望中顾客的最高期望与最低期望之间的，较为宽泛的服务水平。

由于服务具有异质性，不同的服务型企业，同一服务型企业中不同的服务人员，甚至是相同的服务人员在不同时间，服务绩效都会存在差异。顾客承认并愿意接受的差别范围或波动区域叫容忍域（tolerant zone）。容忍域的上限是理想区域的下限，而容忍域的下限则是适当区域的上限。若顾客感受到的服务质量水平落在容忍域，那么顾客感到这是正常情况，使人感到基本满意的服务，服务品质也是达到基本标准。

例如，某顾客中午到餐厅就餐，当点餐后等待上餐时间接近 5 分钟时他并不着急，因为根据他的经验，考虑到此时是用餐高峰时段，点餐后5～10分钟上餐是比较正常的。当等待时间达到10分钟时，顾客开始有点着急，但他觉得只要5分钟内能够上餐也不影响下午上班。没想到15分钟过去了，仍没有上餐，他就开始抱怨起来。18分钟过去了，还没有上餐，顾客开始气愤地向餐厅经理投诉，并愤怒地离开餐厅。在本事例中，5～10分钟的等待时间就是顾客的容忍域，10～15分钟能够上餐而不影响下午上班是属于适当服务，一旦超过15分钟就是不可接受或不合格的服务。

三、影响服务期望的关键因素

服务期望在影响顾客的服务选择及评价方面扮演着关键的角色。因此，全面、科学地理解服务期望的影响因素，对引导企业服务营销管理活动具有最重要的价值。只有掌握那些影响顾客服务期望的关键因素，才能使服务型企业及服务人员有针对性地开展服务价值的创造和传递活动。

（一）影响理想服务的关键因素

理想服务作为顾客向往的高水平服务期望，代表着服务质量及品质的最高水平。影响理想服务的关键因素包括顾客的个人需要、派生期望和服务理念三方面（见图4-3）。

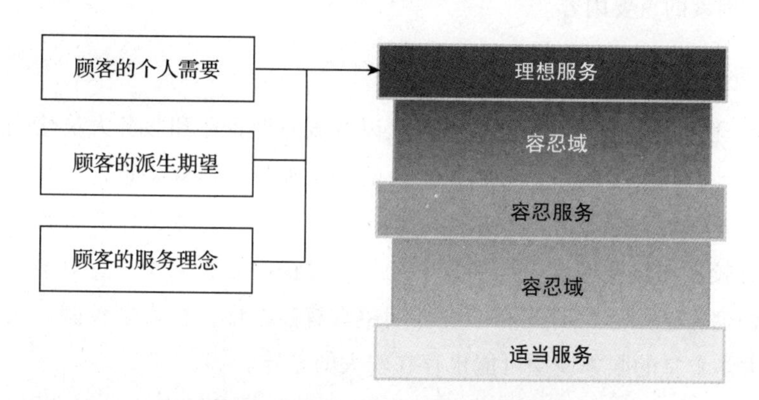

图4-3　影响理想服务的关键因素

资料来源：Zeithaml V, Bitner M, Gremler D. Services Marketing[M]. 7th ed. New York: McGraw-Hill Education, 2017：58，略有改动。

1. 顾客的个人需要

顾客的个人需要是指对顾客的生理或心理健康十分必要的状态或条件，是影响理想服务水平的关键因素。个人需要分为很多类型，包括生理的、社会的、心理的和功能性的。在服务消费中，顾客的个人需要也有主次之分，主需要是重要的，而辅助需要的重要性相对较弱。一般来说，顾客对满足主需要的服务理想程度比较关注，期望比较高。不同顾客对同类服务的主次需要又可能不同，因而服务型企业的目标顾客及服务定位非常重要。

不同顾客因个人需要的不同，对同类服务形成不同的理想期望。在理想期望中，不同服务类型的主次也可能存在差异。例如，一个经常一下班就去观看足球比赛，并且因此又渴又饿的资深球迷，非常希望食物和饮料能够在他所在区域附近就能够买到；同时，相较于对比赛的关注程度，他对食物和饮料的挑剔程度会低很多。与此相对，一个偶尔去观看足球比赛的球迷，并没有期望在比赛区域周边有餐食售卖，他可能更希望的是，在餐厅美餐一顿后，惬意地走向球场欣赏比赛。

2. 顾客的派生期望

人作为社会的产物，其需求和行为特征具有群体性特征。在服务消费中，顾客的服务期望可能受到其他服务的其他群体成员的影响，即顾客的服务期望受到其所属群体成员的驱动时，服务的派生期望因素就会产生并发挥作用。

无论是消费型服务，还是生产型服务，个体的服务期望都受到与其紧密相关的其他群体或个体的影响。例如，在消费型服务领域，丈夫为全家人精心挑选度假目的地及旅行项目时，他的服务期望是受到全家人的需求和观点的影响，而不仅仅是个人期望的简单表达。在生产型服务领域，企业对外包服务商的选择，并不仅仅是由运营部门进行判断和决策，同时还需要充分考虑财务、人力资源、研发等相关职能部门的要求和倾向。因此，对服务型企业而言，全面掌握和充分理解影响顾客期望的外部因素，对顾客的派生期望进行准确研判，是洞察影响理想服务关键因素的重要内容。

3. 顾客的服务理念

顾客的服务理念是指顾客对于服务的意义以及服务型企业和服务人员恰当行为的一般态度。不同的顾客针对同类型服务，会依据个人的经验和观察形成特定的个性化理解，这些观点和判断会影响顾客对理想服务的要求。一般来说，在服务行业工作或者曾经在服务行业工作过的顾客具有较强的服务理念。例如，曾经从事过快递派送工作或者对该类工作比较了解的顾客，在对快递派送服务的时间和准确性期望具有独特性；在大学校园，大一的学生和大四的学生，对大学食堂的服务期望可能也存在较大的差异。

这类具有高度个性化的先前服务经历和体验，帮助顾客形成针对特定服务的基本态度。准确洞察这些影响顾客理想服务的关键因素，是服务营销管理中发掘顾客服务价值的重要工作，为服务价值的创造、传递和维护提供了重要的认知基础。

（二）影响适当服务的关键因素

适当服务作为顾客可接受的最低服务期望，反映顾客可能接受的最低服务品质水平，是服务提供的价值底线。影响适当服务的关键因素包括服务需求的性质、服务选择的自由度、顾客的参与程度，以及服务的环境因素四类（见图 4-4）。

1. 服务需求的性质

顾客的服务需求有的是价值导向，有的是价格导向；有的是急迫型，有的是舒缓型；有的是过程导向，有的是结果导向；等等。服务需求的性质对顾客认为什么是适当服务具有重要的影响。例如，急救病人通常会被优先送到大医院或专科医院，因为病人家属认为大医院或专科医院所提供医疗服务的适当水平要比小医院的更高。可见，医疗服务的急迫性显著地提升病人及家属对适当服务的要求水平。同样，在餐厅就餐时，顾客以价值导向的服务需求，对价格可能并不十分敏感，那么此时顾客所理解的适当服务水平，就会显著地高于以价格导向为主的服务需求。

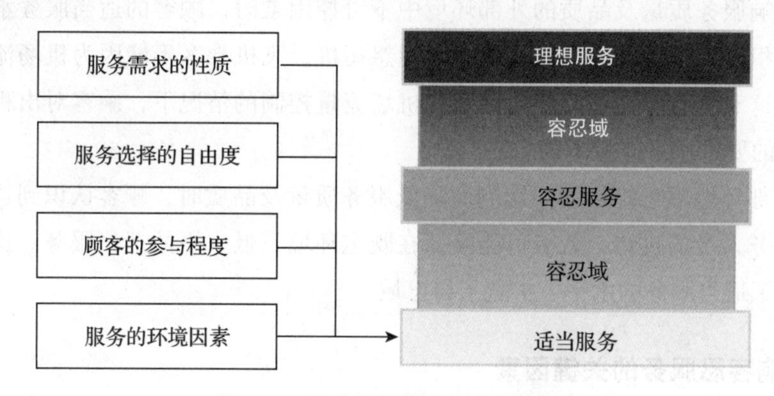

图 4-4　影响适当服务的关键因素

资料来源：韦福祥．服务营销学．北京：对外经济贸易大学出版社，2009：40，略有改动。

2. 服务选择的自由度

服务选择的自由度是指顾客为满足同种服务需求而进行服务挑选的可能范围和水平。它既涵盖为满足同种需求的不同服务，如满足出行需求的公交、轻轨、出租车等服务，又包括提供同类服务的不同企业或服务人员，如网络出租车的滴滴打车和易到用车。如果同类型服务的供给非常充裕，顾客对服务提供企业及服务人员的选择余地就越大，自由度就越高，那么顾客对服务适当水平的要求就会越高。例如，通常情况下，大城市的出租车乘客比小城市更为挑剔，因为大城市的汽车、轨道交通等公共交通系统更加完备，居民出行方式的选择余地更大。

顾客的服务选择自由度本质上是反映服务市场的供需状况，也体现服务提供方和需求方之间的议价能力。由于服务具有不可存储、不可分离等特征，这使得服务的供需关系具有非常大的波动性。例如，在一天中的上下班高峰时段，或者在一些极端天气，如暴雨、大风等时间，出租车服务的供需矛盾就变得非常明显；在周末或节假日，观影服务的供需矛盾就比工作日更加突出。在不同供需背景下，顾客所要求的适当服务是不同的。

3. 顾客的参与程度

由于服务的不可分离性，使得顾客在服务过程中扮演着重要角色。在大多数服务中，顾客参与是服务价值得以顺利创造和传递的前提条件。事实上，在服务过程中，顾客参与的程度越高，越能够积累有关服务过程及效用等方面的知识，对适当服务水平要求也就越高。例如，在餐厅用餐，自己点菜的顾客期望的适当服务比吃套餐的顾客所期望的适当服务更高，因为顾客自己点餐意味着更高的顾客参与，反映顾客付出更多的时间、精力和金钱成本，相应地，适当服务要求就更高。在美发过程中，那些明确向发型师描述发式要求的顾客，比没有明确表达希望达到什么美发效果的顾客，更可能对发型师的服务表达不满意。

4. 服务的环境因素

适当服务的水平也受到环境因素的影响，环境因素是指顾客认为在服务过程中不由企业和服务人员控制的外部条件。服务消费本质上是过程消费，因而在顾客接受服务的过程中，当遭遇可能影响服务质量及品质的外部环境中不可控因素时，顾客的适当服务水平可能会降低。例如，出租车乘客不能因为交通堵塞而埋怨司机，飞机乘客不能因为机场流量控制而埋怨航空公司，这意味着，在道路交通堵塞和机场流量控制的情况下，乘客对出租车和飞机所提供适当服务的要求水平有所下降。

当面临外部环境不可控因素的影响而降低服务质量及品质时，顾客认识到这些偶然性并不是企业或服务人员的过错，就有可能接受在既定环境下低水平的适当服务。这意味着环境因素暂时降低了适当服务的水平，扩宽了容忍域。

（三）影响容忍服务的关键因素

顾客的容忍服务是介于理想服务与适当服务之间，意味着理想服务和适当服务范围的变化会对容忍服务的期望水平产生直接影响。除此之外，影响容忍服务的关键因素还包括：顾客的特征、服务的价格和服务的维度三方面（见图 4-5）。

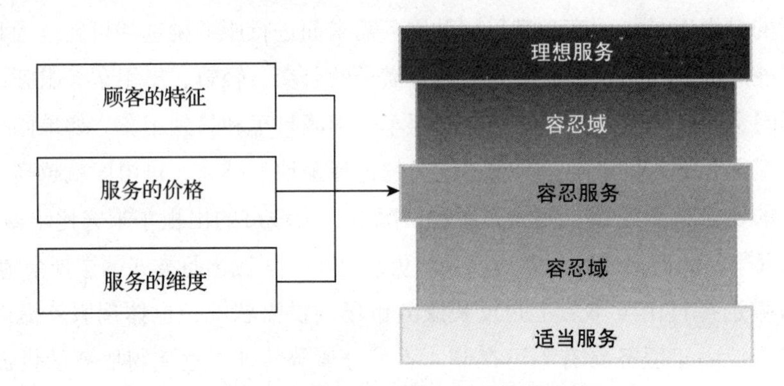

图 4-5 影响容忍服务的关键因素

资料来源：本书设计。

1. 顾客的特征

顾客具备的不同人口统计学特征，如年龄、性别和职业等，以及心理和行为特征，使其在接受服务过程中具有不同的容忍域，进而体现出不同水平的容忍服务。例如，对于快递服务而言，快件顾客对运输时间的容忍域要比普通顾客狭窄；在接受交通运输服务时，急着上班的年轻人与已经退休的老年人相比，对待等待时间具有完全不同的容忍域。

同时，由于老顾客对服务型企业及服务人员的服务水平及其波动范围比较了解，期望水平会相应地提高，因此老顾客对服务的容忍区域要比新顾客狭窄。此外，同一顾客在不同情境下对同一服务的容忍域也可能出现变化。例如，住院病患在病情恶化的情况下，对医院服务的容忍域会变窄，而当病情好转时容忍域又会变宽。

2. 服务的价格

对大多数服务和顾客而言，服务的价格反映服务的质量。价格被视为评判服务质量水平的关键线索，因此服务价格对顾客的容忍服务水平影响显著。一般情况下，顾客的服务容忍域宽度与服务价格成反比，即服务价格提高，服务的容忍域会变窄；服务价格下降，容忍域随之变宽。

服务价格越高，意味着服务的投入和成本越大，会使顾客形成更高的服务期望，容忍域就会变窄，进而影响顾客形成容忍服务的期望水平。例如，在城市医疗改革后，随着病患自己负担医疗费比例的增加，病人对医院服务的投诉也显著增加，原因之一就是随着服务价格的提升，顾客（即病患）的容忍区域变窄了。

3. 服务的维度

每类服务涵盖不同的服务维度，顾客的容忍域及容忍服务也会因服务的维度差异而不同。对顾客而言，服务的维度越重要，容忍域就越窄。例如，餐饮服务包括菜品口味、用餐环境、服务人员仪态、等待时间等多项服务维度。若菜品口味是吸引顾客的重要维度，那么意味着顾客在该维度上的容忍域比较窄，一旦菜品口味不佳，即使服务的其他维度表现都较好，也很难让顾客真正满意。因此，服务涵盖的不同维度，因其重要性不同，顾客所形成的服务期望水平也不同（见图 4-6）。

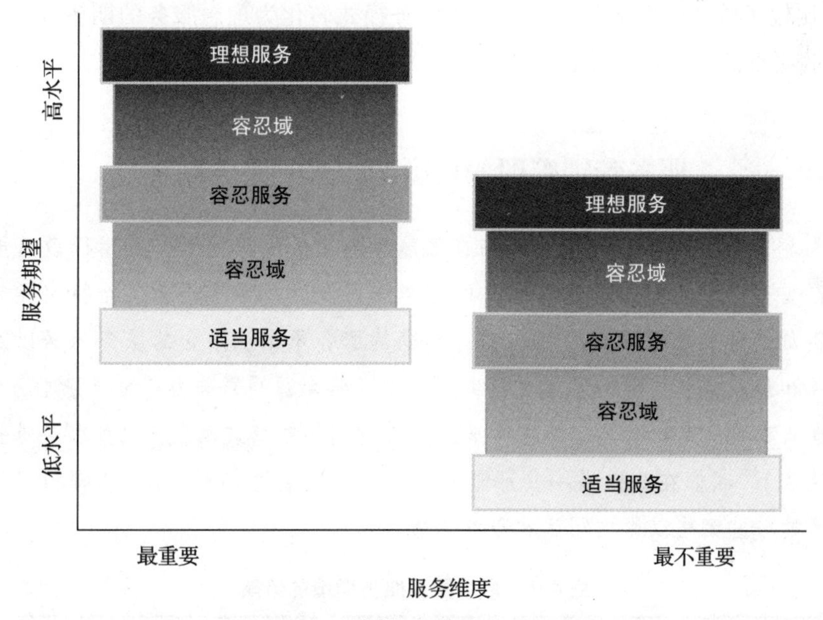

图 4-6　不同服务维度的容忍域

资料来源：Zeithaml V, Bitner M, Gremler D. Services Marketing[M]. 7th ed. New York: McGraw-Hill Education, 2017：57，略有改动。

需要特别注意的是，除对顾客的理想服务、适当服务和容忍服务产生直接影响的上述关键因素外，还有一些因素对三类服务期望具有重要的影响作用。

（1）企业的公开承诺。企业通过广告、公共关系、人员推销等市场沟通方式向顾客公开做出的服务承诺，直接影响顾客心中理想或适当服务的期望水平的形成。例如，某银行公开承诺："分红保障型理财产品，年利率5%外加赠送财产保险"；年利率5%既可能成为一些顾客心中理想服务的期望水平，同时也可能成为另一些顾客心目中适当服务的期望水平。

（2）企业的暗示承诺。企业可以通过服务定价、服务场景设计、服务人员素质等手段向顾客暗示某种服务质量的承诺。在顾客看来，服务人员、服务场景等因素实质上是服务质量和品质的有形证据。这种暗示的承诺也影响顾客心中理想或适当服务的期望水平。例如，五星级酒店的大堂内通常装饰着价值百万元的水晶吊灯，服务人员衣着整洁、彬彬有礼，这些都向顾客暗示了其卓越的服务质量。接受这种环境暗示的顾客自然会对该酒店的服务形成较高的理想服务和适当服务期望水平。

（3）企业的口碑。企业在目标顾客群中的口碑是影响服务期望形成的重要因素。口碑被顾客视为没有偏见的，向顾客传递真实服务质量信息的重要来源。在顾客购买和体验前难以做出评价的服务环境下，口碑非常重要。具有良好口碑的服务型企业或服务人员，更容易在顾客心中形成较高的理想服务和适当服务期望水平，而口碑较差的服务型企业或服务人员则容易在顾客心中形成较低的理想服务和适当服务期望水平。

（4）顾客的经验。一般而言，顾客对某一服务行业或企业所提供服务的经验越多，对该行业或企业理想服务和适当服务的期望水平就越高。经验丰富的顾客对该行业或企业的服务效果及水平比较了解，他们会不断将更好的服务模式转化为理想服务的期望水平。相反，通常情况下经验匮乏的顾客对理想服务和适当服务的期望水平一般较低。

服务技能

服务营销管理如何影响顾客的服务期望

服务型企业的管理者如何理解影响顾客服务期望的关键因素，并用以改善服务营销管理活动？首先，管理者需要了解相关的期望来源及其对顾客群体甚至特定顾客的相对重要性。例如，他们需要知道口碑传播、明确的服务承诺、隐含的服务承诺以及过去塑造所需服务和预测服务的经验的相对权重。其中一些来源的影响力（如服务理念和个人需求）比其他来源更稳定和持久，而这些来源随着时间的推移波动很大（如服务选择的自由度和环境因素）。我们在此提供一些可能会影响客户期望的方法，表4-1提供了服务型企业可以选择的一些策略以影响顾客的服务期望。

表4-1 影响顾客服务期望的策略

影响因素	可能的服务营销管理策略
个人需要	• 以服务可满足需要的方式进行顾客教育

（续）

影响因素	可能的服务营销管理策略
派生期望	• 使用市场研究来确定衍生服务期望的来源及要求。然后，将广告和营销策略集中在允许焦点顾客满足影响顾客要求的服务方式上
服务理念	• 通过市场研究勾勒出目标顾客的服务理念，并运用相关信息设计和传递服务
服务选择的自由度	• 充分了解竞争产品，并在恰当情况下与之匹配
环境因素	• 提高高峰期或紧急情况下服务交付的能力
	• 无论出现何种情况因素，都可以使用服务保证来确保顾客的服务恢复
公开承诺	• 做出反映实际服务的准确承诺，而不是理想化的服务版本
	• 询问联系人，以获得有关广告和个人销售承诺准确性的反馈
	• 避免与竞争对手进行价格战或广告战，因为他们将重点放在顾客身上并将承诺升级到超出可承受水平
	• 通过服务保证将服务承诺正式化，使公司员工关注承诺并提供有关承诺未履行的次数的反馈
暗示承诺	• 确保服务有形资产与所提供服务的类型和级别保持一致并准确反映
	• 确保企业在重要服务属性上的更高绩效水平可以证明价格溢价是合理的
口碑沟通	• 通过使用推荐和意见领袖模拟广告中的口碑
	• 确定服务的影响者和意见领袖，并集中进行营销工作
	• 对现有顾客使用激励措施，鼓励他们说出服务积极的一面，或者通过社交媒体创建积极的评价
以往经验	• 通过市场研究的方式掌握顾客进行相似服务消费的以往经验

资料来源：Zeithaml V, Bitner M, Gremler D. Services Marketing[M]. 7th ed. New York: McGraw-Hill Education, 2017: 65.

第二节　顾客感知服务质量

一、感知服务质量的内涵

营销管理与促销及销售等活动最大的不同在于，它是以顾客为起点和落脚点，服务营销管理也不例外。因此，理解顾客对服务质量的感知，既是提升顾客满意度、建立顾客忠诚的前提，更是理解顾客需求、创造和传递服务价值的基础。

20 世纪 70 年代后期，服务管理及营销领域的研究者和实践者开始关注服务质量议题。由于服务不同于有形产品，其生产和消费过程几乎是同时发生的，顾客也在不同程度参与整个服务生产过程。因此，对服务质量的探讨大都建立在顾客感知的基础上，即顾客感知服务质量。

克里斯廷·格罗鲁斯率先对服务质量进行开创性研究，并指出如果只片面地强调提高服务质量，而对服务质量是如何被顾客感知的、怎么才能提高等问题不加以界定，这种强调是没有意义的，可能只是一种口号。在服务业中，特定的产品或服务质量是顾客感知的质量，即“服务质量是顾客感知质量”。因此，克里斯廷·格罗鲁斯于 1982 年提出“感知服务质量”的概念。

感知服务质量（perceived service quality）是顾客对服务型企业或服务人员所提供服务过程和结果的主观感受和价值判断。事实上，无论是产品还是服务，顾客通常会将质量作为一个非常宽泛的概念来对待，而不是仅仅将其局限在特定技术指标和功能特征上。因此，企业对服务质量的理解必须与顾客的理解相吻合，否则，在进行服务价值创造、传递和维护的过程中，服务型企业的重要市场资源和能力，可能会投放到企业认为重要但顾客认为不重要的领域和行为上，造成资源浪费。可见，对服务型企业而言，重要的是顾客对服务质量如何理解，而不是企业对服务质量如何诠释。

二、感知服务质量的构成

服务消费本质是一种过程消费，在这个过程中，生产和消费是同步的。顾客与服务型企业或服务人员存在着服务接触和互动关系，这些接触和关系会影响顾客对服务质量的主观判断。根据克里斯廷·格罗鲁斯的观点，顾客感知服务质量包括技术或结果、功能或过程，以及企业形象三个方面（见图 4-7）。

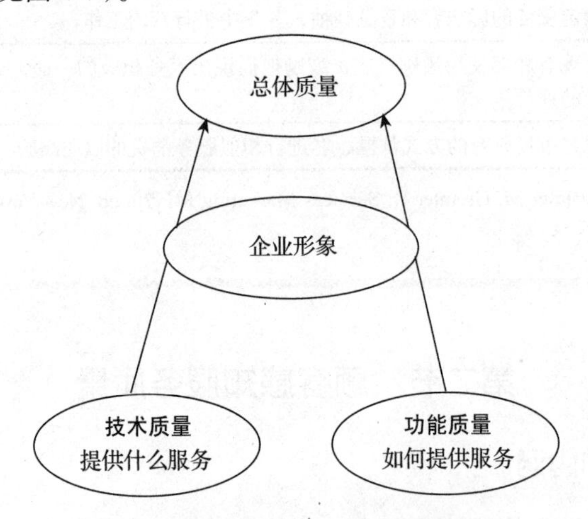

图 4-7 顾客感知服务质量的构成要素

资料来源：Grönroos C. A Service Quality Model and Its Marketing Implication[J]. European Journal of Marketing, 1984, 18(4): 36-44.

（一）服务的技术质量

服务的技术质量（technical quality）也称为结果质量（outcome quality），是指服务过程的实际产出，即顾客通过服务所得到的具体效用或体验。技术质量反映服务型企业或服务人员能够为顾客提供什么样的服务，例如，酒店为旅客休息提供的房间和床位，餐馆为顾客提供的菜肴和饮料，航空公司为旅客提供的舱位等。顾客与企业的互动中得到了什么，即顾客在服务过程结束后的"所得"，对于评价服务质量显然具有重要意义。

服务的技术质量，也就是服务结果，主要涉及技术方面的有形要素，因此顾客对技术质量的衡量是比较客观的，而且便于感知和评价。例如，酒店的设备是否舒适，餐馆的菜肴是否可口，飞机的舱位是否宽敞等。

（二）服务的功能质量

服务的功能质量（functional quality）也称为过程质量（process quality），是指服务传递给顾客的具体方式，即顾客是如何得到这种服务的，包括服务过程中服务人员的行为、态度、穿着和仪表等给顾客带来的利益和享受。事实上，由于顾客与服务型企业或服务人员之间存在一系列互动关系，因而技术质量只是顾客感知服务质量的一方面，而非全部。

在服务过程中，顾客更关心服务价值是如何进行传递，服务结果是如何形成的，这对于顾客感知服务质量的形成起着更为关键的影响作用。例如，顾客能否在银行的 ATM 机轻松地取到钱，餐厅服务人员的举止行为、情绪态度以及说话方式等，电信服务的接线员态度、业务熟练程度，购物网站的网页打开速度等，都会对服务质量产生影响。不同服务型企业和服务人员提供的服务不同，不同顾客接受服务的方式也不同，所以功能质量完全取决于顾客的主观感受，难以进行客观评价。

（三）企业形象

在绝大多数情况下，顾客是可以清晰地看到服务型企业及其所有的服务流程。正因为如此，企业形象对于绝大多数服务型企业来说具有至关重要的作用，它会以不同的方式和路径对顾客感知服务质量产生影响。

企业形象（corporate image）是指服务型企业在社会公众心目中形成的总体印象，是顾客感知服务质量的"过滤器"。顾客可从企业的资源、组织结构、市场运作以及企业和员工行为方式等多个方面形成企业的总体印象。企业形象会影响顾客对服务过程及结果的评价。例如，一家形象非常好的服务型企业，即使偶尔有些服务上的失误，顾客也会给予充分的理解；反之，如果一家服务型企业的形象不佳，顾客则会放大它们所服务失误，因而企业及服务人员任何细微的服务失误都会让顾客形成负面的评价。

服务洞察 4-1　克里斯廷·格罗鲁斯对感知服务质量模型的修正

克里斯廷·格罗鲁斯认为，顾客的感知服务质量由服务的技术质量、功能质量以及企业形象三方面构成。但是，感知服务质量是一个主观范畴，它取决于顾客对服务质量的期望（即期望服务质量）与其实际感知的服务水平（即体验的服务质量）的对比，由顾客感知质量与期望质量的差距所体现。因而，格罗鲁斯在 2000 年对顾客感知服务质量模型进行了修正，在修正模型中对顾客期望的服务质量及其影响因素给予了特别关注（见图 4-8）。

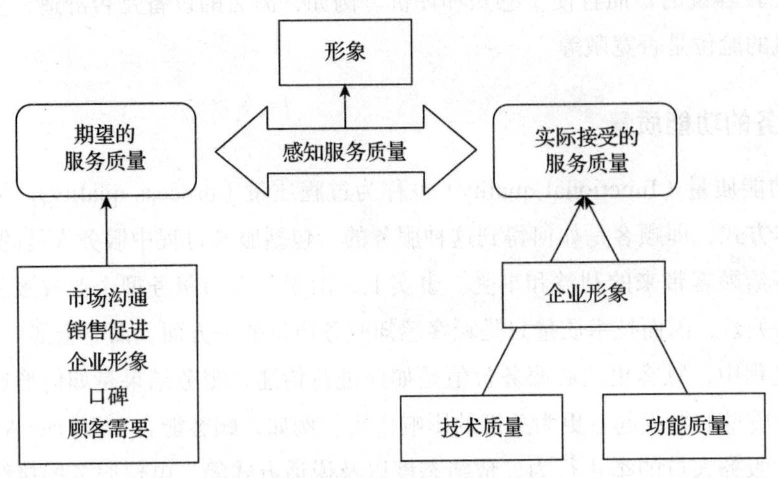

图 4-8 服务质量的两个方面

事实上，顾客实际接受的服务质量并不代表顾客感知服务质量的好坏，要通过与期望的服务质量对比之后才能够做出判断。前面已经提到了顾客会从服务的过程和服务的结果两个方面来评价实际接受的服务质量，但影响顾客期望的因素也非常复杂。一些传统的营销活动，如市场沟通、销售促进，以及企业的口碑、企业形象、顾客需求等，都影响顾客期望水平的高低。顾客实际接受的服务和顾客期望的服务质量相吻合时，顾客感知到的服务质量就比较高。在这种情况下，企业如何管理顾客期望就变得非常重要，如果企业在广告宣传中过度夸大，给予顾客超出企业实际的承诺，那么即使是企业在实际提供的服务质量较高的情况下，顾客感知服务质量仍然会下降。

另外，企业形象对顾客感知服务质量的高低起着异常重要的作用。企业形象给予顾客特定的服务期待，成为影响顾客感知的“过滤器”，同时也是期望和体验共同作用的结果。良好的企业形象能使企业更易于与顾客交流，也能够成为服务失误的“保护伞”。

资料来源：许晖，王睿智．服务营销 [M]. 北京：中国人民大学出版社，2015：70-71.

三、感知服务质量的关键影响因素

感知服务质量作为顾客对服务过程和结果的主观评价，受到企业和顾客两方面因素的影响：在企业方面，服务设计、服务接触以及顾客关系等因素影响着顾客的质量感知水平；在顾客方面，顾客经验、顾客期望以及顾客情感等因素也会显著地影响顾客对服务质量水平的感知。总的来说，影响顾客感知服务质量的关键因素包括以下几方面。

（一）服务设计

服务设计犹如产品开发，是服务价值的基本载体，决定着服务的技术质量，同时也是服务功能质量的重要来源。服务设计反映服务型企业对顾客问题与痛点，以及服务市场需求的总体理解，是服务价值创造的核心环节。顾客希望服务型企业，包括服务人员和运营系统，能够关切、理解并努力解决他们所面临的问题，进而在服务设计中体现出响应顾客需求的服务价值创造。毫无疑问，那些充分关注顾客问题、体现市场需求的服务设计，更可能带来高水平的顾客感知服务质量。

同时，服务生产和传递过程中，高水平的顾客参与能够使顾客对服务资源、服务设备和服务过程等形成一定的了解及体会，从而增强顾客对服务技术质量和功能质量的理解，有利于形成高水平的顾客感知服务质量。服务的生产和传递过程中顾客的参与性使得顾客对服务资源、服务设备、服务过程都有一定的了解及体会，因此服务型企业应该尽可能地让顾客参与服务内容和过程的设计，使其感受到企业的重视，为服务设计及完善提供重要建议。这既可以改进技术质量，对功能质量也有一定的影响。

（二）服务接触

服务接触是顾客与服务型企业或服务人员之间进行互动的关键时刻，是企业在特定的时间和空间向顾客展示服务质量与品质的重要时机。正是服务型企业或服务人员与顾客的服务接触决定服务的功能质量。一旦时机过去，服务传递结束，企业也就无法改变顾客对服务质量的感知。如果在服务接触中出现瑕疵或失误，企业必须花费数倍的时间和金钱来补救顾客感知到的较低服务质量。

同时，在服务接触过程中，服务的技术质量也被传递给顾客。服务的效用与价值，即服务结果是通过服务接触过程中若干个关键时刻（moments of truth）连续地向顾客进行传递，而这些关键时刻为企业及服务人员提供了向顾客展示服务品质的重要机会。例如，乘客在搭乘飞机航班的过程中，从抵达机场开始，直到取回行李离开机场为止，要经历许多服务接触的关键时刻。北欧航空公司（SAS）正是抓住了每次 15 秒的服务接触时间，从一个世界航空业的亏损大户成为全球领先的航空公司。

（三）服务能力

服务能力包括服务人员的问题解决能力和服务补救能力。一线服务人员应当具备服务标准所规定的，有助于其更好履行职责的能力和技巧；服务型企业的其他人员，包括支持系统和运营系统的员工都应受过良好的训练，进而提升服务创造和传递过程中的质量水平。同时，服务型企业应该给予一线服务人员充分的授权，以便服务人员有充分资源应对和解决顾客的特殊需求和临时问题，以提升顾客的感知服务质量水平。例如，以优质服务闻名的连锁火锅品牌店海底捞，其服务人员所拥有的免单权，对提升顾客消费体验水平，建立顾客关系具有重要的作用。

同时，对任何服务型企业和服务人员来说，出现服务失误是不可避免的。因此，一旦出现服务失误或其他随机事件，一线服务人员必须具备迅速解决问题，并控制事态发展的能力。

这同样要求服务人员经过严格的专业训练，具备相应的行动技能，同时企业也应该给予一线服务人员有效的授权，为开展及时的服务补救提供必要的组织资源。

服务案例

海底捞的员工授权与感知服务质量

在西安海底捞火锅店打工的小李，谈起她使用授权的经历时说："一个顾客从洗手间出来，由于我个子矮，接菜的时候把鸭血洒在客人身上，客人很不高兴。我马上找来干净的工服让客人换上，并要把客人的衣服送到干洗店加急干洗。客人看我急成那样，就说：'看你态度这么诚恳，算了吧。'我给客人擦干净后，看客人喜欢吃炸干馍，就送了一份干馍给客人。客人走时很满意。"

显然，海底捞并不能确保自己的服务完美无缺。但是，当一线服务员可以自主地进行最及时的危机处理，往往就能大事化小，小事化了。

事实上，海底捞的每个员工都使用过类似的授权。上海一家分店的姚晓曼曾经就遇到过这么一件事："有一次，雅间11号坐的是回头客邬阿姨。她女儿点菜时问：'撒尿牛丸一份有几个？'我马上意识到，她怕数量少不够吃，便回问一句：'姐，你们一共几位？'她说10位。我立马告诉她：'一份本来是8个。我去跟厨房说一下，为您做10个。'她很惊讶地抬头看了我一眼说：'小姑娘，你们领导不会说你吧？'我说：'您放心，只要说明原因，领导都会理解。'"

两个撒尿牛丸值不了几个钱，但重要的是，姚晓曼当场做出赠送的决定让顾客充满惊喜，并非常满意。如果她没有这个权力，或者必须请示主管后才能决定，惊喜度和满意度就要大打折扣。

在海底捞，创始人兼董事长张勇的签字权是100万元以上；100万元以下是由副总、财务总监和大区经理负责；大宗采购部长、工程部长和小区经理有30万元的签字权；店长有3万元的签字权。但这都不是最重要的授权，海底捞把最重要的授权给予基层的服务员：不论什么原因，只要员工认为有必要，都可以给客人免一个菜或加一个菜，甚至免一餐。

资料来源：根据相关资料整理改编。

（四）顾客导向

顾客导向是指服务型企业将顾客视为服务营销管理的出发点与中心，围绕顾客的服务价值开展营销活动的组织观念与行为。顾客导向决定企业在处理顾客关系时的基本态度和行为，决定服务型企业在顾客服务过程中的市场资源投入方向与方式。因此，服务型企业具有的顾客导向水平是影响服务功能质量的重要因素。

服务型企业及服务人员在顾客接触中越是具有高水平的顾客导向，则越倾向于主动接近顾客，并关注顾客面临的重要问题，体现出为顾客着想的态度和行为，从而使顾客在面临问题时认为企业及服务人员并非旁观者，进而更容易建立良好的顾客关系，影响顾客在服务过程中功能质量的感知水平。

（五）顾客情感

顾客情感是服务质量模型中没有提到的影响因素。然而，在顾客的服务体验和服务质量认知过程中，情感（如气愤、失望、内疚、快乐和憧憬等）可以作为一种“过滤器”发挥重要的影响作用。

顾客在消费前、消费过程中及消费后都会拥有或体验到一种或多种情感，同时，顾客的消费前情感会影响消费过程中及消费后的情感。这些情感既有可能是正面情感，如高兴、喜悦等，也有可能是负面情感，如失望、愤怒等。无论是正面情感还是负面情感，都会影响顾客的消费行为及其对服务过程和结果的评价。

（六）文化因素

荷兰学者吉尔特·霍夫施泰德 1983 年在对 50 多个国家或地区的调研基础上，发展出五个维度，即个体 / 集体主义、男性 / 女性气质、权力距离、不确定性规避，以及长期 / 短期导向，来衡量不同国家和地区之间的文化差异。

20 世纪 90 年代以后，服务营销学界开始借鉴霍夫施泰德的文化“五维度”观点，探讨文化因素对感知服务质量的影响作用。例如，银行业的服务质量研究发现，在权力距离大的文化背景中，处于弱势的顾客会对强势地位的服务提供方所提供的劣质服务有较高容忍力；具有个人主义特征的顾客由于更加关注自我，因而会要求服务提供方提供即时的、反应迅速的服务；长期导向文化背景中的顾客更愿意与服务提供方保持长期的关系，更希望服务可靠、及时等。同时，在权力距离比较小的文化背景中，顾客更期望及时的、可靠的服务；具有明显个体主义特征的顾客期望从服务提供方获得更多的移情和保证。以上两类以及不确定回避显著和短期导向的顾客，都会对综合服务质量产生较高的期望水平。

第三节　感知服务质量的评价及管理

一、感知服务质量的评价维度

只有服务型企业及服务人员充分了解了顾客如何评价服务质量，才能够采用有效的策略和方法来影响顾客的服务质量评价过程。事实上，服务业中所涉及的大多数服务质量，并不是服务企业自己界定的质量，而是顾客的主观质量，即顾客感知服务质量。

服务型企业面临的重要挑战之一，便是企业不清楚顾客到底从哪些方面来评价服务质量。服务业中不同行业的服务差异很大，例如，金融服务、教育服务和餐饮服务之间存在着较大差异。面对不同服务，顾客进行服务质量评价的角度和方式也存在不同。例如，在就餐过程中，顾客会从就餐环境、饭菜口味、服务人员素质等方面评价餐饮企业；在投资理财过程中，顾客则会从投资回报率、服务人员的专业性、本金的安全性等方面评价投资基金公司。

顾客认为服务质量并不是某单一的方面，这意味着顾客对服务质量的评价是对多个要素的综合感知。1985 年，帕拉休拉曼、泽丝曼尔和贝里三位服务营销学者（简称“PZB”），首先提出了影响顾客进行服务质量评价的 10 个重要维度或要素（见表 4-2）。

表 4-2 PZB 评价服务质量的标准

1. **可靠性**——意味着绩效与可靠性的一致： （1）公司首次为顾客提供服务应当及时、准确 （2）公司要遵守承诺。典型的例子包括：准确结账，准确记录公司和顾客的相关数据，在预订的时间内提供服务
2. **响应性**——员工为顾客提供服务的一员，包括如下服务： （1）即时办理顾客要求的邮寄服务 （2）迅速回复顾客打来的电话 （3）及时服务
3. **能力**——员工应当具有为顾客提供服务所必需的技能，主要包括： （1）与顾客接触的员工所应当具有的知识和技能 （2）运营支持人员所应具有的知识和技能 （3）组织所应具有的研究能力与服务能力
4. **可接近性**——易于联系和方便联系： （1）顾客可以通过电话很方便地了解到服务的相关信息（例如，电话不会打不通，也不会让顾客独自等待） （2）为了获得服务而等待的时间不长 （3）营业时间使顾客感到方便 （4）服务设施安置地点便利
5. **有礼貌**——主要包括： （1）客气、尊重、周到和友善（如前台接待人员、电话接线员等） （2）能为顾客的利益着想 （3）员工外表干净、整洁，着装得体
6. **有效沟通**——能够倾听顾客，并且使用顾客懂得的语言进行交流，这可能意味着公司需要考虑来自不同地区的顾客对语言服务的要求： （1）介绍服务本身的内容 （2）介绍获得服务所需的支出 （3）介绍服务与费用的性价比 （4）向顾客确认能够解决的问题
7. **可信性**——货真价实、信任和诚实。企业要将顾客价值最大化作为根本目标，与可信度有关的项目包括： （1）公司名称 （2）公司信誉 （3）与顾客接触的员工的个人特征 （4）与顾客互动关系中推销的困难程度
8. **安全性**——安全、没有风险和迟疑，包括： （1）身体上的安全 （2）财务上的安全 （3）顾客隐私
9. **了解 / 理解顾客**——努力去理解顾客的需求，包括：

（续）

（1）了解顾客的特殊需求 （2）提供个性化的关心 （3）识别忠诚顾客
10. **有形性**——服务的实物特征，包括： （1）实物设施 （2）员工形象 （3）提供服务时所使用的工具和设备 （4）服务的实物表征（如银行凭条） （5）服务设施中的其他物品

资料来源：王永贵. 服务营销与管理 [M]. 天津：南开大学出版社，2009：83-84.

随后，PZB在1991年运用因子分析方法将10个维度压缩到5个，即可靠性（reliability）、保证性（assurance）、有形性（tangibles）、移情性（empathy）和响应性（responsiveness），通常被简称为RATER维度。以上5个维度被视为感知服务质量的基本评价维度（见图4-9）。

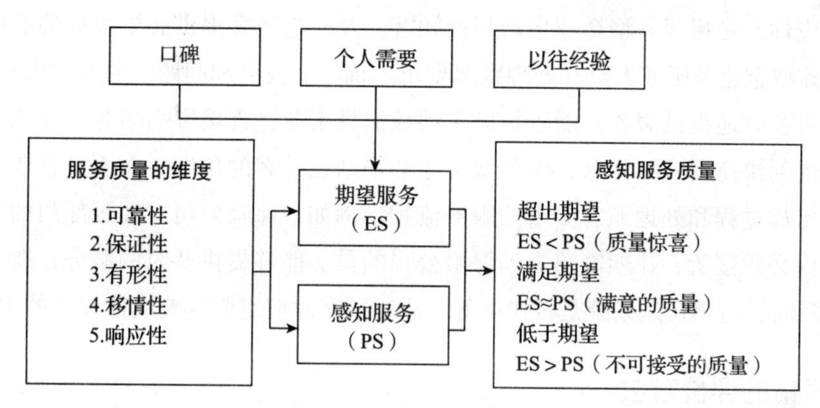

图4-9　感知服务质量

资料来源：蔺雷，吴贵生. 服务管理 [M]. 北京：清华大学出版社，2008：274.

（1）可靠性。是指服务型企业及服务人员准确地履行所承诺服务的能力。这意味着服务型企业能够兑现先前所做出的服务承诺，按时完成服务任务及保证服务结果与顾客期望的一致。从顾客的角度看，可靠性是服务质量最重要的评价维度，是服务质量特性中的核心和关键内容。可靠的服务是顾客所期望的，它意味着服务以相同的方式、无差错地准时完成。例如，顾客对航空公司的基本要求是准时、安全；投资者对基金公司的基本要求是达成预期回报。

（2）保证性。是指服务人员具有的真诚、可信的服务态度，以及服务知识和技能。服务人员作为服务行为和过程的具体实施者，其个体行为与服务质量的保证性密切相关。当顾客感知的服务包含高风险，或者顾客没有条件和能力评价服务产出时，比如医疗服务、法律咨询和投资服务等，保证性便成为顾客评估服务质量的重要维度。服务型企业应该促进和鼓励服务人员与顾客之间建立信任的个人关系，同时培养和提升服务人员履行服务承诺的专业技能和知识。例如，当顾客向一位在法律界享有盛名的专家进行法律咨询时，便会获得服务消费的信心和安全感。

（3）有形性。是指服务过程中的“可视部分”，如服务场景、设施设备、服务人员等顾客可接触的实体因素。由于服务具有无形性特征，所以顾客并不能直接感知到服务结果，而往往通过一些可视的有形因素对即将接受服务的质量水平进行感知。因此，包含设备、人员等服务环境因素，对顾客感知服务质量会产生重要的影响。例如，五星级酒店富丽堂皇的装饰，以及彬彬有礼的服务人员等有形展示，为顾客提供了高质量的服务感知。

（4）移情性。是指服务型企业在服务时间、场所设置等方面充分考虑顾客需求，给予顾客的关心和个性化服务，它既包括顾客与企业及服务人员的可接近性与便捷性，也包括服务人员主动去了解顾客需求。移情性的本质是通过个性化和有针对性的服务使顾客感受到企业及服务人员对其需求的理解和关注。例如，酒店通过顾客信息系统，掌握每位会员在住宿方面的个性化需求，如楼层朝向、洗衣服务、饮食偏好等，进而能够为会员在入住时提供具有高度针对性的服务，提升会员的感知服务质量。

（5）响应性。是指服务型企业主动帮助顾客，及时为顾客提供必要服务的愿望。响应性着重强调服务型企业及服务人员在处理顾客要求、询问、投诉和问题时的专注度和快捷程度。服务人员能否及时地提供服务，能否积极主动地提供服务，直接影响顾客实际感知到的服务质量。为了达到快速反应的要求，服务型企业必须站在顾客的角度，而不是企业的角度，来审视服务的传递过程和处理顾客要求的服务流程。例如，保险公司对客服部门的要求是电话铃响三声之内必须接听，让顾客感觉到保险公司的员工能够提供及时的服务；航空公司的售票是否迅速及时，行李运送系统是否快捷等，成为顾客对航空服务响应性评价的主要标准。

二、服务质量的评价方法

在明确服务质量的评价维度后，服务型企业需要掌握评估服务质量的方法，即通过顾客感知的视角对服务过程和结果质量进行评价。目前，在服务管理及营销领域，对服务质量进行评价最典型的方法是 SERVQUAL（“service quality”的缩写）模型和关系质量模型。

（一）SERVQUAL 模型：服务过程和服务结果的测量

1985 年，PZB 创建并发展了服务质量度量模型，即 SERVQUAL 模型。该模型对服务质量的评价是建立在顾客期望的服务质量和顾客感知的服务质量基础之上的。PZB 依据服务质量评价的 5 个关键维度开发了包含 22 个测量问项的 SERVQUAL 模型（见表 4-3）。

表 4-3 SERVQUAL 模型的测量问项

关键维度	测量问项
可靠性	1. 向顾客承诺的事情能及时完成

（续）

关键维度	测量问项
可靠性	2. 顾客遇到困难时，能表现出关心并提供帮助 3. 公司是可靠的 4. 能准时地提供所承诺的服务 5. 正确记录相关的服务
保证性	6. 员工是值得信赖的 7. 在从事交易时顾客会感到放心 8. 员工是有礼貌的 9. 员工可以从公司得到适当的支持，以提供更好的服务
有形性	10. 有现代化的服务设施 11. 服务设施具有吸引力 12. 员工有整洁的服装和外表 13. 公司的设施与它们所提供的服务相匹配
移情性	14. 公司不会针对不同的顾客提供个别的服务 * 15. 员工不会给予顾客个别的关怀 * 16. 不能期望员工了解顾客的需求 * 17. 公司没有优先考虑顾客的利益 * 18. 公司提供的服务时间不能符合所有顾客的需求 *
响应性	19. 不能指望他们告诉顾客提供服务的准确时间 * 20. 期望他们提供及时的服务是不现实的 * 21. 员工并不总是愿意帮助顾客 * 22. 员工因为太忙以至于无法立即提供服务，满足顾客的需求 *

注：1. 问卷采用 7 分制：7 表示完全同意；1 表示完全不同意；中间分数表示不同的程度。
2. * 表示反向测量问项。

资料来源：Parasurman A, Zeithamal V, Berry L. SERVQUAL: A multiple-item scale for measuring consumer perceptions of service quality[J]. Journal of Retailing, 1998, 64(1): 12-40.

SERVQUAL 模型是完全建立在顾客感知的基础上，即以顾客的主观意识为衡量的重点，首先度量顾客对服务的期望，然后度量顾客对服务的感知，由此计算出两者之间的差异，并将其作为判断服务质量水平的依据。因此，通过 SERVQUAL 模型可以较好地测量出顾客感知服务质量的水平。

SERVQUAL 模型能够帮助企业了解顾客对服务质量的具体期望，对服务型企业进行顾客感知服务质量的评价具有重要意义，因而在服务管理及营销活动中得到较为广泛的应用。需要特别说明的是，服务型企业在使用 SERVQUAL 模型时，应该注意以下几点。

（1）对感知服务质量的评价维度“微调”。将 SERVQUAL 模型应用于服务业的不同行业类别时，如生产性服务业和消费性服务业，抑或现代服务业或传统服务业，对感知服务质量的 5 个维度可以做出适当的调整，以满足对不同服务型企业进行评价的差异化需要。同时，也可以根据具体的行业性质或企业特征对模型中测量问项进行适当调整，以保证 SERVQUAL 模型的适应性。

（2）对顾客进行“适度”分类。服务型企业在使用 SERVQUAL 模型时，可以把顾客的 SERVQUAL 模型得分进行聚合归类，选择更加认可企业服务的顾客类型作为主要目标顾客群；也可以将顾客群体依据不同指标，如服务使用频率、顾客忠诚度、顾客价值水平等，对不同类别的顾客进行测算，使企业重点关注最能够带来价值的顾客群，确保服务型企业及服务人员的关键资源（如时间、注意力等）被用在重要的顾客群上。

（3）对不同企业服务质量横向比较。SERVQUAL 模型可以用来比较同一行业中不同服务型企业的服务质量水平，为服务质量管理提供方向。服务型企业可以测量本企业的顾客感知服务质量水平以及与主要竞争对手之间的感知服务质量差距，找出对顾客感知服务质量影响较大的关键维度，使企业可以寻找到影响感知服务质量的关键问题，进而采取管理举措，优化顾客感知服务质量水平。

（4）对不同评价模型进行综合使用。SERVQUAL 模型主要是从顾客感知的角度比较顾客实际感知到的服务和期望的服务之间的差距，均为主观测量，并没有考虑其他客观的评价指标，如服务时间、可检测的服务标准等。因此，服务型企业可以结合其他评价模型或方法，对企业的服务质量进行综合评价。

（二）关系质量模型：服务质量的动态度量方法

SERVQUAL 模型作为顾客主观意识层面的质量评价方法，本质上是对顾客感知服务质量的静态度量方式。然而，服务是一种过程，具有明显的关系特征；顾客对服务质量的感知和评价会随着顾客与服务人员或服务型企业之间关系的发展而发生变化。20 世纪 90 年代，服务营销及管理学者开始对服务质量模型进行动态思考，由此产生了“关系质量”的概念。

关系质量（relationship quality）是指顾客与服务型企业或服务人员在长期互动关系过程中形成的长期、动态的质量感知。芬兰汉肯商学院教授玛丽亚·霍尔姆隆德（Maria Holmlund）创立并发展了分析连续互动关系的基本理论框架，即关系质量模型。该模型认为，无论哪种服务情境都会产生互动关系，互动关系的质量决定着顾客的感知服务质量。关系质量模型将服务过程分为活动（acts）、情节（episodes）和片段（sequences）三个逻辑层次，它们共同构成服务关系（见图 4-10）。

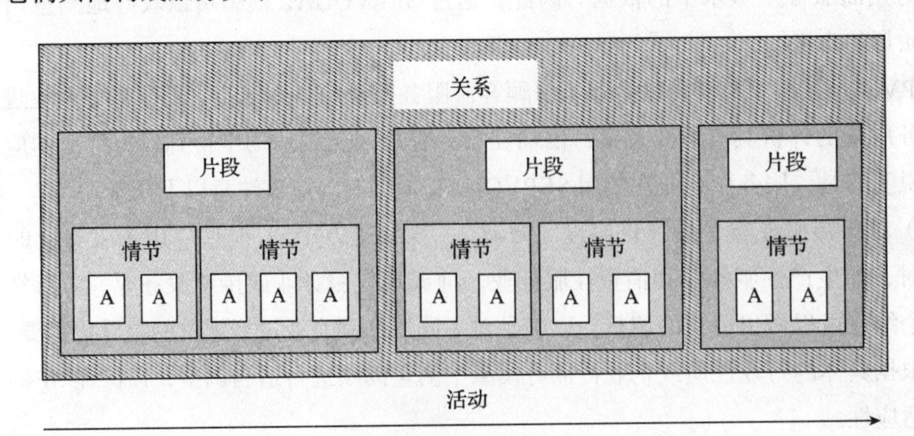

图 4-10 关系质量模型：关系中交互的层次

资料来源：克里斯廷·格罗鲁斯. 服务管理与营销 [M]. 韦福祥，等译. 3 版. 北京：电子工业出版社，2008：69.

（1）活动。它是顾客与服务提供者相互关系的最小单位，在服务管理中也称为服务的关键时刻。例如，客服接听电话、酒店入住登记、银行柜台存款、餐厅点餐等。

（2）情节。它是由一系列活动所组成，服务管理中常称其为服务接触。例如，顾客在电脑上联网转账或到银行取款，每个情节包含一系列活动，如网上购物包括网页浏览、付款结算、包装商品、快递或邮寄、拆去包装等。

（3）片段。它是一个时间段、一个产品组合、一个项目，或这些要素的组合，对片段的分析可能包含一个特定的项目在一年中甚至更长时间段内的各种交互行为。以酒店业为例，顾客入住酒店是以在前台的入住登记为一个活动，而入住酒店后到餐厅就餐则是一个情节，顾客入住一家酒店后的所有行为都包括在片段之内，如住宿、就餐、在酒店的泳池中游泳等情节。若干个服务片段就构成了一种关系。情节也许会逐次发生，也许是相互包容，也许是相隔很长一段时间下一个情节才开始产生，这主要取决于服务类型的特征是间断型还是连续型的。

关系质量模型充分体现了顾客感知服务质量形成的动态性。低层次（如活动层次）的感知质量形成高层次的感知质量，而高层次（如片段层次）的感知质量影响低层次的感知质量。同时，同一层次的质量感知会产生差异，而这种差异又会对高层次的感知服务质量产生影响（见图 4-11）。因此，在服务过程中保持服务的一致性非常重要，因为这不仅影响本次服务的顾客感知质量，还要对以后顾客的感知服务质量产生影响。

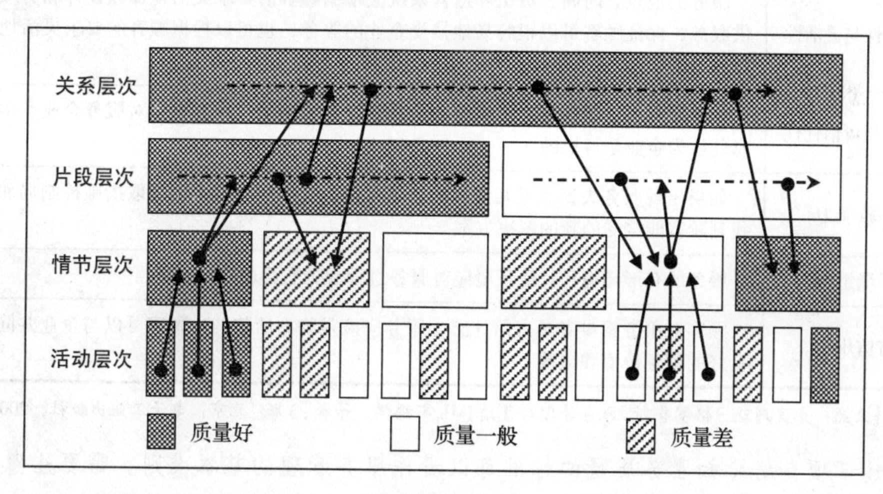

图 4-11　关系质量形成的动态模型

资料来源：克里斯廷·格罗鲁斯.服务管理与营销 [M]. 韦福祥，等译.3 版.北京：电子工业出版社，2008：72.

关系质量模型的意义在于：一方面，它将服务分解为四个层次，对每一层次顾客感知服务质量的分析，有助于服务型企业或服务人员明确如何与顾客建立良好的长期关系；另一方面，它能够让服务型企业或服务人员清晰地看到顾客总体关系质量是如何形成的。总之，关系质量模型既适用于顾客市场，也可以应用于组织市场。无论是针对消费性服务业还是生产性服务业，关系质量模型为服务型企业提供了对企业与顾客关系逐层次进行关系分析和质量控制的管理工具。服务交互过程中的不同要素，如产品、服务结果、服务过程、信息、社会接触和财务活动，都可以在这些层次上加以分析并按照服务战略加以整合，使其向着有利于企业与顾客建立长期关系的方向发展。

服务洞察 4-2

良好感知服务质量的标准

服务型企业和服务人员可以将SERVQUAL模型中测量问项所包含的服务质量维度作为服务质量管理的基础和出发点。根据服务质量的评价维度，可以构建良好感知服务质量的标准（见表4-4）。在良好感知服务质量的标准中，“职业作风与技能”与服务结果相关，属于技术质量的范畴；“声誉与信用”与企业形象有关，起到了前述的“过滤器”功能；其余5项标准与服务过程相关，可以纳入功能质量范畴。

表 4-4 良好感知服务质量的7项标准

标　准	内　容
职业作风与技能	顾客认为服务提供者、员工、运营系统和有形要素，应具有以专业方式来解决他们问题的知识和技能
态度与行为	顾客认为一线员工应关注他们，并积极主动地解决在服务过程中他们所面临的问题
可接近性与灵活性	服务的地点、时间、员工和运营系统应根据顾客的要求灵活地加以设计和为顾客提供服务，保证顾客可以很容易地接受企业的服务，也可以根据顾客的要求灵活地对服务做出调整
可靠性与可信任性	如果服务提供者能遵守承诺全心全意地为顾客服务，顾客就会对服务企业产生信任感并认为企业是可靠的
服务补救能力	如果出现服务失误或顾客意料之外的事情，企业应立即主动采取措施控制局面，并找到顾客能接受的新的解决方案
服务环境组合	服务的有形环境和其他环境应对服务过程起到有力的支持作用
声誉与信用	顾客对服务提供者具有信任感，服务应该是物有所值的，顾客可以与企业共同分享良好的服务价值和绩效

资料来源：克里斯廷·格罗鲁斯.服务管理与营销[M].韦福祥，等译.3版.北京：电子工业出版社，2008：68.

上述7项良好感知服务质量的标准可以看作服务管理的基本准则。需要注意的是，在不同的行业、不同的地区，顾客所要求的服务质量有所不同，因而衡量标准自然也不同。某些标准可能并未能全部涵盖其中。例如，价格在顾客感知服务质量中的作用仍未确定，通常认为，如果服务价格过高，顾客将放弃购买行为。然而，价格与顾客对服务的期望相关，或与之前的服务质量感知相互关联。价格对期望的影响作用表现在高价意味着高质量，特别是在服务的无形性非常高的时候更是如此。

资料来源：根据相关资料整理。

三、服务质量差距模型与服务质量管理

从顾客视角对服务质量进行评价，既是服务型企业提升顾客满意度、维护服务价值的重要举措，更是服务型企业发掘服务价值、创造和传递服务价值的基础。企业只有准确地理解顾客如何评价服务质量，才能够有针对性地开发服务产品，进行服务质量管理，实现服务价值创造和传递过程的顺利开展。因此，运用服务质量差距模型是识别服务价值的基础，更是实现服务创造和传递的前提。

（一）服务质量差距模型

PZB 于 1985 年提出“服务质量差距模型”（service quality gap model)，用以分析服务质量问题产生的原因，并帮助服务型企业管理者了解如何实现优质服务价值的创造和传递。一方面，服务质量差距模型能够帮助企业准确认识顾客的期望服务，从而为企业识别服务价值提供关键基础；另一方面，服务质量差距模型为服务设计和服务质量管理提供了顾客导向的管理思路，使企业能够在服务价值的创造和传递环节进行有效的服务质量控制。

服务质量模型分为顾客和企业两个界面，旨在说明服务质量是如何产生的（见图 4-12）。在顾客界面，期望服务受顾客以往服务消费经历、个人需要及口碑等因素的影响；感知服务则是顾客实际经历的服务过程，是一系列内部决策和内部活动的结果。在企业界面，服务型企业对顾客服务期望的理解、服务设计及质量标准制定、服务传递过程，以及服务市场沟通等，均会对顾客的期望服务和感知服务产生影响。

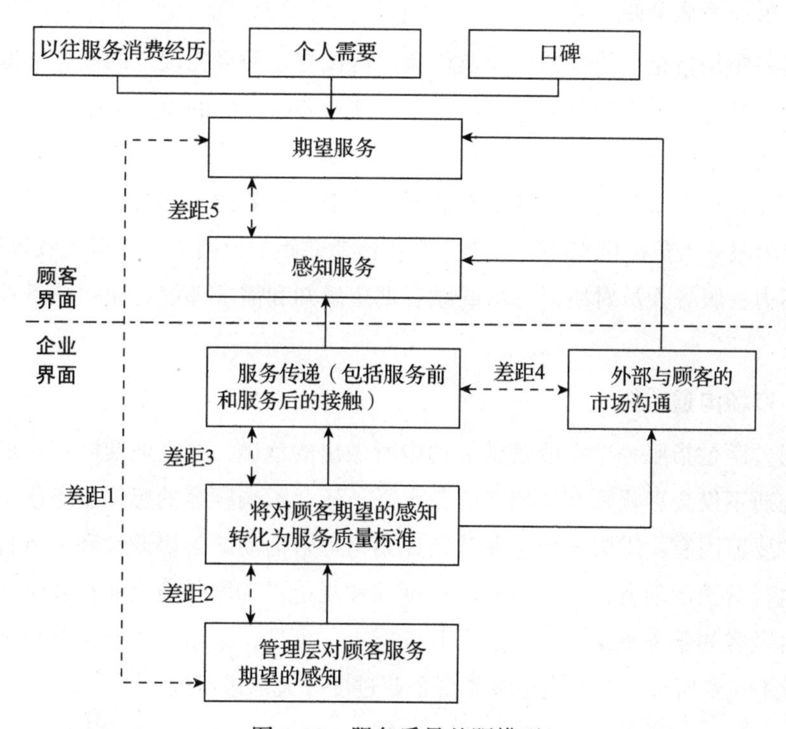

图 4-12 服务质量差距模型

资料来源：Parasuraman A, Zeithaml V, Berry L. A Conceptual Model of Service Quality and Its Implications for Fut-ure Research[J]. Journal of Marketing, 1985, 49(4): 41-50.

根据服务质量差距模型，导致顾客的感知服务质量差异主要来自5个方面。这些质量差距本质上是由服务型企业及服务人员在服务价值识别、创造和传递过程中的不一致造成的。其中，最重要的是差距5，即顾客的期望服务与感知服务之间差距，它是服务质量差距模型的核心，这一差距又取决于其他四个方面的差距。

差距1：感知差距

感知差距主要是指服务型企业管理者对顾客的期望服务理解上存在的偏差。产生感知差距的主要原因包括：①市场调研和需求分析信息不准确；②对顾客期望的解释不准确；③未进行服务市场需求的分析；④流向服务型企业高层管理者的顾客信息不准确或者是扭曲的；⑤服务型企业的管理层级过多，阻塞了市场信息的流动或者改变了信息的真实性。

差距2：服务质量标准差距

服务质量标准差距是指服务型企业所制定的服务标准与管理者所认知的顾客服务期望不一致而出现的差距。产生服务质量标准差距的主要原因有：①企业的服务计划失误或服务计划程序有误；②企业服务计划管理水平低下；③企业的目标不明确；④计划过程中缺乏企业高层管理者的有力支持。服务质量标准差距的大小首先取决于感知差距的大小。但是，如果企业高层管理者没有将顾客需求和服务质量视为企业发展的首要问题，也可能导致出现服务质量标准的差距。

差距3：服务传递差距

服务传递差距是指企业的服务设计及传递过程没有按照事先设定的服务标准来进行，主要体现为服务人员的行为不符合服务标准。服务传递差距产生的原因包括：①服务质量标准过于复杂和僵化；②服务人员对标准有不同意见，因而对标准执行不到位；③服务质量标准与企业文化不相容；④服务运营管理水平低下；⑤缺乏有效的内部营销；⑥服务技术和系统没有按照标准为服务人员提供支持。总之，服务传递差距的原因很多，但大致可以归为三类：管理和监督不力；服务人员对质量标准或顾客期望感知和需求理解有误；缺乏技术和运营方面的支持。

差距4：市场沟通差距

市场沟通差距是指服务型企业营销活动中所做出的承诺，与企业实际提供的服务水平不一致。市场沟通不仅会影响顾客的期望服务水平，还会影响顾客的感知服务水平。造成市场沟通差距的主要原因有：①服务型企业营销计划与运营活动缺乏协调性和一致性；②运营部门没有准确执行营销活动所宣传的服务质量标准和规范；③服务型企业在营销活动中进行过度承诺，即对顾客的服务承诺超出企业的服务能力。可见，市场沟通差距既可能是市场沟通的计划与执行不一致所致，也可能是服务型企业过度夸大承诺所致。

差距5：服务感知质量差距

服务感知质量差距是指顾客感知或实际经历的服务质量与其期望的不一致。服务感知质量差距的间接原因可能是前述四项差距中一项或几项累计传导，而直接的原因包括：①顾客实际接受的服务质量低于其期望的服务质量，或者服务型企业或服务人员出现服务失误；②服务型企业口碑负面或企业形象较差；③服务失败，即服务既没有按照企业标准进行设计和传递，也没有满足顾客的服务需求。

（二）旨在弥合差距的服务质量管理

服务质量差距模型能够帮助服务型企业对顾客的感知服务质量进行分析，发现可能产生服务质量问题的环节，并寻找相应的管理措施消除差距。明确服务质量差距产生的环节，以及产生这些差距的内外部原因，是服务型企业进行服务价值识别的重要内容，是创造和传递服务价值的关键基础。为了有效地弥合可能的服务质量差距，企业在服务价值的识别、创造、传递和维护过程中应该采取有针对性的措施。

（1）消除感知差距。服务型企业要消除感知差距可以从两方面入手。一方面，增强对顾客服务需求的了解，强化对顾客服务价值的识别能力。服务型企业应该开展广泛的市场调研活动，特别是制订和执行顾客服务需求调查计划，以更好地了解服务市场需求及顾客期望，使企业更准确地识别服务价值。另一方面，提高企业的内部管理水平，特别是市场信息的生成、扩散和分享水平，同时提升高层管理者对服务及服务管理和营销的理解水平。服务型企业应该提升市场信息的使用质量，增强关键市场信息的跨部门、跨层级的扩散和流动水平，使关键业务部门和高层管理者能够充分、及时地掌握市场信息。

（2）消除服务质量标准差距。服务型企业在明确服务市场需求和顾客偏好等信息的基础上，如何准确地实现市场信息的吸收，有效地将其转化为服务开发设计及传递过程中的标准，将直接决定着服务质量标准差距水平。首先，服务型企业的高层管理者应该将顾客的服务需求和企业的服务质量视为企业的首要议题，大力支持聚焦于顾客服务价值的顾客开发设计及质量管理，将其作为企业优先发展的头等大事；其次，在制定服务规范及质量标准时，应该让一线服务人员充分参与制定流程。最为理想和有效的方法是，企业各级管理者和一线员工共同协商和参与服务标准的制定，并确保质量标准具有一定的弹性，以保证员工执行过程中较高的灵活性和较低的风险性；最后，服务型企业可以通过新服务推出前的顾客服务体验研究、服务追踪调查等方式不断完善服务标准。

（3）消除服务传递差距。根据导致服务传递差距的原因，需要采取具有针对性的方法进行差距弥合和质量管理。针对管理和监督不力的问题，服务型企业应该改变各级管理者对待一线服务人员的态度，调整响应的运营计划和奖励机制，对现有质量监控体系进行改革使其与服务规范和质量标准相匹配。针对服务人员对质量标准或顾客期望感知和需求理解有误的问题，服务型企业应该提升服务人员招聘的质量，并避免对员工职责分配的决策错误，确保职责分明、各司其职；同时对服务人员进行有效培训，使其掌握服务的基本规范和标准，以及与之相匹配的服务技能。针对缺乏技术和运营方面支持的问题，服务型企业需要革新运营、技术或管理系统，使其能够对质量传递系统起到更强大的支撑作用，或者改进员工培训和内部营销体系，使其适应技术或管理系统的特性。

（4）消除市场沟通差距。为避免市场沟通计划与执行不一致产生市场沟通差距，服务型企业应该建立良好的内部运营机制，协调不同职能部门的工作，确保市场沟通的计划能够实现跨部门的执行。同时，为避免服务型企业过度夸大承诺，应建立服务开发设计与服务营销沟通的协调机制，市场部门采用整合营销传播计划，应该与服务设计及传递部门进行沟通，力求服务传递与服务承诺的匹配。

（5）消除感知服务质量差距。为了有效弥合感知服务质量差距，一方面服务型企业应该通过系统的市场调研及分析，准确掌握并理解顾客的服务期望；另一方面则是强化服务企业内部的服务运营管理，通过多种手段尽可能消除以上四项差距，使企业传递的服务价值，顾客感知的服务质量，以及顾客的服务期望三者之间保持高度统一。

服务技能

服务型企业进行服务市场调查的常用方法

准确、全面地对服务质量进行调查，既是服务型企业完成服务价值创造和传递后的成果检验，更是高水平服务价值识别和创造的关键前提。服务型企业可以运用多种方法对顾客的服务质量感知和服务需求进行调查。

（1）焦点小组访谈法（focus group investigation），是由一个受过训练的协调人引导的与8～12位顾客进行的非正式讨论。面谈的协调人鼓励群体的参加者表达他们的观点，并对群体中其他人所提出的建议进行评价。焦点小组访谈是使用较为广泛的市场研究方法之一，其主要目的是为后续进行的调查研究收集信息的相关领域来源。根据目标顾客群体所提供的有价值的信息，以确定服务企业的服务质量改进内容及方式。通过目标群体面谈所得到的信息比反映单个人的观点要丰富得多。

（2）神秘顾客调查法（mystery customer investigation），是一种检查现场服务质量的调查方式，许多公司应用神秘顾客调查法对自己公司、竞争对手或两者同时进行调查。神秘顾客通常通过聘请第三方专业机构的人员担任，如研究人员或经验丰富的顾客，通过参与观察的方式，到服务现场进行真实的服务体验活动。神秘顾客针对事前拟好的调查问题，对服务现场进行观察、申办服务活动、制造测试性情景或问题，获取现场服务的有关信息，包括服务环境、服务人员仪态、服务表现、人员业务素质、应急能力等。

（3）售后服务调查法（after-sales service investigation），是针对某一具体交易进行的客户满意度调查的一类方法。售后调查必须及时，当服务过程在顾客心中还很清晰时调查顾客的满意程度才能达到预期的效果。因此，这个信息反映了公司最近的绩效，但也可能受到顾客无意中试图减少认识上不一致偏差的影响。从一定程度上讲，售后调查在评价顾客满意度方面是比征求顾客抱怨更主动的方法，可以帮助服务企业辨识服务质量改进的区域。许多公司等待顾客的抱怨，然后根据抱怨采取行动。由于普通的顾客不愿意抱怨，等待顾客抱怨并不能为公司提供绩效的“真实”写照。

资料来源：根据相关资料整理。

基本概念

- 服务期望（service expectations）
- 感知服务质量（perceived service quality）
- SERVQUAL 模型（SERVQUAL model）
- 关系质量（relationship quality）
- 服务质量差距模型（service quality gap model）
- 服务质量管理（service quality management）

课后思考题

1. 服务期望的基本含义是什么以及主要有哪些类型？
2. 结合具体服务实例，谈谈影响顾客服务期望的关键因素。
3. 什么是感知服务质量？它由哪些方面构成？哪些因素影响感知服务质量？
4. 感知服务质量评价的维度和方法分别有哪些？
5. 结合具体实例，谈谈如何利用服务质量差距模型提升质量管理水平。

讨论案例

7-11：打造一站全包式服务中心

中国台湾 7-11 公司（以下简称“7-11”），除了卖吃的、喝的等日常用品之外，交电信费、网购取货、卖高铁票、衣物送洗、文件打印复印……不计其数的居民生活琐事也都可以在店里解决。7-11 已从原来单纯的便利店，摇身一变，履行了邮局、银行、车站、干洗店和复印中心等功能，给顾客提供最及时、最便利的生活支援，使 7-11 成为典型的“一站全包式服务中心”。

（一）洞察消费需求，提供便利服务

从一家贩卖日用品与食物的现代化便利店，到囊括生活琐事的一站式全功能服务品牌，这一切服务项目的开发，源于 7-11 敏锐的顾客服务需求洞察。

从身边事入手，细心观察，开发便利服务。例如，7-11 观察到每年开学时，家长必须特地请假跑到指定银行去交款，于是触发了提供“代交学费”的服务项目。进而，7-11 通过与各单位签约连线，推出了这项服务。至今深受顾客欢迎，业务收益也很可观。

到先进国家（尤其是日本）考察，获得有益借鉴。例如，2011 年 9 月 7-11 推出的衣物干洗服务品牌“洗衣便”，就是 10 年前在去日本考察时发现的。碍于当时受门市环境限制而无法实施，待 2011 年时机成熟，终于在中国台湾推出，至今成为公司很繁忙的一项业务。

7-11 在不断开发新的服务项目过程中，总结出一套经验，只要某项服务具有“实体产品的需求”，顾客有来店的必要，7-11 都介入开发，使其成为公司的便民服务项目。例如，代购车票或活动门票，因为顾客完成订票、交费之后，必须取得实体票券，才能凭此搭车或入场；又如，提款时需要使用 ATM 机、交费时需要店员刷条码、邮寄物品时必须将包裹交给柜台等，这些便民服务，都是7-11致力于开发提供给顾客的。因此，7-11店内有银行的自动提款服务、文件打印复印、代收邮件包裹、代购代取车票/电影票等服务项目，几乎涵盖人们生活的方方面面。

（二）聆听店员与顾客心声，不断服务创新

任何新服务的推出，很少能够一次到位，都必须经过持续的检讨与改建，才能臻于完美。7-11内部有一套回馈系统，服务商品部每两周与地区干部开会交流，针对不同的服务项目，听取一线门市的声音，讨论如何改进。对7-11来说，门店的加盟主就如同分散在各地的“民意代表”，不仅深入了解当地需求，而且也能真实地传达顾客对于各项服务的想法。与此同时，7-11内部的采购专员，以及从集团内部不同业态、领域调来的专员（如来自网络商店7-net，或百货、零售等事业部门等），对于服务的改善也贡献良多。因为采购专员大多具有门店的工作背景，非常了解一线人员如何看待一项新服务；也深知店员在执行业务时，惯常做法是什么，担心害怕的又是什么，因此往往能针对店员的作业习性，设计出对应的服务商品性质与内容。

客服中心接到的顾客意见也是服务创新的来源。7-11的顾客常常打电话来抱怨，而7-11的服务商品部的员工，就通过客服中心每个月整理的汇报，获悉顾客对哪些服务不满意，从而作为改善的依据。随着生活节奏的加快，各种新服务需求不断涌现，7-11对于各种新点子，始终抱有“闯一闯、试一试”的心态。尽管每10个新点子中，可能只有一个能够成功，但只要抓紧成功的那一个，持续改善，并且从其他失败中汲取教训，总能找出顾客最需要的服务产品。

（三）简化操作流程，帮助一线店员迅速上手

7-11门店提供的服务项目繁多，但一线人员最常常做的，其实只需扫条码、开收银机就能完成的简单工作。7-11坚持认为，新服务推出时，除了必须符合顾客需求之外，还必须确保一线店员能够操作。因为服务都是由第一线店员亲自传递的，没有简化的操作流程，无论多么新奇的服务，一线店员无法快速上手，最终注定会失败。于是，7-11在设计服务执行流程时，务求以“流程简化、动作复制”为最高原则，将各式各样的服务转换成类似的操作流程，降低店员对新服务的学习曲线。

以“洗衣便”服务为例，传统的送洗流程：顾客拿着衣物到干洗店，由店员检查衣物脏污状况，写下注意事项后收入袋内，再进行清洗。同样的过程，在7-11的店内重复则太过繁杂且耗时。于是，7-11将送洗流程彻底简化，由顾客自行处理衣物装袋和填表工作，将检查“衣服状况”的工作委托给洗衣厂的专业人员负责，让一线店员只需处理收件与收单。

就是这样，7-11通过敏锐洞察顾客需求，并从顾客抱怨中获取开发新服务的灵感，再加之为一线员工简化工作流程，让一线员工迅速上手，一线员工具备了每天处理庞大数量服务项目和劳动的技巧、心理。最终，7-11成为“无所不包”的一站全包式服务中心，而不只是传统意义上只卖吃的喝的便利店。

资料来源：根据相关资料整理。

思考题：

1. 从理解顾客服务期望的视角，谈谈7-11的成功之道。
2. 结合案例材料，分析7-11如何从顾客和员工视角优化感知服务质量。
3. 7-11从便利店演变成为一站全包式服务中心的过程，为服务型企业提供了哪些有益的借鉴或启示？

CHAPTER 5

第五章

竞争环境中的服务市场定位

本章提要

在竞争激烈的服务市场，独特且具有吸引力的服务市场定位是服务型企业赢得竞争的关键。服务型企业根据不同的顾客特征或服务需求，将服务市场区分为若干细分市场，进而选择符合企业发展目标及资源能力条件的细分市场，成为实现服务市场定位的重要前提。服务市场定位作为旨在目标顾客心目中建立区别于竞争对手的独特形象，以获取和维持差异化竞争优势的服务营销管理活动，需要遵循科学原则和应用科学方法。

学习目标

- 理解服务市场细分的概念和基本条件
- 掌握服务市场细分的基本步骤
- 理解服务市场定位的含义和原则
- 认识服务市场定位的基本层次
- 掌握服务市场定位的主要方法
- 理解服务价值主张的内涵、层次和作用

引导案例

顺丰快递的服务定位策略

2003年“非典”肆虐时，快递行业却迎来了蓬勃发展的时期。顺丰快递总裁王卫将眼光瞄准了因“非典”而陷入低谷的中国航空领域。顺丰与扬子江快运航空签订了5架包机的协议，第一次将我国的民营快递行业带上天空。同年，顺丰正式投入ERP系统，乘包机之便，从华南地区横扫华东乃至整个中国区域，完成全国200多个网点的布局，进入发展最为迅速的时期。

经过20多年的发展，直营模式、高端定位以及航空运输成为顺丰成功的三驾马车。顺丰的服务市场定位将其推向与“四通一达”不同的发展高度，同时也带来更大的挑战与压力。一方面，直营模式与航空运输带来巨大的成本压力。直营模式相较于加盟模式，管理成本一般会上升

12%～15%；航空运输的成本不菲，例如，"广州—上海—杭州—广州"线路的租机价格为每小时2万多元。另一方面，顺丰的高端定位也令其与许多市场机会失之交臂。在顺丰，不做单票5 000元以上的业务曾经是死规定。由于坚持只做小型快递，顺丰甚至拒绝了摩托罗拉这样的"肥"订单。同时，顺丰物流成本决定其更多涉足10%的高端顾客，以蓬勃发展的电商为主体的大众商务涉及较少。例如，1千克包裹单价一般在100～200元，顺丰京沪线上的单价是20元，10%～20%的快递成本很少有电商愿意承受。

但是，顺丰在王卫的牢固掌控下取得了优异的发展业绩。数据显示，2017年顺丰控股中报净利润18.84亿元，同比增长7.5%，占据全国18%的市场份额，"四通一达"只能望其项背。在成功的背后，顺丰清晰的服务市场定位功不可没。

与诸多"快递而优则物流"的同行相比，王卫坚持只做快递，而且只做小件，不做重货。顺丰依据客户细分设计服务价格体系，与四大国际快递重叠的国际高端不做，五六元的同城低端也不做，剩下的客户被锁定为唯一目标。服务设计也非常简单，1千克内收不超过20元的快递费，上门送货，全国联网，36小时送达。由于采取全国直营的模式，顺丰有统一的呼叫电话，无论在哪个城市、什么样的交通情况，顺丰快递员均能在一小时内上门取件，也因此被称为快递行业中的"麦当劳"。由于有了航空的帮助，顺丰能实现全天候、全年365天无节假日派送，这相较于春节期间不开工的其他快递公司，企业形象甚佳。面对这样的服务，对一般消费者而言，顺丰20元的快递费也显得并没有那么高。

时至今日，除了收费标准逐步提高、取送件时间逐渐缩短，顺丰的服务市场定位一直没有任何改变。这样清晰的定位，也成为顺丰与宅急送等直营快递公司拉开距离的重要原因。

资料来源：根据相关资料整理。

直营、高端及航空早已成为顺丰快递服务市场定位的三大关键词，也正是这清晰、有效的服务市场定位奠定了顺丰在快递市场的"江湖地位"。可见，有所为、有所不为已成为服务市场竞争的重要原则。因此，对服务型企业而言，在竞争激烈的市场中，选择符合企业发展使命与愿景，且与自身资源能力高度匹配，独特的服务市场定位，是企业获取和维持竞争优势的关键。

第一节 服务市场细分与目标市场选择

一、服务市场细分的概念

与制造型企业的营销管理类似，服务型企业在进入市场前，也需要对服务市场进行细分，为企业所提供服务价值的选择奠定基础。市场细分就是根据顾客的不同特征，依据一定的标准，将整体市场划分为若干相互区别的细分市场。在特定的细分市场中，不同的顾客都有相似的需求。

服务市场细分（service market segment）是指服务型企业根据不同的顾客特征或服务需求，将整体服务市场区分为若干细分市场的过程。服务市场细分与有形产品的市场细分存在很多相似之处。在服务营销管理中，同样可以借助人口因素（年龄、性别、职业、受教育水平、收入等)、地理因素(国家、地区),以及心理和行为因素(认知、态度、生活方式、消费方式等)等进行市场细分。但是,由于服务与有形产品存在一些差异,使服务市场细分需要关注更多的因素。例如,由于服务具有的过程消费和顾客参与的特征,服务市场细分必须关注同一细分市场中顾客之间的相容性。在服务过程中,服务现场往往同时存在多位顾客,为了避免需求差异巨大的顾客在同一时空中产生的可能性干扰,就要保证目标顾客之间的相容性。

服务市场细分对服务型企业的营销管理活动具有重大意义。随着服务经济时代的到来,服务业快速兴起与发展,在服务消费需求空前增加的同时,服务供给水平也在不断增强。如今,服务市场中不断涌现出新的竞争对手,开发出新的服务项目,服务型企业之间的竞争日益加剧。对服务市场进行细分,有助于服务型企业将资源集中到更具经济效益、更符合企业发展方向、更匹配企业资源水平的市场领域;有助于服务型企业在特定的市场范围内,通过具有针对性的服务价值创造、传递和维护,建立差异化的服务市场竞争优势。

二、有效服务市场细分的基本条件

在竞争日益激烈的服务市场,并不是所有的市场细分都能为企业带来益处。对服务型企业而言,要实现市场细分对企业营销管理活动的积极效果,需要充分考虑服务市场的以下几个基本条件。

(一)服务需求的多样性

服务需求的多样性是市场细分的基本前提和基础。一方面,有效服务市场细分要求整体市场存在多样化的服务需求。例如,酒店行业存在满足基本住宿需要的低端服务需求,也存在满足享受住宿需要的中高端服务需求,这些多样性的服务需求为经济型酒店、星级酒店等不同的酒店提供了各自的细分市场。另一方面,各细分市场内部的需求差异要明显小于细分市场之间的需求差异。这意味着,细分市场内部的需求一般能保持较高的相似度,否则这样的服务市场细分缺乏持续的有效性。例如,若经济型酒店的顾客具有比较类似的住宿服务需求,便没有必要再将顾客进行旅行、商务等市场细分。

(二)服务需求的稳定性

有效的服务市场细分要求各细分市场的服务需求具有稳定性,主要表现在两个方面。一是时间的稳定性,指服务需求较少受到季节、时段等时间因素的影响。某些行业(如旅游业)的服务,更容易受到时间的影响,呈现需求的波动性或不规律性,从而给企业的经营带来负面效应。二是顾客的稳定性,指顾客群体的特定服务需求是比较有规律的,而不是偶发性的;产生服务需求的特定顾客群体是比较固定的,而不是随机的。

(三)细分市场的明确性

细分市场的明确性主要是指具体的细分市场可描述和可测量。随着市场细分在企业营销管理中的普遍应用，市场细分的标准变得越来越广泛。总体来说，主要的市场细分标准有地理因素、人口因素、消费心理和行为因素。这些因素有些相对稳定，但大多数处于动态变化之中。同时，顾客具有的某些信息特征易于获取和测量，如顾客需求偏好、价格敏感程度、受广告影响程度，以及人口统计因素、地理和文化因素等。有效的服务市场细分要求各细分市场能够运用可测量的指标对该细分市场的顾客群体进行综合描述，即顾客画像。例如，某咖啡厅所面对的若干细分市场，能够用年龄、性别、收入水平、生活方式、消费观念等综合指标进行“拟人化描述”。

（四）细分市场的盈利性

盈利性反映细分市场是否具有适当的规模和潜力，细分市场中的顾客群体是否具有一定的购买力，决定着企业在细分市场中的获益水平。企业选择特定的细分市场，将会针对细分市场进行服务设计开发、人员培训、市场推广和顾客维护等一系列营销管理活动，这意味着资源和能力的持续投入。因此，要求细分市场应该具备足够的顾客规模和服务需求，能够为服务型企业带来盈利，值得企业为之投入市场资源和能力。一般来说，内部需求分化程度较高的细分市场往往较难产生足够规模的同质需求，会给企业的目标市场营销战略带来不确定性，因而服务型企业在进行服务市场细分时，必须关注细分市场是否能够支撑企业的市场资源投入，并带来可观的规模效益。

服务洞察 5-1

“十三五”智慧养老催生六大细分市场

国家统计局数据显示，截至2016年年末，我国60周岁及以上人口达2.5亿，占总人口的16.5%。根据预测，到2030年，这一人口占比将达到25%左右。2017年3月，国家卫计委等13部门联合印发《“十三五”健康老龄化规划》，明确要推进信息技术支撑健康养老发展，发展智慧健康养老新业态。智慧健康养老的发展战略，催生了六大细分市场。

（1）健康管理类可穿戴设备，发展健康手环、健康腕表、可穿戴监护设备等，对血压、血糖、血氧和心电等生理参数和健康状态信息进行实时、连续监测，实现在线即时管理和预警。

（2）便携式健康监测设备，用于家庭、家庭医生、社区医疗机构的集成式、分立式智能健康监测应用工具包，便于个人、医护人员和机构在家庭和移动场景中实时监测各项生理指标，并能借助在线管理系统实现远程健康管理等功能。

（3）自助式健康检测设备，用于社区机构、公共场所的自助式智能健康检测设备，便于用户在不同社区、机构中随时、随地自助完成基础健康状态检测，提升用户自我健康管理的能力水平。

（4）智能养老监护设备，用于家庭养老及机构养老的智能轮椅、监护床等智能监测、康复、看护设备，开发预防老年痴呆症患者走失的高精度室内外定位终端，实现自主自助的养老功能，提高用户自主养老、自主管理的能力，提升社会和家庭养老资源的使用效率。

（5）家庭服务机器人，满足个人和家庭家居作业、情感陪护、娱乐休闲、残障辅助、安防监控等需求的智能服务型机器人，提供轻松愉快、舒适便利、健康安全的现代家庭生活，提高老年人生活质量。

（6）健康养老数据管理与服务系统，运用互联网、物联网、大数据等信息技术手段，推进智慧健康养老应用系统集成，对接各级医疗机构及养老服务资源，建立老年健康动态监测机制，整合信息资源，为老年人提供智慧健康养老服务。

资料来源：根据相关资料整理。

三、服务市场细分的基本步骤

服务市场细分本质上是“异中求同”的市场分析过程，即服务型企业将异质性的服务市场划分为若干同质市场的过程。一般而言，服务市场细分的流程从服务市场的界定开始，然后在市场调研的基础上明确关键变量，并对细分市场进行甄别，最后运用不同指标或变量对细分市场进行描述，进而完成对服务的市场细分。

（一）界定服务市场

服务市场的界定是指服务型企业从市场范围、服务对象等角度明确服务传递的相关对象群体。为确定企业的相关市场，服务营销管理者需要与顾客进行非正式接触，并将顾客群体分成若干小组，以便更有针对性地了解不同类型顾客的服务消费动机、态度和行为。在掌握服务市场的基本信息后，企业需要系统分析自身资源和能力状况，明确企业的市场优势与劣势，然后在以下几个方面进行选择：服务线的宽度、顾客类型、地理范围以及企业需要涉入的服务价值链环节等。

成功的服务市场细分意味着服务型企业能够在明确的服务细分市场，通过有针对性的服务设计与开发以及服务传递等活动，实现服务价值的创造和传递。准确、全面地界定服务市场，是服务型企业成功实现市场细分的基础。

（二）甄别细分市场

在明确相关市场后，服务型企业必须运用一定的标准或指标对市场进行甄别。服务市场细分的依据本质上是反映差异化服务需求的基础，即产生差异化服务需求的关键决定因素。在不同的服务类型、不同的顾客人群存在诸多的差异性，因而对服务市场进行甄别的依据并没有绝对的标准或固定不变的模式。总体而言，服务营销管理人员需要考虑产生服务需求差异性的关键因素，并将其作为考察服务市场结构的主要依据。目前，用以甄别细分市场的主要依据包括以下几种。

1. 地理环境因素

按照地理环境因素进行市场细分，是根据顾客工作和居住的地理位置进行市场细分的方法，即按不同地理单位，比如国家、省、区、县等进行市场细分。由于地理环境、自然气候、文化传统、风俗习惯和经济发展水平等因素的影响，同一地区的人们消费需求具有一定的相似性，而不同地区的人们则有不同的消费习惯与偏好。因此，地理因素可以成为市场细分的依据。按照地理环境因素进行市场细分的方法简单直接，因而被服务型企业广泛使用。例如，肯德基在上海首先推出花式早餐粥以及为顾客量身定做的早餐组合套餐，而在北方城市推出了寒稻香蘑饭。肯德基依据地区设计服务营销计划，使其餐饮服务更具有针对性，营销及市场推广等工作也更加契合当地顾客群体的服务需求。

2. 人口统计因素

人口统计因素包括年龄、性别、职业、收入水平和受教育程度等人口统计变量。这些因素是区分顾客群体最常用的依据，因为顾客的服务需求偏好、使用频率等经常与人口统计变量密切相关，同时人口统计因素比其他类型的因素更容易衡量。例如，一些银行根据顾客的生命周期划分市场，将顾客生命周期分成单身、年轻满巢（年龄在 40 岁以下，至少抚养一个孩子）、中年满巢（年龄超过 40 岁，至少抚养一个孩子）、年老空巢就业（年龄超过 60 岁，仍就业，但孩子独立）和年老空巢退休等几个阶段。处于生命周期不同阶段的顾客需求有很大差异，银行可以借此寻求目标市场，提供适合顾客需求的金融服务。

此外，顾客的教育背景、职业与收入、社会地位等因素之间存在直接关联，并会对服务需求特征产生影响。一般而言，顾客的受教育程度越高，就越可能获得较高的地位和收入，因而对服务需求的个性化和高端化倾向更明显。近年来，按职业进行市场细分的方法逐渐得到一些企业的重视。另外，诸如社会阶层、住所的类型、家庭所有权等细分变量也被一些服务型企业采用，如顾客对住所类型的关注对那些房屋租赁企业有很大的现实意义。

3. 消费心理及行为因素

影响顾客服务消费行为的心理因素，如生活方式、消费习惯等，都可以作为市场细分的依据，尤其是当运用人口统计因素难以有效地划分服务的细分市场时，结合顾客的心理因素进行市场细分是非常必要的。例如，不同生活方式的群体，其消费方式也不同，那么其服务需求也会存在显著差异。常见的运用心理因素进行的服务市场细分，会把具有共同个性、兴趣、心智特征的顾客聚合为一个细分市场。

同时，顾客的服务消费行为也可以作为进行服务市场细分的依据。这些服务消费行为包括：①购买时机，即根据顾客服务购买或消费的具体时间和周期对服务市场进行细分；②使用状况，即根据顾客对服务消费方式及对服务的依赖程度进行服务市场细分；③使用频率，即根据顾客对服务使用的频繁程度对服务市场进行分类；④忠诚程度，即根据顾客对服务型企业或服务的信任和依赖程度对服务市场的顾客群体进行细分；⑤态度，即根据顾客的态度对目标市场进行细分。顾客对服务型企业或服务的态度大体可分为热爱、肯定、冷淡、拒绝和敌意。针对顾客持有的不同态度，服务型企业可采取不同的服务营销策略。

4. 顾客利益因素

顾客利益是顾客进行服务消费的基本动因，因而可以依据顾客在服务购买过程中的不同利益诉求和利益获取对服务市场进行细分。依据顾客利益因素进行市场细分侧重于顾客对服务的反应，而不是服务本身。例如，不同顾客在银行提供金融服务的消费过程中，可能会有不同的利益诉求：一些顾客希望能从声誉较好的银行那里获得全面、整体性的金融服务；一些顾客则希望获得低利率的优惠贷款；还有顾客则可能希望银行提供一对一私人定制服务，如购买高回报的理财产品。因此，银行可以根据自身资源状况，选择其中一个或两个细分市场进入，提供独具特色的金融服务。

事实上，服务型企业在进行细分市场甄别时可用的依据和标准非常多，需要根据所在行业特征和顾客特点选择具有代表性和创新性的分类依据，或者对不同分类依据进行组合使用，以选择最佳的细分依据，实现对服务细分市场的有效甄别。

（三）描述细分市场

在运用不同指标或指标组合对服务市场进行甄别后，服务型企业需要选择一些关键指标对各个细分市场的顾客特征及需求偏好进行描述，即顾客画像。顾客画像也称“用户画像”，是指企业运用人口统计学、心理和行为等若干因素，对目标市场顾客群体的基本特征及需求状况进行拟人化描述。顾客画像是服务型企业使用更为直观和形象的方式对细分市场进行描述，是企业准确理解目标顾客群体的重要环节。

服务型企业进行顾客画像的关键依据，是那些影响服务需求和服务价值选择的潜在因素，而不同类型的服务型企业分析和理解顾客服务需求的关键因素存在差异。例如，金融服务企业在分析顾客服务需求时，需要从地理位置、收入水平、消费经验和职业等因素对细分市场进行描述；餐饮服务企业在理解服务需求时，则可以从性别、年龄、生活方式、消费习惯等方面描述细分市场。

服务洞察 5-2

中国一线城市餐饮行业的顾客画像

顾客作为餐饮市场的主体之一，是进行消费的行为者，在餐饮消费场景中担当着重要的角色，其本身包含诸多特征。对消费人群的分析主要包括两个部分：一个是自然属性或社会属性，如年龄、性别、本省人/外省人；另一个则是消费属性，包括消费能力和折扣偏好。

（1）一线城市餐饮消费年轻化，“80后”“90后”当道。在北上广深四个一线城市中，餐饮消费的主要人群分布在18～35岁，“80后”和“90后”成为主力军。其中，深圳18～35岁的消费群体比例最高，达84%；广州18～25岁的群体比例最高，达43%；上海30岁以上人群消费占比均比其他一线城市高，生活在上海的中青年群体更愿意去消费美食。

（2）一线城市的餐饮消费男女比例相当，深圳男性餐饮消费更加突出。总体来看，一线城市的餐饮消费男女比例基本相当，不论男女都爱美食。分城市来看，深圳餐饮市场的男女比例差异最明显，餐饮消费的男女比例为6∶4；北上广“90后”女性在餐饮消费上则比“90后”男性占比更大。

（3）一线城市中，外省人的消费次数更多，广州的本省人活跃度更高。整体来看，一线城市外省人的餐饮消费次数更多，比例达58%。分城市来看，北京“土著”的消费比例最低，仅为27%，外来人口的消费比例已超七成；广州则是本省人的消费比例更大，消费活跃度更高。

（4）一线城市消费能力普遍较强，上海拥有最强消费能力。在北上广深，中等以上消费能力的人群占大多数，一线城市拥有较高的消费能力。其中，上海的高消费能力人群比例最高，达到了74%。根据口碑的消费能力指数来看，一线城市餐饮人群的消费能力大多都较高，“高”和“中高”的比例超七成。分年龄段来看，消费能力基本呈纺锤形，35岁以下的消费能力逐渐上升，36～40岁的高消费力人群比例最高，之后略有下降。

（5）一线城市奉行“物美价廉”原则，北京和深圳更“精打细算”。整体而言，在一线城市，对折扣水平有中高偏好的餐饮消费人群占大多数，“物美价廉”更受青睐。相比之下，北京和深圳对折扣更敏感，对折扣水平有中高偏好的人群更多，“精打细算”才是硬道理。

（6）一线城市的餐饮消费时段折扣对比：正餐要吃饱，夜宵要吃好。整体来看，一线城市各时段对折扣的敏感度很大，人们对折扣的偏好度较高。分时段来看，消费者对午晚餐的折扣偏好更高些，性价比高的食物更能满足消费者的饱腹诉求；对深夜宵和夜宵的折扣敏感度则较低，此时段的消费者更单纯地倾向于消费美食，折扣的力度大小相对不那么看重。

总之，中国一线城市餐饮消费人群正在年轻化，“80后”和“90后”成为主力军。一线城市餐饮消费人群多元化，外省人的消费节节高。一线城市餐饮消费人群理性化，喜欢折扣优惠不代表盲目消费。

资料来源：根据相关资料整理。

四、目标市场选择

服务的目标市场是服务型企业决定进入的，具有共同需求或特征的顾客群体。在对服务市场进行细分后，服务型企业面对着若干潜在细分市场，选择符合企业发展目标及资源能力条件的细分市场，成为实现服务市场定位的重要前提。因此，目标市场选择是联结服务市场细分和市场定位的关键环节，决定服务市场定位的有效性和科学性。

（一）评估细分市场

服务市场细分揭示了服务型企业面临的潜在市场机会，不同细分市场具有不同的潜力与特征，因而需要企业对各个细分市场进行评估，以确定最终进入的一个或几个细分市场。对细分市场的评估需要考虑以下几个方面的因素。

（1）细分市场的规模和发展潜力。潜在的细分市场必须具有一定的市场规模和发展潜力，才能为企业提供持续的盈利和发展空间。一方面，服务型企业的市场细分需要在差异化和规模化之间寻找平衡，确保细分市场既具有个性化的服务需求，同时这类服务需求又具有较为稳定的规模。否则，个性化的细分市场一旦无法为企业提供足够的盈利空间，便会丧失市场吸引力。另一方面，除了考虑细分市场的存量规模以外，市场规模的增量也是重要的考虑因素。细分市场规模的增长速度会影响服务型企业的成长水平，因而是评估细分市场的重要内容。一般而言，那些市场规模较大，同时具有较高增长水平，即兼具存量和增量优势的细分市场，是服务型企业优先考虑的对象。

（2）细分市场的获利水平。细分市场不但需要具备理想的规模和增长率，还要能提供理想的获利水平。细分市场的竞争状况、顾客的议价能力，将决定着该细分市场的获利水平。不同的服务型企业具有不同的目标利润率，即使同一个企业，在不同发展阶段也有不同的目标利润率。总体而言，任何服务型企业在选择目标市场前，都需要确保一定的获利水平，否则无法维持企业的生存和发展，也就失去了进入细分市场的意义。

（3）服务型企业的目标与资源。服务型企业的发展目标和资源水平是决定服务市场选择的关键内部条件。企业必须选择与自身发展目标匹配，而且自身资源条件可以有效满足的细分市场。例如，某细分市场虽然具有较大吸引力，但不符合企业的发展规划，此时，企业不能只顾眼前利益而损害长远的战略意义，否则，这样的细分市场也只能放弃。同时，即使某细分市场符合企业的发展目标，企业也需要考虑是否具备进入该细分市场的资源条件。如果企业缺乏能够与竞争对手抗衡或优于竞争对手的资源水平，甚至缺乏满足市场竞争的基本资源要求，那么就不应该进入该细分市场。

（二）选择目标市场

在对目标市场进行全面和科学的评估后，服务型企业需要根据内外部环境选择一个或几个值得进入的服务细分市场。不同的服务型企业会根据企业目标和资源状况，以及市场环境等综合因素形成不同的目标市场选择方式。通常情况下，服务型企业进行目标市场选择的策略包括以下几种（见图 5-1）。

（1）服务 / 市场专一化，即服务型企业只针对某一特定的顾客群体提供一种服务，以取得在这一特定服务市场的竞争优势。这种目标市场选择方式比较适合资源水平相对较低的中小服务型企业，或者是刚刚进入市场的新创服务型企业。

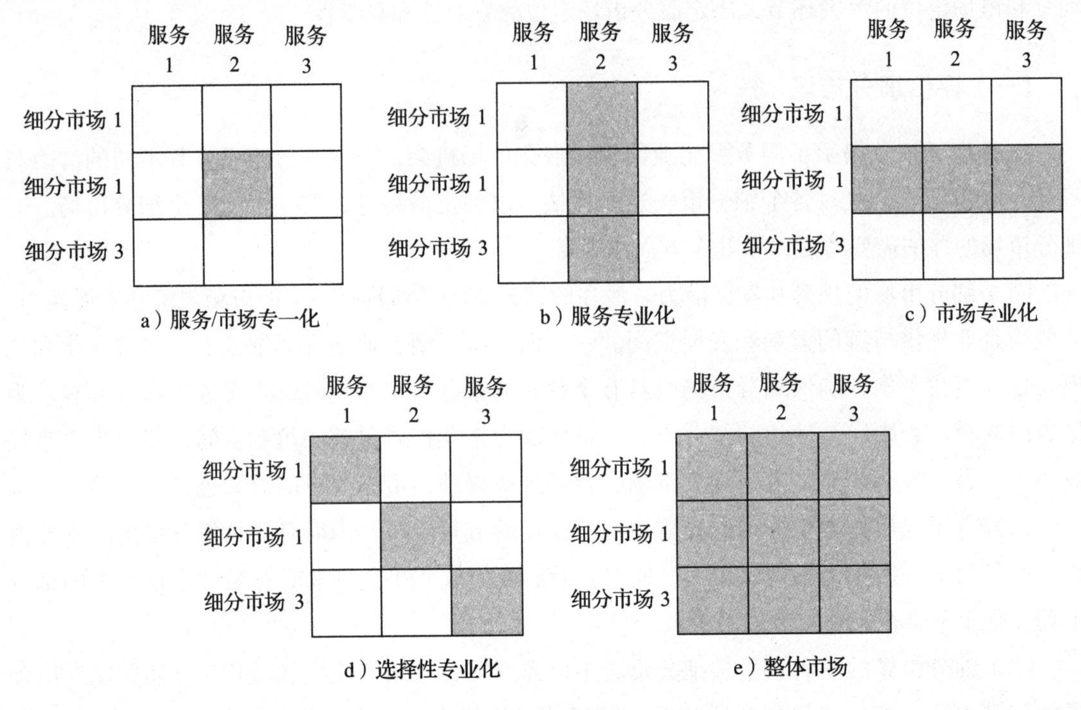

图 5-1 目标市场选择的基本策略

资料来源：本书设计。

（2）服务专业化，即服务型企业面向不同类型的顾客群体提供某种服务，只是在档次、价格和质量等方面塑造差异。企业可以通过服务专业化策略建立在某种服务方面的较高声誉，并且有利于降低服务成本。但是，一旦出现替代服务的威胁时，这种策略对服务型企业的稳定发展会产生负面影响。

（3）市场专业化，即服务型企业向某一特定顾客群体提供系列化的服务组合，满足该类顾客群的多重服务需求。市场专业化策略可以帮助服务型企业在特定顾客群体中获得较高的市场影响力，建立在特定服务市场领域的竞争优势。

（4）选择性专业化，即服务型企业有选择地进入几个不同的细分市场，为不同的顾客群体提供不同系列的服务组合。其中，每个选定的细分市场都需要具备一定吸引力，并且符合企业的经营目标和资源状况；各个细分市场之间很少或根本没有联系，但服务型企业能够在每个细分市场获利。选择性专业化策略有助于分散企业的经营风险，但对企业的资源及能力水平要求较高。

（5）整体市场，即服务型企业全方位地进入市场，用不同系列的服务组合满足各类顾客群体的服务需求。一般而言，整体市场策略对企业的资源水平提出了非常高的要求，因而更适合具有雄厚实力，处于市场领导地位的服务型企业。同时，整体市场策略在服务需求异质性水平相对较小的市场中更具有可操作性，一旦服务市场具有完全不同的服务需求，且满足不同服务需求之间存在资源竞争，那么无论是大型企业还是中小型企业，都很难全方位地满足市场。

服务案例　**去哪儿网以“智慧”细分市场，实现一站式服务**

2017 年，在线旅游企业迎来蓬勃发展，风险投资、强强联合，根据各自企业不同的特点细分市场，为企业和广大游客提供了丰富多样的选择。

去哪儿网倡导的“智慧旅游　数字服务”收到了明显的效果。“智慧旅游”在数字化上的要求，就是任何时候、任何地点都能够帮助消费者在移动的状态下接入信息，只有这样才能在最短的时间内获得最准确的答案。数字服务遵循消费者从搜索、预订、支付到评价旅游产品的使用流程，按照机票、酒店、度假、火车票、景区、租车等横向产品（或产品组合）形态及互联网、手机、多媒体终端等纵向服务渠道两个维度设计网络状服务流程，实现服务无盲点，追求标准化、高效化、专业化、数字化的服务理念。“智慧旅游　数字服务”是从传统的旅游消费方式向现代的旅游消费方式转变的“推手”。虽然旅游消费的内容还是传统的吃、住、行、游、购、娱，但是可以通过信息技术的广泛运用实现消费方式的现代化。

去哪儿网可搜索超过 700 家机票和酒店供应商网站，向消费者提供包括实时价格和产品信息在内的搜索结果，搜索范围超过 15 万家酒店和 1.5 万条国内、国际机票航线，以及 10 万条度假线路、2.5 万个旅游景点。截至 2017 年 8 月底，去哪儿网的团购频道已针对全国 100 多个城市开展旅游类产品团购服务，每日在线旅游类产品的团品数量超过 700 个。

去哪儿网将会在任何移动平台上为消费者提供旅游信息的入口，这个入口不但包括酒店，也包括当地的景点，消费点，甚至包括消费者如果遇到旅游问题去找谁投诉等，使整个旅游行业更快、更好地实现真正意义上的“智慧旅游　数字服务”。2016 年年底，携程、去哪儿网、旅游百事通三家完成了产品和全能系统的整合，携程网和去哪儿网合并后占据了在线旅游市场的 70%。2017 年 8 月，去哪儿网的主要顾客转向“95 后”。

资料来源：郭国庆．服务营销 [M]. 4 版．北京：中国人民大学出版社，2017：85.

第二节　理解服务市场定位

一、服务市场定位的内涵

制造差异是市场营销管理活动的重要使命。成功的服务型企业是那些能够把自己与同类型企业有效地区分开，给顾客以特殊印象或者在顾客心中获得特殊位置的企业。一般而言，服务型企业无论选择何种目标市场，都会面临着特定目标市场中的直接竞争对手。因此，服务型企业需要通过特定的营销活动让自己变得与众不同。

“定位”概念始于1972年，艾·里斯（Al Ries）和杰克·特劳特（Jack Trout）撰写了一系列名为“定位时代”的文章，刊载于美国专业杂志《广告时代》上。**服务市场定位（service market positioning）是指服务型企业根据市场环境和企业资源条件，旨在目标顾客心目中建立区别于竞争对手的独特形象，以获取和维持差异化竞争优势的服务营销管理活动。**在竞争日益激烈的服务业，有效的服务市场定位是服务营销管理工作中的关键任务之一。由于服务所具备的无形性、异质性、不可分离性等若干特性，使服务市场定位比有形产品市场定位更具特殊性和挑战性。对服务市场定位内涵的理解，应该着重把握以下几个方面。

（1）服务市场定位的前提和基础是市场环境和企业资源条件。服务市场定位具有相对性，即相对于市场环境、企业资源条件。一方面，服务型企业需要明确市场环境特征，充分理解和分析市场结构、竞争对手和顾客需求三方面因素。例如，目标市场中已经存在哪些具有竞争力的服务市场定位？是否还有其他空白点？主要竞争对手的服务市场定位具有什么特点？目标市场中顾客最期望的服务具有什么样的特征？等等。服务型企业应尽可能做到“人无我有，人有我优，人优我转”，形成持续的服务差异化。另一方面，服务型企业需要明确企业自身资源条件，以确保选择的服务市场定位能够最大化地利用优势资源，同时避免形成企业无法实现的服务市场定位。例如，宾馆定位于服务高端的酒店住宿需求，就意味着在硬件设施、人员素质等方面应该具有高水平的企业资源；快递服务定位于隔日送达，就要求快递企业必须具有优于竞争对手的交通运输和物流配送条件。

（2）服务市场定位是面向顾客心智，以建立区别于主要竞争对手的企业或服务独特形象。服务市场定位目的是在目标顾客认知和情感等方面形成独特印象，意味着服务型企业进行定位时需要围绕顾客心智开展工作。一方面，服务型企业要致力于运用自身资源条件，开发、设计并传递具有独特性或差异性的服务，这是实现有效服务市场定位的基础；另一方面，服务型企业要运用各类营销传播手段，以及服务传递过程等综合方式，在顾客心智中全面、客观地反映企业服务的独特性或差异性。事实上，服务型企业是否能够在顾客心智中形成独特形象，既取决于企业或服务自身的独特水平，即企业或服务的绝对优势，同时还取决于与主要竞争对手之间的比较优势，即企业或服务的相对优势。

（3）服务市场定位是战略营销活动，旨在获取和维持特定服务细分市场中差异化的竞争优势。服务市场定位具有全局性、长远性的战略营销活动，它指导服务型企业的服务设计和开发、服务传递以及顾客关系建立和维护等服务营销策略。服务市场定位的战略性主要体现在：首先，服务市场定位影响服务型企业的市场资源配置方向和水平。例如，企业若将高质量服务作为服务市场定位的关键要素，就将在服务辅助设施建设和服务人员培训方面投入更多资源，以支持和匹配企业的高质量服务输出。其次，服务市场定位决定服务型企业在服务市场的差异化程度。企业只有发掘并占领那些独特的、有价值的“空白”定位，才能够在竞争激烈的服务市场获取差异化位势，从而在顾客心目中建立区别于竞争对手的独特形象。最后，服务市场定位的最终目标是获取和维持市场竞争优势。这意味着，有效服务市场定位的终极目标并不是形成服务交易、建立顾客关系等策略层面的市场结果，而是为了获取持续的服务市场竞争优势。

二、服务市场定位的基本原则

服务市场定位是服务型企业进行服务价值创造、传递和维护的基础，是企业识别和锁定服务价值的集中表现。因此，有效的服务市场定位对引导服务型企业进行服务设计、传递和优化等服务营销活动具有重要影响。服务型企业进行服务市场定位需要遵循以下原则。

（一）差异化原则

差异化原则（the principle of differentiation）是指服务型企业在进行服务市场定位时，除遵循满足服务市场基本需求共性，如服务可靠性、价值性等，还应强调运用独特的资源和能力，满足个性化或定制化的服务市场需求，凸显与主要竞争对手在服务价值方面的独特性。服务市场定位的差异化原则主要包含两方面的内容：①企业可传递的差异化，即服务型企业选择的差异化内容，如高品质服务、定制化服务等，可以通过现有技术手段和营销活动有效地传递给目标顾客群体。②顾客可识别的差异化，即服务型企业选择的差异化内容，如高端服务、一对一服务、24小时电话服务等，能够通过各种场景设计等有形展示与主要竞争对手区别开，进而让目标顾客准确地感知和接受。差异化原则是服务型企业进行市场定位时需遵循的首要原则，它引领服务型企业服务市场定位的方向。

（二）顾客导向原则

以顾客为中心是市场营销活动的核心之一，因而在服务市场定位时必须坚持顾客导向原则。**顾客导向原则（the principle of customer orientation）是指服务型企业必须坚持以目标顾客为中心，以顾客偏好及需求特征为基本出发点和最终落脚点进行服务市场定位。**一方面，服务市场定位选择必须坚持以响应顾客需求，创造顾客价值为基本前提，聚焦于满足市场需求的服务价值选择；另一方面，服务市场定位必须以顾客心智为落脚点，即在目标顾客心目中形成区别于主要竞争对手的形象或印象。顾客导向原则是服务型企业进行服务市场定位的根本原则，它决定着服务市场定位的有效性。

（三）资源聚焦原则

市场资源绝对有限性与市场时空范围相对无限性之间的矛盾，要求服务型企业在进行服务市场定位时需要遵守资源聚焦原则。**资源聚焦原则（the principle of resource focus）是指服务型企业在进行服务市场定位时，必须遵守“有所为、有所不为”的准则，将重要的市场资源运用到最关键的竞争领域和最重要的目标市场，以使资源的市场价值最大化。**资源聚焦原则要求服务型企业：①机会与资源有效匹配，即选择最能够为企业带来利益的目标市场和竞争区域进行资源投放，将市场机会与关键资源进行有效配置；②集中优势资源，即将优势资源集中投放到关键市场领域，创造核心价值，服务关键顾客群体，以获取差异化或相对竞争优势。资源聚焦原则是服务型企业进行服务市场定位的重要原则，它最终影响服务市场定位的操作性和持续性。对缺乏资源和能力的中小服务型企业而言，资源聚焦原则是其在竞争激烈的服务市场获取生存空间和发展潜力的重要法宝。

第三节　实施服务市场定位

一、服务市场定位的基本层次

服务市场定位是一个系统的过程。从广义角度看，服务市场定位包括服务行业定位、服务型企业定位和服务组合定位三个基本层次；从狭义角度看，服务市场定位主要是指服务产品定位。服务营销管理更多是从狭义层面对服务市场定位进行探讨。但是，为了更准确地对服务市场定位进行总体把握，对其进行多层次理解非常必要。

（一）服务行业定位

任何企业的经营活动都必须在某个具体的行业中展开，因而不可避免地受该行业的影响。事实上，一个企业的竞争方式、营销重心、盈利能力等均与该企业所在行业的市场结构、顾客需求现状、竞争对手行为等因素密切相关。因此，服务型企业在进行服务市场定位时，必须首先考虑所处行业在整个服务产业中的地位，以及所处行业的基本现状，这决定了该行业的发展潜力，进而影响该行业所属企业的发展前景。根据顾客对不同行业的平均喜爱程度和熟悉程度，服务业中部分行业的相对位置如图 5-2 所示。

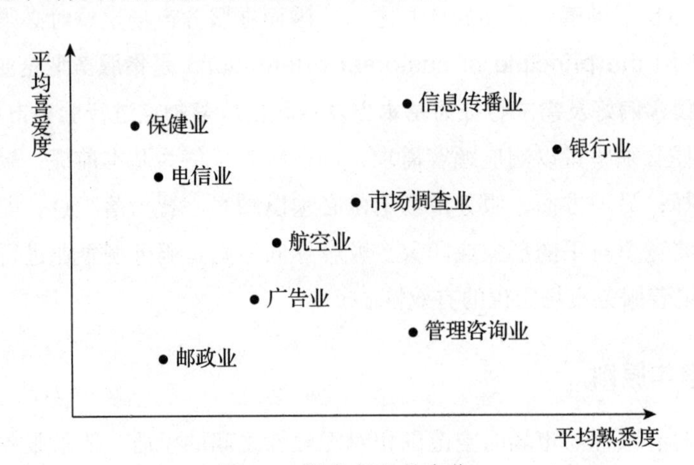

图 5-2　服务行业的定位

资料来源：郭国庆．服务营销 [M]．4 版．北京：中国人民大学出版社，2018：94.

（二）服务型企业定位

就本质而言，服务型企业定位往往与其服务组合定位是一致的，两者相辅相成，但处于不同的层次。服务型企业定位处于定位的高层，它必须先对其服务组合进行定位，即服务于什么样的顾客需求，然后才能在目标顾客群体心目中树立起对应的企业形象，构建起较为固定的顾客群体。这意味着，服务型企业定位高于服务组合定位，是在服务组合定位的基础上形成的，并对服务组合定位起着指导和强化作用。例如，一提到顺丰快递，顾客立刻就会想到它所提供的高效快递服务。因此，一旦服务型企业定位成功，便会获得良好的市场影响力和社会声誉，其服务组合定位也会得到相应的巩固，并为服务型企业带来长期效益。

一般而言，服务型企业根据自身资源状况和市场竞争现状，可以在以下的服务型企业定位中进行选择。

（1）市场领导者，即在行业中处于领导地位的企业。这样的服务型企业既是服务市场竞争的主导者，也是其他服务型企业挑战、模仿或回避的对象。例如，零售行业中的沃尔玛、快餐行业中的麦当劳、网约车行业中的滴滴出行等。

（2）市场追随者，即在行业中居于次要地位，但紧跟市场领导者的企业。市场追随者是行业中企业的大多数，它们暂时无法成为行业的领导企业，因而选择在市场策略、服务组合等方面学习和模仿领导者。例如，根据中国外卖行业 2017 年数据，美团以较大优势成为行业领导者，而口碑、饿了么、百度外卖等大量外卖企业成为紧随其后的市场追随者。

（3）市场挑战者，即向行业中尚处于领导地位的企业发出主动挑战的企业。一般而言，在服务市场中，市场挑战者要想取得成功，必须以独特的市场战略向市场领导者发起挑战。例如，2018 年 1 月成立的瑞幸咖啡（Luckin Coffee）通过“互联网 + 低价 + 众多门店布局”的市场战略，以咖啡的“新零售”模式在中国市场急速扩张。北京大学光华管理学院教授杰弗里・陶森（Jeffrey Towson）认为，瑞幸咖啡是最有可能在中国市场击败星巴克的市场挑战者。

（4）市场补缺者，即在行业中聚焦于利基市场开发和利用的企业。在服务市场中，某些服务型企业进行特定范围的专业化经营，以避免与强大竞争对手发生直接竞争。对缺乏资源和能力的中小服务型企业而言，市场补缺者是企业发展初期行之有效的定位选择。

（三）服务组合定位

服务组合定位是将服务型企业所提供的具体服务及其组合进行标签化，以在目标顾客心智中形成独特的位置。只要顾客产生相应服务需求，就会自然而然地联想到这种服务，从而达到先入为主的效果。例如，当顾客需要长途旅行时会产生预订机票和酒店的服务需求，可能首先想到的是携程或去哪儿网；当顾客需要陪小孩去休闲或游玩时，可能首先想到的是迪士尼。服务组合定位的目的就是让服务所蕴含的一些有形或无形的要素在目标顾客心目中留下深刻的影响，进而影响顾客服务消费行为。

服务组合定位是服务市场定位的基础，只有服务型企业提供的服务在顾客心目中占据有利的位置，服务型企业的定位才有实现的根基。最后需要说明的是，并不是所有的服务型企业都需要在上述所有层次进行定位。例如，出租车企业和酒店只需要在企业层面和服务层面进行定位即可。但对于一些规模较大、开展多项跨行业服务业务的企业集团而言，服务行业的定位也是必要的。但有两点需要明确：①服务市场定位的三个基本层次之间必须有清晰的相关性并有内在的逻辑关联。②服务品牌既可以产生于服务型企业定位层次，也可以产生于服务组合定位层次。

二、服务市场定位的主要方法

服务市场定位本质目的，是服务型企业在目标顾客心目中建立区别于竞争对手的独特形象，是对服务型企业所提供的服务实现标签化，对服务的价值或效用实现抽象化的过程。因而，根据服务标签化与价值抽象化的不同方式及焦点，服务市场定位有以下几种主要方法。

（一）顾客价值定位法

顾客价值定位法是指服务型企业通过发掘并强化本企业所提供服务给顾客带来的某项特殊价值或利益，以实现服务市场定位。例如，新东方教育以“一站式学习服务平台”来界定所提供的教育服务，希尔顿酒店以“以微笑服务打造宾至如归的奢华舒适体验”来展示所提供的住宿服务，均是从顾客所获得服务价值或利益的视角来实现服务市场定位。

顾客价值定位法要求服务型企业率先发现并利用本企业所提供服务的某些有价值的属性（这一属性其他服务可能同样具有），通过系统的营销推广活动占领该服务价值点，实现在顾客心目中的标签化或抽象化，从而实现服务市场定位。

（二）服务属性定位法

服务属性定位法是指服务型企业通过发掘或提炼本企业服务独特的性能或特征，将其作为服务甚至企业的标签，以实现服务市场定位。服务属性定位法与顾客价值定位法本质的区别在于：服务属性定位法强调本服务拥有，而其他服务尚不具备的特殊功能特征，即运用独特的性能或特征进行服务市场定位。

例如，携程作为中国最大的在线旅游服务提供商（OTA），以“携程在手，说走就走”为重要的服务价值点，强调其提供随时随地的旅游服务预订及咨询服务。携程与国内外近10家电信运营商展开合作，目前在中国南通和上海两个呼叫中心拥有上万座席的语音线路，包括传统语音线路以及基于软交换平台的网络电话线路，每天的话务量更是以百万计。其中，呼叫中心达成的订单量占携程整个业务订单量的70%。正是这些独有的强大组织资源，使携程网有别于途牛、同程旅游、驴妈妈等其他在线旅游服务提供商，能够提供真正“说走就走”的即时旅游服务。

（三）目标顾客定位法

目标顾客定位法是指服务型企业通过界定服务的目标顾客群体，实现本企业所提供服务与主要竞争对手的区隔，从而进行服务市场定位。服务型企业运用目标顾客定位法进行服务市场定位时，关键点在于企业界定可识别的、有价值的目标顾客群体，并将服务该类群体作为企业标签，进而实现服务市场定位。

例如，成立于2007年的瑞思英语（Rise），定位于为3～18岁的中国孩子提供原汁原味的美国7个年级全英文完整学科体系教育，并荣获“中国十大品牌少儿教育机构”“最具品牌价值儿童教育机构”“最具影响力少儿英语培训机构”等殊荣。由此可见，瑞思英语将所提供的英语教育服务锁定在3～18岁的目标顾客群体，使其与新东方教育、华尔街英语、英孚教育等其他英语教育服务企业形成区隔。

（四）竞争比附定位法

竞争比附定位法是指服务型企业以主要竞争者的服务为参照物，依附竞争者顺向或逆向进行服务市场定位。服务型企业运用竞争比附定位法的要点在于选择具有影响力的竞争服务或服务组合，并将其与本企业服务关联。使用竞争比附定位法，借助具有影响力的竞争对手实现对本企业的定位，对缺乏市场影响力的新创服务型企业或缺乏资源的中小服务型企业而言，是行之有效的服务市场定位方法。

三、服务价值主张

在竞争日益激烈和同质化的服务市场，服务型企业需要开发并传播具有市场吸引力和影响力的服务价值主张。服务价值主张是服务型企业识别服务价值的结果，是服务市场定位核心内涵的市场化表达，是服务市场定位的关键体现。

（一）服务价值主张的内涵

服务价值主张（service value proposition）是指在既定价格条件下，服务型企业帮助顾客有效地解决某个重要问题，或者满足某类关键需求所要实现的诉求和完成的任务。服务价值主张描述服务型企业在既定的价格条件下，为界定顾客群体创造的服务价值，它集中体现服务型企业的服务市场定位，明确地界定服务型企业的目标顾客，以及向顾客提供什么样的服务，满足什么样的需求。

服务型企业应该精心地提炼独特的服务价值主张。独特的服务价值主张帮助服务型企业明确向目标市场传递哪些特征和利益的差异化组合。这些服务特征或利益主要包括一些质量、价格、效用、功能和保证等综合要素，是服务型企业实现差异化定位的关键基础，是吸引目标顾客并区隔主要竞争对手的重要工具。例如，新东方教育提出的“一站式学习服务平台”，希尔顿酒店强调的“以微笑服务打造宾至如归的奢华舒适体验”，滴滴出行传播的“滴滴一下、美好出行”等，均是服务型企业顾客价值主张的核心体现。

总之，服务价值主张是一种对顾客在与服务型企业进行交易过程中所获取的、富有吸引力的、值得信赖的、具有特色的某些利益或效用的一种清晰表述。它向顾客阐明“为什么选择本企业而不是竞争对手的服务”，是目标顾客进行服务消费决策的营销诱因和外在动力，因而极具特色的服务价值主张有助于对顾客产生明显的刺激和激烈作用。

（二）服务价值主张的层次

服务价值主张将服务型企业的焦点从产品转向顾客，即企业非产品导向，而是顾客导向进行利益表述。在竞争日益激烈的买方市场，构建服务价值主张是服务型企业实现以顾客为中心的重要手段。考虑到服务的无形性、异质性等特征，对服务型企业而言，能够准确描述和传播企业所提供的服务及其效用，是促进服务型企业在激烈竞争的服务市场中脱颖而出的有效方式。通常服务价值主张由三个基本层次构成。

1. 服务价值描述

服务价值描述是关于服务型企业的目标顾客需求，以及企业提供何种关键利益或效用的一种清晰表达，它旨在表述“服务型企业提供的核心服务价值是什么”，以及“服务型企业所提供的服务价值对顾客究竟意味着什么”。因此，服务价值描述是服务价值主张的外在形式，是对服务型企业所选择服务市场定位的市场化表达。

2. 服务价值验证点

清晰而简洁的服务价值描述仅仅是“钩儿上的诱饵”，它并不能激发对“什么是服务型企业能够提供的”这一顾客期望的深入探索，即作为服务价值描述本身并不足以赢得“未来顾客的心”。服务型企业还必须提供充分的证据来支持服务价值描述，并力争把这种描述落到实处。

支持并证实服务价值描述的证据，即为服务价值验证点。服务价值验证点本质上是一些可以识别和观察的有形证据，用以佐证和支持企业的服务价值主张。服务价值验证点必须以事实为基础，提供能够被顾客感知到的相关信息、资料或现象。例如，专业性的证书或认证，受到良好技能培训的服务人员，高质量的服务辅助设施及服务场景设计，顾客良好的消费评价和口碑，具有公信力的行业评价等。总之，服务价值验证点是服务型企业资源与能力的表达，是对服务价值描述的系统支撑。

3. 服务价值传播描述

服务型企业需要展开有效的营销传播活动，使服务价值主张被目标顾客群准确地接受并理解。服务价值传播描述则是服务型企业营销传播活动所要表达的关键信息。在服务价值主张中，一般包括三四个关于如何给顾客带来服务价值的传播描述。服务价值的传播描述与验证点的不同之处在于：服务价值传播描述强调和突出服务型企业的服务交付，并为企业的目标顾客设定服务期望。

例如，在希尔顿酒店“以微笑服务打造宾至如归的奢华舒适体验”的服务价值主张中，“微笑服务”“宾至如归”“奢华舒适”等关键语句是服务价值描述；训练有素、举止亲切的服务人员，装修华丽、设施高档的硬件设施，人性化、体贴入微的服务流程等，均是重要的服务价值验证点；服务人员的综合素质与形象，酒店大堂、房间及辅助休闲娱乐设施，酒店顾客的良好体验及评价等，便成为服务价值传播描述的重要内容。上述三类要素相辅相成，共同构成希尔顿酒店的服务价值主张，准确地反映了顾客、员工和企业三者的关系。总而言之，提炼独特的、具有吸引力的服务价值主张，能够有效地表达服务型企业所提供的有形和无形利益或效用，在激烈的服务市场竞争中提升服务营销管理活动的效率。

（三）服务价值主张的作用

服务价值主张体现了服务型企业的组织愿景与使命，以及企业的市场发展目标，为企业有效参与服务市场竞争提供了方向指引。在同质化竞争日益激烈的服务市场，服务价值主张成为重要的服务营销管理工具，对服务型企业成长具有重要作用。具体而言，服务价值主张的作用表现在以下几点。

（1）有助于服务型企业优化市场资源配置。市场资源的有限性，要求服务型企业将关键资源运用到最能创造服务价值的领域，而服务价值主张则为服务型企业配置市场资源提供了方向和指引。服务价值主张要求服务型企业的关键市场资源投入，必须符合服务价值描述，重点关注影响顾客服务消费行为决策的若干服务价值验证点，强调对服务价值传播描述的支撑，确保服务价值主张的全部实现。因此，围绕服务价值主张进行关键资源配置，能够极大地提升服务型企业市场资源的利用效率，增强市场资源的价值输出。

（2）有助于服务型企业强化服务系统管理。以人员、设备和流程为核心内容的服务系统，承担着服务价值和效用的创造与传递活动，决定服务型企业服务水平和质量。服务价值主张能够为服务型企业改善服务系统管理水平提供了方向和焦点，确保服务型企业的服务系统围绕企业的服务市场定位进行运行，使服务人员及设备管理、服务营销传播等系列服务营销管理活动更聚焦、更有针对性。由此可见，以实现服务价值主张为焦点进行服务系统管理，能够提升服务价值创造、传递等系统的运行质量和效率。

（3）有助于服务型企业获得目标顾客积极认知。有效的服务价值主张能够帮助目标顾客理解服务型企业所提供服务蕴含的价值，刺激并鼓励顾客产生消费行为。根据定位理论基本观点，简洁、独特且具有吸引力的信息更容易被顾客记住，并影响顾客消费行为。服务价值主张作为服务型企业选择服务市场定位的核心价值描述，能够以最有效的方式将“服务型企业创造的服务价值是什么”“这些服务价值对顾客意味着什么”等服务市场定位的重要信息向服务市场传播，进而帮助目标顾客群体更好地接受和理解相关市场信息，并进行相应消费决策。

（4）有助于服务型企业形成差异化的竞争优势。随着服务市场竞争越发激烈，服务同质化程度越来越高，服务型企业将日益陷入以价格为导向的市场竞争泥潭。服务差异化是服务型企业避免陷入同质化竞争的必然选择，也是企业获取持续竞争优势的重要手段。服务型企业开发独特的、有吸引力的服务价值主张，并通过系统化的营销努力将服务价值主张在市场中进行兑现，能够帮助企业形成有别于主要竞争对手的差异化竞争优势，从而丰富企业的竞争手段，提升服务营销管理活动的效率水平。

总而言之，从内部视角来看，服务价值主张就像一枚指南针，为顾客与员工、企业的关系性质及焦点确定，以及服务型企业关键市场资源配置提供指引；为服务型企业进行员工管理、团队建设以及服务营销活动决策提供指导，提升企业的服务系统管理水平。从外部视角来看，服务价值主张就像一台身份仪，在同质化竞争日益激烈的服务市场，将服务型企业与主要竞争对手进行有效区隔，帮助目标顾客群体更好地认识、理解和选择服务。

基本概念

- 服务市场细分（service market segment）
- 服务市场定位（service market positioning）
- 差异化原则（the principle of differentiation）
- 顾客导向原则（the principle of customer orientation）
- 资源聚焦原则（the principle of resource focus）
- 服务价值主张（service value proposition）

课后思考

1. 请结合实例，谈谈什么样的服务市场细分是有效的？
2. 服务市场细分步骤有哪些？在不同阶段应该注意什么问题？
3. 谈谈你对服务市场细分的内涵及原则的理解。
4. 服务市场定位的主要方法有哪些？结合实例谈谈你的理解。
5. 请结合身边的事例，谈谈服务价值主张对服务型企业的重要性。

讨论案例

网飙网络的服务定位之旅

四川省网飙数码科技有限公司（简称“网飙网络”）成立于2004年年底，是一家专门为企业提供互联网及其电子商务一站式服务的小型专业公司，其经营的“成都企业网”网络品牌已成为四川极具影响力的电子商务品牌之一。网飙网络率先在全国提出全方位的“网络营销策划”概念，并深刻地认识到，通过互联网宣传企业产品、服务信息和企业实力，是客户的最基本需要。因此，网飙网络针对中小企业建立有独立域名的网站，以及互联网IT应用服务企业对虚拟主机的市场需求，优化人力资源结构配置，以满足市场需求的优质服务为导向，努力让网络给客户带来实实在在的推广效果。

（一）网站建设业务的市场现状

目前，在四川地区互联网信息技术应用服务类企业很多，其应用服务主要包括为企业建立具有独立域名的网站，使企业可以在互联网上自主信息发布、更新数据管理；数据备份（网络U盘）、网络在线呼叫、企业邮箱、网络办公、数据交换空间、网站搜索推广；虚拟主机、主机托管服务；企业业务管理（软件）等。经过我国对企业互联网信息技术应用的宣传和支持，许多中小企业已经逐步认识到互联网对企业发展的重要作用。网站是企业通过互联网传递、展示产品和服务信息的重要窗口，也是扩展传统销售的新型的网络销售渠道。

网飙网络的主要竞争对手是中国企业网和四川方法数码，其他竞争对手主要针对网站的特殊服务功能开展服务。中国企业网是目前我国国内发展最早、规模最大、服务网络最广、专业服务人员最多的企业信息化服务业的领导者。凭借它的全国业务联网，中国企业网在四川占领了相当一部分市场。四川方法数码是西部地区规模最大、技术实力最强、专业化程度最高的互联网应用服务商，它也是国家“863计划”重点支持企业，其总体技术实力在四川地区位居第二。

由于中国企业网和四川方法数码规模较大、实力较强，所提供的企业网站建设等互联网信息技术应用服务的价格远比网飙网络高，其制作成本也相对较高。在中小企业必将逐步建立独立域名网站的市场趋势下，网飙网络面对与行业中强大竞争对手和处于发展中的其他竞争对手竞争的同时，也存在以较低价格和保持同等质量下，向这些中小企业提供互联网信息技术服务的机会。

（二）网飙网络的市场调研与需求分析

为了更好地把握客户需求，有针对性地制定服务营销策略，网飙网络对企业网站建设业务进行系统的需求调查。调查选择企业人数规模、注册资本、年销售规模、行业特征和产品销售地区5个变量，作为企业网站客户市场细分的主要自然特征变量，对企业网站建设需求特征进行系统梳理。

（1）无网站企业的分布。调查数据显示，无网站的企业主要集中在注册资本在100万元以下，人数规模在200人以下，年销售规模1 500万元以下，行业为“工业品、消费品、原材料”，销售地区为“省内、国内及国外”(单纯的国外销售企业已基本全部拥有自己的企业网站)。

（2）拥有网站计划的企业分布。没有网站的企业有建立自己企业的网站需要，已经建立了网站的企业在一定时期后需要更新升级网站功能。无论企业是否拥有自己的网站，具有网站建设计划的比例都很高。特别对于目前还没有网站的企业，具有网站建设计划的比例平均都在90%以上。

（3）网站用途及功能需求。网站宣传企业及产品、作为促销及销售渠道、与客户沟通以及方便管理客户，是企业网站建立的主要用途。在功能方面，发布产品信息和让客户搜索到网站，是客户关注重视程度最高的功能，而网上订购和网上支付作为电子商务的重要功能，日益成为企业关注的网站功能。此外，企业招聘、企业论坛、留言板、企业邮箱、常见问题、资料下载等辅助功能也较受关注。

（4）网站建设及维护预算。大部分企业的网站建设预算在3 000～8 000元，部分企业的预算达8 000元以上。虽然网站建设预算投入不高，但是大部分企业对用模板制作网站持“介意”态度。此外，网站客户在为网站推广方面的支付意愿主要集中在1 001～3 000元/年这个区间。

（三）网飙网络的服务市场定位

网飙网络的技术实力，决定了公司无法向多个细分市场进行营销。因此，根据市场调查及分析所得出的网站建设企业需求和行为特征，网飙网络确定的目标市场是具有调查数据所集中显示重点的、具有下列自然特征的企业：①人数在6～500人；②注册资本在50万～500万元；③年销售规模在5 000万元以下；④行业为“工业品、消费品、商业服务”；⑤产品销售地区为“本省、国内、国内及国外”。其中，没有网站的企业将是网飙网络开拓新客户的重点，而其他则应通过提供超值服务需要抓住和吸引重复购买的老客户。

按照目标市场的企业网站需求和购买行为特征，网飙网络拟向目标市场提供漂亮美工设计、高效搜索网站、及时客户沟通的超值企业网站建设服务。这种超值的高让渡价值，经过公司的努力是现实而可行的、可达到的。这种高让渡价值对网站的美工设计、高效搜索网站、及时客户沟通提出了较高要求，如网站美工、图片处理、搜索网站的背景程序、沟通的时间的要求等，也对客户互联网知识的培训、员工销售培训、网站维护等提出了较高要求。

按照网站需求特征和购买行为特征，结合网飙网络的公司实力，提出网站建设业务的服务市场定位为：向目标客户提供精美美工设计、高效快速网站搜索、及时解决客户问题的高让渡价值企业网站建设服务。

高让渡价值的企业网站建设服务，是一种能够使客户高度满意并逐渐形成忠诚顾客的服务方式。要加强以客户对网站美工要求为基础的，超出这个要求的美工独特性设计，比其他竞争对手在更短的时间里通过百度、一搜等著名搜索软件搜索到客户的公司名称、产品名称等关键词，定期了解客户发布的产品信息，客户通过网站反映的问题并及时加以解决等。

资料来源：根据“汤理、田斌、蒋玉石．网飙数码科技的服务营销策略，中国管理案例共享中心案例库”相关内容改编。

思考题：

1. 根据网飙网络服务市场定位的案例，你认为企业要获得有效的市场定位，应该遵循什么样的步骤？
2. 网飙网络进行服务市场定位运用的方法是什么？它是否还有更好的服务市场定位方法可选择？请谈谈你的看法。
3. 网飙网络的服务市场定位是否是一个独特的、具有吸引力的服务市场定位？为什么？

第三篇

服务价值创造篇

HAPTER 6

第六章 服务开发与组合策略

本章提要

服务产品通常包含核心服务和附加服务两大部分。服务包模型和服务之花为深入理解服务产品内涵及构成提供了重要工具。服务开发本质上是对服务价值的创造，它由若干基本类型组成。服务蓝图和质量功能展开分别从服务过程和结果两个视角提供了服务开发的工具。服务组合涵盖服务产品线和服务项目，涉及服务组合宽度、长度、深度和关联度四个关键变量；服务组合策略是服务型企业根据内外部状况对服务组合进行持续优化。

学习目标

- 理解服务产品的基本层次
- 掌握附加服务的主要类型
- 理解服务开发的内涵与类型
- 掌握服务蓝图的制定方法
- 掌握服务质量控制的基本方法
- 掌握服务组合的含义及优化策略

引导案例

美亚柏科打造 CS PRO 一揽子服务

美亚柏科是全球仅有的电子数据取证行业两家上市企业中的一家（另一家为美国的 Guidance 公司），并荣登“2013 年福布斯中国上市公司潜力企业 100 强”榜单第 39 位。

美亚柏科从事信息安全行业中电子数据取证和网络信息安全的技术研发、产品销售与整体服务，建立了以客户需求的快速响应和提供优质持续服务为核心的 CS PRO 商业模式，即变普通的 CS（customer service，客户服务）为专业的 CS PRO（customer satisfaction，客户满意）综合性营销方案，融合换位思考、客户参与、建立信任、顾问咨询、快速响应和品牌及口碑效应等多种营销方法，以客户需求为导向，极力强调客户满意。美亚柏科根据顾客需要调整产品供给，不断挖掘顾客的深层需求，想顾客之所想，满足顾客之所需，为客户提供电子数据取证、网络信息安全等技术培训一揽子服务，包含“三大产品、五大服务”。三大产品包括电子数据取证系列、刑事技术产品系列及网络信息安全系列；五大服务依托于“云计算中心”，面向全行业客户主要提供取证服务云和搜索云服务，而面向民用及其他行业则提供公证云服务、电子数据鉴定服务和数字知识产权保护服务。公司设立了M007、M008、M009三个专业、快速、高效的技术响应团队，为客户提供现场培训、产品售前售后服务、顾问咨询等多种形式的服务。“全程服务，全面安心”的服务理念极大地带动了产品销售，并以此树立了良好的口碑，品牌形象逐步得以树立和巩固。此外，美亚柏科整合自身经验成立美亚信息安全学院，培养专业讲师并定期聘请国内外信息安全领域的专家、资深讲师进行授课，为客户提供信息安全的发展动态及最新技术。为了提高行业服务水平，2010年美亚柏科率先推出国内唯一的电子数据取证调查员认证培训及考试（MCE认证），获得客户广泛认可。

为了响应客户不断变化的需求，美亚柏科扩展原有服务产品系列，并实现标准化定制，通过为客户建设“电子数据取证实验室”提供整体化的解决方案。一方面可直接参与客户的整体规划，增强了客户的依赖性；另一方面更有利于培训与服务的定制和打包，提高客户的认可度。

资料来源：许晖，王睿智.服务营销[M].北京：中国人民大学出版社，2015：130-131.

从美亚柏科的案例不难发现，开发具有吸引力和竞争力的服务产品是服务型企业实现服务价值创造的关键手段。无论服务型企业的服务市场定位如何，识别出何种服务价值，都需要通过服务产品开发来参与市场竞争。因此，认识服务产品，掌握服务产品开发的基本观点和工具，形成服务组合策略则是服务型企业创造服务价值首要任务。

第一节 理解服务产品

一、作为组合的服务产品

在服务营销管理中，产品存在广义与狭义之分：广义的产品是指企业为顾客提供某种利益的客体或过程，包括服务和有形产品；狭义的产品则是指有形产品或有形商品。事实上，服务与有形产品之间是紧密联系、相互依存的。正如菲利普·科特勒所言，服务往往依附于有形商品，而有形商品也包含服务的成分，所以两者的关系非常微妙。

相较于有形产品而言，服务具有无形性、异质性等特征，使服务营销管理与有形产品的营销管理有着本质区别。在有形产品的营销管理中，产品是具体的、可识别的实体，其大小、款式、功能、包装等都是企业预先设计、生产并通过各类渠道传递给顾客，因而对产品的概念比较容易理解。然而，由于服务大多是无形的，顾客购买服务的过程实质上是感知服务的过程。服务的无形性以及服务消费的过程性，使理解服务的概念面临诸多挑战。

事实上，服务产品通常是由有形的产品、无形的服务共同构成的一组产品，其组成主要包括核心服务和附加服务两部分。核心服务是指服务型企业为顾客提供的最基本利益或效用。

例如，指定目的地的运输服务、特定健康问题的诊断服务或排除故障的修理服务等。附加服务一般是指支持或加强核心服务的一些辅助服务，包括为顾客提供所需的信息、建议、解决问题以及热情接待等。例如，酒店住宿服务中的接待、餐饮、安保等辅助服务。

二、服务产品的基本层次

服务产品的组合观点要求服务型企业在服务营销管理活动中，从更宽泛的视角理解服务产品，以在服务市场中进行有效的服务开发及创新。根据克里斯廷·格罗鲁斯的服务包模型（service package model），服务是由“一个包裹或各种有形和无形服务的集合，一起构成的总产品”，服务产品包含核心服务、便利服务、支持服务三个基本层次（见图 6-1）。

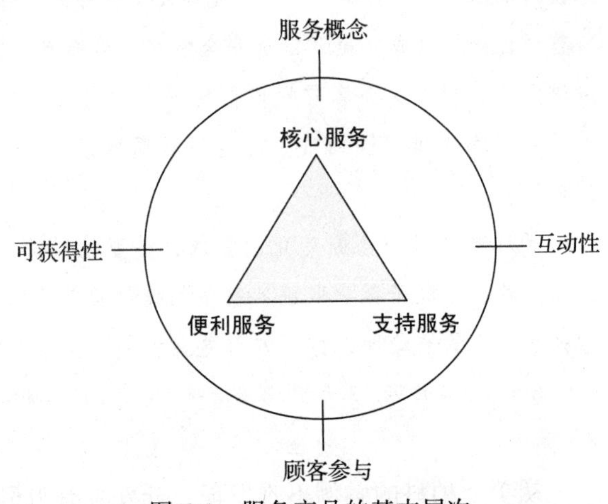

图 6-1 服务产品的基本层次

资料来源：克里斯廷·格罗鲁斯. 服务管理与营销 [M]. 韦福祥，等译. 3 版. 北京：电子工业出版社，2008：134.

（一）核心服务

核心服务（core service）是指顾客可感知到的，满足顾客服务需求的关键利益或效用，它由服务型企业所提供的核心服务价值构成，是顾客进行服务消费的本质动因。例如，航空公司提供安全且准时的航空运输服务，星级酒店提供舒适奢华的住宿服务，快递公司提供及时准确的邮递服务等。核心服务体现服务型企业所提供服务的最基本功能，也是企业进入市场并得以存在的原因。一旦核心服务动摇或消失，服务型企业也就失去了存在的意义。

当然，服务型企业根据自身资源状况，可以选择拥有一项或多项核心服务。例如，航空公司既可以提供旅客运送，又可以提供货物运输；星级酒店既可以提供住宿服务，又可以提供餐饮服务。从这个意义上讲，服务型企业的服务产品的多元化实质是核心服务的多样化。

（二）便利服务

便利服务（facilitating service）是指与服务型企业所提供核心利益或效用相配套的辅助性利益或效用，包括实现核心利益所需的基本物质条件、辅助的有形产品及相关辅助服务。基本物质条件包括航空公司的飞机、酒店的建筑、银行的服务大厅、学校的教室等；辅助的有形产品包括设备、硬件设施、原材料等；相关辅助服务包括酒店的大堂接待服务、航空公司的订票服务、医院的诊断服务、饭店的预订服务等。

便利服务是核心服务的必要补充，一旦失去便利服务，核心服务所蕴含的利益或效用便无法得到体现。同时，在某些服务行业，当核心服务的同质化程度较高且无法实现差异化时，提供具有独特性的便利服务也是服务型企业提升服务价值的重要方式。例如，医院在不改变所提供核心服务的前提下，运用物联网和大数据技术开展远程医疗服务，通过优化便利服务的利益和效用水平，实现在传统医疗市场上的差异化竞争。

（三）支持服务

与便利服务一样，支持服务（supporting service）也是一种附加服务，但它的功能与便利服务不同。支持服务的作用不是使顾客对核心服务的消费更加便利，而是在于增加核心服务的利益或效用，即增加服务价值，并将本企业的服务与竞争对手的服务区别开。例如，酒店业中住宿过程中的餐饮服务和航空业中飞行途中的客舱服务都是支持性服务，它们对酒店和航空公司而言并不是必不可少的，但是优质的餐饮服务和客舱服务可以显著增加核心服务的利益或效用，强化顾客的服务价值感知。

事实上，从表现形式看，便利服务与支持服务之间的区别有时并不十分明显。一些服务在某些场合是便利服务，而在另一些场合则成为支持服务。例如，餐饮服务在民航长途飞行中属于便利服务，但在短途飞行中就有可能成为支持服务。但是，从服务本质看，便利服务与支持服务的区别很大。便利服务是不可或缺的，是必要条件，而支持服务的缺少则会导致服务缺乏竞争力。服务型企业可以充分利用便利服务的创新设计实现服务价值差异化，使其成为建立企业竞争优势的有力工具。同时，支持服务是增加服务吸引力和竞争力的辅助手段，即使缺少了支持服务，核心服务依然能够正常发挥作用，但会降低服务型企业所提供服务的吸引力和竞争力。例如，在中国在线旅游市场的早期，携程网能够提供网络订票和电话订票服务，而艺龙网仅提供网络订票服务，不提供任何电话客服，因而携程网对那些有较高时间与便捷要求的商旅顾客具有更大吸引力。

此外，在不同情境下，顾客对服务过程，即顾客与企业互动的感知方式是不同的。根据多数服务行业的特征，顾客对服务过程的感知主要从 4 个方面进行：①服务概念，即服务对顾客意味着什么。服务概念是建立在顾客的利益之上，影响着顾客的服务期望。②服务的可获得性，主要取决于服务人员的数量及技术的熟练程度、营业时间的长短及时段、服务地点、服务设计，以及参与服务过程的顾客数量及水平等。③顾客与企业的互动性，主要包括顾客与员工的互动关系、顾客与企业各种有形资源和技术资源的互动关系，以及顾客与其他顾客在服务过程中的交互关系。④顾客参与，表明顾客对其所感知的服务具有自我影响作用。在大多数服务情境下，顾客是服务的共同生产者，也是价值的共同创造者。

服务洞察 6-1

服务产品价值体现的三大要素

有经验的服务营销人员能够认识到“以全局的观点看待他们希望顾客体验到的服务整体表现”的必要性，约亨·沃茨和克里斯托弗·洛夫洛克在 2018 年出版的《服务营销精要》中强调，服务产品的价值体现必须整合以下三大要素。

（一）核心产品

核心产品往往与某个特定的行业有关（如健康护理行业或者运输业），以能够传递给顾客一系列核心的利益和解决方案为基础。核心产品是顾客寻求的能够解决主要问题的要素。例如，交通服务解决的是将某人或某物体从一地运到另一地的要求；管理咨询是对顾客要采取的行动给出专业建议；维修服务则要将某件损坏的或出现故障的机器恢复到正常工作状态。

（二）附加服务

核心产品的面市往往伴随着一系列与服务相关的其他活动，归总起来就叫附加服务。这些服务能增强核心产品，促进产品功效，增加价值，以对顾客整体体验的吸引。随着服务产品成熟度的提高和竞争的加剧，核心产品会趋于商品化，所以企业要想获得竞争优势，需要更加强调附加服务。增加更多的附加要素或提高服务表现的层次，应当增加核心产品的可感知价值，让服务提供商提高价格。

（三）传递过程

设计服务理念的第三个要素是用来传递核心产品和每种附加服务的过程。向顾客提供服务的设计必须解决以下问题：①不同的服务要素如何传递给顾客？②在这些流程中顾客角色的本质是什么？③传递过程需要持续多久？④提供服务的设计层次和风格是什么样的？

以豪华酒店提供的住宿服务为例（见图 6-2），顾客从预订到入住的整个过程，体现了核心产品、附加服务和传递流程三个要素的整合。其核心产品由服务水平、协调安排（在下一位顾客付款之前可以使用房间的时间）、流程的特点（在这个案例中是人员流动），以及顾客清楚地知道，在各个服务流程中，在与酒店的互动过程中（如铺床、提供浴室毛巾、打扫房间）自己扮演的角色。在核心服务周围是一系列的附加服务，包括订餐和房内服务元素。

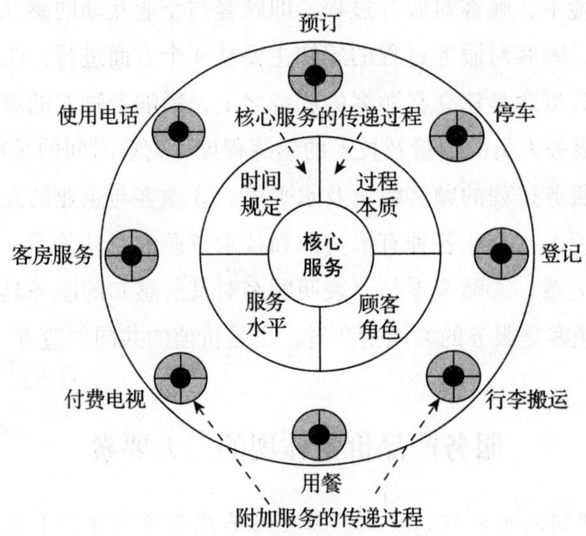

图 6-2 酒店住宿服务的要素构成

资料来源：Wirtz J, Lovelock C. Essentials of Services Marketing[M]. 3rd ed. Edinburgh Gate: Pearson Education Limited, 2018：92-93.

三、识别附加服务：服务之花

附加服务作为核心服务的重要补充，有不同的类型。约亨·沃茨和克里斯托弗·洛夫洛克将附加服务分为八种类型，这八种服务像花瓣一样围绕在核心服务这个花蕊周围，因而附加服务的构成模型被称为“服务之花”（the flower of service）（见图 6-3）。按照顾客服务体验的一般水平，将八类附加服务逆时针排列，八个花瓣分别是：信息服务、咨询服务、订单处理、接待服务、保管服务、额外服务、账单服务和支付服务。

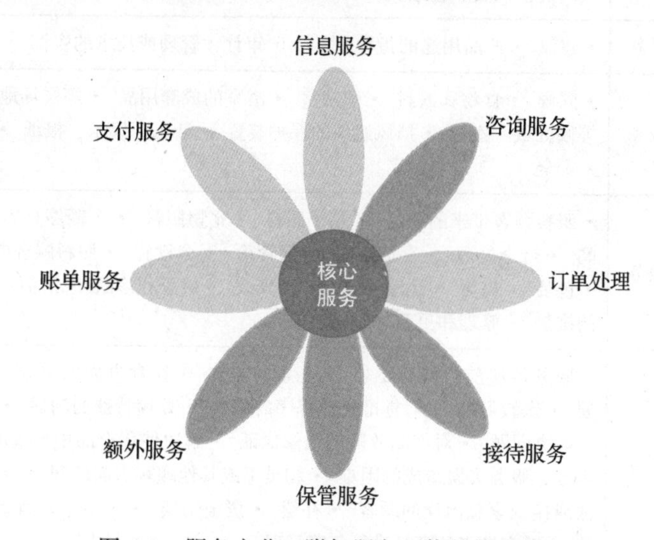

图 6-3　服务之花：附加服务环绕的核心服务

资料来源：Wirtz J, Lovelock C. Essentials of Services Marketing[M]. 3rd ed. Edinburgh Gate: Pearson Education Limited, 2018：95.

依据服务包模型的基本观点，八类附加服务可以划分为便利性和支持性附加服务两大类：便利性附加服务包括信息服务、订单处理、账单服务和支付服务；支持性附加服务包括咨询服务、接待服务、保管服务和额外服务，八类附加服务的分类与基本内容如表 6-1 所示。

表 6-1　附加服务的分类与基本内容

基本类别	服务类型	服务的基本内容
便利性附加服务	信息服务	• 去服务地点的路线指示 • 销售 / 服务的条件 • 时间安排 / 服务时间 • 变更通知 • 价格 • 使用核心产品 / 附加服务的书面材料说明 • 订购确认 • 提醒事项 • 会计活动总结 • 警告 • 收据和票据
	订单处理	• 申请 • 俱乐部或计划的成员 • 订购服务（如公用事业组织）• 有前提条件的服务（如信用卡、大学招生）• 订单输入 • 现场完成按顺序完成的邮寄 / 电话订单 • 预订 • 座位 • 桌子 • 房间 • 车辆或其他设备的租赁 • 与专业人员的约谈 • 进入容纳能力有限的设施的权利（如展览会）• 订单输入 • 邮寄订单 • 电话订单 • 购买订单 • 保险订单
	账单服务	• 账户活动的定期对账单 • 单笔交易的发票 • 应付金额的口头说明 • 应付金额的机器显示 • 自己开账单（由顾客自己计算）• 安全

（续）

基本类别	服务类型	服务的基本内容
便利性附加服务	支付服务	• 自助服务 • 机器找钱 • 支付现金给机器，取回找钱 • 插入预先已付款的卡 • 插入信用卡 / 支付卡 / 借记卡 • 插入货币代用券 • 电子资金转付 • 邮寄支票 • 直接向收款人或中介机构付款 • 清点现金和找钱 • 支票处理 • 信用卡 / 支付卡 / 借记卡处理 • 优惠券抵扣 • 货币代用券、票券等 • 从资金存款账户中自动扣除（如银行费用）控制和核实 • 自动系统（如在入口处使用机器可阅读的票据）• 人员系统（如大门的控制员、检票员）
支持性附加服务	咨询服务	• 建议 • 产品用途的指导 / 培训 • 审计 管理或技术的咨询 • 个人咨询
	接待服务	• 问候 • 食物和饮料 • 盥洗室 • 浴室的成套用品 • 等候场地和便利设施 • 大堂、等候区域、座位 • 挡风遮雨的保护装置 • 杂志、娱乐、报纸 • 存放物品处 • 交通 • 安全
	保管服务	• 照料顾客带来的物品 • 孩子照料 • 宠物照料 • 车辆停车场 • 代客泊车 • 衣帽间 • 行李处理 • 存放空间 • 保管箱 / 安全设施 • 照料顾客购买（或租用）的商品 • 包装 • 提货 • 运输 • 搬运 • 安装 • 检查和诊断 • 清洁 • 添加燃料 • 预防性的维护 • 修理和更新 • 升级
	额外服务	• 服务传递前的特殊要求 • 儿童的需要 • 饮食方面的需要 • 医疗或残疾人的需要 • 宗教习惯 • 对标准生产程序的偏离 • 处理特殊的沟通 • 投诉 • 赞美 • 建议 • 解决问题 • 对产品故障的维修保证 • 解决使用产品中出现的问题 • 解决由意外事故、服务失误造成的困难 • 和员工或其他顾客引起的问题 • 帮助那些遭受意外事故或接受紧急治疗的顾客 • 补偿 • 资金赔偿 • 对不令人满意的商品和服务进行补偿 • 对有缺点的商品进行免费管理

资料来源：根据“许晖，王睿智 . 服务营销 [M]. 北京：中国人民大学出版社，2015：139-143”相关内容整理。

（一）便利性附加服务

便利性附加服务是指作为核心服务必要补充的附加服务，它是服务型企业所提供服务的重要组成部分，是确保实现核心服务利益或效用的必要服务种类。

1. 信息服务

信息服务是为帮助顾客进行服务消费决策及行为，向顾客提供有关服务价值信息的附加服务。顾客在进行服务消费的前、中、后期，为了充分了解各类服务的潜在价值，需要进行服务信息收集，以指导决策和行为。

有关服务的信息来源很多，企业广告、服务员工、亲戚朋友、社交媒体、网络平台和顾客个人经历等渠道均能够为顾客提供信息。服务型企业必须明确顾客在进行服务消费时需要哪些信息，以及顾客从哪些渠道获取信息，以便有针对性地进行信息传递，并以最佳方式引导顾客了解所需信息。此外，服务型企业需要确保提供的信息及时、准确，避免错误的信息给顾客的服务消费决策及行为带来不便；同时，需要充分运用大数据、云计算以及社交媒体等技术与工具，丰富信息内容，提升信息服务的准确性和到达率。

2. 订单处理

订单处理发生在顾客准备进行服务消费之时，服务型企业开始接受服务申请和预订。服务型企业在订单处理过程中需要提供礼貌、快捷而准确的服务，让顾客形成积极、真诚、有能力的印象，避免浪费顾客的时间或者使顾客遭受情感或物质上的不必要损失。无论是对顾客还是对服务型企业来说，运用适当的技术手段可以使订单处理过程变得简捷有效，能够在确保服务完整性和准确性的前提下，尽可能减少双方投入的时间和精力，降低服务成本，提升服务效用或利益。

3. 账单服务

账单服务几乎是所有服务（除非免费服务）必备的共同附加服务。因而，克里斯托弗·洛夫洛克特别强调，“不正确的、字迹模糊而无法辨认的或者是不完整的账单，都是一次令顾客不满意的经历，即使这些顾客到那个时刻为止对它们的服务经历可能仍是相当满意的”。

在服务消费中，顾客通常期待收到清晰的账单，账单上能够显示使用过的每一项服务及费用情况。对顾客而言，清晰有序的详细账单信息的价值比仅有月末一次性结总账要大得多。通常顾客不喜欢在酒店、餐厅或租车场等候服务人员开出账单，因而许多酒店和汽车租赁公司发明了快速结账的方法，那就是事先记录顾客的信用卡详细信息，通过预授权消费或事后扣款等方式结清费用。当然，账单服务的准确性是基本要求。既然顾客选择快速结账的方法以节省时间，那么自然不希望事后因为纠正账单错误、重新付款而浪费时间。

4. 支付服务

服务账单需要顾客进行支持，因而提供便捷、安全的支付服务成为服务型企业便捷性附加服务的重要内容。事实上，无论是在国内消费还是在国外消费，是在线下消费还是线上消费，顾客都希望服务消费的付款过程简易便捷，且具有安全保障。

虽然当前许多付款行为仍停留在面对面的现金交易阶段，但信用卡或借记卡的刷卡消费也成为账单支付的重要方式。特别是随着互联网金融的发展，以及移动支付技术的普及，以微信支付、支付宝支付为主要方式的手机支付日益成为服务消费支付的重要方式，开通和提供移动支付已经成为众多服务型企业方便顾客付款的重要举措。在即将到来的“无现金社会”，从刷卡支付到刷手机支付，甚至到刷脸支付，日益丰富和简便的支付方式将会为顾客服务消费提供更具体验性和便捷性的支付服务。

（二）支持性附加服务

支持性附加服务并不是服务型企业所提供核心服务必不可少的组成部分，而是旨在增加核心服务的利益或效用，提升企业整体服务产品的竞争力。因此，发展并优化支持性附加服务，是服务型企业构建并实施独特的服务市场定位，增强差异化竞争力的重要手段。

1. 咨询服务

咨询服务是一种探测顾客深度需求，并提出具有针对性的解决方案的支持性附加服务。它是一个在相关领域具备丰富知识或专业技能的服务人员，针对顾客提出诸如“你认为应该怎么做”这样的问询及时提供中肯的意见或建议。例如，美发师给顾客的发型建议，理财顾问给顾客的投资建议，置业顾问给顾客的置业建议等。事实上，服务型企业或服务人员提供有效的咨询服务不仅可以提升顾客对服务价值的感知水平，更能够起到刺激额外消费的作用。

有效的咨询服务要求服务人员在提供合适解决方案之前，必须充分理解顾客所处的问题环境，洞察顾客的深度需求。在科学技术日益发展的今天，利用大数据、云计算和物联网等技术手段，服务型企业能够实现对顾客需求的深度理解和准确研判，进而提出具有针对性的服务建议。

2. 接待服务

在需要顾客进行参与和互动的服务消费中，接待服务是重要的支持性附加服务，它能够提升顾客感知的服务质量，凸显服务品质。例如，在医院、美容院、酒店、电影院等服务场所，安排有细致、周到的接待服务，更能够让顾客感受到被重视、被尊重，从而增强顾客对核心服务的满意程度。

提供接待服务已经成为服务型企业提升服务品质、提高顾客满意度、增强服务吸引力和竞争力的重要手段。例如，宜家或沃尔玛等家居卖场或超市提供特定路线的购物巴士接送服务；神州租车在城市的各个取车点 / 还车点，如机场、高铁站长途汽车站等，均提供免费的接送服务。事实上，提供周到的接待服务有助于提升顾客的感知服务质量，提升服务的品质形象。需要注意的是，服务型企业是否需要提供和重视接待服务，主要取决于服务市场定位，不同的服务市场定位，接待服务的必要性和重要性是不同的。例如，对于快捷酒店与星级酒店而言，是否提供接待服务以及接待服务是否高品质，两者有完全不同的选择。

3. 保管服务

保管服务是指顾客在服务现场逗留的过程中，服务型企业提供的照料顾客个人物品的支持性附加服务。顾客对物品的看管要求往往是确保完好无损，不要丢失。事实上，只要服务型企业愿意提供保管服务，对物品的看管比对人的接待相对容易。特别是服务型企业可以提供相应的服务设备，如超市入口、健身房更衣室等放置的自助储物柜，提供更加便捷、安全的保管服务。

需要特别注意的是，服务型企业所提供保管服务的好坏，将直接影响到核心服务的质量。例如，搬家公司帮顾客把家具搬运至新家，若物品完好无损，双方皆大欢喜；若损坏某样家具、保管物品不利，可能还要给予顾客赔偿。因而，某些服务型企业为追求服务的低成本、高效率，并降低服务运营的潜在风险，可能不提供保管服务，或者只提供有限的设备支持，让顾客自助进行物品保管。

4. 额外服务

与其他支持性附加服务一样，额外服务并不是服务型企业所提供核心服务的必要组成部分，但是它的存在能够为核心服务的传递锦上添花。优秀的服务型企业及服务人员都会事先对例外情况进行预测并略施营销小技巧，让额外服务为核心服务增色。事实上，许多顾客有过享受例外服务的经历，比如用餐过后获得赠送的水果，旅行结束后得到旅行社赠送的旅游目的地纪念品等。

服务型企业应该关注额外服务需求的变化情况。如果某类需求过多，说明原有的核心服务及便利服务需要进行补充和完善。例如，若某餐厅不断收到增加菜单上没有的某种特殊蔬菜的请求，就意味着菜单上应该增加至少一两种类似的菜式，以满足变化的顾客需求。需要注意的是，额外服务过多可能会牺牲服务传递的安全性，增加对其他顾客的负面影响以及加大一线服务人员的工作负荷。

综上所述，上述八类附加服务作为“花瓣”紧密围绕核心服务这一“花蕊”，构成了服务型企业的整体服务产品。在“服务之花”模型中，花蕊和花瓣紧密联系，构成一体。如果花瓣和花蕊都非常新鲜，形状构造良好且能互相辉映，表明服务型企业运营良好，管理出色。但若服务型企业组织管理不善、服务运行不佳，则其提供的服务就好比凋谢的花朵或没有花瓣、褪色的花朵，即使核心产品很完美，这朵花给人的整体印象却不佳，缺乏吸引力。

服务案例 6-1

上海金茂君悦大酒店的“服务之花”

上海金茂君悦大酒店位于上海地标——88层金茂大厦的53～87层，是世界最高五星级酒店之一。金茂君悦地处浦东商业金融区陆家嘴中心——拥有可提供全套服务的商务中心。就核心服务而言，金茂君悦与其他同级别的酒店相比并没有本质区别，要想实施差异化营销战略，就必须在附加服务上做文章。因此，金茂君悦根据“服务之花”进行附加服务的开发与创新。

（1）信息服务。金茂君悦拥有现代化客服系统，提供24小时礼宾客房电子查询、预订、退订和变更，酒店提供中英文双语“出租车卡片”标明酒店详细方位及地址供出租车司机参考，酒店客房及公共区域提供全天候免费互联网络接入服务，客房内多媒体及兼容所有Apple产品的集成系统，带来无与伦比的娱乐体验。

（2）咨询服务。酒店开设800免费咨询热线、网络在线咨询和电子邮箱来满足顾客的需求；设有凯悦全球预订中心，酒店员工通晓多国语言，为全球客户提供酒店入住及商务活动相关的信息咨询服务；礼宾部可为客户安排机票确认、餐厅预订、中国旅游签证、城市观光、按摩服务、租车服务、待客泊车及信件送抵等服务。

（3）订单处理。酒店依托现代化的订单处理系统（OMS），对顾客下达的各类订单进行管理、查询、修改、打印等，同时将业务部门处理信息反馈至信息中心接受管理系统发来的入住信息，然后按顾客和紧要程度给订单归类，对不同地点的预订信息进行配置，并确定入住日期，客户可以通过网络查询订单类型及订单状态。

（4）接待服务。酒店为入住顾客提供虹桥和浦东机场豪华轿车服务；酒店接待人员接受过专业化培训，通晓多国语言；大堂设有安静、舒适的接待区，提供水果、茶水、报刊以及无线上网服务。此外，酒店提供可容纳1 000部车辆的大型停车场及待客泊车服务。

（5）保管服务。酒店提供贵重物品的寄存和保管服务，根据客人所寄存的物品的大小选择相应的保险箱，请客人亲自将所寄存的贵重物品放入保险箱中的存放盒中，经客人确认保险箱已锁好后，将该箱的钥匙交给客人保管。中途，客人若需开启保险箱，必须请客人出示寄存箱钥匙，并在寄存单相关栏内签字认可，并核对签名。

（6）额外服务。酒店为入住顾客提供幼儿看护服务、鲜花服务、美发沙龙、24小时衣服洗烫服务、上海市内游安排、现场娱乐表演等，客人们可享用酒店绿洲SPA水疗中心提供的传统按摩和多种SPA护理。

（7）账单服务。酒店通过无线终端记录、管理顾客入住期间的每一笔消费明细，在顾客离开的那天早上会将账单放在房间的门口，为顾客提供清晰的账单，账单上能够显示出使用过的每一项服务的费用。

（8）支付服务。顾客入住可通过网络支付、现金结算以及信用卡和储蓄账户结算，一般仅需要几分钟的时间即可收到确认短信，还可以提供延期入住自助支付服务。

资料来源：许晖，王睿智．服务营销[M]．北京：中国人民大学出版社，2015：143-144.

四、附加服务选择的影响因素

核心服务作为服务产品关键效用或利益的载体或表现，是服务型企业所提供服务产品的关键内核。但是，随着服务技术的扩散、服务标准化的增强，以及服务型企业之间相互学习与竞争，使得同一行业中不同服务型企业所提供的核心服务日益趋同。因此，随着行业的持续发展和竞争的不断加剧，核心服务逐渐会成为企业参与竞争的基础，而非关键焦点。

为了更有效地参与服务市场竞争，更好地满足顾客服务需求，服务型企业应该围绕核心服务这一“花蕊”，选择开发一定范围和类型的附加服务形成“花瓣”，以便形成艳丽的“服务之花”。在同一行业中，不同服务型企业所选择的附加服务存在诸多差异，影响服务型企业选择开发附加服务有以下主要因素。

（一）核心服务

在“服务之花”模型中，并非每一类核心服务都需要八类附加服务加以围绕，便利性附加服务和支持性附加服务所扮演的角色也并不相同。最终需要哪些附加服务作为“花瓣”，首先是由核心服务，即“花蕊”的特征和性质来决定的。通常情况下，针对人的服务（如人体服务、精神服务），比针对物体的服务（如所有物服务、信息服务）需要更多的附加服务；具有高度顾客接触和参与的服务（如美容美发、健康医疗等），比顾客接触和参与度较低的服务（如货物运输、电器维修等）需要多的附加服务。总之，核心服务的特性决定了服务型企业选择附加服务的种类和程度。

（二）服务市场定位

服务型企业的服务市场定位决定企业的资源配置方式和方向，以及企业参与服务市场竞争的手段，进而影响核心服务和附加服务的配置方式。例如，同样是酒店服务，定位于低成本、便利性的经济型酒店，会在便利性附加服务方面提供更多的选择和更优质的保障，例如，更高效的酒店介绍与服务宣传，更快速的订单处理和账单支付；与此相对，定位于高品质、高附加值的度假酒店或星级酒店，则会强化支持性附加服务的选择和开发，例如，更好的服务前期咨询，提供完善的住宿建议方案，更周到的接待服务，更人性化的保管服务，以及让顾客感到惊喜的额外服务等。

总之，服务市场定位影响服务型企业的附加服务种类选择，以及服务水平和程度要求。根据不同服务市场定位，服务型企业会提供不同利益水平、不同服务等级、不同竞争焦点的附加服务，尽可能地为目标顾客群体提供必要的、具有吸引力的服务产品，提升服务型企业目标顾客群体的满意度。

（三）服务导向

服务导向是指服务型企业及员工把顾客的利益放在首位，通过优质服务来满足顾客的服务需求，努力发展企业与顾客之间的长期关系，以实现企业持续成长的服务市场战略。服务导向涉及服务型企业的发展愿景和使命、服务技术能力、服务供应商质量以及企业声誉及品牌形象等方面。因而，在同一行业中，不同服务型企业的服务导向程度并不相同。一般而言，具有高水平服务导向的服务型企业更愿意在支持性附加服务方面投入更多的精力，而服务导向水平较低的服务型企业更关注便利性附加服务的开发和管理。

（四）组织资源与能力

资源基础观强调，企业资源禀赋的差异决定其市场行为及经营绩效。那些具有更强资源基础的企业，更倾向于选择更主动、更全面的市场竞争方式，从而更有可能获得高水平市场绩效。因此，资源法则成为企业参与市场竞争所必须遵循的重要原则。

对服务型企业及服务市场竞争而言，资源法则同样重要。组织的资源与能力决定了其核心服务的范围和品质，也会影响服务型企业对附加服务的原则。那些缺乏市场资源与能力的企业，更倾向于选择更聚焦的附加服务，因而更重视和强调便利性附加服务的开发；具有较强资源基础的服务型企业，在关注便利性附加服务的同时，会将更多资源投入到支持性附加服务的选择。对于新创服务型企业或中小服务型企业，依据自身资源与能力状况进行附加服务选择，是实现企业生存和发展的重要保证。

第二节 服务开发管理

一、服务开发的内涵与类型

服务产品反映服务型企业为满足顾客的服务需求向市场提供的某些价值、效用或体验等。这意味着，提供具有吸引力的服务产品是企业参与服务市场竞争，满足服务市场需求，实现企业生存和发展的基本要求。因此，服务产品开发，即服务开发是服务型企业创造服务价值的基本要求，是服务营销管理活动的关键内容。

（一）服务开发的内涵

服务开发（service development）是指服务型企业根据组织内外部条件，围绕顾客的服务价值界定，设计面向服务市场的特定利益、效用或体验。从服务包模型来看，服务开发涵盖核心服务、便利服务和支持服务的开发；从服务之花模型来看，服务开发则包括核心服务和附加服务的开发。但从本质上讲，两者所包含的基本内容是一致的，服务开发是服务型企业在公司战略与市场战略指导下的一种服务价值创造活动。对服务开发内涵的理解，需要把握以下几个方面。

（1）服务价值是服务型企业进行服务开发的焦点。服务价值反映顾客服务需求，是顾客问题或痛点的核心体现，因而在界定和设计企业面向服务市场的特定利益、效用或体验时，必须以服务价值为焦点。只有这样才能够确保服务型企业坚持以顾客为中心，提升企业服务导向水平；只有这样才能确保服务型企业推向市场的服务产品能够得到顾客的积极响应，具有充分的市场吸引力和竞争力。

（2）服务开发必须充分考虑服务型企业所面临的内外部条件。从内部看，企业的发展愿景与使命以及组织资源状况是需要考虑的条件。一方面，开发符合企业发展愿景和使命的服务产品，特别是在面临短期市场利益与企业长期价值的冲突时，需要坚持以发展愿景与使命为指引；另一方面，服务型企业应该重视开发那些契合组织资源现状的服务产品，不能好高骛远，也不能裹足不前。从外部看，服务市场结构和竞争现状是服务开发所必须考虑的因素。服务市场的需求饱和程度，主要竞争对手的竞争策略及竞争力等因素，是服务型企业进行服务开发需要考虑的外部条件。总之，服务型企业所面临的内外部条件，虽不具有决定性，但也是服务开发活动中必须考虑的关键影响因素。

（3）服务开发可能是计划性和系统性的创造活动，也可能是偶发性和非系统性的创造活动。服务开发作为服务型企业进行服务价值创造的重要环节，受企业战略的指导，面向顾客服务需求和服务市场竞争，因而是一系列有意识、有组织的系统活动。同时，服务开发也可能是在一种在偶然情境下展开的非系统活动。例如，服务型企业的服务人员或某部门为解决某项顾客问题，抑或是在市场环境的偶然因素影响下产生创新概念和思想，并进行相应的服务开发活动。当然，这些偶发性的创新思想或活动仍然会受企业战略的影响。实践证明，有组织地进行计划性和系统性开发活动更有助于提高服务开发的成功率。

（二）服务开发的基本类型

服务开发作为针对特定利益、效用或体验的界定与设计活动，其本质是服务型企业对服务价值的创造。根据对服务产品所蕴含服务价值的变化，服务开发的基本类型可以分为以下四种。

（1）开发全新服务，即服务型企业采用新的方式或流程创造出全新的顾客价值，满足顾客的服务需求或解决顾客的特定问题。对服务型企业而言，全新服务的开发具有革命性，伴随着较大的市场风险及市场回报。例如，近年开始兴起的外卖服务、网约车服务等均是在移动互联网时代，服务型企业基于新技术条件产生的全新服务，为顾客带来了新的服务价值。

（2）开发全新市场，即服务型企业将某些已有的服务引入新的市场，为新市场中的顾客群体带来新的服务价值。例如，在移动互联网，余额宝作为一种余额增值服务和活期资金管理服务，将理财服务从以往针对特定群体（如富裕阶层或中产阶层）的金融服务，转变为针对大众群体的金融服务，让普通百姓真正有机会享受到“普惠金融”。

（3）服务改善，即服务型企业核心服务，以及便捷性和支持性附加服务的功能进行完善，提升服务品质，以增强顾客感知服务质量。服务改善是服务开发类型的主要部分，大多数服务型企业均会根据顾客反馈、市场竞争现状以及企业资源状况变化等因素，持续地对服务产品进行质量改进和品质提高，以保证服务型企业市场竞争力的持续性。

（4）服务拓展，即在核心服务不变的情况下，服务型企业增加支持性附加服务，以拓展服务产品的整体价值。例如，航空公司为了增加航空服务的竞争力，提供针对旅客的市内班车接送服务，或者提供送票上门等服务；票务代理公司为旅客提供目的地旅游的全套解决方案以及景区游览建议等。这些都是在核心服务不变的情况下，增加能够提升服务价值的其他支持性附加服务。

服务案例 6-2 万豪集团：如何根据万豪理念设计万怡酒店的服务

当万豪想要设计一个以商务旅行者为目标群体的新型连锁酒店（后来被称为“万怡酒店”）时，万豪专门雇用市场调研专家协助创建最佳的设计理念。由于在每个给定的价格层面能提供的服务与附属设施是受限制的，万豪集团想了解顾客是如何进行权衡，以期达到服务与金钱之间最佳平衡的。研究的目的是让顾客对不同的酒店服务做出不同的权衡比较，从而找出顾客最重视的服务要素。万豪集团的目标是要确定在全方位服务酒店与廉价酒店之间是否存在空白市场，特别是在那些对全方位酒店服务需求不高的地方。

如果这样一个市场存在的话，万豪希望能开发出新的服务产品来填补这一空白。

来自四个大都市的601位顾客参与了这项调研，研究人员通过让顾客在不同的服务特性之间进行权衡的关联分析，希望找出在特定的价格层面，哪些服务特征能带给顾客最大的效益。研究中，研究人员将50种服务特征分为七类要素（或七组服务要素组合），在具体研究竞争产品基础上，每类要素都包含许多不同服务特征。

（1）外部要素：建筑外形、风景、游泳池类型与地点、酒店规模。

（2）客房特点：房间大小与装饰风格、温度控制、卫生间的类型与位置、娱乐系统以及其他附属设施。

（3）食物相关服务：餐厅的类型与地点、菜单、客房就餐服务、自动售货机、礼品店、内置厨房。

（4）大堂服务：位置、气氛、客人类型。

（5）服务：预订、登记、退房、机场接送大巴、行李服务、信息中心、秘书类服务、租车服务、干洗服务、服务人员。

（6）休闲娱乐设施：桑拿、旋流温水浴、健身房、壁球与网球场、游戏厅、儿童乐园。

（7）安全类服务：保安、烟雾探测器、24小时录像监控。

对于以上七类服务要素中的每一类，研究人员都会向受访者展示不同级别服务特征的系列激励卡。例如，对于“客房特征”这一要素，卡片上列出了九种不同的服务特征，每种服务特征又分成3～5种不同的级别。例如，附属设施就包括不同级别，从“小香皂”到“大香皂、袋装香波、擦鞋布”，再到“大香皂、沐浴露、浴帽、针线包、洗发水、特殊香皂”，再到最高级别的“大香皂、沐浴露、浴帽、针线包、特殊香皂、牙膏等”。随后，研究人员给受访者提供不同的酒店服务组合，每种组合都是包含各种特征的不同级别的服务。受访者在5分量表上打分，给出给定价格下他们愿意选择哪些组合的酒店服务。

该研究为约200种服务要素的筛选提供了具体的指导建议，代表了目标顾客群体在愿意支付的价格上能够提供最高效用的服务要素。该研究不仅关注商务旅行者需要哪些服务，还识别出了什么样的服务是顾客喜爱但不愿意付费消费的。毕竟，希望得到某项服务与愿意为其支付这两者之间还是有区别的。服务开发团队运用研究结果能够在特定的价位上保留目标顾客群体最需要的服务，让万怡酒店真正成为“专为商务旅行者而设”。

资料来源：克里斯托弗·洛夫洛克，约亨·沃茨.服务营销[M].韦福祥，等译.7版·全球版.北京：机械工业出版社，2015：90-91.

二、服务蓝图：服务开发的工具

由于服务的无形性等特征，使服务开发很难像有形产品开发那样，在产品进入市场以前准确地了解产品的各项指标、性能特征，以确保产品开发的效果。正如瓦拉瑞尔·泽丝曼尔等所言，“服务开发的最大障碍，是不能在概念开发、服务设计和市场测试阶段描绘服务的样子”。因此，服务开发的关键点是能够客观地描述关键服务过程的特点并使之形象化，这样服务型企业的管理者、服务人员及顾客都会知道服务的本质是什么，以及每个参与者在服务实施过程中所扮演的角色。服务蓝图便是应对和解决在开发无形的服务产品过程中所遇到困难的有效工具。

(一) 服务蓝图的含义

服务蓝图（service blueprint）是详细描绘顾客经验和服务系统的过程地图，它是一种同时描绘服务过程、接待顾客地点及服务中顾客可见服务要素的可视技术。服务蓝图最初是由利恩·肖斯塔克于1987年提出，随后融合工业设计、决策学、计算机图形学等学科的专业知识，逐步成为从服务过程可视化视角进行服务开发的有效工具。

服务蓝图直观上同时从几个方面展示服务：描绘服务实施的过程、接待顾客的地点、顾客与服务人员的角色，以及服务中的可见要素。服务蓝图借助流程图，通过持续地描述服务过程、服务环节、服务人员及顾客的角色以及服务的有形证据来直观地展示服务。服务蓝图提供了一种把服务合理分解的方法，再逐一描述过程的步骤或任务、执行任务的方法和顾客能够感受到的有形展示。同时，服务蓝图可以识别出顾客与服务型企业及服务人员的关键接触点，进而帮助服务型企业从这些接触点有针对性地改进服务品质，提升顾客的感知服务质量。

(二) 服务蓝图的构成

在服务蓝图中，三条水平线将服务过程描述为四个部分：顾客行为、前台员工行为、后台员工行为以及支持系统。服务蓝图的构成如图6-4所示。

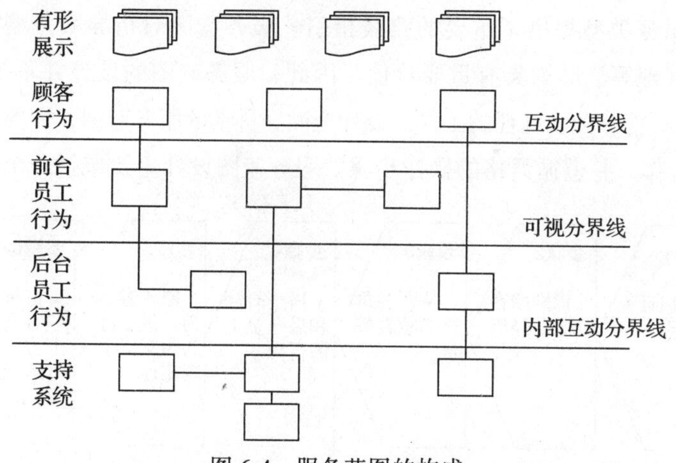

图6-4 服务蓝图的构成

资料来源：瓦拉瑞尔·泽丝曼尔，玛丽·比特纳、德韦恩·格兰姆勒.服务营销[M].张金成，等译.6版.北京：机械工业出版社，2017：148.

服务蓝图中的三条水平线分别是：①互动分界线，它代表顾客与服务型企业或服务人员的直接相互作用。一旦有垂直线穿过互动分界线，则表明顾客与企业或服务人员发生了一次服务接触。②可视分界线，将顾客能够看见的服务活动与无法看见的服务活动进行分离。同时，可视分界线也区分了哪些服务活动是由前台服务人员提供，哪些活动是在后台进行。通过分析可视分界线上下的服务类型与数量，可以识别出服务型企业向顾客提供了哪些具体服务，哪些服务能够被顾客感知。③内部互动分界线，也称不可视分界线，将服务人员的活动与其他支持服务的活动区隔开。若有垂直线穿过，表明发生了内部服务接触。

上述三条水平线将服务蓝图划分为四大部分，分别是：①顾客行为部分，包括顾客在购买、体验和评价服务过程中的一系列步骤、选择、行动及互动。例如，在医疗服务中，顾客行为可能包括医生预约、体检、与医生面谈、支付账单等。②前台员工行为，主要是指那些顾客可以看见，或者与顾客有接触的服务人员行为。例如，顾客在接受医疗服务中的导医分诊、医生问诊、专业技术人员体检、药剂师分发药品等。③后台员工行为，主要是指那些顾客无法察觉，但对前台员工行为产生必要支持的过程和活动。例如，顾客在体检过程中的体检设备操控、体检报告整理和打印等均是顾客不能直接感知，但是对前台医疗服务有直接支持作用的行为。④支持系统，是指服务传递过程中支持服务人员行为的各种内部服务过程及系统。例如，医院的挂号系统、分诊系统以及结算系统等均为有效的医疗服务展开提供了必要支持。

此外，在服务蓝图的最上部分，每个顾客接触点的上方都列出了服务的关键有形展示。它表示在服务传递过程中，顾客在每次服务接触时，在每项服务体验步骤中所看到的或所接受到的服务的有形证据，如服务总台、大堂陈设、驾驶员的制服、关键服务设备等。

（三）服务蓝图的设计步骤

服务蓝图不仅是一种可视化的服务开发工具，更为服务型企业深入理解服务过程、改善服务品质、拓展服务类型提供了重要的路线指引。服务蓝图对指导服务型企业的人员管理、运营管理、营销管理等活动均具有重要价值。因此，服务蓝图的设计并不是服务运营部门管理者及一线服务人员能够独立胜任的工作。设计全面、科学的服务蓝图，需要服务型企业各关键职能部门的通力合作，并遵循严格的操作步骤。服务蓝图设计主要包括六个步骤（见图 6-5）。

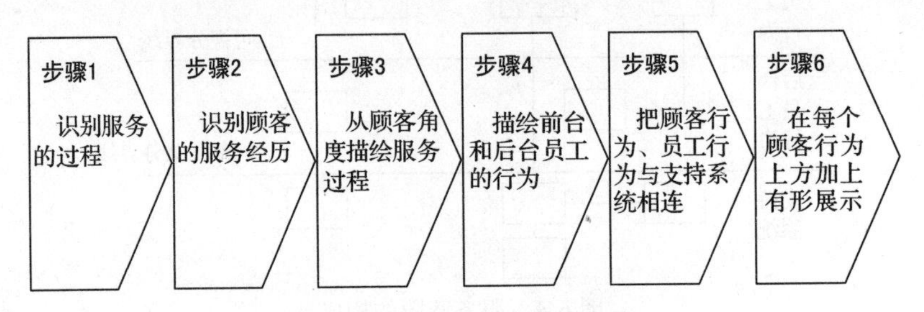

图 6-5 设计服务蓝图的步骤

资料来源：范秀成．服务管理学 [M]. 天津：南开大学出版社，2006：147.

（1）识别服务的过程。指按照时间逻辑或服务逻辑对服务型企业向目标顾客提供服务产品的基本过程进行梳理，明确服务传递过程中的各个关键点。服务过程的梳理为服务蓝图的设计划定了基本的逻辑顺序和行动框架，因而是服务蓝图设计的基础。

（2）识别顾客的服务经历。如果说识别服务的过程是从服务型企业的视角对服务时间及空间逻辑进行梳理，那么识别顾客的服务经历则是从顾客的角度对参与服务传递过程的各类利益性、情感性和互动性因素进行理解。由于不同顾客的服务需求及行为特征有所差异，对顾客服务经历的识别应该针对顾客群体具有普适性和一般性的服务消费行为，以确保服务型企业对顾客的服务经历形成客观和全面的总体理解。

（3）从顾客角度描绘服务过程。在理解顾客接受服务的经历后，从顾客服务消费前、中、后期的心理及行为活动对服务过程进行描述。服务型企业必须明确目标顾客是谁，顾客如何感知服务过程。从顾客视角描述服务，可以帮助服务型企业避免把市场资源或服务焦点放在对顾客缺乏影响的过程或步骤上，同时，避免服务型企业和顾客双方对服务过程理解的偏差。例如，在酒店住宿服务中，顾客可能将预订、到店停车均视为服务过程的一部分，酒店则可能认为前台接待和入住办理才是服务的开始。需要注意的是，若服务型企业针对具有较大差异的不同细分市场和顾客群体，需要根据顾客消费行为的差异性对服务过程进行辨别，若差异性太大，需要生成不同的服务蓝图。

（4）描绘前台和后台员工的行为。依据可视分界线区分前台和后台服务，并从前后台员工的视角描述服务过程及关键行为。前台员工行为主要表现为可被顾客察觉和感知到的服务行为，后台员工行为主要是不能被顾客直接观察，但对前台服务人员及服务过程有直接支持作用的服务行为。对前台和后台员工关键服务行为的界定，对理解顾客互动及服务触电尤为重要，服务型企业需要将更多的市场资源投入到影响顾客的服务品质判断和服务质量感知的关键过程和领域。

（5）把顾客行为、员工行为与支持系统相连。根据时间顺序或服务逻辑将顾客行为、前后台员工行为及支持系统联系起来。若干条穿过三条分界线的垂直线反映出四个不同部分和界面之间的互动，人员、信息、资金和实物等市场资源在连线之间流动，形成了整体的服务过程。

（6）在每个顾客行为上方加上有形展示。每个顾客行为，特别是与服务型企业或服务人员产生直接接触的行为，都是企业向顾客展示和传递企业形象、服务理念、服务品牌和服务能力的重要时机。因此，在服务蓝图中，每个顾客行为的上方都可能涉及服务型企业的有形展示。服务型企业需要提供有助于服务传递、彰显服务能力及品质，而且符合本企业服务市场战略和服务市场定位的有形展示。

服务案例 6-3

快递的服务蓝图

随着互联网经济的持续发展，收寄快件成为人们生活与工作中必不可少的日常服务。

从顾客角度看，快递服务的过程只有三个部分：打电话、取件和送件。该过程相当标准：服务人员是电话订单接线员和递送人员；有形展示是包装材料、寄送表格、运输工具、快件处理终端等。顾客并不关心发生在可视分界线以下的复杂过程，但为了保证快件递送服务的有效开展，不可见的内部服务必不可少。

图 6-6 是快递服务的简单蓝图。如果需要的话，蓝图中的任何步骤都可以进一步细化为深入的蓝图。例如，如果卸货与分拣步骤时间太长，导致顾客不能接受的递送延迟，那么该步骤应进一步细化以解决出现的问题。

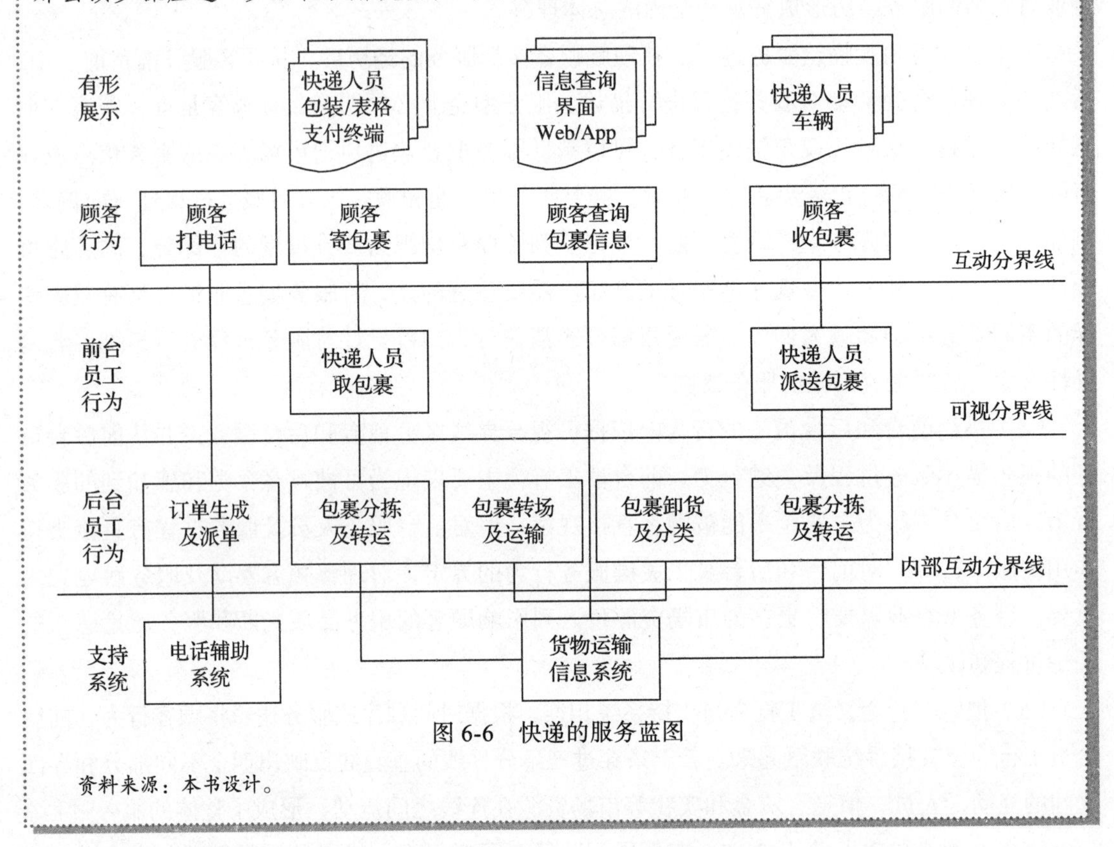

图 6-6 快递的服务蓝图

资料来源：本书设计。

三、质量功能展开

质量功能展开起源于制造业，由日本质量管理专家赤尾洋二（Yoji Akao）和水野滋（Shigeru Mizuno）教授在 20 世纪 70 年代初提出，旨在时刻确保企业的产品设计满足顾客需求和价值。作为一种顾客驱动的产品开发方法，质量功能展开涵盖诸多有效的质量管理技巧，对服务开发也具有重要价值。如果说服务蓝图是基于服务过程的服务开发工具，那么质量功能展开则可以被视为面向服务结果的服务开发工具。

（一）质量功能展开的内涵

质量功能展开（quality function deployment）也称质量机能展开，是企业将顾客需求

转化为阶段性关键措施或活动，以帮助企业实施持续稳定的优化设计，开发满足顾客需求的产品或服务的结构方法。质量功能展开的基本原理是，利用“质量屋”工具，量化顾客需求与企业措施或活动之间的关联度，找出对满足顾客需求贡献度最大的措施或活动，即关键措施或活动，引导开发人员聚焦核心价值，抓住关键问题，从而开发出满足顾客需求的产品或服务。

作为服务开发的结构性方法，质量功能展开的核心思想是服务设计应该反映顾客的期望和偏好，它涵盖一套非常规范的操作指南：识别顾客需求及其相对重要性，提出满足顾客需求的各项服务特征，确定各项服务需求与服务设计特征之间的关系，确定服务设计特征之间的相关性，比较所设计的服务与竞争对手的服务在满足顾客需求方面的优劣势。

质量功能展开是一套服务开发的整合方法，它综合了以下四个原则：①质量功能展开使服务型企业在不同职能领域以服务质量为共同关注点，鼓励营销管理、人力资源管理、运营管理及信息技术等部门之间相互沟通，以更好地理解各部门决策及行动对服务开发的意义；②质量功能展开受到顾客服务需求的驱动，顾客需求不仅决定服务型企业所开发服务的关键特征，还决定服务的传递过程设计；③质量功能展开强调理解服务需求与服务设计特征之间的逻辑关系，有助于服务型企业将顾客接触与服务关键时刻进行分解，并展开深入的分析；④质量功能展开深入分析服务型企业所提供核心服务及各类附加服务的相关性，有助于服务型企业认识到所开发服务利益及特征之间存在的潜在权衡取舍关系。

（二）质量屋及其构成

质量屋作为一种形象直观的二元矩阵展开图，是一种确定顾客需求和相应产品或服务性能之间联系的图示方法，它是质量功能展开的核心组成部分。质量功能展开通过形象的质量屋，将顾客需求与服务开发及特性设计连接起来，通过直观的图解形式将服务特征、顾客需求和服务企业能力之间的相互关系有机地展示出来。

质量屋是一种能提高服务设计有效性的工具，它针对特定服务产品，用直观的矩阵将顾客需求与质量特点联系起来。质量屋用图示的方法将顾客需求、设计要求、目标价值和竞争者状况联系起来，为把顾客满意转化为可识别、可测量的服务设计提供了规范的屋状框架（见图 6-7）。

（1）左墙：WHATS 输入项矩阵，主要涵盖顾客需求及其重要程度。

（2）天花板：HOWS 矩阵，反映技术需求，主要表现为将顾客需求转换为可执行、可度量的技术要求或方法。

（3）房间：相关关系矩阵，表示顾客需求与实现该类需求所需技术之间的关系。

（4）屋顶：HOWS 相互关系矩阵，它表示 HOWS（技术需求）矩阵内各项目的关联关系。相关关系矩阵反映各项技术需求（服务产品特征或关键措施）之间的相互关系。

（5）右墙：评价矩阵，是指对服务产品竞争性或竞争力以及可行性进行市场竞争性评估。市场竞争性评估是从顾客需求角度对服务产品在市场上的综合竞争力进行评价，主要包括企业产品评价、竞争对手产品评价、改进后产品评价等方面。

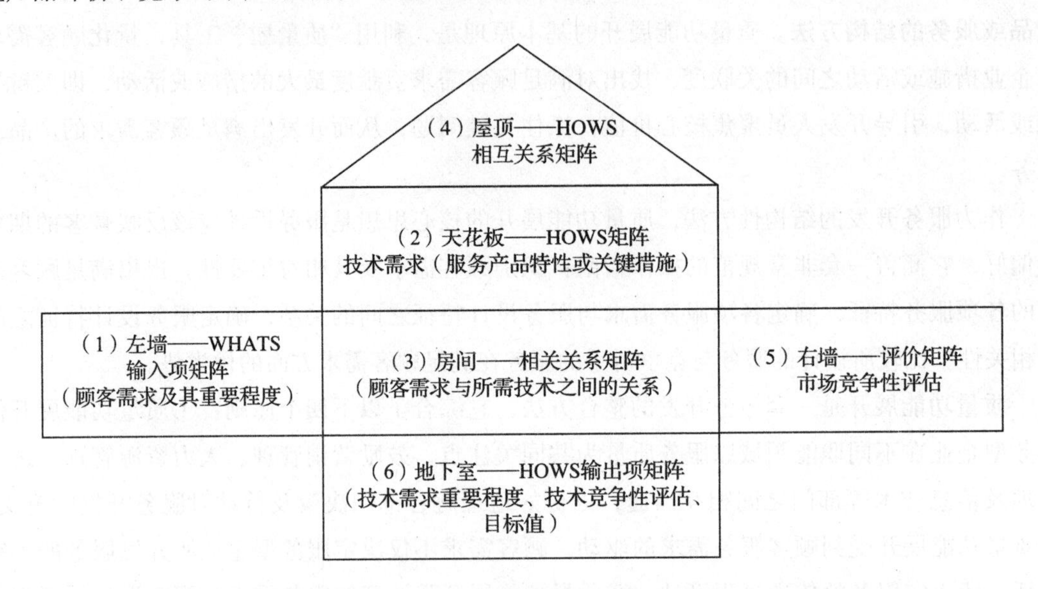

图 6-7 质量屋的构成

资料来源：熊伟．质量机能展开 [M]. 北京：化学工业出版社，2005：3.

（6）地下室：HOWS 输出项矩阵，反映 HOWS 项的技术成本评价等情况，包括技术需求重要度、目标值的确定和技术竞争性评估等，用以确定应优先配置的项目。通过定性和定量分析得到 HOWS 输出项，即完成"顾客需求什么"到"企业应当如何去做"之间的有效转换。

在 HOWS 输出项矩阵中，技术需求重要度反映技术需求（服务产品特征或关键措施）的重要程度；技术竞争性评估是指企业内部人员对此项技术需求的技术水平先进程度所做的评价。技术竞争性评估与市场竞争性评估一样，它包括对本企业技术的评价和竞争企业技术的评价，以及改进后技术的评价。它们所不同的是，市场竞争性评估是由顾客做出的，是对服务产品特性的评价；技术竞争性评估是由企业内部人员做出的，是对技术水平的评价。

（三）通过质量屋实施质量功能展开

质量功能展开可以为服务型企业提供一幅路线图，揭示从服务设计到服务提供过程中的每一步如何有效地满足顾客需求。通过质量屋实施质量功能展开有以下具体步骤。

1. 顾客需求认知

服务型企业首先需要界定谁是顾客（WHO），再确定目标顾客想要什么（WHAT），以及目标顾客需求如何满足（HOW）。顾客的服务需求或服务期望会随着时间以及顾客基本状态的变化而改变。在大多数情况下，顾客真实服务需求很难用语言来确切形容；顾客经常会用口语化的词语，而非技术语言来表达某些需求特征，如好用、方便、舒服等。

服务型企业在服务开发过程中，必须将这些一般性、通俗化的服务需求特征加以展开，变成更为明确的服务开发项目。服务型企业在获得顾客服务需求之后，可将其进一步加以分类并以层级化的方式排列。

2. 顾客需求转换

在明确顾客的服务需求及特征后，服务型企业需要将顾客的若干具体服务需求转换成企业内的技术需求，以建立服务产品或服务过程特性的目标值。顾客的需求转换反映服务型企业思考如何满足顾客的服务需求（HOWS），是将顾客需求的服务特征用服务开发和设计的语言进行表达，即服务开发的技术需求。技术需求也可以进行分类并以阶层化的方式进行排列，以更为直观的方式来表达顾客的服务需求与服务开发的技术需求之间的逻辑关系。

每项顾客服务需求必须至少与一项技术需求存在紧密的关联，否则表示技术需求不完整。如果顾客的服务需求和服务开发的技术需求之间没有任何关系，或者大部分的关系都很弱，则表示目前的服务开发将无法满足顾客的服务需求。

3. 需求满足评估

在服务设计及开发的过程中需要持续地进行需求满足评估，即评价现有服务开发是否满足顾客需求，是否服务技术规范。需求满足评估的主要内容包括服务和过程的技术、可靠度和安全性的考虑，以及服务成本、服务供需水平和潜在利润水平的评估等。

此外，针对现有服务市场的竞争者，服务型企业必须对所开发服务的主要特性及优势进行分析，根据顾客需求及竞争状况做重要性评比和竞争评估。由于服务势必会有竞争者，因此，必须针对服务的主要特性和优势加以分析，也就是由顾客针对需求项目做重要性评比和竞争评估。重要性评比帮助服务型企业可以准确掌握改善项目的优先顺序，竞争评估则可以使服务型企业了解顾客在引入竞争者情况下对本企业服务的看法及竞争优势比较。

（四）服务开发中质量功能展开的应用特点

作为起源于制造业的产品开发方法，质量功能展开应用到服务产品开发管理后，不仅会继承有形产品开发的特点，更具有服务的一些典型特征。

（1）顾客是关键的市场拉动力量，是高品质服务的基础来源。服务型企业需要进行深入细致的市场调查分析，以洞察顾客的真正需求，充分明确这些需求能否用准确的语言描述，这些需求的重要性如何排序，能不能有效地转化为服务设计属性和设计规格等关键问题。

（2）企业员工扮演着至关重要的角色，是服务开发的推动力量。对服务产品及顾客需求的认识，最有发言权的当属提供服务的员工。因此，在服务开发过程中需要激发企业各个层面员工的创造热情。只有这样，才能真正把顾客的服务需求转化为可实施的服务属性，并通过设计人员头脑风暴等方法产生新的组合概念或虚拟概念，有效地弥补市场调查的不足。

（3）高品质的服务标准越早建立和实施，对服务开发越有利。针对新创服务型企业，在企业筹划之初就需要考虑服务属性、服务流程及各个环节的关键问题。若是成熟企业在寻求服务市场重新定位或赶超竞争对手，在计划的早期阶段就应导入服务设计技术，这样既可以保证新服务开发的有效性，还能够避免诸多服务失误甚至是失败的问题。

（4）高品质的服务在整个生命周期的所有活动中都要坚持高标准。企业高层管理者需要意识到服务开发设计的重要性，一般服务人员也要意识到服务设计的意义和方法。不仅在企业成立之初或是新服务推出之时遵循服务设计的基本理念，在日常的服务流程和服务改进等活动中也都要应用服务设计理念。

（5）利用质量功能展开进行服务开发是一个连续循环的过程（见图 6-8）。在质量功能展开过程中，作为投入的顾客需求调查，以及作为产出的设计属性构成了第一个质量屋；随后设计属性又作为投入进入第二个质量屋，产出具体的服务设计细节；继而服务设计细节作为投入进入第三个质量屋，产出整个服务过程；最后整个服务过程作为投入又可转化为第四个质量屋中的服务质量计划。如果经过需求满足评估发现服务设计的缺陷和不足，就需要进行新一轮的质量功能展开过程，直至取得满意的服务开发成果。这意味着，在持续竞争的服务市场，服务型企业的整个生命周期都在持续坚持质量功能展开的连续循环。

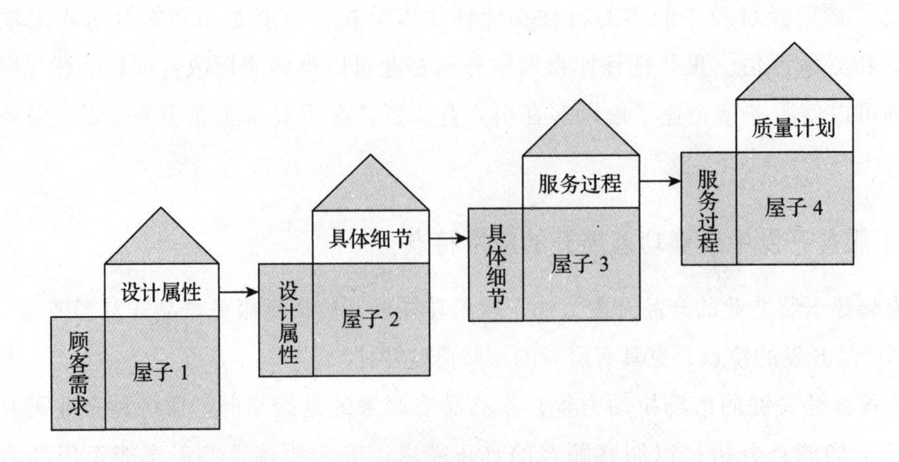

图 6-8 质量功能展开的连续与循环

资料来源：许晖，王睿智．服务营销 [M]. 北京：中国人民大学出版社，2015：165.

服务洞察 6-2

营销服务质量屋的构建

在市场竞争日益激烈的经营环境中，企业不断改进自身营销服务质量，提升营销服务水平已经成为重要的生存手段。营销服务作为服务的一种类型，其开发和优化也需要遵循科学的步骤，运用有效的工具。H公司运营质量功能展开进行营销服务的开发和改进工作，构建营销服务质量屋（见图6-9），主要包括以下步骤。

（一）客户需求分析

（1）客户需求确定。服务质量功能的展开应用首先是从客户需求的获取开始的，客户需求的获取方法主要有定性和定量两大类。整个客户需求获取和确定过程包括大客户深度访谈、SERVQUAL量表调查、需求要素重要度评定和需求整理五个主要步骤。使用SQ量表的目的主要表现在两个方面：一是为了在营销服务改进前后做SQ量表调查对比，考察改进后的应用效果；二是配合质量屋的构建，测评客户需求的重要性。对SQ量表中的需求要素按重要程度进行排序，根据重要程度构建质量屋的左墙。

（2）客户需求权重分析。首先确定客户需求，需求1：改进物流配送服务；需求2：改进公司服务设备；需求3：能够快速回应订单；需求4：提高供应产品与订单吻合率；需求5：货款可以阶段性结算；需求6：严格控制产品质量；需求7：改善售后服务水平；需求8：企业信息化程度高；需求9：调整加工与维修价格。然后采用层次分析法构建评判矩阵，评分根据需要设置1～5不同分值，分别表示需求要素间的不同相关程度，求解权重。

（二）服务要素分析

营销服务资源要素（以下简称“服务要素”）的分析，服务要素的最终确定将会为质量屋搭建天花板，以及整个质量屋中最重要的核心矩阵。

（1）服务要素设计。服务要素获得的基本原则是客户需求向服务要素映射，也就是说，每项客户需求都有与之对应的服务设计要素。

（2）服务要素的KANO分类。使用KANO模型对服务要素进行分类，辅助质量屋的研究结果，使得展开结果层次更加分明。分类的目的有两个：第一，考察服务要素的提出是否合理，以及辅助分析质量屋的展开结果；第二，在对效果实施评价中分析使用。

（三）营销服务改进质量屋

根据顾客需求与服务设计要素的关联程度，由专家根据实践经验打分并填入质量屋中，分数集合为{0、1、2、3、4、5、6、7、8、9}，取值大小表示企业服务设计要素与对应的顾客需求之间关联程度的强弱。例如，0分表示不相关，9分表示两者强相关，中间分值表示不同程度的相关情况。服务要素的自相关关系采用不同的符号表示，由专家一并打出：△表示两者负相关；○表示两者弱相关；⊙表示两者强相关。

客户需求 \ 服务要素		需求权重	改进网站，引入客户互动功能	为大客户装备电子黄页	增添物流工具与设备	拓展供应商，扩大产品经营宽度	增加公司产品供应的柔性	加强产品出库检验	加强对上游供应商的考核	派专人为大客户提供服务	优化公司报价流程	及时更新与维护数据库	改进售后服务收费准则	技术设备由公司人员指导使用	提供不影响生产的维修服务	制定货款阶段结算制度	大客户由专车负责物流配送	增添零散客户物流配送服务
			O	A	O	M	A	M	M	A	O	O	M	A	A	O	O	O
有形性	改进公司的服务设备	0.114	6	7	9	0	3	1	0	0	0	0	0	1	3	0	5	9
可靠性	提供供应产品与订单的吻合率	0.111	3	6	0	9	9	5	1	9	3	4	0	0	0	0	0	0
	严格控制产品质量	0.059	1	2	0	4	5	9	7	2	0	0	0	2	8	0	0	0
响应性	公司对订单能快速回应	0.183	3	7	5	6	6	1	5	6	9	3	1	0	0	0	5	3
	提高公司服务信息化程度	0.037	9	5	0	4	5	1	0	0	7	9	1	0	2	1	4	2
保证性	调整维修与加工的价格	0.066	0	1	1	1	2	0	1	1	9	1	8	1	6	0	0	0
	改善售后服务水平	0.037	0	1	3	1	1	7	4	7	2	0	8	9	9	0	2	3
移情性	货款可以分阶段结算	0.119	0	0	0	0	0	0	3	5	2	1	0	0	0	9	0	0
	改进物流服务水平	0.274	0	0	8	1	1	0	0	1	0	0	0	0	0	0	9	0

图 6-9 H 公司的营销服务质量屋

资料来源：根据“胡配鹏．基于 QFD 的 H 公司营销服务质量改进 [M]. 天津：河北工业大学，2012”相关内容整理。

第三节 服务组合策略

一、服务组合的基本含义

由于顾客服务需求的多样性以及企业发展的内在需要，大多数服务型企业向服务市场提供的服务产品不限于一种。因此，一系列可提供给目标顾客群体的服务集合构成了服务组合。

服务组合反映服务型企业向市场提供服务产品的数量和种类，体现服务型企业在服务市场竞争中投入的资源水平。

营销学大师菲利普·科特勒将产品组合视为“一个特定销售者售予购买者的一组产品，包括所有产品线和产品品目”。因此，**服务组合（service portfolio）是指服务型企业传递给目标顾客群体的，存在差异化服务价值的一系列效用、体验和利益，它反映服务型企业的业务经营范围，由服务产品线和服务项目构成。**服务产品线是指服务型企业向市场提供的一组有关联的服务，这些服务出自同一生产过程，或针对同一目标市场，或在同一销售渠道进行市场推广，或属于同一服务档次，它是由一个或若干个服务项目组成。服务项目是衡量服务组合的一个基本单位，是指服务产品线中不同类型的服务。

在竞争激烈的服务市场，服务型企业必须根据服务市场需求、企业目标、资源以及竞争状况，界定企业的市场范围，决定为服务市场提供的服务内容、结构及数量，即服务组合。服务组合主要回答“服务型企业向目标市场提供什么样的服务”“提供多少种类的服务”这些重要问题。服务组合本质上是反映服务型企业服务产品线的构成，涉及服务组合的宽度、长度、深度和关联度四个关键变量。

（1）服务组合的宽度，是指服务组合中所涵盖服务产品线的数目。服务产品线的数目越多，意味着服务型企业的服务组合宽度越宽。以某医院所提供的健康医疗服务为例（见表6-2），一条服务产品线就是指医院的一个临床科室，如内科、外科、妇产科和儿科等。这些科室类型及数量反映了该医院所提供医疗服务的类别及范围，即服务组合的宽度。

表 6-2　某医院健康医疗服务组合的示例

	服务组合的宽度									
	内科		**外科**		**五官科**		**妇儿科**		**中医科**	
服务组合的深度	服务项目	心血管内科 消化内科 免疫内科 血液内科 内分泌科 肾内科 感染内科 神经内科	服务项目	心胸外科 心脏外科 泌尿外科 骨科 神经外科 乳腺疾病科 肝脏外科 烧伤整形	服务项目	耳鼻喉科 口腔科 皮肤科 眼科	服务项目	妇科 产科 儿科	服务项目	中医内科 中医外科

资料来源：本书整理。

（2）服务组合的长度，是指服务组合中服务项目的总数，以服务项目总数除以服务产品线，即可对服务产品线的平均长度进行判断。例如，表6-2中某医院健康医疗服务项目的总数为25项，即服务组合总长度为25；服务产品线为5条，每条服务产品线的平均长度为5。

（3）服务组合的深度，是指服务产品线中每个服务项目所包含的服务种类。例如，泌尿外科的服务项目范围可以有肾脏、输尿管、膀胱、尿道等部位疾病的诊治，那么它的深度即为4。因此，医院的每个服务项目都有健康医疗服务组合的深度问题，如不同临床科室诊治方法的种类和数量不同，所以不同临床科室的健康医疗服务组合的深度不同。

（4）服务组合的关联度，是指服务型企业各条服务产品线在核心价值、服务条件、设备基础、服务人员或其他方面相互关联的程度，它反映服务型企业所拥有服务产品线之间的相关水平。例如，医院各科室是同属于医疗服务，还是分属保健、康复和咨询等服务，如果它们的关联程度高，则服务组合的关联度就大，反之则小。

总之，服务型企业服务组合的宽度、广度、深度和关联度取决于服务市场的需求、竞争环境、企业目标及资源状况等综合因素。一般而言，拓展服务组合的宽度有助于发掘和利用更多细分市场，分散市场风险，增强企业收入来源的多元性。增加服务组合的广度，能够增强服务型企业的市场适应性，为各细分市场提供更加多样的服务选择。延伸服务组合的深度，可以增加服务的专业性和针对性，强化服务型企业的专业化特征。强化服务组合的关联度则有利于服务型企业实施集中化营销策略，提升服务人员及设备通用性，降低单位服务成本，从而获得服务的规模效应。

二、服务组合的经营分析

作为参与服务市场竞争的基本工具，服务组合影响服务型企业的市场销售额和经营利润水平。因此，服务型企业需要时刻把握本企业所提供的各种类型服务在市场中的竞争力水平，以及为企业的盈利贡献程度。因而，需要服务型企业定期进行服务组合的经营分析，了解企业不同服务项目的市场表现情况。

（一）服务产品线销售额及利润评估

服务产品线销售额及利润评估，主要是对现有服务产品线及同一产品线上不同服务项目所实现的销售额和利润水平进行分析和评价。例如，某星级酒店有客房服务、餐饮服务和会务服务三条服务产品线，酒店需要对这三条服务产品线为企业带来的销售额和利润贡献进行评估，以明确哪些服务产品线是酒店利润贡献的主要来源，酒店应该向哪些领域投入更多的市场资源，以实现更高的投入产出比。

为了对服务型企业所提供全部服务产品线的经营状况进行深入分析，需要对每条产品线上的服务项目进行进一步评估。以某星级酒店的餐饮服务产品线为例（见图 6-10），餐饮服务产品线拥有五个服务项目，其中中餐服务所贡献的销售额最大，占整个服务产品线的 40%，利润贡献水平为 30%；西餐服务销售额贡献率为 30%，利润额占比为 20%。在餐饮服务产品线中，中餐和西餐服务的销售额占比 70%，利润额贡献率为 50%。如果这两个服务项目突然遭受竞争打击，或者出现经营意外，如食品安全问题等，整条服务产品线的经营将遭受重击。但是，酒吧服务和咖啡厅的销售贡献率虽分别只有 20% 和 5%，但利润贡献率却达到 30% 和 15%，而风味餐饮的销售额和利润额贡献水平均为 5%。因此，风味餐饮服务项目若无太大发展前景，可以考虑剔除，并将其资源投入到酒吧和咖啡厅服务项目的发展。

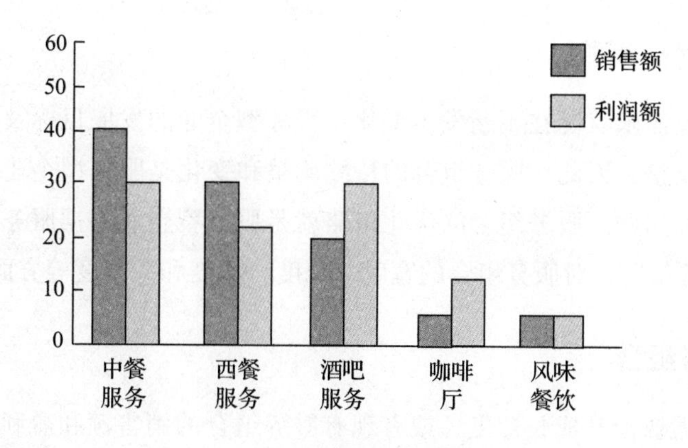

图 6-10　某酒店餐饮服务项目的评估

资料来源：本书设计。

（二）服务项目市场地位评估

服务项目市场地位评估是指将服务产品线中的各服务项目与市场中的同类竞争项目进行比较分析，以判断各个服务项目的市场地位状况。如果说服务产品线销售额及利润评估是一种服务型企业内部经营状况分析的话，那么服务项目的市场定位评估则是企业外部市场状况分析。

例如，某星级酒店的会务服务产品线涵盖贸易展销会、宴会、冷餐会、鸡尾酒会等若干服务项目。具体到宴会服务项目（见图 6-11），顾客对宴会服务，如举办寿宴、婚宴等，比较重视的两个属性是价格档次和场地条件。价格档次分为高、中、低三档；场地条件主要包含场地面积、装修品质、设备质量等方面。在两个关键属性上，通过将本酒店所提供的宴会服务项目与两个主要竞争对手的服务项目进行比较，能够比较清晰地掌握酒店所提供的宴会服务项目在市场竞争中所处的位置，从而为酒店的服务项目完善以及延伸提供决策依据。

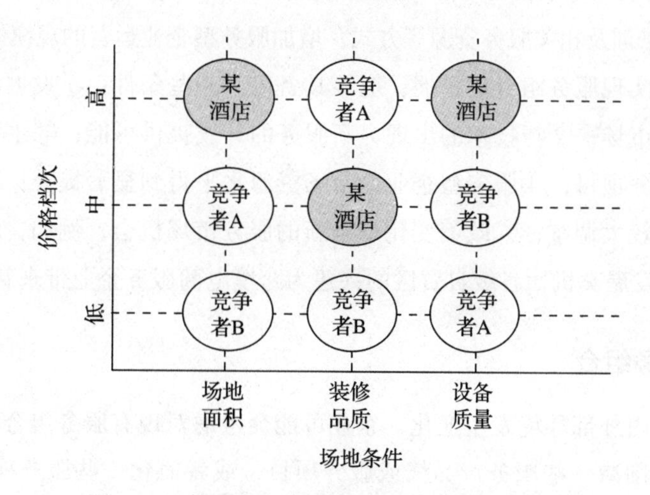

图 6-11　某酒店宴会服务项目的市场地位评估

资料来源：本书设计。

三、服务组合的优化策略

服务市场竞争及需求状况在不断发生变化，服务型企业的发展目标及市场资源水平也在随着企业成长进行调整。因此，服务组合的持续调整和变化是服务型企业在服务组合策略决策中需要经常面对的问题。服务组合的优化策略就是服务型企业根据服务市场需求、竞争态势和企业目标及资源状况，对服务组合的宽度、长度、深度和关联度等方面进行优化。

（一）扩大服务组合

当服务型企业需要提升成长速度，或者现有服务组合的销售额和盈利水平出现下降的潜在趋势时，就需要考虑对服务组合进行扩展。根据衡量服务组合的关键因素，服务型企业可以从以下四个方面对企业现有服务组合进行拓展和深化。

（1）拓展服务组合的宽度，即增加新的服务产品线。服务型企业在原有服务产品线的基础上，拓展企业经营领域，发掘和利用更多的服务细分市场，实现服务经营的多样化，在分散服务市场风险的同时，增加服务型企业的收入来源。

（2）增加服务组合的广度，即增加新的服务项目。服务型企业在保持现有服务产品线的前提下，丰富各产品线的服务项目，能够使服务型企业增强市场适应性，深耕现有服务细分市场，为各细分市场提供更加多样化的服务项目。

（3）延伸服务组合的深度，即现有服务产品线中的服务项目强化便利性附加服务，增加支持性附加服务。对现有服务项目的完善和优化，增强服务价值输出和服务竞争力，能够维持并加强现有顾客关系和顾客满意度，增加现有服务项目的顾客针对性和服务有效性，强化服务型企业的专业化形象。

（4）强化服务组合的关联度，即提升现有服务及新服务对服务基础条件及人员等市场资源的共享程度，强化各类服务项目的内在一致性，通过共用服务营销渠道、服务场景及服务支持设施，共享服务人员培训及相关服务资源等方式，增加服务型企业运营的规模效应和协同效应。

服务型企业要实现服务组合的扩展，应该具备以下某些条件：①发掘出新的、具有吸引力的潜在服务细分市场；②新技术的出现为新服务的开发提供可能；③主要竞争对手推出新的服务产品线或服务项目；④服务型企业的市场资源水平得到显著提升；⑤服务型企业对发展战略及目标进行较大调整；⑥政策变化带来新的服务市场机会，例如，政府购买服务会为服务外包企业提供发展契机，各级自贸区的兴建为跨境电商服务企业带来新的市场机会。

（二）缩减服务组合

当服务型企业内外部环境发生变化，企业可能会考虑对现有服务组合进行精简，退出一些服务细分市场，削减一些服务产品线或服务项目，或者简化一些服务项目的附加服务等。与服务产品组合拓展一样，服务型企业仍然可以从服务产品组合的宽度、长度、深度和关联度四个方面，对服务组合进行缩减，以保证服务型企业聚焦资源，支撑企业生存和发展。

一般而言，服务型企业缩减服务组合的前提条件主要包括：①现有服务细分市场萎缩，服务销售收入不能为服务型企业带来持续盈利并支撑企业生存和发展；②服务型企业市场资源状况发生变化，企业现有资源无法有效支撑原有的服务组合；③服务型企业无法抵御主要竞争对手的市场进攻，在现有某些细分市场无法获取竞争优势，而且发展前景仍比较暗淡；④服务型企业的发展战略出现重大调整，市场资源配置方向发生重要改变；⑤市场管制政策发生重大变化，如行业准入门槛及条件提高，服务型企业当前无法达到政策规范所规定的新市场准入标准。

基本概念

- 服务包模型（service package model）
- 服务之花（the flower of service）
- 服务开发（service development）
- 服务蓝图（service blueprint）
- 质量功能展开（quality function deployment）
- 服务组合（service portfolio）

课后思考

1. 请结合具体服务，运用服务包模型阐述服务产品的基本层次。
2. 服务包模型与服务之花有什么异同？它们为服务产品开发提供了哪些启示？
3. 根据你曾经消费过的服务，试用服务之花对服务过程进行描述。
4. 质量功能展开与服务蓝图有什么不同？如何综合运用这两种服务开发工具？
5. 结合具体实例，阐述服务组合优化策略与服务组合经营分析之间的内在关系。

讨论案例

亚朵酒店的特色服务开发

亚朵的第一家酒店于2013年8月开业，坐标西安。到2016年6月，约3年的时间，亚朵完成开业55家，签约155家，在2016年1月统计的中国酒店集团规模50强中排名第31位。亚朵酒店近几年的快速发展和注册用户快速累积，与其体验营销的成功有着密切的关系。

（一）以“阅读”+“摄影”打造特色主题环境

亚朵酒店主要客户群的年龄集中在35岁左右，有5～10年工作经验的中产阶级，他们为生活、为事业忙忙碌碌，奋力打拼，经常出差，生活工作节奏快，压力负担重，内心向往和追求有品质的生活，也有较强的消费能力。

我国的中产阶级人数在20世纪90年代几乎为零，随着我国经济飞速发展，中产阶级的队伍也不断壮大，到2020年，这一数字将达到7亿。中产阶级成为一个庞大的群体，人们尝试通过各种方式来彰显自己的与众不同。早期是炫耀式的奢侈品消费，从名贵首饰、箱包到豪车，这些商品正在逐渐失去标榜社会阶层的功能。今天能区分人们社会地位的变成了“谈资”，也就是人们身上沉淀的文化资本。

基于此，亚朵酒店着力打造属于这个群体的第四空间——“在路上”，这也是继星巴克提出的家（第一空间）、办公室（第二空间）、星巴克（第三空间）的再次延伸，将亚朵酒店打造成人们在外路途中与其陪伴的伙伴、第四空间。采用跨界思维，除将顾客的睡觉、洗澡、上网三大核心需求做到极致以外，融入了阅读和摄影两大文化主题，精心设计顾客的人文生活体验。每个亚朵酒店都有一个超大7×24小时的阅读会友书吧，名为“竹居”，提供24小时借阅服务。在亚朵酒店的大堂中，客人也能随手在一面书墙上或书柜中拿起一本感兴趣的读物，可免押金借阅，为了让客人有完整的阅读体验，提供异地还书服务。“书”式体验融入亚朵，让顾客的心多了几分宁静与思考。

摄影是亚朵酒店的另一大文化主题。具有“属地文化”的摄影作品展示在亚朵酒店的每一个角落。顾客在每一个城市的亚朵，都能通过摄影作品开启一段不同的历史。入住亚朵酒店，你能免费品尝到送到房间的美食，随食物还会附送一张小卡片，卡片上介绍了美食的制作方法和功效。一杯羹、一张卡片正是亚朵酒店人追求生活品质、认真对待生活、认真体验生活的态度，这也正是吸引顾客，让顾客产生思考的一种生活方式。

因此，亚朵酒店提供的不仅是一个可休憩的场所，更是一个可学习、可社交、可放松心境的有温度有颜色的空间。与大部分酒店不同的是，亚朵酒店提供给顾客的不仅是外在的产品和服务，更重要的是内在的体验，所以当这样一个目标群体遇上亚朵酒店时，神奇地产生了情感的共鸣和归属感，并成功地引发了顾客对生活方式的思考。

（二）独具匠心设计顾客触点

亚朵酒店在售前利用网络让顾客感知到人文生活的主题。走进亚朵酒店，则从灯光、气味、色彩、音乐、文字、摆件等逐步在顾客心目中构建起亚朵酒店的主题氛围，比如炎炎夏日，当你步入亚朵酒店，首先映入眼帘的并不是多么奢华的金碧辉煌，而是简约却又非常艺术的设计和清新舒适的气质范儿。

“奉茶”是一个茶馆，亚朵最早的概念雏形就诞生于此。以“奉茶”作为亚朵酒店的服务，希望勉励每个亚朵人不忘初心，也希望顾客能感受到亚朵酒店的拳拳之心。只要你是亚朵酒店的顾客来到酒店，不管你是在登记入住还是在看书，或者是在逛商店，服务员都会奉上一杯茶。冬天是一杯热茶，夏天可能会是酸梅汤或冷饮，这叫百分百奉茶。

在亚朵酒店前台，服务人员走出柜台，首先递上一杯清凉的酸梅汤，一杯饮料还未饮完，入住已办好，房卡已到手，这个过程，顾客是坐着的，服务人员是站着的。有的顾客甚至感觉屁股还没坐热，万事皆办妥。不需要押金，不需要烦琐的手续。在文字体验上，“宿归（客房）、相招（餐厅）、共语（多功能会议室）、汗出（健身房）、出尘（免费洗熨烘干自助洗衣房）、竹居（阅读会友书吧）”等充满文艺清新气息的区域命名仿佛能让人心中的疲劳远去。

客房中一把造型独特的茶壶和几个茶杯，让你看一眼都仿佛能嗅到心旷神怡的茶清香。酒店的公共区域、客房的墙壁上、床头均可以看到反映属地文化的摄影作品，傍晚夜宵是免费送到房间的一份附加了制作方法和功效卡片的糖水等。

顾客离店时服务人员会主动送上瓶装水。每一个转身、每一次接触，都让顾客更好地体验着这种他们向往已久的感觉和生活方式。当你走出亚朵酒店，包里可能还装着免押金借阅且可异地归还的书籍，回味着与其他顾客和服务人员沟通过程中所深刻体会到的源自社会文化意义的相互影响和对生活方式的思考，体味着想要成为这一群体或文化一部分的欲望。亚朵酒店以服务为舞台，产品为道具，工作人员作为演员，精心设计无缝衔接的人文体验。

（三）人员沟通促进顾客关联体验

在酒店住宿业中，人员沟通能够对关联体验起到很大的促进作用。体验沟通的内容不仅包括产品本身和解决方案，更重要的是要了解顾客的心情，交流生活的方式，促进顾客间的沟通。

亚朵酒店的员工对待顾客像对待自己的朋友，他们不会主动跟你推销，但却在顾客需要咨询时，提供专业的解决方案。每个亚朵酒店员工有300元的授权，用于及时解决客人的突发状况。阅读会友书吧“竹居”的摆设、色彩也非常便于顾客结交朋友，加以“阅读”主题基础上的交流，顾客之间的沟通也变得很自然。

值得一提的是，服务人员、管理人员的挑选首先要符合企业的价值文化，在培训时必须加上“目标群体生活方式”一课，保证能够理解顾客感受，并有沟通的话题。亚朵酒店的创始人兼CEO耶律胤认为酒店住宿业有几个境界，分别是：最基本的是满意，再往上是惊喜，再往上是感动。

亚朵酒店正致力于创造一个住宿品牌，并形成一种生活方式，能够使旅途客人在紧张、疲惫的差旅途中，通过高品质的酒店设施、书籍、音乐、照片及感悟，获得舒适的住宿环境，放松的居停空间，能够在这里休憩、充电、得到心灵上的放松及人生感悟的共鸣。

资料来源：根据“施伟凤．亚朵酒店：体验经济下的新住宿时代[J]. 销售与市场（管理版），2017（11）：68-70”相关资料整理。

思考题：

1. 结合亚朵酒店的案例，运用服务包模型阐述酒店服务的基本层次。
2. 运用服务之花，系统梳理亚朵酒店的便利性和支持性附加服务，思考这些附加服务是如何有效构筑酒店服务特色的。
3. 根据亚朵酒店的特色服务，结合一般酒店的服务过程，设计出亚朵酒店的服务蓝图。

HAPTER 7

第七章 服务品牌管理

本章提要

服务品牌是服务价值的重要组成部分，是服务型企业对顾客提供一致性服务价值创造和交付的承诺和约定。服务品牌具有磁场、扩散和聚合效应。服务品牌的塑造需要经历服务品牌命名、定位、识别和传播四大环节。与有形资产不同，服务品牌资产作为一种无形资产有其独特的构成要素和特性，提升服务品牌资产是服务品牌管理的核心内容。

学习目标

- 了解服务品牌的概念与营销价值
- 掌握服务品牌塑造的基本过程和关键环节
- 认识服务品牌资产的含义与构成要素
- 理解服务品牌资产的主要特征
- 掌握服务品牌资产的提升策略

引导案例

“港华福气365”服务品牌的创建

南京港华燃气有限公司（以下简称“南京港华”）成立于2003年，是由南京市城建集团和香港中华燃气有限公司投资组建的合资企业。南京港华始终秉承“安全供气、优质服务、以客为尊”的经营宗旨，为营业区域内的客户提供稳定、便捷、环保、优质的管道燃气服务。

在新的政策及市场形势下，南京港华制定以南京主城为中心，河西、新港为重心的市场发展战略，不断摸索CNG、LNG、分布式能源的创新利用，大力开拓燃气市场业务板块。南京港华希望借助服务品牌的创建，建立良好社会形象，推动公司实现战略转型，从而更好地推动港华集团的战略提升，有助于港华集团早日成为亚洲首屈一指的能源供应商及优质服务商。为此，南京港华建立“港华福气365”服务品牌，并建立“港华福气365”服务品牌形象识别系统。

（1）理念识别系统。包括“港华福气365”的核心价值观：福气润金陵、每天心服务。“港华福气 365”的品牌理念：传递福气 幸福生活。“港华福气 365”的愿景构想：完成组织使命、提供优质服务、实现企业客户双赢、建设平安幸福南京。“港华福气 365”的形象目标：通过打造“港华福气 365”服务品牌，在实践中践行品牌理念，实现组织使命与组织愿景。

（2）行为识别系统。基于“港华福气 365”的理念识别系统和视觉识别系统，南京港华建立各项行之有效的管理制度、规范组织及成员行为的基本准则，并进一步细化分解，形成南京“港华福气 365”的基本行为规范体系。

（3）视觉识别系统。设计“港华福气 365”服务品牌标志，借鉴南京港华企业品牌标识，取燃气“Gas”和港华“GangHua”首字母“G”作为基础设计元素，以图形化的表现手法，将字母与火焰融合，变形成一朵升腾的蓝绿色火苗，又形似两只吉祥鸟，象征着南京港华给千家万户送去吉祥福气。其中，蓝绿两色分别象征着南京港华与客户，交织的火焰传达出南京港华燃气与客户之间紧密相连、互相支撑、同享福气的融洽关系与和谐氛围。同时，建立服务品牌标识应用规范，包括办公系统形象应用规范（咨询台、名片、纸杯、信封信笺、挂旗等）、企业广告宣传规范、标志符号指示系统、公共关系赠品系统等。

资料来源：根据相关资料改编。

南京港华建立服务品牌的实践表明，即使在非完全竞争的服务市场，构建服务品牌也逐渐成为服务价值创造的重要内容。服务品牌作为服务价值的关键载体，在服务营销管理及服务价值创造过程中扮演着重要角色，是服务型企业持续竞争优势的基础。什么是服务品牌？它有怎样的营销价值？服务型企业如何塑造服务品牌？如何提升服务型企业的服务品牌资产？这些成为服务型企业进行服务品牌管理必须面对的核心问题。

第一节 服务品牌的含义与价值

一、服务品牌的概念及要素

品牌是同质化竞争中企业实现差异化的关键手段，是构建顾客关系和顾客忠诚的重要基础，是影响顾客消费决策及行为的核心因素。品牌所蕴含的符号、利益和情感等综合因素，成为撬动企业营销管理和顾客消费行为的重要市场力量。与有形产品的品牌一样，服务品牌也成为服务型企业创造服务价值的核心载体之一，是企业重要的竞争资产。

（一）服务品牌的概念

美国营销学会（AMA）将品牌定义为“一个名称、专有名词、标记、符号或设计，或者是上述元素的组合，用于识别一个供应商或一群供应商的商品与服务，并由此区别于其他竞争者的商品与服务”。世界品牌管理大师凯文·凯勒（Kevin Keller）称其为“小品牌”概念，即狭义的品牌概念。狭义层次的品牌概念认为品牌就是品牌名称、标记、符号，或其他可以识别本公司产品并将之区别于竞争产品的一系列有形物的组合。广义的品牌是指企业的产品或服务在顾客心目中建立起来的品牌意识和品牌联想，以及由此引起的顾客对产品或服务的感觉、评价和购买等的总和，或者说品牌就是顾客对产品或服务及其供应商的所有体验和认知的总和，即“大品牌”概念。事实上，从广义层面对品牌进行理解，更能够在市场及营销情境下掌握品牌的本质特征与营销价值。

服务品牌（service brand）是顾客对服务型企业所提供服务有形部分感知以及对服务过程体验的总和，是服务型企业对顾客提供一致性服务价值创造和交付的承诺和约定。正如联合利华（Unilever）前董事长迈克尔·佩里（Michael Perry）所言：品牌代表顾客在其生活中对产品及服务的感受，以及由此而产生的信任、相关性、意义的总和。可见，从广义视角看，服务品牌既包含一些可视、可传递的因素（如标识、名称等），也涵盖一些可感、可认知的因素（如信任、利益等）。

从服务营销管理的视角看，服务品牌不仅是服务价值的标签化、可视化和信息化，更是服务型企业撬动市场、应对竞争的重要工具。服务品牌不仅能够帮助服务型企业将本企业服务与竞争者进行区隔，更能够通过情感、联想、利益等综合因素影响顾客的消费决策及行为。同时，具有品牌影响力的服务能够给予顾客更强的服务承诺和保障，而顾客愿意为更优质和可靠的服务支付溢价，从而使服务型企业能够通过服务品牌建设获取品牌利润。因此，对服务型企业而言，建立和推广服务品牌是在激烈的服务市场竞争中，参与竞争、获取顾客、增加收益的必要策略，是服务型企业生存和发展的重要条件。

（二）服务品牌的构成要素

服务品牌的构成要素包含两类：有形要素和无形要素。有形要素是指能够展现在顾客面前，看得见、摸得着的可传播、可识别要素，如品牌名称、品牌标志及场景装饰风格等。无形要素是指蕴含在有形要素中的，体现品牌独特性的内在要素，如品牌认知、品牌联想、品牌形象及情感属性等。具体而言，服务品牌的构成要素包括以下几种。

1. 品牌名称

品牌名称是指服务品牌中可以用语言称呼的部分，通常由语句和图像构成，它是品牌概念的形成基础，如迪士尼、中国国际航空、招商银行等。品牌名称应该易于发音，容易识记，同时与服务产品有比较清晰的内在关联。

2. 品牌标志

品牌标志是服务品牌中可以被顾客识别，但无法用言语进行表达的部分，即品牌中的颜色、符号、图形或其他独特的视觉设计。品牌标志是品牌的“视觉语言”，它能够帮助顾客分辨和识别该品牌与其他品牌之间的不同，体现服务型企业自身的特性。例如，中国国际航空公司的品牌标志，它以英文“VIP”（尊贵客人）艺术变形构成的大红色凤凰为核心图案，既蕴含着中国传统文化元素中吉祥、幸福的寓意，又与航空飞行的业务属性紧密关联，能够留给顾客独特的印象。

3. 品牌联想

品牌联想是指顾客根据服务品牌的名称和表示联想到的特定功能、属性和利益，它是品牌认知的重要部分。服务品牌的品牌联想帮助服务型企业构建品牌与特定功能及情感利益之间的关联，将品牌与特定属性进行联系，强化服务品牌在目标顾客心目中的功能认知。例如，当提及顺丰速运或看到SF标志，顾客便会联想到高效、便捷的快递服务。良好的品牌联想是服务品牌科学实现服务市场定位，有效传递服务价值的突出表现。这意味着，服务型企业需要努力使顾客的品牌联想与自身所追求的服务市场定位保持高度一致。

4. 情感属性

顾客在对服务品牌认知的过程中，会将品牌的利益认知转化为一定的情感认知。同时，顾客在服务消费过程中，会将服务的功能利益转化为特定的情感属性。服务的品牌联想更多地与服务的“客观”属性、效用、利益等相联系，而品牌的情感属性则主要与顾客的“主观”感知（如喜欢、信任、忠诚等）相联系。例如，麦当劳所提供的品质产品和服务可以转化为“在这里找到受人尊重、舒适以及开心”的主观感受。情感属性与顾客的服务消费经历、服务口碑、顾客参与和互动等方面紧密关联。可见，服务品牌的情感属性主要在服务参与和消费经历等活动中形成，是服务型企业进行服务品牌管理的重要内容。

5. 个性形象

服务品牌的个性形象强调本品牌与其他服务品牌的区别。无论顾客是否看到本品牌的标志和字体，都能意识到本品牌所代表的利益和形象。服务品牌的个性形象越突出，顾客对品牌的认知越深刻，越能够在竞争激烈的服务市场占据有利位势；反之，如果顾客对服务品牌的认知比较肤浅或模糊，便无法引起目标顾客的足够注意力。因此，服务型企业在进行品牌传播和塑造时，不仅要宣传和强调品牌自身所具备的功能、利益或情感等因素，还应着力为品牌赋予鲜明的个性形象。

二、服务品牌的营销价值

品牌最原始的功能在于“印记”和“识别”，但进入市场经济后，品牌衍生出许多新的价值功能。从社会角度讲，品牌可以提供企业在世界范围内的声誉，增强人们的民族自信心和自豪感；从经济角度讲，品牌能够通过品牌溢价、品牌资产等产生积极的经济效果。服务品牌是服务型企业创造服务价值的重要载体，是参与服务市场竞争的重要工具。优势服务品牌对服务型企业的营销价值主要表现在以下几方面。

（一）磁场效应

磁场效应是指具有较高品牌知名度和品牌美誉度的服务品牌，即优势服务品牌能够像磁石一样牢牢地吸附顾客，形成较高的顾客品牌忠诚度。优势服务品牌的磁场效应主要表现在两个方面：一方面，具有优势地位的服务品牌可以使顾客对服务产品产生依赖，进而形成消费习惯，重复购买服务产品，同时还能通过积极口碑的宣传作用，吸引周边顾客尝试和使用服务产品；另一方面，优势品牌能够使目标顾客抵御竞争品牌的吸引，降低其营销活动（如销售促销、广告宣传、公关活动等）的市场效率，从而有助于服务型企业在服务竞争中处于主动地位。可见，优势服务品牌对顾客的巨大吸引力能够使服务产品的销量持续增加，市场范围不断扩大，市场占有率逐步提升，使服务品牌的市场地位越发稳固。

（二）扩散效应

扩散效应是指服务型企业的优势品牌所赢得的顾客及社会的信任和好感，能够辐射到企业的其他方面，为服务型企业的营销活动提供帮助。服务品牌的扩散效应主要表现在：①有助于服务型企业进行服务品牌延伸和新服务开发。一旦服务型企业拥有优势服务品牌，那么就可以充分利用品牌影响力开发新的服务产品或者进入新的服务市场，顾客对服务品牌的信任和好感会辐射到新服务产品或细分市场，从而增加服务型企业新服务产品的成功率和新服务市场的接受度。②有助于服务型企业在服务失误乃至服务失败时顺利展开服务补救。当出现服务失误或失败时，顾客对服务品牌的信任和好感能够缓解顾客的抱怨情绪，提升顾客的容忍水平，为服务型企业进行有效服务补救赢得机会。

（三）聚合效应

聚合效应是指拥有优势品牌的服务型企业具有更强的市场吸引力，能够吸附和聚集更多市场资源，使企业不断发展壮大。聚合效应意味着优势的服务品牌不仅是重要的经济杠杆，还是重要的资源杠杆，为服务型企业的持续成长带来资源累积。一方面，具有市场影响力的服务品牌能够紧密联结服务提供商，增强服务型企业对各类合作伙伴的黏性，建立长期、稳定的合作关系。另一方面，掌握优势品牌的服务型企业可以通过入股、收购等方式控制其他相关企业；同时，服务型企业拥有具备较强市场影响力的服务品牌，在市场竞争中能够被其他中小服务型企业依附和追随，形成具有综合影响力的服务型企业集团。

服务洞察

服务品牌化过程

从服务品牌角度看，由于服务具有过程性特点，管理服务传递过程即是服务品牌的过程。在服务品牌化过程中，服务价值传递是核心因素，而其他计划性的营销传播仅仅是支持因素。如果在创造服务价值的过程无法形成积极的品牌形象，计划性传播因素也就无法对其进行弥补。如果服务型企业将服务营销传播手段视为服务品牌塑造的主要手段，服务品牌管理将面临极大的失败风险。

根据克里斯托弗·洛夫洛克和约亨·沃茨提出的有关服务品牌化的过程观点（见图 7-1），在服务品牌化过程中，首先应该分析服务型企业希望顾客及其他利益相关者

（如股东、金融机构、合作伙伴）形成的品牌形象，即期望的品牌识别。然后，通过有计划的服务营销传播活动建立品牌知名度，其目的有两个：一是让所有目标顾客和其他利益相关者充分了解服务及服务品牌；二是在服务营销传播活动支持顾客服务体验和服务过程及结果（功能质量和技术质量）的情况下，服务体验能得到所有服务营销传播活动的支持。随后，顾客的服务体验和服务过程形成品牌实现，从而在顾客心中产生感知的品牌形象。这时，服务营销传播活动仅起到支持性作用，在图中用虚线箭头表示。

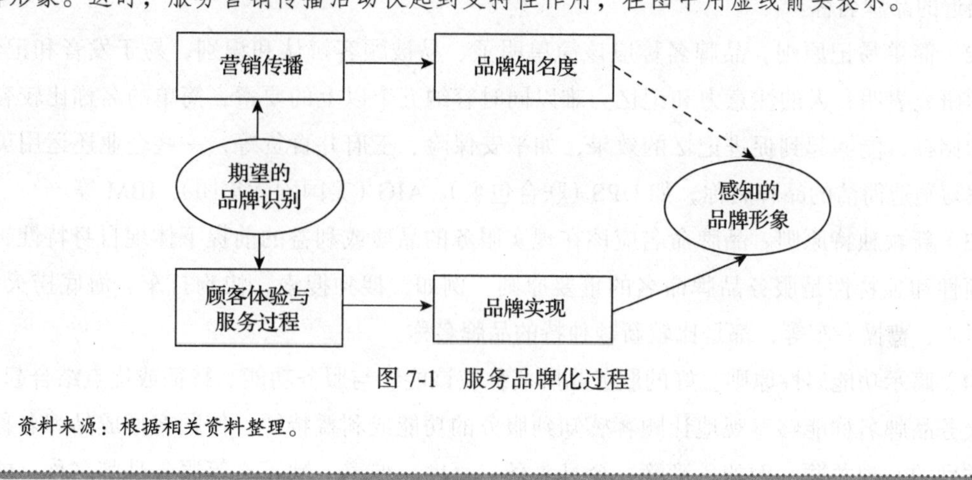

图 7-1　服务品牌化过程

资料来源：根据相关资料整理。

第二节　服务品牌的塑造

一、服务品牌命名

确定品牌名称是塑造服务品牌的第一步，也是服务型企业建立优势品牌的首要环节。服务品牌名称既要容易识记，又要突出服务特色，还要易于传播，它是服务品牌的文字体现。因此，在服务品牌塑造的过程中，服务品牌命名是服务型企业需要面临的首要工作。

（一）服务品牌命名的含义

品牌名称是品牌中可以用语言表达的部分，通常由文字、数字组成。名称是品牌的第一要素，品牌命名在品牌塑造中处于首要环节，好的名称有助于品牌的建立和传播。服务品牌命名是指服务型企业为了更好地塑造品牌形象、丰富品牌内涵、提升品牌知名度和美誉度而为服务品牌确定名称的过程。服务型企业要塑造优势的服务品牌首先要确定一个好的名称。好的服务品牌名称容易在顾客心中留下深刻的印象，进而更容易在服务市场竞争中占得先机。例如，外卖品牌“饿了么”更容易让顾客将其与美食递送服务联系起来，“支付宝”则有效地向顾客传达所提供第三方支付服务的核心功能。

（二）服务品牌命名的原则

品牌命名不仅要考虑行业特征、服务属性、品牌联想，还要考虑政治法律、社会文化及价值观、风俗习惯、民族情结与信仰等因素。一般来说，服务品牌命名需要遵循以下原则。

（1）受法律保护原则。品牌名称受到法律保护是服务品牌被保护的根本，因此服务品牌的命名应该考虑品牌名称是否侵权，能不能注册成功并受到法律保护。一方面，名称合法是品牌命名的前提，只有合法的品牌名称才能够得到法律的保护；另一方面，再好的品牌名称，如果不能注册就不得到法律的保护，因而服务型企业在进行品牌命名时，需要查询是否有相同或相近的品牌名称。

（2）简单易记原则。品牌名称应该简单明了、易被顾客辨认和识别，易于发音和记忆。心理学研究表明，人的注意力和记忆力难以同时容纳五个以上的要素，简单的名称比较容易编码和储存，能够起到促进记忆的效果，如平安保险、王府井百货等，一些企业还运用英文字母缩写塑造简洁的品牌名称，如 UPS（联合包裹）、AIG（美国国际集团）、IBM 等。

（3）新颖独特原则。品牌命名应该在现实服务的品质或利益的前提下体现自身特性，因此新颖性和独特性是服务品牌命名的重要原则。例如，搜狗搜索、快狗打车、海底捞火锅、亚朵酒店、曹操专车等，都是比较新颖独特的品牌名称。

（4）暗示功能属性原则。好的服务品牌名称应该能够与服务功能、特征或优点结合起来，通过服务品牌名称能够直观地让顾客感知到服务的功能或利益特征，使顾客形成品牌名称与服务类别的心理关联。例如，滴滴、今日头条、百度、如家、饿了么等服务品牌名称，能够让顾客第一时间联想到名称背后的服务特征或功能。

（5）符合文化习俗原则。不同国家或地区的顾客因地域文化、风俗习惯、语言文字、民族文化等方面的差异，对同一品牌名称的认知和联想可能截然不同，因此，服务品牌命名需要适应目标市场的文化习俗，避免引起不必要的误会。特别是在经济全球化的大趋势下，服务品牌应该具备一定的国际化和全球化特征，以适应跨国界的服务市场竞争。

二、服务品牌定位

正如定位理论奠基人之一艾·里斯所言，“定位不是去创作某种神奇的、与众不同的东西，而是去操作已存在于受众心智中的东西，以受众心智为出发点（即顾客导向）寻求独特的位置”。因此，对服务品牌进行精确定位，是服务型企业在诸多同质或同类的服务中有效突出自己、区别他人的重要方式，是服务品牌塑造的基础环节。

（一）服务品牌定位的内涵

服务品牌定位（service brand positioning）是指服务型企业为了在目标顾客心目中占据独特的位置，而对企业所提供服务及其形象进行设计的行为。根据定位理论，顾客头脑中存在一级级的小阶梯，他们将产品或服务在小阶梯上排队，而定位就是为了找到这些小阶梯，并将产品或服务与某一阶梯建立联系。因此，服务品牌定位的关键要点在于“顾客心智”和“相对竞争对手”。

简单地讲，服务品牌定位就是为服务品牌找一个独特的位置，使服务品牌能够给目标顾客群体一种企业所期望的感觉，是顾客感受到的一种结果，如服务的档次、特征、个性、目标顾客群等。为了更加清晰地理解服务品牌定位这一概念，需要厘清它与定位相关概念的区别。

（1）服务品牌定位与服务市场定位。服务市场定位是服务型企业根据内外部组织条件在市场上采取的竞争性定位，借此占有特定资源并在服务市场建立竞争优势；服务品牌定位关注的是如何创造与改变顾客对服务型企业所提供服务的感知过程。相对于服务市场定位关注服务型企业自身及其竞争者的客观态势，服务品牌定位更加关注品牌在顾客中的概念。

（2）服务品牌定位与服务定位。在服务同质化竞争日益严峻的服务市场，服务型企业在进行服务开发前就需要明确目标顾客是谁，从而做到与竞争对手相比，在服务功能、效用和形象及传播方式等方面的差异化，这一过程即为服务定位。与此相对，服务品牌定位不仅仅是为了实现服务差异化，它是利用顾客服务消费时的关键影响因素，以及为顾客带来的功能和情感利益，来塑造独特的、有价值的形象，以期占领有利的顾客心理据点。但是，服务定位是服务品牌定位的支撑和依托，服务品牌定位则是服务定位的外在体现和形式。

（3）服务品牌定位与服务品牌联想。服务品牌联想是基于顾客主观认知的，在大脑记忆网络中与服务品牌直接或间接联系的信息结点的总和。这些信息可能是与服务品牌本身相关的，如服务品牌的定位、功能、评价、消费经验等，也可能是服务品牌之外的，如服务品牌的顾客群体、服务消费的时空等。服务品牌联想是服务品牌定位长期执行和具体化的结果之一，是服务品牌塑造的重要结果。

（4）服务品牌定位与服务品牌形象。服务品牌形象是顾客对服务品牌的总体感知，是由各种品牌联想以某种有意义的方式组织在一起而给顾客留下的总体印象。服务品牌定位是服务品牌形象的重要基础，好的服务品牌定位能够使服务品牌形象更为鲜明，更具影响力和号召力。因此，有效的服务品牌定位是构建良好服务品牌形象的前提和基础。

（二）服务品牌定位的意义

服务品牌定位是针对顾客心智展开的品牌设计行为，是服务型企业成功塑造具有市场竞争力的服务品牌，在同质化服务市场竞争中占据优势地位的重要基础。因此，服务品牌定位在服务型价值创造环节占据重要位置，其重要意义主要表现在以下几方面。

1. 服务品牌定位使品牌信息进入顾客有限的心智

美国心理学家乔治·米勒（George Miller）研究发现，普通人的心智不能同时处理七个以上的单位。定位理论奠基人之一杰克·特劳特也认为，顾客心智阶梯最多只能容纳七个品牌，最终只能记住两个，即“二元法则”。快餐业中的麦当劳和肯德基，碳酸饮料行业的可口可乐和百事可乐，运动服饰领域的耐克和阿迪达斯等便是很好的例证。居于第三位及以后的品牌，因其在顾客心智阶梯中的地位较弱，需要不断地进行营销设计和强化才能改变排序，因而生存艰难。因此，在服务市场竞争中，通过科学定位，服务品牌才能够在顾客心智阶梯中占据优势位置。

2. 服务品牌定位是服务型企业成功塑造服务品牌的基础

服务型企业要想建立成功的服务品牌，需要经过一系列的活动和严格的步骤。其中，服务品牌定位是整个服务品牌塑造的基础环节，是其他后续努力的基础。如果服务品牌定位失当，那么服务品牌的塑造则会产生传递效应，其他环节就会产生偏差和失误，最终服务品牌的塑造就不会达到理想的效果。同时，如果服务品牌塑造的过程出现偏差或失误，服务品牌定位则能够为修正和避免这些不利影响提供方向指引和策略参考，从而使服务品牌塑造达到预期目的。

3. 服务品牌定位能够有效传递服务品牌的核心价值

服务品牌的核心价值代表品牌向顾客承诺的核心利益或效应，反映服务品牌对顾客的终极意义和独特价值，是一个服务品牌独一无二且最有价值的精髓所在。但是，服务品牌光有核心价值是不够的，服务型企业必须以一种有效的方式将其传达给目标消费群体并得到认同。服务品牌定位则是有效的传递方式，它可以在服务品牌的核心价值基础上，通过与目标顾客心智中的空白点进行匹配择优，运用整合营销传播等手段在顾客心目中打上深深的烙印，进而形成具有独特性的服务品牌形象。服务品牌的核心价值通过品牌定位拉近了与目标顾客群体的距离，从而为构建一个顾客认同的强势服务品牌提供了可能。

（三）服务品牌定位的 4Cs 框架

既然服务品牌定位对服务型企业塑造成功的服务品牌如此重要，那么如何才能建立一个好的服务品牌定位？**品牌定位的 4Cs 框架（4Cs framework），即顾客洞察（consumer insight）、企业分析（corporation analyses）、竞争者分析（competitor analysis）和品类决策（category decision），为服务型企业寻求具有吸引力的服务品牌定位提供了重要的方法指引。**

1. 顾客洞察

所谓顾客洞察，即发现顾客的显性或隐性需求，并理解需求动机的本质原因，它为服务型企业发现新的市场机会、寻求新的服务市场战略战术提供条件，为服务型企业寻找到合适的服务价值、凝练服务品牌内涵提供了有效途径。顾客洞察的基本范围包括以下两个因素。

（1）洞察顾客的外部因素。影响顾客进行品牌认知的外部因素主要包括文化因素、社会阶层和参考群体三方面。在文化因素方面，美国心理学研究者理查德·尼斯贝特（Richard Nisbett）等发现，处于不同文化的人存在不同的思维模式，即整体型思维模式和分析型思维模式：前者关注整体，强调客体与情景之间的关联性，并基于这种关联性对事物做出解释和预测；后者偏向从情境中分离出客体，关注客体本身的属性，并根据类别与原则对客体进行理解和判断。整体型思维的顾客更喜欢产品广告，而分析型思维的顾客更喜欢品牌广告。在社会阶层方面，社会阶层是在一个社会中具有相对同质性和持久性的群体，它们是按照等级排列的，每一阶层成员具有类似的价值观、兴趣爱好和行为方式。在参考群体方面，参考群体反映直接或间接影响个体态度或行为的所有群体，如行业专家、时尚引领者、虚拟社交网络引领者，都是影响顾客消费心理和行为的重要因素

（2）洞察顾客的内部因素。影响顾客进行品牌认知的内部因素，主要包括顾客的个性与情感两方面。顾客个性影响品牌认知的机理：顾客会不自觉地选择与自身个性相契合的品牌；不同个性的服务品牌会吸引相应个性的顾客群体。例如，美国营销学者珍妮弗·阿克(Jennifer Aaker)认为，美国市场的品牌主要体现为坦诚、刺激、能力、教养和粗犷五种个性，不同个性的品牌拥有不同的受众群体。同时，随着收入水平的提升，顾客的消费正从任务型转向享乐型和发展型，顾客开始重视消费过程中所获得的情感体验。例如，怀旧、依恋、内疚等不同的情感体验会对不同类型的消费行为产生影响。

2. 企业分析

企业分析主要是指对服务型企业的市场资源状况及服务品牌现状进行系统分析。

（1）企业市场资源状况分析。服务品牌定位是建立在企业现有资源和能力基础之上的，因此需要明确企业的市场资源现状，是否能够有力支撑预期的服务品牌定位。例如，如果定位于个性化服务品牌，那么现有的服务设施设备以及服务人员素质能否有力支撑个性化服务品牌所反映的基本利益。

（2）服务品牌现状分析。要求对企业的服务品牌在目标顾客心目中的基本认知进行客观、全面的了解。服务型企业可以通过传统的问卷调查、深度访谈等了解顾客内心对品牌的真正感受，也可以通过联想、隐喻等非语言方式洞察顾客对本企业服务品牌的观点、感觉和情感。

3. 竞争者分析

服务型企业需要利用服务品牌定位图对服务市场中各竞争品牌的定位进行比较分析。服务品牌定位图是一种直观、简洁的定位分析工具，一般采用包含品牌认知、品牌识别等指标的平面二维坐标图进行直观比较，以解决有关服务品牌定位的问题。服务品牌定位图的制作包括两个步骤：首先，确定关键的特征因素。服务型企业通过市场调查等方式，明确影响服务消费的关键品牌因素，如品牌知名度、美誉度、品质认知等，确定几个重要性较高的关键因素。其次，确定服务品牌在定位图上的位置。选取关键因素后，根据顾客对各个服务品牌在关键因素上的表现进行评分，进而确定不同服务品牌在坐标图中的各自位置。通过服务品牌定位图的对比分析，可以明确不同服务品牌之间的差异性和竞争性，为服务品牌定位提供决策信息。

4. 品类决策

服务型企业在进行服务品牌定位时，需要明确到底是在原有服务品类上与已有品牌进行竞争，还是开创一个新的服务品类。美国心理学家乔治·米勒发现，顾客面对成千上万的产品或服务信息，习惯于把相似的进行归类，而且通常只会记住该类产品或服务的代表性品牌。

因此，打造服务品牌最有效、最快捷的方法就是创造一个新的商品类别，使自身品牌成为这一个全新服务类别里的第一个品牌。例如，在英语培训服务的品类中开创少儿英语培训服务的新品类；在快捷酒店和星级酒店的服务品类中开创中档酒店的服务品类；在咖啡零售的服务品类中开创“互联网＋咖啡”的新服务品类；等等。因此，有效的服务品类决策是服务品牌定位的重要方式，是建立差异化服务品牌需要重点考虑的方面。

服务案例 7-1　无印良品，反对奢华的“无品牌”的品牌

无印良品是日本最有实力的零售品牌之一。1983年，无印良品开设第一家专卖店，1990年发展成为独立的公司，到现在已经拥有超过330家店铺，其中1/3在海外。几乎没有品牌能像无印良品这样能够传达这么多的情感和自我表达利益。但是，无印良品的品牌愿景并不是成为一个品牌，而是成为“无品牌”的品牌。

MUJI是Mujirunshi Ryohin的简称，用四个字母来代表，字面上的意思是“没有品牌的优质商品”，简约、自然、适度、谦逊和自我约束是其核心价值所在。无印良品的经营哲学，是提供不求最好但求“够用”的功能性产品。“够用”并不意味着妥协和顺从，而是一种满足感，这种满足感来自顾客知道产品正好提供了他们所需要的东西，而且不多不少。无印良品的理想是在追求单纯和平凡的过程中用谦逊和朴实实现不平凡。

进入店铺，你的第一感受就是所有的衣服都是素色的。衬衫上没有商标，事实上，甚至连标签都没有。你要标签有什么用呢？家具、厨具和办公设备都是简单实用的。产品的设计很简单，不是为了使用最少的说明，而是为了只要能提供消费者所必需的功能就可以。无印良品的产品价格低廉，但并不是因为使用了廉价的原材料和劣等的设计，而是因为产品中没有那些花哨的装饰，所有的设计都有很明确的目的。

无印良品被看成是浮华的银座以及其他充斥着各种高档品牌的购物中心的反面。无印良品是反对奢华的。它明确地要求消除产品中能满足人们渴望自我表达的那些利益。路易威登（LV）是无印良品的对立面。讽刺的是，这种消除自我表达利益的渴望却恰恰带来了自我表现。在无印良品购物以及使用无印良品的产品是最有力的自我展示。你也许像上文所说的那样在寻找品牌的标志。但作为理性的人，你应该对正确的价值观感兴趣，涉及企业，那就是功能、反奢华的品牌平和、节制和自然。

无印良品有着最不寻常的品牌故事，向消费者传递情感和自我表达利益，从而创造了“无品牌”的成功。也许，这种简单和不哗众取宠会成为一种主流的模式而非利基战略，而无印良品也许会成为一个让别人效仿的标杆品牌。

资料来源：戴维·阿克. 管理品牌资产[M]. 奚卫华，董春海，译. 北京：机械工业出版社，2006：54-56.

三、服务品牌识别

服务品牌识别（service brand identity）是指服务型企业刻意创建的，能够引起目标顾客美好印象的各类联想物，如品牌标志、品牌名称、吉祥物，标志性建筑、代表人物等，它暗示着服务型企业给予顾客的某种服务承诺、服务利益或效用。随着单一标志识别的时代成为过去，服务型企业进行服务品牌塑造需要构建一套立体的识别体系，即服务品牌识别系统。

服务品牌识别系统由三个维度构成，因而也被称为服务品牌三维识别系统，它是服务品牌塑造的核心部分。服务品牌三维识别系统分别从视觉形象、价值主张、服务体验三个维度构成，分别为服务品牌视觉识别（VI）、服务品牌主张识别（PI）和服务品牌体验识别（EI）(见图 7-2）。

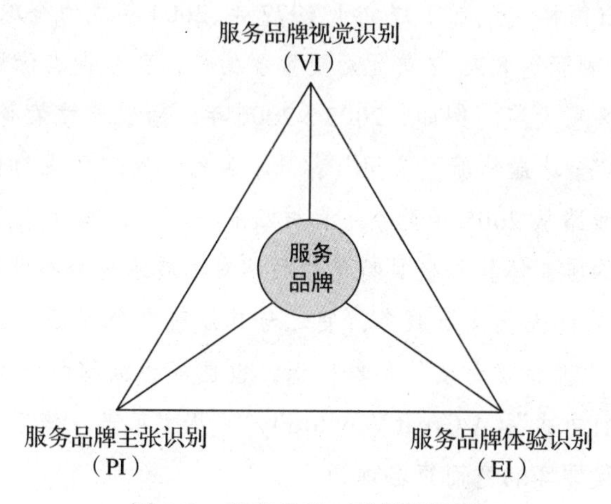

图 7-2　服务品牌三维识别系统

资料来源：本书设计。

（一）服务品牌视觉识别

服务品牌视觉识别也称为服务品牌一维识别，是通过服务品牌立意或服务概念表现出来，即这个服务品牌的样子是什么。服务品牌立意是指服务品牌的基本内涵或意义，如快乐的、稳重的、时尚的；服务概念是指服务的本质属性，反映服务针对的特定市场痛点或顾客服务需求，是服务利益或效用的概括。服务概念是品牌立意的基础，而品牌立意是服务概念的外在体现，两者必须实现协调一致。

（二）服务品牌主张识别

服务品牌主张识别也称为服务品牌听觉识别，即告诉目标顾客群体，服务品牌能够给他们带来什么。服务品牌主张作为一种营销思想，体现出服务品牌的一贯立场，是服务型企业给服务市场及目标顾客群体的服务承诺，它集中表现在服务型企业极力推广的服务“卖点”或宣传口号。因此，服务品牌主张是一面旗帜，它让目标顾客认识到服务品牌存在的价值；同时，服务品牌主张也是一种文化，它传递着服务品牌的精神内涵和价值诉求。

（三）服务品牌体验识别

服务品牌体验识别也称为服务品牌象征识别，它反映一种主观的、内在的顾客认知。作为一种高级别的服务品牌心理认知，服务品牌体验识别是服务品牌在目标顾客心里中的综合意义的理解。服务品牌识别的主要来源包括顾客在服务消费过程中的感官体验、情感体验、行为体验和思维体验四个方面。强调服务品牌体验识别使服务营销管理回归到营销的本质——满足顾客作为人的直觉需求，而不是理性推断。

服务案例 7-2 **“新加坡女孩”，助推新加坡航空**

新加坡航空公司（简称“新航”）成立于1972年，2004年成为全球最盈利的航空公司，销售收入70亿美元，利润达8.25亿美元。更重要的是，新航拥有优质的顾客群体，2003年以来已经获得500多项大奖。例如，2003～2006年，新航连续荣膺《商旅》（*Travel & Leisure*）杂志评选的“全球最佳航空公司”称号。目前，新航已成为世界上最有价值的航空公司，其国际航班线路从2005年至今一直被欧亚美三洲的媒体杂志评为“最佳航线”。新航的成功与它优越的服务体验和极具特色的品牌有形展示是分不开的。

自成立伊始，新航就强调优质服务，使之与其他航空公司形成差异化。公司在广告中推出了闻名世界的“新加坡女孩”形象标识，也已成为温馨和友善服务的符号，令顾客相信它是“最佳飞行方式”（A Great Way to Fly）。几十年来，该广告语一直没变。新航因为强调飞行服务、使顾客满意而声名远扬。

关注细节，对空乘人员衣着、化妆有严格要求。新航空姐制服只有一种颜色或两种颜色搭配，而深蓝色系小圆领是新加坡航空空姐制服的标准特征。20世纪90年代后期，新航甚至将空姐使用的香水标准化，从而使整个机舱都弥漫着同一种香味。关注视觉和嗅觉上的每个细节确保了顾客每一次乘坐对新航都会产生一致的服务体验。这样的做法有利于顾客对新航的品牌形成比较一致的印象，提高品牌联想率，从而使享受过新航服务的顾客在选择航空服务时最先回忆起的品牌就是新航。

资料来源：王海忠．品牌管理[M]．北京：清华大学出版社，2014：344.

四、服务品牌传播

激烈的服务市场竞争使服务型企业充分认识到“酒香也怕巷子深”。服务营销管理的实践已经表明，要想比竞争对手更有效地获得顾客青睐，并取得服务市场竞争的优势地位，服务型企业必须形成品牌传播意识，做好品牌传播工作，让服务或服务品牌深入人心，在服务市场中形成影响力和市场号召力。

（一）服务品牌传播的含义

塑造服务品牌的目的在于帮助服务型企业或服务产品在顾客心目中占据一个独特的位置，而如何与目标顾客进行有效的沟通就是关键所在，这恰恰是服务品牌传播所要解决的问题。**服务品牌传播（service brand communication）是指服务型企业综合运用多种传播手段，持续地与目标顾客进行沟通，最大限度地强化品牌形象、增加品牌资产的过程。**有效的品牌传播能够提升服务品牌在目标顾客群体中的知名度和美誉度，最终能够促进服务市场销售和实现企业经营目标。

通过系统有效的传播活动，服务型企业可以使服务品牌（既可以是服务产品品牌，也可以是服务型企业品牌），被目标顾客群体和广大社会公众所熟知，在服务市场上形成品牌影响力，为服务产品的销售和顾客关系及忠诚的建立提供基础。服务品牌传播是服务品牌塑造的“终极环节”，是对服务品牌的名称、定位及识别公开化和系统化的市场表达。

（二）服务品牌传播的过程

根据现代传播学奠基者哈罗德·拉斯韦尔（Harold Lasswell）的观点，传播过程包含五种要素，即发送者、信息、媒介、接受者和效果。这一观点被其他社会科学领域学者广泛接受并不断拓展和完善，因而对理解服务品牌传播也具有重要意义。本书借鉴菲利普·科特勒的观点，认为开发有效的服务品牌传播过程包括以下七个步骤。

1. 确定目标受众

服务品牌传播活动只有在明确了目标受众后，才能够做到有的放矢。目标受众既可能是服务型企业的现有顾客，也可能是潜在顾客，或者是服务消费决策的其他影响者；目标受众既可能是个人或群体，也可能是商业组织及社会公众。服务品牌传播的目标受众是由服务型企业的服务市场定位决定的，反映服务型企业所选择的特定市场范围。因此，针对不同的目标受众，服务型企业在进行服务品牌传播时需要有针对性地选择信息、渠道及传播方式等，以确保服务品牌传播活动的有效开展。

2. 确定服务品牌传播目标

服务品牌传播目标反映服务型企业希望通过系统的服务品牌传播活动达到的具体营销效果。不同的服务型企业，在不同的发展阶段或不同的服务市场竞争环境下，服务品牌传播的目标和重点存在很大差异。具体来说，服务品牌传播的目标包括：①创牌型服务品牌传播，即服务型企业推出新的服务品牌，传播目标的重点放在让更多的顾客了解和熟悉该品牌，并对该品牌产生好感；②保牌型服务品牌传播，即以巩固现有服务品牌市场位势的品牌传播活动，并希望进一步挖掘和刺激潜在的服务市场需求；③竞争型服务品牌传播，即旨在提高品牌的服务市场竞争能力，将重点放在突出服务品牌与主要竞争品牌相比的独特之处，进而推动目标顾客形成特定的服务品牌偏好。

3. 设计服务品牌传播信息

在当前信息爆炸、资讯泛滥的时代，顾客随时随地都处在大量信息的包围之中，但是顾客能够注意并记住的信息又相对有限。因此，服务品牌传播必须将那些能够吸引顾客注意及兴趣的关键信息传递给目标顾客群体；同时，在信息的内容设计和形式选择方面，必须进行全面且系统的筹划。无论是通过广告还是公共关系或人员推广等方式，都必须传递更容易被目标顾客群体接受和理解的品牌信息。

4. 编制服务品牌传播预算

服务品牌传播需要巨大的资金投入，这对服务型企业的财务资源是巨大挑战。正如美国百货业巨头约翰·沃纳梅克（John Wanamaker）所言，“我认为我的广告费一半是被浪费掉了，但我不知道是哪一半”。可见，编制合理的预算以进行有效的财务控制，是服务品牌传播必需的环节。目前，最常见的预算编制方法有三种：①销售收入百分比法，即服务型企业根据一定时段的销售收入比例来确定服务品牌传播的资金投入；②竞争对抗法，即根据同行业主要竞争对手的开支决定本企业的服务品牌传播预算，以确保自身在服务市场竞争中不落下风；③目标任务法，即根据服务型企业的总体经营目标，确定品牌传播目标，最后根据目标要求制定相应的传播预算。

5. 选择服务品牌传播渠道

随着科学技术的不断发展，传播媒介日益丰富，可供服务型企业进行选择的服务品牌传播渠道也越来越多。除了传统的广播、电视、报刊、户外广告等渠道，网站、自媒体、微博、公众号等新兴传播渠道层出不穷。无论是传统媒体还是新兴媒介，无论是线上渠道还是线下渠道，都有各自的优势和不足。因此，服务型企业在进行服务品牌传播时，要根据传播目标、资金预算、目标顾客特点以及服务市场定位等综合因素，选择适合的传播渠道组合，充分利用各种传播渠道的优势，以更好地达到服务品牌的传播效果。

6. 制定服务品牌传播组合

服务品牌传播组合主要是指对广告、公共关系、人员推销等各种传播方式的选择和运用。在制定服务品牌传播组合时，需要根据服务产品的特点、市场特性、传播目标以及竞争状况等综合因素考虑这些传播方式，灵活安排各种传播方式以达到最好的传播效果。

7. 评价服务品牌传播效果

在实施服务品牌传播活动后，服务型企业需要对传播活动产生的影响进行测量和评价。从短期看，服务品牌传播活动前后的销售差异是衡量品牌传播活动对服务消费行为影响的重要指标，而且这些数据比较容易获取。从长期看，目标顾客对服务品牌的认知水平和品牌态度的变化是衡量服务品牌传播效果的重要内容。考虑到服务品牌塑造是一个长期过程，因此对服务品牌传播效果的衡量应该更多地以长期层面的评价指标为主。

服务案例 7-3

布丁新品牌：Z hotels 智尚酒店

Z hotels 智尚酒店是以时尚、科技、健康为主的新概念酒店品牌，与布丁酒店同属于住友酒店集团旗下。酒店由国内知名设计师及数码达人联袂打造，专为年轻、睿智、充满活力的城市商旅者及新体验探索者提供时尚潮流且富有科技感的休息体验。

Z hotels 蕴含着三层丰富的寓意。第一层寓意由来法语单词“chic”，意指美好雅致的生活。两年前，Z hotels 的创始人史女士在法国普罗旺斯游历时被当地人平和、雅致与美好的生活氛围深深打动，并下决心创造一个同样雅致美好的酒店品牌。Z hotels 向来不认为自己只是一个酒店品牌，更希望代表一种时尚个性的生活方式。

另外，他们还想掌握灵活的技术，使得房间能根据他们的需求进行个性化的设置。走进 Z hotels 的客房，通过房间内的二维码扫描进入 Zontrol 手机客户端，照明、温度、窗帘控制、无线网络和娱乐中心屏幕，都可以一手掌握。因此，智能化成了 Z hotels 的第二层寓意。更有趣的是，浴室里 LED 灯光也可以通过手机智能控制，可调节情绪模式灯光，如浪漫、神秘等，在水流的映衬下有种特别奇幻的效果，给顾客带来不少惊喜。Z hotels 的智能化还体现在很多小细节上：酒店走廊的传感器能在 15 厘米内跟踪到人的足迹，在感应到人来时会自动打开照明系统，在离去时自动关闭；客房里，触手可及的 USB 充电插座，为携带多台数码设备出行的商务休闲人士提供了极大的便利；200 兆无线网络带宽，不仅可以体验高速上网的畅快，同时可以通过网络免费点播最新娱乐节目。

Z hotels 的第三层寓意来自漫画中“ZZZ”的一串字符，代表着香甜的睡眠。自由健康的睡眠已是如今频繁往返于城市间的旅行者及商旅人士最在意的体验之一。躺在 Z hotels，“360° 自由睡”大床上，体验纯天然乳胶床垫的温柔呵护，让疲倦的身体在瞬间彻底放松，从而进入健康的深度睡眠，一觉到天亮。

布丁的一些老牌会员经过几年的社会洗礼，也慢慢地从青年走向了社会精英的身份，传统的布丁酒店他们依然深爱着，但是就消费能力而言，Z hotels 的出现给了他们更好的选择——更加绚丽时尚的酒店设计、更加方便人性化的科技应用、更舒适的住宿体验，唯一不变的还是布丁那份用不安分的年轻的心。

资料来源：许晖、王睿智 . 服务营销 [M]. 北京：中国人民大学出版社，2015：151-152.

第三节 服务品牌资产管理

一、什么是服务品牌资产

品牌资产的概念诞生于 20 世纪 80 年代的西方管理学界，并于 20 世纪 90 年代初引入中国。随后的几十年里，有关品牌资产的探讨已经成为市场营销领域的热门话题。市场营销领域的实践者和学者普遍认为品牌资产是一种解释市场营销效果的重要概念，是可以用产品或服务的附加价值来解释的经济现象，是企业进行市场营销投资的经营结果。

（一）品牌资产的多重理解

目前，学术界对品牌资产并没有形成一个较为统一的认识，不同的学者或学术组织均从各自研究视角对品牌资产进行界定。例如，美国营销科学学会（MSI）将品牌资产定义为：由顾客、中间商、企业构成的商品流通系统中，影响各环节和各因素的，具有象征意义的集合体，品牌资产给企业带来高销售额和高利润，其影响力也是长期性的。美国品牌管理专家戴维·阿克教授则认为，品牌资产是“与品牌、品牌名称和标志相联系的，能够增加或减少企业所销售产品或提供服务的价值和/或顾客价值的一系列品牌资产与负债”。根据中国市场营销学家卢泰宏教授对品牌资产概念的阐释，可以从三个角度对品牌资产的概念进行理解。

（1）财务角度。认为品牌资产作为一种无形资产，特别是强势品牌具有巨大的无形价值。所以，每个品牌都应该被赋予货币价值，成为企业总资产价值的重要组成部分。从财务角度定义品牌资产，主要着眼于给品牌提供一个可衡量的价值指标。正如国际品牌咨询公司Interbrand执行董事保罗·斯托伯特（Paul Stobart）所言，“关于品牌的一个重要问题不是如何创建、营销，而是如何使人看到它们的成功以及在财务上的价值”。

（2）市场角度。将品牌力作为品牌资产的讨论核心。品牌力是指品牌的成长和扩张能力，品牌延伸能力是其重要的指标。市场角度的品牌资产探讨，其着眼点是品牌未来的成长和发展，并认为财务方法只是在考虑品牌收购或兼并时才很重要。市场角度的品牌资产强调一个强势的品牌应该具有强劲的品牌力，在市场上可以迅速成长，从而把品牌资产与品牌成长战略联系起来。

（3）顾客角度。认为品牌资产的核心是如何为顾客建立品牌。从顾客角度认知品牌资产，即品牌资产价值，它是反映顾客根据自身需要对某一品牌的偏爱、态度和忠诚度，特别是指顾客赋予一个品牌超越其产品功能价值之外，在心目中的形象价值部分，是顾客对企业产品或服务的主观认知和无形评估。因此，品牌资产需要品牌所有者不断地去维系，才能持续地赢得顾客的认可，从而实现提升品牌资产的目标。

（二）服务品牌资产的概念

对服务品牌资产的理解，既要传承有关品牌资产概念的核心内涵，又要体现服务行业及服务产品的特殊性，如服务的无形性、服务价值的高度体验性和主观性，以及服务传递过程的顾客参与及互动性等。因此，对服务品牌资产的界定需要既有一般品牌资产的共性认知，又体现服务的个性表现。

从服务营销管理理论及实践角度，本书赞成基于顾客视角对服务品牌资产进行界定。**服务品牌资产（service brand equity）也被称为服务品牌权益，是指与服务品牌构成要素紧密关联的，能够提升顾客对服务价值感知水平的，具有象征意义的有形和无形要素集合体，它**

既包括顾客对服务场景、服务人员及设备等有形要素的感知，也包括顾客对服务过程、服务体验及效用、顾客互动及关系质量等无形要素的认知。

从顾客视角理解服务品牌资产，体现出服务品牌在服务营销管理活动中的关键地位和价值，表明服务价值传递过程中的顾客互动及关系特质。此外，从管理视角来说，服务品牌资产是一种超越生产、商品等所有有形资产之外的价值；从财务角度看，服务品牌资产是将服务冠上品牌后所产生的额外收益。

二、服务品牌资产的构成要素

虽然对品牌资产的定义还有不同的认识，但对品牌资产构成要素的观点存在诸多一致性。根据美国品牌管理专家戴维·阿克教授在《管理品牌资产》一书中的观点，认为服务品牌资产由服务品牌忠诚度、服务品牌知名度、服务品质认知度、服务品牌联想及服务品牌的其他专有资产五大要素构成（见图 7-3）。

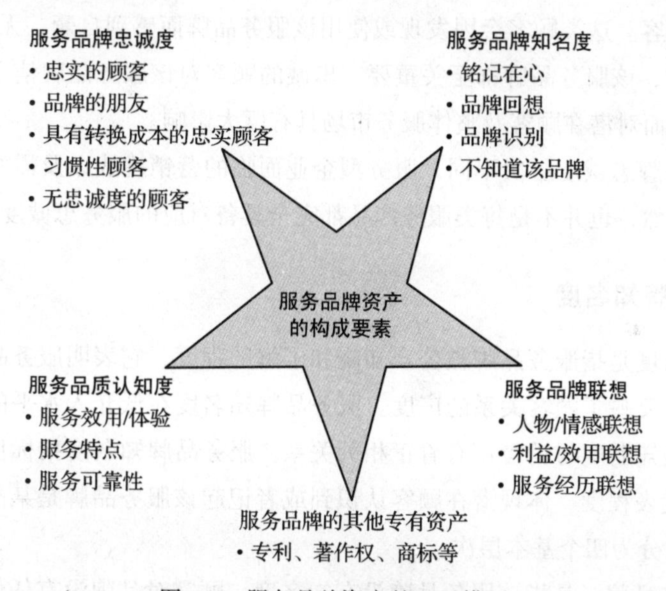

图 7-3　服务品牌资产的五星模型

资料来源：根据“戴维·阿克.管理品牌资产 [M]. 奚卫华，董春海，译.北京：机械工业出版社，2006”相关内容整理、改编。

（一）服务品牌忠诚度

服务品牌忠诚度是服务品牌资产的核心要素。服务忠诚度指标反映顾客对服务品牌的偏爱、选择、尝试购买、重复购买及承诺购买的水平。顾客群体的服务品牌忠诚度越高，在激烈的服务市场竞争中，竞争对手的行为对目标顾客的影响力就越弱。因此，长期以来，服务品牌忠诚度是服务营销活动的中心，是衡量顾客对服务品牌依赖程度的标准。服务品牌忠诚度可以分为以下几个层次。

（1）无忠诚度的顾客。这类顾客对服务品牌及不同品牌之间的差异漠不关心，在服务消费过程中品牌对其消费决策的影响微乎其微，他们并不认为服务品牌对服务价值有任何影响，更关注基于价格刺激的服务价值传递活动，因而大多都是价格敏感者或摇摆不定者。

（2）习惯性顾客。这类顾客对服务没有不满意，因而缺乏足够的理由购买其他品牌，尤其是改变当前交易的服务型企业或服务人员对象需要付出代价或成本时更是如此。这类顾客比较容易受到竞争对手的吸引，通过顾客转换，竞争对手能够获得可观利益。

（3）具有转换成本的忠实顾客。转换成本主要是指与更换服务型企业或服务人员有关的时间、资金及各类潜在风险方面的成本。这类顾客可能已经学习和掌握参与该品牌服务传递的相关知识，或者其他品牌的服务无法提供当前所需的效用或利益，因而只要转换成本高于更换服务型企业或服务人员，这类顾客均会对该服务品牌进行持续的消费。

（4）品牌的朋友。这类顾客真正喜欢该服务品牌，他们可能是基于对服务品牌标识等的联想、服务消费经验或服务品质认知等原因偏好该服务品牌。但是，喜欢常常只是一种普通的感觉，不能与其他任何特定的事情相联系，更缺乏建立长期有效顾客关系的动力。

（5）忠诚的顾客。这类顾客会因发现或使用该服务品牌而感到自豪，无论是从功能角度，还是身份表现角度，该服务品牌都至关重要。忠诚的顾客对该服务品牌信心十足，会向其他人推荐该品牌，因而对潜在顾客及整体服务市场具有巨大影响。

总之，服务品牌忠诚度层次不同，服务型企业面临的营销挑战以及需要管理和利用的服务类型也不同。当然，也并不是每类服务产品都完全具备对应的服务忠诚度层次。

（二）服务品牌知名度

服务品牌知名度是指服务品牌被公众知晓和了解的程度，它表明服务品牌被多少或多大比例的顾客知晓，反映了顾客关系的广度。服务品牌知名度在低介入水平的服务消费中作用尤其明显，甚至是知名度与销售额有着正相关关系。服务品牌知名度指标反映服务品牌对其所属某类服务的代表程度，体现潜在顾客认识到或者记起该服务品牌是某类服务的能力。服务品牌知名度可以分为四个基本层次。

（1）不知道该品牌，是指该服务品牌没有知名度，顾客对品牌没有任何印象。由于顾客从来没有接触过该服务品牌，或者该服务品牌在服务市场中没有表现出任何差异化的特色，因而未能引起顾客的注意或兴趣。

（2）品牌识别，是指根据提示回忆起某类服务的某个品牌。例如，通过采访，提供快捷酒店的一系列服务品牌，要求被访者说出备选服务品牌中以前听说过的那些品牌。服务品牌识别是服务品牌知名度的最低水平，是服务品牌传播活动的第一个目标，在顾客进行服务决策时发挥着重要的作用。

（3）品牌回想，是指在没有任何提供的帮助下，顾客能够针对某类服务中的相关品牌进行回想。它与服务品牌识别不同的是，在让顾客进行回想的同时不向其提供任何服务品牌名称。与服务品牌识别相比，服务品牌回想难度更大，而且它往往与较强的服务品牌定位联系在一起。

（4）铭记在心，是指顾客在没有任何提示的情况下，所想到或说出的某类服务的第一个品牌，此时，在未提供帮助时能够想到的第一个服务品牌已经达到铭记在心的程度，这是服务品牌知名度的最高状态。确切地说，是该服务品牌在目标顾客群体心目中的地位高于其他服务品牌。

（三）服务品质认知度

服务品质认知度是顾客根据特定的服务消费目标或需求，与备选方案相比，对某服务的全面质量或优越程度的感知状况，它反映顾客对服务的主观理解和整体认识。事实上，服务品质认知度可以反映顾客对某一服务的效用或体验、特点、可靠程度等诸方面的综合评价。这些评价为顾客进行服务消费提供了支持理由，同时也是服务型企业实现服务差异化定位的基础。

具体而言，服务品质认知度包括：①服务效用 / 体验的认知，例如，某酒店能够提供安静、舒适的住宿服务；某银行能够提供安全、增值的理财服务；某管理咨询公司能够提供专业、具有极高操作性的管理咨询服务等。②服务特点，例如，某航空公司的客舱餐饮非常可口且有地方特色，某快递公司的快递人员行动迅速且非常专业，某少儿英语培训机构的培训师均由外籍教师担任等。③服务可靠性，某在线旅游服务提供商的机票及酒店服务非常准确，极少出现失误；某跨境电商服务机构的服务非常周到、专业，且很少出现差错等。

（四）服务品牌联想

服务品牌联想是指顾客在提及或看到某服务品牌时所引起的相关印象、观点和意义的总和。例如提到顺丰快递，顾客就会想到包裹 36 小时送达；提到迪士尼乐园，顾客就会想到米老鼠、唐老鸭和城堡等。服务品牌联想反映顾客对服务品牌的态度及情感，以及关键特点或特色的认知，是服务型企业实现服务差异化和服务品牌延伸的重要依据。

根据服务品牌联想的内容，大致可以分为：①人物 / 情感联想，是指顾客在提及或看到某服务品牌时，联想到该服务品牌的创始者或服务品牌的某些知名顾客，抑或是产生对服务品牌的特定情感，如喜欢、共鸣、依恋等；②利益 / 效用联想，是指顾客在提及或看到某服务品牌时，联想到该服务品牌的特定利益或效用，如舒心的旅程、快乐的游玩、知识的增长、财务的增值等。③服务经历联想，是指顾客在提及或看到某服务品牌时，联想到曾经对该服务品牌愉快或不愉快的服务消费经历。

（五）服务品牌的其他专有资产

与服务品牌资产相关的还有一些服务型企业特殊的专有资产，例如，服务技术的专利，或专有技术，驰名商标、杰出的服务人员等，它们能够为服务品牌提供差异化的竞争优势。所谓的专有资产，是指这些资产为本服务品牌专门使用，很难转移到其他服务品牌上去，也只有这些专有资产才能成为服务品牌资产的重要组成部分。

服务技能

Interbrand资产评估模型

Interbrand是世界上最早研究品牌评价的机构，它以严谨的技术建立的评估模型在国际上具有很高的权威性。该公司认为，品牌的价值不全在于创造品牌所付出的成本，也不在于有品牌产品比无品牌产品可以获得更高的溢价，而在于品牌可以使其所有者在未来获得比较稳定的收益。

Interbrand模型同时考虑主观和客观两方面的事实依据。客观的数据包括市场占有率、产品销量和利润状况，主观判断是确定品牌强度。两者的结合构成了Interbrand模型的计算公式：$V=P\times S$。式中，V为品牌价值；P为品牌带来的净利润；S为品牌强度倍数。

（一）如何算出品牌带来的净利润

计算品牌带来的净利润通常采用美国《金融世界》(*Financial World*) 品牌评估法测算，该评估法始于1992年，是借鉴Interbrand创立的方法适当修改而成。与Interbrand品牌评估法相类似，《金融世界》每年对主导品牌的品牌资产进行评估，不同之处在于《金融世界》方法更多地以专家意见来确定品牌的财务收益数据。

《金融世界》从公司报告、分析专家、贸易协会、公司主管人员那里得到有关品牌销售和营业利润的基本数据。例如，1995年，吉列品牌剃须刀的销售额为26亿美元，营业利润为9.61亿美元。而我们所关注的是“吉列”这个品牌名称所带来的特定利润。为此，首先要确定这个特定行业的资本产出率。产业专家估计，在个人护理业吉列资本产出率为38%，即每投入38美元的资本，可产出100美元的销售额。这时我们可算出吉列所需的资本额为26亿美元 ×38%=9.88亿美元。

然后，假设一个没有品牌的普通产品其资本生产可以得到的净利润率为5%（扣除通货膨胀因素），即净利润为9.88亿美元 ×5%=0.49亿美元。从9.61亿美元的盈利中减去0.49亿美元，就得到可归于吉列这个品牌下的税前利润，即9.61亿美元的－0.49亿美元＝9.12亿美元。算出品牌税前利润后，下一步就是确定品牌的净收益。为了防止品牌价值受整个经济或整个行业短期波动的影响过大，《金融世界》采用最近两年税前利润的加权平均值。最近一年的权重是上一年的两倍，把品牌母公司所在国的最高税率应用于这一盈利的两年加权平均值。最后减去税收，得到吉列品牌的净收益为5.75亿美元。这个数字就是纯粹与吉列品牌相联系的净利润。

（二）如何得到品牌强度倍数

按照Interbrand建立的模型，品牌强度倍数由七个方面的因素决定，每个因素的权重有所不同，如表7-1所示。

表 7-1　品牌强度评价因素

评价因素	含　义	权重（%）
领导力	品牌的市场地位	25
稳定力	品牌维护消费者特权的能力	15
市场力	品牌所在市场的成长和稳定情况	10
国际力	品牌穿越地理文化边界的能力	25
趋势力	品牌对行业发展方向的影响力	10
支持力	品牌所获得的持续投资和重点支援程度	10
保护力	品牌的合法性和受保护程度	5

《金融世界》根据大量研究确定的强度倍数范围处于两个特定的数值之间。每年的取值范围有所变动，1992 年为 12～20，1993 年为 13～20，1994 年为 6～20，1996 年为 4.4～19.3。作为个人护理业的一个特殊品牌，吉列的强度倍数值为 17.9，于是把上面已算出的吉列品牌净收益 5.75 亿美元乘上这个数字，便得到吉列的品牌价值为 103 亿美元。

资料来源：梁东，连漪．品牌管理 [M]. 北京：高等教育出版社，2012：148-149.

三、服务品牌资产的特征

服务品牌资产是服务型企业拥有的一种特殊资产，作为企业资产的重要组成部分，具有以下几个基本特征。

（一）服务品牌资产的无形性

资产是企业或个人拥有或能控制的，可以用货币计量的，并能为所有者带来效益的经济资源，包含无形和有形两种基本类型。虽然品牌资产是客观存在的，但它是超越厂房、设备、产品等一切有形资产之外的资产类型，是一种重要的无形资产。品牌资产没有物质实体，更多地以信息、形象或专利等方式体现价值。事实上，品牌资产已经越来越受到服务型企业的重视，并将其反映在企业财务之中，以无形资产形式出现在企业的会计账上。在服务型企业的兼并、合资或资产重组等活动中，品牌资产都是重要的关注对象。但是，由于服务品牌资产具有无形性，因而相当一部分服务型企业未能对服务品牌资产给予足够的重视，甚至没有把品牌资产提升到与有形资产同等重要的高度。

（二）服务品牌资产的增值性

对有形资产而言，其投资与利用存在明显的界限：投资会增加资产存量，利用会减少资产存量。然而，服务品牌资产作为一种无形资产，其投资与利用常常是交织在一起的，难以截然分开。服务品牌资产的利用并不必然是资产存量减少的过程，而且，如果服务品牌资产利用得当，资产存量不仅不会因利用而减少，反而会在利用中增值，即服务品牌资产的增值性。例如，某服务型企业不断地利用已有服务品牌进行市场拓展和服务延伸，其品牌资产会随着服务产品线的扩展和服务市场的延伸而不断增值。

（三）服务品牌资产的模糊性

服务品牌资产的模糊性主要是指作为一种无形资产，服务品牌资产很难像有形资产那样进行货币化测算，对其评估具有高度的不准确性和不确定性。服务品牌资产的模糊性主要来自其构成的特殊性和复杂性，以及外在表现的无形性。服务品牌资产的服务品牌认知、服务品质形象等复杂的要素构成，这些要素均具有无形特征，而且要素之间相互联系、相互影响，难以截然分开，更难以准确进行测量。此外，服务品牌资产的潜在获利能力具有很大的不确定性。例如，服务品牌在目标顾客群体中的影响力，服务品牌投资强度及策略，服务市场的容量、结构及竞争激烈程度等因素，均增添了准确计量服务品牌资产的难度。

（四）服务品牌资产的波动性

从服务品牌的构成来看，无论是服务品牌知名度的提高，还是服务品牌忠诚度的增强，抑或是服务品质形象的改善，都不可能一劳永逸或一蹴而就。服务品牌从无到有，服务品牌资产从少到多，是服务品牌管理的长期努力结果。因此，在服务品牌管理过程中，服务品牌自身决策可能的失误、竞争者品牌运营的成功，都可能使服务品牌资产发生波动甚至出现大幅度下降。同时，在服务品牌发展的过程中，会出现品牌自然老化的现象，也可能遭遇突发事件，如严重的服务失误或企业危机对服务品牌产生灾难性打击。由此可见，服务品牌资产的波动性既与服务型企业的内部因素有关，又与服务市场的外部竞争有关；既与服务品牌发展的自然规律有关，又与外部突发事件的影响有关。

四、服务品牌资产的提升策略

在服务市场竞争中，服务品牌是服务型企业获得顾客青睐、获取竞争优势的重要基础，服务品牌资产则是服务型企业所拥有的重要市场资源和竞争资产，是参与服务市场竞争的核心资源。因此，有效提升服务品牌资产是服务型企业进行服务品牌管理的重要工作。那么，如何提升服务品牌资产的水平和价值？具体来说，可以从以下几个方面入手。

（一）提高服务品牌资产的差异化价值

品牌资产的关键价值体现在差异化竞争优势，这种优势可以帮助服务型企业在同质化或以价格为导向的“红海”市场竞争中寻求突破，并建立有效的竞争壁垒确保优势的维持。根据服务品牌资产的构成，其差异化价值主要来源于以下差异化。

（1）服务品质认知的差异化。要求服务品牌在服务价值识别、创造、传递和维护过程中形成有效的差异化。例如，服务产品的效用、体验与功能，服务的有形展示与场景设计，服务的营销传播方式，顾客关系构建与维护手段等方面，与主要竞争对手实现区隔，从而推动实现顾客对服务品质认知的差异化。

（2）服务品牌联想的差异化。要求服务型企业通过有效的服务品牌传播活动，建立积极的服务品牌联想。既包括有关服务效用或体验等方面的服务利益联想，也包括热爱、兴趣、依恋等方面的服务情感联想，同时，还可以通过知名人士的服务品牌代言、服务品牌创始人个人形象建立等形成积极的人物联想。

（3）服务品牌其他专有资产的差异化。服务型企业应该致力于建立具有不可替代、不可转移等特性的专有资产，通过先进科学技术推动服务技术创新、服务文化及制度建立、服务人员培训及团队建立等方式，构建服务品牌其他专有资产的差异化竞争力。

（二）通过品牌叙事提升服务品牌资产

服务品牌管理的实践表明，那些具有良好市场声誉，在行业内具有较高影响力的强势服务品牌一定是品牌要素齐备，且给人留下美好印象的“完美品牌”。品牌叙事以存在主义的纽带形式把顾客与品牌紧密地联系起来，成为品牌知名度及品牌联想的重要促进因素。品牌叙事对深化顾客对服务品牌的理解与认知起到至关重要的作用，具体体现在以下几方面。

（1）完美地体现服务品牌主张。服务品牌主张是服务品牌带给顾客服务效用或利益的集中表达，是服务品牌核心价值的重要内核。品牌叙事通过形象化、通俗化的语言和形式，将服务品牌主张传递给目标顾客群体，有助于强化目标顾客对服务品质的认知并形成积极的服务品牌联想。

（2）增进服务品牌与顾客之间的情感交流与心灵共鸣。品牌叙事通过娓娓道来、形象生动的故事讲述，消除目标顾客群体对服务品牌的陌生感和隔阂感，达到增进与目标受众的情感交流，进而实现服务品牌与目标顾客的心理共鸣，有助于增强服务品牌的忠诚度和形成积极的服务品牌联想。

（3）形象巧妙地传递服务品牌信息。品牌叙事通过一种经过精美包装的形象化形式，将要传递的服务品牌背景、服务品牌主张和服务利益或效用等服务品牌信息诉诸目标顾客的视觉感官，使顾客在欣赏玩味、潜移默化中接受服务品牌的相关信息，增进目标顾客对服务品牌的识别和认可，进而提升服务品牌的知名度。

（三）通过加强服务价值管理提升服务品牌资产

服务品牌忠诚度是服务品牌资产的核心，而顾客满意是形成顾客忠诚的基本前提。因此，服务型企业需要识别、开发和传递具有吸引力的服务价值，形成顾客满意，并最终带来顾客忠诚。这就要求服务型企业通过有效的顾客洞察手段，发掘并锁定具有吸引力的差异化服务价值，通过创新性的服务开发及设计创造服务价值，最后通过科学的服务有形展示与整合服务营销传播等方式将服务价值传递给目标顾客群体。只有通过系统、科学的服务价值管理活动，增强目标顾客满意度，从而形成顾客忠诚，不仅有助于增强目标顾客的服务品质认知，更能够提升目标顾客的服务品牌忠诚度，达到提升服务品牌资产的目的。

基本概念

- 服务品牌（service brand）
- 服务品牌定位（service brand positioning）
- 4Cs 框架（4Cs framework）
- 服务品牌识别（service brand identity）
- 服务品牌传播（service brand communication）
- 服务品牌资产（service brand equity）

课后思考

1. 什么是服务品牌？它有哪些营销价值？
2. 服务品牌塑造的基本过程包括哪些重要环节？这些不同环节的核心内容有哪些？
3. 如何理解服务品牌资产？它由哪些关键要素构成？
4. 与有形资产相比，服务品牌资产具有什么样的特殊性？
5. 结合实例谈谈您对提升服务品牌资产基本策略的理解。

讨论案例

优衣库的品牌定位路线图

诞生于日本经济增长黄金时期的优衣库为何将自身定位于“大众品牌”，从而为其董事长柳井正赢得日本首富宝座？在拓展国际市场时，优衣库又如何为其品牌成功注入时尚元素？毕竟，日本给人的印象仍然是时尚品消费大国而非原产大国。全球第四大服装品牌优衣库的品牌定位及实施战略留给人们很多思考空间。

其一，优衣库起步于平价休闲服装的定位。1984 年，柳井正从父亲手中接过家族企业，将一间小作坊式服装店打造成家乡山口县的第一家优衣库街边店。1985 年他正式把优衣库定位于平价休闲的服装。他的理由很简单——“企业要想获得大发展，就一定要面向大市场”。拟定这一定位与当时的日本消费大环境并不相称，是需要智慧、勇气和冷静的。因为当年日本经济增长率接近 4%，并实现持续四年增长。一些日本服装同行企业考虑到国民消费能力的增加，选择了品牌高端化路线。但随之而来的 1985 年 9 月 22 日《广场协议》的签订，让日元对美元升值一倍，日本经济随后步入了 20 年的大萧条。经济持续缩水让日本人形成了精打细算的消费意识，因此定位于平民平价的优衣库颇受欢迎，“国民服装、平价服装”的定位在 2008 年经济危机中尤其促成了优衣库的大发展，当年全球首富比尔·盖茨的资产缩水了 180 亿美元，而优衣库则逆势上涨了 63%，新开门店遍地开花。

其二，海外市场再定位。然而，仅仅依靠平价，优衣库难以确定今天的国际地位。2012 年财年显示，优衣库所在迅销集团的销售额达到 9 280 亿日元，成为世界第四大服装零售集团，仅次于 Zara、H&M、GAP，优衣库在海外走出了一条平民但时尚的品牌路线。

中国市场是反映优衣库海外市场重新定位的典型。优衣库 2002 年正式在上海南京路开出第一家店铺，那时为了与日本市场“大众品牌”定位保持一致，优衣库将产品价格拉低以对标中国的“大众消费者”，并对商品进行改造。结果商品质量远低于日本国内，而低价销售的商品并未获得消费者认同，优衣库陷入了与其他休闲品牌的价格战泥潭，无法盈利。这种状况一直持续到 2005 年。这一年，潘宁接管优衣库中国市场事务，他开始重新思考优衣库在中国的定位。原来，优衣库在日本的“大众消费者”与中国的“大众消费者”是两个不同的概念，两地客单价相差 10 倍。事实上，日本大众的经济收入可以理解为中国中产阶级以上的水准。潘宁从2005年五一黄金周出游人数达1.5亿的新闻中获得灵感，认为这批中产阶级才是优衣库的目标顾客。于是，2006年上海港汇广场四楼优衣库店铺开业时，该品牌在中国正式定位为时尚品牌，目标人群瞄准中国中产阶级，价格上涨，品项和质量与日本国内接轨。再定位之后的优衣库在中国的门店数迅速增长，尤其是2012年以来，新增门店数达132家，而过去11年的中国门店总数才不过80家。2013年9月30日，优衣库全球最大旗舰店在上海登陆，因其气势磅礴而被人趣称为“优衣库宇宙旗舰店”，它位于商业名街淮海路，占地一至五层，专场面积超过8 000平方米，规模与人气超过东京银座旗舰店。截至2013年7月，优衣库在中国的总门店数已达212家，超越竞争对手Zara的131家、H&M的148家和GAP的57家。

其三，优衣库打造国际“快时尚”的秘诀。日本给人的印象是时尚奢侈品消费大国而不是原产大国。在相当长一段时间内，日本人也嫌优衣库不够时尚，优衣库是如何通过海外市场的华丽转身，为自己增添时尚形象的？依附于国际顶尖的奢侈品牌开店和“大店化”是其核心战略。优衣库将海外门店开设在当地繁华商业核心区，紧靠奢侈品品牌开店，并且把店铺开得足够大，以彰显其品牌气势。例如，1999年，巴黎分店开设在香榭丽舍大街，店面2 150平方米；2006年，纽约分店开在第五大道，面积3 300平方来；在伦敦，三层楼的超级旗舰店开在牛津街，这些地段往往都是奢侈品品牌集中的区域，柳井正把优衣库定位于顶级奢侈品牌的“配件”，店址与顶级奢侈品牌为邻，为优衣库的时尚形象加分不少。关于“大店化”，优衣库认为，虽然1 600平方米大型店坪效低于600平方米标准店，但这为优衣库在海外市场的品牌形象加分不少，正如柳井正所说，“只有在（国际）中心地带加入到国际品牌的竞争中，才能实现真正的生存”。此外，优衣库也试图通过与大牌设计师合作，寻找将自身简约与国际大牌时尚的融合平衡点。

其四，优衣库还通过日式服务与Zara、H&M、GAP等快时尚品牌区别开来。例如，优衣库的货架陈列极其讲究，每个货架的陈列高度、每件衣服在货架的对齐方式都有严格的统一标准。就算是看似简单的商品整理工作，优衣库也要求店员做到极致。开始初期，每天营业的最后一个小时都是商品整理训练，培训教练计时吹口哨，员工要按规范迅速整理衣物，在一分钟内叠好五件衣服才算合格。

资料来源：候佳．超级优衣库[J]. 全球企业家，2013（18）.

思考题：

1. 在服务品牌塑造的基本环节，服务品牌定位的主要任务是什么？它在服务品牌塑造过程中处于什么样的位置？发挥什么样的作用？
2. 结合优衣库的案例，谈谈服务品牌定位在品牌塑造活动中的关键地位和价值。
3. 优衣库的服务品牌定位为我国零售企业的品牌构建带来了哪些启示？

第八章 服务价格管理

本章提要

服务价格是决定服务型企业收入水平的关键因素，服务定价与有形产品的定价相比具有其独特性。成本因素、需求因素和竞争因素是服务定价的主要依据。依据不同的服务定价目标，可以选择成本导向、顾客导向和竞争导向的定价方法，进而形成不同的服务定价策略。服务收益管理谋求服务型企业的收入和利润最大化，并具有相应的市场风险，需要服务型企业运用有效策略进行应对。

学习目标

- 理解服务定价的特殊性及主要依据
- 掌握服务定价的主要方法和策略
- 掌握服务定价的基本策略
- 认识收益管理的概念及构成要素
- 掌握价格栅栏的原理及设计方法
- 掌握收益管理的风险及应对策略

引导案例

定价策略：9.99元和10元的区别

定价关乎成败，这是商界的不二法则。如何从定价中掌握话语权？想必是今天每一个企业为之追求和努力的目标，但往往是一厢情愿，只有极少数的企业能做到。尽管很多企业在定价上能够基于消费人群和消费地域特征迅速调整，但却不能坚持检验或追踪各种定价措施的有效性。调查显示，有88%的企业没有认真研究过定价策略。

9.99元和10元有什么区别？客观地讲，区别不大。现在这个时代，一分钱是买不到什么东西的。但是三个来自美国的教授通过对112个餐厅经理的调查发现，价格定为99美分还是恰好1美元，给顾客传达的信息大不相同。

其研究指出，多数餐厅经理认为，顾客在看价目时对小数点右侧的数字关注较少，而对左侧的数字关注较多。而且，被调查的大部分餐厅经理认为，顾客通常会觉得为99美分的价格埋单，比1美元钱花的更值。而实际上，之前的研究也发现，把价格定的比整数略低一点点，例如99美分，能够增加销量、提高销售额。尽管如此，教授们发现，被调查的餐厅经理中还是有几乎1/3的人仍然喜欢采用整数定价，而不是采用恰好比整数价格略低了一点点的定价。

这是为什么呢？被调查人员中的42.9%认为顾客对于小数点后为零的定价会感到更满意。更倾向于运用整数定价的一些餐厅经理认为整数价格看上去更实在、更可靠，或者更能给顾客留下好印象——抑或他们仅仅是认为整数价格更容易计算、找零更方便。调查中半数以上的高档餐厅（也包括一些便宜餐馆和快餐店）经理说，他们采用整数价格的频率要更高一些。

企业增加利润的方法，并不只有砍掉成本一种，还有一种和成本砍刀同样厉害的武器。它看似简单却又暗藏玄机，看似微小却又决定全局，看似直观却又内容丰富，这就是定价。当我们在成本上已经使尽浑身解数的时候，我们应该进行另一项修炼：定价！

资料来源：根据“定价策略：9.99元和10元的区别，http://www.shichangbu.com/article-2623- 1.html”相关资料整理。

“我们一定要涨价”“每涨1毛钱，也要让顾客相信物有所值”“让市场决定价格”“我们的价格应该和竞争对手的价格保持一致”，很多服务型企业都如此宣称，但对如何正确做到却知之甚少。价格作为市场营销组合中的唯一收益因素，是企业收入及利润的核心来源。在服务市场中，价格反映顾客满足服务需求所需付出的资金、时间、精力及风险的总成本，是顾客判断服务价值大小的重要线索。因此，服务型企业对服务价格的确定及管理是服务创造的关键组成部分。

第一节 理解服务定价特殊性

一、服务定价的特殊性

在服务市场中，服务价格传递着服务价值的信息。顾客希望用金钱换取至少等值的服务利益、效用或过程。但由于服务的特殊性，顾客对服务价值的判断需要在服务消费之后，甚至是消费之后很长一段时间才能对服务价值做出客观和全面的判断。因此，顾客对服务价格信息的理解和判断，以及后续服务消费行为均具有很强的主观性和先验性。因此，与有形产品相比，服务定价具有明显的特殊性。从价格术语、定价目标，再到服务定价的战术策略及影响因素，服务价值的市场表现要比有形产品更加复杂多变。具体而言，服务定价的特殊性主要体现在以下几个方面。

（一）服务价格术语多样化

服务价格术语多样化是服务定价特殊性的外在表现。与产品定价以“售价”为主要术语不同，在服务市场服务价格的表述方式各异：在银行服务行业，服务价格称为手续费、利息等；在保险服务行业中，服务价格称为保险金、佣金等；在教育服务行业中，服务价格称为培训费、服务费；在运输服务行业中，服务价格叫作运费；在管理咨询行业中，服务价格称为咨询费；等等。这些不同的服务价格术语都是在服务市场交易中约定俗成的。

服务业涵盖范围广泛，行业内容丰富，服务的复杂性决定了服务价格术语的多样化。同样，复杂多样的服务价格术语又表明服务市场定价的依据、形式和方法与传统有形产品的定价存在根本的不同。

（二）服务定价目标多元化

大多数服务型企业像有形产品的生产企业那样，将利润最大化作为定价的目标。利润是企业持续成长的基础，因而成为企业追求的最终目标；把利润作为企业的战略目标，价格制定就有了比较明确的取向。事实上，利润最大化目标可以体现在短期或长期的各种战略、策略规划中，时限的不同会直接带来定价策略的差异：如果将利润最大化置于短期目标的营销规划中，那么高价位的撇脂定价策略将受到企业的青睐；中长期的利润最大化目标则更倾向于坚决阻止竞争对手进入或迅速战略所在细分市场的定价原则。

由于服务业的特殊性，使服务型企业的定价过程和结果比制造业更加复杂。由于服务成本结构与有形产品成本结构有较大的不同，使服务定价盈亏平衡点的计算更加困难。一般而言，制造型企业的产品定价至少要在市场上实现盈亏平衡，而服务型企业很难把握盈亏平衡点，或者并不在乎在盈亏平衡点以下长期经营。因此，服务型企业的定价目标往往就不会拘泥于利润最大化，而更加趋于多样化。

1. 投资回报或滚动发展目标

某些服务型企业，例如资本密集型的公共事业服务机构，多由国家财政投资兴办并拨款运营，或者是分期开发运营的旅游景区、大型游乐园等需要大量前期投资，所以这类服务型企业的定价原则是把成本分摊在国家拨款或初期投资的基础上进行适当的加成定价。其经营目标在于分期偿还前期投资，并用积累的部分利润进行设备更新、技术改造、深度开发等后续投资项目，以实现滚动发展目标。

2. 市场份额目标

服务市场中的规模效益比有形产品生产更难实现，原因在于顾客参与度高、需求个性化强、服务需求分散且波动性较大等。因此，为达到规模生产的目的，大量服务型企业在相当长的时期内将市场份额作为引导定价策略的首要目标。基于服务高固定成本、低边际成本的生产特点，在市场份额目标的引导下，最初低于成本的定价会随着市场份额的不断提升而使固定成本不断分摊，最终实现服务的规模效益。因此，对于那些固定成本较高、边际成本较低的服务型企业，以“薄利多销”的定价策略获得较高市场份额是主要考虑的定价策略。

3. 顾客满意度目标

由于服务业具有高度顾客参与和顾客互动，使服务型企业的长远发展依赖于顾客忠诚度的不断提高，而顾客忠诚又来自顾客对服务产品的满意水平。因此，许多服务型企业将顾客满意度作为定价目标，针对不同的顾客提供多样化、个性化的服务，并对不同服务进行差异化定价。正是在顾客满意度目标的指引下，服务市场存在大众服务与高档服务并存的态势，而顾客对此也习以为常。例如，在机场候机大厅中，有针对一般出行旅客的常规候机及登机服务，也有针对各种高端顾客的 VIP 候机和登机服务。两类具有不同服务需求的顾客均能够在既定的价格条件下，获得让自身满意的机场服务。

4. 社会效益目标

对于那些以提供社会公益服务为己任的服务组织来说，往往以覆盖一定比例的成本，或者完全以细分市场目标顾客平均收入水平所能承担的价格作为定价目标，如图书馆、博物馆、健身公园等。同时，一些具有国有性质的服务型企业为了社会或国家的整体利益，也可能制定低于成本或低于行业平均水平的价格。例如，为了配合国家优先发展旅游业的政策，在旅游旺季，航空公司、旅游服务公司等降低票价配合整个旅游促销活动。

（三）服务定价策略动态化

服务定价策略动态化是服务定价特殊性最重要的表现。由于服务所具有的一些特性，使服务定价不能像有形产品价格那样在一定时间范围内保持相对稳定，甚至在同一时间范围内相同服务的定价也并不相同。例如，电影院放映相同一部电影，在不同时段电影票的价格并不一样；医院提供同类的门诊医疗服务，医生的职称不同，门诊费也完全不同。造成服务定价策略动态化包括以下主要原因。

1. 服务的无形性

对有形产品而言，生产成本与价格之间的关系更容易识别与计算，但服务的无形性特征则使服务的定价远比有形产品的定价更困难。在大多数情况下，顾客在购买有形产品时会对产品的外观、质量、功能等内容进行检查和判断，并根据产品整体品质和自身的经验判断价格是否合理。但是，在购买服务时，顾客却不能客观、准确地检查无形的服务，第一次购买各种服务的顾客甚至对服务的内容和过程并不充分了解。例如，管理咨询、教育培训、健康医疗和美容服务等，顾客无法在服务消费之前对服务进行比较完整的评价和判断，因此很难将服务价值与价格进行有效比较，形成引导服务消费的结论。

因此，服务型企业在定价时所考虑的主要问题是顾客对服务价值的认知，而非对服务成本的认知。一般而言，服务中的有形产品成分越高，定价往往越倾向于使用成本导向的方式，而越能够采取较为统一的标准。反之，服务中的有形产品比例越低，则越多地采用顾客导向的方式定价，且价格缺少标准可循。同时，服务的内容、时段、水准以及质量品质等都可以依照不同顾客的服务需求进行调整，因而服务价格必然也可以经由买卖双方之间的协商来决定。

2. 服务的时间性和需求的波动性

服务的时间性和需求的波动性导致服务型企业经常需要采用差别定价和边际定价的方式，以充分利用既有限又存在刚性的生产能力。例如，在航空、旅游、酒店等行业这类现象都非常普遍。但是，采取差别定价策略通常需要与其他管理策略的配合。首先，需要对服务需求的价格弹性有全面的认识，并在此基础上区分出不同的服务细分市场；其次，需要采取相应的措施避免差别定价对顾客预期产生不利影响，例如，顾客可能会选择在低价格时期来消费服务，从而节省开支。因此，由服务的不可储存性等因素带来的服务的时间性和需求的波动性，要求服务型企业运用更加动态的价格手段进行需求管理，以保证服务能力的充分利用和服务需求的有效满足。

3. 服务的差异性

在一些同质性较强的服务，以针对物的所有物服务为主，如洗车业、干洗业、维修业等，价格竞争可能会比较激烈，同时行业协会或政府管制部门也会规定收费标准，以防止不正当竞争现象的出现。大多数服务特别是针对人的人体服务或精神服务，服务具有较高的差异性。例如，同样一门学习课程，在不同的学习机构，不同的授课教师可能会有完全不同的价格。一般来说，越是独特的服务，卖方越可以自行决定价格。因此，不同服务人员的服务水平、不同企业的服务资质使相同的服务具备实现不同定价的基础，使服务产品定价呈现动态化特征。

二、服务定价的主要依据

依据价格理论，产品定价主要受三个方面因素的影响：成本、需求和竞争。在服务市场，成本同样是服务价值的基础组成部分，它决定着服务价格的最低界限。如果服务价格低于成本，企业便无利可图，丧失生存和发展的基础。服务市场需求影响顾客对服务价值的认知，决定服务价格的上限。如果服务价格较高导致没有市场需求，再好的服务也没有意义。市场竞争状况则调节服务价格在定价上限和下限之间不断波动，并最终决定服务的市场价格。

（一）成本因素

成本费用是服务型企业定价需要考察的首要因素。从企业角度看，服务成本是服务价格的重要决定因素。只有当服务价格超过单位成本时，企业才能够盈利，才有资源投入到新一轮再生产活动。从定价角度看，服务的成本费用大体可以分为三种：固定成本、变动成本和准变动成本。

1. 固定成本

固定成本是指无论服务型企业服务产出如何都要负担的成本与费用，它在服务产品的全部成本中占主要比例。例如，金融服务的固定成本占总成本的 60% 以上。因此，固定成本的分摊对服务型企业定价的影响巨大。

以管理咨询公司为例，公司的办公费、固定资产折旧、管理人员工资以及其他人员劳务都是固定的。一个月无论是几个或十几个客户，固定成本几乎不会发生太大变化。因此，对该公司而言，在管理咨询服务的最大输出范围内，为越多的客户提供咨询服务越能在弥补固定成本的基础上得到更大收益。

2. 变动成本

变动成本是指随着服务产出的变化而变化的成本，如差旅费、项目佣金、运输费、材料费等。在服务行业中，无形要素比重越高，变动成本在服务总成本中所占比重就会越低，甚至是可以忽略不计。例如，在航空业中，某航班增加若干名旅客，对该航班服务总成本的影响微乎其微，这意味着，在航空业中变动成本占服务总成本的比例十分有限。

3. 准变动成本

准变动成本是指介于固定成本和变动成本之间的那部分成本，它与服务型企业所面对的顾客数量或产出的服务数量相关。例如，所支付的职员加班费、服务场所的清洁费用等。对于不同的服务产品来说，准变动成本的差异很大，主要取决于所提供服务的类型、涉及的服务人员和需要额外设施的程度。此外，由于服务产品的多样性，使准变动成本所涉及的范围比较广，在不同行业中，准变动成本所涵盖的内容不尽相同。例如，飞机上多一位旅客，教室里多一位学员，剧院内多一位观众，所产生的准变动成本存在很大差异。

总之，在服务产出水平一定的情况下，服务的总成本等于固定成本、变动成本和准变动成本三项之和。服务型企业在设计价格策略时必须充分考虑不同成本的变动趋势。正确识别出增量成本对于企业的定价来说十分必要。增量成本是指由于定价策略的不同而导致成本的变化。对某些变动成本或准变动成本来说，不同的定价会导致成本水平的变化，进而影响服务型企业的利润水平。因此，服务型企业在定价活动中要综合考虑成本和需求之间的相互影响，以及不同成本类型之间的相互作用。

（二）需求因素

服务型企业在进行服务定价时必须考虑服务需求的价格弹性。服务需求的价格弹性是指因服务价格变动而引起的服务需求相应变动比率，反映服务需求对服务价格变动的敏感程度。它通常用需求弹性系数来表示

$$需求弹性系数（Ed）=\frac{需求量（Q）变化百分比}{价格（P）变化百分比}$$

需求弹性系数（Ed）是服务需求量（Q）变化百分比与其价格（P）变化百分比的比值。如果服务价格上升而服务需求量下降，则价格弹性为负值；如果服务价格上升而服务需求也随之上升，则价格弹性为正直。在正常情况下，服务需求会按照与服务价格相反的方向变动

（见图 8-1）。服务价格上升，服务需求状态就会减少；而服务价格降低，服务需求就会增加。因此，服务需求曲线是向下倾斜的，这是供求规律发生作用的表现。

为方便分析，通常取需求弹性系数（Ed）的绝对值。当 $|Ed|=1$ 时，表示正常弹性，即服务价格变化导致完全一致的服务需求变化；当 $|Ed|<1$ 时，表示缺乏弹性，即服务价格变化导致的服务需求变化不明显；当 $|Ed|>1$ 时，表示富有弹性，意味着服务价格的小幅度变动都会引起较大幅度的需求变动。在服务市场，不同服务产品的需求弹性不尽相同。不同的服务需求弹性会对服务定价产生差异化影响。某些服务需求受价格变动的影响很大，如公共交通服务、旅游娱乐等；某些服务则受影响较小，如健康医疗、基础教育服务等。

一般情况下，服务产品在下列条件下，需求可能缺乏弹性：①服务市场上没有替代品或者没有直接竞争者；②目标顾客群体对价格不敏感，特别是对较高价格并不在意；③顾客难以改变消费习惯，也不积极寻找替代服务；④顾客认为服务质量持续提高，或者是存在通货膨胀等环境因素，服务价格较高是合理现象。如果服务型企业的服务产品不具备上述条件，意味着服务需求存在弹性。因此，服务型企业需要考虑通过降价等措施刺激需求、促进销售、增加服务销售收入。

需要注意的是，市场营销学的搜寻理论认为，顾客对价格的敏感度取决于顾客购买时可选择余地的大小。可选择余地越小，需求弹性就越小；反之，则需求弹性也越大。服务产品选择余地的大小取决于顾客对服务有关信息和知识获得程度以及对服务特征的认知水平。如果顾客能够根据搜寻特征评价产品，顾客选择的余地就比较大，产品需求就有较高的弹性。其中，服务价格本身就是一种搜寻特征。因此，在缺乏服务产品信息的情况下，顾客往往把价格高低视为衡量服务品质的一个重要指标，导致顾客对服务价格的敏感程度提高。当价格作为顾客唯一可以判断服务产品价值的指标时，服务需求与价格的关系便发生重要改变（见图 8-2）：当服务价格过低时（P_2），顾客可能怀疑服务价值，导致服务需求不足（Q_2）；若服务价格过高（P_1），又可能超出顾客支付能力，进而影响服务需求水平（Q_1）。因而，对服务型企业而言，此时只有适中的服务价格（P_0）才能带来最大的服务需求（Q_0）。

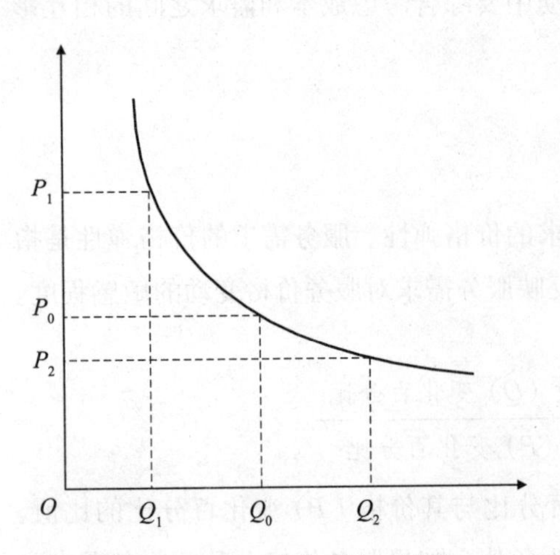

图 8-1 服务需求与价格的关系

资料来源：本书设计。

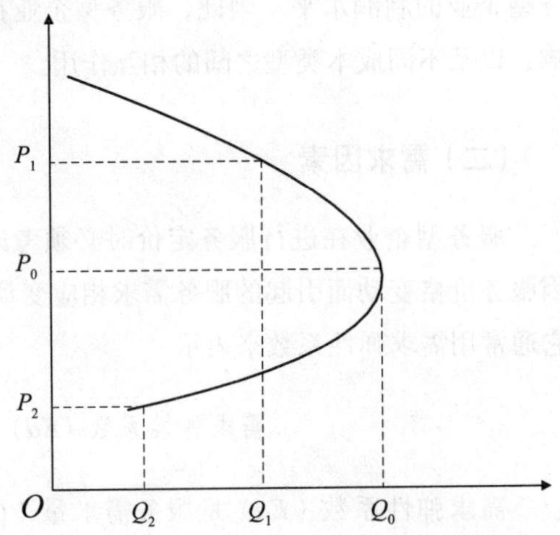

图 8-2 特定情境下服务需求与价格的关系

资料来源：本书设计。

（三）竞争因素

服务的无形性使顾客在进行服务消费决策和行动时选取各种各样的参照物，其中竞争者的同类服务就是最佳参照物之一。在同质化竞争的服务市场，相同或相似的服务使这种参照更容易导致激烈的价格竞争。对提供相同或相似服务的服务型企业来说，谁的价格更高，谁就更可能失去顾客。试想两个同处商业街区的同档次电影院放映同一部电影，如果一个的价格太高会如何呢？因此，服务型企业必须在与主要竞争对手相比较的基础上来制定价格策略：如果本企业的服务与行业内服务并无较大差异，应较少考虑采用主导价格，而是采用行业中各个服务型企业可接受的共同价格，避免发生价格战。如果本企业服务具有较高差异性，则可以采取在相对垄断条件下的定价方式，如差别定价法、认知价格定价法等。总而言之，考虑竞争因素进行服务产品定价时，主要涉及市场竞争激烈程度和服务产品的差异化程度两方面因素。

在服务竞争过程中，服务型企业除了掌握主要竞争的价格信息外，还需要尽可能了解其成本状况及利润率水平。这不仅有助于服务型企业分析评价竞争对手在价格方面的竞争能力，而且还可以帮助企业预见主要竞争对手对本企业价格策略的市场反应及对手可承受能力大小。

（四）非货币成本因素

顾客在进行服务消费时，货币价格并不是唯一成本。其他非货币成本因素，包括时间成本、搜寻成本、便利成本和精神成本等四个方面。它们常常成为顾客服务消费决策及行为的主要因素，甚至有时可能比货币价格更为重要。因此，在顾客进行服务消费面临较高的非货币成本因素影响时，企业应该考虑适当降低价格；反之则可以制定较高价格。

（1）时间成本，是指服务传递过程中顾客进行服务参与和等候的时间。由于服务型企业无法完全掌握顾客的数量或为每位顾客提供服务所花费的时间，顾客很可能要花时间等待接受服务。例如顾客在银行排队等候办理转账业务，等待时间越长，顾客会认为自己付出的时间成本越大；邮递业务中，平邮比快递耗时更长，时间成本更大。因此，时间成本越高，服务定价则应该越低。

（2）搜寻成本，是指顾客投入在选择及确定所需服务上的努力。服务的特殊性使顾客的服务搜寻成本比有形产品消费过程中的搜寻成本要高。在服务市场，服务价格很少在服务场所陈列出来以供顾客考察。因此，服务价格需要顾客投入大量时间进行搜寻和了解，甚至是某些服务（如咨询服务、健康医疗服务等）的价格常常是在顾客决定接受此项服务之后才为其所知。因此，顾客需要在服务消费之前花费较多时间，通过服务型企业的服务宣传、其他顾客消费经历及口碑等渠道去了解服务的相关信息。例如，顾客准备需要手机服务套餐，他会先对中国移动、中国电信和中国联通三家电信服务提供商的服务及资费方案进行详细了解，并结合自身需求进行分析后才能确定最适合的选择。

（3）便利成本，是指顾客为了顺利获取服务而产生的额外成本。例如，顾客必须经过一段旅途才能获得服务，为此必须支付一定费用；一旦行程困难，花费就会增高。如果服务时间同顾客的时间不一致，顾客就必须按服务传递的日程来安排自己的日程。例如游客为到达某个遥远的旅游胜地所必须支付的机票费用；当机票价格偏高时，游客会更倾向参加旅行团，以获得较高的机票价格折扣和行程便利。

（4）精神成本，是顾客消费服务时感受到潜在风险而遭受心理压力或不适。精神成本是服务消费中顾客感受到的最为痛苦的非货币成本。例如，当顾客参加职业认证培训时，会对参加此培训是否能够顺利获得职业资格证书产生疑虑，这种认证失败的潜在风险使顾客面临着心理压力。因此，服务型企业需要通过人文关怀、质量保障等手段降低顾客在服务消费过程中潜在风险感知，以降低顾客的精神成本。

第二节 服务定价的方法与策略

一、服务定价的目标

服务定价目标决定服务型企业对定价方法和策略的选择。服务型企业在进行服务定价以前，需要制定一个与企业总目标、市场营销目标相一致的定价目标，作为服务定价的依据。服务型企业的定价目标一般分为利润导向目标和数量导向目标两类。前者关注从企业市场资源投入产出比，重视市场利润的获取；后者强调企业投放到市场的服务数量规模，聚焦市场份额的扩张。

（一）利润导向目标

利润导向目标强调服务型企业的服务定价首先需要考虑企业的组织资源及劳动力等要素投入所获取的利润水平。利润导向的目标促使企业更加关注服务市场的财务表现，重视投入产出水平。服务型企业的利润导向目标可以分为以下几种类型。

1. 最大利润目标

最大利润目标被服务型企业广泛采用，它是指企业希望获取最大的销售利润或投资收益。事实上，最大利润目标并不意味着服务型企业需要设定最高的服务价格。如果服务的价格过高，会导致顾客的不断流失和销量的持续降低，服务型企业很难较长时间进行高价格的市场垄断。服务型企业所追求的最大利润是指长期目标的总利润最大化。例如，服务型企业可以有意识地降低一些容易引起顾客注意的服务价格，借以带动其他服务的销售，实现总利润的扩大。

2. 投资回报目标

投资回报目标是指服务型企业在成本的基础上加入预期收益来进行定价，其中，将预期收益水平规定为投资额的一定百分比，即投资收益率或投资回报率。一般情况下，预期收益率高于银行利率。坚持投资回报目标的服务型企业需要事先估算服务的价格，每年的销量，以及达到预期利润水平的时间。采用关注投资回报目标的服务型企业应具备两个条件：①企业具有较强的实力，在行业中处于领导地位；②企业所提供的服务属于新服务、独家服务以及低单价、高质量的标准化服务。

3. 适当利润目标

适当利润目标是指服务型企业将获取适当利润作为定价目标。例如，按照成本加成法决定价格，使企业获得适当的收益。某些服务型企业，如新创服务型企业、中小服务型企业等因自身力量有限，或为了减少风险、保全自己，比较适合采取适当利润目标。在企业发展过程中，服务定价主要根据投资者的要求和市场可接受程度等因素的变化而进行适时调整。

（二）数量导向目标

数量导向目标强调服务型企业在服务市场竞争中，投放到市场上的服务种类、市场规模和市场份额等指标。数量导向目标使服务型企业关注服务产品的市场绩效，重视销量及销售额、顾客复购率等市场指标。具体而言，服务型企业的数量导向目标主要包括以下两种。

1. 最大销量目标

最大销量目标是指增加服务的销售量，从而争取最大的销售收入，保持或扩大市场占有率以保证服务型企业的生存和发展。“薄利多销”是这一目标的高度概括。某些大批量、少类别服务产品的生产率较低，其发展又受到生产力发展水平和顾客消费水平的限制。因此，单位服务产品或有效服务的价格可能只含有较低的利润。为此，服务型企业需要努力增加服务销售的市场规模，保持或扩大服务市场占有率，从而争取最大的销售收入。

2. 最多顾客目标

最多顾客目标是指服务型企业将争取尽可能多的顾客数量作为定价目标。当服务型企业的收益水平与顾客数量密切相关，或引入新服务产品时，为了应对激烈的市场竞争，可能会通过市场补贴等方式吸引顾客。例如，滴滴出行、美团外卖、ofo 共享单车等新兴服务在进入市场初期，均以大量补贴的方式吸引和激励顾客尝试新服务。在此起彼伏的“补贴大战”中，大多服务型企业根本无法实现盈利，甚至大多是严重亏损，同时企业的市场规模也可能因新兴市场的缘故而比较有限。但是，吸纳更多顾客的关注和试用，占领新兴顾客群体则可能是企业当前阶段的唯一目标。

二、服务定价的主要方法

服务定价的主要方法与有形产品的定价方法类似，但在定价过程中需要根据服务的特性进行相应调整。总的来说，服务定价的方法有成本导向、顾客导向和竞争导向三类方法。

（一）成本导向定价法

成本导向定价法是指服务型企业根据原材料和劳动力，加上间接成本和利润，最终确定

服务的价格。此方法广泛用于公用事业、承包业、批发业及广告业中。成本导向定价法的基本公式为

$$价格 = 直接成本 + 间接成本 +（边际）利润$$

在服务定价过程中，服务型企业只有将服务价格定到足以覆盖服务成本的高度之上才有可能获得利润。根据服务成本的形态以及在此基础上的不同核算方法，成本导向定价法具体可以分为成本加成定价法、边际成本定价法、盈亏平衡定价法和投资回报率定价法四种。

1. 成本加成定价法

成本加成定价法是指在单位服务的成本中加入一定比例的利润作为服务销售价格的定价方法。成本加成定价法是最为简单和直观的成本导向定价方法，采用这种方法可以明确服务型企业所获得的预期盈利，即加成部分。但是，由于成本加成定价法缺乏对市场变化的适应性和对供求变化的灵活性，同时要求服务成本的计算比较简便；一旦服务型企业处于竞争比较激烈的服务市场，或者企业拥有不同的服务产品组合，则不宜采用这种方法。

2. 边际成本定价法

边际成本定价法是指将单位服务变动成本和可接受价格的最低界限作为定价依据的定价方法。在价格高于变动成本的情况下，服务型企业进行服务销售的收入除了完全补偿变动成本外，还可以用来补偿部分固定成本，甚至还可能获得利润。边际成本定价法的实际意义在于：在保持固定成本不变、企业总收入不减少的情况下，可以通过增加服务销售量的办法来降低价格，以低价格策略增强服务的市场竞争力。

3. 盈亏平衡定价法

在销量既定的条件下，服务型企业的服务价格及销售额必须达到一定水平才能达到盈亏平衡、收支相抵。既定的销量就是服务型企业的盈亏平衡点，利用既定销量反推服务价格的定价方法被称为盈亏平衡定价法。科学地预测服务销量，准确地测算固定成本和变动成本是采用盈亏平衡定价法的前提和基础。以盈亏平衡点确定价格只能使服务型企业的服务价值创造和传递的成本得到补偿，而不能得到服务利润。因此，在服务型企业的实际定价活动中，通常将盈亏平衡点的价格作为服务价格的最低限度，再加上服务目标利润后才作为服务产品的最终市场价格。为了应对价格竞争或面临供过于求的服务市场格局，服务型企业常常会考虑采用盈亏平衡定价法以取得市场竞争的主动权。

4. 投资回报率定价法

投资回报率定价法是指服务型企业为确保按期收回投资并获得利润，在总成本中加入预期的投资回报率来确定服务价格的方法。运用此种方法制定的服务价格在投资回报期内不仅包括单位服务产品分摊的投资额，还包括单位服务产品分摊的固定成本和变动成本。

总而言之，基于成本的服务定价方法具有简单、易操作的优点，并能够保证服务型企业合理利润的实现。但是，这类定价方法均是基于企业内部的视角，即成本、投资等因素，相

对脱离市场环境，并没有考虑到顾客因素、竞争因素和总体供求状况。制定的服务价格过高可能抑制需求、丧失竞争力，制定的服务价格过低，则可能使服务型企业遭受不必要的利润流失。因此，成本导向定价法在服务产品有形性较强的领域，如餐饮、零售等行业比较常见。

（二）顾客导向定价法

现在市场营销理念中，顾客是企业营销管理活动的中心，需要通过营销组合策略来体现顾客的主要地位。在服务定价中，根据服务市场需求状况和顾客对服务的感知差异来确定价格的方法，叫作顾客导向定价法，又称市场导向定价法或需求导向定价法。其特点是灵活有效地运用价格差异，使平均成本相同的不同服务的价格随着市场需求的变化而变化，不与成本因素发生直接关系。顾客导向定价法主要包括以下两种方法。

1. 感知价值定价法

感知价值反映顾客对服务型企业所创造服务价值的主观判断，是顾客对服务蕴含的利益、效用或体验的基本认识。感知价值定价法是指服务型企业以顾客对服务价值的感知为定价依据的服务定价方法。具体而言，服务型企业通过各种服务营销策略和手段，影响顾客对服务价值的认知，形成对本企业有利的价值观念，再根据服务在顾客心目中的价值来制定服务价格。

感知价值定价法的关键点和难点是服务型企业需要获得顾客对服务价值感知的准确信息。如果企业高估顾客的感知价值，服务定价可能过高，难以达到应有的销量；反之，若企业低估了顾客的感知价值，服务定价可能偏低，带来不必要的利润损失，进而影响企业的销售收益。因此，服务型企业必须通过广泛的市场调研，了解顾客的需求偏好，根据服务的功能、效用、品质、品牌等要素，判断顾客对服务价值的感知，指定服务的初始价格。然后在初始价格条件下预测可能的服务销量，分析目标成本和销售收入，在比较成本与收入、销量与价格的基础上确定最终定价方案，制定服务产品的最终销售价格。

2. 需求差异定价法

需求差异定价法是指服务价格的确定以顾客的服务需求为依据，首先强调适应顾客服务需求的不同特征，而将成本补偿放在次要位置。需求差异定价法通过会对同一服务在同一服务市场制定两个或两个以上的价格，或使不同服务价格之间的差额大于其成本之间的差额。该方法的最大优点是能够使服务型企业的定价最大限度地符合市场需求，促进服务销售，有利于企业获取最佳的经济效益。根据服务需求的不同特性，需求差异定价法通常有以下几种形式。

（1）以用户为基础的差别定价，是指对同一服务针对不同的顾客制定不同的价值。例如，针对老顾客和新顾客、长期顾客和短期顾客、男性顾客和女性顾客、儿童和成年人、残疾人和健康人、大型企业用户和中小型企业用户等，制定不同的服务价格。

（2）以地点为基础的差别定价，是指根据地点或位置的不同，而收取不同的服务价格，比如影剧院、航班、体育馆等座位不同，相应的票价也不一样。例如，体育馆的前排可能票价较高，酒店临江或临海的房间可能房费较贵。服务型企业通过这样的差别定价方法调节顾客对不同地点或位置的需求和偏好，平衡服务市场供需关系。

（3）以时间为基础的差别定价，是指同一服务，成本相同，而服务价格随季节、日期甚至钟点的不同而发生变化。例如，电影院在工作日和周末、白天和晚上的票价有很大差异，供电局也制定“阶梯电价”来体现用电高峰期和低谷期不同的服务价格。因此，以时间为基础的差别定价需要充分考虑淡季和旺季的服务价格差别。

（4）以交易条件为基础的差别定价，是指交易量大小、交易方式、消费频率、支付手段等。针对不同的交易条件下的同一服务，服务型企业可以制定不同的服务价格。例如，交易量大的价格较低，零星购买的价格高；现金交易的价格适当降低，分期付款的适当提高价格；预付定金、连续购买的服务价格一般低于偶尔购买的服务价格。

需求差异定价法针对不同服务需求采取不同的服务定价，实现顾客的不同满足感，并且能够为服务型企业谋取更多的市场利润，因而在服务业中得到广泛的运用。但是，服务型企业使用需求差异定价法也存在一些重要的前提条件：①从顾客角度，顾客的服务需求必须有比较明显的差异，且不同顾客之间的需求弹性不同；服务市场可以被细分，不同服务细分市场不会因为差别定价而导致顾客反感。②从企业角度，实行不同服务价格的总收入要高于实行统一价格的收入。差别定价不是目的，而是服务型企业获取更高利润的手段，所以企业必须进行供求、成本和盈利方面的系统分析。③从竞争角度，当制定高价格时，竞争者不能够使用低价格策略进行对抗。这就要求行业内具有相同或相似的服务成本结构，或者服务需求弹性较小，低价格不会对顾客产生较大影响，或者企业处于垄断或强势地位，能够制定行业竞争规则。

（三）竞争导向定价法

在竞争激烈的服务市场，服务型企业通过研究主要竞争对手的生产条件、价格水平、成本结构、利润水平等因素，然后对比自身的经营条件及成本、供求状况来最终确定服务的价格，这类定价方法被称为竞争导向定价法。竞争导向定价法的特点是服务价格与服务的成本及需求不发生直接联系，即服务价格不会随着服务成本和市场需求的改变而改变。

竞争导向定价法适用于服务标准化或市场上只有少数同类服务的市场情形。如果市场上所提供的服务彼此之间差异很小，服务产品组合非常接近，顾客就会对价格非常敏感，定价较高的企业就可能面临失去顾客的危险。因此，竞争导向定价法是在充分竞争市场环境下比较有效的价格制定工具。

1. 随行就市定价法

随行就市定价法是指服务型企业按照本行业的现行平均价格水平来定价，以获取平均利润水平。当服务型企业难以估算服务成本，或企业打算与主要竞争者和平共处，或不了解顾客及竞争者对本企业价格的反应，随行就市定价法则是首要选择的服务定价方法。采用此类方法，服务型企业无须全面了解顾客对不同价差的反应，从而为服务营销人员节约了大量时间和精力。

服务营销实践表明，无论是在完全竞争还是寡头竞争的服务市场，随行就市定价法都是同质化服务产品的惯用定价方法。在完全竞争市场，由于不同服务型企业的服务产品差异小，在定价时并没有多少选择余地，一般只能按照行业现行价格来进行定价。如果定价太高，则会销售不畅；如果定价太低，则可能遭受价格战或失去平均利润。在寡头竞争市场，由于服务市场中的参与者数量有限，少数服务型企业之间彼此都比较熟悉，且均有较强竞争实力。因此，从理性竞争的角度讲，制定行业内彼此共识的服务价格，是避免价格战，并维持行业平均利润水平的优先选择。

2. 产品差别定价法

如果说随行就市定价法作为一种防御性的定价方法，在避免竞争的同时抛弃了价格这一竞争工具。产品差别定价法则是反其道而行之，它是指服务型企业通过不同的营销努力，使同种同质的服务在目标顾客心目中形成不同的印象，进而根据企业自身特点选取低于或高于主要竞争者的服务价格，最终实现服务定价的方法。产品差别定价法可以视为进攻性的定价方法。

采取产品差别定价法的服务型企业需要具备以下条件：①在不改变核心服务或服务包的前提下，通过营销努力可以为现有服务产品制造差异点；②服务型企业具有一定实力或独特性，能够为服务提供背书效应，以支撑营销传播活动中所强调的服务差异性；③服务产品具有较强的周期性，新服务或升级服务的开发周期缩短，使现有服务产品的生命周期较短。从长远看，服务型企业都需要通过改善服务特性，提升服务品质，才能够真正赢得顾客信任，进而在服务市场竞争中立于不败之地。

服务案例

网上动态定价

动态定价，也称用户化或个性化定价，是过去的差异定价法的新版本。对于服务提供者来说很受欢迎，因为它有潜在的利润空间，并能为顾客提供价值。电子商务或网上零售，能很好地运用这种策略，因为通过电子形式设定价格只需很简单的步骤。动态定价允许电子零售商根据对顾客的购买历史、偏好和价格敏感性等信息的分析，对同一产品给不同的顾客制定不同的价格。Ticket.com 就因在音乐会和各项活动上根据顾客的需求调整价格，使其每项活动的收益增幅高达 45%。但是，这样做顾客可能会不高兴。

电子零售商往往并不愿意承认自己使用了动态定价，因为这涉及有关价格歧视的道德和法律问题。当亚马逊的顾客在得知这家大型商店同样的电影 DVD 对同样顾客定价并不相同的时候都很恼怒。一个由宾夕法尼亚大学安尼伯格公共政策中心进行的网上顾客调查研究发现，87% 的受访者无法接受动态定价。

(一) 逆向拍卖

旅游电子零售商，如 Priceline.com、Hotwire.com 和 Lowestfare.com，使用一种被称为“逆向拍实”的以顾客为导向的定价策略。这些企业作为潜在购买者和服务供应商之间的中介，购买者需要一个产品或一项服务的报价，而众多供应商报出它们愿意提供的最佳价格。而后，购买者评估所有的出价，并选择最能满足他们需求的供应商。尽管供应商会描述产品的特征，但它通常无法提供品牌信息。Priceline.com 现在已开始采取措施弥补这一不足。正如一位发言人所说，“现在顾客可以从一份公布的价目单中选择特定的品牌和服务，而之前他们只能使用我们的‘请你报价’服务。在只使用‘请你报价’服务的情形下，他们就只能在购买服务后才能确定他们入住的旅店是哪一家。因此，如果你和朋友一起出去旅游，你也不知道你和他们住的是否是同一家旅店”。

这些服务体现了不同的商业模式。尽管有些服务是免费提供给终端用户的，但大多数的电子零售商要么从供应商处收取佣金，要么不将全部优惠给顾客。其他的零售商要么向顾客收取固定的费用，要么按折扣的一定比例来收取服务费用。

(二) 传统拍卖

其他零售商，如 eBay 和雅虎选择的就是传统的网上拍卖模式，在这种模式中，投标者相互投标竞争一个物品，根据各方出价来决定谁最终购买。消费品和工业产品的营销者经常使用这一拍卖方式来拍卖过期或过量的产品、收藏品、珍稀物品和二手货。eBay 于 1995 年开始使用这种拍卖形式，获得了极大的成功。

(三)“购物虫”帮助顾客从动态定价中获益

现在，顾客有自己的办法来对付动态定价带来的潜在剥削。其中一种方法是使用购物虫来跟踪竞争价格。购物虫或购物机器主要是一些从各个供货商那里自动收集价格和产品信息的智能代理服务。顾客只要访问购物虫网站（如 Dealtime.com），搜索想要的物品，购物虫立即查询所有相关的零售商来找出产品的存货情况、特征和价格，并且列出一个结果比较的表格。

毫无疑问，动态定价将会继续存在。随着科技的进步和它的进一步广泛应用，动态定价必将延伸到越来越多的服务业务领域。

资料来源：Wirtz J, Lovelock C. Essentials of Services Marketing[M]. 3rd ed. Edinburgh Gate: Pearson Education Limited, 2018：179.

三、服务定价策略

服务型企业根据自身条件和市场状况，形成服务定价目标，并选择相应的服务定价方法组合，进而形成服务定价策略。服务定价策略是服务型企业进行市场竞争的重要武器，是影响服务产品销售的关键因素。服务型企业必须依据市场现状、服务特征、顾客心理及行为等综合因素，选择合适的服务定价策略，确保服务价格具备适应性和竞争性。目前，服务定价策略主要包括心理定价、折扣定价、差别定价、关系定价、组合定价策略等。

（一）心理定价策略

心理定价策略是指服务型企业运用某些心理学原理，根据不同顾客购买和消费服务时的心理动机来确定服务价格，进而引导顾客购买本企业服务的定价策略。常见的心理定价策略包括以下几种。

1. 尾数定价策略

尾数定价策略又称奇数定价或非整数定价策略，是指服务型企业利用顾客求廉的心理，制定一个接近整数，以零头尾数结尾的价格。例如，某服务的价格为99.9元，接近100元，就是利用顾客要求定价准确的心理进行服务定价。保留价格尾数，既可以给顾客以不到整数的心理信息，又能使顾客从心里感到定价认真、准确、合理，从而对服务价格产生信任感。

2. 整数定价策略

整数定价策略也称方便定价策略，是指服务企业给服务产品定价时取一个整数，特别是以“0”作为尾数。利用服务的高价效应，可在顾客心目中树立高档、高价、优质的服务形象。在整数定价策略下，服务价格的高并不是绝对的高价，而只是凭借整数价格来给顾客造成高价的印象。特别是对于那些无法明确显示质量的服务，顾客往往通过其价格的高低来判断质量的好坏。整数定价策略正是利用顾客一分钱一分货和快捷方便的消费心理进行定价，它特别适用于高档服务、优质服务，如星级酒店或高档娱乐城等。

3. 声望定价策略

声望定价策略是指服务型企业根据服务在顾客心目中的声望、信任度和社会地位来确定服务价格的一种定价策略。声望定价可以满足某些顾客的特殊欲望，如地位、身份、财富、名望和自我形象等，还可以通过高价格显示名贵优质。因此，声望定价策略适用于一些有知名度、有较大市场影响的、深受市场欢迎的品牌服务型企业，如麦肯锡管理咨询、格莱美定制旅行服务等。为了使声望价格得以维持，服务型企业需要适当控制市场容量。声望定价必须非常谨慎，要充分认清自身的服务品质和市场接受程度，避免对声望的不准确认识导致不合适的服务定价。

4. 招徕定价策略

招徕定价策略也称为牺牲定价策略，即采取第一服务市场通行的价格吸引顾客尝试服务消费。一般而言，顾客都有低于平均价格买到同质产品的心理期望。服务型企业可以抓住这种顾客心理，特意将服务价格定得略低于主要竞争对手的服务价格，以招徕顾客。例如，在节假日实行“大减价”销售，或者在中国香港经常见到大大小小的店堂贴满花花绿绿的大减价字条，如“减，减，减，减得你笑，减得你跳”等。事实上，这种廉价招徕顾客的定价策略，往往会吸引不少顾客在购买这种服务的同时顺带购买其他服务，从而达到扩大连带服务销售的目的。

（二）折扣定价策略

折扣定价策略是指对基本价格做出一定的让步，通过让利于顾客来刺激服务消费，增加服务收入的定价策略。折扣定价是一种鼓励消费的促销手段，能够促使顾客提早付款、大量购买或错峰消费等，进而增加服务型企业的服务销售收入。折扣定价策略主要有以下形式。

1. 数量折扣

数量折扣是指服务型企业按照顾客购买数量规模的大小，分别给予不同的价格折扣，购买的数量规模越大，价格折扣就越高，其目的是鼓励顾客进行大量服务购买或集中购买。数量折扣包括累计数量折扣和一次性数量折扣两种形式。累计数量折扣规定顾客若在一定时间内（如一月、一季、半年等）购买服务达到一定的数量规模或消费金额，则按照其总价给予一定折扣，其目的是培养顾客消费习惯和忠诚度，鼓励顾客经常进行服务消费，成为企业可信赖的长期顾客；一次性数量折扣规定单次购买某种服务达到一定数量规模或消费金额，则给予折扣优惠，其目的是顾客大批量购买，促进服务产品的多销、快销。

2. 功能折扣

功能折扣是指服务型企业根据服务中间商在服务流通及传递过程中的不同地位和作用，给予不同的折扣，因而也被称为交易折扣策略。如旅游企业通过折扣刺激鼓励中间商大量购买其服务产品。功能折扣比例的确定主要考虑服务中间商在服务分销中的功能、地位、重要性、购买数量规模、完成的促销功能、承担的市场风险、履行服务的水平等因素。例如，相较于服务零售商，可以给予服务批发商更大的折扣，以鼓励服务中间商努力销售本企业的服务产品。功能折扣的结果是形成购销差价和批零差价。

3. 现金折扣

现金折扣是对在规定时间内提前付款或用现金付款的顾客给予的一种价格折扣，其目的是顾客尽早付款，加速资金周转，降低销售费用，减少财务风险。企业对在规定时间内提前付款或用现金付款者给予一定的价格折扣，称为现金折扣策略，其目的是鼓励顾客尽早付款，加速资金周转，减少财务风险。服务型企业在采用现金折扣时一般要考虑三个因素：折扣比例、给予折扣的时间限制、付清全部货款的期限。例如，健身房采取的预存会员费打折，或提前缴纳年费给予现金折扣均是典型的提前付款现金折扣。在西方国家，典型的付款期限折扣表示为“3/20，*n*/60”，即在成交后20天内付款，顾客可以得到3%的折扣；超过20天、在60天内付款不予折扣；超过60天付款要加付利息。

需要注意的是，提供现金折扣等于降低服务价格，因而服务型企业在运用这种手段时要考虑本企业的服务是否有足够的需求价格弹性，以保证通过需求量的增加使企业获得足够利润。

4. 季节折扣

某些服务的提供具有连续性，但其消费却具有明显的季节性，如国内/出境旅游，旅游目的地航空/酒店服务等。服务型企业为了调节淡季和旺季之间的服务供需矛盾，对淡季的服务消费给予一定的价格优惠，该策略被称为季节折扣。采用季节折扣策略有利于服务企业服务生产与销售在一年四季都保持相对的稳定。目前旅游景点、旅游地酒店、机票等服务较多地应用季节折扣的定价策略。

（三）差别定价策略

差别定价策略也称为弹性定价策略，是指服务型企业根据顾客的支付意愿而制定不同价格的定价策略方法。差别定价策略主要运用于以下两种情况：①对建立基本需求，尤其是对高峰期的服务最适用；②用于缓和需求的波动，降低服务的不可储存性、时间性等带来的不利影响。差别定价策略下的服务价格并不反映任何的成本比例差异。差别定价策略的形式主要包括以下几种。

1. 顾客细分定价策略

根据西方经济学理论，顾客剩余是指顾客意愿为某产品或服务付出的最高价格与其实际支付价格的差额。由于顾客收入水平和购买能力的差异，对服务的需求程度不同，或对服务的感知价值不同，因而不同服务需求的顾客剩余水平是不同的。为了尽可能降低顾客剩余，服务型企业可以根据不同细分市场顾客的支付意愿和能力进行定价。例如，通过收入对顾客进行细分。对于收入较高的顾客群体，可将服务的价格适当抬高，不仅不会降低顾客的消费积极性，还有可能带给顾客心理上的满足；对于低收入顾客，适当降低价格，能够显著提高顾客的购买兴趣和支付意愿。例如，在美国，医生、律师、财务顾问等，对穷人和富人提供同样的服务，但收费却大不相同。除此之外，还可按顾客的年龄、职业和阶层来细分顾客，进而实施分别定价。例如，旅游景区的学生票，军人、老人免票或半票等。

2. 服务附加值定价

服务附加价值定价，是根据服务额外增加的利益不同，对同类服务制定不同的价格。服务增加的附加利益是差别定价的重要支撑。例如，京东商城对普通会员免基础服务费，对PLUS会员收取299元年费。但是，PLUS会员能够享受优惠购物券、购物额外折扣、专属客服、专属购物节及上门退换货等10项会员专属特权。正是由于具有吸引力的附加价值存在，部分顾客才会愿意为重要的额外利益支付更高价格。

3. 服务可获得性差异定价

服务可获得性差异定价是指服务型企业针对顾客获取服务的不同可能性进行的差别定价

策略。在服务可获得性方面，主要考虑时间和地点两方面。①时间差别策略是以服务时间区分的差别定价策略。其目的不仅是增加企业收入，还可通过调整价格来抑制需求的波动，从而降低生产和经营成本。例如，滴滴出行在上下班高峰期的加价策略就是以时间差别进行的差异定价。②地点差别定价则是按服务地点的区别进行定价。在不同地点的相同或相似服务具有不同的附加值，更具有不同的服务可接近性。例如，饭店和酒吧里的饮料、小吃等都比百货超市里的要贵；环境幽雅带来的附加值纵然不同，但更重要的是顾客在可接近性方面的需求强烈程度不同。

4. 服务品牌形象差别定价

服务型企业拥有良好的服务品牌形象及其所蕴含的服务价值是差别定价的重要基础之一。大多数顾客特别是中高端顾客，更愿意为具有吸引力的服务品牌形象支付更高的价格。例如，在保险行业，知名保险公司相较于市场影响力一般的保险公司，更能够在同类保险业务中制定更高的服务价格。其背后的逻辑是，顾客愿意为更具影响的服务品牌形象及其附加利益支付更高的服务价格。在银行业、航空业、酒店业等服务行业中，服务品牌形象扮演着重要角色，是差别定价策略的实施基础。

（四）关系定价策略

关系定价是近年来越来越受服务型企业青睐的一种定价策略。关系定价策略适用于服务型企业与顾客之间有持续接触的交易，是一种考虑顾客终身价值、基于顾客导向的定价策略。研究表明，通过降价而吸引来的顾客不具有稳定性，降价产生的效果很容易被竞争对手的降价所抵销，而关系定价策略能够刺激顾客更多购买本企业的服务而抵制竞争者提供的服务。服务型企业采取关系定价策略，首先要理解顾客同企业发展长期关系的需求和动机，其次要分析潜在竞争对手的获利举动。一般来说，比较常见的关系定价策略包括长期合同和多购优惠两种方式。

1. 长期合同

长期合同能够从根本上转变服务型企业与顾客之间的交易关系。服务营销人员可以运用长期合同向顾客提供各类价格及非价格刺激，将一系列相对独立的服务交易转变为一系列稳定的、可持续的合作交易，使双方达成长期合作关系。服务型企业可以从每次交易中获得有关顾客服务需求方面的信息，帮助企业更有效率地创造和传递服务价值。同时，顾客也可以从深入发展的合作关系中获益，如成本节约、风险降低等。总之，长期合同带来的稳定、可观收入使服务型企业可以集中更多资源拉开同竞争对手的差距。

2. 多购优惠

多购优惠策略的目的在于促进和维持顾客关系，是指同时提供两种或两种以上的相关服务，价格优惠确保几种相关服务一次购买比单独购买更便宜。服务型企业可以从多购优惠策略中获得两方面的利益。一方面，多购能降低成本。大多数服务型企业的成本结构是：提供一种附加服务的成本比单独提供第二种服务要少。例如，对于一家银行如果能在销售存款证书和存款账户同时销售结账账户，那么就共同分摊账户开设和计算机处理成本，产生成本节约。另一方面，多购优惠能够有效增加服务型企业与目标顾客群体之间的接触点和交易关系。顾客接触与交易越多，那么企业了解顾客需求与偏好的途径和机会就越多。有关顾客服务需求特征及偏好的信息能够帮助服务型企业与顾客建立和发展长期顾客关系。

（五）组合定价策略

服务型企业将彼此密切相关的系列服务项目进行组合，并确定整体价格进行销售。组合定价强调对购买系列服务组合的顾客给予价格优惠，使之比分别购买单项服务的价格更低。组合定价策略既有利于顾客一次购齐所需服务产品，降低购买成本，又有利于服务型企业增加销售，扩大服务市场份额。通常，组合定价策略有以下几种。

1. 服务线定价法

服务线定价是服务型企业根据顾客对同样服务线不同档次的服务需求，精选设计几种不同档次的服务和价格点。服务型企业必须在细分市场的基础上满足服务市场中的多层次、多类别服务需求，以实现企业的生存与发展。例如，对于酒店来说，商务套房定价 998 元，豪华套房定价 1 499 元，总统套房定价 3 999 元，以满足不同类别和购买能力的顾客服务需求。在服务业中，很多企业会使用价格点，运用高、中、低三档价格来使顾客联想到高、中、低三个档次的质量。

2. 非必需附带品定价法

非必需附带品定价法也称为特色定价法，是指服务型企业在以较低价格提供核心服务的同时，以较高价格提供有吸引力的非必需附带品，并以此来增加利润收入。例如，爆米花已经成为万达影院的“金矿”和“印钞机”，并由此引发“爆米花经济学”现象。数据显示，原材料等成本仅 3 元左右的爆米花，可卖到二三十元。爆米花销售收入，最高可占据影院总收入的 20%。由此可见，通过降低电影票价格，吸引更多的观影顾客，最终获取更具利润率的爆米花、饮料等非票房收入成为影院定价的重要逻辑。

3. 必需附带品定价法

必需附带品定价法与非必需附带产品定价法类似，不同的是附带品是核心服务发挥功能必不可缺的。服务型企业以较低的价格销售主产品和服务，以较高价格销售附带品，以此来获取利润。例如，软件公司会以低价或无偿把软件销售给顾客，但是通过后续不断地升级程序、更新数据库等方式获取高额利润。

4. 两部分定价法

两部分定价法是将价格划分为固定费用和变动费用两部分，在一定范围内缴纳固定费用，超出该范围则根据使用量收取变动费用。例如，移动通信公司对手机用户收取固定的月租费或套餐费，并提供约定范围内的语音、短信、流量等综合服务，用户若超过约定服务量的范围就会加收额外服务费用。

5. **捆绑定价法**

捆绑定价法是指服务型企业将数种服务或服务特征组合在一起，以低于分别销售时支付总额的价格销售，从而最大限度地吸引各种特征的顾客。例如，香港迪士尼家庭套票、中国电信"手机＋宽带＋电视"组合套餐、美发"剪烫染"组合套餐等均是捆绑定价法的典型表现。

服务技能 8-1

实施服务定价策略需要注意的关键问题

尽管定价行为的主要决策通常看来都在于收费的多少，但是企业还需要做出很多其他的决策以确保服务定价策略能够得到有效实施。服务营销管理者在准备建立和执行一个完备的价格策略时需要考虑以下问题。

（1）服务的收费应当是多少？具体问题涵盖：①服务型企业需要收回的各项成本有哪些？企业销售此项服务是否要实现某一特定的利润目标或投资者的投资回报目标？②顾客对各种价格的敏感度如何？③在基本的价格上我们应该提供何种折扣？④是否存在广为顾客接受的心理定价基点（如 4.95 美元而不是 5 美元）？

（2）定价的基础是什么？需要明确的关键问题包括：①执行特定的目标任务；②进入特定服务场所；③时间单位（小时、星期、月、年）；④根据服务交易的价值按比例收取佣金；⑤消耗的有形资源；⑥覆盖的地理范围；⑦提供给顾客的服务产品的体积或重量；⑧是否应该对服务的每个组成要素进行单独收费？⑨是否应该对捆绑服务制定单一的价格？

（3）应该由谁来收费？何处收费？何时收费？有关收费策略的具体问题有：①由提供服务的组织或某个中介机构来进行收费；②收费地点是在服务提供场所，或在方便的零售场所 / 中介机构，或在顾客家中（通过邮件或网络收费）；③收费的时间是在服务之前还是服务之后？

（4）应该如何收费？有关收费方式的关键问题包括：现金、代币、支票、储蓄卡、信用卡、网络转账、购物券、第三方支付等。

此外，服务型企业还需要考虑通过何种沟通媒介，以什么样的形式将有关价格的信息传达给目标顾客群体。

资料来源：根据" Wirtz J, Lovelock C. Essentials of Services Marketing[M]. 3rd ed. Edin-burgh Gate: Pearson Education Limited, 2018: 178"相关内容整理。

第三节　服务收益管理

一、收益管理的基本含义

在服务价值创造过程中收益管理很重要，因为它保证服务型企业能够更好地利用其服务设备和后备服务生产力，为更具支付能力的顾客群体提供服务。在不同的价格条件下管理好供需需要很复杂的方法。航空公司、星级酒店及汽车租赁公司能够在一个季度、一个星期或一天的不同时间段，根据顾客对价格的敏感程度和不同细分市场的服务需求来调整服务产品的价格。越来越多的服务型企业及非营利性组织开始实施收益管理以谋求“收入最大化、利润最大化”。

（一）收益管理的概念

收益管理（revenue management）又称价格弹性管理或产出管理，是指服务型企业通过建立实时预测模型及对不同细分市场的需求行为分析，优化服务的价格组合，以最大限度满足各细分市场，最大限度提高服务的销售总量和单位销售价格，从而获得最大收益的动态管理过程。收益管理技术诞生于20世纪80年代的航空业，是航空运输市场经营环境不断变化，航空公司运营管理理念、方法和技术不断发展的产物。有效的收益管理能够比较精确地预测出有多少顾客在某个时间内使用不同价格的不同服务。这些关键信息能够帮助服务型企业通过激励和规划来提高服务产品的使用率，从而获得有竞争力的市场份额及销售收益。

收益管理的核心是价格定制化，即价格歧视或价格细分，根据顾客不同的需求特征和需求弹性向顾客执行不同的价格标准。简单地说，收益管理就是服务型企业通过对服务市场的分析预测，把适当的服务产品，以适当的价格，在适当的时间，传递给适当的顾客群体。因此，服务产品、价格、时间和顾客群体是收益管理的四大基本要素。

收益管理与传统的价格及销售理念具有显著的区别，主要表现在：①收益管理的重点是价格而非成本；②收益管理采取顾客导向定价法，而非成本或利润为导向的定价法；③市场细分是收益管理的基本前提和基础，在细分市场中寻找提高收益的机会；④收益管理的决策是建立在对市场供求关系的预测以及顾客购买行为的客观分析上，而非主观判断；⑤收益管理是一个动态管理过程，需要不断地重新评估收益管理的机会，不断调整策略。

（二）收益管理的适用范围

目前，收益管理已经广泛地运用于航空、酒店、电信、租赁、旅游等服务行业中，为广大服务型企业实现收入和利润最大化目标提供了重要的管理支持。一般来说，收益管理适用于具有以下特征的行业。

（1）提供的服务和产品不可储存。航空、酒店、餐饮等服务业区别于制造业最大的特点是，前者的服务和产品不可储存，未被充分利用的服务生产能力对服务型企业来说是机会成本和收益的损失，若能够把服务生产能力闲置降低到最小，便能够更多地增加收入。

（2）顾客对企业的服务产品需求随着时间的变化而变动。许多服务型企业的市场都有淡旺季之分，即需求的高峰期和低谷期。同样的产品或服务，旺季时顾客愿意多付一点钱，淡季则不然。企业可以预测市场需求的季节性变化，研究不同细分市场顾客需求的特征和偏好，在需求高峰时通过提高价格增加收益，需求低谷时降价提高销量，从而达到提高企业整体收益的目的。

（3）企业的服务生产能力水平相对固定。大多数服务型企业的服务生产能力相对固定，短期内无法进行显著提升，当高峰需求出现时，现有的服务能力无法满足顾客需要，则导致现有的市场需求未被充分利用和满足。由于某些行业如航空、酒店等固定资产比重较大，无法在短期内快速提高服务产品的供给水平。

（4）企业产品及服务产出的固定成本较高而变动成本较低。当企业固定成本支出一定的情况下，变动成本相对较低时，企业需要一定基本业务量以覆盖固定成本，维持业务经营活动。但是，一旦超过了基本业务量，较低的变动成本会使增加的部分收入具有较高的利润水平，从而提升企业的整体收入水平。

服务技能 8-2

基本收益率计算：以酒店和律师服务为例

尽管定价行为的主要决策通常看来都在于收费的多少，但是企业还需要做出很多其他的决策以确保服务定价策略能够得到有效实施。服务营销管理者在准备建立和执行一个完备的价格策略时需要考虑的问题主要包括：

基本收益率的计算可以做任何容量约束服务，假设不同的容量细分市场的平均价格，可以知道最高收益的价格。理想情况下，产量将接近数字 1 或 100%，收益率 = 实际收入 / 潜在收入。

在这个案例里我们将描述收益率计算的两个简单例子 – 针对不同的假定价格和使用情况，一个有 200 个房间的酒店和律师一个星期 40 小时的工作。虽然公司使用更复杂的数字模型来确定收益，但底层的想法都是一样的。目标就是最大化该组织产能下的盈利能力。

200 个房间的酒店，每间房间每晚 200 美元，其最大收益率为：潜在收入 =200 美元 × 200 间客房 =40 000 美元 / 晚。

（1）假设：酒店以每晚 100 美元的折扣出租了所有房间，则收益率 =（100 美元 × 200 房间）/40 000 美元 =50%。

按照这个收益率，酒店产能利用率最大化，但没有得到一个很好的价格。

（2）假设：酒店全价出租 40% 的房间，由于价格的因素，收益率 =（200 美元 ×80 房间）/40 000=40%。

在这种情况下，酒店的每周客房价格得到最大化，但收益率甚至低于第一种情形，因为只有少数房间得到了相对较高的利率。

（3）假设：酒店有40%的房间费用为200美元，然后给剩余的120房间折扣100美元。收益率=[（200×80）+（100×120）]/40 000美元=28 000美元/40 000美元=70%。

很明显，最后的选择，考虑到价格的敏感性和费用不同，以及不同价格房间的分布，结果在这三个选择中得到了最高的收益。

在典型工作周中，40小时的律师工作时间，每小时最多200美元（私人顾客收益率）

潜在收入=40小时 × 每小时200美元=8 000美元/周

（1）假设：律师能够有30%的时间以每小时200美元计费，收益率=（200美元×12小时）/8 000=30%。

在这种情况下，律师已经最大化每小时的收益率，但需要有足够的工作量来占用这12小时。

（2）假设：律师决定收取100美元为非营利组织或政府客户服务，并能够用全部的40小时以这个收益率来对待这些客户，则收益率=（100美元×40小时）/8 000美元=50%。

在这种情况下，虽然她整周都在工作，但收益率却不是很好，因为她每小时的收益率相对较低。

（3）假设：律师使用组合策略，12小时为私人客户工作，剩下的时间以每小时100美元为非营利客户工作，则收益率=[（200美元×12）+（100美元×28）]/8 000美元=5 200美元/8 000美元=65%。

再次看到，迎合两个不同的市场和不同的价格是最好的战略，能使律师的工作产能产生最大化的收益。

资料来源：Zeithaml V, Bitner M, Gremler D. Services Marketing[M]. 7th ed. New York: McGraw-Hill Ed-ucation, 2017：401.

二、设计价格栅栏

价格定制化是收益管理的核心概念，即针对不同顾客对相同或相似服务制定不同价格。正如赫尔曼·西蒙（Hermann Simon）和罗伯特·多兰（Robert Dolan）所言，“价格定制化的基本含义很简单——让顾客按照他们赋予产品的价值来支付价格。当然，企业必须找到一种方法能够按照顾客的感知价值来细分市场。在某种意义上，企业必须在高价值顾客和低价值顾客之间设置一个‘栅栏’，这样‘高价格顾客’就不能从低价格中获利”。设置合理的价格栅栏就能够避免出现顾客既想要低价格，又想要得到高价值的情况。价格栅栏允许根据服务的特征和支付意愿来进行顾客划分，并帮助服务型企业将较低价格仅仅提供给那些愿意接受一定购买和消费限制的顾客。

价格栅栏可以是有形的，也可以是无形的（见表8-1）。有形的栅栏是指与不同价格有关的具体产品差异，如剧院的座位安排、酒店的房间大小，或者不同的服务组合（如头等舱和经济舱）。与之相对，无形的栅栏是指消费、交易或顾客的各项特征，不同的特征对顾客群体进行细分。即使是消费同样的服务，不同特征也能够区分出不同的细分群体。例如，购买三折机票和购买八折机票乘坐经济舱享受的服务是一样的，但两者的区别在于机票购买的时间不同，如提前一周购买还是提前一天购买，以及机票使用的限制条件不同，如是否能免费取消或变更航班。总之，通过对顾客需求、偏好和支付意愿的全面了解，服务型企业可以综合地设计服务产品，涵盖服务产品的核心服务、有形的产品特征（有形的栅栏）和无形的产品特征（无形的栅栏）。

表 8-1 关键的价格栅栏类别

价格栅栏			实　例
有形（与产品相关）的栅栏	基本产品		• 航班级别（头等舱 / 商务舱 / 经济舱） • 租车的大小（两厢车 / 三厢车 / 七座商务车） • 酒店房间的大小和装修 • 剧院或体育馆的座位安排
	便利设施		• 酒店的免费早餐 / 机场接送机等 • 高尔夫球场的免费高尔夫球车 • 代客泊车
	服务水平		• 优先等候名单 / 优先登机等 • 服务专线 / 私人管家 • 专用账户管理团队 / 一对一业务经理
无形的栅栏	交易特征	预订或订购时间	• 提前购买的折扣
		预订或订购地点	• 乘客预订的同一航线，在不同的国家价格不同 • 顾客网上预订比电话预订更便宜
		票据使用的灵活性	• 取消或者变更预订的罚金（据全票价格的损失而定） • 不可退还的预订费
	消费特征	时间或使用限制	• 餐馆 6 点以前的早客优惠餐 • 酒店预订规定周六晚上必须入住那里 • 至少入住 6 晚
		消费方式	• 价格以出发地点而定，尤其是国际航班 • 票价依据位置调整（城市之间 / 市中心 / 城市边缘）
	顾客特征	消费的频率	• 企业的忠诚客户，如白金会员享受优先定价 / 折扣 / 忠诚福利
		团体成员资格	• 儿童 / 学生 / 老人的折扣 • 与某些团体的联盟（如校友） • 团体购买价格
		顾客团体的大小	• 基于团体大小的团体折扣
		地理位置	• 当地顾客要价比外地旅游者的价格低 • 某些国家顾客的要价更高

资料来源：Wirtz J, Lovelock C. Services Marketing: People, Technology, Strategy[M]. 8th ed. New Jersey: World Scientific, 2016, 7. P331-332.

以航空服务为例（见图 8-3），根据顾客对飞机座位的需求，以及购买机票的不同价格及限制条件，可以将飞机上的舱位划分为不同的“库存桶”。航空公司进行收益管理的目标则是希望将每个“库存桶”完全填满，即确保每类服务产品均能够销售给相对应的顾客，确保飞机在起飞之前尽可能地实现“满员”，从而实现航班运营收益的最大化。

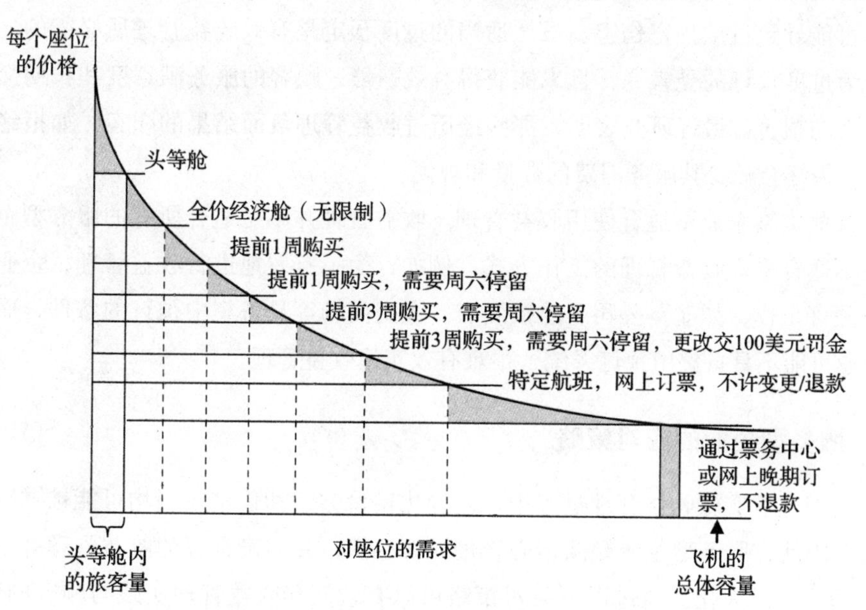

注：深色阴影部分表示顾客剩余（分割定价的目标就是减少顾客剩余）

图 8-3　价格“木桶”与需求曲线的关联

资料来源：Wirtz J, Lovelock C. Services Marketing: People, Technology, Strategy[M]. 8th ed. New Jersey: World Scientific, 2016：333.

三、收益管理的风险与应对

收益管理作为解决供给与需求匹配的理想办法，通过不同的服务产能分配和不同的定价，关注资金回报的最大化，能够提高服务型企业的市场及投资回报。但是，服务型企业运用收益管理工具必然会面临一些潜在风险，需要企业用较为综合的策略进行应对。

（一）收益管理的潜在风险

由于收益管理采取价格歧视或价格细分的方式对顾客进行划分，重点关注服务供需质量和收益水平，强调运用收益管理方式进行价格与供需的协调。在为服务型企业带来较高市场收益的同时仍存在诸多潜在风险，主要包括以下几点。

（1）可能丧失竞争焦点。收益管理在服务型企业中进行普及应用，可能导致企业过度关心市场利润最大化，重视短期市场手段的运用，如价格刺激、服务快速改进等，可能导致企业忽视提供能够具备长期竞争优势的服务产品。

（2）可能疏远目标顾客。如果顾客发现自己支付了高价，特别是当他们不了解原因时，就会觉得不公平，从而会影响顾客关系及忠诚的建立。对饭店行业的研究表明，当顾客知道因为一天中或一周中的时间、桌子的位置等导致的付费不同，他们普遍觉得是公平的；特别是当服务最终价格的不同，是因为低峰时段导致的折扣而不是高峰时段导致的提价时。因此，对服务型企业而言，在进行收益管理过程中，对顾客的宣传和教育尤为重要。

（3）可能导致过度预定伤害。虽然适当的过度预定是有效收益管理所必需的，但是，如果顾客沦为过度预订的受害者，且未能获得有效赔偿，顾客的服务满意度和长期交易意愿将会受到极大的损害。最近研究表明，那些经历过收益管理负面结果的顾客，如拒绝服务或延迟服务等，最终会减少其服务消费的数量和规模。

（4）某些类型企业不适合使用收益管理。收益管理并不是适合所有的服务型企业，某些企业可能不适合采取收益管理的工作方式。例如，为了有效地进行收益管理，企业必须要求进行集中预订工作，如航空公司、连锁酒店、大型商场等具备集中预订的条件，而其他中小服务型企业可能不具备集中预订系统，很难有效实施收益管理。

（二）服务型企业的应对策略

在服务型企业实施收益管理过程中，差异化定价方案和价格歧视均可能被顾客视为缺乏市场公平。因此，服务型企业必须精心管理顾客感知，并明确良好的收益管理并不意味着盲目追求短期收益最大化。通过以下应对策略可以有效调和收益管理实践与顾客的公平感知、满意度、信任和信誉之间的潜在矛盾。

（1）设定清晰、合理和公正的价格栅栏。服务型企业应该提前主动详细说明费用和收费，例如，取消订单或更改订单的费用，从而避免让顾客感到惊讶。企业可以提供一个简单的费用结构说明，使顾客更容易理解特定情况下可能产生的各种费用情况。要使顾客感觉价格栅栏的设置是公平的，就必须保证顾客能够轻松地理解栅栏设计的内在逻辑，且不存在任何费用陷阱，做到顾客的感知公平。

（2）使用高公开价和价格栅栏框架作为折扣。从经济学角度看，将价格栅栏定义为顾客收益，即折扣，通常比将其定义为顾客损失，即超额收费更能够让顾客感觉到公平。例如，某顾客周六光顾理发店，若发现周末都要额外收费的话，顾客会感觉到不公平或不合理。但是，如果理发店将周末高峰期的价格设为公开价格，然后在工作日进行打折促销，会使顾客更容易接受周末的高价格。同时，设置一个较高的公开价格还能帮助服务型企业提升顾客的高质量感知，还能让顾客在工作日进行消费产生额外获益的感觉。

（3）有效传递收益管理的顾客福利。服务型企业应该将收益管理定位为一个企业与顾客双赢的行为。提供不同的服务价格与服务价值的平衡组合能够使顾客根据自身购买能力和消费条件满足服务需求，也能够帮助顾客找到最能满足其关键服务价值与价格的关键平衡点。例如，对剧院最好的位置收取最高的价格，表明有顾客愿意且能够为更好的座位支付更高的价格，从而也保证剧院能够以较低的价格出售其他的座位，从而满足另外“低价格”诉求的顾客需求。因此，服务型企业要向目标顾客群体传递收益管理带来的顾客收益。当顾客对特定的收益管理实践越来越熟悉时，越能够理解和接受服务型企业采取的收益管理措施。

（4）使用捆绑方案来“隐藏”折扣。将系列服务打包，或者提供服务组合定价能有效地掩盖价格折扣。例如，旅游公司的服务中包括航空飞行、地面交通、景区门票、饭店住宿等系列服务，顾客往往只看到总价，并不清楚各个组成部分的具体价格。这种捆绑的服务组合使顾客无法在服务包和各个组成部分之间进行比价，因此也就避免了顾客可能产生的不公平感和顾客消费意愿的降低。

（5）关注企业的忠诚顾客。服务型企业应该通过顾客关系管理保留具有价值的忠诚顾客。即使在特定的服务交易中无法获得可行的最大收益，关注忠诚顾客仍是服务型企业重要的营销管理策略。服务型企业在进行收益管理时应该将老顾客的“忠诚扩大系数”包括进来，以便预订系统可以给予忠诚顾客“特殊对待”。例如，南方航空公司在飞机起飞前会向“常旅客会员”提供低价升舱或里程置换升舱的机会，以凸显对忠诚顾客的重视。

（6）采取有效措施弥补超员预定给顾客带来的损失。一些服务型企业会通过超员预定，即超售的方式来弥补可能由于订单取消所带来的损失。但是，超售现象的存在，在增加服务收益的同时，也增加了无法按照订单向全部顾客提供服务的可能性。研究表明，航空公司对顾客“爽约”或旅店对顾客“失约”均可能导致顾客忠诚度的下降，从而影响企业的声誉。因此，制订超员预售的弥补方案，设计良好的服务补救流程对服务型企业来讲尤为重要。例如，让顾客在保留预订和接受补充两者之间进行选择；事先通知并适当补偿，让顾客能够另做安排；提供使顾客预约的替代服务。

基本概念

- 服务定价的特殊性（the particularity of service pricing）
- 服务定价目标（the goals of service pricing）
- 服务定价方法（the methods of service pricing）
- 服务定价策略（the tactics of service pricing）
- 收益管理（revenue management）

课后思考

1. 结合有形产品的定价，谈谈服务定价的特殊性。
2. 服务定价的主要方法包括哪些？这些方法各自有什么样的优缺点？
3. 服务定价策略包含哪些内容？谈谈服务型企业如何选择适合的定价策略？
4. 结合您熟悉的服务类型，谈谈服务收益管理的基本含义和构成要素。
5. 结合您熟悉的服务行业，如酒店业、航空业等，谈谈价格栅栏有何意义？如何设计合理的价格栅栏？

讨论案例

收益管理如何增加酒店收入

假设一家酒店共有400间客房，为方便计算，假设所有客房均是标准双人房，牌价为

220 元 / 天。现在该酒店正处于营业旺季，预订部接到客房预订信息的情况如下：

- 离入住日还有 56 天，酒店没有接到任何预订；
- 离入住日还有 56～40 天，一家旅行社要预订 150 间客房，每间房愿意支付 75 元；
- 离入住日还有 48～28 天，一商务团队要预订 75 间客房，每间房愿意支付 125 元；
- 离入住日还有 27～21 天，旅游度假散客要预订 60 间客房，每间房愿意支付 115 元；
- 离入住日还有 20～14 天，政府散客要求预订 15 间客房，按协议价每间房 85 元；
- 离入住日还有 13～5 天，商务散客要求预订 90 间客房，按协议每间价格为 145 元；
- 离入住日还有 4～3 天，过境散客要求预订 40 间客房；
- 入住当天和前 2 天，过境散客要预订 30 间房。

假设现有 A 和 B 两位经理，经理 A 没有听说过收益管理，经理 B 则受过收益管理的训练。现在请他们两人分别来处理这些订房信息，决定客房的销售，看两人最后为酒店创造的财富如何。

（一）运用传统销售策略产生的结果

经理 A 不懂收益管理，于是按照酒店业传统做法，凭经验处理预订信息，做出销售决定。他认为该酒店在客人入住那天，客房出租率将达到 90% 以上，但是，他不确定是否达到 100%，所以，他给自己确定的目标是尽快把客房都租出去，使客房出租率达到百分之百。所以，到手的预订越多和越早越好。为此，他采用了以下常见的三种办法来处理上述预订信息。

（1）先来先得。只要酒店还有空房，谁先来预订，就优先预订到客房。

（2）“漫天要价，就地还钱”。即从高到低报价，与客人讨价还价，最后根据酒店授权的程度以及自己的感受，以及客人的接受程度成交。这种做法的明显弊病是相当主观，成交价格受客人的谈判技巧和预订人员的主观意志影响很大。此外，很明显，按照这种办法成交、销售价格通常是低于牌价的折扣价。

（3）根据与客户的关系来定价。如果客人与酒店的关系好或者与销售人员的交情好，就容易得到客房，而且获得较大的折扣价。例如，假设某天的市场需求很大，酒店能以 330 元平均房价把所有客房全部出租，现在仅剩下 3 间对外价格高达 500 元的客房。此时，如果经理 A 的朋友想拿下这 3 间房，并希望得到五折优惠，经理 A 很可能碍于情面答应。如果答应，很显然酒店就少挣钱。

根据这些原则，他接受了上述所有旅行社、商务团队、旅游度假散客、政府散客及商务散客的预订。因此，在离入住当日还有 4 到 1 天时，酒店仅剩下 10 间房，通过讨价还价，他成功地把这些房间以 175 元的平均价格出售给过境散客。此时酒店客房已经全部售出，不能再接受新预订。

假设在入住当日，旅游度假团、商务团队、旅游度假散客、政府散客及商务散客各有 1 间订房没有客人入住。那么，这一天该酒店实际被占用的客房总数为 395 间，客房实际出租率为 99%，客房总收入为 43 255 元，平均每间房价为 110 元，平均每间可出租的客房的收入是 108 元（见表 8-2）。

表 8-2　经理 A 运用传统销售策略产生的结果

房间情况 \ 游客性质 \ 离入住日天数	56～49 天	48～28 天	27～21 天	20～14 天	13～5 天	4～2 天	1～0 天
	旅游度假团队	商务团队	旅游度假散客	政府散客	商务散客	过境散客 1	过境散客 2
市场需求的房间数	150	75	60	15	90	40	30
接受订房间数	150	75	60	15	90	10	0
已订房但没有入住的房间数	1	1	1	1	1	0	0
客房实际入住的房间数	149	74	59	14	89	10	0
客房价格	75	125	115	85	145	175	220
客房销售收入	11 175	9 250	6 785	1 190	12 905	1 750	0
市场总需求量	460						
客房实际销售总数	395						
客房销售总收入	43 055						
客房出租率	98.8%						
平均已出租房价	109						
平均可出租客房收入	108						

（二）运用收益管理策略产生的结果

经理 B 受过收益管理的培训，懂得按照收益管理的原则和方法去做，把是否接受那些预订的决定建立在市场分析和预测的基础上。通过研究酒店历年统计资料，经理 B 发现，入住那天市场的需求历来都很旺盛，主要原因是当地有一个年度专业产品展销会。他还注意到，除这个展销会外，今年这天还有个民族风情节。他还研究了竞争对手的情况，发现一家竞争对手酒店部分楼层的装修不能按时完成，导致部分楼层在这天不能投入使用。因此，他确信入住当天市场需求一定会比往年大，客房一定会供不应求，本酒店一定能获得 100% 的客房出租率。他还预测了各细分市场的需求情况，认为散客对客房的需求将超过 70 间，市场状况表明他们很可能接受 200 元以上的价格，他还进一步算出旅游度假散客、政府散客和商务散客大概会需要的房间数，确定该分别预留多少间客房给他们。此外，他还根据上一年同日团体客的销售情况算出这次旅游团队最多只能接受 110 间订房，商务团队最多只能接受 60 间订房，确保能留下 70 间客房销售给高价的散客。

所以，旅行社要求订 150 间房，他只给 110 间；商务团队要求 75 间房，他只卖 60 间；对旅游度假散客、政府散客、商务散客的订房，他则全部接受，因为价格相对较高。如此一来，离入住当日还有 4 到 3 天过境散客要求订房时，他敏锐地发现竞争对手的房间已经全部租出，所以，他决定不打折，以牌价卖掉了 40 间房。

在入住当日和前 1 天，他仅剩下 25 间房，此时该酒店是当地唯一一家尚有空房的四星级酒店。另外，他查看去年同日的统计资料，发现有 7 间客房客人订了房却不来住，所以他决定超额预订 5 间客房。所以，他以牌价 220 元租出 30 间房。此时，在入住当天他总共销售了 405 间客房。结果表明，在入住当日，旅游度假团、商务团队、旅游度假散客、政府散客、商务散客各有 1 间订房没有客人入住，正好抵消了他超额预订的 5 间客房。所以，该酒店实际被占用的客房总数为400间，客房出租率为100%，客房总收入为51 830元，平均已出租房价为130元，平均可出租客房收入也为130元，两者正好相等（见表8-3）。

表8-3 经理B按照传统销售策略处理产生的结果

离入住日天数	56～49天	48～28天	27～21天	20～14天	13～5天	4～2天	1～0天
游客性质	旅游度假团队	商务团队	旅游度假散客	政府散客	商务散客	过境散客1	过境散客2
房间情况							
市场需求的房间数	150	75	60	15	90	40	30
接受订的房间数	110	60	60	15	90	40	30
已订房但没有入住的房间数	1	1	1	1	1	0	0
客房实际入住的房间数	109	59	59	14	89	40	30
客房价格	75	125	115	85	145	220	220
客房销售收入	8 175	7 375	1 190	1 190	12 905	8 800	6 600
市场总需求量	460						
客房实际销售总数	400						
客房销售总收入	51 830						
客房出租率	100.0%						
平均已出租房价	130						
平均可出租客房收入	130						

分析结果表明，两人使用的思路和方法不同，收益水平也截然不同。进一步推算，假设该酒店在一年中有100天客房出租率能达到100%，类似情况将出现100次，那么一年中经理B比经理A能为酒店多赚877 500元。如果该酒店所属集团公司拥有10家类似的酒店，那么一年之中，掌握收益管理的经理能为酒店多赚8 775 000元！

资料来源：胡质健．收益管理：有效实现饭店收入的最大化[M]．北京：旅游教育出版社，2009：4-7。

思考题：

1. 结合酒店业经营实践，谈谈服务定价的特殊性以及定价依据有哪些？
2. 在本案例中，经理A和经理B分别遵循了哪些服务定价方法和定价策略？
3. 结合案例资料，谈谈收益管理具有什么样的优点？但同时也具有哪些潜在的风险？

PART 4

第四篇

服务价值传递篇

第九章 有形展示与服务场景

本章提要

服务的无形性使有形展示和服务场景成为服务价值传递的重要载体。服务的有形展示包含环境、设计及社交等多重要素，对服务营销管理会产生巨大的影响。服务场景是特定时空范围内的服务有形展示，在服务价值传递中具有重要功能。服务场景的设计既要遵循多项原则，又受到多重关键因素的影响。服务型企业需要遵循严谨的步骤，运用科学的工具开展服务场景设计工作。

学习目标

- 了解有形展示的概念与构成要素
- 理解有形展示的作用和内容
- 掌握服务场景的内涵、形式与核心功能
- 理解顾客对服务场景的反应模式
- 掌握服务场景设计的原则、步骤与方法
- 理解影响服务场景设计的关键因素

引导案例

金科物业：用心创造美好

近年来，我国物业服务行业蓬勃发展，物业服务水平不断提升，物业服务市场竞争也日益激烈。如何在激烈的市场竞争中立于不败之地？金科物业作为“美好生活理念”以及“中国邻里文化”的首倡者与践行者坚持做好精细化服务，用精心设计的“有形线索”展示“金科式美好生活”。

（1）“0～30”分贝的上班路。为了使业主在上班时拥有一个美丽整洁的园区，保洁人员会早起开始一天的工作。但在作业过程中机具的使用难免会产生一些噪声，为了使业主有安静的休息环境，金科物业提出了“分贝之路”这个制度化的标准，在保洁工作区域设置分贝仪，将作业声音严格控制在30分贝之内。

（2）垃圾桶上的5cm刻度线。金科物业所服务社区的套袋垃圾桶，都会在垃圾桶边缘统一设定一条白色刻度线，保洁人员需要仔细将垃圾桶内的垃圾袋翻到垃圾桶口沿往下延伸5cm，误差不得超过1cm。这一小小的标准使得园区内的垃圾桶看起来十分统一美观。

（3）“白式刀法”。白式刀法不是一门祖传的“武功”，而是金科人摸索出的一种草坪切边的技术。金科阳光小镇的环境主管白平在进行绿化养护工作时，发觉原有的草坪与灌木间养护沟打理技术效率较低，不美观。于是她认真钻研，最终创造出菜刀＋木条的切边法，使得草坪边缘更加整齐。这一技法后来推广到金科物业所服务的各个项目。

（4）“白手套”之约。“白手套”是金科物业的一项内部评优机制，保洁人员每月一次由项目主管随机抽测评比：用干净白手套抚摸电梯、扶手、墙面、地面等，最终评出岗位最优者为“白手套”拥有者。在“白手套”的激励下，小区内的环境越来越整洁美观，成功达成金科物业创立这项制度的初衷。

（5）“平安到家”行动。社区安全作为物业服务的重要一环，一直受到物业管理企业自身和业主的关注。在每个金科社区内，夜间协管队员都会护送独自晚归的业主回家，并用应急手电照亮业主回家路，用行动让每位业主感受到大社区平安美好的生活环境。

（6）电梯真人应急演练。金科物业服务的每个项目每季度会进行一次以上的电梯故障演练，而其中最细致的便是“真人电梯困人演练”。为了演练的真实性，项目服务人员会进入轿厢内演练模拟被困。之后被困员工根据自己的实际体验感受，进行“电梯被困话术”的完善，使业主今后在万一遭遇此类情况时，得到最贴心的安抚。

（7）小区植物的“名片”。居住在小区内的大大小小孩子们拥有无限的好奇心，经常使带着孩子们在小区里玩耍的家长们被“这棵是什么树”“这朵花是什么花”的问题团团围住。金科物业通过为小区内的植物建立详细“名片”，帮助家长及孩子们了解小区内植物的名称与种属，形成人与自然的良性互动。

金科物业通过多样化的服务有形展示，让业主们切身感受到身边的优质服务。截至2018年8月，金科物业已进入全国129个城市，服务超过600个项目，面积超过2.2亿平方米，服务业主超过300万人，连续三年蝉联中国物业服务十强，企业成长性及创新性均位居行业前列。

资料来源：根据相关资料整理。

如何让无形的服务准确地被顾客感知？服务价值如何有效传递给顾客？金科物业在构建“金科式美好生活”时，“刻意”设计的物业服务有形线索使业主能够真实感受到精致服务的存在。由此可见，服务的有形展示及场景设计在服务价值传递过程中扮演着关键角色。理解服务有形展示的价值，通过科学、严谨的步骤和方法设计服务场景不仅是影响顾客服务消费行为的重要手段，更是服务型企业实现服务价值传递的关键步骤。

第一节 服务的有形展示

一、有形展示的概念及构成要素

服务的无形性使服务在顾客购买之前很难进行理解和评价。事实上，在顾客进行服务消费时，虽然看不到服务，但是能够看到服务设备、服务人员、其他顾客以及价目表等服务；这些有形的实物或个体成为顾客认识和理解服务的关键线索，影响顾客消费决策及行为。因此，将无形的服务进行可视化设计，即有形展示是服务型企业呈现服务产品、传递服务价值的关键手段之一。

有形展示（physical display）是指服务型企业面向目标顾客的，能够传达服务功能及特色的全部有形要素组合，它是服务价值传递的重要载体。依据环境心理学理论观点，顾客利用感官对有形物体的感知及由此所获得的印象，将直接影响顾客对服务质量及服务型企业形象的认识和评价。事实上，顾客在服务消费前、中、后的全过程均会受到那些可以感知到的有形实体所传达信息的影响。因此，对服务型企业来讲，对有形展示进行有效管理是服务价值传递的重要内容。一般而言，有形展示包括以下基本构成要素。

（一）环境要素

环境要素是指服务市场及服务消费过程中客观存在的有形或无形的各类要素，例如空气、噪声、湿度、温度、光线和气氛等要素。这类要素通常不会立即引起顾客的注意，也不会使顾客感到格外兴奋和惊喜，但如果服务型企业忽视这些要素，而使环境达不到顾客的期望和要求，则会引起顾客的失望，降低顾客对服务价值的感知及对服务质量的评价。因此，环境要素在服务的有形展示中发挥着基础作用。

（二）设计要素

设计要素是指服务型企业在环境要素的基础上，有针对性和计划性地加工和改进的具有文化和功能特征的物质要素。设计要素是顾客在服务消费过程中最容易察觉的刺激因素，包括美学因素（建筑及装修风格、色彩搭配等）和功能因素（陈设、标识、辅助设备等），被用来构建和优化服务价值的传递过程或传递场景，使服务产品的功能和效用更加明显突出，以建立可识别的、赏心悦目的服务型企业及服务产品形象。

（三）社交要素

社交要素是指参与服务过程的所有人员的社会交往、社会地位、个人素质及人文特征等构成的要素，包括服务人员及顾客的个人社会属性及其在服务过程中的外在体现。服务参与者的态度和行为都会对顾客的服务期望、感知服务质量、服务满意度等方面产生重要影响。由于服务所具备的不可分离性和异质性等特征，使社交要素在服务价值传递过程中扮演重要角色，影响顾客对服务产品功能价值的判断。

有形展示的环境、设计和社交三类要素紧密关联，相互作用，共同构成实现服务可视化、具体化的功能体系。以大型零售商场为例，商场所在的位置、周围交通条件等属于环境要素；商场的建筑风格、内部装修样式，以及销售现场布局、灯光、气味、背景音乐等属于设计要素；商场内的销售及服务人员，顾客等则构成社交要素。服务型企业通过环境、设计和社交三类有形展示要素的组合运用，有助于实现服务产品的可视化和具体化，帮助顾客更好地感知服务价值，认识和理解服务产品的利益、功能或效应。

二、有形展示的作用

有形产品的营销管理首先强调创造抽象的关系，而服务营销管理则将注意力集中于通过多种有形的线索来强调和区分事实。对服务型企业而言，服务展示管理是第一位的。服务型企业通过对服务工具、服务人员、服务设施、服务信息资料以及其他顾客等有形服务线索进行科学管理，增强顾客对服务价值的认识、理解和接纳，为顾客服务消费决策及行为提供服务线索的信息。

有形展示是服务价值传递的重要环节和关键载体，是企业服务市场定位的市场体现（见图 9-1）。因此，服务型企业在进行服务营销管理时，应该特别考虑对有形因素的操作，有形展示作为服务型企业实现其服务可视化、具体化的重要手段，在服务营销管理中发挥着重要的作用，主要表现在以下几个方面。

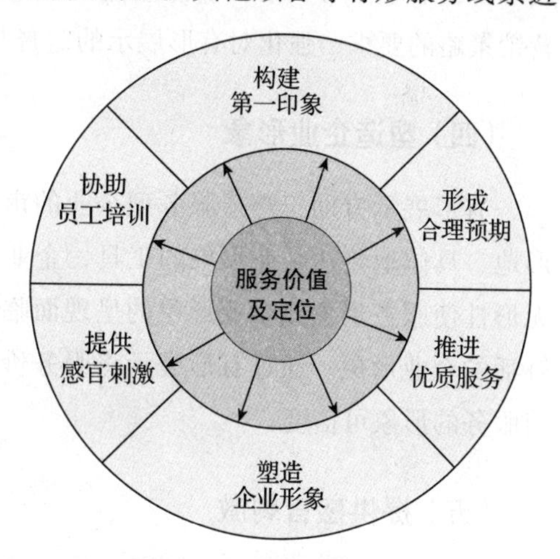

图 9-1　有形展示与服务价值及定位的关系

资料来源：郭国庆．服务营销 [M]. 4 版．北京：中国人民大学出版社，2017：212，有修改。

（一）构建第一印象

有形展示有助于影响顾客对服务第一印象的构建。对于大多数新顾客而言，在服务消费前往往会根据第一印象对服务的品质及效用做出判断。因为服务是抽象的、不可能感知的，所以有形展示作为传递服务价值的载体，无疑是顾客获取第一印象的基础，而有形展示的好坏将直接影响顾客对服务型企业的第一印象。例如，参加“豪华旅行团”去旅游的顾客在抵达目的地时，如果接旅客去酒店的专车竟然残破不堪，便马上会产生“货不对路”的感觉，甚至可能有上当受骗、忐忑不安的感觉；反之，如果接送车辆与导游的服务能够让人喜出望外，顾客则会觉得在未来随团的日子将过得舒适愉快，进而增强对旅游公司服务质量的信心。

（二）形成合理预期

有形展示有助于引导顾客对服务产生合理的期望。顾客对服务是否满意，取决于服务带来的利益是否符合顾客的期望，服务价值是否能够满足顾客的需求。但是，服务的无形性使顾客在使用服务之前很难对服务做出全面、正确的了解，对服务的功能及利益的期望也是非常模糊，甚至有些过高期望。不切实际的期望又使顾客会错误地评价服务，即做出负面评价，而运用有形展示则可以让顾客在服务消费前具体地把握服务的特征与功能，进而对服务产生合理期望，避免因顾客期望过高、难以满足而造成负面影响。

（三）推进优质服务

有形展示有助于服务型企业整合改进服务价值创造与传递过程，提升服务品质。服务质量的高低并非由单一因素决定。大部分顾客根据多重服务特质来判断服务质量的高低，而有形展示正是服务可感知的组成部分。顾客不仅会根据服务人员的服务过程，而且会根据各种有形展示的因素来评估服务品质。与服务过程相关的服务环境、服务设施、服务人员等有形展示都会影响顾客的感知服务质量。因此，服务型企业应该根据目标顾客的服务需求和整体营销策略的要求，强化对有形展示的监督与管理，为顾客创造良好的消费环境。

（四）塑造企业形象

有形展示有助于塑造服务型企业的市场形象。有形展示是服务的组成部分，也是最能有形地、具体地传达企业形象的工具，企业形象或服务形象也是属于服务的组成部分。服务的无形性使服务形象或企业形象的呈现面临巨大挑战，而看得见、摸得着的有形展示塑造的是鲜活的企业形象；通过有形展示将服务价值表现在顾客可感知的载体中，提高了企业提供优质服务的形象可信度。

（五）提供感官刺激

有形展示有助于通过感官刺激，让顾客感受到服务所带来的益处。顾客购买行为理论强调，产品的外观能否满足顾客的感官需求将直接影响到顾客是否真正采取行动购买该产品。同样，顾客在服务消费时，也希望能够从感官刺激中寻求到影响消费行为的一些信息。此外，服务的有形展示还能够给顾客带来感性认识，影响顾客的情绪。例如，顾客期望五星级酒店的外形设计能够具有视觉冲击力和设计感，期望高格调的餐厅提供愉悦的用餐氛围。因此，服务型企业的有形展示实质是通过有形物体对顾客感官方面的刺激，让顾客感受到无形的服务能够带来的好处或利益，进而影响顾客对服务的需求。

（六）协助员工培训

有形展示有助于服务型企业重视服务人员在服务价值传递过程中的作用，推动企业强化员工培训。服务人员是有形展示的重要构成部分，也是服务型企业内部营销的对象。作为企业内部顾客，服务人员首先需要理解和认识所提供服务的功能与利益，进而在服务价值传递过程中承担关键角色。因此，服务型企业必须高度重视员工培训，使其掌握服务顾客的基本知识和技能，并成为有形展示中的关键部分。

服务案例

星巴克的气氛

星巴克十分擅长营造气氛，为顾客提供咖啡之外的“体验”。重烘焙极品咖啡豆是星巴克味道的来源，加上“四禁”政策——禁烟、禁止工作人员用香水、禁止化学香精的调味咖啡豆、禁售其他食品和羹汤，力保店内充满咖啡自然醇正的浓香。在柔和的暖暖灯光下，恣意流畅在星巴克的是一种悠闲和自在，尽情地享受在嘈杂和忙乱的工作和生活的节奏中偷得片刻的闲暇。

星巴克在色调上一般用的是暗红和橘黄色，加上各种柔和且略带暖色的灯光，以及体现西方抽象派风格的一幅幅艺术作品，再摆放一些流行时尚的报刊、精美的欧式饰品等，写一些诸如“咖啡是你一辈子的情人”等温存的话语，那种亦真亦幻的氛围就出来了，人们在这里交往就会觉得非常富有亲和力。

在这里，轻松的爵士取代了严肃的歌剧和古典乐，店内经常播放一些爵士乐、美国乡村音乐以及钢琴独奏等。这些正好迎合了时尚、新潮、追求前卫的白领阶层，他们天天面临着巨大的生存压力，十分需要精神安慰。星巴克还会尽量选一些舒缓、优美的轻柔音乐，使人们沉醉其间，增加消费。

此外，合伙人之间对话的悦耳腔调、吧台师傅煮咖啡时的嘶嘶声、将咖啡粉末从过滤器敲击下来时发出的啪啪声、用金属勺子铲出咖啡豆时发出的沙沙声，以及打奶泡的吱吱声，都让顾客备感亲切舒服。

为了使星巴克的咖啡文化更深入影响顾客，他们在墙上运用了古香古色的壁画、演绎咖啡历史的图片、咖啡器皿的陈列、随手可及的大吧台上挤满了供顾客DIY的工具……这一切的一切都默默地、持续地、无形地植入顾客的心田。

资料来源：苏朝晖.服务营销管理[M].北京：清华大学出版社，2016：134.

三、有形展示的基本类型

在有形产品营销中，有形展示基本上就是产品本身及销售渠道；而在服务营销中，有形展示所涵盖的类型比较广泛。服务型企业不仅将环境视为支持和反映服务质量的有力证据，而且将有形展示的内容由环境扩展至所有用以帮助服务价值传递的实体产品及设置。因此，在服务营销管理中，所有一切可传达服务特色及优点的有形组成部分都可以视为有形展示的基本范畴。

不同类型的有形展示对顾客的服务消费心理及行为具有不同程度的影响。从不同的角度可以对有形展示进行不同的分类。其中，根据有形展示能否被顾客拥有，可以分为边缘展示和核心展示两类。边缘展示是指顾客在顾客购买过程中能够实际拥有的展示，这类展示很少或根本没有价值，如电影院的入场券，它只是一种顾客的服务使用凭证。核心展示与边缘展示不同，它在顾客的服务消费过程中不能为顾客所拥有。但是，核心展示比边缘展示更重要，因为在大多数情况下，只有这些核心展示能够符合顾客需求时，顾客才会做出购买决策。例如，宾馆的级别、银行的形象、出租汽车的类型等，都是顾客在消费这些服务时首先会考虑的核心展示。根据服务展示的内容可以将其分为服务条件展示、服务信息展示和服务人文展示三大类。

（一）服务条件展示

服务条件展示主要包括服务型企业或服务场所的建筑物、设施、工具、用品，以及内部装饰、场地布局、陈列设计等。例如，医院的服务条件包括建筑物、医疗设备、候诊区、诊断室、护理室、病房病床、停车场等，邮政快递的服务条件主要包括邮件包装、运输车辆、计算机等。

（1）建筑物。建筑物的规模、造型、使用的材料以及与邻近建筑物的比较，都是塑造顾客观感的因素，因为它们往往能传达气派、牢靠、进步、保守等各种印象。建筑物对塑造服务型企业形象起着重要的作用，在不同的情景下会传达不同的服务信息。

（2）设施。服务型企业可以利用服务设施来传达服务能力、服务质量和服务形象，展示为顾客提供优质服务的条件。例如，医院为了满足病人家属要求，在手术室外设立“爱心电视包厢”，供家属通过电视观看手术情况。不仅满足病人家属的“爱心”需要，更能够满足作为“顾客”的病人本身的需要，即在亲人的“陪伴”和监控下，手术的安全感和可靠感会大大增强。

（3）工具与用品。工具与用品是指服务型企业为顾客传递服务的媒介、载体或顾客自助工具，如零售商场的手推车，饭店的菜单等，都是影响顾客服务感知的因素。在大多数情况下，工具与用品均是顾客对服务品质及效用判断的重要有形线索。例如，4S 店维修车间的维修设备及工具，是顾客对其维修服务水平进行判断的重要标志。

（4）内部装饰及陈列设计。内部装饰与陈列设计是指对服务场所的设施、装饰物件、场地布局、行走路线等进行的规划设计。服务型企业可以通过适当的装饰、严谨的布局和独特的陈设突出企业的服务宗旨和服务特色，展示服务质量和管理水平。

总之，每个顾客都希望接受的服务条件尽可能是优质的，如卫生、整洁、宽敞等，为此服务型企业就应该努力为顾客创造良好的消费条件与环境。例如，天气炎热的时候，顾客希望有一个凉爽的环境：如果需要排队或等候，顾客希望有椅子，最好还有一些轻松的读物以消遣时间；如果顾客带着孩子，则会希望能提供一个可以临时托管孩子的场所，或能提供孩子玩乐的设施；如果顾客需要电话进行沟通或办事，则希望有一个安静的环境或者能有隔音的装置。因此，对服务型企业而言，良好的服务条件展示，是优质服务重要的物质基础，是服务价值的重要物质载体。

（二）服务信息展示

在服务展示中，服务型企业应该尽可能地运用相关信息包括各种提示、暗示等来显示服务水平。服务信息展示主要包括标志与指示、价格目录、宣传品及服务的图片、影像、荣誉证明、服务理念等反映服务内容、品质及效果的信息材料。

（1）标志与指示。服务型企业的标志和指示可以用以传达服务信息。例如，中国国家旅游局于1983年以甘肃武威出土的东汉文物——天马和风神龙雀为原型，设计中国旅游业的图形标志，象征我国悠久的历史文化和灿烂的中华文明，以及具有的丰富旅游资源。

（2）价格目录。在服务市场，价格是顾客评价服务品质及形成顾客期望的重要线索，因此，以合理的方式全面、准确地展示服务项目及相关定价，是服务型企业信息展示的重要内容之一。例如，随着移动智能终端的普及，酒店餐饮服务中的菜单已经逐步开始由纸质菜单向电子菜单进行转变；电子菜单不仅可以形象直观地对菜品进行展示，还能及时调整供需，避免因菜品缺货而影响顾客兴致。

（3）宣传片及服务证明。服务型企业通过宣传品、图片、视频等信息材料可以展示服务设备的数量和先进程度，员工数量及素质水平，服务历史及成果等，从而展示企业的服务能力和水平。例如，管理咨询公司经常将已服务的顾客名单作为企业服务水平和能力的重要证据，康复医院也会将成功的患者案例进行展示以凸显医院的服务能力。

（4）荣誉证明。服务型企业可以通过成功的服务案例，或政府、行业协会等权威机构，或第三方机构评价结果，如行业排名、获奖证明、荣誉、领导或政府的褒扬、奖励等方面的信息来宣传服务规模、质量和水平。此外，员工的学历、技术等级证书、服务能手称号也是服务型企业综合实力的体现。例如，职业认证培训机构可以将较高的认证通过率、学生满意度等指标，作为自身服务能力和质量的信息进行展示。

（5）服务理念与口号。服务型企业可以通过服务理念、服务口号来展示本企业的服务宗旨，使顾客认识到企业的真诚，从而增强顾客对企业的信心。服务理念是指服务型企业用语言或文字向社会公布和传达本企业的经营思想、管理哲学和服务文化。服务口号则是服务理念的进一步细化和口语化表达。例如，中国国航以“四心”服务理念，即放心、顺心、舒心、动心，承载“爱心服务世界、创新导航未来”的企业愿景；龙湖物业服务集团则秉承“善待你一生”的服务理念，坚持为客户提供“满意＋惊喜＋幽默＋乐趣”的物业服务。

（三）服务人文展示

由于服务具有高度的顾客参与和互动特征，而顾客总是希望置身于温馨、舒适、亲切的服务环境之中，这就要求服务型企业为顾客营造“宾至如归”的人文环境。服务人文展示包括服务场所的气氛、服务人员的形象、其他顾客的形象等。

（1）服务场所的气氛。优雅、舒适、轻松、愉快的气氛能够展示服务的舒适程度、文明程度、亲切友好程度，能够吸引顾客，提高顾客的满意度。影响服务场所氛围的因素除了设计、装饰、布局外，还包括气味、声音、色调、灯光、温度等。服务型企业需要营造一个服务目标顾客需求，体现服务特色的服务场所氛围。

（2）服务人员的形象。服务人员的衣着、打扮、言谈举止都会影响顾客对服务型企业及服务产品的判断与评价。整洁配套的制服、落落大方的仪表、训练有素的举止，能够让顾客相信能获得优质的服务。同时，顾客对某些服务人员的外表存在特殊的期望。例如，身材高大魁梧的保安人员能够使顾客产生安全感，仪容清爽、制服整洁、动作敏捷的厨师可以提高顾客的食欲。

（3）其他顾客的形象。在大多数服务的消费过程中，除了服务人员还有其他顾客存在于服务场所，而其他顾客的形象和举止会对顾客的服务期望及体验造成影响。当顾客之间志趣相投或和谐共处，就会对顾客产生积极的影响；反之，顾客之间相互的破坏行为、过度拥挤、彼此冲突，则会产生消极影响。

服务洞察 9-1

酒店有形展示的内容及策略

有形展示是酒店传递自身服务形象的一个全局性营销策略，通过对酒店的建筑物、服务场景、服务设备、宣传资料以及酒店整体形象等有形物的设计和管理，能够有形地、具体地向顾客传递本酒店区别于其他连锁酒店的特殊形象。

（一）酒店有形展示的内容

凡是能够表达酒店加盟产品和服务特征的载体都可称为“有形展示”，如酒店的标志、布局、装饰、服务人员、陈设、家具、氛围等。酒店市场营销组合中，有形展示主要包括物质环境、信息沟通和价格三大部分。

（1）物质环境。物质环境包括环境因素（酒店的气味、通风度、声音等）、设计因素（酒店建筑风格、式样、布局等）、社交因素（服务环境中的顾客和服务人员）。物质环境能够帮助宾客通过视觉、嗅觉、听觉和感觉全方位感受酒店设施、服务和形象特征，主要包括宾客在接触酒店时所能感受到的周边环境、设计风格和人员接触方面的有形体验。

（2）信息沟通。信息沟通指酒店对宾客进行酒店信息的基本传递，如广告宣传、酒店标志、顾客口碑传播等。不同形式的信息沟通都可以成为传递有关服务和产品的线索，使酒店的服务和产品更具有形性，使宾客在饭店消费时明白清楚，从而产生信赖感。

（3）价格。价格既是营销因素组合中的重要组合因素，同时也是对酒店服务和产品的可见性展示。顾客可以根据酒店的价格来判断酒店服务档次。

（二）酒店有形展示策略

在酒店服务营销管理过程中，酒店应从物质环境着手进行有形展示的应用：关注酒店的整体氛围，通过良好的通风、清新的空气、明亮柔和的灯光、干净卫生的大厅和客房等塑造酒店和谐的氛围；注意从酒店外观、式样、服务场所、标志设计等方面迎合客人喜好。如用浅蓝色的色调、高雅的绘画、柔和的灯光体现简约、明朗的特色，用明亮醒目的色彩作为酒店主体外观的主色调，用容易识别的标志、路标、地图等指引宾客。

酒店还应注意用服务人员的数量、外表、服饰和行为影响宾客的购买决策。另外，酒店要尽量使服务有形化，使信息有形化，使信息沟通及时被顾客所感知。同时，制定合理的价格，避免名不副实，通过价格给宾客一个实实在在的有形展示。

资料来源：李克芳，聂元昆．服务营销学 [M]. 北京：机械工业出版社，2015：174-175.

第二节 认识服务场景

一、服务场景的内涵与形式

由于服务具有生产和消费不可分离性特征，大多数情况下顾客都会参与服务过程，并与服务型企业或服务人员发生服务接触。因此，顾客服务接触的场所既是服务价值传递的现场，又是影响顾客感知服务价值的外部环境。

（一）服务场景的内涵

服务场景（service scape）也称服务环境，是指服务型企业及服务人员向顾客传递服务价值的场所或环境，它不仅包括支持和影响服务过程的各种设施设备，还包括影响服务过程及结果的各种无形因素，如环境氛围等。服务场景在形成顾客期望、影响顾客经历和实现服务型企业的组织目标等方面均发挥着重要的作用。从吸引顾客，到保留顾客，再到提升顾客关系的服务型企业顾客关系管理过程中，服务场景都扮演着重要的角色。

服务场景与有形展示存在一定联系与本质区别：服务的有形展示是服务价值传递的重要载体，它既可以存在于服务场所之内，如酒店大堂、银行营业厅、飞机客舱、培训课堂等；也可以广泛地存在于服务场所之外，如户外形象广告、企业公关活动、直邮服务目录等。然而，服务场景特指在服务型企业或服务人员传递服务价值的场所或环境，是指服务交付过程中的外部环境。因此，从某种意义上讲，服务场景是特定时空范围内的服务有形展示，强调所承载的服务价值传递功能，是服务型企业有形展示的集中体现。

（二）服务场景的类型

从广义角度讲，在顾客参与及互动的服务过程中，对顾客的服务期望、服务经历及服务效用感知产生影响的所有有形和无形因素均可以视为服务场景的构成范畴。根据服务场景构成的多重要素，以及其对达成企业服务营销管理目标的重要性不同，美国亚利桑那州立大学教授玛丽·比特纳从服务场景主角和服务复杂程度两方面对服务场景进行分类（见表 9-1）。

表 9-1 服务场景的类型

服务场景的复杂程度	服务场景的用途	
	复杂的	简单的
自助服务（仅有顾客）	• 高尔夫球场 • 冲浪现场 • 自助洗车 / 加油	• ATM 机 • 中国移动 10086 电话查询 • 互联网服务
交互服务（顾客与服务人员同时存在）	• 饭店 • 餐厅 • 保健所 • 医院 • 银行 • 航班 • 学校	• 干洗店 • 烧烤摊 • 美发厅
远程服务（仅有服务人员）	• 保险公司 • 公共事业公司 • 众多的专业服务	• 自动语音信息服务

资料来源：根据“Bitner M. Service scape：The Impact of Physical Surroundings on Customers and Employees[J]. Journal of Marketing，1992, 56(2): 52-63”相关内容改编。

根据玛丽·比特纳的观点，在一般情况下服务场景中的主角有三种情况：①仅有顾客，即自助服务场景；②仅有服务人员，即远程服务场景；③服务人员和顾客同时存在，即交互服务场景。同时，以上三种不同服务场景又可以划分为复杂和简单两种类型。对服务场景进行分类的营销意义可以从两个方面进行理解。

（1）服务的类型不同，服务场景产生的影响便不同。因此，服务型企业要分清是谁，即顾客、员工分别进入，或是共同进入服务场景并受其影响。自助服务是一个极端，几乎没有服务人员，顾客是服务过程的主角；另一个极端是远程服务，顾客参与很少，甚至不参与如完全自动化，服务人员是服务过程的主角；介于两者之间的是交互服务，顾客和服务人员均置身于服务场景之中。

针对不同的服务场景，服务营销管理应该有不同的侧重点：①对于自助服务场景，服务型企业应该重点关注的服务营销管理目标，包括鼓励和刺激目标顾客试用、提供高品质的服务设施设备、推动自助服务过程标准化等；②在远程服务中，服务型企业进行服务设施设计应该专注于服务人员的需求和偏好，尽可能激励和方便服务人员开展服务工作，加强团队合作，提高服务响应的效率和准确性；③在交互服务场景，服务型企业的服务场景设计要兼顾服务人员和顾客的双方需求和偏好，满足和支持顾客和服务人员双方的互动需求；同时，需要考虑顾客之间、服务人员之间的交叉活动，提供适当的互动空间。

（2）依据服务复杂程度不同，服务场景可以分为简单和复杂两种情况。简单型服务场景的设计因素及设施设备并不多，例如，干洗店、理发店、银行 24 小时自助服务厅等都是相对简单的服务，所以服务场景的设置相对比较简单，并且以功能性布局为主。复杂型服务场景则包含很多有形与无形因素，如医院、投资金融服务、法律咨询等，既包含重要的服务条件及信息因素，还涵盖较多的人文因素。

二、服务场景的核心功能

根据环境心理学理论观点，顾客利用感官对有形物体的感知及由此所获得的印象，将直接影响顾客对服务产品质量及服务型企业形象的认识和评价。顾客在进行服务消费决策时，会根据可以感知到的有形物体所提供的信息对服务产品做出判断。因而，对服务型企业而言，借助服务价值传递过程中各种有形要素有助于实现传播服务信息，树立服务形象，构建顾客关系等系列目标。服务场景作为推动服务型企业将无形服务可视化和形象化的有效手段，在服务营销管理中占有重要地位，其核心功能主要表现在四个方面。

（一）包装功能

与有形产品的包装一样，服务场景也是服务的“包装”，并以其外在形象和设计内涵向顾客传递市场信息，即服务场景是服务产品的“脸面”，展示服务的关键信息和整体形象，它影响顾客进行服务接触的第一印象。因此，包装功能是服务场景的首要功能。

服务场景的包装功能主要体现在：①展示服务的整体形象。服务场景就像产品的包装一样，向目标顾客表达服务的综合信息，展示服务的整体形象。例如，整洁、有序、安全的银行营业厅的布置和氛围，能够体现出高品质金融服务的整体形象要求。②体现服务的市场定位。服务场景所传达出的信息能够体现服务型企业所选择的服务市场定位。例如，星级酒店和快捷酒店的大堂装饰及陈列，体现了两类酒店不同的服务市场定位，及其所服务的目标顾客群体。③传达服务的功能信息。服务场景能够体现服务型企业向顾客传递服务的基本性能及参数，让顾客对服务产品形成合理预期。例如，加油站的服务场景能够准确地向顾客传递相应的服务内容及标准，是否要求顾客自助加油，是否提供洗车服务，是否进行零食售卖等。

（二）辅助功能

服务场景可以作为辅助物为参与服务互动的顾客或服务人员提供支持，以实现服务价值的有效传递。事实上，服务场景所包含的功能部分，如银行服务大厅的排队叫号机、自助服务终端、自助存取款机、自动复印打印机等设施设备，能够为服务传递提供物质基础，辅助服务型企业实现服务价值的传递工作。因此，服务场景的设计能够促进或阻碍场景内服务传递活动的进行，推动或延迟顾客和服务人员的目标达成。

服务场景中，设计良好的功能设施可以使顾客将接受服务视为愉悦的消费经历，而服务人员会认为提供服务是一件高兴的事情；相反，不理想的服务场景会使顾客和服务人员双方都感到失望。例如，旅客在搭乘国际航班时发现中转的某个机场缺少指示牌，通风条件也不好，没有足够的休息座位并且很难找到用餐的地方，因此旅客会对该机场的服务不满意，同时服务人员也会因为缺乏足够的组织支持而丧失工作积极性。

（三）交际功能

由于服务的生产与消费不可分离性，使得顾客参与及服务互动成为服务价值传递过程中的重要内容。服务场景则是为有效的服务互动提供外部条件，为服务人员与顾客之间、顾客之间及服务人员之间的交流和沟通提供必要场所，即服务场景的交际功能。

服务场景有助于服务人员及顾客双方的互动与交流，以有效传递彼此的期望和关切，推动服务消费行为的达成和顾客关系的建立。同时，服务场景还能够给予服务人员和顾客约束，使双方明确在服务价值传递过程中彼此需要遵守的规则或职责，确保服务传递过程的有序进行。例如，话务中心服务人员进入工作岗位，服务场景中的语音设备及工位陈设等因素使其明确话务人员的工作职责，按照企业要求提供语音服务；观众进入电影院，服务场景中的观影氛围和其他顾客等因素使其明确顾客的观影规则，顺利地参与观影活动。因此，服务场景能够从物质和心理两方面给予场景内的顾客及服务人员有效的服务支持和积极的心理暗示，确保服务互动及参与过程的有序进行。

（四）区隔功能

服务场景是服务型企业差异化竞争优势的重要来源。服务场景的区隔功能体现在竞争区隔与市场区隔两方面。通过对服务场景的个性化、标签化设计，可以将本企业与行业内提供相同或相似服务的主要竞争对手进行有效区分，进而形成独特的企业及服务形象，即服务场景的竞争区隔功能。例如，不同商业银行的服务大厅设计、不同星级酒店的大堂装饰、不同医院的诊室分布，均能够实现服务场景的竞争区隔功能。

同时，服务场景也具有区隔细分市场的功能。服务型企业通过特定的服务场景设计，表明本企业所指向的具体服务细分市场，从而实现目标市场的区隔，即市场区隔功能。例如，文艺型书店通过充满人文和艺术气息的店面设计，以迎合具有小资文艺范的目标顾客需求；七星级酒店通过充满奢华和富贵气息的大堂设计，以满足具有超高服务品质需求的目标顾客群体。

服务洞察 9-2　**服务场景对顾客行为影响的理论框架**

美国亚利桑那州立大学教授玛丽·比特纳在环境心理学理论模型的基础上，提出服务场景模型（见图 9-2）。该模型的重要贡献在于它将员工反应添加到服务场景的考虑因素中，毕竟，员工在服务场景中度过的时间要比顾客多很多。因此，对服务型企业而言，意识到优质的服务场景能够提高（至少不会降低）服务人员的服务产出和服务质量是至关重要的。

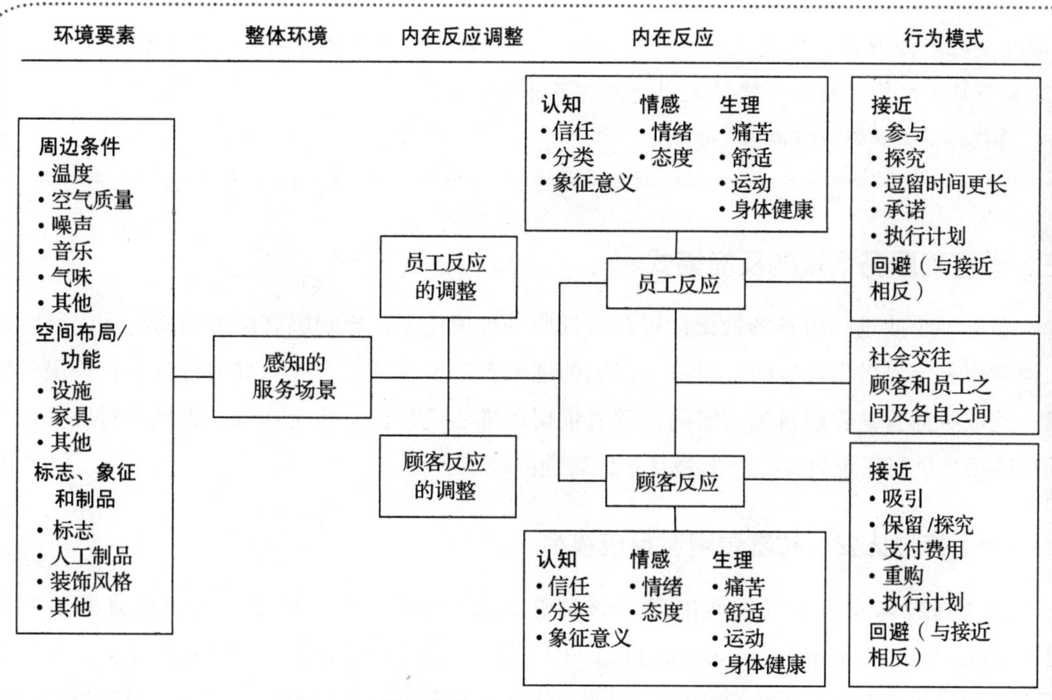

图 9-2　服务组织中环境－使用者关系框架图

资料来源：Bitner M. Service scape：The Impact of Physical Surroundings on Customers and Employees[J]. Journal of Marketing，1992, 56(2): 52-63.

依据比特纳提出的模型，服务场景中的环境要素可大致分为三类。①周边条件，包括温度、照明、音乐、香味和颜色等。这些因素会影响顾客对特定服务场景的感觉和反应。②空间布局和功能。空间布局是指设施、设备和家具陈设的摆放方式，以及其大小、形状和空间关系；功能是指设施具备辅助顾客或员工完成服务活动的能力。③标志、象征和制品。它们可以暗示给使用者以某种含义，在受众的头脑中形成第一印象，并能够帮助传递新的服务概念。当顾客对一种新的服务设施不熟悉时，会寻求环境的提示来帮助自己进行判断和分析，从标志和象征上面往往可以方便地获得有用信息，从而形成顾客期望。

内在反应是指顾客和员工对其所处的服务场景在认知、情感和生理上产生的反应。个体感知到的服务场景并不能直接引起某些行为，这些行为往往是在各种内在反应的相互作用和联系下产生的，个体对某个环境在认识方面的反应会影响其情感反应，反之亦然。内在反应的调整是指那些引起不同个体对同一服务场景产生不同反应的因素，包括个体的个性差异和临时状态，如当时的情绪和目的。

个人行为是指个体对一个地点或环境的不同反应，接近和回避是两种基本的个人行为：前者包括愿意参与、吸引、停留、探究、重购和执行计划等；后者则恰好采取与之相反的行为。服务场景不仅影响顾客和员工的个人行为，而且影响顾客与员工之间的互动和交往。如身体的接近程度、座位的安排、空间的大小和环境要素的灵活性等规定了顾客与员工之间、顾客与顾客之间交流的可能性和限度。

资料来源：根据相关资料改编。

三、顾客对服务场景的反应模式

服务型企业进行服务场景设计旨在实现服务价值传递，影响顾客服务消费行为。顾客是如何对服务场景做出反应的？对这一问题的理解有助于服务型企业更好地设计和管理服务场景，达成服务营销管理目标。国内外学者依据环境心理学相关理论观点，就顾客对服务场景的反应模式进行系统研究，以下是具有代表性的观点。

（一）梅拉比安－拉塞尔刺激反应模型

感觉是顾客对服务场景做出反应的主要动因。梅拉比安－拉塞尔刺激反应模型（the Mehrabian-Russell stimulus-response model）作为一个简单而基础的模型（见图 9-3），解释了顾客是如何对服务场景做出反应的。该模型认为，有意识或无意识的感知以及对环境的解释影响个体在环境中的感觉。与此相对，个体的感觉也会影响其对环境的反应。感觉是梅拉比安－拉塞尔刺激反应模型的核心要素，正是个体的感觉，而不是观念或想法驱动其行为，形成对环境的反应。例如，在人类社会，个体是环境的产物，因而无法简单地避免与环境的接触，但是拥挤、被别人妨碍、缺乏感知控制以及不能尽快实现自我意愿等障碍会使个体产生望而却步的不愉悦感觉。但是，如果个体换一种思考角度，将生活中与人接触视为一种享受，体会其中的愉悦和兴奋，将使个体产生乐于融入并进一步探索环境的感觉。

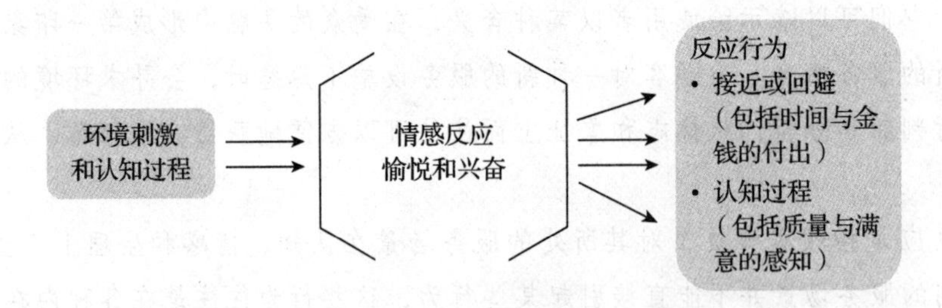

图 9-3 梅拉比安－拉塞尔刺激反应模型

资料来源：Wirtz J, Lovelock C. Essentials of Services Marketing[M]. 3rd ed. Edinburgh Gate: Pearson Education Limited, 2018：304.

在环境心理学中，典型的结果变量有两个：对环境的“接近”或是“回避”。当然，在服务营销管理中，服务型企业可以补充一系列企业较为关注的结果变量，如顾客的消费金额与频次、顾客的满意度、服务产品的口碑等。

（二）拉塞尔情感模型

由于感觉在顾客理解并应对环境的过程中扮演着重要角色，因而需要更深入地理解感觉。拉塞尔情感模型（the Russell model of affect）被广泛地应用于帮助理解服务场景中的感觉（见图 9-4），并提出在环境中，情感反应可以表现为两个基本维度：愉悦和兴奋。愉悦是个体对环境的一种直接的、主观的反应，它取决于个体对环境喜欢或厌恶的程度。兴奋是指个体感觉刺激的程度，其范围从深度睡眠（最低级别的内在活动）到血液中的肾上腺素达到最高水平（最高水平的内在活动），如蹦极等运动。愉悦的主观性要比兴奋的主观性更强，兴奋很大程度上取决于信息率或环境负荷。例如，复杂的环境信息率高，充满刺激性，包括运动或变化，并有新颖的和令人惊讶的元素；信息率低、放松的环境则具有相反的特点。

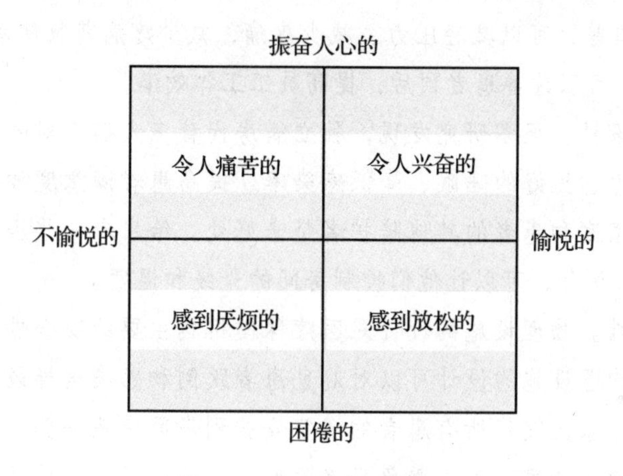

图 9-4 拉塞尔情感模型

资料来源：Wirtz J, Lovelock C. Essentials of Services Marketing[M]. 3rd ed. Edinburgh Gate: Pearson Education Limited, 2018: 306.

为何个体所有的感觉和情感能够用愉悦和兴奋两个维度进行解释？拉塞尔情感模型从这两个基本维度区分了情感的认识或思考，将其从情感中分离出来。因此，服务失败产生的愤怒情感可以表现为高度的兴奋和高度的不愉悦两种状态，与认知归属过程相结合，它们将处于“令人痛苦的”象限内。当顾客将服务失败归因于企业，例如，顾客认为服务失败本来是可以避免，但企业并没有采取相应的措施进行规避，从而强大的认知归因过程直接会引起顾客的兴奋或不愉悦。类似地，许多其他感情也能够被分解为认知和情感成分。

拉塞尔情感模型的最大优势在于它的简单化，因为它允许在服务场景中对顾客的感觉进行直接评价，服务型企业就能够为情感状态设定目标，以引导服务营销管理活动。例如，经营蹦极或过山车等娱乐项目的服务型企业希望顾客感到兴奋；主题公园则希望顾客感到愉悦；银行则希望顾客感到安全、有保障等。

服务洞察 9-3

医疗保健的服务场景与幸福感

在服务场景设计领域越来越多的有力证据表明，医疗保健环境的设计对患者、家庭和员工幸福感有深远的影响，尤其是调查表明了压力减轻、患者满意度提升，以及安全性增强都受到医疗设施的设计影响。

（1）声音、音乐和噪声降低。研究表明，减少噪声和播放愉悦的声音，比如流水声或者音乐，能对患者和医院员工产生积极的影响。作为医院和其他医疗机构不断的挑战，将噪声最小化，可以降低睡眠障碍和压力，降血压。噪声还会使医生和护士分心，导致更大的压力、交流中断、错误，所以降低噪声同样可以使员工受益。

（2）自然和视觉分散。研究表明，视觉分散可以将患者注意力从疼痛和消极情绪中转移，提升心理和情感上的幸福感。特别是自然分散，包括花园、室内绿植、可以看到室外自然风光的窗口等，可以减轻压力、减少疼痛，减少疼痛药物使用，加速健康修复。自然光也非常有益，可以改善患者预后，提高员工工作效率。

（3）独立病房设计。很多研究发现，独立病房代替多人病房对患者更加有益。带来的好处包括减轻压力、更好的睡眠、降低感染率、提高患者满意度和缩短住院时间。独立病房同样可以给家庭和患者的其他陪护者带来好处。给患者一些房间设计的控制权同样具有积极的意义，例如，可以让他们控制房间的光线和温度。

（4）患者安全性。物理设施的设计对医疗保健机构主要的安全性方面的问题具有极大的影响。例如，物理设施的设计可以对避免患者跌倒和感染这样最主要的安全方面的问题产生影响。有一家医院将所有患者的浴室安排到房间床头一侧。这个简单的设计避免了患者穿过房间使用浴室，可以避免患者跌倒。灵活的房间设计可以将设备暂时搬入房间中，这样可以帮助避免在患者住院期间转移到不同的位置。换句话说，设备找人比人找设备好得多。调查表明将患者从一个房间转移到另一个房间会提高医疗错误、患者跌倒和感染的概率。

目前，医院管理者、设计者以及工程师正在关注上述研究成果。为避免患者转院，许多新医院在设计时，只有单床房、尽可能自然采光、播放音乐、有花园、有高科技医护人员呼叫器（参见电影《星际迷航》的呼叫器）、有几种护理站以及适用性强的客房。它们还提供家庭休息室、餐饮区以及过夜用的住宿设施，以便于改善患者和家庭的幸福感和满意度。

资料来源：Zeithaml V, Bitner M, Gremler D. Services Marketing[M]. 7th ed. New York: McGraw-Hill Education, 2017：294.

第三节 服务场景的设计

一、服务场景设计的原则

服务场景作为服务有形展示的核心内容，在服务型企业传递服务价值的活动中扮演着重要角色。理想的服务场景是企业增强服务竞争力，建立和维持顾客关系的基础。因此，有效地设计服务场景是服务型企业进行服务营销管理的重要活动。同时，由于服务业涵盖内容非常广泛，服务行业和企业类型众多，服务项目的形态和功能各异，服务需求特征和偏好极具个性化，使服务型企业的服务场景设计面临巨大挑战。为了获得理想的服务场景，服务型企业在场景设计全过程中需要遵循以下原则。

（一）理念与形象统一

服务型企业的服务理念应该统一于服务场景设计，即服务场景集中反映企业的服务理念。要求服务场景中的各个要素必须相互协同，共同营造形式统一且重点突出的服务型企业及服务形象，避免因细微的不协调因素破坏服务的总体形象。

（二）服务与场景匹配

服务型企业应该坚持服务的核心利益或效用决定服务场景设计的关键参数，场景设计要为服务的本质特征及关键属性提供暗示。例如，色彩明快的彩色瓷砖以及附带适当的运动设施，是幼儿教育机构服务场景的重要构成。

（三）美学与实用平衡

服务场景的漂亮和美观是吸引顾客的重要因素，但是为服务价值传递提供支持是服务场景的核心功能。因此，服务场景设计要在美学与实用方面寻求平衡，既要避免服务场景的“华而不实”，让顾客对服务效用和利益缺乏高水平感知，又要避免“实而不美”的服务场景缺少对顾客的吸引力。

（四）标准与特色兼顾

服务场景的设计必须坚持标准化处理，特别是对连锁性质的服务型企业而言尤为重要。标准化能够确保服务质量品质，以及服务过程可控，是服务型企业针对服务异质性等特征采取的应对之策。但是，针对不同区域及不同顾客群体，服务场景的设计需要体现区域或顾客等方面的特色，以增强服务场景的感染力和吸引力。例如，连锁酒店在不同省市的门店设计，除了保证场景设计的标准化部分，还可以体现不同地域的风土人情等文化特征。英语教育机构针对幼儿英语、中小学英语、出国英语等不同学员群体，在教室及休息场所的设计方面也需要体现不同类别学员的群体文化及个性特征，以增强培训过程中学员的参与水平。

二、服务场景设计的关键影响因素

服务场景设计作为服务型企业系统性、计划性的创造活动，在服务价值传递过程中具有重要作用。由于服务场景设计在服务型企业中的特殊地位，使场景设计活动受到企业内外部多方面条件和因素的影响和制约；同时，不同类型和不同行业的服务型企业，例如，银行与旅行社、医院与酒店、电商与超市等的场景设计也存在巨大差异。总体上讲，影响服务场景设计有以下关键因素。

（一）服务性质

服务型企业所提供服务的性质，尤其是核心服务的性质决定服务场景设计的基本构成和关键参数。例如，消防站必须有足够的空间安置消防车辆、值班人员和维护消防设备；银行必须要设置自助服务设备鼓励顾客自助完成基础金融服务，如小额存取款、个人汇款等业务，以分担柜台服务人员的工作压力；内科医生的办公室虽然形状和大小各异，但都必须设计能在某种程度上保护病人的隐私。同时，服务场景设计还需要传达服务市场定位信息，例如，面向高端服务需求的星级酒店，从事出国英语培训的教育机构等。

（二）组织柔性

组织柔性反映企业在持续变化市场环境中的动态适应能力。在日益变化的服务市场，服务型企业需要成为适应外部环境变化的动态组织，即柔性组织。服务产品及其传递过程对服务需求变化的适应能力在很大程度上取决于服务场景设计时赋予的柔性。因此，组织柔性要求在服务型企业进行服务场景设计时必须面对未来服务需求，即服务场景设计应该具有适应性和前瞻性。

为了体现服务场景设计的柔性水平，在服务场景的规划设计阶段需要明确一些关键问题：怎样的服务场景设计才能满足当前服务需求及未来需求的扩展？如何设计服务设施才能使之更好地适用于将来新的服务？例如，当前为顾客设计的快餐店面可能面临如何修改设施以适应顾客驾车通过窗口时的新服务需求。虽然面向未来服务市场需求进行场景设计可能会增加短期成本投入，但从长期角度看仍然可以节约服务型企业的财务资源。

（三）交互需求

服务场景的设计要利于顾客与服务人员，以及顾客之间和服务人员之间的服务互动，所以必须考虑员工和顾客的交互需求。服务场景的形式不同，如自助服务、交互服务和远程服务，交互需求的水平也不同，例如，银行 24 小时自助服务大厅、美容美发中心，以及在线旅游服务话务中心的交互需求是完全不同的。因此，服务场景设计需要在考虑服务场景形式的基础上，综合运用心理学、美学、人体工程学等学科的理论知识，充分考虑服务过程中员工和顾客的交互需求，使服务场景设计有的放矢，最终为服务价值传递过程中的顾客互动提供适宜的外部条件。

（四）外部环境

外部环境主要是指影响服务场景设计的技术、经济及社会文化科技因素。无论是建筑物、设施设备，还是场景的装修陈列，都必须基于一定的科学技术与经济条件，并体现出社会文化特征和公共要求。例如，近年不断产生的无人银行、无人超市或无人商场等，均是在大数据、云计算、物联网和移动支付技术发展的基础上形成的新兴服务场景。

同时，绿色环保、安全、人文关怀则是在新的社会文化条件下，为服务型企业的场景设计提出了更高的要求。例如，社区干洗店必须确保在场景过程中有效控制噪声、化学物质对周围环境的影响；体育场和影剧院要求设计更多的无障碍通道为残疾人提供服务便利。

三、服务场景设计的步骤与工具

从战略—战术匹配的层面看，服务场景是服务型企业的组织愿景、服务理念、服务产品、服务市场定位，乃至服务竞争力的综合体现，是服务型企业市场战略的微观体现。是否能够设计出具有竞争力、吸引力的服务场景，是服务型企业市场战略能否有效落地的评判标准之一。因此，在明确服务场景设计的原则及关键影响因素后，服务型企业需要遵循严谨的步骤、运用科学的工具开展服务场景设计工作。

（一）服务场景设计的步骤

遵循严谨的步骤是服务场景设计的基础，坚持顾客导向是包括服务场景设计在内的所有服务营销管理决策必须坚持的观点和准则。服务场景设计，既要考虑服务营销管理的因素，又要考虑组织行为的要素。从某种意义上讲，服务场景设计是一个始于顾客服务需求，终于组织行为体现的计划性、创造性过程。一般而言，服务场景设计包括以下基本步骤。

1. 洞察服务需求

在自助服务、交互服务及远程服务的诸多服务场景中，并不是所有场景都包含顾客因素，同时某些场景还涵盖服务人员因素。但从服务营销管理视角看，服务场景终究是为顾客服务的。因此，服务场景设计必须面向目标顾客，响应服务需求。

洞察目标顾客群体的服务需求是服务场景设计的第一步。服务型企业可以通过多样化的量化和质化研究方法，如问卷调查法、观察法、实验法、面板数据分析法、内容分析法等对顾客的服务需求，对不同环境的偏好和反应等重要问题进行调查和确认，形成对服务市场顾客需求的准确认知。顾客导向是任何服务营销管理活动的基本理念，只有建立在准确、全面的顾客认知基础上的服务场景设计才能够真正发挥其传递顾客价值的作用，达到预期效果。

2. 确定设计目标

在深入理解目标顾客的服务需求以后，服务型企业根据市场竞争状况、企业资源与能力现状等其他内外部环境因素，进一步明确服务场景设计的总体目标和具体参数目标，如面积、功能、装饰、容量等。明确服务场景的设计目标能够使服务场景设计的方向可辨、过程可控、结果可查，进而保证场景设计系列工作有序、高效地展开。

服务场景的设计目标一定要与服务型企业总体目标或愿景，以及服务市场定位和服务产品概念保持一致，否则容易导致服务价值传递过程中服务信息的不一致甚至冲突，让顾客产生混淆甚至混乱。因此，服务场景设计需要明确基本的服务概念、目标服务市场的需求特征，企业对未来的构思及资源状况，然后制定服务场景及其他展示策略的目标。特别是需要明确一些体现服务型企业自身行业特征与竞争意图，以及服务市场定位的关键设计目标及参数。例如，星级酒店的服务场景设计更加重视美学及服务体验方面的设计目标，经济型酒店的服务场景设计可能会更加关注运营效率和成本控制方面的设计目标。

3. 勾画场景蓝图

服务场景蓝图与服务蓝图类似，均是一种可视化的服务展示工具。但是，与描述动态服务过程的服务蓝图不同，服务场景蓝图更多是片段的、静态的服务场所视觉设计，即服务场景的设计展示或美学展示。

服务场景蓝图是一种有效描述服务场所内有形展示的方法，系统体现服务价值传递过程中的人、设备、环境等场景因素，能够从视觉上抓住服务场景中关键的设计要素和功能信息。在不连续的顾客接触中，服务场景蓝图需要反映每次顾客接触中，顾客与服务人员、服务设施，环境陈列以及其他顾客之间的交互状况。总之，服务场景蓝图应该非常清晰地记录每次顾客接触，反映每个特定服务场景中的有形展示。

4. 协调职能部门

服务场景的设计及执行并不仅是服务营销管理或服务运营部门的工作，更需要服务型企业不同职能部门的共同参与。例如，有关服务人员素质及形象的相关场景设计需要人力资源管理部门的参与，有关服务设施设备及其陈列的设计需要工程管理部门的参与，有关服务信息宣传及定价需要营销管理及销售部门的参与，有关场景设计投入及资金分配需要财务管理部门的参与，等等。因此，在服务场景的设计过程中，各个职能部门之间的协调工作、全力支持至关重要。在服务场景设计过程中，有必要组成一个跨职能部门的联合工作小组，对各职能部门的分工及协作进行总体协调，以确保服务场景设计及实施过程的顺利进行。

（二）服务场景设计的工具

在服务营销管理活动中，服务场景的设计需要确定服务场景中应该包含哪些构成要素？这些要素如何合理体现？服务场景中的哪些方面会刺激顾客？目标顾客更喜欢什么？服务型企业应该怎么做？根据约亨·沃茨和克里斯托弗·洛夫洛克在2018年出版《服务营销精要》（第3版）提出的观点，服务型企业可以灵活运用以下工具进行服务场景的设计和优化。

（1）敏锐的观察。服务型企业的部门经理、现场管理者（如店长）以及一线服务人员，对顾客在服务场景中产生的行为及反应进行细心观察、详细记录，形成周期性、系统性的总结报告。

（2）环境调查。服务型企业可以使用包括建议箱、在线反馈以及市场调研在内的广泛研究工具收集一线服务人员和顾客对服务场景的反馈意见，从中发现服务场景设计的不足或缺陷，以及一些具有创造性的改进建议。

（3）照片审核。服务现场管理人员使用照片，或邀请顾客使用照片将其服务过程及体验记录下来。这些照片可以成为服务型企业进一步调查顾客体验，改善服务场景设计的基础材料。

（4）现场试验。服务型企业可以通过现场试验来控制服务场景中的某些维度或参数，进而观察产生的影响。例如，服务型企业可以尝试将各种类型的音乐和气味进行组合，然后观察在此场景中顾客所花费的时间和金钱，并测量顾客的满意度。服务型企业还可以在实验室中使用幻灯片或视频等其他方法来模拟现实的服务场景，如计算机模拟虚拟旅游，可以有效地用于无法现场试验方式考察的情况。例如，配色方案代替、空间布局或家居风格转换等的测试。

（5）服务蓝图。绘制服务蓝图可以扩展到包括服务场景中的实物证据，使顾客参与服务价值传递的每一步可以通过设计元素和有形的线索记录下来。照片和视频可以使服务蓝图的表现更加生动和具体。

以电影院的服务场景为例（见表 9-2），顾客对不同电影的服务场景设计会产生不同的印象；电影院越是能够站在顾客的视角去理解和思考服务场景，就越能发现并改善场景设计中出现的缺陷，同时也能很好地保持现有的优点。可见，在顾客所关注的服务细节方面，服务型企业能够看到、理解和体验的越多，就越能够意识到服务场景设计的不足，并会为顾客提供更加完善的服务。

表 9-2　看电影：以顾客视角感受服务场景

服务接触中的不同阶段	服务场景的设计	
	超过预期	低于预期
寻找车位	停车场灯光明亮，车位充足，离入口很近，有保安人员负责车辆及财产安全	由于没有足够车位，消费者不得不在其他地方停车
排队购票	合理布置即将上映的电影宣传片以及海报，排队时可以欣赏娱乐新闻。何时上映什么影片，是否还有票都一目了然	队伍很长，需要等待很长时间，何时上映什么影片，是否有票都没有明确的指示
检票进场	整洁的等待大厅，清楚地标明放映厅和检票处的方向	脏乱的大厅，垃圾随处可见，方向指示不清楚或容易误导顾客
电影开场前去洗手间	洗手间明亮、整洁、宽敞，地板干净、不潮湿，设施良好，装饰美观，镜子都很干净	脏乱，散发出难闻的气味，设施被损坏，没有肥皂或卫生纸，拥挤不堪，镜子落满灰尘
进入放映厅，寻找座位	放映厅干净整洁，设计合理，座椅完好，亮度足以方便找到座位，座椅舒适，有放饮料和爆米花的地方，温度适宜	地上满是垃圾，座椅破损，地面黏糊糊的，灯光昏暗，出口标志损坏

（续）

服务接触中的不同阶段	服务场景的设计	
	超过预期	低于预期
观看电影	完美的音响系统和影片播放质量，高素质的观众，总之是令人感到享受和难忘的经历	不合格的影音设备，鱼龙混杂的观众，由于没有明确的“禁止吸烟”标志以及其他标志，观众在看电影时不断交谈、抽烟；整个过程都让人觉得很糟糕
离开电影院，开车回家	友好的服务人员恭送顾客离开，顾客在指示牌的帮助下顺利从出口离开并到达停车场	顾客都拥挤在狭小的出口，由于没有灯光或灯光不足无法找到自己的车

资料来源：Wirtz J, Lovelock C. Essentials of Services Marketing[M]. 3rd ed. Edinburgh Gate: Pearson Education Limited, 2018：319.

总之，服务营销管理活动的成果关键之一，便是管理与无形服务相关的有形因素。顾客总是在服务条件、服务信息和服务人文等环境中寻找服务的代理展示物或服务线索，用来指导其服务消费行为。加强服务的有形展示管理，努力借助服务场景等有形元素来传递和改善服务质量，树立独特企业及服务形象，对服务型企业成功地进行服务价值传递非常重要。

服务洞察 9-4

在服务场景中香气与音乐的匹配

特定类型的背景是否会增强顾客的反应取决于服务环境的气味与音乐匹配程度。安娜·马蒂拉（Anna Mattila）和约翰·沃茨做过一个现场试验，在一家礼品店里，他们安排了两种具有不同特点的令人愉快的音乐和气味，顾客的购物欲望和满意度受不同的音乐和气味环境所影响。

实验用的是音乐家伊丽莎白·迈尔斯（Elizabeth Miles）“优化你的大脑”系列的两个光盘，其中低刺激性音乐是放松的、慢节奏的音乐，而高刺激性音乐是高能量的、快节奏的。类似地，气味也被设计成具有高刺激性和低刺激性两种特点。因为薰衣草具有放松和平静的属性，所以用于作为低刺激性气味；葡萄柚由于具有刺激的属性，所以用作消除疲劳、恢复精神、提高脑力、提高警觉性、甚至能增强体力和能量的高刺激性气味。

实验的结果显示，当音乐和环境气味的刺激特点越匹配，顾客的反应就越好（见图 9-5）。例如，用低刺激气味（薰衣草）和慢节奏音乐配合来布置环境会使顾客产生相比用低刺激性气味配合快节奏音乐更高的满意度和更多的购买冲动；当商店里弥漫着葡萄柚气味（高刺激性气味）而不是薰衣草气味时，配合快节奏的音乐会产生积极的效应。这项研究表明，当环境刺激物相互配合形成和谐气氛时，顾客在那种环境中会产生积极的反应。

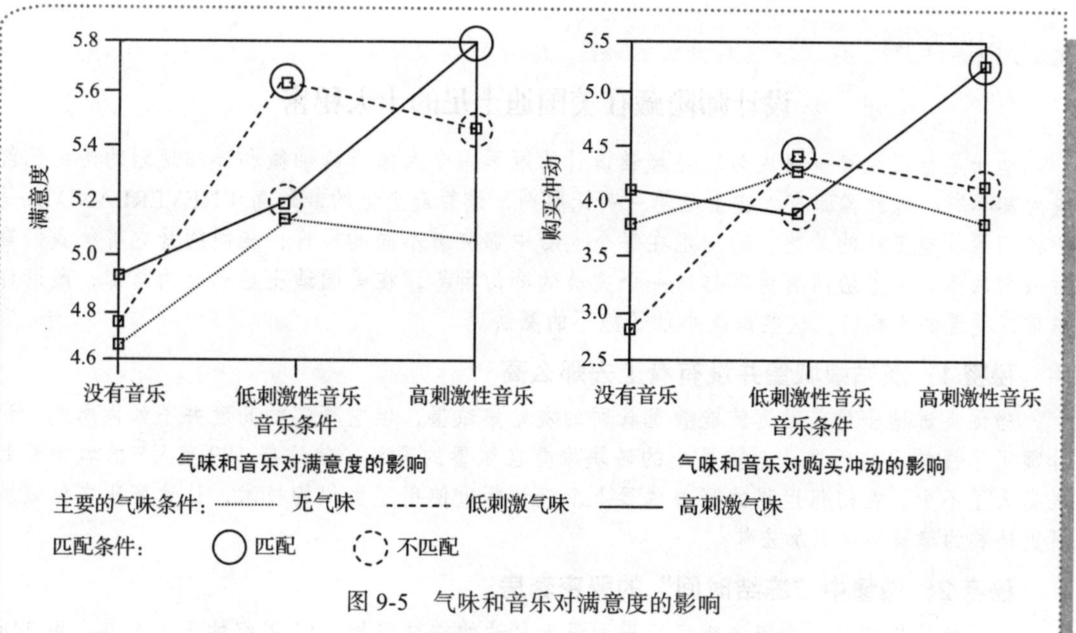

图 9-5 气味和音乐对满意度的影响

资料来源：Wirtz J, Lovelock C. Services Marketing: People, Technology, Strategy[M]. 8th ed. New Jersey: World Scientific, 2016：571-573.

这些发现表明，在书店中，通过演奏慢节奏的音乐以及配合放松的气味，可以使顾客在此逗留更长的时间，购买更多的书籍，或者管理者可以考虑使用刺激气味来提升顾客兴奋度。

基本概念

- 有形展示（physical display）
- 服务场景（service scape）
- 梅拉比安－拉塞尔刺激反应模型（the Mehrabian-Russell stimulus-response model）
- 拉塞尔情感模型（the Russell model of affect）
- 服务场景设计（service scape design）

课后思考

1. 结合熟悉的一项服务，谈谈该服务有形展示的构成要素和作用。
2. 有形展示的基本类型有哪些？有形展示与服务场景有什么样的区别与联系？
3. 服务场景有哪些具体形式，它们具备哪些重要功能？
4. 服务场景设计的原则有哪些？哪些因素会影响服务型企业的服务场景设计？
5. 结合服务场景设计的步骤与工具，谈谈如何设计具有竞争力和吸引力的服务场景。

讨论案例

设计师隐藏在美国迪士尼的十大秘密

迪士尼已经无可争议成为服务场景设计的冠军，令人惊讶的细微和详细规划的传统已经成为其标志。对游客而言，迪士尼是一剂抚慰剂，是暂避尘世的梦幻岛（NEVERLAND），是一张门票就能抵达的梦想。迪士尼在每个人心中都有着不同的模样，相同的是它带给我们童话般的快乐。为了给所有游客打造一个完美的魔幻世界，在美国迪士尼乐园的总部，藏着许多难以发现的小秘密，这些都是小仙子施下的魔法。

秘密 1：灰姑娘城堡并没有看上去那么高

当你走进迪士尼，远远就能看见壮丽的灰姑娘城堡，但它真实的高度并不如你所愿。设计师用了视觉上的巧思，选择更小的砖块堆叠在城堡的顶部，使这座189英尺[⊖]的城堡看起来高大了不少。在幻想世界的野兽城堡上，设计师也使用了类似的技术，让这座比灰姑娘城堡更矮些的建筑显得更加宏伟。

秘密 2：城堡中“冻结时间”的秘密套房

灰姑娘城堡内有一个秘密套房，里面设有舒适的按摩浴缸，17世纪的复古家具，用24K金制成的奢华马赛克地板，更妙的是，墙上的时钟永远冻结在11:59，在这个空间里，灰姑娘身上的魔法永远不会消失。这间套房原本是为创始人沃尔特·迪士尼与他家人建造的，不幸的是，他在迪士尼开幕前就已过世。“魔法套房”并不是有钱就能住得上，这里并不提供住宿预订，只有定期抽奖活动上的优胜者才能赢得一晚住宿机会。

秘密 3：魔法王国地下的秘密隧道

迪士尼创始人沃尔特·迪士尼在建造时来到乐园参观，当时有一名员工急匆匆地穿过景区走到他的岗位上，他眉头一皱，认为这种方式十分影响客人的游玩体验，并开始着手解决这个问题。从此，迪士尼世界“魔幻王国”地下就布满了通道。这些地下走廊跨越了392 040平方英尺[⊜]，里面有更衣室、员工食堂、道具储藏室等，这些员工的办公区域，迪士尼的客人永远无法看到。

秘密 4：让你沉浸在童话王国的魔法

尽管自由广场和幻想世界是相邻的，但设计师用树丛、建筑的高低等巧妙的设计，让你永远无法在一个主题的土地上，看到或听到另一个主题的一切。这种精心而缜密的设计，是迪士尼成为世界中心的童话王国不可缺少的因素。它让你真正沉浸在不同的世界里，而不是在一个多主题的公园参观。

秘密 5：在老式电话里偷听魔法世界的对话

当你走进大街尽头的帽子店，你会发现店里的复古电话原来真的可以接通，它不仅仅是道具，而是一个隐藏的彩蛋。拿起听筒，你可能会听到一个母亲和女儿在讨论杂货的价格，也可能会听到其他奇妙的事情，但你很难知道它是从什么地方传来的，若有机会去往美国迪士尼，一定不要错过它。

⊖ 1英尺＝0.304 8米。

⊜ 1平方英尺＝0.092 9平方米。

秘密 6：魔法王国的美国国旗都是假的

因为美国对于国旗的升降等有着严格的规定，例如，要求所有旗帜在特殊场合下半旗。为了避免受到这些规定的影响，迪士尼乐园的每面国旗都是假的。

它们可能缺少一颗星星或一个条纹，所以它们实际上被称为三角旗，而不是国旗，不需要遵循国旗礼仪。

秘密 7：迪士尼的员工不能用一根手指为顾客指引

汤姆·汉克斯在《大梦想家》中，展示了著名的沃尔特·迪士尼双指。迪士尼主题公园演员须遵循的规则有很多，其中最重要的两点是：

- 不能用一根手指指引
- 不能用“不知道”来回答客人的问题

用食指指人在某些文化中被认为是粗鲁的，所以迪士尼乐园用两个手指代替点。而一些前员工却打趣地认为，这或许只是沃尔特·迪士尼的吸烟习惯。

秘密 8：每个公主诞生前，都是一只公仔

前长发公主布丽安娜·史密斯在接受媒体采访时透露，迪士尼公主试镜是非常严谨的。女演员需要经过多轮试镜，就算被录用了，也未必能穿上公主服，受万民景仰。在成为公主之前，她们都必须像米老鼠或高飞那样，穿着厚重的演出服扮演公仔，经过一段严格的训练，并考试过关才能毕业成为公主的扮演者。

秘密 9：魔法王国外，被遗弃的“歌唱”机场跑道

进入魔幻王国前在单轨铁路下右转，你会遇到世界上第一个也是唯一的公园属性的机场。这条跑道建于 1970 年，在迪士尼世界正式开放之前，Shawnee 航空公司只用了一两年的时间就关闭了，现在成了后台停车场。迪士尼粉丝称之为“唱歌跑道”，因为在人行道上有着精心设计的特殊凹槽。若以每小时 45 英里[⊖]的速度驾驶，可以听到跑道里唱着“*When you yearn for a star*”这首歌。

秘密 10：你与垃圾桶间的距离永远不超过 30 步

沃尔特通过缜密的观察发现，客人手中的垃圾从拿在手里到扔掉，平均数是在 30 步。由此，迪士尼乐园里的所有垃圾桶都设置成一样的间隔距离。这个小设计，能让游客全身心投入旅程，而不用在享受童话梦境的同时，拎着手里的包装袋寻找垃圾桶。

种种细节，都是迪士尼设计师精心施下的魔法，只为还原每位游客心中的童话，让我们完全沉浸于这座魔幻世界。也许你从未驻足留意过这些，但每一处细节的感知，都为这趟旅程勾勒出巧妙的一笔。也许这就是迪士尼成为永恒童话的原因。

资料来源：根据相关资料整理。

思考题：

1. 从有形展示构成要素来看，案例中的十大秘密分别代表哪些类型？他们为游客带来了什么样的服务体验？
2. 案例中的十大秘密体现了服务场景的哪些功能？这些深思熟虑的服务场景设计体现了哪些设计原则？
3. 迪士尼在服务场景设计方面成功的做法，为我国服务型企业服务场景设计带来了哪些重要启示？

⊖ 1 英里 =1.6093 千米。

第十章 整合服务营销传播

本章提要

由于服务的无形性等原因使服务营销传播面临诸多挑战，整合服务营销传播是服务型企业应对服务营销传播挑战的重要手段，是整合营销传播在服务市场及服务型企业中的具体应用。在新兴技术环境下，整合服务营销传播呈现出数字化、精准化、场景化等新特征。层次说服模型、态度改变模型及条件反射模型都是理解整合服务营销传播的关键理论。整合服务营销传播包含计划、执行和评价三项基本过程。

学习目标

- 了解整合服务营销传播的理论缘起
- 认识整合服务营销传播的概念及理解
- 理解整合服务营销传播的原则及新特征
- 掌握整合服务营销传播的相关理论
- 掌握整合服务营销传播的基本过程

引导案例

整合服务营销传播，助力《魔兽》引爆市场

2016年6月8日，由美国传奇影业、暴雪娱乐联合出品的奇幻动作片《魔兽》在中国大陆首映并展现出极强的爆发力，打破零点场和首映日多项纪录，上映四日票房近10亿元。作为《魔兽》联合出品方的腾讯影业，此时成立时间不足9个月，但在引爆中国市场中功不可没。通过《魔兽》，腾讯影业不仅为自己做了品牌宣传，而且充分展示了腾讯在电影宣发过程中具备的巨大“整合能量”。

《魔兽》联合出品方腾讯影业项目负责人张思阳表示，“腾讯对《魔兽》的营销投入规模是空前的，基本整合了腾讯整个平台的传播资源”。腾讯影业调动腾讯不同的平台和工具触达用户、打动用户，并产生社交推力不断扩散。而QQ、微信、微博、腾讯视频、腾讯游戏、兴趣部落等拥有

丰富用户数据的平台，为腾讯提供精准营销的基础。以QQ为例，腾讯影业深知目前QQ上活跃主体用户多为“90后”，他们才是当下影院观影的主力，但却并非魔兽游戏的核心“粉丝”，魔兽的核心“粉丝”是如今的“80后”。为解决这一矛盾，腾讯影业是如何打动目标用户的呢？腾讯定制了授权的QQ版魔兽形象“厘米秀”，用户可以根据自己喜好选择自己的虚拟形象装扮“厘米人”，在手Q端聊天的过程中，会有两个小人做动作和表情互动。

与此同时，腾讯还在QQ空间，运用时下最流行的直播方式进行主创直播互动，邀请《魔兽》主演邓肯·琼斯（Duncan Jones），保拉·巴顿（Paula Patton）、吴彦祖与QQ空间的用户互动。此外，负责人张思阳表示：“腾讯互娱的平台营销部和腾讯运营已久的线上‘粉丝’平台形成诸多互动，将线下活动与线上‘粉丝’相结合，在全国范围内为‘粉丝’和玩家组织10场‘粉丝’影院社交观影活动以及各种大规模的同步线下活动，最大范围内引爆初期的观影热潮。”

腾讯影业负责运营的电影魔兽微信公众号经过较长时间的经营，用户互动见效显著。截至2016年6月1日，“粉丝”数已达35万以上。以自媒体形式入驻猫眼社区，通过影评、资讯，直接拉动想看人数，电影《魔兽》上映前一个月的想看人数新增20万以上，居第一位；电影《魔兽》自媒体在猫眼自媒体影响榜中一度排名第一位，形成超过2 500万元的零点场预售成绩。

资料来源：根据相关资料整理。

电影《魔兽》引爆中国市场，显示出整合营销传播的巨大威力。事实上，在竞争激烈的服务市场中，服务型企业要有效地向目标顾客传达服务信息，必须使用综合手段，采取多重策略。这意味着，当前的营销传播已经超越了以往单一的、离散的传播方式，走向综合的、系统的整合传播方式。整合服务营销传播逐渐成为服务型企业传递服务价值的重要营销工具和活动，在应对服务营销传播诸多挑战的过程中扮演重要角色。

第一节　整合服务营销传播概述

一、整合服务营销传播的内涵

无论是来自服务产品的特殊性，还是顾客信息感知的有限性，抑或服务营销信息规模的爆炸性，都使服务营销传播正面临诸多的挑战。服务型企业仅仅使用单一的媒介、单一的内容形式或单一的传播体系已经很难达到较好的服务营销传播效果，因此，对服务型企业而言，整合营销传播势在必行。

（一）整合营销传播的理论缘起

营销传播的发展以20世纪80年代为界，19世纪末～20世纪80年代为营销传播的初始与成长阶段，20世纪80年代以后营销传播开始逐渐走向成熟。总体来说，在营销传播的不同发展阶段中，具有代表性的思想或理论有：

1. USP 理论

20 世纪 50 年代初，美国达彼思广告公司（Ted Bates）的设计师罗瑟·里夫斯（Rosser Reevers）提出 USP 理论，即向顾客传达一个“独特的销售主张”（unique selling proposition，USP）。USP 理论认为，广告应当为顾客提出一个产品或品牌的独特主张，以吸引、感动并招徕顾客。一旦找到“独特销售说辞”，就必须把这个独特的说辞贯穿于整个广告活动，必须在每个广告活动中都加以体现。

2. 品牌形象论

随着 20 世纪 60 年代初的科学技术迅猛推进，各种替代品与仿制品层出不穷，USP 很难再给产品导向的企业带来竞争优势。此时，著名广告人大卫·奥格威（David Ogilvy）提出的“品牌形象论”很快被广泛接受和采纳。品牌形象论认为，在产品功能利益点越来越小的情况下，顾客购买时看重的是功能利益和心理利益之和，因而广告应该重视运用品牌形象来满足顾客的心理需求。

3. 定位理论

定位理论是由著名的市场营销学家艾·里斯与杰克·特劳特于 20 世纪 70 年代早期提出来的。他们认为，“定位是在传播信息过多的社会中，真正处理所接受信息的思考方式”，即可以将定位视为一种传播策略，通过传播来占领目标受众的心智空间。定位理论为世界营销理论做出了杰出的贡献，成为大量企业的营销战略及策略设计、营销及品牌传播设计的重要指导思想。

4. 品牌资产论

20 世纪 80 年代末，西方市场营销及品牌管理学界将“品牌”扩展为“品牌资产”，品牌资产将传统的品牌及品牌形象思想推向了新的高峰，其主要贡献者是品牌专家戴维·阿克等人。品牌资产比品牌形象更进一步地说明，品牌竞争的制胜武器是在市场上及顾客群体中建立强势的品牌资产，这为品牌传播指明了新的方向，即积累品牌资产是传播活动的重要目的。

5. 整合营销传播理论

1992 年，美国西北大学教授唐·舒尔茨（Don Schultz）提出了整合营销传播理论，这是到目前为止营销传播领域最新的理论范式，他将整合营销传播视为“企业通过将传播目标与企业目标进行协同而加速投资回报的一个业务流程”。美国广告代理商协会（American Association of Advertising Agencies, 4A）将整合营销传播定义为，“整合营销传播是一个营销传播计划的概念，它认为以下综合计划具有增值价值，即评价大众广告、直复广告、销售促进和公共关系等各种传播手段的战略作用，进而整合这些传播手段，以便提供清晰的、一致的、最大的传播效果”。

整合营销传播的核心思想是：将企业一切营销和传播活动，如广告、促销、采购、生产、公共关系等进行一元化的整合重组，让受众从不同的信息渠道获得产品或品牌的一致信息，以增强产品或品牌诉求的一致性和完整性。

（二）整合服务营销传播的概念

随着服务市场竞争日益激烈，服务型企业需要采用多种媒介和多种传播形式进行营销传播才能获得最大的传播效果，因此，整合服务营销传播应运而生。**整合服务营销传播（integrated service marketing communication, ISMC）是指服务型企业为有效传递服务价值，综合运用多种传播手段，向目标顾客群体传达清晰且一致服务信息的营销传播活动，它是整合营销传播在服务市场及服务型企业中的具体应用。**对整合服务营销传播内涵的理解应该注意以下几个方面。

1. 整合服务营销传播是一项综合性的营销传播计划

整合服务营销传播是由服务型企业，而非营销部门推动的服务营销传播计划，它是企业根据经营目标设计的，需要达到预期效果的传播计划。一方面，整合服务营销传播要求包括营销部门在内的企业其他职能部门的积极参与和广泛协作，确保传播活动的全局性与一致性；另一方面，服务型企业需要在计划的刚性和整合服务营销传播的实时性之间寻找平衡，确保在准确执行传播计划的同时，快速有效地对服务市场的变化进行响应。

2. 整合服务营销传播是一项效应倍增的传播过程

当服务型企业综合采用多种媒介和渠道来传播同样的服务及营销信息时，往往能够产生比单一媒介或渠道传播的倍增效应。倍增效应的产生是因为目标顾客群体多次的信息接触和多视角的信息认知比单一的信息接触和单一的信息认知具有更好的传播效果。因此，在整合服务营销传播过程中，服务型企业协调不同的媒介，如社会化媒介和传统媒介、线上媒体和线下媒体时，能够产生营销信息传播的交互作用，从而提升整体的传播效果。

3. 整合服务营销传播必须提供清晰且一致的信息

信息传播的一致性是在整合服务营销传播过程中必须遵循的原则。特别是在当前资讯爆炸、信息过载，顾客的注意力资源、认知资源和记忆资源都非常稀缺的环境下，服务型要坚决避免不统一甚至相互矛盾的营销信息传播。因此，服务型企业在整合服务营销传播过程中需要做到信息来源的统一性，信息内容的一致性，传播方式的协调性，以确保获得最佳的营销传播效果。

4. 整合服务营销传播的关键点是整合

整合服务营销传播需要综合评价各种传播手段的作用，因为不同的媒介渠道有着不同的传播效果，最佳接近的受众也存在差异。例如，电视广告与报刊广告的传播特征及效果是不一样的，前者比较适合做知晓传播，后者比较适合做精细加工传播；新媒体广告与纸媒广告的受众群体也存在不同，前者更多接近新兴群体（如“80后”和“90后”），后者更多接近成熟群体（如“60后”和“70后”）。因此，服务型企业在制定整合服务营销传播计划时就需要考虑将不同的媒体投放到不同的情境下，充分考虑到时间、地理、人群、认知等各方面的互补性和协同性。

二、整合服务营销传播的原则

虽然整合服务营销传播通过协调不同媒介，传播一致信息，能够极大地提升服务型企业营销传播的有效性，面向目标顾客群体确保服务价值全面、系统的传递。但是，服务型企业在实施整合服务营销传播过程中，仍然面临诸多管理及市场方面的挑战。因而，成功的整合服务营销传播需要遵循以下原则。

（一）战略匹配原则

整合服务营销传播必须与企业发展战略以及服务营销战略相匹配。一方面，整合服务营销传播是在既定的企业发展战略框架下的跨部门营销传播活动，是企业发展战略在营销职能领域的具体体现。因此，必须与企业发展战略的基本思路、框架和内容保持一致。例如，服务促销活动能够带来短期的服务销售收入的增加，但可能有悖于服务型企业塑造“高品质服务提供商”形象的战略规划。另一方面，整合服务营销传播是服务营销管理的重要环节，因此需要与企业的服务营销战略保持一致性，如服务市场定位、服务品牌定位等。如果服务型企业致力于满足高端服务市场需求，就不应该为了短期收益向中低端顾客开展服务信息传递和销售促进活动。

因此，服务型企业的整合服务营销传播活动需要具备由上而下的思维，需要首先考虑企业发展战略及营销战略层面的问题，然后才是服务及品牌的传播设计及实施问题，坚持由企业战略和职能战略引领和指导整合服务营销传播活动的基本思路。

（二）顾客导向原则

顾客是服务营销管理活动的起点和落脚点，因而整合服务营销传播也必须坚持顾客导向的原则。在顾客导向原则指引下，整合服务营销传播的定位、媒体选择及组合、内容制作和整合计划等均需要从顾客的视角进行思考和行动。例如，在选择传播定位时，需要考虑如何表达服务产品为顾客带来的增加或解决顾客“痛点”，而不是仅仅描述服务型企业有什么，做什么。对媒体的选择及组合也需要首先考虑目标顾客群体的媒介习惯和偏好，而不是服务型企业更倾向于或更易于使用的媒介。因此，在整合服务营销传播过程中，需要服务型企业从以往的销售导向或服务产品导向转向顾客导向，强调对顾客需求及“痛点”的准确理解和积极响应。

（三）认知资源获取原则

当前服务营销传播环境存在非常严重的资讯紊乱和信息过载，集中体现在新兴传播媒介或平台不断推陈出新，传播内容及信息规模巨大，传播热点不断地转换；同时，传统媒体（如电视、报纸、杂志等）的权威性和关注度不断下降，分众化传播趋势不断增强，使信息难以产生有效的聚合效应。

由于资讯紊乱和信息过载，使大众对广告的厌烦程度不断上升，进而导致顾客的关注度、注意力等认知资源变得越发稀缺。因此，在整合服务营销传播需要着力关注的问题便是：如何让顾客在海量的信息中快速识别并选择记忆服务型企业所想传达的信息。信息的新颖性、凸显性和传播强度在获取认知资源过程中变得非常重要。

（四）触点传播原则

整合服务营销传播要确保把关键信息准确传达给目标顾客群体，就必须对目标顾客的行动轨迹进行细致分析，并解析系列行动轨迹的顾客信息触点。理解并掌握目标顾客群体的信息触点是服务营销信息传播的基础。服务型企业只有在充分了解目标顾客的信息触点，才能够在整合服务营销传播过程中选择正确的时间、空间、媒体和内容进行传播，从而达到整合服务营销传播的目标。例如，针对顾客的高介入信息加工情景，在电梯广告中可以采用说理性广告进行服务营销传播；针对顾客的低介入信息加工情景，在户外广告中需要采用形象代言人广告进行服务营销传播。

（五）推拉结合原则

在传统的整合营销传播过程中，推式广告媒体占据主导地位，包括传统的电视、报刊、户外广告等，这些营销传播手段主要采用触点到达的传播模式，在营销传播中通过主动推送向目标顾客呈现传播信息。但是，随着新兴传播技术的兴起和发展，以微博、微信、博客、公众号等社交媒体为代表的拉式媒体，逐渐成为一种重要的传播方式。因此，在整合服务营销传播过程中，仅仅依靠单一类型的媒体很难达到预期传播效果，必须考虑将推式和拉式传播相结合，将两类媒体的优势有机结合，体现服务营销传播的“整合”特性。

（六）互动体验原则

随着新兴信息技术不断地融合社会经济生活，深度的信息交互成为营销传播的重要方式之一。在深度的信息交互环境下，通过全面系统的信息呈现以及顾客参与传播过程的信息互动，使顾客更容易被说理型信息所影响，产生高介入的信息加工，从而有效地改变对服务及品牌的态度。同时，具有深度交互的服务营销传播活动，如社群营销活动，不仅能够提升目标顾客群体对服务营销传播过程的体验，成功达成整合服务营销传播的任务，还能够成为服务型企业开展关系营销和顾客关系管理的重要手段。因此，注重传播活动的互动性和体验性是整合服务营销传播的行动原则和重要特色。

三、整合服务营销传播的新特征

随着 21 世纪第四次工业革命的兴起，以计算机及网络技术、量子通信技术、人工智能及虚拟现实技术等为核心内容的新兴技术快速发展并普及，极大地革新了人类社会的工作、学习和交流方式，对营销传播也产生着革命性影响。伴随着新兴技术在服务营销管理中的运用，使整合服务营销传播也体现出数字化、精准化、场景化和融合化的“四化”新特征。

（一）数字化

在移动互联网时代，整合服务营销传播的形式逐渐数字化。主要表现在：①服务营销传播手段及平台的在线化和网络化。服务型企业在服务营销传播过程中，更多运用数字化平台进行营销信息的传播，如优酷视频广告，互动游戏，朋友圈、微博或今日头条中的Feed广告、微信小程序等；②服务营销传播内容及形式的虚拟化和数字化。服务型企业或服务品牌在进行营销信息传播时，会更多地借助虚拟化和数字化的信息编辑和设置，如运用短视频或互动视频、小游戏，以及虚拟偶像等方式传递营销信息。同时，一些服务型企业还会设置一些虚拟人设IP增加信息传播的独特性，如上海滴水湖的旅游吉祥物叮咚、京东商城的欢乐狗（joy dog）等。因此，数字化是在新兴技术条件下，整合服务营销传播外在表现上的新特征。

（二）精准化

在传统的整合营销时代，实现精准传播是非常困难的。但是，随着大数据、云计算、实时定位及人工智能等技术的运用，使精准化成为整合服务营销传播的重要新特征。

（1）传播目标锁定的精准化。顾客数据库及数据分析技术能够使服务型企业更为准确地掌握目标顾客的基本身份信息、服务需求信息和一些其他的偏好信息，如媒介偏好、个人爱好等，从而能够帮助企业更准确地锁定目标顾客群体，实现服务营销传播的有的放矢。例如，电子商务网站（如亚马逊）可以通过数据挖掘的方式（如Lookalike人群扩散算法）在极短时间内根据顾客已消费产品情况快速确定管理服务及产品，并向顾客进行精准推荐。

（2）传播过程控制的精准化。基于新兴技术的服务营销传播活动聚焦较强的实时反馈能力，服务型企业能够根据传播活动的即时反馈，及时修正新兴传播策略，提升服务营销传播过程的精准化。例如，实时竞价（RTB）广告能够在0.1秒内识别产生需求的顾客，并及时向这些顾客精准地推荐产品。

（3）传播效果评价的精准化。对服务营销传播活动效果进行综合评价，进而确定传播活动的价值和有效性是整合服务营销传播活动面临的巨大挑战。运用大数据、云计算及人工智能等新兴技术的整合服务营销传播，能够对传播效果进行比较精确的评价。例如，在广告效果评价方面，其评价方式及指标已经从以往的每千人成本（cost per mille, CPM），逐渐过渡到更为精准的每点击成本（cost per click, CPC）、每行动成本（cost per action, CPA）、每购买成本（cost per purchase, CPP）、每销售成本（cost per sales, CPS）等指标，使广告投放与销售效果之间有效地结合起来，增强整合服务营销传播效果评价的精确性。

（三）场景化

随着社会化媒介的兴起，服务营销传播逐渐进入了交互传播时代，即服务型企业可以通过社交媒体或者社群与顾客在特别设置的场景中进行持续互动，增强顾客的服务或品牌体验。场景化已经成为当前整合服务营销传播的新特征，主要表现在以下两方面。

（1）服务营销传播的交互性。在特定的现实或虚拟场景中，如观看电影或驴友俱乐部、背包客群等，营销信息的传播具有很强的互动特征；高度的互动性有助于目标顾客群体对信息的感知、理解和记忆，进而能够增强服务信息传播的有效性。例如，在以共同爱好或相似人口统计学特征构成的社群中，社群营销已经成为服务型企业开展服务营销传播，构建顾客关系的重要手段。

（2）服务营销传播的分享性。服务型企业通过场景设置和行为引导，鼓励顾客分享由企业统一编辑和发布的营销信息。信息的分享使相同的目标顾客群体在不同的时空条件下，进入服务型企业设置的特定场景。一方面，人际间的信息分享聚焦在有趣的或有价值的内容，并通过植入服务品牌信息达到传播目标；另一方面，通过场景中的持续互动，不仅能够加深对服务型企业及服务品牌的认知，还会产生一些即时服务消费需求，极大地增加了整合服务营销传播的价值。例如，滴滴出行在上市之初，便是充分运用红包模式进行大量的人际传播，在宣传服务品牌及服务信息的同时，还能刺激部分顾客试用滴滴出行的各项出行服务。

（四）融合化

在移动互联网时代，整合服务营销传播并不是以社会化媒介、大数据营销、社群互动传播等新兴方式独立存在的，它还与传统的营销传播方式进行有效的融合，形成新兴与传统、线上与线下、虚拟与现实之间的良性联动和功能放大。例如，国美电器在做“黑色星期五”推广方案时，就采用了线下新闻发布会、候车亭广告、地铁广告、外墙广告、店内展示等传统营销传播手段。同时，又利用分公司、员工、顾客等自媒体，以及网络“大V”等方式对营销信息进行社会化传播。由网络信息及数字技术驱动的传播革命，在极大地革新传统营销传播媒介的同时，还将其与新兴媒介进行深度融合，在整合服务营销传播过程中共同发挥作用。

服务案例

今日头条：大数据为每个用户建立“兴趣DNA”

一支没有新闻基因的创业团队在极短时间内推出一款注册用户达2.2亿、日均活跃用户超过2 000万人的网上新闻产品——今日头条，成为2013年以来移动新闻客户端大战中最大的黑马。作为穿着新闻外衣的推荐引擎，是如何在四大门户网站的新闻客户端激烈竞争的夹缝中突出重围的？

过去，传统媒体不可能得到用户数据，无法获知用户行为。主编很希望获得用户的反馈，但只能通过读者来信，通常一期杂志或者一期报纸有1 000封读者来信就很不错了。也可以通过有限的用户访谈、调查来获得反馈。通过这种非在线的方式收集数据，信息的感知水平与移动App相比差别非常大，一个在线App，每秒钟用户的反馈可能是几千、几万。今日头条每天日志函数有100亿的规模。

例如，一个人在地铁上使用今日头条的时候，不仅他在阅读数据，其实今日头条的系统也在观察他，观察他每一步的滑动，是否很快滑过标题还是有所停留，认真阅读了还是粗略阅读了，是否参与朋友圈讨论。这些行为都会被系统感知到，系统再做实时调整。

获取这些数据后，今日头条将数据分成几类。第一类是用户的动作特征，他的点击、停留、滑动、顶踩、评论、分享，这些是最主要的数据。第二类是用户的环境，他是在WiFi还是3G环境下。他是在北京还是上海，他是离开了常驻地还是在旅行，甚至包括白天还是晚上，天气如何、是不是节假日，都可以作为使用特征。第三类是用户的社交数据，比如用户用微博登录之后，可以获取他的微博身份，这些数据都会成为各种特征被系统学习到。更重要的是，系统不仅使用这种单一特征，还会将这些特征组合起来，分析不同特征情况下用户有什么样的兴趣爱好。

今日头条将海量的高级特征和精细化特征组合起来，建立多重模型，为每个用户形成兴趣图谱做出推荐。“他是不是一个当地居民”“他是不是一个IT的重度用户”“他使用的手机价格是多少”等高级特征，“他过去对某篇文章或某个明星照片的点击行为对他现在的阅读有什么影响”等为精细化特征。如今，今日头条每天产生100万条观察日志，观察2 000多万用户，能够从全局视角看到以往消费者调研难以看到的一些内容。比如在过去一年中，哪个事件被人们最快地遗忘，哪个城市的人最喜欢哪个明星，通过大数据，机器都能知道。

资料来源：卢泰宏，周懿瑾．消费者行为学：洞察中国消费者[M]. 3版．北京：中国人民大学出版社，2018：278-279.

第二节 整合服务营销传播的相关理论

一、层次说服模型

整合服务营销传播的本质目的是通过服务营销信息的传递，引起顾客产生服务型企业所期望的行为或态度。从这个意义上讲，整合服务营销传播是服务型企业说服顾客的计划、过程或手段。因此，正确理解顾客被说服的基本过程，是指引服务型企业有效实施整合服务营销传播活动的理论前提。

（一）AIDA 模型及其拓展

AIDA 模型［注意（attention）、兴趣（interest）、欲望（desire）、行动（action）］也称“爱达公式”，是西方推销学中一个重要公式，它认为成功的推销员必须将顾客的注意力吸引到产品上，使顾客对推销产品产生兴趣，进而产生购买欲望并最终达成购买行为。

1. AIDA 模型的基本内容

AIDA 模型是海因兹·戈德曼（Heinz Goldmann）总结的推销模式，该模型认为面对顾客进行推销时分为四项步骤。①注意。推销员首先要引起顾客的注意，即要将顾客的注意力“集中到你所说的每一句话和你所做的每一个动作上”，并让顾客了解产品和品牌的特性。②兴趣。如果第一步的介绍能够得到顾客的认同，就可能引起顾客对产品的兴趣，从而可以进一步与顾客进行交流并说服顾客购买产品。③欲望。通过前两个阶段的推销，顾客如何能够感觉购买产品所获得的利益大于所付出的费用时，顾客就会产生购买的欲望。④行动。当前三个阶段顺利达成之后，顾客将进入行动阶段。在行动阶段顾客仍有可能放弃购买，因此要求推销员在付款、购买体验、购买过程等方面给予顾客帮助。

AIDA 模型随后被应用于营销传播领域，即企业可以按照不同的步骤配置不同的媒介进行相应的传播，从而达到营销传播目标。例如，在注意阶段，企业可以通过广告使顾客了解和知道品牌；在兴趣阶段，企业可以通过试用、参与等方式使顾客深度了解产品从而产生购买的兴趣；在欲望阶段，企业可以通过提供较高的性价比或利益促使顾客产生购买欲望；在行动阶段，企业可以通过便利的购买过程和愉悦的购买体验使顾客产生购买行为。

2. AIDA 模型的拓展形式

在 AIDA 模型的基础上，后续的市场营销学或传播学领域学者提出了新的拓展形式。罗伯特·拉维奇（Robert Lavidge）和加里·斯坦纳（Gary Steiner）提出了一个七阶段模型（见图 10-1），该模型认为说服的过程包含“认知、情感、行为”三个部分，并可以细化为“不知道、知晓、有相关知识、喜欢、偏爱、信服和购买”七个阶段。在该模型中，认知的阶段包括了“知晓”和“有相关知识”两个阶段，之所以如此划分是因为顾客的产品知识对后期的决策具有显著影响。在行为阶段，该模型加入了“信服”阶段，它对顾客的消费决策也具有重要影响。

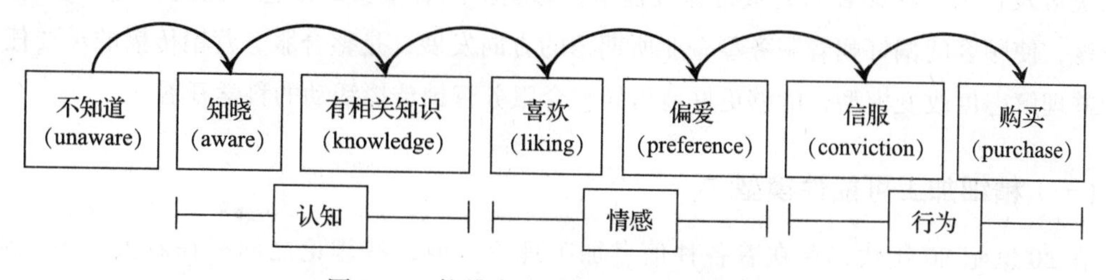

图 10-1　拉维奇和斯坦纳的七阶段模型

资料来源：黄劲松．整合营销传播 [M]. 北京：清华大学出版社，2016：21.

美国广告学家拉塞尔·科利（Russell Colley）在《确定广告目标以衡量广告效果》一书中提出了“不知道→知晓→理解→信服→行动”的层次说服模型，强调顾客对产品和品牌信息的理解以及信服是促进购买的关键变量。此外，在组织营销环境下，AIDA 模型又被修正为“知晓→兴趣→评价→试用→行动”，其中，“评价”和“试用”环节充分体现了组织用户购买过程中的理性决策特征。随着新媒体的出现，传播产生效果与受众之间分享形成重要关联，一些学者将分享（sharing）加入 AIDA 模型之中，形成 AIDAS 模型，并用此解释新媒体产生作用的过程。

（二）顾客处理模型

顾客处理模型（consumer processing model, CPM）认为顾客从完全没有接触品牌信息到最后产生行动包含八个步骤，分别是“暴露信息→关注信息→理解信息→认同信息→记忆信息→提取信息→制定决策→采取行动”。CPM 模型充分显示了顾客在信息处理过程中的选择行为，这意味着只有部分顾客会产生某一阶段的行为。例如，当企业向顾客暴露信息时，只有很少一部分顾客会关注到这些信息。有研究发现，一个顾客每天可能接触到 300 条广告，但是只有很少的信息会被顾客所关注。当顾客关注到某种产品信息时，也只有部分顾客理解广告中的信息，而理解信息的顾客之中只有一部分认同信息，认同信息的顾客之中又只有部分会记忆信息。因此，企业想通过信息传播影响顾客的购买决策是非常困难的，需要经过一个漏斗的选择过程，每个步骤均可能被顾客剔除，从而无法达到信息传播的效果。

顾客处理模型为服务型企业思考整合服务营销传播的行动逻辑提供了重要框架。该模型认为，企业从品牌信息暴露到顾客购买行为之间存在多种不同的心理和行为阶段，而这些顾客心理和行为阶段深刻地影响整合服务营销传播的效果。在应用 CPM 过程中，服务型企业需要注意：①选择有效的服务及品牌信息暴露渠道；②制作能够引起顾客关注的信息；③营销信息传播前进行预测试以避免信息无法理解；④营销信息传播前进行目标顾客群体的认同测试；⑤营销信息传播前进行顾客的记忆测试；⑥在顾客的消费场所发布信息提醒顾客。

二、态度改变模型

整合服务营销传播旨在通过系统的传播活动，运用特定的服务及品牌信息，影响顾客的购买决策及行为。在顾客的购买行为过程中，态度扮演着重要的角色。因此，有效影响顾客的态度，使顾客的偏好朝着服务型企业所期望的方向发展，是整合服务营销传播的重要任务。认识并理解态度改变模型，能够更好地指导整合服务营销传播活动的科学开展。

（一）精细加工可能性模型

在 20 世纪 80 年代，存在着各种信息加工理论，但这些理论之间存在着大量不一致的结论。究其原因，是因为信息加工是一个非常复杂的系统，它不但包含了事物本身、信息源、说服环境等问题，还包含了被说服对象个人状态问题。因此，美国心理学家理查德·佩蒂（Richard Petty）和约翰·卡乔鲍（John Cacioppo）为解决上述问题提出了一个整合信息来源、信息本身、被说服对象状态和说服环境的有广泛适应性的模型，即精细加工可能性模型（elaboration likelihood model，ELM）。

ELM是一个关于态度变化的理论模型，该模型认为说服取决于人们对信息的精细加工程度，而受众的动机（包括问题涉入程度、信息相关度、结果承诺、不一致信息的唤醒作用、认知需要等）和能力（包括是否分心、信息理解力、对问题的熟悉程度、合适的知识结构、恐惧的唤醒作用等）是影响受众信息精细加工程度的主要变量。这些变量决定说服的两条路径，即中枢路径或边缘路径（见图10-2）。

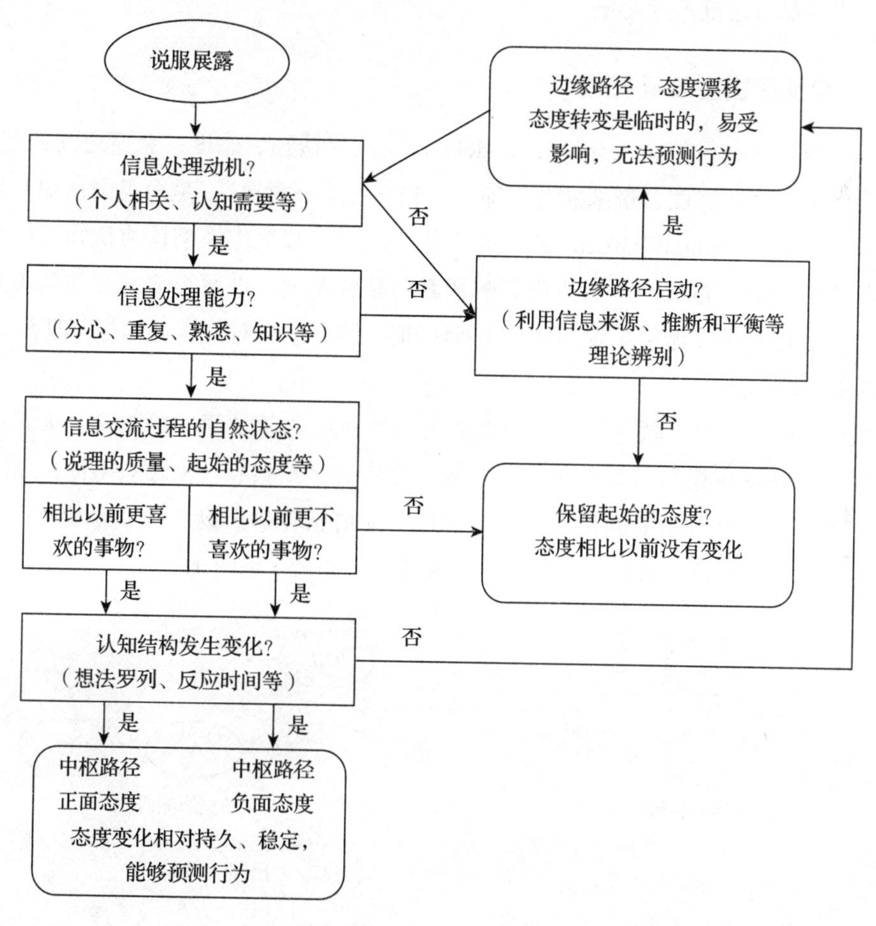

图10-2　ELM说服过程

资料来源：Petty R, Wegener D. The elaboration likelihood model: Current status and controversies[M]. New York: The Guiford Press, 1999.

在信息传播过程中，当顾客的信息加工动机和信息加工能力均较高时，顾客对信息的精细加工程度较高，这时说服过程处于中枢路径。在这种情况下顾客会理性评价广告产品的优缺点，进行产品属性、价格或品牌的比较，进而决定其态度是否改变及是否购买产品；相反，当顾客的信息加工动机和信息加工能力较低时，顾客对信息的精细加工程度较低，说服过程处于边缘路径。此时顾客仅仅根据一些线索如广告中的专家意见及形象代言人等进行判断并决定其态度。ELM认为，当顾客通过中枢路径改变态度时，改变后的态度比较稳定和持久，并且能够预测行为；但是当顾客通过边缘路径改变态度时，改变后的态度往往是临时的和不稳定的，而且无法准确预测其行为。

ELM在整合服务营销传播中有着重要的实际操作价值。服务型企业需要区分哪些信息传播是中枢路径，而哪些是边缘路径的。在服务品牌知晓过程中可以采取边缘路径的策略，例如要求形象代言人或品牌形象拟人化，也可以采取中枢路径的策略，例如，发布服务品牌故事，实施服务品牌叙事。一般而言，前者只能够短暂地影响服务品牌态度，而后者可以持久地对顾客的服务品牌态度产生影响。

（二）认知反应模型及其拓展

认知反应模型（cognition-response model）旨在阐释认知、态度、意愿之间的逻辑关系，认为认知会导致态度，态度会带来意愿，即“认知→态度→意愿”，是由美国认知心理学家安东尼·格林沃尔德（Anthony Greenwald）首先提出的。认知反应模型认为认知反应是展露与态度之间的中间影响变量，广告展露将影响顾客的品牌态度，进而影响顾客的购买意向。典型的例子是顾客首先理性评价品牌的特点（即认知），然后产生对品牌的偏好（即态度），最后形成购买决策（即意愿）。

20世纪80年代以来，顾客的广告态度成为传播及广告领域研究的重点。大量的学者将广告态度融入认知反应模型，对其进行了扩展。麦肯齐·斯科特（MacKenzie Scott）等人提出了广告态度产生中介作用的四种层次说服假设，即情感转移假设、独立影响假设、双中介影响假设和交互中介假设，对传统的认知反应模型进行拓展（见图10-3）。

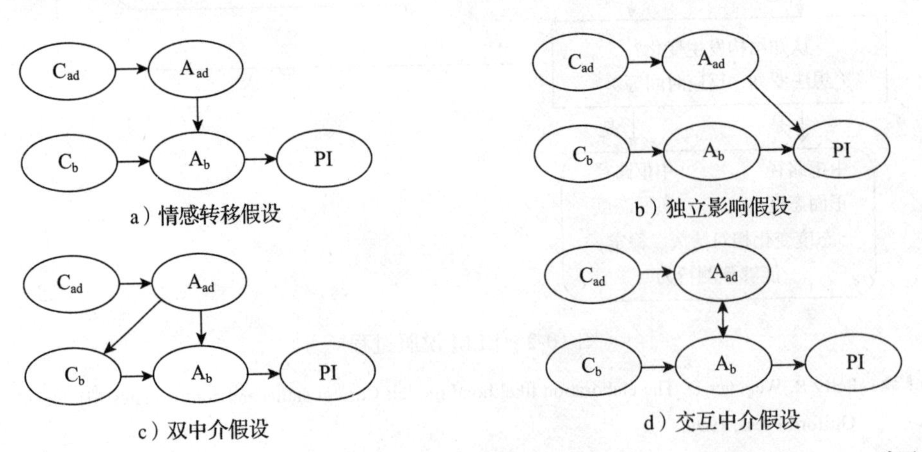

注：C_{ad}——广告认知反应；A_{ad}——广告态度；C_b——品牌认知反应；A_b——后品牌态度；PI——购买意向。

图10-3 广告态度中介影响的四种假设模型

资料来源：Scott M, Lutz R, Belch G. The role of attitude toward Ad as a mediator of advertising effectiveness: A test of competing explanations[J]. Journal of Marketing Research, 1986, 19(5): 130-143.

（1）情感转移假设。该假设认为广告认知反应影响广告态度，而广告态度与品牌认知反应均会影响品牌态度，进而影响购买意向。情感转移假设符合ELM的理论观点，即广告态度对品牌态度的直接影响代表着边缘路径的影响，品牌认知对品牌态度的影响代表着中枢路径的影响。当顾客处于低广告信息涉入状态时，广告态度对品牌态度的影响将大于品牌认知对品牌态度的影响。

（2）独立影响假设。该假设认为广告态度不影响品牌态度，而是直接影响购买意向。由于品牌态度具有一定的稳定性，其形成是由产品属性的因素驱动的，而广告态度类似于"对购买条件的感觉"，具有相对的不稳定性和受环境影响的特征，不会对相对稳定的品牌态度产生影响。

（3）双中介影响假设。该假设认为广告态度同时影响品牌态度和品牌认知反应。广告信息来源所形成的态度将影响认知和情感反应；同时，广告展露所产生的情感会作为广告说服过程中的"线索"，进而增强或减弱顾客对品牌信息的接受程度。

（4）交互中介假设。该假设认为广告态度和品牌态度之间存在相互影响。根据平衡理论，顾客具有同时喜欢或同时不喜欢广告和品牌的特点。对成熟品牌而言，顾客以前的经验和品牌态度也会导致品牌态度对广告态度的反向影响。

麦肯齐·斯科特等人对上诉四类假设进行数据检验，结论显示四类假设都是成立的。但是，相比较而言，双中介影响模型是最优模型，即广告态度会同时对品牌认知和品牌态度产生影响。

三、条件反射模型

条件反射相关理论及模型关注"刺激与反应"之间的关联问题，是帮助服务型企业理解服务营销刺激与顾客服务消费行为反应之间关系的重要理论工具，也是指引整合服务营销传播活动操作组合的营销刺激以产生企业所期望顾客行为的方法论。条件反射模型包括经典条件反射理论和操作性条件反射模型两种类型。

（一）经典条件反射理论

经典条件反射最早是由俄国生理学家巴甫洛夫提出的。他在研究中发现，当把食物显示给狗时，狗会分泌唾液；在这个过程中，他又发现，如果在给狗食物的同时反复给一个铃声（中性刺激），之后，狗就会在只给铃声的条件下分泌唾液。这意味着，一个中性刺激与一个能引起某种反应的刺激相结合，就可能使动物学会对那个中性刺激做出反应。

在经典条件反射过程中，能够引起狗本能反应的刺激被称为无条件刺激，即肉骨头；对于无条件刺激导致的唾液分泌反应是无条件反应，即肉骨头能够自然引起狗的唾液分泌。条件刺激在巴甫洛夫的实验中就是铃声。当无条件刺激（肉骨头）和条件刺激（铃声）在空间和时间上不断配对出现时，就会出现条件反射，即狗在没有肉骨头，只有铃声的情况下也会出现唾液分泌反应。

经典条件反射理论有以下几个特征。①强化。中性刺激与无条件刺激在时间上的结合称为强化，强化的次数越多，条件反射就越巩固。②多种刺激均有效。一切来自体外的有效刺激，包括复合刺激、刺激物之间的关系及时间因素等，只要跟无条件刺激在时间上的结合，即强化都可以称为条件刺激，形成条件反射。③可以形成多级条件反射。一种条件反射巩固后，再用另一种新刺激与条件反射相结合，还可以形成第二级条件反射。同理，还可以形成第三级条件反射。在人的身上可以建立多级条件反射。④消退。取消中性刺激与无条件刺激在时间上的结合，即不予强化，反复多次后，已经习惯的反应就会逐渐消失。例如，学会对铃声产生唾液分泌的狗，在一段时间听到铃声而不喂食后，便可能会对铃声不再产生唾液分泌反应。⑤恢复。消退后的条件反应，即使不再给予强化训练，也可能被重新激发，再次出现，即自然恢复作用。⑥泛化。是指某种特定条件刺激反应形成后，与之类似的刺激也能激发相同的条件反应，例如，狗对某种铃声产生唾液分泌反应后，对近似铃声也会产生反应。

经典条件反射理论被大量运营于整合服务营销传播中，服务型企业可以将自身的服务或品牌与顾客熟悉的刺激（如影视明星、服务场景、优质员工等）相联系，且不断重复传播，从而获得更好的传播效果。当服务或品牌逐渐被顾客熟悉并喜爱之后，还可以通过服务品牌延伸来形成多级条件反射，使服务品牌的价值最大化。

（二）操作性条件反射模型

经典条件反射理论的本质上是一种被动的条件反射，强调“没有刺激，就没有反应”。但是，美国心理学家伯尔赫斯·斯金纳（Burrhus Skinner）认为要注意区分“引发反应”和“自发反应”的区别，由这两种反应可以产生两种行为，即应答行为和操作行为。

伯尔赫斯·斯金纳认为如果一个操作发生后，接着给予一个强化刺激，那么其强度就会增加。为此，斯金纳设计了一个箱体来进行理论测试，这一箱体后来被称为“斯金纳箱”。在实验中，箱内放进一只小白鼠并设一杠杆或按键，箱子的构造要尽可能排除一切外部刺激。当白鼠压杠杆或按键时，就会有一团食物掉进箱子下方的盘中，白鼠就能吃到食物，这时白鼠就会不断地去压杠杆或按键。根据操作性反射条件模型，斯金纳甚至成功训练两只鸽子玩一种乒乓球游戏。因此，只要巧妙安排强化程序，就可以训练动物习得许多复杂的行为。当然，操作性条件反射也会出现消退现象。斯金纳总结说：“如果在一个已经通过条件化而增强的操作性活动发生之后，没有强化刺激物出现，它的力量就会削弱。”

操作性条件反射对服务型企业的整合服务营销传播具有重要作用。例如，当服务型企业希望顾客能够不断地访问其业务网站，就需要在顾客访问过程中不断地强化顾客的行为，如不定期给予奖励或优惠，不断更新的知识或内容，有较强的社群互动等。当顾客通过主动的访问行为可以获得硬性或软性的利益，就可能形成访问的习惯。

第三节　整合服务营销传播的基本过程

一、整合服务营销传播计划

凡事预则立，不预则废，整合服务营销传播亦是如此。制订传播计划是整合服务营销传播活动的首要工作，也是整个传播活动的行动基础和成败关键。整合服务营销传播计划的制订需要服务型企业及相关管理者充分考虑传播目标及定位，目标顾客群体特点，传播内容和媒体选择，以及传播预算编制等方面内容。

（一）确定传播目标及定位

在整合服务营销传播过程中，确定传播目标及定位是整个活动的起点。整合服务营销传播是企业发展战略及营销战略指导下的传播活动，因而传播目标及定位要充分体现服务型企业的发展战略及营销职能战略思想及方向。

1. 确定传播目标

整合服务营销的传播目标可以视为服务型企业发展战略目标及营销战略目标在服务营销传播领域的体现。因此，传播的目标既有战略层面的目标，如服务型企业形象建设、服务品牌塑造等，也有策略层面的目标，例如，向服务市场推出新服务项目、提升目标顾客的服务品牌知晓水平、反击主要竞争对手的竞争行为、提升顾客关系水平及塑造顾客忠诚等。因此，整合服务营销传播的目标往往是综合的，多层次的，既是与服务型企业发展战略及营销战略保持高度一致的，又是对市场竞争现状及顾客需求的及时反应。

同时，在总体目标确定之后，还需要分解成若干可执行、可控制和可检测的具体目标。例如，根据目标顾客认知及反应过程，传播活动的不同阶段应该有过程目标；根据不同媒介的特点及功能，不同传播媒体应该设置不同的传播目标。

2. 确定传播定位

传播定位是整合服务营销传播的聚焦点，是由传播目标决定的。由于当今社会资讯爆炸、信息过载，使顾客很难在纷繁复杂的传播信息中注意并记忆特定的服务及品牌信息，这就要求服务型企业在开展整合服务营销传播以前，应该根据传播目标确定传播的定位。整合服务营销传播的定位主要包括以下几个方面。

（1）与竞争对手的服务及品牌相区隔。整合服务营销传播的定位可以与服务型企业的服务市场定位和品牌定位联系起来，通过整合式的服务营销信息传播活动，进一步落实、延续或强化服务型企业的服务市场定位和服务品牌定位，将服务产品和服务品牌与主要竞争对手进行有效的区隔。

（2）持续强化服务型企业的服务品牌定位。整合服务营销传播的重要作用是强化服务品牌在服务市场中的辨识度、影响力。因此，在与传播目标保持匹配的前提下，服务型企业可以单独将强化服务品牌作为整合服务营销传播的定位。事实上，服务型企业要让服务品牌定位获得顾客认知甚至产生联想并不是一件容易的事情，它需要服务型企业进行长期的投资和努力。通过整合服务营销传播不断强化服务品牌定位，是一种增加服务品牌知名度，形成积极的服务品牌联系，并构筑服务品牌资产的有效方式。

（3）获取有限的认知资源。由于服务市场竞争的日益激烈，顾客的认知资源越来越稀缺，因而需要通过整合服务营销传播的准确定位来争夺认知资源。无论是战略层面的服务型企业形象传播，还是策略层面的协助新服务项目拓展市场，整合服务营销传播都需要去吸引和占领目标顾客群体有限的注意力、记忆力等认知资源。

（二）分析目标顾客群体

目标顾客群体分析是整合服务营销传播的基础，只有在对目标顾客群体的特征及偏好进行系统分析并准确把握的基础上，整合服务营销传播活动才能够做到有的放矢，事半功倍。进行目标顾客群体分析的主要目的是确定和理解传播的目标市场，为精准有效地向目标顾客传递服务营销信息提供基础。

传统的目标顾客分析是通过市场调研及顾客细分来进行的。服务型企业通过市场调研进行服务市场细分，既采用人口统计特征如年龄、性别、职业、收入水平等、地理及区域等一系列非常简洁直观的细分标准，也运用生活方式、消费价值观等抽象的细分标准对目标顾客群体的特征及偏好进行描述。在大数据时代，传统的服务市场细分方式已经被精准的“顾客画像”所取代，企业可以通过更加复合和多维的标签或指标如消费行为特征及心理特征等，对目标顾客群体进行描述，从而使服务型企业能够更加准确地锁定目标顾客群体，并更具针对性地进行服务营销信息的传播。例如，阿里巴巴会向平台商家提供大数据商用化的达摩盘（data, market, people, DMP），为平台商家提供基于大数据分析的目标顾客画像，使商家可以有针对性地选择目标顾客进行精准化信息传播。

（三）制订传播内容计划

根据传播目标及定位，以及目标顾客的特征及偏好等内容，服务型企业需要确定整合服务营销传播活动需要向目标顾客群体传达的核心信息及表达方式，即传播内容计划。在整合服务营销计划活动中，服务型企业需要明确向目标顾客群体及社会公众传达的主要信息类别及相关内容。这些传播内容是传播目标及定位的具体体现，是服务型企业试图通过媒介组合表达的观点、理念、信息或其他资讯。例如，有关服务型企业的基本简介或形象展示、新服务项目的特性或功能推介、服务品牌的内涵及形象展示等。如果说传播媒介是一条连接信息传播方与信息接收方的“管道”，那么传播的内容则是流淌在管道中的“信息流”。

（四）制订传播媒体计划

传播媒体计划是服务型企业通过对传播目标及定位、传播对象及内容以及传播时间及空间要求等，进行系统分析后选择营销传播媒体的整合方案。服务型企业在制订传播计划时需要综合考虑以下因素：①整合服务营销传播的目标及定位。传播媒体的选择需要以实现传播目标及定位为基本前提。②目标顾客群体特征。传播媒体的选择要与目标顾客群体的媒介偏好相匹配，确保传播的信息能够有效覆盖和达到目标顾客群体。③传播内容。不同的内容需要运用最适合的媒体进行传播，例如，理性说服内容需要使用报刊、公众号、博客等具有较强可读性的媒体进行传达，而感性说服内容可以使用电视广告、互联网展示或旗帜广告等广告媒体进行传播。④不同媒体的优势与劣势。不同的传播媒体具有各自的优点与缺点，例如电视具有覆盖面广、信息传播及时、形象生动等优点，但是单位成本较高、缺乏互动性、针对性较差则是其主要缺点。因此，在制订传播媒体计划时，需要整合运用各类媒体，充分利用不同媒体的优势，尽可能发挥传播媒体组合的最大效力。

（五）编制传播预算

编制传播预算是整合服务营销传播计划环节最为关键的因素之一，是与传播效果密切相关且可能进行动态调整。服务型企业的营销传播预算可以采用自上而下的方式制定，由企业高层管理者决定并下拨各项营销费用；也可以采用自下而上的方式来确定，由服务营销管理相关部门申报资金。但是，在实际操作过程中，往往是两种方式相结合的模式。例如，先由整合服务营销传播的具体执行部门根据传播的目标及定位、内容及媒体计划等向主管部门提交经费预算申请，再由企业高层管理人员根据资金申请的相关内容以及企业的整体资金预算等情况进行协调并最终审核批准预算。

二、整合服务营销传播执行

在完成整合服务营销传播计划之后，服务型企业下一步工作便是按照计划实施整合服务营销传播，即计划的执行环节。在传播执行过程中，将会涉及传播创意及制作、传播媒介选择及排期、传播组织管理及过程监控等方面的工作。

（一）传播创意及内容制作

传播创意及内容制作是整合服务营销传播执行的重点和基础。服务型企业有关传播的任何目标及定位，以及传播内容计划都需要转化成为可展示、可传递的营销信息，才能够有效地传播给目标顾客群体。同时，为了使传播效果更加突出，还需要传播内容设计及传播方式更具独特性和新颖性。传播创意及内容制作有两个方面的作用。

（1）创意及内容制作可以用于增强顾客的信息加工。创意及内容制作是服务及品牌信息在海量信息中脱颖而出的关键，它可以有效地增强服务型企业营销信息触达顾客的效率水平。同时，好的创意和内容可以增强顾客对服务营销信息的认知和记忆水平。

（2）创意及内容已经成为服务营销信息传播的核心要素。随着社会化媒体的兴起，内容为王的传播时代已经来临。人际间的信息传播已经成为社会化媒体传播的主要形式，在这种传播环境下，优质的内容可以通过人际间的传播快速扩展信息的覆盖范围，提升信息的触达率，从而获得良好的传播效果。

（二）传播媒体选择及排期

传播媒体选择与排期是整合服务营销传播得以实现预期效果的关键。在选择媒体时，首先需要考虑所选媒体是否与整合服务营销传播的目标顾客群体相匹配，其中需要特别关注目标顾客的行动路径和触点。由于整合服务营销传播需要多种媒体在时间与空间上进行组合和搭配，因此，在媒体选择时还需要考虑不同媒体在不同时间和空间、不同顾客触点与认知过程中的作用。同时，也要考虑媒体的规模、时长、位置等因素，以确保媒体整合符合营销传播的基本需求。例如，根据 AIDA 模型，在顾客认知的不同阶段，服务型企业可以综合选择不用的媒体组合（见表 10-1）。

表 10-1 基于 AIDA 模型的媒体组合策略

知晓			兴趣	渴望	行动
广告	**公共关系**	**直接营销**	**事件 / 体验**	**人员推销**	**销售促进**
印刷、广播广告 外包装广告 电影画面 宣传册 招贴与传单 广告牌 视听材料 销售点陈列 陈列广告牌 标识与标记	报刊软文 公众号软文 研讨会 出版物 正面新闻 慈善捐赠 公司杂志 事件赞助	邮购服务 电话营销 目录销售 电视购物 电子邮箱	运动 娱乐 节日 艺术 事件 工厂参观 公司展览馆 社区活动	推销展示 销售会议 奖励节目 样品 交易会展示	竞赛和游戏 兑奖、彩票 赠品和样品 展览会 赠券 低息融资 现金返回 折扣交易 商品搭售 示范表演

资料来源：黄劲松. 整合营销传播 [M]. 北京：清华大学出版社，2016：166.

同时，服务型企业在不同媒体上的投放需要进行媒体的排期。媒体排期不仅需要按照时间统筹安排各种媒体，更需要考虑顾客在整合服务营销传播中的不断认知阶段，有针对性地使用不同媒体。媒体的排期有着不同的策略。

（1）连续性排期策略，是指服务型企业在整个传播活动期间按时间等分来使用营销传播预算，保持营销信息传播的持续冲击力。连续性排期策略比较适合那些持续的、需要波动较小的服务市场和服务产品。

（2）脉冲式排期策略，是指服务型企业采用非连续的方式，在某些时间段大量投放营销信息，而另一些时间段较少投放或不投放，其投放过程有一定的规律。脉冲式排期的周期主要根据营销信息传播的衰减周期来确定，符合信息传播的认知规律，因而是大多数企业采用的媒体排期策略。

（3）间歇式排期策略，是指服务型企业在某些时候采用非常高的媒体投放传播营销信息，而在另外一些时间则采用非常低的媒体使用频率，而且投放过程没有一定的规律。服务型企业一般根据自身的服务营销传播需求、服务的季节性特点等因素来确定媒体排期策略。

（三）传播组织管理

整合服务营销传播涉及服务型企业内部各职能部门，以及企业外部各类合作伙伴的广泛参与，因而需要有良好的传播组织管理。根据传播组织管理基本范畴，整合服务营销传播的组织管理主要涵盖内部和外部两方面。

1. 传播活动的内部组织管理

整合服务营销传播的内部组织管理重点是建立与传播活动相匹配的项目团队或组织。特别是对于大型的整合服务营销传播活动，建立跨职能部门的项目制组织体系尤为重要。传播活动的内部组织管理不仅需要协调内部的服务运营、服务营销、客服服务、工程技术（或后勤保障）等方面职能的紧密协作，还需要协调各个关键职能部门与外部合作伙伴的关系，确保整合服务营销传播有良好的外部合作环境。

2. 传播活动的外部组织管理

整合服务营销传播的外部组织管理是指在营销传播过程中协调和管理外部合作伙伴，从而顺利地完成整合服务营销传播过中的外包性或合作性工作。服务型企业要完成整合服务营销传播的全过程，必须得到各类合作伙伴的协助和支持，如市场研究公司、广告公司、传播内容制作方、传播媒体、代言人、经销商及销售终端等。一些服务型企业在整合服务营销传播过程中主要依赖第三方机构，如广告公司或传媒公司来完成市场研究、传播定位、内容制作、媒体选择等工作，即通过大量服务外包的方式来开展整合服务营销传播活动；另一些服务型企业会将整合服务营销传播过程分解为不同的任务模块，只让合作伙伴参与其中部分模块的工作。无论选择何种协作或合作方式，服务型企业对外部伙伴的协同和管理会极大地影响整合服务营销传播的最终效果。

（四）传播过程监控

传播过程监控是整合服务营销传播过程中必须关注的问题。只有有效的传播过程监控才能够保证整合服务营销传播活动达到预期效果和性价比。由于在传播过程中服务型企业、广告公司或传媒公司、各类媒体之间往往存在不同的传播计量方式，因而需要在传播过程中确认播放次数、播放时长、版面大小、点击次数等传播指标，以确保传播合同的有效执行。

一般而言，在整合服务营销传播活动中，传播的效果需要由第三方机构进行监控，特别是网络媒体及社会化媒体的投放过程中，需要第三方机构运用专业的数据及分析技术来监控媒体的传播过程和效果。当前，已经出现许多独立的营销传播监测公司从第三方视角对媒体传播进行相应的监测和评估。

服务洞察

实时竞价广告：实现精准、高效营销传播

实时竞价（real-time bidding, RTB）广告是指针对互联网用户浏览，通过即时竞价模式有针对性向用户曝光营销信息的广告形式。RTB 广告与传统的 CPC、CPM 和按日付费（daily flat）互联网广告计费方式相比，打破了传统广告出租“广告位”的交易方法，通过大数据、数据算法、搜索引擎等新兴技术手段将广告展示机会变成一个个“广告股市”，具有精准化、数据化和平台化特点。

在运营过程中，RTB 广告根据每个用户的行为，使用维克里拍卖方式（vickrey auctions）进行实时竞价。买方平台（DSP）根据各种约束和当前曝光价值做出评估并出价，卖方平台（SSP）则根据各种媒体的流量价值、服务能力进行要价，而拍卖中介（AD exchange）维护拍卖过程，并裁定最终出价最高者获得本次对用户的曝光机会。根据维克里拍卖方式，交易的最终买方为最高出价者，但其只需要支付略高于第二高出价者的价格即可。这样更鼓励了最高出价者，又使媒体方获得更大收益。

RTB 广告的基本步骤如图 10-4 所示。例如，准备买包的用户点击网站，输入相关搜索信息，通过媒介接入卖方平台，并被获取了 cookies（Web 服务器保存在用户浏览器上的小文本文件，它包含有关用户的信息）；随后，卖方平台接入拍卖中介，并输入 cookies；接着拍卖中介将 cookies 交至数据管理平台；而数据管理平台根据 cookies 查找用户过往行为，给出用户爱买包的信息（以及其他大数据手段获取的用户数据）反馈至拍卖中介。这时，拍卖中介将用户行为和用户习惯（爱买包）发至各大买方平台。买方平台在根据用户行为和习惯，代表自己平台上的广告主给我拍卖中介出价，然后拍卖中介根据报价，给予出价最高者曝光权力；最后，获得曝光的广告由买方平台传输通过拍卖中介，卖方平台、媒体主直接传输至用户浏览的网页，整个全部过程在 100 毫秒内完成。

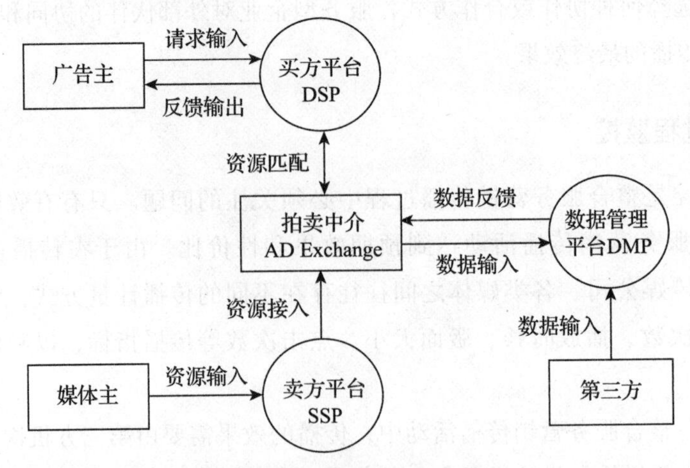

图 10-4 RTB 的基本原理及步骤

资料来源：根据相关资料整理。

三、整合服务营销传播效果评价

管理学大师彼得·德鲁克曾说：“管理是一种实践，其本质不在于‘知’而在于‘行’；其验证不在于逻辑，而在于成果；其唯一权威就是成就。”对于整合服务营销传播而言，评价传播计划及实施最终成效的核心标准就是传播效果。整合服务营销传播效果的评价涵盖销售效果、心理效果和媒体效果三方面。

（一）销售效果评价

整合服务营销传播的销售效果评价主要采用计量经济学和时间序列的方法进行，是建立在服务型企业的经营结果（y）与服务营销传播投放（x）之间的时间序列关系，能够明确哪些服务营销传播投放产生了效果，进而对整合服务营销传播的效果进行评价，并指导服务型企业的后续传播活动。

关注销售效果评价的观点强调，虽然顾客的态度在传播效果测量中非常重要，但是顾客态度往往存在于一个“黑箱”里，只有销售状况才是可见的，因而对直接销售效果的测量才是整合服务营销传播效果评价的核心。在传播销售效果评价中，应该考虑的因素是传播活动的滞后效果和对顾客群体及个体的影响。因此，此类测量方法包括长期和短期的效果测量、总体和个体的效果测量。因变量主要有销售收入、市场占有率、品牌选择、广告弹性等；自变量主要有信息展露数量、广告及传播频次、传播费用、总视听率等。

传播销售效果的个体测量一般采用选择模型，总体测量一般采用时间序列模型。由于个体测量对数据要求很高，目前应用范围非常有限。因此，对整合服务营销传播销售效果的测量主要还是进行总体测量。典型的传播效果总体评价模型为

$$\mathrm{S}_t = a_0 + \sum_{k}^{m} \lambda_k S_{t-k} + \sum_{j=0}^{n} b_i A_{t-j} + \varepsilon_t$$

式中，S_t 为 t 时刻的销售额；λ_k、a_0、b_i 为常数，$0 < \lambda_k < 1$；S_{t-k} 为 t 时刻前 k 时刻的销售额；A_{t-j} 为 t 时刻前 j 时刻的广告或其他传播费用；m，n 为测量周期变量。

当传播活动是当期发生的（j=0），k=1 时，上述公式变为柯依克（Koyck）模型为

$$\mathrm{S}_t = a_0 + \lambda S_{t-1} + b_0 \mathrm{A}_t + \varepsilon_t$$

上述测量模型是可以进行拓展的：如果考虑传播的非线性影响，可以将模型变成指数模型；如果考虑传播的长期滞后效果，可以在传播投放变量加入递减因子，通过计算可以找到拟合优度最好的递减因子，并由此分析传播活动的最佳频度。

服务技能

某医院的整合营销传播效果评价

某医院在过去的三个月中主要投放了报纸广告。从费用看，《精品购物指南》投放了39.3%的费用，《京华时报》投放了18.16%的费用，《北京青年报》投档了16.52%的费用，《北京晚报》投放了11.14%的费用，《晨报》投放了7.21%的费用，其他媒体总计

7.87%。该医院采用几何滞后分布的时间序列模型进行营销传播效果的评价，计算表达式如下

$$T_t=\beta_0(1-\lambda)+\sum_{i=1}^{n}\beta_i A_t^i+\lambda T_{t-1}+\varepsilon_t-\lambda\varepsilon_{t-1}$$

式中，T_t 为 t 时刻的电话咨询量；β_0、β_i 为截距和系数；A_t 为第 i 种媒体在 t 时刻的广告投放，λ 为广告的保留率，$0<\lambda<1$；ε_t 为残差；$k=0, 1, 2, \cdots$ 它是滞后影响的周期。

$$\ln T_t=\beta_0(1-\lambda)+\sum_{i=1}^{n}\beta_i A_t^i+\lambda T_{t-1}+\varepsilon_t-\lambda\varepsilon_{t-1}$$

每一个报纸媒体的广告弹性为

$$e_i=\frac{\mathrm{dln}T}{\mathrm{dln}A^i}=\frac{\mathrm{d}T/T}{\mathrm{d}A^i/A^i}$$

计算结果显示，《京华时报》的广告效果最优，其次是《精品购物指南》，再次是《北京晨报》《北京晚报》和《北京青年报》这种有着较高发行量和投放费用的媒体没有产生太多的效果。这一结果说明：①将广告投放在不同报刊媒体上所带来的效果是不一样的，因此进行媒体的评价和选择是非常必要的；②仅仅以发行量作为媒体选择的标准可能会带来偏差；③该医院投放的很大一部分广告中没有产生明显的市场反应，持续地媒体评价和调整是必要的。

保留率的计算结果是 0.36，说明报纸广告的影响在第二天的保留率不足 40%，在第三天的保留率仅剩余 13.1%，如果间隔 5 天不投放广告，则报纸广告的影响接近于 0。报纸广告具有非常强的时效性。广告弹性的计算结果显示，汇总所有报纸的广告弹性为 0.224。《京华时报》《精品购物指南》和《北京晨报》的广告弹性排在前三位。

以上研究显示，仅三种报纸媒体就可以有效预测电话咨询量，其合计费用不足总投放费用的 65%，其他 35% 以上的广告费用没有产生显著的效果，广告费用存在较大浪费。

资料来源：黄劲松．整合营销传播 [M]. 北京：清华大学出版社，2016：265.

（二）心理效果评价

整合服务营销传播的心理效果评价是指评价服务型企业在整合服务营销传播前、传播中和传播后顾客对服务及品牌的认知、态度、记忆、行为的变化，从而达到事前、事中和事后控制的目标。传播心理效果评价与传播销售效果的评价遵循完全不同的逻辑。后者主要关注营销传播投放与营销结果之间的计量经济关系，前者则是打开计量经济关系中的“黑箱”，了解并评价顾客的认知过程。整合服务营销传播的心理效果评价主要包括单一广告的心理效果评价和综合心理效果评价两类。

1. 单一广告的心理效果评价

单一广告的心理效果评价可以按照顾客处理模型进行操作。服务型企业首先需要考虑如

何向顾客曝光信息，然后是如何引起顾客的注意，理解、记忆和提取信息。根据顾客处理模型，首先需要测量的是顾客是否注意到整合服务营销传播过程中的关键信息，然后测量顾客是否理解信息，是否记忆信息，是否在消费场所提取信息并产生行动。典型的问题包括：您是否看过这个广告？您读了广告中的哪些内容？这些内容是否对您的服务消费带来帮助等。

对单一广告而言，事前、事中和事后的心理效果测试可以从以下六个方面进行设计：①注目度，主要测量目标顾客是否注意到服务型企业所传播的信息；②识别度，主要测试目标顾客在注意到广告或其他传播方式后能否很好地识别出服务、品牌及其他相关线索；③感染度，主要测量广告及其他传播方式对目标顾客的影响力，以及后续的态度变化；④理解度，主要测量目标顾客是否理解传播信息，是否能够在理解的基础上复述和加工传播信息；⑤记忆度，主要测量目标顾客是否记住了传播信息，是否能够在短时间内提取传播信息的基本内容；⑥促购度，主要测量顾客对服务产品的购买意愿。针对以上六个方面的具体测量问题如表 10-2 所示。

表 10-2　单一广告的心理效果评价指标

效果指标		测量问项
注目度	注意	该广告是否引起您的注意
	创意 / 有趣	该广告是否新颖有趣
	注意线索	该广告是否存在让您记住的一些要点或情节
识别度	品牌识别	看完广告后您能否识别出广告中的品牌
	服务识别	看完广告后您能否识别出广告中的服务
	线索关联性	广告中引起您注意的要点与品牌 / 服务的关联度如何
	广告联想	该广告所展现的服务品牌特点是什么
	差异性	广告中的服务 / 品牌（或与 ×× 品牌相比）有何独特性
感染度	视听	广告的视听效果（色彩、画面、声音等）如何
	情节	广告的情节是否吸引人
	信任	您是否相信广告传达的信息
	情绪	广告给您一种什么样的感觉（愉悦、欢快、悲伤、凄凉等）
	广告态度	您是否喜欢该广告
	品牌态度	您是否喜欢该服务品牌
理解度	理解性	您是否理解了广告的中心意思
	故事复述	您是否能够复述广告的主要故事情节
	诉求点复述	您是否能够复述广告的主要诉求点
记忆度	情节回忆	请进行广告情节的回忆
	诉求点回忆	请进行广告诉求点的回忆
	回忆时间	广告回忆所需时间的测试

（续）

效果指标		测量问项
促购度	服务评价	请您对该服务进行评价
	品牌评价	请您对该品牌进行评价
	购买意愿	您是否愿意购买该品牌的服务

资料来源：根据相关资料整理。

2. 综合心理效果评价

整合服务营销传播的综合心理效果评价是指从顾客心理角度综合评价服务营销传播活动所产生的效果。一般来说，综合心理效果的评价需要进行事前和事后的测试，以比较传播前后相关数据的变化，进而评价整合服务营销传播活动是否产生了相应的效果。由于品牌反映了服务型企业市场运营的综合效果，因而综合心理评价大多数是测试整合服务营销传播所带来的品牌认知、品牌态度和品牌购买意愿在传播前后的变化。

在进行整合服务营销传播的综合心理效果评价时，主要使用的测量指标包括：①服务品牌的知晓度。该测量主要通过比较整合服务营销传播前后的“有提示 / 无提示品牌提及率”来了解服务品牌认知的综合变化。②服务品牌知识。通过测量服务品牌的熟悉度来了解服务品牌知识的变化。一般而言，顾客服务品牌知识水平较高时，进一步提升整合服务营销传播的效果将会有更大难度。③服务品牌认知。一般通过开放式问题的编码方式进行测量，让顾客列出对服务品牌的所有想法，然后在一定的编码规则下将这些定性数据转化为定量数据。④服务品牌态度。主要通过“是否喜爱 ×× 品牌”等问题来进行评价，服务品牌态度对服务消费意愿和行为有重要影响。⑤服务品牌信任。主要通过“是否相信广告或其他传播渠道中的服务品牌相关信息或承诺？”等问题来进行评价。⑥服务消费意愿。可以作为综合心理测量的重要结果变量，一般是运用“是否愿意消费或推荐消费 ×× 品牌的服务”等测量问项来进行评价。

除了测量服务品牌认知的变化，服务型企业还可以通过前后测的方式测量整合服务营销传播对顾客满意和顾客忠诚的影响。研究表明，当服务型企业的知名度和品牌形象提升时，服务品牌形象的改变会影响服务价值的评价，进而使顾客满意和顾客忠诚发生变化。因此，服务型企业可以通过对顾客满意和顾客忠诚的评估，间接地测评整合服务营销传播的影响。

（三）媒体效果评价

整合服务营销传播的媒体效果主要是指在传播过程中信息触达顾客所产生的效果。媒体效果的评价不但需要测试触达的数量和质量，还要评估触达顾客的成本。传统的媒体效果评价的测量指标主要有：触达率、触达频次、总视听率、每千人成本等。在新兴媒体环境下，每点击成本、每行动成本、每人成本、每销售成本逐渐成为媒体效果评价的核心指标。事实上，服务型企业在整合服务营销传播时，如果没有任何信息触达目标顾客群体，那么不会产生任何的营销效果。因此，传播信息触达水平是衡量媒体效果的重要指标。相关的测量指标主要有：

（1）触达率（opportunity to see, OTS）。触达率是指一定周期内传播媒体到达目标受众的百分比。触达率并不计算重复接触信息的次数，也就是说一个受众最多只能够计算一次，它是一种适合所有媒体的效果测度指标。其中，有效触达率是指一定周期内传播媒体达到目标受众 3～10 次的百分比。

（2）触达频次（frequency）。触达频次是指一定周期内曝光于特定媒体的重复受众数的总和，它反映每一个接触到信息的受众接触信息的频次。

（3）总视听率（gross rating point, GRP）。总视听率是指一定周期内曝光于特定媒体的重复受众数的总和。总视听率不仅包含触达人群的比率，也包含触达的频次。例如，一个信息在各类媒体上带来 30% 的触达率；同时，每一位触达受众看到信息的次数是 2 次，总视听率即为 60%，它是包含有重复和无重复所有触达次数带来的触达比率。因此，总视听率（GRP）= 触达率（OTS）× 触达频次（F）。

（4）每千人成本。每千人成本是指一个媒体每传递 1 000 人或家庭所需要付出的成本，是通过传播成本除以触达量，再除以 1 000 计算所得。

综上所述，服务型企业进行整合服务营销传播需要经历计划、执行和评价三大基本过程（见图 10-5）。其中，每个过程又包含若干的行动阶段，不同阶段又拥有相应的关键焦点或任务。因此，整合服务营销传播是一项建立在传播学、心理学及消费行为学等学科理论基础之上的，具有高度计划性和系统性的综合营销传播活动；是在激烈竞争的服务市场环境下，按照顾客需求与顾客进行有效沟通和交流的新方式，是服务型企业传播服务价值的新手段。

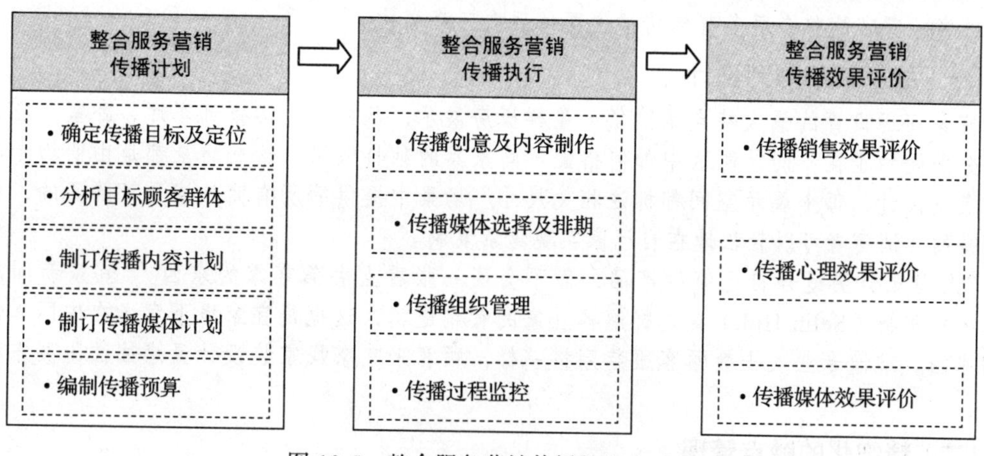

图 10-5 整合服务营销传播的基本过程

资料来源：本书设计。

基本概念

- 整合服务营销传播（integrated service marketing communication, ISMC）
- AIDA 模型（attention, interest, desire, action model）

- 精细加工可能性模型（elaboration likelihood model，ELM）
- 认知反应模型（cognition-response model）
- 整合服务营销传播的基本过程（the processes of ISMC）
- 整合服务营销传播效果评价（the effect evaluation of ISMC）

课后思考

1. 整合服务营销传播的内涵是什么？应该如何理解？
2. 结合实例，谈谈服务型企业实施整合服务营销传播应该坚持的主要原则。
3. 结合实例，谈谈在移动互联网时代，整合服务营销传播有哪些新特征。
4. 整合服务营销传播的主要理论有哪些？它们各自的核心理论观点是什么？
5. 整合服务营销传播的基本过程包括哪些阶段？不同阶段的重点内容有哪些？

讨论案例

宜家的整合服务营销传播

成立于1943年的瑞典宜家（IKEA），在全球29个国家和地区拥有355个商场，目前已成为全球最大的家具家居用品企业。虽然宜家是一家家居用品零售商，但宜家销售的却不是家居用品，而是销售家居生活场景，传播简约的生活方式。在宜家推出的《家居生活报告》中，宜家用四个维度定义“家”：物品、关系、空间、地方，并在这四个维度的基础上，去探索家之所以成为家的原因。然后将这种对“家”的理解通过整合服务营销传播方式，传递给目标顾客。宜家的整合服务营销传播主要体现在三个层次。

（一）线下商场陈列设计

宜家商场设计的最大特点是提供大量样板房展示，从厨房、浴室到客厅、卧室，应有尽有。分别展示了在不同功能区中如何搭配不同家具的独特效果。这些场景都是由商场专职设计师负责设计，每个展示空间都标注相关尺寸。场景中提供的所有商品皆是可购买的，所见即所得的，消费者可以轻松地在自己家实现场景复制。

“人们只会买适合自己家的产品，而不会买一张看上去孤零零的东西。”宜家新闻总监塞琳·霍尔特（Selin Hult）曾这样解释宜家的营销逻辑，这也是宜家线下卖场在中国如此火爆的原因。就像专业人士教顾客服装穿搭一样，顾客来宜家找家装设计灵感往往比买东西更重要。

（二）精细化的触点管理

宜家的服务理念是“使购买家具更为快乐”，因此在任何有可能会和顾客产生接触点的地方，不管是卖场设计、服务方式，宜家都尽量使其显得自然、和谐，让顾客感觉到温馨和满意。实际上，消费者从走进宜家卖场的时候起，就能感受到宜家的良苦用心。不仅地板上有箭头指引他们按照最佳顺序逛完整个商场，并且展示区按照他们的习惯制定顺序。

在入口处，宜家为顾客提供铅笔、卷尺和纸张，以方便顾客进行测量和记录。在选购过程中，除非消费者提出需要帮助，否则宜家的店员不会上前打扰，以便让顾客有个最佳的购物氛围。为了让顾客掌握全面真实的产品信息，宜家还精心制作了详细的标签，告知产品的购买指南、保养方法和价格。如果顾客逛累了，可以在卖场内的宜家餐厅小憩一会，点上一杯咖啡或是一碟北欧风味的点心……如果顾客在购买宜家的产品后觉得不合适，没有关系，宜家非常体贴地为顾客解除后顾之忧：在购物60天内（宜家俱乐部会员可在365天内）可以无条件退货[特殊商品（食品、植物、处理商品）、定制商品等除外]。细节的完美设计和完善的售后服务不仅为宜家赢得了良好口碑，更是提升了宜家的品牌形象。

（三）宜家《家居指南》传播

1951年，宜家发行了第一本《家居指南》。此后每年9月初，在其新的财年开始时，宜家都要向广大顾客免费派送制作精美的《家居指南》。目前，宜家累计印刷了2.17亿本《家居指南》，因而不少人把它比喻为印刷数比《圣经》还多的册子。事实上，它的传播功效堪比《圣经》。

宜家的《家居指南》上不仅仅列出产品的照片和价格，而且经过设计师的精心设计，从功能性、美观性等方面综合表现宜家产品的特点，顾客可以从中发现家居布置的灵感和实用的解决方案。很多人都把宜家的《家居指南》当作装修指导来使用。

宜家几乎为它的每一件产品都写了专属的文案，让人能够深切地感受到每一缕每一丝流淌在家具上的情怀。让你明白家具不仅仅是家具，而是一个有灵魂有思想有情绪的生活伴侣，是智慧的启迪，是人生的思考。

（四）线上社会化媒介传播

宜家是社会化营销的先行者。家居是与生活息息相关的一个行业，围绕这一主题宜家生产了大量具有特色的内容，在Facebook、Twitter、新浪微博以及豆瓣等社会化媒体进行快速传播，不仅将很多的顾客吸引到网站或者实体店，进而转化为交易；更重要的是，通过对产品及服务亮点的挖掘打造独特的品牌形象，占领了顾客心智。

很多宜家用户最初都是被这些线上传播的宜家场景图片所打动，近而成为宜家的重视顾客。这些场景图片暗藏社交货币，让人忍不住去传播、去分享，深谙口碑传播之道的宜家，它的核心策略是让顾客成为品牌的传播者，用看似原始、笨拙，实则高效、完美的口碑运作，而非硬性广告。

资料来源：根据相关资料整理。

思考题：

1. 运用整合服务营销传播的相关理论，探讨宜家是如何让顾客逐渐地接受和喜爱其产品与服务的？
2. 宜家的整合服务营销传播实践，体现了整合服务营销传播的哪些原则？彰显出整合服务营销传播的哪些新特征？
3. 宜家实施整合服务营销传播的案例，为我国零售企业优化服务营销传播效率提供了哪些启示？

第十一章 关系营销与顾客关系

本章提要

顾客关系是服务价值传递的基础条件，服务型企业高水平经营绩效和竞争优势的重要来源。顾客关系由信任、承诺和吸引三大核心要素构成，并因关系程度的不同而划分为不同层次，表现为不同类型。关系营销作为旨在与顾客保持长期关系的营销活动，与传统交易营销区别显著，是服务型企业构建顾客关系的关键手段。

学习目标

- 认识服务中的顾客关系内涵及判别标准
- 理解顾客关系的核心要素、基本层次与主要类型
- 理解关系营销的基本内涵及其实现形式
- 理解顾客关系构建的双重利益和关键基础
- 掌握顾客关系构建的过程和基本策略

引导案例

加拿大皇家银行的数据库营销

加拿大皇家银行为全国最大的银行，身处多伦多的该行分析家们，利用数据库模型，每个月至少对银行所拥有的1 000万客户进行细分分析。细分的变量包括客户信用风险档案、现在和未来的盈利能力、寿命周期阶段、“背叛”银行的可能性大小、渠道偏好（顾客是到分行办理业务还是喜欢自助服务，喜欢打电话还是上网办理业务等）、产品激活状况（顾客购买某项服务后，多长时间开始激活使用）、购买银行推出其他产品的倾向性（即交叉销售的潜能）。银行一位高级副总裁说：“那种顾客每月接受一成不变的服务，大规模营销的时代已经一去不复返了。我们的营销战略更注重顾客的个性化，当然是现有的科技使得这一切成为可能。”

数据库数据的主要来源是营销信息档案，这些档案完整地记录了顾客购买了银行等各类产品、在什么渠道购买的、对过去企业促销活动的反应、交易量和交易额数据，以及对服务等各个方面

意见的反馈等。另外一个来源是企业数据库，包含有账单记录及现有和新顾客填写的所有资料。

皇家银行的分析师利用复杂的算法运行数据模型，利用若干变量对庞大的顾客数据库进行“微分”，寻找到微小的目标顾客群，分析的详细程度可以达到目标顾客对某项将要推出的服务会有怎样的反应，如是正面的还是负面的等。在上述详尽分析的基础之上，银行可以制订出高度定制化的营销方案，对每个微小的细分市场做出相应的分析，进而推出高度个性化的服务产品。利用该数据库，还可以对企业绩效状况进行及时评估，及时发现、识别那些不盈利的顾客，并激励他们利用那些成本较低的渠道来购买服务。

皇家银行细分市场分析的一个很重要的目标就是要与顾客保持并强化互利的长期关系。这家银行还发现，那些购买多种服务，而且与企业关系平均存续期在3年以上的顾客盈利性更好。在全加拿大，顾客对银行业直销计划的响应率平均在3%，由于采用了科学有效的市场分析方法，皇家银行的这一比率远远超过了3%，达到了令人惊愕的30%！

资料来源：克里斯托弗·洛夫洛克，约亨·沃茨，等.服务营销[M].韦福祥，等译.6版.北京：机械工业出版社，2015：292.

加拿大皇家银行开展的数据库营销是关系营销的基础形式，是建立顾客关系的重要手段。由于服务生产和消费的不可分离性，使得建立和维持顾客关系成为服务型企业实现服务价值传递的基础。良好的顾客关系为进行高效的服务传递，提升顾客的满意水平提供了网络基础和行动平台。因此，理解顾客关系并从关系营销视角掌握顾客关系的构建，是理解并推动服务型企业有效进行服务价值传递的重要内容。

第一节　理解顾客关系

一、服务中的顾客关系

服务的不可分离性使顾客的服务接触成为服务消费中的必然现象。事实上，在服务消费过程中，顾客或多或少会与服务型企业或服务人员发生直接接触。有的服务接触可能是常年持续的，如移动通信服务，人寿、医疗及财产保险服务，社区物业服务，水电气等公共事业服务等；有的服务接触可能是短期的、偶发的，如餐饮服务、交通运输服务、继续教育服务、出境旅游服务等。即使像信息查询、电话购票这样简单的服务接触，也存在着服务型企业或服务人员与顾客之间的互动关系。由此可见，关系属性是服务的内在属性，而服务营销管理的核心目标之一就是与目标顾客建立和保持长期的互惠关系。

（一）顾客关系的基本内涵

从广义上讲，关系是指事物与事物之间以及事物内部要素之间的内在必然联系。但在社会语境下的“关系”有着十分复杂的内涵。在不同的分析情景和使用场合，关系的含义也存在诸多不同。顾客关系作为成千上万社会关系中的一种，也具有其自身的特性，它是服务型企业进行服务价值传递的基础，也是服务营销管理的重要目标。虽然顾客关系对服务型企业具有重要价值，但对于“什么是顾客关系”，“顾客关系建立的标志是什么”这些关键问题并没有形成较为一致的答案。

在服务营销管理活动中，**顾客关系（consumer relationship）可以视为服务型企业或服务人员在服务互动过程中与目标顾客建立的互惠关联或纽带，它是服务价值传递的网络基础，是服务型企业高水平经营绩效和竞争优势的重要来源**。芬兰服务营销学教授克里斯廷·格罗鲁斯认为，顾客关系所固有的双向性特征要求服务型企业或服务人员在关系建立及维持过程中选择实现双赢的竞争策略。双赢的竞争策略需要双方都将彼此视为合作伙伴，珍视与对方的互惠协作关系。

在顾客关系的建立和维持过程中，形成双赢的关系双方会持续地保持这种互惠合作关系，直到其中一方从这种关系中获利超过另一方，关系平衡被打破为止。因此，在服务营销管理中对顾客关系的理解应强调以下几个方面：①顾客关系是服务型企业或服务人员与顾客之间的服务交流和沟通过程；②顾客关系的内容表现为一系列的经济交换过程，是实现双赢乃至多赢的过程；③顾客关系能够实现关系双方的互惠，即价值增值；④顾客关系以关系双方的彼此信任和相互尊重为前提和基础。

（二）顾客关系建立的判别标准

需要注意的是，顾客关系的建立虽然是供需双方的共同参与，但并不取决于供方，即服务型企业或服务人员，而是取决于服务的需求方，即顾客。因此，克里斯廷·格罗鲁斯认为，可以从情感和行为两个视角来判断服务型企业或服务人员是否与目标顾客建立了顾客关系，即正面态度和重复购买。

1. 正面态度

从顾客态度的视角来界定顾客关系有利于深化对顾客关系内涵的理解。当顾客意识到与服务型企业或服务人员之间存在着相互理解和彼此关切时，顾客关系就初步建立起来了。顾客关系中的相互理解意味着相互承诺，即关系双方了解彼此的需求；而关系双方的彼此关切表明服务型企业或服务人员，以及顾客愿意为满足对方的需求而采取实际行动。因此，从顾客的角度可以将顾客关系简单地描述为“企业需要我，我也需要企业”。

事实上，关系在很大程度上就是一种态度。顾客一旦感受到与服务型企业或服务人员之间有一种相互关联的纽带，不论这种纽带是什么，都会产生一种“分不开”的感觉。例如，顾客对律师、医生或保健师的依赖，企业对投资及财务顾问、法律顾问产生的依赖。这种“分不开”的感觉并非凭空产生，而是顾客与服务型企业或服务人员进行有效接触和良性互动的结果。服务型企业可以通过关系营销手段与顾客积极互动，使顾客意识到与之存在着相互理解与彼此关切，并展示出正面或积极的态度。

2. 重复购买

从顾客行为视角看，衡量顾客与服务型企业或服务人员是否建立关系的方法，便是看特定顾客的服务消费频率。如果一个顾客对服务型企业的服务消费具有连续性，且与服务人员的接触也是积极的。那么，可以认为服务型企业或服务人员已经与目标顾客建立起顾客关系。

重复购买是服务型企业与顾客建立服务关系的重要标志。但是，服务型企业或服务人员必须关注可能存在的其他导致顾客重复购买的原因。例如，服务价格比较低廉、服务消费比较方便、服务转换成本比较高、当前的服务替代性不足等。可见，在顾客与服务型企业的顾客关系链条上存在诸多约束条件，包括技术约束、地理约束、时间约束、信息约束以及替代者约束等。这些约束条件可能使顾客尽管对服务产品不满意，也并不情愿进行重复购买，但却无法脱离这种服务关系。一旦这些约束条件消失，顾客的流失率与流失速度就会变得相当惊人。

二、顾客关系的核心要素

顾客关系作为社会关系的一种，是由多种社会及心理要素构成的，因而具有比较宽泛的组成形式。在不同的关系情境下，顾客关系构成要素的具体形式可能存在差异。一般而言，顾客关系的核心要素包括以下几个方面。

（一）信任

信任是指在特定条件下一方对另外一方话语、承诺和行为的整体期望，它既是一种稳定的信念，亦可表现为一种依赖关系。如果一方的行为没有符合另一方的期望，那么怀有信任的一方（如顾客）就会对对方失望或者表示不满。因此，信任也可以理解为顾客对一个值得依赖的服务型企业或服务人员所寄予的整体期望。依据产生的原因及表现形式，信任可以从四个层次进行理解。

（1）一般性信任，是指来自社会通行准则或一般惯例的信任。例如，如果顾客了解到某大型投资银行有着良好的资信、强大的资金基础和丰富的投资经验，那么顾客会很乐意与该银行签订长期的投资理财协议，并放心地让其管理自己的资金。

（2）系统性信任，是指基于法律、行业规则、协议和不成文的惯例，也取决于被信任方的职业化程度。例如，与投资银行签订了长期投资理财协议的顾客，会期待对方按照合同约定的条件定期派发红利，并确保资产保值和增值。如果投资理财顾问在与顾客互动中体现出良好的职业道德和谦恭的态度，便会进一步强化顾客对该投资银行的信任。

（3）基于个人品德的信任，是指合作双方给予对方的个人品行及道德水准的信任，并在此基础上展开合作。例如，在民事诉讼中，委托人只有充分信任律师的个人品德，并确认对方不会泄露个人隐私的前提下，才会向对方提供所有必要的个人信息。

（4）经验性信任，是指由关系双方所具有的行业经验，或彼此曾经合作的满意经历决定的信任。例如，某家企业曾经与某咨询服务企业进行多年的合作，且双方对合作情况都感到非常满意，那么就必然会对这家咨询服务企业产生信任感。

由此可见，信任可能取决于双方过去的经历或经验，或者是合同、规则、社会准则以及个人品德等其他因素。无论引起信任的原因是什么，它都是缓解服务消费过程中的不确定性，降低顾客服务消费风险和服务型企业经营风险的重要因素。

（二）承诺

承诺是指在相互关系中一方对另一方表达的互动积极性及相关应许，是珍视并愿意保持合作关系的长期意愿。在服务营销管理中，服务型企业或服务人员需要对顾客做出承诺，以吸引顾客并建立顾客关系。承诺是顾客关系中的重要构成要素，一旦服务型企业做出承诺，就理应兑现。如果无法兑现承诺，顾客关系便缺乏维系和巩固的基础。因此，对服务型企业而言，必须保证与服务承诺相匹配的充足资源、能力和措施来采取行动以确保承诺兑现。

同时，顾客也可以对服务型企业或服务人员做出承诺。如果服务型企业或服务人员能够满足顾客的服务需求或者解决顾客服务“痛点”，如某发型师能够为顾客设计出满意的发型，或某投资银行能够协助企业成功的上市，该顾客或该企业则会愿意与对方进行长期合作，建立紧密的顾客关系。

（三）吸引

吸引是指合作关系双方彼此具备的引导对方注意力及资源投入的能力或状态。在顾客关系中，吸引更多是双向的，即关系双方能够为彼此提供某种财务、技术、心理或社会利益，进而引导对方的注意力和资源投入。

在顾客关系中，吸引意味着关系双方都具有引导和吸附对方进行合作的某些要素，这是顾客关系得以建立和维持的基础之一。例如，某大型企业集团正处于变革阶段，具有较强的管理咨询服务需求，因而会对管理咨询公司产生巨大吸引力；同样，管理咨询公司需要具备极强的专业能力和丰富的服务经验，能够提供高水平的管理咨询服务，进而才能够对该企业集团产生吸引力。由此可见，在服务市场竞争中，如果合作双方存在彼此受益的可能性，就会产生相互吸引，从而为顾客关系的建立和维持提供了前提和基础。

三、顾客关系的层次与类型

依据服务型企业或服务人员与顾客建立关系的方式不同，以及关系维持的基础和关系的密切程度差异，顾客关系可以划分为不同层次与类型。不同层次与类型的顾客关系对服务型企业的服务营销管理活动会产生差异化影响。因此，掌握顾客关系的基本层次与主要类型，对理解服务营销管理中顾客关系的本质，以及对顾客关系建立和维持策略的选择及实施都具有积极意义。

（一）顾客关系的基本层次

顾客关系作为服务型企业或服务人员与顾客在服务价值传递过程中所建立的合作关系，依据双方价值的依赖程度和关系的紧密程度不同，可以被划分为三个基本层次（见图 11-1）。

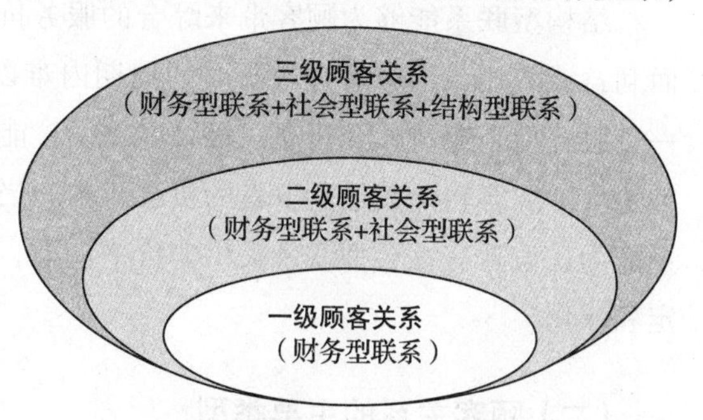

图 11-1 顾客关系的基本层次

资料来源：许晖，王睿智．服务营销 [M]. 北京：中国人民大学出版社，2015: 45.

1. 一级顾客关系

一级顾客关系又称为财务型联系，是指服务型企业运用价格手段来刺激顾客进行持续的服务消费，进而建立起来的顾客关系。随着服务型企业的营销观念从交易导向转变为关系导向，一些旨在发展顾客关系、刺激顾客重复进行服务消费并保持服务消费行为的服务营销计划应运而生，例如，超市、酒店、旅游等行业持续进行的促销计划。这些以价格优惠和资金刺激建立起来的顾客关系便属于一级顾客关系。

但是，一级顾客关系具有比较明显的短期性，并且过多依靠价格等财务因素的主导作用，不仅容易被竞争对手模仿，而且价格刺激的边际效用会持续递减。因此，一级顾客关系并不能成为服务型企业持续竞争优势的主要来源，它只能为服务型企业带来短期的、波动的业务增长和服务市场份额扩张。

2. 二级顾客关系

相较于一级顾客关系主要依靠价格刺激维系，二级顾客关系更加强调运用个性化、定制化服务与潜在顾客、新顾客建立顾客关系。在二级顾客关系中，并不是弱化或放弃价格等财务因素的关键角色，而是在财务型联系基础上寻求与顾客建立一种社会型联系。因此，服务型企业在构建顾客关系过程中，不仅需要提供财务利益和刺激，还需要附加社会利益。例如，服务型企业掌握顾客服务消费的特殊偏好，并及时地提供个性化服务进行满足，使顾客感受到成为“贵宾”的感觉。

二级顾客关系强调服务型企业及服务人员洞察顾客的真实想法和服务需要，关注顾客服务消费的细节，例如，服务型企业将顾客信息资料存入数据库以备随时调用，服务人员记住顾客的名字，进而帮助建立企业或服务人员与顾客之间的互动关系。服务型企业应该积极鼓励和支持服务人员与顾客建立良好的社会型关系。虽然这种顾客关系通常不能克服高价或劣质服务对顾客的影响，但是能够在顾客缺少替代服务选择，或面临较高转换成本的情况下与服务型企业保持业务关系。

3. 三级顾客关系

三级顾客关系比一级、二级顾客关系在关系质量和卷入程度方面更高，它不仅涵盖财务型和社会型关系，还通过全面、系统的业务关联，即结构型联系来维持和巩固顾客关系。所谓结构型联系，是指服务型企业将服务价值传递过程进行全面、系统的综合设计，确保与顾客建立多层次、全方位的互惠合作关系，而不是仅仅依靠服务人员与顾客建立关联。

结构型联系能够为顾客带来综合的服务价值，涵盖服务产品的功能、社会、情感等多方面利益或效用，而顾客在较短时间周期内难以从其他地方获取这些服务利益或效用。因此，一旦服务型企业与顾客建立三级顾客关系，能够构建维持和深化顾客关系的竞争壁垒，会极大地增加顾客转向其他竞争者的机会成本。当服务型企业面临激烈的价格竞争时，结构型联系能为扩大现有社会型联系提供非价格动力，进而确保在激烈竞争条件下顾客关系的持续稳定和深化。

（二）顾客关系的主要类型

依据服务型企业与目标顾客关系的密切程度和互动水平，顾客关系可以分为五个基本类型。同时，在不同类型的顾客关系中，顾客的数量以及为企业贡献的边际利润水平也是不同的（见图 11-2）。

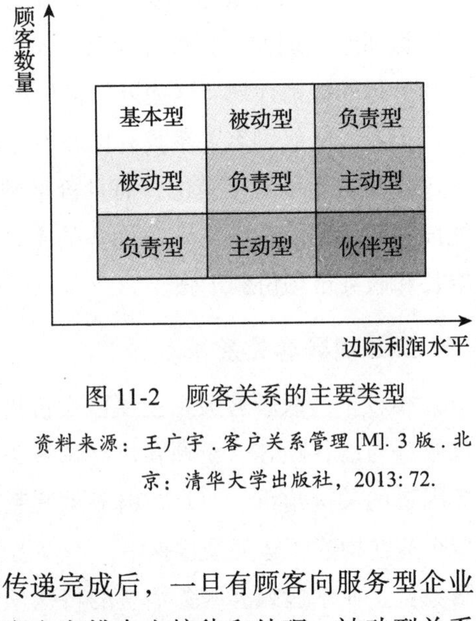

（1）基本型关系，是指服务型企业与顾客之间发生的简单交易关系。在顾客与服务型企业或服务人员完成服务价值传递，即服务交付后，企业或个人不再做出任何努力去联系顾客，不进行售后调查或咨询等工作。一般来讲，基本型关系适用于顾客数量较多且单位服务边际利润水平较低的服务行业或服务市场，因为这类行业中服务传递后的额外营销努力会极大增加服务型企业的运营成本，但相对应的边际收益水平比较有限。因此，与顾客建立简单的交易关系是该行业内服务型企业的优先选择。

顾客数量

基本型	被动型	负责型
被动型	负责型	主动型
负责型	主动型	伙伴型

边际利润水平

图 11-2 顾客关系的主要类型

资料来源：王广宇 . 客户关系管理 [M]. 3 版 . 北京：清华大学出版社，2013: 72.

（2）被动型关系，是指在服务价值传递过程中或传递完成后，一旦有顾客向服务型企业或服务人员提出质询或不满意见时，企业会针对相关事由安排专人接待和处理。被动型关系表明服务型企业或服务人员在面对顾客的服务诉求时处于被动处理和应对状况。

（3）负责型关系，是指服务型企业或服务人员对服务价值传递过程在顾客心目中的感受或体验表现出积极负责的态度。服务型企业或服务人员会通过各种方式和途径了解服务是否达到顾客的服务预期，并收集顾客有关服务改进的意见，及时反馈到相应职能部门，进而对服务及传递过程进行持续优化。

（4）主动型关系，是指服务型企业通过服务人员主动、持续地与顾客取得联系，询问顾客对服务的效用或价值感知及质量评价，并征询顾客的改进意见，抑或是提供新服务信息，促进新服务产品的交叉销售或捆绑销售。

（5）伙伴型关系，是指服务型企业与顾客保持高度互动、平等合作的互惠关系。在伙伴型关系条件下，服务概念的提出、服务的开发、传递及优化均是企业与顾客共同参与完成的。

例如，管理咨询公司所提供的咨询服务，只有在咨询顾问和客户之间相互分工、密切配合的条件下才能实现服务价值的成功传递。伙伴型顾客关系适用于那些顾客数量较少，但是服务的边际利润水平较高的服务行业和企业。

服务洞察

服务行业顾客对关系利益的认知

与服务型企业保持长期关系，对顾客到底有什么好处？研究人员为寻求答案专门进行了两项研究。第一项研究对来自不同背景的21人进行了深度访谈。访谈要求这些人给出他们经常接触的一些服务型企业，并罗列出作为老顾客，他们所能得到的价值。这些被访者的观点如下：

- 我喜欢他（造型师），……他特别好玩，总是有一大堆讲不完的笑话，他现在就像我的朋友一样。
- 如果我经常去一家饭店，而不是总是去尝试到不同的饭店去吃饭，通常我会吃到可口的饭菜。
- 我常常可以低价买到我想要的产品。我经常在清晨去一家小烘焙店，他们总是给我一块儿松饼，然后告诉我：你真是个好顾客。
- 老顾客得到的服务显然比那些新顾客要好……我们经常去同一家汽车修理厂，我们认识那儿的老板，他总是给我们及时的帮助。
- 一旦病人在一家诊所里感到舒服，他们很少会考虑到另外一家诊所去看牙医。病人不愿意与一个陌生的牙医打交道，重新相互熟悉比较麻烦。

通过对这些观点的评估及分类，研究人员进行了第二次研究，这次他们发放了299份调查问卷。这些被调查者需要选择一家与自己关系持续时间最长的企业，然后对第一次调查被访者罗列出的21种利益进行评估，看看自己到底是否得到了这些利益，得到了多少。最后，由他们来决定，哪些利益对于他们来讲是最重要的。

研究人员对这些数据进行了因子分析，由此得出，顾客从持续性关系中所得到的利益大致分为三类。第一类，也是最重要的一类，是相互之间的信任，然后是社会利益和特殊礼遇。

- 信任利益包括由于长期关系的存在，服务失误的风险降低了，对服务提供者更加信任，购买时焦虑度会下降，清楚地了解相互之间的期望以及可以得到企业最好的服务。
- 社会利益包括顾客与员工之间彼此非常熟悉，知道对方的名字，与服务提供者成为朋友以及由长期关系给自己带来的其他利益。
- 特殊礼遇利益包括合适的价格，享受其他顾客所享受不到的对一些产品的打折、附加服务，以及当其他顾客必须等待时，他们所享受的优先服务。

资料来源：Wirtz J, Lovelock C. Essentials of Services Marketing[M]. 3rd ed. Edinburgh Gate: Pearson Education Limited, 2018：379.

第二节 认识关系营销

一、关系营销的基本内涵

20世纪80年代后期，随着服务业的兴起和快速发展，服务营销管理理论与实践界开始逐步认识到“人”在服务生产与推广过程中所具备的特殊作用，“关系营销”逐渐成为服务营销管理领域的重要话题。20世纪90年代以来，关系营销的应用范围逐渐从原来的工业品及服务市场领域，扩展至营销渠道及消费品市场，随后又拓展到非营利组织与社会领域。

（一）关系营销的界定

美国服务营销学者伦纳德·贝里（Leonard Berry）于1983年率先提出关系营销概念，并首先将其界定为“提供多种服务的企业吸引、维持和促进顾客关系”。美国营销学者巴巴拉·杰克逊（Barbara Jackson）从产业营销角度指出，关系营销就是获取、建立和维持与组织用户紧密的关系。罗伯特·摩根（Robert Morgan）和谢尔比·亨特（Shelby Hunt）则从交换视角来认识关系营销，认为关系营销是旨在建立、发展和维持成功交换关系的营销活动。克里斯廷·格罗鲁斯对关系营销的界定被认为具有普遍性，他将关系营销定义为：发现、建立、维系和强化与顾客或利益相关者的关系，并指出如果需要的话，企业也会中断与某些顾客或利益相关者的关系，以便更好地满足其他顾客或利益相关者的经济或其他需要。

通过对上述关系营销内涵的界定，本书认为**关系营销（relationship marketing）是指服务型企业围绕服务价值进行的顾客关系构建、维持和强化的理念、行动或过程，是旨在与顾客保持长期互利关系的营销活动**。关系营销的理论观点是建立在服务型企业或服务人员与顾客互动关系的基础之上。由于这种互动关系将直接影响顾客的服务消费行为，因而顾客关系成为服务营销管理中的最重要因素。服务营销管理对顾客关系的关注是基于连续性的视角，将顾客视为关系合作者，而不是一个偶尔进行服务消费的个体。因此，对关系营销的理解应该强调以下几个方面。

（1）关系营销应是一种服务营销管理的理念，一种与顾客共同创造服务价值，而不是将已有服务价值简单地传递给顾客的全新营销管理理念。企业与顾客之间是一种合作并相互独立的关系，而不是冲突和相互依附的关系。所以，作为理念的关系营销决定服务型企业或服务人员与顾客的关系本质，也决定了服务型企业如何管理顾客关系。从关系营销的视角看，服务营销管理可以被视为一种顾客关系（与供应商的关系、与分销商的关系、与网络合作者的关系，以及与金融机构和其他利益相关者的关系）的管理过程。

（2）关系营销又是一种建构互利互惠关系的服务营销行动。从关系营销视角看，在竞争激烈的服务市场中，完成交易并不是服务营销管理的终极目的，而是要与目标顾客建立长期互动的顾客关系。顾客连续的服务消费行为，企业获得交叉与捆绑销售的机会等都是源于对长期顾客关系的有效管理。一旦服务型企业具备关系营销的理念，企业营销活动的焦点将不再是单次或单项服务交易的收益大小，而是所有的服务营销活动和流程是否有利于顾客关系的建立和维持。

（3）关系营销还是一种围绕服务价值维持和强化顾客关系的营销管理过程。关系营销是建立在关系网络和网络互动的基础上，它存在于服务型企业、顾客及其他利益相关者的广泛网络之中，而服务价值则是这种网络得以维系的核心内容。因此作为服务营销管理过程的关系营销，目的是让服务型企业与顾客、利益相关者建立和维持双赢的互惠关系，让处于关系链条上各方共同参与服务价值的创造、传递和维护过程。

（二）关系营销的基本层次

根据伦纳德·贝里的观点，在服务市场竞争中，关系营销依据其概念内涵及适用范围可以划分为战术、战略和理念三个基本层次。

（1）战术层次。在战术层次，关系营销主要作为服务型企业的一种销售促进工具或行动。信息技术的发展使得服务型企业可以有效地开发和实施一些短期的销售促进计划，刺激顾客的服务消费。但是，短期或临时的销售促进计划本身或多或少带有一些机会主义的色彩，可能并不能培养顾客对服务型企业的信任和依赖。这意味着，顾客依赖的对象不一定是服务型企业或服务人员，而更可能是销售促进计划中的刺激物。

（2）战略层次。在战略层次，关系营销被视为一项维持并深化顾客关系的管理过程。在这个过程中，服务型企业可以通过法律合约、经济回馈、技术支持、地理及时间等手段的努力，将顾客纳入企业的服务价值创造、传递和维护过程，成为与企业共同成长的“合伙人”。因此，从战略角度看，持续的顾客关系应该构筑在互利合作、相互依赖和共担风险的基础之上，才能使顾客关系更加稳定和持久。

（3）理念层次。在理念层次，关系营销反映一种服务营销管理哲学的核心思想，即企业将战略重心从服务的产品生命周期转向顾客关系的生命周期，从聚焦服务价值的开发转向顾客终身价值的发掘。因此，约翰·纳弗（John Narver）和斯坦利·斯莱特（Stanley Slater）曾从理念层面将关系营销定义为，“顾客导向、竞争者导向和跨部门协调等三位一体的整合，在保障企业利润的前提下，调动企业内部所有员工的积极性，比竞争对手更好地满足目标顾客的终身需求”。

二、关系营销与交易营销的区别

关系营销本质上代表服务型企业的营销理念，由以实现交易为中心转变为以保留顾客为中心，逐步强调顾客关系的建立、维护和深化，而非单次交易活动的完成。在以顾客关系为核心的服务营销管理活动中，顾客变成了有价值的伙伴，服务型企业长期致力于通过服务价值的迭代创新来保留和维持顾客。因此，关系营销与传统的交易营销之间存在着显著的差别（见表 11-1）。

表 11-1 关系营销与交易营销的区别

交易营销	关系营销
着眼于单笔交易	着眼于顾客的保持
不连贯的顾客联络	连贯的顾客联络
重视产品特性	重视顾客服务
短期销售	长期销售
对满足顾客预期作有限承诺	对满足顾客预期作高度承诺
质量是生产部门关心的事	质量是所有员工关心的问题

资料来源：许晖，王睿智．服务营销 [M]. 北京：中国人民大学出版社，2015：143-144.

关系营销的核心理念是：鼓励和刺激顾客愿意与同一服务型企业保持已有关系，而不是为寻求价值而不断地游走转换于不同服务型企业。一般来说，顾客与服务型企业产生的服务交易次数越多，频率越高，越有可能成为老顾客，即建立持续的顾客关系。持续的顾客关系能够为服务型企业抵御竞争对手的市场竞争行为，降低目标顾客的价格敏感程度起到积极作用。但是，从当前服务营销管理实践来看，大量服务型企业十分重视获取顾客的交易行为，但对怎样保留和维持顾客的关注太少，投入的资源也非常不足，即重视获客、轻视留客。具体而言，关系营销与交易营销的区别主要表现在以下几方面。

（1）交易营销认为企业与顾客之间的每次交易之间没有联系；关系营销认为交易是一个连续的过程，许多交易重复进行，每次交易对后续交易存在影响。交易营销的核心是使顾客与企业发生交易，一旦交易完成，企业就获得成功。因此，企业希望通过交易立即获得利润，因而交易营销的时间观念是短期的，企业的一切活动均是围绕交易展开。关系营销的核心是企业通过和顾客建立长期的交易关系，通过在每次交易中给予顾客超过其预期的服务价值，进而驱动顾客的后续服务消费行为，最终提升经营绩效水平，因此关系营销的时间观念是长期的。

（2）交易营销认为交易中企业和顾客的主动性是不同的，存在企业积极而顾客消极的现象；关系营销则认为在连续的交易中顾客也存在寻找合适企业的消费搜寻行为，企业和顾客都会积极主动和对方建立业务联络。因此，交易营销强调营销活动是企业单方面行为，是企业创造价值，通过适当手段和策略促使顾客进行消费。而交易营销则关注企业与顾客共同创造价值，实现双方的价值增加和经济互利。

（3）交易营销的重点是获得新顾客，通过新顾客带来的服务购买而增加市场份额，以提升服务型企业的市场绩效表现；关系营销的重点则是保留老顾客，通过老顾客的持续消费和升级消费，来提升服务型企业的经营绩效。

（4）交易营销衡量服务营销管理绩效的核心标准是市场份额；关系营销更多地考察服务价值传递过程中所带来的顾客满意水平。事实上，当企业面对大众市场或者同顾客没有直接接触时，测量市场份额是一种合适的方法。稳定或者上升的市场份额是企业在市场中成功的表现。但是，服务型企业确保市场份额有两种途径：一是保持稳定的顾客群；二是新顾客取代老顾客。一旦被取代的老顾客可能出于各种原因购买其他企业的服务，或是因不满意而离开，那么市场份额的稳定并不能说明服务营销管理的成功。与此相对，在关系营销中，服务型企业或服务人员几乎与顾客都有互动，因此企业可以直接评价顾客满意水平。通过与顾客的直接接触与互动，服务型企业或服务人员能够快速和准确地获得顾客满意或者不满意原因的信息，进而为服务型企业的营销管理提供及时反馈。

正如假日饭店（Holiday Inns）市场部执行副总裁詹姆斯·肖尔（James Schorr）提出的“营销水桶理论”（bucket theory of marketing）所指出的那样，营销可以被看作一只大桶，所有的销售、广告和促销计划都可以看作从桶口往桶里倒水，只要这些方案计划是有效的，水桶就可以盛满水。然而，桶上总会有洞：当企业的生意状况很好并且按照承诺提供服务时，这个洞很小，即只有很少的顾客会流失；当企业运营管理不善，顾客对所获得的服务感到不满，而且顾客关系很弱时，顾客会像水一样从洞中大量流失，并且流出的水比倒进来的还多（见图 11-3）。营销水桶理论充分地表明服务型企业重视顾客关系，即关注于堵住桶上的洞所具有的重要意义。

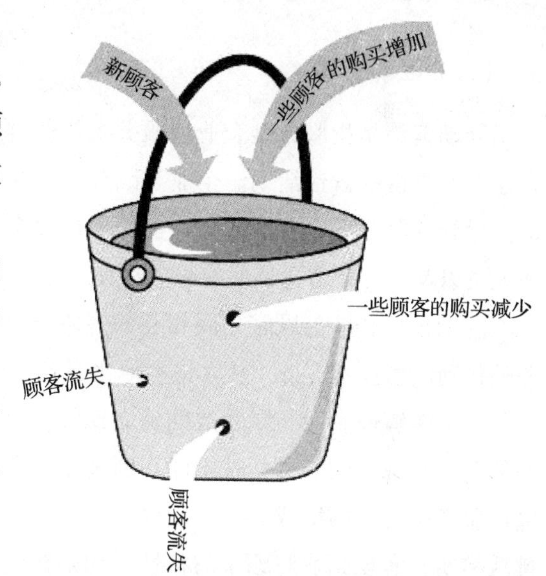

图 11-3 有洞之桶：关系发展的重要性

资料来源：Zeithaml V, Bitner M, Gremler D. Services Marketing[M]. 7th ed. New York: McGraw-Hill Education, 2017：146.

关系营销在某种程度上弥补了传统营销中只注重短期交易而忽略顾客关系重要性的缺陷，它的产生也是时代发展的必然产物。服务型企业从较多关注获得顾客的传统，转向并实施关系营销，意味着企业在经营理念、企业文化、组织制度体系上的一系列重大变革。例如，在销售激励制度方面，许多服务型企业对获得新顾客进行奖励，仅有很少（或者根本没有）对保留现有顾客进行奖励的措施。大多数服务型企业对营销人员的奖励习惯于“增量顾客”考核，缺乏对“存量顾客”的重视。因此，服务型企业要从传统的交易营销转向新兴的关系营销，需要对组织系统进行整体性变革，才能够有效实现关系营销的落地。

三、关系营销的实现形式

从形式上看，关系营销涵盖所有旨在建立和维持长期顾客关系的营销理念、行动或过程。基于行动或过程视角，关系营销可以被视为围绕顾客关系所展开的系列营销活动。根据尼克·科维略（Nicole Coviello）、罗德·布罗迪（Rod Brodie）和休·芒罗（Hugh Munro）的观点，关系营销活动主要通过以下三种形式得以实现。

（一）数据库营销

数据库营销是指建立、维护和使用顾客数据以实现价值交换的营销活动。实际上，数据库营销关注的焦点依然是市场交易，但是这种交易是建立在顾客关系的基础之上。服务型企业可以利用信息技术特别是数据库，识别和聚合关键顾客，并与其建立和保持长期联系。

在数据库营销中，科学技术的作用主要体现在：①识别现有和潜在顾客，并建立相应的数据库；②根据数据库中顾客的不同特性和偏好，向目标顾客传递不同的信息；③跟踪顾客关系以对获取顾客的成本和顾客终身价值进行监控。服务型企业可以利用数据库营销为顾客提供更个性化的服务，以建立和优化顾客关系，但是在这种形式下企业与顾客的关系通常不是紧密型的，沟通和管理的主动权也全部掌握在服务型企业或服务人员手中，顾客互动与参与不足，因而这并不是关系营销的最高阶段。

（二）互动营销

互动营销是指服务型企业或服务人员通过与顾客密切的信息沟通与分享，以实现顾客关系建立及维持的营销活动。企业与顾客之间的和谐关系要求两者之间必须有良好的面对面互动。尽管在服务型企业的服务价值传递过程中，服务本身很重要，但是能够增加价值的是服务人员以及具有社会化特征的服务过程。

互动包括企业与顾客之间相互的沟通以及看法的共享。从社区物业到牙科诊所，法律服务外包到信息技术支持，从大量本地化服务市场中需要服务型企业与顾客之间的高质量互动。这些互动能够使企业与顾客之间建立良好的合作和信任关系，为深入开展服务活动提供了重要的关系基础。随着科学技术的不断进步，那些拥有大量顾客的服务型企业逐渐发现，利用电话服务中心、网络或其他大规模传输渠道，几乎无法与顾客建立有效的联系。这些困境与挑战表明，实现企业与顾客的良性互动是构建有价值顾客关系的必要条件，互动营销因而成为关系营销的关键形式。

（三）网络营销

在关系营销框架下，网络营销并不等同于互联网营销或电子商务，而是指服务型企业致力于与顾客、合作商、媒介、技术支持机构、行业协会、政府机构甚至是竞争对手建立长期关系网络，并以此实现服务价值传递和维护的营销活动。网络营销是关系营销的深度表现形式，是服务型企业与所有的利益相关者建立某种“服务生态系统”，并通过系统内各参与方的深度合作与协同实现整体网络的价值共创。

以上三种关系营销的实现形式或模式并不是相互排斥的。服务型企业根据不同的行业现状、顾客数量及信息收集水平、服务复杂程度、市场关系网络结构等综合因素，选择适合本企业的主导方式，进行合理搭配，形成“关系营销组合”。例如，银行、电信、航空等行业顾客数量众多，但数据信息比较完善，应该实现以数据库营销为主导的关系营销；管理咨询、教育培训等行业顾客数量相对较少，服务的复制程度也比较高且个性化程度相对较高，因而坚持以互动营销为主导的关系营销可能是首要选择；高新技术开发、物流服务等行业的市场网络结构比较复杂，顾客数量也相对较少，可以选择以网络营销为主导实施关系营销。

服务案例

英国航空公司：奖励有价值顾客，而不仅仅是常客

绝大多数航空公司在设计常客飞行计划时，奖励的依据主要是飞行里程。但英国航空公司与其他航空公司不同，其所构建的英国航空高管俱乐部对不同的乘客采取不同的激励方法，常客主要是看飞行里程，而金卡或银卡乘客则单独对待，奖励的主要依据主要是积分。作为“同一个世界飞行联盟”创建者之一，英国航空公司与美国航空公司、澳大利亚航空公司、国泰航空公司等众多航空公司共同分享顾客创造的价值，也就是说，顾客乘坐这些合作伙伴航空公司中任何一家公司的飞机，都可以得到里程（有时是积分）的奖励。

正如表 11-2 所展示的那样，银卡和金卡乘客会得到额外的利益，包括优先预订权和卓越的地面服务等。例如，即使金卡乘客乘坐经济舱，在登机和候机时也会享受到头等舱乘客的待遇。所有乘客的积分可以连续累积 3 年（3 年后失效），此后的 12 个月里，乘客可以享受原来所处层级的待遇。此后，顾客每年必须重新积分，才能享受到特殊的待遇。这样做的目的是想让乘客更多地乘坐英国航空公司的航班，而不是通过乘坐其他公司的航班积分，然后到英航享受特殊待遇。在联盟内所有的公司都能通过累积里程而成为金卡客户的乘客寥寥无几。

表 11-2　英国航空公司为最有价值乘客提供的利益

利　　益	银卡会员	金卡会员
预订		金卡会员订票专线
预订担保		如果航班无票，确保经济舱，确保提前 24 小时提供全额机票，至少提前 1 小时登机
等候和待机优先权	高优先权	最高优先权
柜台登机	根据旅行舱位	优先（不管舱位）
休息室	根据旅行舱位	任何舱位，头等舱休息室，可以带一名客人，可以随时进出，即使不乘坐英航航班
特殊服务帮助		专人负责，遇到问题，比其他乘客优先解决
里程赠送	+25%	+100%
升舱		一年积分达到 2 500 分后，会员或同伴可自动升舱；同一年内，积分达到 3 500 分，可以为两人升舱
伙伴卡		积分达到 5 000 分，可以收到两张高管会员俱乐部银卡和一张伙伴金卡，积分可以和相爱的人一起分享
终身会员		计分达到 35 000 分，将成为终身金卡会员

积分多少还与服务类别有关。长途旅行的乘客积分比短途的要高。但是，那些打折票里程奖励很少，完全没有积分。为奖励那些买高价票的乘客，乘坐商务舱和头等舱乘客的积分分别是经济舱乘客积分的2.5倍和3倍。尽管航空公司并没有做出明确的升舱承诺，但英航高管俱乐部的乘客比其他乘客更有可能收到升舱邀请。当经济舱出现过度预订时，员工会根据顾客等级来决定哪些乘客可以升舱。与其他公司不同，只有在过度预订的情况下英国航空公司才会考虑乘客的升舱问题。因而它不想乘客产生错觉，以为买廉价机票还可以自动升舱。

为了激励金卡和银卡乘客忠诚于公司，英国航空公司通过种种激励方式，使这些会员长期留在公司内，并努力升级。不管乘坐经济舱还是头等舱，银卡客户每年有25%的里程赠送，而金卡客户的这一数字则是100%！只需加入一个常客飞行奖励计划，便可拥有所有联盟航空公司给予的里程赠送等好处。目前，英国航空开发了一个新的服务项目，即共同居住的家庭成员最多有6人可以一起累积里程和使用积分。

资料来源：Wirtz J, Lovelock C. Essentials of Services Marketing[M]. 3rd ed. Edinburgh Gate: Pearson Education Limited, 2018: 389-390.

第三节 基于关系营销的顾客关系构建

一、顾客关系构建的双重利益

关系营销作为旨在与顾客保持长期关系的营销活动，是服务型企业构建顾客关系的重要手段。运用关系营销建立和维护互惠互利的顾客关系，不仅能为服务型企业带来重大利益，还能使顾客从长期的互动关系中获利。这种“双赢”模式是服务型企业运用关系营销进行顾客关系构建的核心动力。

（一）顾客利益

当顾客从服务型企业得到比别的竞争对手更多服务价值时，便会选择保留与企业的关系。价值代表顾客在“获得”与“付出”之间的差额，即顾客让渡价值。当获得的服务价值（效用、体验、满意度及特殊利益）超过付出（货币或非货币成本）时，顾客便会与服务型企业建立关系。当服务型企业不断地从顾客视角提供持续的价值维持和更新，顾客会获益并得到激励，进而选择保持这种关系。在有效的顾客关系中，顾客能够获得的利益包括心理利益、社会利益和个性化利益。

1. 心理利益

心理利益主要是指顾客对服务或对服务型企业及服务人员的信心或信任，是一种缓解对不确定性的焦虑，以及对服务结果较为了解的舒适感觉。对无形程度较高的服务，心理利益对顾客来说最为重要。在正常情况下，大多数顾客并不愿意更换当前的服务型企业或服务人员，特别是当顾客在与企业或服务人员的互利关系上有相当大的时间、金钱或精力投入时，即面临更高的转换成本时。

大多数顾客，无论是个人还是商业组织，都时常陷入时间、金钱或精力的资源矛盾中，并使其不断地寻求平衡和简化之道。当顾客与服务型企业或服务人员维持一种持久的互利关系时，便能够通过降低交易成本的方式，消减顾客在服务消费过程中的资源矛盾压力，给予顾客消费信心或自由度。因此，顾客关系能够降低顾客对服务消费的不确定性，增加对服务效用或利益的可预测性，进而为顾客带来心理利益。

2. 社会利益

社会利益是指顾客从与服务型企业或服务人员构建的社会关系中获取的群体归属感、社会信任及人际依赖等社会互动层面的利益。持久的顾客关系能够使顾客与服务型企业或服务人员形成一种家庭式的群体归属感，同时使顾客从顾客关系中获取社会层面的被需要、被尊重、被信任和被依赖的感觉。例如，星级酒店给予会员顾客家庭般的关爱、贵宾般的尊崇、伙伴般的信任，能够使会员顾客感受到被他人、被社会关怀和需要，进而产生群体归属感，甚至是家庭温暖。

人作为社会的产物，是生活在一定社会关系中的个体，其行为不仅是受心理或经济因素驱动，更受到社会因素的影响。无论是个人还是商业组织，作为个人公民或企业公民都需要感受到被社会需要，以及自身所产生的社会价值。良好的顾客关系能够使顾客（个人或商业组织）感受到自身作为社会关系一员的重要角色和价值，是和谐社会关系的缔造者和受益者。

3. 个性化利益

个性化利益是指顾客从顾客关系中获得的特殊交易价格或交易条件，抑或得到的优先服务接待等特殊利益。例如，网易考拉的黑卡会员能够享受会员 9.6 折优惠，以及专享运费抵扣券、税费抵扣券等优惠交易条件；商业银行的 VIP 客户能够在营业厅优先办理银行业务，免除排队之苦；七天连锁酒店会员能够享受免押金入住、快速退房，简化住宿手续。因此，顾客可以从会员关系中获得非会员顾客所无法享受的系列特殊利益。

需要注意的是，个性化利益是否重要与服务型企业所在的社会制度及文化背景有密切的关系。在西方文化背景下，特殊的个性化利益并不是非常重要，顾客更关注从顾客关系中获取其他类型的利益。但是，在东方文化背景下，特别是传统特权思想较为盛行的社会，顾客比较重视一些特殊对待的个性化利益。这些特殊对待，不仅仅体现在利益方面，更是一种社会身份或地位的体现，因而会给顾客带来更强大的吸引力，从而确保顾客努力维持顾客关系。

（二）企业利益

对服务型企业而言，构建顾客关系对有效地应对激烈的服务市场竞争、及时地满足多样的顾客服务需求，确保企业成长的平稳与健康具有重要价值。可见，顾客关系的构建也能够为服务型企业带来显著的利益。

（1）服务销售收入稳定并持续增加。良好的顾客关系意味着顾客保留，即顾客愿意持续地与服务型企业进行服务交易，进而确保企业的服务销售水平保持稳定。同时，随着顾客逐步发展，例如，个体收入水平增加，消费能力及意愿增强；商业组织业务能力的提升，服务需求量的增加等，顾客还会继续消费更高档次和更大规模的服务产品，从而使服务型企业的服务销售实现稳中有升。

（2）服务运营成本降低和效率提升。服务型企业在开发新顾客时需要更多的启动成本，包括广告、促销费用、设置账目和系统的运作费用，以及熟悉顾客的时间成本等。但是，当服务型企业的业务网络中更多地以老顾客为主，即顾客关系维持，那么将会极大地减少在服务传递及维护方面的时间和资金成本，同时减少服务失误或服务失败，降低服务补救的额外成本支出，从而使服务型企业的服务运营成本降低，而且运营效率得到提升。

（3）服务传播费用缩减和效果增加。在持续的顾客关系中，老顾客的积极口碑可以产生免费广告的利益。尤其是服务产品无形且很难进行评价时，顾客在进行服务消费决策时会通过不同渠道进行信息收集和寻求建议。此时，积极的顾客口碑便成为影响顾客服务消费决策的重要信息因素。因此，顾客口碑则可以成为服务型企业进行服务传播的重要方式，在降低服务传播支出的同时，还可以增加传播效果。

服务技能

顾客终身价值计算表

从严格意义上讲，顾客终身价值的计算还缺乏科学性，因为在具体的计算过程中我们加入了太多的假设。你也许想试一下，看看这些假设变动对最终计算结果的影响。一般来说，每位顾客的收益比为他服务而产生的成本计算起来要容易一些，除非你根本就没有相关记录，或者顾客群过大，而企业所保存的则是单个顾客的数据。

1. 新顾客收益与成本

如果顾客购买资料齐备，顾客初始的申请费和购买费用可以计入收益。但顾客服务成本却只能使用人均数据。例如，争取一个新顾客的营销成本可以通过先计算出特定时期争取新顾客的总营销成本（广告、促销、销售等），再除以当期顾客总数得到。如果获取顾客成本存在滞后，你就必须考虑这一问题，要将那些没有真正成为企业“顾客”的申请者在计算收益时排除掉，因为他们并没有给企业带来收益。如果每位新顾客获取成本与收益都存在滞后效应，需要精确计算出企业营销支出吸引了多少新顾客。同时，如果有必要进行信用审计的话，要将获得的收益在新顾客之间进行均分，在计算时要排除“准”顾客，因为他们可能并不在为企业创造收益的范畴之内。

2. 年度收益与成本

如果年度销售收入、顾客手续费和服务费等都以个人账户为计算基础，顾客收益流（推荐给企业带来的收益除外）就可以较为容易地计算出来。首要问题是要根据顾客与企业关系存续的长短对顾客群进行细分。如果企业顾客数据足够精确，那么年度成本便可以计算出来并分摊到每个顾客，或者是分摊到某个特定的细分市场顾客群。

3. 推荐的价值

计算推荐的价值需要若干假设。我们需要通过调查确定：①由于推荐而购买企业产品的新顾客的比例；②由于企业营销宣传而光顾企业的新顾客比例。从这两点出发，由于其他顾客推荐给企业带来的收益便可以大致计算出来。

4. 净现值

最后一步是根据未来利润流来计算净现值（net present value, NPV），这需要年度的贴现率数据（反映未来的通货膨胀率）。同时，还需要计算顾客与企业关系维持的时间。NPV 是预计的顾客在与企业关系存续的一生时间里，每年能够给企业带来的利润的贴现值。

获取顾客的成本与收益		**第一年**	**第二年**	**第三年**	**第 n 年**
初始收益	年度收益				
申请费用①______	年度账户费用①	______	______	______	______
初始购买①______	销售收入	______	______	______	______
	服务费①	______	______	______	______
	推荐价值②	______	______	______	______
总收入 ______		______	______	______	______
初始成本 ______	年度成本				
营销费用 ______	账户管理	______	______	______	______
信用核查①______	销售成本	______	______	______	______
账户设置 ______	注销（如坏账）	______	______	______	______
减：总成本______		______	______	______	______
净利润（或亏损）______		______	______	______	______

注：1. 如果能够获取相关数据。

2. 每个经过别人推荐来的顾客的预期利润（可以仅限第一年，也可以用预计的利润流的净现值来表示）；如果一个顾客在现有顾客中散布坏口碑导致顾客流失，这部分价值也许就是负值。

资料来源：Wirtz J, Lovelock C. Essentials of Services Marketing[M]. 3rd ed. Edinburgh Gate: Pearson Education Limited, 2018: 377.

二、顾客关系构建的关键基础

顾客关系构建既依赖于服务型企业的服务营销策略，也依赖于服务人员与顾客的互动水平，还依赖于服务价值对顾客服务需求或痛点的满足程度。因此，顾客关系构建是建立在服务型企业服务营销管理的整体基础之上。但是，为了更好地理解顾客关系构建的实质，并为构建策略提供方向指引，仍需要对顾客关系构建的关键基础进行明确。

（一）核心服务质量

服务的品质与效用是顾客关系建立和维持的核心基石。在与顾客建立并维持长期合作关系过程中，服务型企业及服务人员必须确保实现稳定和高质量的核心服务输出，即高品质的服务价值创造及传递，否则顾客关系的建立和维系难以获得持续成功。

当然，核心服务的高质量，不一定意味着当前经济技术条件下的“最佳服务产出”，但是必须是相对于主要竞争对手和顾客服务需求及期望的“最优服务产出”，即核心服务质量应该优于竞争对手，并能很好地满足顾客需求，让顾客感受到“超值服务体验”。服务型企业只有通过确保核心服务的高质量，让顾客切身体会到企业所创造和传递的服务价值带来的满足感，并赢得顾客信任，才有可能在顾客重复购买中不断强化其质量保证，以最终达到维系服务型企业与顾客的长期稳固合作关系之目的。

（二）服务市场细分及定位

服务型企业需要与“正确的顾客”建立“正确的关系”，因而服务市场细分及定位是顾客关系构建的战略基础。依据服务市场细分的程度不同，大众市场与小众市场是两种极端情况，两者的服务销售策略差别就是“薄利多销”与“量少质精”。服务型企业面向大众市场，则是将顾客的服务需求、期望及偏好更多地视为同质，尽可能向所有顾客提供同种类型的服务。与此相对，在面向小众市场时，服务型企业认为为数不多的每位顾客都非常重要，因而需要提供一对一的个性化和定制化服务。

事实上，大多数的服务市场细分及定位均介于这两种极端情况之间，服务型企业往往选择有限范围和适度规模的顾客群体以提供不同的服务。因此，在顾客关系构建过程中，科学的服务市场细分及定位能够使服务型企业面向“正确的顾客”，即服务型企业所选择的目标顾客群体，更快速、更有效地建立“正确的关系”，即符合服务型企业市场定位的顾客关系。

（三）顾客关系的监测机制

顾客关系的构建是一个包含顾客获取、保留、维护和深化等多个环节的动态过程。为了实现顾客关系的构建，服务型企业还需要建立进行顾客关系测量与评估的机制。因此，用于测量和评估顾客关系状态的监测机制是顾客关系构建的制度基础。

1. 监测当前顾客关系

服务型企业通常进行年度顾客关系的调查以监测当前顾客关系。例如，大多数物业服务企业都会在每年固定的时间进行系统、全面的业主满意度测评。通过顾客调查可以形成比较完善的顾客数据库，基本内容应该包括企业当前的顾客是谁（名字、地址及电话号码等），他们的收入水平如何，消费需求和偏好有哪些，以及其他的重要人口统计学变量或心理及行为变量，如职业、学历水平、个人爱好、生活方式，以及特定服务的消费频率及习惯等。例如，美国运通（American Express）作为全球知名的综合性财务、金融投资及信息处理企业，拥有庞大的顾客数据库，涵盖电话访问追踪、投诉监测、丢失顾客的调查和顾客来访等，可以对不同类型的顾客关系进行有效监测并及时反馈。

2. 检测流失顾客问题

对服务型企业而言，顾客流失实质上是不可避免的，但重要的是企业需要对顾客流失的原因进行及时检测，明确问题所在，进而为顾客关系维持和优化提供关键信息。成功的服务型企业均十分重视顾客流失分析，尽快找到问题根源，解决服务营销及管理问题。例如，作为全球最大的信息技术和业务解决方案提供商，IBM 要求业务经理必须针对每一个失去的重要客户撰写详细的分析报告，明确客户流失的原因以及企业应该承担的责任，并提出业务改进建议。

一般而言，服务型企业平均每年有 10%～30% 的顾客流失率是市场竞争和企业发展过程中的正常现象。因此，保留老顾客，还是争取新顾客是服务型企业在市场资源投入方面所面临的重要抉择。从服务型企业的经营实践来看，维持关系比建立关系相对更容易，重视经营那些已经存在的顾客关系将会是一个聪明的选择。数据显示，减少顾客流失，保留顾客与企业利润水平有很高相关性。在许多服务行业中，留住 5% 的顾客可以增加净现值 25%～85%（见图 11-4）。

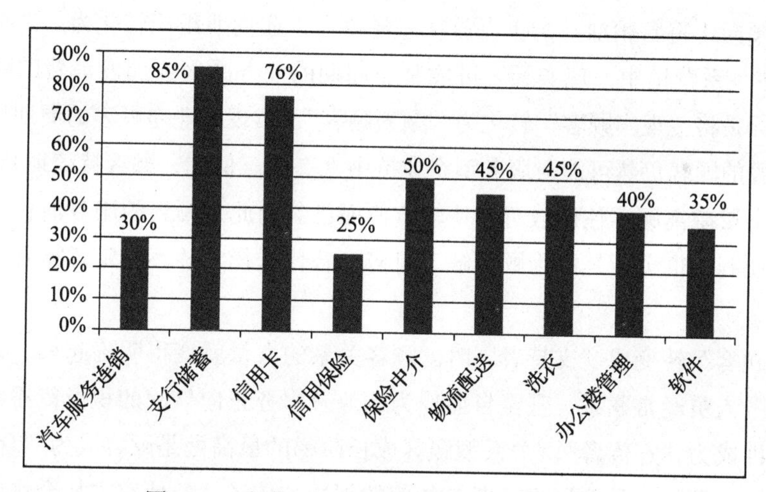

图 11-4　留住 5% 的顾客对企业净现值的影响

资料来源：许晖，王睿智．服务营销 [M]. 北京：中国人民大学出版社，2015: 53.

三、顾客关系构建的过程

顾客关系构建的本质是一个从顾客获取到关系深化的动态管理过程，是一个顾客从潜在顾客到忠实顾客的角色变迁过程。理解这些过程对理解顾客关系管理的本质，掌握顾客关系构建策略具有重要意义。

关系营销的基本目标是建立和维持一个对服务型企业有益的，并给予承诺的有价值顾客群体，即建立关系型顾客，而非交易型顾客。为实现这一目标，服务型企业通过关系营销活动聚焦于开发、维持和增强顾客关系。服务型企业进行关系型顾客开发本质是顾客关系的构建过程，是顾客从“潜在顾客”逐步升级成为服务型企业“合作伙伴”的阶梯过程，即关系型顾客的成长阶梯（见图 11-5）。

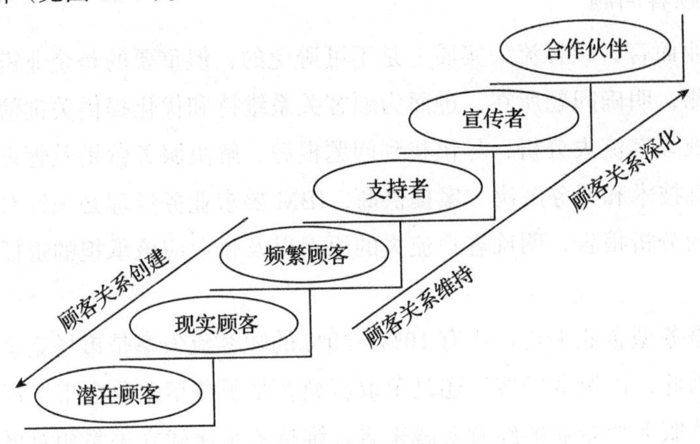

图 11-5 关系型顾客的成长阶梯

资料来源：本书设计。

在关系型顾客的成长阶梯上，梯子的底部是“潜在顾客”，即服务型企业的目标市场。传统的市场营销倾向于将营销活动的重点放在怎样使个人或商业组织转化为第二级的“现实顾客”。然而，在关系营销中，现实顾客可能是非周期的业务顾客或偶发消费的顾客，服务型企业的首要目标是将“现实顾客”转化为“频繁顾客”，实现企业与顾客的周期性或多次业务交易，但此阶段的顾客仍然可能对服务型企业持中立态度。例如，顾客持续地光顾某电影院，原因可能是该电影院离顾客住所较近，比较方便而已。因此，频繁的服务消费行为可能是来自顾客惰性或便利，也可能是因为顾客缺乏更多可替代选择，并不一定意味着顾客关系的最终构建。

当“频繁顾客”转变成“支持者”时，顾客关系的力量就变得明确起来。顾客愿意与服务型企业或服务人员经常联系，甚至自愿成为企业及服务正向口碑的积极传播者，进行积极的服务推荐，即成为“宣传者”。关系型顾客成长阶梯的最高处是顾客成为“合作伙伴”，愿意与服务型企业或服务人员共同进行服务价值的创造和传递，并使双方从合作中获益。服务型企业的关系营销活动的重点是将适当地顾客从低级阶梯推向高一级阶梯，并努力确保顾客不从上级阶梯跌下。

四、顾客关系构建的基本策略

顾客关系的建立和维持必须依赖有效的服务营销管理策略。不同类型的策略可以建立不同层次和类型的顾客关系。根据顾客关系的基本层次，可以有相应的关键构建策略。

（一）建立财务联系

建立财务联系是指服务型企业制定具有吸引力的服务价格政策或策略，刺激顾客持续进行服务消费以建立持续较为稳定的顾客关系。由于财务刺激启动相对比较容易，又常常能够带来短期利润，因而成为服务型企业维系顾客关系的首选策略。但是，由于围绕价格展开的财务刺激方案极易模仿，使用壁垒较低，因而通常无法为服务型企业带来长期竞争优势。服务型企业建立财务联系的主要包括以下方式。

1. 频繁营销计划

频繁营销计划是指服务型企业向经常购买或者大量购买服务产品的顾客提供奖励。频繁营销计划体现出 20% 的顾客贡献 80% 的企业利润这一事实。“积分”是服务型企业频繁营销计划中最常用的手段。积分是指商户为了维系顾客而在其消费的同时给予一定的记分奖励，当这些分值累积到一定数额时，或者在一定的时间周期（如一周年），可以换取奖品，或者抵扣顾客的消费金额，或者兑换特定服务。

2. 交叉和捆绑销售

服务的交叉或捆绑销售也是建立财务联系的重要方式。所谓交叉销售，是指发现现有顾客的多种需求，并通过满足其需求而实现多种相关服务产品销售的营销方式。简言之，服务交叉销售就是服务型企业或服务人员说服或刺激现有顾客购买与当前服务消费相关的服务产品。例如，商业银行在向顾客提供信用卡服务的同时，鼓励该顾客购买本银行发售的理财产品或进行基金投资等其他金融服务。服务交叉销售是建立在服务型企业对顾客多重服务需求的理解，以及能够满足多样化服务需求的基础之上。

捆绑销售是联合营销的一种形式，具体是指两个或两个以上的品牌或企业在销售过程中进行合作，进而扩大双方的市场影响力。捆绑销售作为一种跨行业或跨品类的新型营销方式，已经开始被越来越多的服务型企业重视和运用。例如，招商银行与携程联合推出“联名信用卡”，顾客持招商银行携程旅行信用卡在携程进行机票、酒店预订服务，可以享受多重优惠，包括双倍积分、双重回馈、免费获赠高额航空意外险等优惠措施。

3. 俱乐部会员计划

服务型企业为了与顾客保持更紧密的业务联系，开始建立并实施俱乐部会员计划。从具体形式而言，俱乐部会员身份可以是开放的，即顾客通过服务消费行为自动成为俱乐部会员，或在消费前进行注册成为俱乐部会员，如航空公司的常旅客计划。同时，俱乐部会员身份也可以是限制式的，即顾客必须通过消费一定规模或数额的服务，或者缴纳一定的会费，或者具备特定的资格才能成为俱乐部会员，如高档高尔夫俱乐部、电影院、健身俱乐部、美容连锁店等。

开放式和限制式的会员计划具有各自的优缺点。一方面，开放式会员计划具有较低的入会门槛，可以最大限度地吸引潜在顾客加入俱乐部，成为服务型企业的精准目标顾客；但是，由于缺乏门槛，可能吸引一些服务购买意愿并不是非常强烈的顾客进入俱乐部。另一方面，限制式会员计划具有一定的加入门槛，会费或会员资格条件等因素阻止了那些对服务产品只是暂时感兴趣的顾客加入，并吸引和保留了极具消费意愿的目标顾客，因而对建立长期互惠顾客关系更有价值。

4. 稳定的价格

在价格波动频繁的服务市场，服务型企业为了吸引和保留顾客，只需简单地向最忠诚的顾客提供稳定的价格保证或相对于新顾客较低的价格增长。例如，某酒店为一些大型企事业单位提供低于门市价的“协议价”，而这些单位将该酒店列为“指定接待酒店”，进而双方建立起长期业务关系。运用稳定的价格，服务型企业通过分享节省的费用回馈顾客，并通过长期为顾客提供服务使企业获得稳定的收入增长。

(二) 建立社会联系

建立社会联系是指服务型企业或服务人员洞察顾客的服务需求偏好，实现服务的定制化或个性化以满足顾客需求，从而增加顾客的社会利益。尽管服务型企业不能依靠社会联系永久地维系顾客，但是融洽的人际关系会鼓励顾客保留在原来的业务关系中，并且这种联系对竞争者来说比价格刺激更难模仿。因此，服务型企业或服务人员应设法与顾客保持接触，并发展双方的社会联系。

事实上，人际关系和情感交流在专业服务提供者（如律师、理财顾问等）、个人关怀提供者（如理发师、保健师等）及其顾客之间普遍存在。例如，经验丰富的心理医生在会见顾客之前会花较长时间仔细阅读被访者的个人资料，并通过在谈话中加入对一些个人资料理解的细节信息，可以表达他对被访者的真实关切，有助于建立起社会联系。可见，在服务消费过程中，顾客关系双方的行为会对构建社会联系产生重要的影响（见表 11-3）。

表 11-3 影响买卖双方社会关系的行为

对人际关系产生良好影响的行为	对人际关系产生不良影响的行为
主动打电话联系对方	仅限于被动回复对方来电
做出介绍	做出辩解
坦率诚恳地阐述事实	敷衍几句
使用电话和对方直接沟通	使用信函与对方沟通
积极努力追求得到理解	被动等待误会澄清
主动向对方提出服务建议	被动地等待对方提出服务请求
主动发现问题	被动地对问题做出反应
使用易于理解的行话或者短语	拿腔拿调
不回避个人问题	回避个人问题
使用“我们”等解决问题的词汇	使用“我们仅负担……责任”等法律措辞
讨论“我们共同的未来”	只谈过去的好时光
常规反应	救急和紧急反应
承担责任	回避责任
规划未来	重复过去

资料来源：梁彦明. 服务营销管理 [M]. 广州：暨南大学出版社，2005：265.

（三）建立定制化联系

定制化联系包含比财务刺激和社会联系更丰富和深入的内容。例如，服务人员并不仅仅依靠与顾客建立的强有力个人承诺和人际关系，同时也依靠系统化的反馈来帮助服务型企业提供更具个性化和针对性的服务，以满足持续发展的顾客服务需求。

大规模定制是建立定制化联系的内在必然要求。一般意义上讲，大规模定制被视为“使用灵活的流程和组织结构，以标准化和大批量生产条件下的价格水平，生产出可变的甚至是个人定制化的产品或服务”。服务型企业实施大规模定制，并不意味着为满足顾客的服务需求而无休止地提供个性化解决方案。而是希望通过对个体需求施加可控范围内的额外努力来提供具有针对性和个性化服务。服务型企业要想成功有效的做到这一点，就必须有非常复杂的顾客信息系统来进行数据库营销。例如，星级酒店运用顾客关系管理系统，能够为会员顾客提供满足其特殊需求（如特定房型、特定餐饮、特定饮品、特定阅读爱好等服务需求）的差异化和个性化酒店服务。作为关系营销的重要实现形式，数据库营销具有较强的针对性，是一种借用先进技术实现的“一对一”营销，可以将其视为顾客化营销的特殊形式。

（四）建立结构化联系

结构化联系是通过为顾客提供特别设计和量身定制的服务传递系统，或使服务型企业或服务人员与顾客之间产生结构性的相依关系而形成的。因此，建立结构化联系是顾客关系管理中的最难策略，是将财务联系、社会联系和定制化联系围绕顾客价值整合起来，以建立和维持顾客关系的管理策略。

从应用范围来看，建立结构化联系在生产性服务业中的应用更广泛，也更具前景。服务型企业可以向客户提供某种特定设备或计算机联网，以帮助客户全面管理订单、工资、存货等，并以此成为客户的深度合作伙伴。例如，美国著名的药品批发商麦克森（McKesson）在电子数据交换方面投资几百万美元，以帮助大量小型药店管理其存货、订单处理和货架空间。此外，世界知名快递企业 UPS 与 FedEx 的长期竞争也是服务型企业试图与关键客户建立结构化联系的重要范例。两家企业都试图通过提供免费计算机服务同客户建立更紧密的业务关系：UPS 提供 Maxiships 系统、FedEx 企业提供 Powerships 系统，这些系统可以存储地址和邮寄的数据，打印邮件标签并帮助追踪邮件。接受任何一个系统，顾客都可以节省时间并可以对每天寄出的邮件进行更好的追踪。

同时，在消费性服务业中，建立结构化联系也是构筑顾客关系的重要策略。例如，医院通过提供特殊的药品或治疗手段建立和保持患者的依赖感，这些特殊的药品或治疗手段则是用于建立结构化联系的关键手段。通常情况下，建立结构化联系的顾客管理方式都是竞争者难以模仿的竞争手段。因此，通过结构化联系手段建立起来的顾客关系较难被竞争者打破，是服务型企业持续市场竞争优势的重要来源。

服务案例

“希尔顿荣誉客会”计划

“希尔顿荣誉客会”是希尔顿全球旗下十大著名酒店品牌推出的一项屡获殊荣的宾客忠诚计划，拥有3 400万名会员。与其他宾客忠诚计划相比，该计划可为会员提供赚取和兑换积分的更多方式，通过遍及90个国家及地区的4 000多家酒店为宾客打造值得与挚爱分享的卓越体验。

“希尔顿荣誉客会”是唯一一项在该集团全球酒店范围内为同一入住者提供“全年有效兑换”和“积分与里程”的宾客忠诚度计划。该计划还实现积分与现金混合消费的理念，以免去部分客人积分不够的尴尬。目前，荣誉客会会员可以使用以下四种客房奖赏，随时随地将积分兑换为任一客房（包括最豪华的套房）的入住体验：高级客房奖赏、客房升级奖赏、积分与金钱奖赏，以及标准客房奖赏。此外，荣誉客会会员还可以使用积分购买独具特色的体验奖赏、商品和度假套餐，或进行慈善捐赠等。

相比其他酒店的客户忠诚度计划，荣誉客会会员在使用积分时，拥有最多选择，积分可以用来换取免费住宿、免费游览、汽车租赁等相关服务。与此同时，希尔顿对其客户奖励计划“希尔顿荣誉客会”的会员推出一项新奖励类别——体验奖励计划，例如，希尔顿与美国在线礼品供应商Signature Days建立了独家合作伙伴关系；根据合作协议荣誉会员可将积分兑换成各类精选体验，包括高空跳伞、乘坐热气球、私人瑜伽课程、品尝红酒等。会员还可兑换一张Signature Voucher礼品卡，凭卡可以使用www.signaturedays.com上提供的一切产品服务。

资料来源：根据相关资料整理。

基本概念

- 顾客关系（consumer relationship）
- 关系营销（relationship marketing）
- 顾客关系管理（consumer relationship management）
- 营销水桶理论（bucket theory of marketing）
- 顾客关系管理的基本策略（basic tactics of consumer relationship management）

课后思考

1. 顾客关系的基本内涵是什么？企业如何辨别顾客关系的建立？
2. 顾客关系的基本层次和主要类型有哪些？
3. 什么是关系营销？它与传统的交易营销有何本质区别？它通过哪些方式进行实现？
4. 顾客关系构建对顾客和企业双方具有哪些特殊意义？它的关键基础是什么？
5. 结合具体的服务行业，谈谈如何运用顾客关系构建的基本策略。

讨论案例

浪潮集团：智能时代的定制化先锋

高速发展的互联网需要更庞大的数据中心支撑。中国已经仅次于美国成为第二大服务器市场。从服务器市场数据看，国产品牌的占有率超过了国外品牌，并且在持续拉大差距。从1993年中国第一台服务器SMP 2000诞生，到目前自主研制的在线交易处理性能最强的单机服务器系统——天梭M13新一代关键应用主机，浪潮集团在服务器领域深耕25年，实现了服务器“从无到有”“从有到强”“从强到引领”的全面阶段。

随着云计算、大数据、人工智能的发展，浪潮发现各种新的计算平台需求层出不穷，传统通用标准化的服务器已经很难帮助客户提升商业价值。以云计算为例，过去每个客户一年集中采购套餐数量不超过10个，现在快速发展到了40款甚至上百款。因为客户需求多样化，云计算服务提供商就不得不去选择更多的套餐配置去满足他们的客户，这就要求服务器生产商提供更多不同的服务器配置以供选择。为满足客户多样化的需求，浪潮提出了四点转变。

（1）从标准设备向场景定制化转变。互联网用户对于IT基础设施的需求是“服务器与业务应用的极致匹配”，传统的标准服务器已经不能满足客户的需求。因此，浪潮在产品设计之初就会从客户的业务角度入手，帮客户考虑他们在使用中可能遇到的实际问题。

（2）从OEM模式到ODM模式再到JDM（joint design manufacture，联合设计制造）模式转变。对于传统的标准服务器，客户提出来的需求并不能很好地满足，产品做出来之后可能跟他本身想的需求差距比较大。因此，需要客户参与到产品的整个研发和生产过程中来，双方共同促成产品落地。

（3）从小颗粒单一服务器向大规模一体化服务器转变。传统的以单台服务器为最小颗粒度的交付模式已经大大降低了数据中心的部署效率，并且小颗粒度、零散的IT设备在管理、运行维护上难度会更大。随着数据中心部署颗粒的升级，使得新型数据中心在灵活性、经济性和可管理性等方面优势明显。

（4）从短期产品成功到长期商业模式成功转变。在客户多样化的需求下，浪潮要面向复杂多样的应用，同时也需要融合产业链，与客户建立联合定制开发的合作模式，并于客户一起将这种模式推广到更多行业客户中去。以浪潮与百度合作为例，双方从单纯的产品合作向研发模式、生产模式的两端深入推进，使得硬件产品与软件算法从研发设计阶段就开始接触和磨合，让研发出的SR-AI整机柜服务器产品更符合业务需求。并且，浪潮还计划与百度一起将SR-AI整机柜推向更多行业客户，帮助他们实现互联网＋转型。

面对智慧时代的这四点转变，浪潮提出了四化：需求平台化、研发集成化、生产智能化、服务一体化。通过智能工厂，浪潮可以从客户的需求出发，以数据为核心，打通“需求、研发、生产、服务”四端，实现互联互通，将定制化和智能制造充分结合。

据IDC数据显示，预计到2020年，中国云计算和大数据市场规模将分别达到282亿美元和89亿美元，同时，未来全球数据总量年增长率将维持在50%左右，到2020年，全球数据总量将达40 ZB。随着云计算、大数据和人工智能的不断发展，服务器市场规模将进一步扩大，预计2016～2020年，中国服务器市场销售额将保持21%左右的增速，2020年达到1 273.7亿元。其中，到2020年，全球定制化设备市场规模会超过145亿美元，占据整个市场容量的22%。

随着以云计算、大数据、智能终端、移动互联为代表的第三代信息技术平台的普及，企业运营面临的信息化环境正在发生深刻变化。面对未来规模庞大的数据市场和多样的企业需求，浪潮坚持既要“做好”服务器又要做“好服务器”，面向AI市场研发更多创新产品，同时联合大型互联网公司为中小“互联网+”企业提供更丰富的定制化一体机战略，持续探索产业与新一代信息技术深入结合的发展模式。

资料来源：根据相关资料整理。

思考题：

1. 结合顾客关系层次与类型相关观点，谈谈浪潮集团提出的四点转变体现出顾客关系哪些变化趋势。
2. 从顾客关系构建策略的角度，分析浪潮集团在智能制造时代经营策略的有效性。
3. 浪潮集团制定的定制化一体机战略，体现出智能制造时代高技术设备制造业发展的哪些趋势？企业应该如何应对？

PART 5

第五篇

服务价值维护篇

第十二章 顾客抱怨与服务补救

本章提要

对服务型企业而言，服务失误是难以根本避免的。服务失误的类型不同，顾客对服务失误的反应也不尽相同，有的保持沉默，有的进行抱怨。顾客是否进行抱怨，以何种方式抱怨，受诸多外部因素的影响。服务补救是应对顾客抱怨的关键措施，是服务型企业进行服务价值维护的重要环节。感知公平是服务补救需要着重考虑的问题，有效的服务补救是服务型企业维持顾客关系的关键环节。

学习目标

- 认识服务失误及其基本类型
- 理解顾客对服务失误的多种反应
- 了解影响顾客抱怨的关键因素和表现形式
- 掌握顾客抱怨的应对原则及措施
- 掌握服务补救的行动框架和关键环节
- 掌握服务补救的模式与方法

引导案例

太少、太迟：捷蓝航空的服务补救

美国东海岸遭遇了一场可怕的暴风雪，数百名乘客被困在纽约肯尼迪国际机场捷蓝航空（JetBlue）的飞机上长达 11 小时。乘客情绪狂躁，但捷蓝航空没有一个人做任何事情让乘客离开飞机。此外，捷蓝航空取消了 6 天内超过 1 000 架次航班，使得更多的乘客束手无策。这一事件使得捷蓝航空因良好服务而在美国享有的最好服务品牌之一的盛誉大打折扣。《商业周刊》原本将捷蓝航空排在 25 个顾客服务领导者中的第四位，但是因为这一事件将捷蓝航空踢出了榜单。到底发生了什么？

现场没有服务补救计划。没有一个人——机组人员、空乘人员、管理人员——主动引导乘客离开飞机。捷蓝航空事后提供的赔偿和旅行优惠券似乎也没有减少乘客的愤怒，乘客被困的时间确实太长了。捷蓝航空的执行总裁戴维·尼尔曼（David Neeleman）以个人名义向公司数据库里的所有乘客发送了一封电子邮件，解释出现问题的原因，进行了诚恳的道歉，详述了公司服务补救的努力。他甚至出现在午夜的电视节目中道歉，并承认公司本应该制订更好的应急预案。但是，公司在恢复声誉方面仍然有很长的路要走。

慢慢地，随着捷蓝航空制定了全新的顾客权利清单，公司重新建立了声誉。这个权利清单要求公司在航班延误的某些情况下予以赔偿或提供优惠券。戴维·尼尔曼也变革了信息系统，追踪空乘人员的位置，升级网站，允许乘客在线重新预订，在总部对员工进行培训，使员工在必要时在机场为乘客提供帮助。所有这些行动都旨在恢复其原有的声誉和地位。

资料来源：Wirtz J, Lovelock C. Essentials of Services Marketing[M]. 3rd ed. Edinburgh Gate: Pearson Education Limited, 2018：413.

正如捷蓝航空所面临的挑战和困境一样，由于主客观方面的原因，服务型企业或服务人员在服务价值的传递过程中不可避免地会出现服务失误，甚至是严重的服务失误，为企业的生存与发展带来极大威胁。因此，服务补救是服务型企业维护服务价值、确保顾客满意的必需工作。科学地认识服务失误及由此引发的顾客抱怨，并采取适当的措施进行服务补救，是服务型企业在服务价值维护过程中的重要活动。

第一节　服务失误及顾客反应

一、认识服务失误

服务的无形性、异质性和不可分离性等特征，使服务型企业或服务人员在管理服务价值传递过程时极易造成失误，影响服务效用或利益的最终传达。即使服务设计再科学、服务标准再翔实、服务人员训练再严格、服务过程再严谨，也很难达到服务价值创造及传递的零缺陷。因此，科学地认识服务失误及其引发的顾客反应，并有效地指导服务补救是服务型企业在服务价值维护过程中必须承担的重任。

服务失误（service failure）也称服务失败，是指服务型企业或服务人员所提供的服务未达到顾客可以接受的最低标准，不能满足顾客的要求和期望而导致顾客不满意或失望的负面状况。在服务价值传递过程中，任何顾客接触或互动环节，无论服务人员是否认为自身的行为或活动存在不足，只要顾客产生不满情绪，服务失误就发生了。这意味着，服务失误是超越服务型企业或服务人员的主观认知和客观判断，是一种基于顾客认知的主观体验，它与有形产品的设计缺陷或质量不足等可以进行客观评价的质量判断存在本质不同。对服务失误的理解应该注意以下几个方面。

（1）服务失误的发生是无法避免的。由于服务的特殊性，以及服务传递过程的复杂性和情境性，无论服务型企业或服务人员进行何种程度的充分准备，都无法完全杜绝服务失误的发生。因此，对服务型企业而言，在努力降低服务失误发生的概率，以及深刻认识服务失误对企业带来不利影响的同时，应该直面已经发生的服务失误，用正面的态度勇于承担责任，积极解决问题，有效维护企业已经传递的服务价值。

（2）服务失误的诱因和类型是多种多样的。由于服务的生产和消费同时进行，以及服务价值传递过程需要顾客的参与等服务特殊性，导致服务失误的原因多种多样。既可能是服务型企业服务开发及设计的原因，也可能是服务人员技能和态度的原因，还可能是顾客自身失误的原因，甚至可能有顾客的原因。服务失误诱因的多样性导致服务失败类型的多样性。因此，服务型企业和服务人员需要厘清服务失误的本质原因及表现形式，有针对性地采取服务补救措施，尽最大可能维护服务价值。

（3）服务失误对服务型企业的影响是双重的。服务型企业或服务人员造成的服务失误可能会导致顾客关系破裂及顾客离开，但也有可能在有效服务补救的前提下使原来的顾客关系更加紧密，使顾客变得更为忠诚。同时，服务失误还能为服务型企业或服务人员检视服务价值识别、创造和传递系列活动的科学性和有效性，进而改善企业服务营销管理水平提供了重要的契机。因此，服务型企业或服务人员应该用辨证的思维和态度思考和对待服务失误问题，既要重视其对服务价值管理的重大危害，又要看到其推动企业改革和进步的积极意义。

二、服务失误的类型

服务失误是在所难免的，但是服务失误的类型是可以预见的。根据道格拉斯·霍夫曼（Douglas Hoffman）等人的观点，从服务过程参与各方的角度将服务失误划分为四种类型：①服务提交的系统失误；②顾客需求或请求的反应失误；③服务人员行动不当导致的失误；④问题顾客导致的失误（见表 12-1）。

表 12-1 服务失误的主要类型

主要失误类型	失误子类
服务提交的系统失误	没有可使用的服务
	不合理的缓慢服务
	其他核心服务的失误
顾客需求或请求的反应失误	“特殊需求”的顾客
	顾客的偏好
	顾客失误或过失
	其他混乱
服务人员行为不当导致的失误	注意程度
	异常行为
	文化惯例
	形态
问题顾客导致的失误	言行失控

（续）

主要失误类型	失误子类
问题顾客导致的失误	语言和肢体滥用
	破坏服务政策或规范
	不合作的顾客

资料来源：道格拉斯·霍夫曼，约翰·贝特森，范秀成．服务营销精要：概念、战略和案例[M]. 2版·中文改编版．北京：北京大学出版社，2010：293.

（一）服务提交的系统失误

服务提交的系统失误是指服务型企业所提供核心服务中的失误，即服务价值创造和传递出现误差。例如，航空公司的航班没有准点起飞，星级酒店的房间并没有按照要求进行整理，保险公司没能根据合同约定进行理赔，管理咨询公司不能按时按质向客户交付咨询报告等，均属于服务型企业或服务人员服务提交的系统失误。

具体而言，服务提交的系统失误包含以下三种类型：①没有可使用的服务，即通常情况下可用，但是在特殊情况下缺少或没有服务。例如，早晚出行高峰导致的出租车延误，黄金周酒店房间缺乏等。②不合理的缓慢服务，是指那些顾客认为在服务传递过程中由于服务型企业或服务人员的失误导致服务效率急剧下降的服务类型。③其他核心服务的失误，涵盖除去服务有无和服务效率之外的其他核心服务的失误。事实上，不同的行业（如金融、旅游、保险、医疗等）都有本行业特有的核心服务失误问题，而不仅仅是服务有无或服务效率的问题。例如，健康医疗服务中的错误诊断，证券投资中的资金损失，境外旅游中的人身或财产损失等，均属于该行业的核心服务失误范畴。

（二）顾客需求或请求的反应失误

顾客需求或请求的反应失误，主要是指服务人员对个别顾客需求或特别请求的响应速度慢或有效性不足，甚至是缺乏响应。顾客的需求可能是隐含的，也可能是明显的。有些隐含的需求是不需要顾客提出，服务人员就应该理解。例如，坐轮椅的顾客不方便在高台阶处行动，身体较胖的顾客不适合坐比较狭窄的座椅等。相反，顾客的请求则是其需求的公开表达。例如，西餐厅的顾客要求牛排五分熟，土豆泥代替菜单上的烤土豆。

引起服务人员对顾客需求或请求的反应失误主要来自四个方面的因素：①顾客的特殊需求。服务人员对顾客特殊需求的反应，包括响应顾客在医疗、饮食、心理、语言或社会等方面的困难或要求。例如，航空公司需要专门为少数民族旅客或素食主义旅客准备特殊餐点以满足其“特殊的需求”。②顾客的需求偏好。服务人员对顾客需求偏好的响应需要其根据顾客的需求偏好来修改服务提交系统。例如，饭店中顾客要求把套餐中的蘑菇汤换成玉米汤，管理咨询服务中客户企业要求将项目过程汇报由三次增加到五次等。③顾客的失误或过失。服务人员对顾客失误或过失的反应也是服务失误的重要诱因。例如，在处理酒店顾客遗失房卡的问题时，服务人员不恰当的反应会给顾客带来不悦或不满意，进而引起服务失误。④其他混乱。服务人员对其他混乱的反应要求其及时有效地解决服务过程中发生的影响服务传递的混乱情况。例如，工作人员要求电影院内的观众能够安静观影，饭店服务人员要求顾客不能在非吸烟区吸烟等。

（三）服务人员行为不当导致的失误

根据脚本理论，服务价值传递过程中服务人员好比活跃在舞台上的演员，他们的一言一行、一举一动都会影响顾客对服务的质量感知和满意程度。因此，服务人员自身行为的不恰当或不合规引起服务价值创造和传递活动偏离既定要求，使顾客产生对服务价值的不认可或不满意状况，即服务人员行为不当导致的失误。服务人员行为不当导致的失误可以分为主观型和客观型两类。

1. 主观型行为不当

主观型行为不当主要表现为对顾客缺乏应有的尊重和重视，如言辞刻薄、举止粗鲁、态度傲慢等，主要是由服务人员的不合理心态所致。例如，处于卖方市场或服务意识尚处于卖方市场的服务人员较容易出现此类问题。此外，服务人员在服务价值传递过程中的心态和情绪也会影响其行为，不良心态和情绪状态也可能导致主观型行为不当。主观型行为不当导致的服务失误不仅会影响顾客的服务消费体验，严重的还会给顾客的合理权益和人格自尊带来伤害，损害服务型企业的品牌形象。因此，服务型企业及服务人员应该尽可能避免由主观行为不当引发的服务失误。

2. 客观型行为不当

客观型行为不当是指由服务人员的能力、体力或精力不及而导致的行为不当。例如，在用餐高峰期，餐厅服务人员在顾客点菜时写错桌号、结账时出现收费误差等。在大多数情况下，由客观型行为不当引发的服务失误都能够得到顾客的谅解，只要服务人员致以真诚的歉意，并进行及时的补偿。但是，因服务人员能力不足或注意力不足引起的服务失误，例如，教育培训项目因培训师的水平较差而未达到预期效果，超市结算时因服务人员大意将发票单位写错，酒店客房整理没有达到顾客预期标准等，服务型企业或服务人员要获得顾客的谅解则存在一定难度。因此，服务型企业应该通过增加服务人员的工作技能培训，强化服务标准意识和执行力等，对服务人员能力不足或注意力不足引起的服务失误给予充分重视。

（四）问题顾客导致的失误

服务型企业或服务人员总会面对一些顾客的不恰当言行，如缺乏有效控制或违反既定规则，从而对服务传递带来负面影响，甚至引发其他顾客的不满意或愤怒情绪，即问题顾客导致的失误。此类服务失误既不是服务人员的过失，也不是服务型企业的过失造成的，而是因顾客自身行为不当造成的。

服务失误涉及的问题顾客主要包括：①言行失控。顾客在特定的状态下，如醉酒或间歇性精神问题发作等，丧失对言行的控制，从而对服务人员、其他顾客或服务环境造成不利影响。②语言与肢体滥用。顾客在服务价值传递过程中，或者在特定的服务场景中，出现言语或肢体冲突，导致服务体验受到严重破坏，甚至服务价值传递中断。例如，情侣在用餐过程中争吵，既影响餐厅正常提供餐饮服务，也影响其他顾客的服务体验。③破坏服务政策或规范。顾客破坏服务政策或规范，是指顾客在服务价值传递过程中拒绝遵守和执行企业或服务人员既定的政策或规范。例如，顾客忽视或不愿遵守接受服务需排队的政策。④不合作的顾客。这里是指那些粗鲁、不合作或提出不合理要求的顾客。尽管服务人员试图满足这些顾客，但顾客往往是不满意的。

服务洞察

餐饮行业中的服务失误

近10年来，中国餐饮行业实现了爆发式增长。无论是餐饮企业的数量，还是餐饮服务的质量，都迈上了新的台阶。餐饮行业是高度服务化和竞争化的行业，餐饮服务的综合品质决定着企业生死。在高度顾客接触中，餐饮行业的服务失误不可避免。餐饮企业的服务失误分为硬服务失误和软服务失误两大类。

第一类：硬服务失误

餐饮业中硬服务失误，是指餐饮企业在为客人提供服务时，在设施设备、食品、酒水等方面出现的服务失误，主要包括以下四个方面。

（1）服务设施和设备方面。餐饮企业设备落后不配套、设施损坏不能正常运转、员工违反操作规程，以及服务设施设备方面的管理制度不完善等，都可能导致服务失败。

（2）原料或酒水质量方面。餐饮企业提供的菜肴、酒水是否新鲜，品质是否优良，品种是否多样，能否适应目标顾客的习惯和口味等，均是顾客可能提出抱怨的重要方面。

（3）环境卫生方面。餐饮企业的就餐环境卫生状况不好，如桌上有油渍、地毯上有污垢、墙壁上有蜘蛛网等，都会影响顾客进餐的心情，降低顾客满意度。

（4）其他方面。例如，突然停电、停水，天气转坏等一些不可控因素。

第二类：软服务失误

餐饮业中软服务失误，主要是指在服务传递过程中，因环境氛围、服务意识、服务技能与技巧、服务时效等方面没能达到顾客期望所发生的服务失败。

（1）环境氛围方面。逐步发展壮大的主题餐厅就是因为特定的环境氛围而广受欢迎。环境氛围方面的失误包括餐饮企业文化理念不够深入、设计理念不合理，以及设计氛围不符合企业定位等。

（2）服务意识方面。服务意识是指餐饮企业全体员工在提供服务时所展现的服务态度，热情周到的服务带给顾客宾至如归的感受，而有些服务人员不但不能提供周到热情的服务，其言语、行为方面还缺乏修养，导致服务失败。

（3）服务技能与技巧方面。服务技能与技巧是服务业从业人员必备的职业素养。餐饮服务业不仅要求从业人员具备娴熟的服务技能，还要求服务技能艺术化，即具备服务技巧。生疏的服务技能、缺乏灵活性的服务技巧很可能引起服务失败。如果餐饮服务人员技能不熟练，服务没有技巧，会让顾客对服务的感受大打折扣。

（4）服务时效方面。餐饮服务产品的重要特征之一是要求提供及时的服务，如果顾客在一定的时间内得不到应有的服务，就会抱怨。

资料来源：根据相关资料整理。

三、顾客对服务失误的反应

当面临服务失误时，不同的顾客反应是不同的。有的顾客会当场向服务人员或经理投诉，有的会向亲友抱怨，也有的通过自己的社交媒体（如微博、朋友圈等）进行控诉，有的会向消费者权益组织或大众媒介进行投诉，还有的不会选择抱怨而是直接离开。对服务型企业及服务人员而言，只有在明确顾客面临服务失误的反应类型，针对那些企业可以察觉和识别的顾客抱怨采取相应的服务补救措施，才能够有效地维护服务价值。根据顾客对服务失误引发不满意或消极情绪的反应，顾客可能采取的行动包括三类（见图 12-1）。

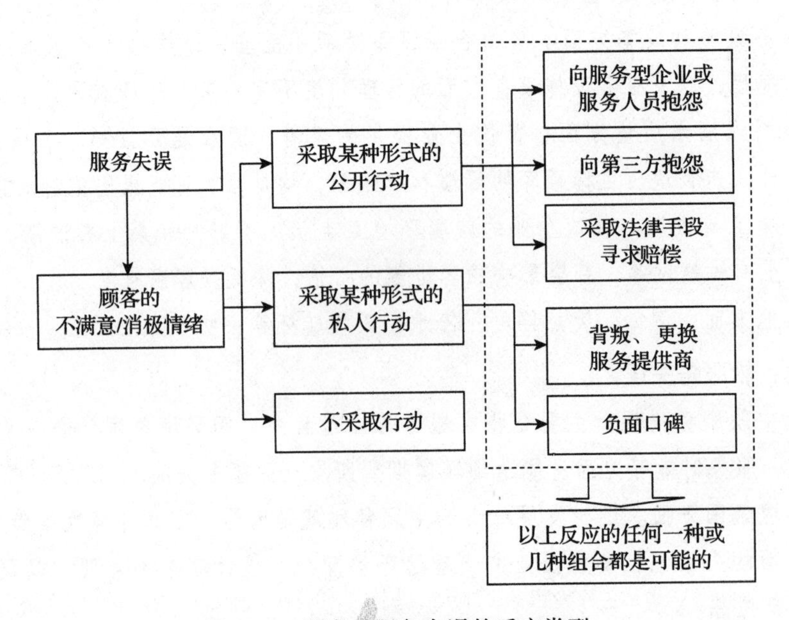

图 12-1 顾客对服务失误的反应类型

资料来源：Wirtz J, Lovelock C. Essentials of Services Marketing[M]. 3rd ed. Edinburgh Gate: Pearson Education Limited, 2018：415。

（一）不采取行动

当顾客遭遇服务失误并引发不满或消极情绪后，有的顾客可能会保持沉默，即不采取行动。不采取行动是顾客在服务失误中采取的最为消极的态度，造成这种态度选择的原因可能是主观的，如顾客觉得抱怨也于事无补，也有可能是客观的，如缺乏有效的抱怨渠道。

无论出于何种原因，顾客在面对服务失误时不采取行动，从长远看对顾客和服务型企业双方都是不利的。一方面，顾客不进行投诉或抱怨，放弃了作为顾客基本主张及权利的表达，是对自身合法、合理利益的一种损害，也会降低顾客再次消费同类型服务的积极性；另一方面，当服务失误时，缺乏顾客抱怨使服务型企业或服务人员丧失了从顾客视角检视本企业所传递服务价值的机会，更有可能在完全不知情的情况下永久地失去顾客。因此，不采取行动也许是顾客面对服务失误的被迫选择，但这应该是服务型企业或服务人员需要尽可能避免的情况。

（二）采取某种形式的私人行动

采取私人行动是指顾客在面对服务失误后，并不进行公开的投诉或抱怨，而是在人际圈中如亲友、同事等进行抱怨，或自主更换服务交易方。事实上，当顾客感受到服务品质的低劣或严重低于服务预期，但由于情绪控制、场合不合适或个人性格原因，有些顾客不会选择通过公开的方式进行抱怨，不会让服务型企业或服务人员了解到负面情绪，而是选择向亲友、同事等发泄不满甚至愤怒的情绪，传播有关服务型企业或服务品牌的负面口碑。

顾客在面对服务失误时采取私人行动，不仅会强化顾客自身的负面情绪，还将以负面口碑的形式将负面情绪和信息传播给其他潜在顾客，因此会给服务型企业的服务营销管理活动带来极大的不利影响。由于私人行动更多局限于人际范围，服务型企业无法有效察觉这些负面信息，便无法对服务失误采取补救措施。久而久之，服务型企业的顾客关系和企业声誉将会慢慢被侵蚀，进而影响企业在服务市场中的竞争力。

（三）采取某种形式的公开行动

采取公开行动是指顾客在面对服务失误后，直接向服务型企业或服务人员进行抱怨，或者向第三方机构，如消费者权益保护委员会、各类大众媒介，进行投诉和曝光，甚至是诉诸法律手段要求进行补偿。采取公开行动是顾客抱怨的核心形式，是顾客对服务不满意甚至愤怒情绪的公开表达。

顾客采取公开行动对服务型企业而言是一把“双刃剑”：一方面，意味着顾客对服务失误的不满和愤怒已经达到非常高的程度，也可能意味着服务失误的严重程度已经较高，同时，公开的顾客抱怨也会给企业的声誉和形象带来一定的负面影响；另一方面，公开的顾客抱怨能够使服务型企业或服务人员掌握顾客的不满和要求，为服务型企业进行有效的服务补救提供了契机。如果能够通过及时、恰当的服务补救让顾客满意甚至是感到惊喜，企业不仅可以避免潜在负面口碑的传播，甚至还可能会获得更加忠诚的顾客。

第二节 顾客抱怨

一、顾客抱怨的关键影响因素

在面对服务失误时，有的顾客会倾向于沉默，有的顾客则会选择抱怨。斯蒂芬·塔克斯（Stephen Tax）和斯蒂芬·布朗（Stephen Brown）的研究表明，在对服务不满意的顾客中，平均只有5%～10%的顾客会真正进行抱怨。影响顾客面对服务失误时的行为选择，除了与顾客的个人心理及性格特征，以及服务消费的个性化情景有关以外，还与诸多社会经济及营销因素密切相关。影响顾客抱怨的关键因素主要包括以下几种。

（一）抱怨求偿成功的可能性

抱怨求偿成功的可能性，是指当服务失误发生时，顾客对服务型企业或服务人员没有任何借口且愿意补救损失的概率判断。一旦发生服务失误，有的服务型企业为确保顾客满意，以及维护企业和服务品牌形象等，会全力进行服务补救；有的服务型企业则可能因为服务人员未能充分授权、服务政策僵硬、服务补救机制不完善等未能响应顾客的抱怨，没有对服务失误采取相应的补救措施。

顾客对服务型企业或服务人员能否进行服务补救的判断，很大程度上决定了顾客是否进行抱怨，以及采取何种形式的抱怨。这意味着，抱怨求偿成功的可能性是顾客的一种主观认知，是建立在服务型企业或服务人员的补救意愿和具体政策基础之上的判断。如果服务型企业根本没有对顾客实施服务补救的意愿，或者服务人员有意愿但是程序设计复杂，均会让顾客望而却步。研究已表明，当服务失误发生时，顾客认知的抱怨求偿成功可能性越高，向服务型企业或服务人员进行抱怨的可能性就越大。

（二）抱怨的可能回报

抱怨的可能回报，即抱怨的价值，是顾客抱怨后所获得利益与抱怨成本之间的比较。顾客进行抱怨后可能获得的利益往往是一种组合，包括物质的和非物质的利益，如金钱、赠品、安慰和道歉等。顾客的抱怨成本则包括时间、精力、金钱和声誉等为抱怨所付出的代价。如果利益大于成本则抱怨的价值为正，如果利益小于成本则抱怨的价值为负。当然，抱怨所获得的利益与成本两者是非常难以进行量化的，因而往往是一种顾客的主观认知。抱怨的价值会影响顾客抱怨行为的方向与程度，顾客会衡量进行抱怨所需的成本与可能获得的利益，抱怨的价值越高，顾客越有可能进行抱怨。

（三）服务失误的严重性

服务失误的严重性对顾客是否进行抱怨、如何进行抱怨有着十分重要的影响。一般情况下，服务失误越严重，顾客越倾向于进行抱怨，越容易采取公开行动。服务失误的严重程度可以从两方面进行判断：①顾客的不满程度。它是指顾客对服务失误所造成损害强烈程度的认知，也可以视为服务失误的严重性。不满程度越高，顾客进行抱怨的内在冲动和可能性就越大。②消费事件的重要性。服务消费事件的类型与性质不同，服务失误对顾客带来的影响也不同。越是重要的服务消费事件，服务失误越容易导致顾客抱怨。例如，在酒店进行的重大商业或政务活动、私人宴会等，关系到政府、商业组织或个人的声誉，这类消费事件往往具有高度的重要性。另外，也可以根据消费事件所涉及金额的大小、参加人物的社会影响力等来区分消费事件的重要性。

（四）顾客的消费经验及知识

顾客的消费经验及知识，包括顾客对服务产品、顾客权益、服务质量及满意度的认知程度，以及对顾客抱怨渠道的了解水平。顾客的消费经验及知识受服务型企业市场沟通活动的影响，也受顾客自身消费阅历及知识水平的影响。

例如，随着社会经济及居民收入水平的提高，居民生活及旅行方式的不断升级，顾客对酒店的服务及运作方式越来越了解，一些经常外出旅行的顾客已经成为酒店“旅居专家”；这些“旅居专家”对酒店的服务往往是比较清晰和敏感的，一旦遭遇服务失误，进行顾客抱怨的可能性及程度更高。因此，在更成熟、更具竞争性的服务消费市场，顾客所掌握的服务消费经验及知识越丰富，服务型企业或服务人员面临顾客抱怨的可能性就越大。

（五）顾客的转换成本

顾客的转换成本，是指顾客从消费一个服务型企业的服务产品转向另外一个服务型企业时，所增加的时间、金钱、精力以及潜在风险承担的各类支出。在面对服务失误时，顾客的转换成本水平会影响顾客是否选择进行抱怨，选择进行何种形式的抱怨。

如果提供某一特定服务的服务型企业数量很多，而且不同企业所提供服务并没有太大差别，即顾客的转换成本较低，当顾客遭遇服务失误时，很可能会选择离开，而不是进行公开方式的顾客抱怨。例如，若某居民小区外有很多衣物干洗店，一旦顾客在某家干洗店遭遇服务失误，他很可能会选择离开去其他干洗店消费，而这些顾客很少会进行公开的抱怨。

二、顾客抱怨的主要类型

根据抱怨的动机及范围，顾客抱怨可以分为不同的类型。例如，消费者心理学研究表明，顾客的抱怨可能是有效，也可能是无效的。有效抱怨是顾客为了改变服务失误带来的不利局面，甚至是帮助服务型企业改进服务而表达的抱怨；无效抱怨是指顾客对抱怨后情况会得到改善并不抱任何期望，而仅仅是对不满甚至愤怒情绪的表达或宣泄。根据顾客对服务失误的反应程度水平以及进行抱怨的动机，顾客抱怨可以分为四种基本类型。

（一）消极型顾客抱怨

消极型顾客抱怨很少会选择公开行动，而是通过私人行动进行。与那些进行负面宣传的顾客抱怨相比，消极型顾客抱怨不大可能向服务型企业或服务人员表达不满情绪，也不会向第三方机构（如大众媒介）进行抱怨。此类顾客时常怀疑顾客抱怨是否真的有效，并认为抱怨后的收益和抱怨所花费的时间和精力等各类成本是不成比例的。此外，个人性格或生活态度也会使某些顾客在面对服务失误时选择消极型顾客抱怨。

（二）建设型顾客抱怨

建设型顾客抱怨是指为改善服务型企业或服务人员的服务价值传递水平、优化交易双方价值获取的顾客抱怨。建设型顾客抱怨集中表现为面向服务型企业或服务人员进行抱怨，但不会向第三方进行抱怨，也不会主动传播负面信息或轻易更换服务交易对象。建设型顾客抱怨的顾客觉得向第三方或周围亲友进行投诉或抱怨并不能解决问题，自身的利益也不会得到显著改善。同时，这类顾客更倾向于认为合适的抱怨有益于社会，也有益于企业进步，因此会以建设型的态度表达对服务传递过程中的某些不满或忧虑，希望服务型企业或服务人员能够借此改善和提升服务质量水平。

建设型顾客抱怨对服务型企业或服务人员而言是最有益的，因为此类顾客抱怨不仅不会轻易带来顾客流失，也不会产生一些额外的公共负面影响，还能够为服务型企业提供弥补服务过失、改进服务活动的机会，是服务型企业和服务人员提升服务质量水平的有益信息。

（三）情绪型顾客抱怨

情绪型顾客抱怨是指顾客在进行抱怨时，更多的是进行不满甚至愤怒情绪的宣泄和表达，以此引起服务型企业或服务人员的重视。情绪型顾客抱怨与其他类型的顾客抱怨相比，在向服务型企业或服务人员进行抱怨的同时，更倾向于向亲友、同事传播负面信息，但几乎很少向第三方（如大众媒介）进行抱怨。

情绪型顾客抱怨容易使顾客更换服务交易对象，为服务型企业带来顾客流失的风险；同时，由于负面信息的人际传播，从而会使服务型企业的声誉和形象受到潜在影响。因此，在顾客抱怨的应对中，服务型企业或服务人员及时处理和情绪安抚是处理此类顾客抱怨的优先事项，以防止顾客情绪扩散及行为失控引起不必要的负面影响和损失。

（四）习惯型顾客抱怨

习惯型顾客抱怨反映顾客对服务十分挑剔，而且难以让其完全满足的特殊情况。事实上，有的顾客具有抱怨的“习性”，即总期望得到更好的服务，因而对当前的服务更多地表现出质疑和批评的态度。习惯型顾客抱怨不仅面向服务型企业或服务人员，也可能面向亲友、同事等人际圈，还可能面向第三方。此类顾客认为抱怨服务是其个人价值观或标准，并对所有抱怨的潜在结果持积极和乐观的态度，即抱怨可以让其获得更好地服务。实际上，习惯型顾客抱怨大多数情况下是问题顾客带来的，服务型企业很难全方位地满足该类顾客的服务需求或要求。

总而言之，由于顾客抱怨存在不同的类型，服务型企业或服务人员在应对顾客抱怨时，应该对抱怨进行类别理解，有针对性地进行响应。例如，针对建设型顾客抱怨，服务型企业应该鼓励，并以积极的方式回馈顾客抱怨；针对情绪型顾客抱怨，服务人员在处理过程中应该以情绪安抚为主，再辅以利益补偿，从而增强服务补救的效果。

三、顾客抱怨的应对原则与措施

对于顾客抱怨，服务型企业必须以一种积极主动的态度进行应对，而不是漠视和回避。由于顾客抱怨的类型及产生原因存在不同，应对方式也存在一定差异。但是，在应对所有类型顾客抱怨时，服务型企业或服务人员都应该遵循特定的原则，并采取具有针对性的措施。

（一）顾客抱怨的应对原则

顾客抱怨对服务型企业来说是有价值的，但是若无法有效应对则会带来更大损失。顾客抱怨的应对不仅会增加服务型企业的成本，还会损耗服务人员的精力，甚至会影响企业的运营秩序。因此，服务型企业应该站在顾客的视角，谨慎地对服务抱怨进行应对。具体来讲，顾客抱怨的应对应该掌握以下三个原则。

（1）迅速处理。迅速处理是顾客抱怨的首要原则。服务型企业或服务人员在面对顾客抱怨时，处理必须迅速，必须让顾客清楚地了解企业是非常重视其诉求和损失的。如果面对顾客抱怨，服务型企业或服务人员没有迅速行动，顾客的不满和愤怒情绪会随着时间的推移而持续增加，会极大地增加处理顾客抱怨的成本和难度（见图 12-2）。例如，丽思－卡尔顿酒店坚持从顾客那里听到抱怨的第一个人“拥有”该抱怨，直到他们确信问题已经得到解决。如果一名正在酒店走廊上修理灯具的维修人员听到一名顾客的抱怨，他就拥有了该抱怨，并且确信在他返回工作岗位时，这项抱怨已得到恰当的处理。

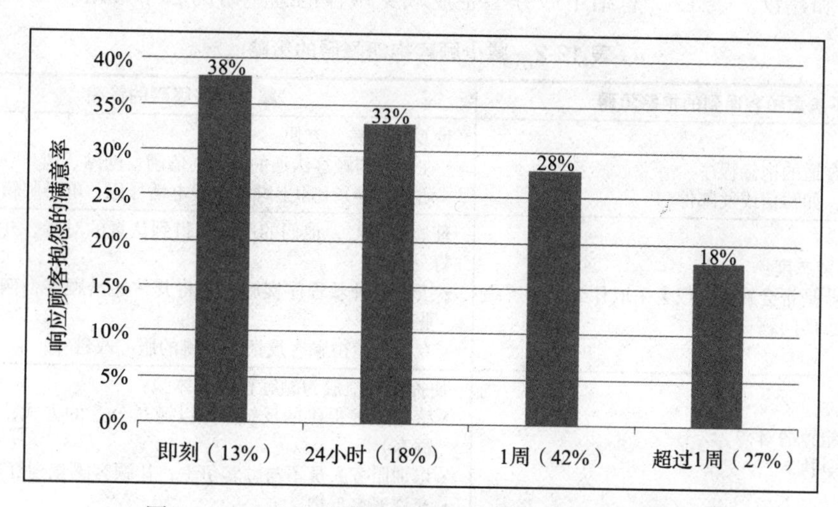

图 12-2　企业响应顾客抱怨的时间对应的顾客满意率

资料来源：Zeithaml V, Bitner M, Gremler D. Services Marketing[M]. 7th ed. New York: McGraw-Hill Education, 2017: 190.

（2）以诚相待。服务型企业在应对顾客抱怨时，需要让顾客切身感受到来自企业或服务人员的诚意，并以此有效地稳定顾客情绪。真诚是化解冲突、缓和矛盾的有效准则。真诚是缓解矛盾的有效手段。当顾客抱怨出现时，服务型企业或服务人员应该表现出真诚的态度，为顾客切身利益着想，体会顾客的真实感受，这样有利于问题的最终解决。

（3）寻根溯源。服务型企业要关注顾客遭受的真实损害，理解顾客进行抱怨的真实意图。顾客抱怨是顾客在面对服务失误时发泄不满情绪，提出个人诉求的手段。因此，在应对顾客抱怨时，服务型企业必须尽快发现造成顾客不满的根本原因，以及由此给顾客带来的物质、精神等方面损害程度。同时，服务人员还应该努力发掘顾客抱怨的真正意图，为后续的服务补救做充分准备。

（二）顾客抱怨的应对措施

在明确顾客抱怨的应对原则后，针对服务型企业不可避免的顾客抱怨问题，企业应该有常态化和体系化的应对措施，以随时应对可能到来的顾客抱怨。服务型企业对顾客抱怨的应对，应该强调“疏”而非“堵”，因此主要包括以下应对措施。

1. 制定欢迎抱怨的鼓励政策

大多数服务型企业在处理顾客抱怨问题时，首先考虑的是如何减少麻烦，降低企业的成本支出。但是，绝大多数情况下，服务型企业的服务失误无法避免，顾客抱怨也就无法回避，因此对服务型企业而言，理性的选择应该是认识到服务失误的不可避免，进而对服务抱怨持拥抱和欢迎的态度。

制定欢迎抱怨的鼓励政策包含两方面内容：一方面，在企业政策及制度方面对一定数量范围内的顾客抱怨给予认可与肯定，对一线服务人员有效处理顾客抱怨给予及时的表彰和奖励，使员工保持对顾客抱怨应对的工作热情与积极性；另一方面，对进行建设型顾客抱怨的顾客给予积极的回馈和鼓励，通过精神或物质奖励的方式鼓励顾客向企业提出更多更好的服务改进意见和建议。表 12-2 总结了服务型企业减少顾客抱怨障碍的若干策略。

表 12-2 减少顾客抱怨障碍的策略

不满意顾客遇到的抱怨障碍	减少这些障碍的策略
不方便： • 很难找到合适的抱怨程序 • 耗费精力，如写信或发邮件	使反馈容易、方便： • 在所有与顾客沟通的材料（信函、网站、清单、宣传册、电话黄页等）上印上顾客热线电话号码、电子邮箱、邮政地址
对结果持怀疑态度： • 不确定企业是否会解决，或者采取什么措施解决顾客不满意的问题	使顾客放心，他们的反馈会得到认真的对待，并会为其带来好处： • 按服务补救程序实施，并将其传递给顾客，例如，通过企业网站 • 专门报道由顾客反馈而获得的服务改善
不愉快的感觉： • 害怕受到粗鲁的对待 • 害怕发生争执 • 感觉尴尬	使提供反馈成为顾客积极的体验： • 感谢顾客提供的反馈（可以通过公开的方式，要感谢全体顾客） • 培训服务人员不与顾客争论，让顾客感觉到舒适 • 允许匿名反馈

资料来源：Wirtz J, Lovelock C. Essentials of Services Marketing[M]. 3rd ed. Edinburgh Gate: Pearson Education Limited, 2018: 421.

2. 建立有效沟通的互动机制

有效沟通是应对顾客抱怨的重要举措，因而服务型企业要建立内外联络、上下通畅的互动机制，确保服务市场的顾客信息能够在服务型企业内进行生成、扩散和响应。有效沟通的互动机制主要有两层含义。

（1）顾客与服务型企业或服务人员之间的互动。在面对服务失误时，顾客经常会遇到投诉无门、抱怨无路的情况，长此以往顾客的消费积极性将受到严重打击。为此，服务型企业有必要拓宽顾客沟通渠道、丰富沟通方式，使顾客的抱怨得以顺利实现。

（2）一线服务人员与服务型企业各级管理者之间的互动。畅通的互动机制能使顾客的抱怨准确、顺利地从一线服务人员传递到各级主管，进而影响服务营销管理的相关决策。服务型企业内部上下级之间的有效沟通，既能够保证企业给予一线服务人员强力的支持，也能对其工作进行监督和鼓励，挖掘顾客抱怨处理过程中有价值的信息。

3. 形成顾客反馈的响应体系

在应对顾客抱怨过程中，服务型企业要形成从抱怨信息获取和处理，到处理结果反馈的一体化响应体系。首先，设立专门的部门或人员收集和汇总顾客抱怨的相关信息，并将顾客抱怨进行分门别类，确保顾客抱怨信息的完整生成；其次，根据顾客抱怨的类型和内容，将相关信息转交直接主管部门或人员，实现信息的有效扩散；最后，将相关处理意见和结果及时而准确地反馈给顾客，让顾客在第一时间掌握企业的处理结果及方式，进而确保顾客抱怨的及时反馈。

需要注意的是，服务型企业形成顾客反馈的响应体系是一个逐步建立和完善的过程，需要在实际工作中进行总结和完善；同时，响应体系的建立也需要依赖和运用前沿科学技术，以提供工作效率水平。例如，运用大数据及内容分析等技术，对社交媒体中涉及本企业的相关顾客意见信息进行及时监控、分析和整理，丰富顾客抱怨的收集方式。

服务技能

处理顾客抱怨的不合理表现

（1）只有抱歉，没有行动。如果抱怨处理人员只会对顾客说“对不起”，而无任何实质性行动，顾客不会相信企业真的感到内疚和愿意负责。

（2）指责顾客。若提出抱怨的顾客反遭到指责，顾客的抱怨会更加强烈，或者是通过其他途径来发泄。“一定是你搞错了”“你怎么不早点说”“你没把保证书寄回来，我们怎么为你提供保证”等，此类话语并不少见。

（3）言而无信。如果服务企业答应了却不做，如答应把空调温度调低一些却迟迟未见行动，则顾客会认为其他请求都是多余。

（4）完全没有反应。如果顾客投诉无人理睬，顾客当然也不会再浪费口舌或笔墨。

（5）粗暴无礼。员工的不合理言行常常令顾客蒙羞，如要求开空调降温的顾客或许会得到这样的答复："就你怕热，你是不是有病？"把顾客投诉像球一样踢给别人，"这我还不太明白，你得到楼下问问前台""我们只是经销商，你有什么意见与制造商直接联系好了"等，都是抱怨顾客经常在服务组织得到的答复。

（6）非言语拒绝。员工口头邀请顾客言无不尽，却皱起眉头和不停地看表，稍有礼节常识的顾客会不想再给人"添麻烦"了。

（7）询问顾客。抱怨顾客常常像犯人一样被企业问来问去，如姓名、家庭住址、购买时间、支付方式等问题被一再提问，有时还夹杂着诸如"你敢肯定是从这里购买的吗""你真的没摔过它吗"等挑衅性问题。

资料来源：梁新弘．服务营销 [M]. 北京：中国人民大学出版社，2014：224-225.

第三节 服务补救

一、服务补救的基本含义与行动框架

当服务失误出现并发生顾客抱怨，特别是顾客以某种形式的公开行动进行抱怨，服务型企业或服务人员就应该展开及时而有效的服务补救。服务补救既可以被看作一项特定情境下的企业危机管理行动，也可以被视为服务型企业的服务价值维护活动。

（一）服务补救的定义

服务补救（service recovery）是服务型企业或服务人员在对顾客进行服务传递过程中出现错误或失败的情况下，对顾客不满、投诉等抱怨行为采取的修复和补偿行动，是服务型企业进行服务价值维护的重要环节。服务补救是服务型企业服务价值管理活动的重要内容之一，旨在维护和提升顾客感知服务质量和满意水平，进而形成和巩固顾客关系和顾客忠诚，推动服务型企业持续成长。

服务补救是服务型企业维护服务价值，在"逆境"中构建长期顾客关系的关键手段。在竞争激烈的服务市场，服务型企业失去顾客的代价是高昂的，因为寻求新顾客的成本很高。数据表明，吸引一位新顾客的成本是维护一位老顾客的3～5倍。通过有效服务补救积极应对服务失误，服务型企业可以成功地重建顾客关系，提升顾客保留水平。事实上，相对于那些遭遇服务失误但问题没有被很好解决的顾客，那些虽经历服务失误但经过服务补救最终感到满意的顾客，更愿意与企业建立长期顾客关系，更可能形成顾客忠诚。

（二）服务补救的行动框架

服务补救悖论（service recovery paradox）认为，那些经历了服务失误而随后问题得到圆满解决的顾客，有时比那些最初没有遇到任何问题的顾客可能更满意。例如，酒店顾客到

前台登记房间时发现已经没有他预订过的房间了，作为一种补救，酒店前台人员立刻以原来的价格向顾客提供了更好的房间，此时顾客便会感到满意甚至惊喜。大多数情况下，当顾客经历第一次服务失误并得到满意的服务补救时，服务补救悖论是成立的。但是，如果再次发生类似的服务失误，服务补救的悖论就开始消失。这意味着，顾客只倾向于以十分有限的次数原谅服务型企业或服务人员的失误，如果失误多次发生，顾客就会产生失望。

根据詹姆斯·菲茨西蒙斯（Jame Fitzsimmons）、莫娜·菲茨西蒙斯（Mona Fitzsimmons）的观点，当出现服务失误时，服务型企业或服务人员进行服务补救的行动主要包括三个阶段（见图 12-3）：①明确顾客的服务补救期望，即补救前阶段。服务补救期望主要受服务失误强度、顾客的感知服务质量、顾客忠诚水平和服务型企业的服务承诺四个方面的影响。②展开服务补救，即补救阶段。在服务补救中，服务型企业或服务人员的补救速度，以及服务人员对服务失误现场的判断，是影响服务补救的两个主要因素。服务型企业的补救活动不仅涉及心理方面的，如移情思考、真诚道歉等，也包括有形方面的，如重新提供服务或进行服务补偿，以及提供更高价值的增值服务等。③后续服务补救阶段。服务人员再次为服务失误表达歉意，并通过物质、心理等激励措施鼓励顾客再次光临，确保顾客满意，进而形成顾客保留和忠诚。

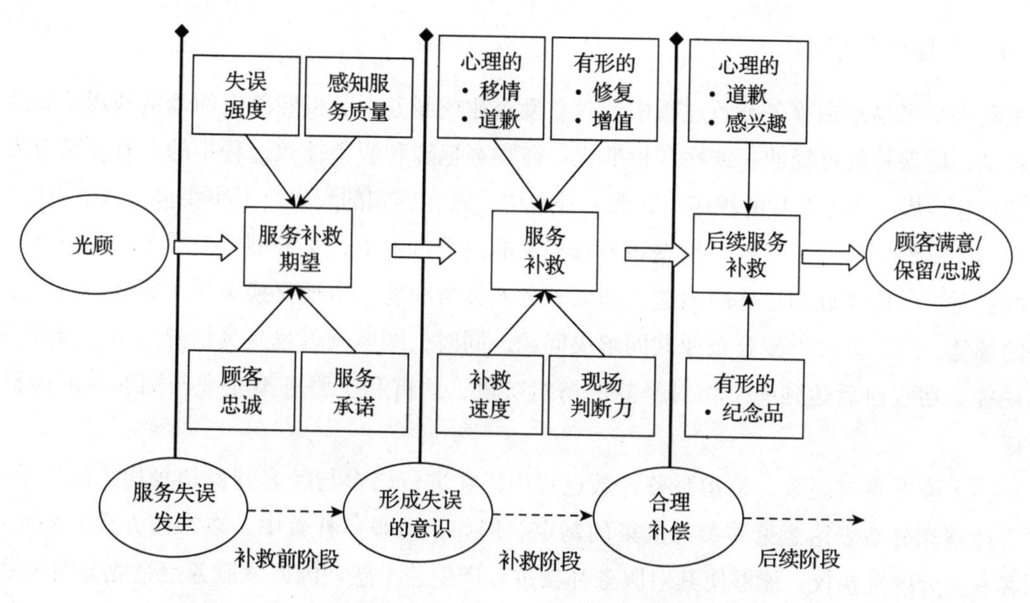

图 12-3　服务补救的行动框架

资料来源：詹姆斯·菲茨西蒙斯，莫娜·菲茨西蒙斯．服务管理：运作、战略与信息技术 [M]．张金成，等译．7 版．北京：机械工业出版社，2013：120.

二、服务补救中的感知公平

无论服务失误何时发生，顾客都希望获得公平的补偿。但是，美国服务营销学家凯瑟琳·赛德斯和伦纳德·贝里的一项研究显示，许多顾客认为他们在遭遇服务失误时，既没有得到公平的对待，也没有获得足够的赔偿。当这种情况发生时，顾客的反应是直接的、情绪化的、持久的；反之，服务补救的公平对顾客满意度有积极作用。

能否获得公平感是顾客评价服务补救有效性的关键因素。根据斯蒂芬·塔克斯和斯蒂芬·布朗的研究结论，在服务失误出现时，顾客感知公平的三个维度——程序公平、互动公平和结果公平决定超过 85% 的服务补救满意度（见图 12-4）。

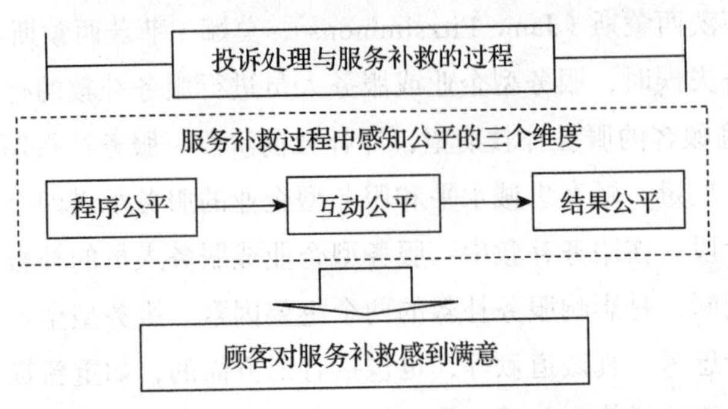

图 12-4 服务补救过程中感知公平的三个维度

资料来源：Tax S, Brown S. Recovering and learning from service failure [J]. Sloan Management Review, 1998, 49(1): 75-88.

（一）程序公平

程序公平是指在服务补救过程中，服务型企业或服务人员按照既定的政策和规章制度开展行动，确保补救过程的一致性和标准化。在顾客抱怨和服务补救过程中的所有关键节点和行动过程构成了服务补救的程序。在服务补救中，顾客感知的程序公平主要包含以下内容。

（1）抱怨倾听，是指在与抱怨和补救相关的决策过程中，服务型企业或服务人员认真听取顾客对事件的倾诉和意见的表达。如果服务人员与顾客自由地交换意见，顾客就会产生公平的感觉，进而真诚地配合企业共同解决问题。同时，顾客倾诉也是其情感宣泄的过程，顾客往往会在宣泄后达到一个相对平静的情绪阶段，这有利于服务型企业与顾客友好地解决争议。

（2）顾客参与决策，是指服务补救过程中，在进行诸多与顾客利益切身相关的决策时，顾客能够充分地表达意见并参与决策的制定。例如，在服务补救中，在补偿方案的协商中，顾客有充分的选择权，能够使其对服务补救过程产生公平感。因此，服务型企业为实现顾客对参与决策的感知，可以设计多种补偿形式供顾客选择，使顾客感觉双方是在公平地进行争议处理。

（3）服务补救的柔性，是指服务型企业在进行服务补救时，能够客观地针对不同顾客的具体情况进行相应处理，兼顾程序的标准化和情景的特殊化。事实上，没有两个顾客是完全相同的，也没有两次顾客抱怨是完全相同的。顾客的人格特征和抱怨发生的情境千差万别，顾客也会由原来的追求共性转为更注重个性，以完全标准化的抱怨处理过程去处理每一件抱怨，自然无法做到顾客满意，更无法做到取悦顾客。服务补救的柔性就是要求服务型企业或服务人员在进行服务补救时，考虑不同顾客和不同事件的差别，予以区别对待。

从表面上看，服务补救的柔性是通过服务补救过程中的不同环节和因素来体现，例如，允许顾客对过程发表意见，给予顾客多种可供选择的决策结果，提供不同形式的补偿方式等。从深层次上讲，服务补救的柔性更多地反应服务型企业的制度及管理上的灵活性和适应性。

（二）互动公平

互动公平是指在服务补救中，顾客与服务人员进行人际接触过程中的公平感知。互动公平涉及服务人员及其对顾客所做出的行为，例如，顾客认为服务人员所进行的服务补救是礼貌的、真诚的、有效的。在许多情况下，顾客并不是将对服务补救不满意的原因归于程序不公平和结果不公平，而是直接归于对服务补救人员态度及行为的不满，如态度恶劣、没有礼貌、缺乏尊重等。

在服务补救过程中，顾客不仅需要得到经济或物质上的补偿，还需要获得心理或精神上的满足。互动公平要求在服务补救过程中，通过服务型企业或服务人员对顾客的尊重，使顾客获得心理和精神上的满足。服务补救并不仅是企业为顾客提供补偿的一种物质交易，还要通过互动公平来实现企业与顾客之间的情感交流。具体而言，互动公平主要包括以下四个方面。

（1）解释，即由服务型企业或服务人员对服务失误原因进行合理解释。有关服务失误的原因解释对顾客心理的满足有较大影响。一方面，顾客蒙受服务失误造成的损失或伤害，有权要求知道引起问题的真实原因，合理的解释有助于获得顾客的谅解；另一方面，提供服务失误的真实原因反映企业对顾客抱怨的重视和解决问题的诚意。服务型企业只有知道引起顾客抱怨的原因，才能避免类似事件的再次发生。需要注意的是，解释原因不等于推卸责任。如果把企业自身的原因推托于外部环境甚至顾客身上，反而会使顾客产生对抗和排斥心理，使服务失误造成的矛盾激化，更难于进行补救。

（2）礼貌，是指服务人员在接受和处理抱怨并进行服务补救的过程中所表现出来的良好举止。服务人员的礼貌行为是解决问题的润滑剂。轻松舒缓的语言、自然的微笑、深深地对顾客鞠上一躬，都会最大限度地缓解顾客不满。礼貌不仅表达企业对顾客的尊重，更体现服务人员的个人素质，也展示服务型企业的形象。

（3）努力，是指服务人员在进行服务补救过程中积极投入的态度和行为。在服务失误发生后，服务人员是否投入时间和精力来进行服务补救，对影响顾客的感知公平至关重要。当顾客遭受服务失误，服务人员是全力弥补还是反应冷漠，是积极补救还是相互推诿，都会使顾客对服务质量的感知和服务补救的认知产生重要影响。服务人员在服务补救中的努力既会被顾客视为个人行为，并对服务人员产生信任和好感，又会被顾客视为企业行为，使服务补救得以顺利开展。

（4）移情，是指服务人员为顾客提供个性化的关注，包括设身处地为顾客考虑，急顾客之所急，想顾客之所想。移情所包括的范围很广，在服务补救过程中，必须通过服务人员的态度和行动来体现，使顾客强烈地感受到一种关怀和温暖，进而增强对服务失误的谅解和对服务补救的满意。

（三）结果公平

结果公平是指顾客因服务失误所遭受的损失和不便而获得的赔偿，这不仅包括对服务失误进行赔偿，还包括对顾客在服务补救过程中所花费时间、努力和精力的补偿。结果公平是顾客对服务补救过程中公平感知的重要内容，即顾客抱怨是否被解决、服务失误是否得到补偿。因此，顾客会采用不同的心理原则来判定服务补救的结果是否达到公平标准。

（1）需求原则，即服务型企业或服务人员对服务失误的补偿能否满足顾客的事先期望和要求。物质和心理需求是驱动顾客进行抱怨的根本原因，因而在服务补救结果公平的评价上，需求是否被满足是顾客重要的考量因素。因此，服务型企业在进行顾客补救时，需要以结果导向，从顾客进行抱怨的需求因素入手，以指导服务补救活动的开展。

（2）平等原则，即顾客期望自己受到的待遇与其他顾客在相似情况下受到的待遇是一致的。这里的其他顾客可以是相同服务型企业的顾客，也可以是其他服务型企业的顾客。例如，由于暴风雪天气导致的航班延误，顾客在评价航空公司服务补救的结果公平性时，不仅会寻求自己所获补偿与同一航空公司其他顾客所获补偿补救的平等，还要求与其他航空公司顾客所获得补偿的一致。因此，服务型企业进行服务补救时，不仅需要考虑对本企业所有顾客补偿的一致性，还需要考虑其他企业在类似情况的补偿水平。

（3）对比原则，即顾客会用顾客抱怨中的付出与服务补救后的补偿进行比较，当认为两者相当时，就会感到服务补救结果是公平的。顾客抱怨的付出，既包括服务失误所遭受的直接损失，还包括在抱怨过程中付出的时间和精力等间接损失；服务补救的补偿，既包括服务型企业为弥补顾客损失进行的物质补偿，也包括对顾客进行的精神补偿，如心理安慰、公开道歉等。

三、有效服务补救的关键环节

有效的服务补救是应对顾客抱怨的最佳方式，是服务型企业在竞争环境下维持顾客关系，确保顾客满意，实现服务价值维护的重要手段。一般而言，由于服务的类型、性质、目标顾客及失误原因等方面的不同，实施有效服务补救的手段和措施也存在差异。因此，服务型企业或服务人员需要理解有效服务补救系统的构成（见图 12-5），并制订具有针对性的服务补救方案。

由于服务业涵盖内容非常宽泛，服务的种类纷繁复杂，不同服务的失误表现形态也各异，从而导致服务型企业构建有效服务补救系统的路径也存在差异。但是，无论是在生产性服务业，还是在消费性服务业，抑或是在传统服务业和新兴服务业中，服务型企业构建有效服务补救过程中存在一些共性的关键环节。

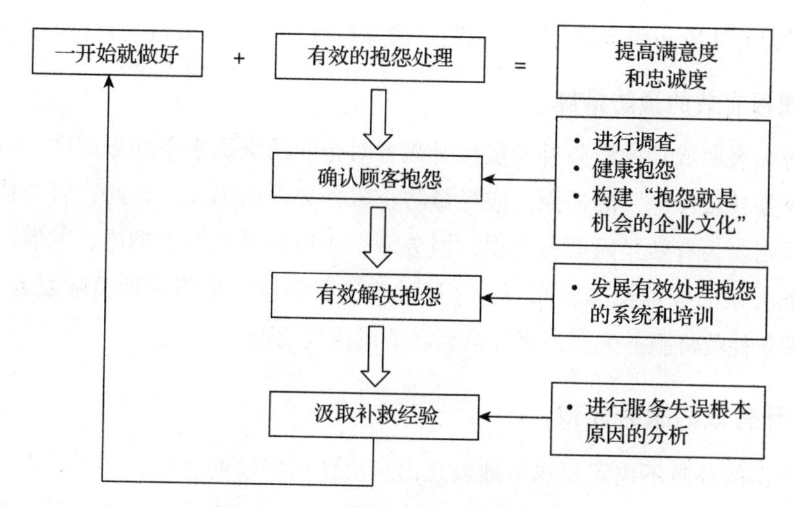

图 12-5 有效服务补救系统的构成

资料来源：Lovelock C, Patterson P, Wirtz J. Services Marketing: An Asia-Pacific and Australian Perspective[M]. 6th ed. Sydney: Pearson Australis, 2015：419.

（一）建立服务补救的预警机制

服务补救的预警机制要求在服务失误尚未发生之前就采取行动。预警的主要功能有两个方面：一是促使或限制有利或者不利的结果发生；二是为正确、及时地采取应对措施准备条件。因此，服务补救的预警机制就是对可能发生的服务失误进行事先预测，在判断和分类的基础上，认真剖析可能服务失误的特点及其影响，并有针对性地采取预防措施。服务补救的预警机制主要由以下三个方面构成。

1. 对可能发生的服务失误进行识别和分类

根据服务失误原因的分析，服务失误可以分为四种类型：①服务提交的系统失误；②顾客需求或请求的反应失误；③服务人员行动不当导致的失误；④问题顾客导致的失误。服务型企业应结合自身服务的具体特点，对各类已发生的服务失误进行逐项剖析，对潜在服务失误进行识别，以便预测和判断有可能发生的服务失败。例如，成立于 1922 年的 USAA，作为一家美国金融服务集团公司，建立了一套回声（Echo）联网系统，能将输入的顾客建议或怨言自动联入数据网络，企业可以通过定期分析所有数据来寻找解决方案，不断改进服务。

2. 对服务失误可能造成的顾客影响进行判断

在对可能发生的服务失误进行识别和分类的基础上，服务型企业应进一步判断各种服务失误对顾客造成的影响，包括这些影响的性质和程度等。服务失误及其补救可被视为一个包含实用维度和象征维度的复合式交换。实用维度与经济资源有关，如金钱、物品和时间等，象征维度与心理或社会资源相关，如状态、信念和同情等。顾客因服务失误而遭受经济和心理上的损失，会因服务补救的实施得到补偿。因此，在进行服务补救前，服务型企业应对顾客可能遭受损失的性质和程度进行初步判断，确保后续服务补救具有针对性与合理性。

3. 采取积极有效的预防措施

尽管有研究表明成功的服务补救能提升顾客对企业的满意水平和忠诚度，但是企业不能因此陷入“服务补救悖论”的怪圈，应尽量防止服务失误的出现。因此，服务补救必须坚持预防在先的原则。为有效预防服务失误，服务型企业可以采取以下措施：①借助故障树分析找出潜在服务失误的根源及本质原因；②通过改进服务设计来稳定地消除服务失误的根源；③通过内部服务补救将服务失误消灭在给顾客造成损失之前。

（二）展开有效的服务补救

对服务失误的补救不仅需要热情地表现出解决任何问题的决心，还需要责任、规划和明确的指导方针。无论是生产性服务业还是消费性服务业，无论是针对个人还是商业组织，在面对服务失误时，服务型企业所主导实施的有效服务补救应该具备以下重要特征。

1. 服务补救应该是积极主动的

服务补救需要在服务现场积极主动地进行，理想的情况是在顾客还没有抱怨之前就进行补救。服务人员应该对不满意信号非常敏感，并主动询问顾客是否遇到问题。例如，餐厅服务员可以询问那些将所点的菜只吃了一半的顾客：“先生，一切都合您的胃口吗？”顾客可能回答：“是的，谢谢，我不是很饿。”或者“牛排味道很好，但我要的是半熟的。”后面的顾客反应给了服务人员进行服务补救的机会，而不是让顾客不满意地离开餐厅，以后可能再也不会光顾。

2. 服务补救程序需要进行规划

针对服务失误，特别是对那些经常发生并且无法通过已设计好的补救系统进行处理的服务失误，需要制订应急预案。例如，在酒店和航空行业，收益管理通常会导致差额预订，即超售，使旅客无法入住酒店或乘客无法登机，顾客在事前确定了房间或座位预订的情况下不得不退出服务。为了简化一线服务人员的工作，服务型企业应该确定最常见的服务问题，如超额预订，为服务人员开发出事前预定的解决方案组合，以便其处理问题。

3. 服务人员必须掌握服务补救的必要技巧

当顾客遇到服务失误时，首先会寻求一线服务人员的帮助。因此，服务型企业需要实施有效的技能培训，使服务人员有信心和能力处理好顾客抱怨问题，让失望、沮丧甚至愤怒的顾客快乐起来。通过具有针对性的技能训练，即使是不常见的服务失误，服务人员也有能力将不满意的顾客转化为满意的顾客。

4. 服务补救需要给服务人员充分授权

服务补救应该富有柔性，应该给一线服务人员充分授权，使其能够发挥判断力和沟通技巧，以找到让抱怨的顾客感到满意的解决方案。在较少概率出现的服务失误中，员工授权尤为重要，因为服务型企业可能没有制订或试行可能的解决方案，服务人员需要有决策和执行的权力，以便及时解决顾客问题，修复与顾客的良好关系。例如，在喜来登酒店，服务人员有权主动做事，而不是被动行事。特别是在当下自媒体时代，在面对来自微博、微信等社交媒体的顾客抱怨时，需要服务人员具备权力及时而主动地与顾客进行真诚沟通，化解服务问题。

（三）合理设计补偿标准

在服务补救中，顾客补偿是无法回避的问题。不同的补偿策略产生的成本是不同的，制定符合企业经营现状，能够使顾客和企业双方都可以承担的补偿策略是服务型企业在涉及补偿标准时面临的重要条件。涉及合理的补偿标准，应该重点考虑以下问题。

（1）企业的服务市场定位是什么？如果服务型企业的服务市场定位是提供卓越品质的服务，并且为高质量的服务收取高额的服务费用，那么顾客会期望服务失误极少发生。一旦发生服务失误，服务型企业就必须做出显而易见的努力，对极少的服务失误给予顾客价值不菲的补偿。相反，如果服务市场定位是低档的大众服务市场，在出现服务失误时，顾客一般认为进行道歉并提供再服务就达到了基本要求。

（2）服务失误有多严重？服务型企业对服务补偿的考虑总体上应该遵从“罪罚相称”的标准。顾客对服务失误带来的很小不便所期望的补偿也不会很多。但是，如果服务失误对顾客造成了时间、精力、烦恼或焦虑方面的重大损失或伤害，顾客会期望得到更多数量和形式的补偿。

（3）受影响的顾客是谁？长期顾客和大量购买的顾客对服务失误补救的期望值更高，服务型企业尽力挽回与其业务关系也是必要的。同时，偶发性消费或一次性消费的顾客要求不会太高，对企业来讲经济价值也比较有限。因此，服务型企业应该秉承公平的准则给予其基本的服务补偿，并在可能的情况下，建立更为长期和紧密的顾客关系。

总之，服务型企业对补偿标准的设计总体上应该遵循“适度慷慨”的原则。过度的服务补偿不仅成本高昂，还可能会让顾客消极地理解这种反应。事实上，与简单的公平补偿相比，过于慷慨的补偿也并不会显著地提升顾客关系水平和消费频率。正如马修·狄克逊（Matthew Dixon）所言，“顾客真正想要的是对于其服务问题的满意解决，而不是附加的修饰物”。

四、服务补救的模式与方法

服务补救是服务型企业或服务人员在高度外部压力（如补救时间压力、顾客情绪压力和社会舆论压力等）情况下展开的服务价值维护活动。要确保服务补救的顺利实施并达到预期效果，除了遵守基本的指导原则外，服务型企业还应该预先设定一些服务补救模式，掌握服务补救的主要方法。

（一）服务补救的模式

由于服务形式、服务传递过程和顾客参与程度等方面的不同，不同服务型企业在进行服务补救时选择的时机和方式也不同，进而形成了服务补救的不同模式。不同的服务补救模式对顾客感知服务质量的影响也不同。具体而言，服务补救模式可以分为三种，即管理式服务补救、防御性服务补救和弹性服务补救。

1. 管理式服务补救

管理式服务补救也称为被动式服务补救，它并不是在服务失误发生后立即进行解决，而是在服务流程结束后，由顾客服务专职部门或专职服务人员进行统一应对。在管理式服务补救模式中，服务补救被视为一个单独的服务片段，列在主服务片段之后，这种服务补救模式与传统的顾客抱怨处理方式基本相同。

管理式服务补救最大的优点是，服务型企业的服务补救工作更加标准化和专业化，使顾客感受到服务补救的程序公平和互动公平。但是，事后的统一补救使服务失误所造成的顾客情感问题被忽略，将直接影响顾客的感知服务质量水平。在大多数情况下，服务失误对顾客感知服务质量的负面影响，并没有因为服务补救的进行以及顾客获得相应补偿而彻底消除。

2. 防御性服务补救

防御性服务补救也称为主动式服务补救，是指在服务流程设计中，将服务补救作为一个独立的情节，纳入主服务片段之中的服务补救模式。在防御性服务补救中，一旦出现服务失误，在服务过程尚未结束时，顾客也不必到规定的专职部门或专职服务人员那里提出正式意见或备案，服务所引发的问题就会得到解决。

防御性服务补救要求顾客主动参与服务补救过程，更多地通过自助的方式，在服务型企业或服务人员的后台支持下实现服务补救。例如，在进行网络购物时，顾客若将收货地址、发票单位或付款方式选择错误，可以在客服人员或网站的提示指引下自行对相关错误进行及时的调整，从而实现服务补救。防御性服务补救虽没有充分地考虑顾客的情感问题，但在使用防御性服务补救模式的情境中，情感问题对感知服务质量的影响程度较弱。因此，防御性服务补救可以在服务过程中及时挽回服务失误对顾客感知服务质量的负面影响。

3. 弹性服务补救

弹性服务补救也称为超前服务补救，是指在服务传递过程中一旦出现服务失误，便立即进行解决而不用等到服务结束之后。在弹性服务补救模式中，服务补救已经成为顾客服务主流程中一个不可分割的组成部分。实际上，在服务过程设计时，服务补救就已经被考虑到服务传递过程之中。弹性服务补救能够较好地解决顾客的情感及情绪问题，使顾客为服务型企业或服务人员的补救行为感到惊喜，进而顾客的感知服务质量很可能比没有遭遇服务失误时还要高。

（二）服务补救的方法

根据服务型企业的服务补救实践，以及进行服务补救的具体方式和过程的差异，服务补救有四种基本方法：逐件处理法、系统响应法、早期干预法和替代品服务补救法。

（1）逐件处理法，强调服务失误发生后顾客的抱怨各不相同，服务型企业或服务人员应该针对不同的顾客抱怨进行差异化处理。这种服务补救方法容易执行且成本较低，但是服务补救行为的随意性也比较高。例如，在服务抱怨及补救过程中，最固执或最激烈的抱怨者或投诉者经常会得到比通情达理的顾客更令人满意的答复和更多的补偿，因此逐件处理法的随意性会产生服务补救的结果不公平。

（2）系统响应法，强调在服务失误发生后使用企业的既定政策或程序对顾客不满及投诉进行处理。系统响应法采用识别关键服务失误点及优先选择适当补救标准的计划性方法，因而比逐件处理法更加标准和可靠。只要服务型企业不断修正和完善服务补救政策和程序规定，系统响应法就能够对服务失误提供一致且及时的补救。

（3）早期干预法，是指在服务失误对顾客造成实际影响或损害以前进行干预，以将顾客损失降到最低或及时避免顾客损失。早期干预法本质上是在服务失误影响顾客之前干预和解决服务流程问题。例如，物流企业的发货人员发现因装卸机械故障影响按时发货，服务人员有必要马上通知顾客，在必要时顾客可以采取其他方案，以降低甚至避免故障事件的潜在的影响或损害。

（4）替代品服务补救法，是指服务型企业通过提供替代品服务补救，从而利用竞争者的服务失误去赢得顾客。事实上，处于激烈竞争服务市场中的服务型企业会积极支持并努力尝试这种服务补救方法。但是，由于竞争者的服务失误通常是保密的，这种方法实行起来比较困难。当顾客在进行公开抱怨后，替代品服务补救法便具有实现的可能性。

总之，由于服务的类型不同，如生产性服务业和消费性服务业，以及服务型企业所处的行业不同，如金融服务行业、教育培训行业、管理咨询行业、物流服务行业，服务补救的模式和方法也存在差异。为了确保服务补救的顺利实施，服务型企业或服务人员可能进行补救方法的组合，以达到服务补救的最佳效果。

服务案例

进行有效的服务补救

大厅里几乎空无一人。波士顿万豪码头酒店的夜班经理与一位晚到的客人正在交谈。

“是的，琼斯博士，我们正在等候您的到来。我知道您预订了三个晚上的客房。但是，先生，我很抱歉地通知您，今晚我们没有空余的客房了。我们原以为今天会有大量的客人退房，但是没有。先生，您明天在哪里开会？”

博士告诉前台服务员会议地址。“会议地址就在欧尼帕克豪斯酒店附近，离这里不远。请让我给他们打个电话给您安排一个今晚的房间。我马上回来。”

几分钟后，前台服务员带着好消息回来了。“先生，欧尼帕克豪斯酒店今晚给您预留了一个房间。当然，我们会承担全部费用。我们会把所有找您的电话转给您。给您这封信，以便向他们说明情况，方便您登记入住。这是我的名片，您有任何问题在前台就可以直接联系到我。”

博士转怒为喜。但是前台服务员还没有结束这次对话。他把手伸进抽屉取出现金，“这是两张10美元的纸币，应该足够支付您乘出租车从这里往返欧尼帕克豪斯酒店的费用，我们明晚就将有客房。这里是一份礼券，明早您可以在5层的员工餐厅免费享用包括面包与热饮的早餐……再次为今天所发生的事情向您致歉。”

博士离开后，夜班经理转过去对前台服务员说：“大约15分钟后，给他打个电话确认是否一切顺利。”

一周后，仍然是波士顿各个酒店的客流高峰期，无意间听到他们交谈的客人坐在出租车里前往同一家酒店。一路上，他给同伴讲述了他一周前亲身经历的这一幕优秀的服务补救场景。两位客人到达酒店后，径直走向前台准备登记入住。

他们得到的却是意料之外的消息：“先生们，我非常抱歉，我知道你们预订了两个晚上的客房，但是我们今晚没有客房。你们明天在哪里开会？”

本来要成为该酒店的两位客人交换了一个懊恼的眼神，他们跟前台服务员说了他们今后的行程计划。“那里离艾美大酒店很近。我给他们打个电话，看看能否帮你们订到房间。请稍等片刻。”服务员走后，讲故事的人说：“我打赌他会带着一封信和一张名片回来。”

不出所料，前台服务员返回时带来了解决方案。尽管这并不是一部呆板的剧本，但是一周前发生的一幕此时竟然再次上演。讲故事的人原以为上次只是前台服务员偶尔表现出的积极解决问题的态度，现在他意识到这一切都是计划好的，是对待特定类型的顾客问题事先规定好的反应。

资料来源：Wirtz J, Lovelock C. Essentials of Services Marketing[M]. 3rd ed. Edinburgh Gate: Pearson Education Limited, 2018: 423.

基本概念

- 服务失误（service failure）
- 服务补救（service recovery）
- 顾客抱怨（customer complaints）
- 服务补救悖论（service recovery paradox）
- 顾客抱怨的应对（response of customer complaints）
- 服务补救的模式与方法（models and methods of service recovery）

课后思考

1. 什么是服务失误？它有哪些具体类型？顾客针对服务失误有哪些不同反应？
2. 结合具体的服务事例，谈谈顾客抱怨的主要类型及关键影响因素？
3. 服务型企业在应对顾客抱怨时应该遵循什么原则？采取哪些措施？
4. 服务补救中的感知公平为什么重要？它包含哪些关键维度？
5. 有效服务补救系统包含是如何构成的？它需要哪些关键环节支撑？
6. 服务补救的主要模式和方法有哪些？请举例说明。

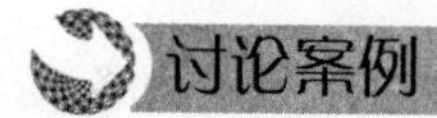

讨论案例

航空公司的服务补救难题

中国南方航空公司（以下简称“南航”）作为我国三大航空公司之一，拥有超过7.5万的一线员工和管理人员，固定资产总额超过1 500亿元。在机队规模、航线网络、客货吞吐量等方面居于我国航空市场前列。在服务方面，南航始终秉承“客户至上”原则，努力为顾客提供优质便捷的服务。南航从2007年开始进行整体战略转型，将公司的重心转移到服务上来。根据对空中服务和地面服务的重新定位，重新确立了服务工作在企业整体发展中的重要性。例如，2008年，南航从贵宾服务、联程中转一票到底服务、行李一站式服务等方面着手打造服务品牌，通过品牌效应来带动南航整体服务质量的全方位提升和顾客满意度的提高。

（一）南航服务补救的基本现状

虽然南航积极进行服务转型，将服务工作放在非常重要的位置，但由于航空服务的无形性、异质性、不可分离性等特点，使得影响航空服务质量的因素错综复杂。因此，在提供航空服务的过程中，服务失误是不可避免的。与其他航空公司一样，南航出现的航空服务失误主要包括以下四种类型。

（1）由于不可抗拒原因产生的服务失误。例如，因天气原因、军事活动原因、飞机机械故障原因、机场保障设施原因、民航空管原因、公共安全原因等产生的进出港航班取消、延误、返航和备降等服务失误。

（2）服务人员原因产生的服务失误。这种类型的服务失误包括航空服务的系统性失误以及员工自身的操作失误。系统性失误通常是因为公司服务体系不够完善和缺少实时有效的服务质量监督管理系统，或是公司没有可利用的航空服务来满足顾客的需求等。员工操作失误一般特征是行动缓慢、业务不熟练、服务态度恶劣等，操作失误的原因有很多，既可能与公司的服务理念有关，又可能和员工缺少必要的业务培训及授权有关。

（3）公司效益原因产生的服务失误。例如，在计划航班的客座率不高的情况下，临时更换比原机型小的飞机来执行航班任务，或是将航班取消、合并，更改原航班计划等，因此导致顾客所购买的航班与其实际所乘航班信息不符的情况发生；或是为增加航班的客座率，对客票进行超售，使得小部分顾客无法搭乘其原来所购买航班的情况。

（4）顾客自身原因产生的服务失误。由于顾客的航空服务期望中既有隐性的，也有显性的，还有模糊的期望。如果顾客没有办法正确地表述自己对航空服务的期望，那么由此带来的航空服务结果注定是失败的。

虽然南航很早就建立了投诉处理系统，但是对航空服务失误的控制依然是在“被”处理状态，以至于经常有相同或相似的服务失误发生。针对南航服务过程中出现的航空服务失误，相应的服务补救措施能提高顾客地满意度，构建顾客忠诚，进而提高顾客保留率。目前，南航的服务补救类型主要有以下几种方式：①解释并道歉。当出现服务失误情况时，当事的一线员工在第一时间给予旅客合理的解释并致歉，这样从心理上减轻甚至消除顾客的不满意情绪。②赔偿。在较为严重的服务失误中，南航会按照公司赔偿标准对旅客赔偿规定数量的现金，或是给予旅客免费升舱券，或是给予旅客里程兑换券。③事后追踪。南航对遭受到服务失误的旅客进行道歉和相应赔偿等服务补救之后，公司还会与旅客进行电话联系，以确认旅客对服务补救过程是否满意。

（二）南航服务补救存在的问题

（1）一线员工对服务补救持畏惧态度。在我国一些航空公司认为航空服务补救是服务失误发生时被迫采取的一种处理手段。因此，很多员工在心理上对航空服务失误及顾客抱怨持一定的恐惧态度，认为服务失误是失职的表现，同时面对充满愤怒的顾客也增加了员工的心理负担。这种惧怕心理不仅会错失提升服务品质的机会，还可能会失去更多潜在顾客。通过调查发现，在经历服务失误后，有33.1%的旅客会选择向南航投诉，而绝大部分旅客则选择不投诉，其中51.9%的旅客会将不满意的经历向身边7～10人诉说。这意味着，如果不主动及时地发现顾客不满意，就很可能对公司及服务口碑产生不利影响。

（2）南航对一线员工授权不足。一线员工在工作中得不到适当的授权，缺乏参与公司管理的机会是影响员工满意度最为重要的因素之一。调查数据表明，南航所受理的顾客投诉和抱怨中67%是由一线员工感受到的。如果南航在服务补救过程中，不及时地对一线员工进行授权，而是每件事均需向上级主管领导请示，不仅会增加旅客的时间成本，而且会激化旅客的不满情绪。同时，南航的管理人员通常是知识型员工，而大多数一线员工是普通的社会招聘人员，对于不同类型的员工需要采用不同方式进行授权。

（3）南航的服务补救工作缺乏系统性。航空公司管理者一般会认为，对旅客的抱怨只要当场圆满处理结束，旅客接受给予的补偿，就意味着服务补救的完成。南航的一些管理者并没有在真正意义上将服务补救作为服务管理中的重要环节，使服务补救工作缺乏系统性。系统的服务补救应该将顾客满意度调查、员工培训和授权、投诉处理以及抱怨顾客的信息管理等视为有效服务补救系统的组成部分。虽然南航的官网设有顾客满意度调查相关内容，但却没有达到实施的预期效果。对员工进行业务培训也比较缺乏有持久性和系统性。一些服务补救工作比较零散，很难达到预期的服务补救效果。

资料来源：根据“温倩.基于顾客满意的服务补救问题研究[D].南宁：广西大学，2016”相关内容整理。

思考题：

1. 结合服务失误的类型，谈谈航空服务失误的共性与个性。
2. 根据案例资料，南航现有服务补救措施是否符合服务补救的行动框架？还需要在哪些方面进行提高？
3. 如果你是南航的服务管理负责人，结合南航服务补救存在的问题，谈谈应该如何提升航空公司服务补救的有效性。

第十三章 顾客满意与顾客忠诚

本章提要

顾客满意反映顾客对服务过程及结果的积极情感和正面态度，它表现为不同的类型，并受到多重因素的影响。顾客忠诚是顾客满意等综合因素在顾客态度和行为层面的积极体现，从态度与行为视角可以划分为四个基本类型。顾客忠诚具有财务和市场价值，对服务型企业而言尤为重要。“忠诚之轮”为服务型企业提供了构建顾客忠诚的行动框架，是将顾客满意上升为顾客忠诚的重要指南。

学习目标

- 了解顾客满意的含义与类型
- 理解顾客满意的影响因素
- 认识顾客忠诚的内涵及类型
- 理解顾客忠诚的决定因素
- 认识顾客满意与顾客忠诚的关系
- 掌握基于“忠诚之轮”的顾客忠诚构建策略

引导案例

香港航空：鼓励超越服务标准，只为乘客满意

香港航空是一家年轻的航空公司，向乘客传递了年轻的力量。香港航空2006年成立，飞机机队平均机龄3.5年，乘务员、地勤人员大都在25岁左右。香港航空是一家具有香港特色的航空公司，高品质产品、优质服务、独具一格的流行风格、融合中西的餐食文化、打拼奋斗的精神……香港航空在实际行动中继承和发扬了香港特色，从餐食、音乐、乘务员妆容和仪态、服务精神等方方面面都散发出浓浓的香港情。

为了提升乘客满意水平，培养忠诚顾客，香港航空强调训练员工的专业服务精神：一是让员工学习服务标准，努力做到百分之百不打折扣地执行服务标准；二是让员工学会超越服务标准，

只要能够给顾客带来惊喜后的满意。服务标准是根据乘客从购票到下飞机整个过程提炼出来的，是对航空服务基本过程及常规问题的总结和精炼，掌握服务标准可以为乘客提供高品质服务，并有效解决乘客遇到的常规问题。

香港航空将整个服务过程细分为11个环节，分别是售票服务、值机服务、登机服务、中转服务、贵宾室服务、乘务员服务、客舱环境、机上餐饮、机上娱乐、航后服务、不正常航班服务，在每个服务环节都有相应的服务标准，员工首先要做的就是熟悉标准、完美执行。但是，百分之百不打折扣地执行服务标准不等于不分情景、刻板地执行服务标准，专业的服务精神更体现在超越服务标准。超越服务标准是指根据乘客、服务场景的具体情况，灵活地执行服务标准。因为标准是静态的，而服务是动态的，要充分发挥静态服务标准的作用，还得依靠人的主观能动性，具体表现为灵活地执行标准，甚至超出标准去处理乘客问题，为乘客带来惊喜和满意。

例如，在客舱的送餐服务中，当乘客已经熟睡，不给乘客送餐是违反服务标准的，但是刻板执行服务标准又会打扰乘客休息，所以就需要灵活地执行服务标准。恰当的做法是先把乘客的餐食保温，等乘客醒来，再询问乘客是否需要餐食。同样，在为乘客更换航班的服务中，虽然乘客已经换了登机牌，因为担心台风导致航班延误，所以希望改签更早的航班。虽然乘客的请求不一定符合服务标准的规定，但是在条件允许的情况下，为什么不能超越标准，满足乘客的需求呢？因此，在香港航空，鼓励超越服务标准，只是为了乘客满意。

资料来源：根据“童泽林.年轻的力量：香港航空服务创新之路[M].北京：北京大学出版社，2016：72-74”相关内容改编。

香港航空鼓励超越服务标准的事例表明，确保顾客满意并构建顾客忠诚是服务型企业及服务人员维护服务价值的重要内容，是服务型企业在竞争日益激烈的服务市场中实现生存和发展的基本前提。事实上，无数实践已经证明，只有那些拥有大量满意的顾客，并形成极度忠诚顾客群体的服务型企业，才能成就服务市场中“常青的基业”。因此，深入理解顾客满意及顾客忠诚，并掌握基于顾客满意的顾客忠诚构建策略，是服务型企业维护服务价值的必然要求。

第一节 顾客满意概述

一、顾客满意的含义与类型

获取、维持和强化顾客满意是服务型企业开展服务营销活动的基本目标，是服务型企业赢得激烈服务市场竞争的关键基础，是企业确保生存和持续发展的重要保障。准确理解顾客满意的含义及类型是服务型企业努力实现顾客满意的前提条件。

（一）什么是顾客满意

美国消费行为学专家理查德·奥利弗（Richard Oliver）曾说：“每个人都知道什么是满意，

然而当问及满意的定义时，似乎又没有人知道。”这表明界定“满意”这个看似普通，但非常基础的概念是具有很大难度的。理查德·奥利弗认为，满意是顾客的满足反应，是对产品或服务特性的判断，抑或是对产品或服务本身的判断，它反映与消费满足相关的一种愉悦水平。

事实上，市场营销学界对顾客满意的探究及成果已经非常丰富，但对顾客满意仍缺乏比较一致的观点。顾客满意既被视为一种满足，即产品或服务的效用或利益基本实现或达到消费预期；顾客满意又被视为一种情感，即顾客因享受到满意的产品或服务而产生的愉悦感或快乐的感觉；此外，当顾客接触到那些令人惊喜的服务或产品时，顾客满意又意味着高兴。但是，无论从何种程度和视角进行理解，顾客满意都是与积极和正面的情感相联系的。美国杨伯翰大学基思·亨特（Keith Hunt）教授总结了对顾客满意界定的一些基本视角或范式（见表 13-1），充分表明市场营销学领域对顾客满意理解的多样性。

表 13-1 顾客满意的分析视角

期望比较的定义	将顾客期望与实际服务过程中的感知比较，期望得到确认顾客就感到满意
规范的偏差性定义	把实际结果与文化上可接受的结果相比较
公平性定义	比较社会交换中的所得——如果得到的是不相称的，那么失去的就是不满意的
规范的标准性定义	期望是以顾客相信他们应当得到的为基础，当实际结果与标准期望不同时，就产生了不满意
过程公正性定义	满意程度随顾客认为他们被公平地对待程度而变

资料来源：Hunt K. Consumer Satisfaction, Dissatisfaction, and Complaining Behavior[J]. Journal of Social Issue, 1991, 47(1): 109-110.

在服务营销管理中，**顾客满意（consumer satisfaction），是指顾客根据先前的服务消费期望与服务消费过程或结果所获得的效用或利益进行比较后，形成的积极情感状态或正面服务评价**。因此，顾客满意可以视为顾客服务期望与服务过程及结果进行比较后，形成的综合服务感知。也就是说，如果顾客的感知满足顾客的期望，就意味着期望得到确认，就形成顾客满意；反之，如果顾客感知与期望不相等，那么就说明期望没有得到确认，就没有顾客满意。

一般来说，顾客满意包括四个方面的具体内容：①理念满意，即服务型企业的经营理念或服务理念带给顾客心理或情绪的满足状态；②行为满意，即服务型企业的服务运营状态，以及服务人员的言行举止带给顾客的满足状态；③视听满意，即服务型企业通过服务价值传递及服务营销传播活动，表现出可视、可听的外在形象带给顾客的满足状态；④价值满意，即服务型企业向顾客传递的服务价值及其效用或利益带给顾客的满足状态。

需要注意的是，顾客满意并非一个绝对的静态变量或指标，而是一个动态的、移动的指标，它受一系列因素的影响，随时可能变化。尤其是在体验服务的过程中，满意水平可能因为顾客在服务体验周期中关注点的不同而截然不同。例如，在消费全新的或原先从未经历过的服务时，顾客在服务消费决策过程中逐步形成顾客期望；随着消费进程的展开，这些期望逐渐固化，然后顾客开始形成对服务过程及结果的感知。经过这样的服务周期，顾客可能获得许多不同的消费经历，而这些包含积极或消极因素的消费经历，都将最终影响顾客满意水平。

（二）顾客满意的类型

根据玛丽·本特纳等的观点，依据顾客满意覆盖的时间范围和跨度不同，顾客满意可以划分为特定交易满意和总体满意两大类。特定交易满意是指“顾客对不同服务接触的满意程度”；总体满意是指“顾客在与某服务型企业的所有接触和服务消费经验的基础上形成的对该服务型企业的满意程度”。因此，顾客的总体满意是建立在其与服务型企业以往所有服务经历及经验的信息基础之上，可以被视为曾经所有特定交易满意的综合体。同时，在持续的服务消费过程中，顾客以往的总体满意将影响到当前的顾客服务期望，进而影响到后续的特定交易满意。

迈克尔·琼斯（Michael Jones）和徐在秀（Jaebeom Suh）根据玛丽·本特纳等的顾客满意分类观点，提出了顾客满意的关系模型，以阐释顾客的特定交易满意、总体满意与重购意向之间的逻辑关系（见图 13-1）。因此，将顾客满意分为特定交易满意和总体满意，体现出顾客满意的动态性和连续性特征，是超越静态指标视角对顾客满意的深化理解。

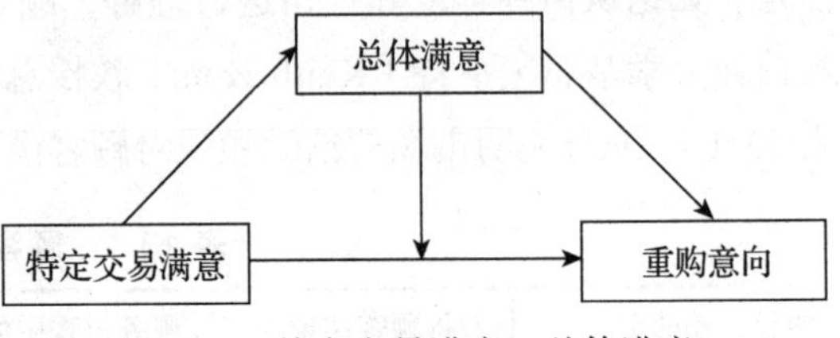

图 13-1 特定交易满意、总体满意、重购意向的关系模型

资料来源：Jones M, Suh J. Transaction-Specific Satisfaction and Overall Satisfaction: An Empirical Analysis[J]. Journal of Service Marketing, 2000, 14(2): 147-159.

二、顾客满意的测量

顾客满意程度可以通过间接和直接两种方法进行测量。间接测量法包括追踪和监测销售记录、利润以及顾客抱怨。依靠间接评价方法的服务型企业只能采取比较被动的方法来判断顾客的服务期望是否被满足或被超越。直接测量法是通过顾客满意调查来获得。例如，邀请顾客根据百分制量表对服务进行评价，即顾客就服务满意度确定一个分数；或者是运用 5 点或 7 点量表邀请顾客对服务在 1～5 分或 1～7 分进行打分，分值越大表明满意程度越高。当然，服务型企业也可以组合运用间接测量法和直接测量法，以获得更为准确的顾客满意评价。

无论是直接测量还是间接测量，顾客满意的测量方法都缺乏系统性和一致性，而且由于不同服务行业的性质差异及顾客评价标准的不同，测量结果也无法为服务型企业或服务人员改进服务品质提供直接有效的建议或意见。因此，开发具有系统性和科学性的顾客满意度指数便成为顾客满意测量的重要方向。

日本丰田汽车公司在 20 世纪 80 年代便开始针对一年前新购车顾客就营业员的服务态度、售后服务等情况进行每月一次的问卷调查，然后建立顾客满意度指数（Customer Satisfaction Indices，CSI），并以此为标准对汽车经销商的服务进行指导和监管。建立于 1989 年的瑞典顾客满意度指数（Sweden Customer Satisfaction Barometer, SCSB）模型，是世界上最早的全国性顾客满意度指数模型。该模型共测定 31 个工业行业的 100 多家公司的顾客满意度指数。经过 5 年的运行，瑞典发现企业如每年能把客户满意度指数提高一个百分点，这期间平均资产收益率能增加 11.3%。随后，德国、日本、美国及欧洲一些国家和地区也相继建立了顾客满意度指数。目前，比较权威和系统的顾客满意度指数模式包括：

（一）美国顾客满意度指数（ACSI）模型

美国密歇根大学教授克拉斯·福内尔（Claes Fornell）等于 1996 年基于瑞典顾客满意度指数模型，提出美国顾客满意度指数（American Customer Satisfaction Index，ACSI）模型（见图 13-2），该模型是一种以市场为基础，用以衡量企业、行业、经济部门和国家经济绩效的方法。ACSI 模型认为，顾客满意是由感知价值决定的，而感知价值又是由感知质量和顾客期望共同决定的。同时，感知质量和顾客期望又会直接影响顾客满意，顾客期望还会影响感知质量的形成。顾客满意度则进一步影响顾客抱怨或顾客忠诚等购后行为。

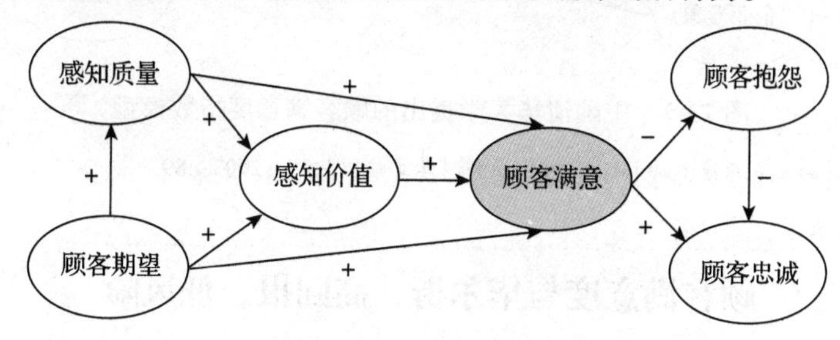

图 13-2 美国顾客满意度指数模型

资料来源：Fornell C, Johnson D, Anderson W, Cha J, Bryant E. The American Customer Satisfaction Index: Nature, Purpose, and Findings[J]. Journal of Marketing, 1996, 60(4): 7-18.

ACSI 模型追踪包括政府部门在内的 200 家代表主要经济行业公司的顾客感知，它包含了每一个行业中的主要行业部分，并选出每一行业最大的公司来参与。每家公司都对其当前顾客进行大约 250 次采访，得到一个 ACSI 分数，该分数是通过对顾客的质量感知、价值、满足、期望、投诉和未来忠诚等指标综合计算获得的。

随后 ACSI 模型得到广泛的应用，并被其他国家或地区进行借鉴。格林蒂·塞特霍尔特（Grempty Setnholdt）等人在 ACSI 模型基础上，于 2000 年建立欧洲顾客满意度指数（European Customer Satisfaction Index, ECSI）模型。此外，其他国家通过对 ACSI 模型进行针对性修正，制定相应的顾客满意度指数模型。例如，韩国顾客满意度指数（Korean Customer Satisfaction Index, KCSI）还专门针对政府机构的满意度指数开发公共管理质量指数（Administration Quality Index, AQI）模型，并在 AQI 模型中添加反腐败因素，对于公共部门则去掉价值因素。挪威顾客满意度指数 (Norwegian Customer Satisfaction Barometer, NCSB) 模型则在顾客满意度和顾客忠诚度之间，增加了情感承诺和理性承诺两个变量。

（二）中国顾客满意度指数模型

中国改革开放以来，随着市场经济的活跃，顾客满意程度的测评开始步入借鉴与试验阶段。1995 年，清华大学赵平教授率先将顾客满意这一概念引入中国并开始进行系统研究；

1998年，国家质量技术监督局委托清华大学组织开展在中国建立用户满意度指数的研究工作；2000年，国家质量监督检验检疫总局和清华大学中国企业研究中心共同承担国家软科学课题研究项目，并开发出“中国顾客满意度指数模型”。该模型由企业形象、期望质量、感知质量、感知价值、顾客满意、顾客抱怨和顾客忠诚共七个变量组成（见图13-3）。

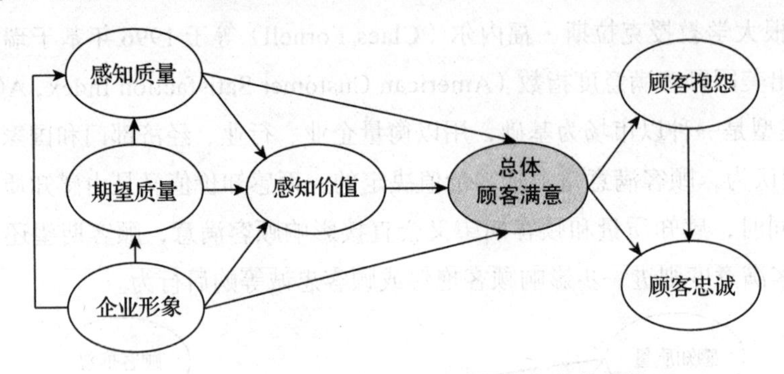

图13-3 中国清华大学提出的顾客满意度指数模型

资料来源：刘宇．顾客满意度测评[M]. 北京：社会科学文献出版社，2003：89.

服务洞察

顾客满意度与华尔街：高回报、低风险

顾客满意度与股票价格有关系吗？克拉斯·福内尔等人对此问题进行了长期研究，他们特别探讨了对顾客满意度的投资是否会导致股市高回报，如果答案是肯定的，那么这些回报会不会带来现有金融理论可以预测的高风险。

研究人员构建了两个股票组合，一个是基于历史数据假设的股票组合，另一个是真实的股票组合，并对真实的股票情况进行数年的实时监控。我们假设这两个股票组合属于不同的公司，而且在ACSI方面表现都不错。基于ACSI的股票组合每年根据顾客满意度情况进行一次调整。只有顾客满意度排在前20%的企业才会进入组合。如果低于20%，企业股票会被卖掉。对两个股票组合的收益和风险进行度量，即以风险为变量，调整企业收益，以使其能够与纳斯达克（NASDAQ）和标准普尔500指数进行比较。

研究的结果对投资者和管理者来说都是惊人的。福内尔和他的同事发现，顾客满意度高的企业，其收益也非常高，远远超过其他竞争对手，其股票价格也很高，甚至CEO的年薪都高于其他企业。但是，ACSI的发布与企业在股票市场的表现无法同步，也就是说，股票价格的变动滞后于顾客满意度和企业盈利状况。另一项基于零售业的类似研究也证明了这一点。正因为如此，想成为服务行业“领头羊”，必须具有长期战略视野。

研究结论是：在市场上更快地行动以提高ACSI，那么企业就能获得更多的股票收益。这项研究说明，股票市场可能并不完美，但与营销研究是一致的，即留住满意顾客会提升企业现金流的水平和稳定性。

在稍后的一项研究中，莱尔赞·阿克索伊（Lerzan Aksoy）的研究团队在上述研究基

础上，利用10年的面板数据，在剔除了不正常回报之后，证实ACSI能比标准普尔500指数给组织带来更高回报。

对于营销管理者来说，两项研究都证明了对顾客关系管理的投资和由此带来的现金流对企业来讲是至关重要的，也有利于股东价值的创造。尽管这些研究结论令人信服，但还是要注意来自财务人员的阻力，你清楚地知道顾客满意与市场表现之间存在相关关系，但财务人员会因为市场表现的滞后性而对顾客满意度提升的意义产生怀疑。

资料来源：Wirtz J, Lovelock C. Essentials of Services Marketing[M]. 3rd ed. Edinburgh Gate: Pearson Education Limited, 2018: P496-497.

三、顾客满意的影响因素

正是由于顾客满意度具有主观性、过程性和相对性等特点，因而受到顾客和服务型企业层面的内外部因素综合影响。事实上，有关顾客满意度的影响因素已经引起市场营销实践及理论界的广泛探讨，并取得比较丰富的成果。例如，克拉斯·福内尔教授等在ACSI模型中指出，顾客满意度受到感知质量、顾客期望和感知价值等因素的直接影响；同时，感知质量和顾客期望还会通过感知价值对顾客满意度产生影响。ECSI模型则认为企业形象、感知人员价值也是顾客满意度的重要影响因素。美国服务营销学者瓦拉瑞尔·泽丝曼尔等则认为，服务业中的顾客满意度主要受服务质量、产品和价格因素影响。同时，环境因素和个人因素也会对顾客满意度产生影响（见图13-4）。

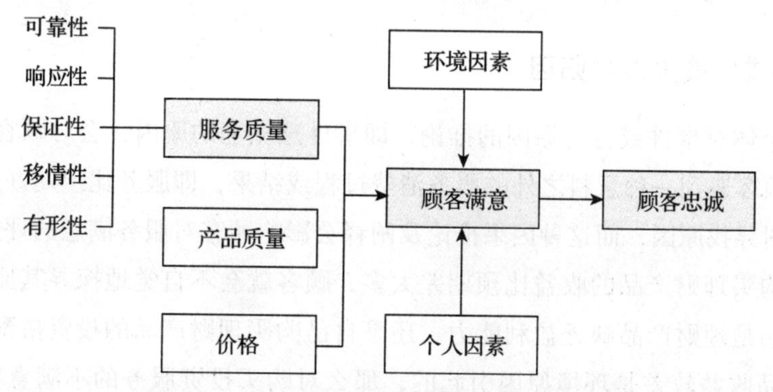

图13-4　服务质量与顾客满意度的顾客认知

资料来源：Zeithaml V, Bitner M, Gremler D. Services Marketing[M]. 7th ed. New York: McGraw-Hill Education, 2017: 79.

通过对顾客满意度影响因素的梳理可以发现，影响顾客满意度的因素来自服务价值管理活动的方方面面，不同理论视角或实践情景的探讨结果也存在一些差异。总体而言，在服务市场及服务消费过程中，影响顾客满意度的因素一般包括如下因素。

（一）服务或产品特性

顾客对服务或产品特性的评价对其满意水平具有重大影响。例如，对一家度假酒店而言，服务所具备的特性包括房间价格、房间、餐厅、游泳池等相关服务设施的舒适性与私密性，服务人员的服务技能、态度与举止等。上述因素均会影响顾客对酒店服务品质的判断，进而影响顾客满意度水平。因此，服务型企业需要借助一些调查手段，如焦点小组访谈、实地观察等方式，明确服务及附属产品的重要程度及属性要求，进而衡量顾客对这些属性的感知及对服务的整体满意程度。美国服务营销学研究者奥斯特罗姆·艾米（Ostrom Amy）和亚科布齐·道恩（Iacobucci Dawn）的研究表明，顾客将根据其对服务类型的评价和对服务的评论，在服务的不同特性（如价格水平、质量、人员的亲切态度等）之间寻找平衡。

（二）顾客情感

由于顾客满意度具有高度的主观性和相对性，使情感成为影响顾客对服务感知的重要因素。影响顾客满意度的情感因素大都是稳定的、事先存在的，如情绪状态、积极的思考方式、对生活的愉悦享受程度等。当顾客以一种积极和正面的情感状态进行服务消费，参与顾客互动时，会对服务价值有更加积极的感知，进而可能对服务传递过程及结果给予更多的正面评价；反之，一旦顾客将消极甚至恶劣的情感状态带入服务接受过程，必然会对极小的服务失误或意外事件产生强烈的失望之情，进而更可能对服务价值形成负面的感知。

此外，服务消费过程中的一些特定情感也会影响顾客对服务的满意程度。例如，在旅游过程中，热情的氛围、高兴的心情、良好的互动、愉悦的享受等积极情感状态，会增强游客对旅游服务及体验的满意水平。事实上，研究已经表明，服务过程中服务人员的情感状态和工作态度会对顾客的情感产生直接影响，并最终影响顾客满意度。

（三）服务成功或失误的归因

归因是指个体对事件或行为原因的推论，即事件感觉上的原因，会对顾客满意度的感知产生影响。当顾客遇到一种意料之外的服务消费过程或结果，即服务比预期好太多或差太多，顾客总是会试图寻找原因，而这种因果推论及阐释会影响顾客对服务满意的评价水平。例如，当顾客在银行购买理财产品的收益比预期差太多，顾客就会不自觉地探寻其原因：是宏观经济形势不好，还是理财产品缺乏盈利能力，还是自己购买理财产品的投资搭配不当？一旦顾客认为理财产品收益较差是环境原因引起的，那么对购买投资服务的不满意程度就会降低；相反，若顾客认为是银行所推出的理财产品缺乏盈利能力，运营不善导致的收益水平较低，那么顾客的不满意程度就会大大提高。事实上，无论是惊喜的服务还是服务失误，都可能存在主客观、内外部等方面的综合原因，顾客对服务成功或失误原因的推论及阐释，即归因将影响顾客的服务满意程度。

（四）对平等或公正的感知

在服务消费过程中，顾客时常会自我审视：与其他顾客相比，我是否是被平等对待；其他顾客是否获得更好、更优质的服务；我为此所花费的金钱和时间是否合理；等等。公平的感觉是顾客对服务满意感知的中心。如果顾客认为服务过程及结果是平等或公平的，即使服务过程或结果略低于服务期望，顾客也可能给予积极的评价；相反，如果顾客感到服务过程或结果缺乏平等性，即使对服务本身非常满意，也可能产生一些负面评价。因此，从对公平或平等感知角度讲，顾客所感受到的服务过程及结果公平是影响顾客对服务满意程度的重要因素。

（五）其他顾客、家庭成员和合作者

除了服务和产品特性，以及顾客个人情感或心理因素之外，他人因素也会影响顾客满意度感知。除上述因素外，他人也会影响顾客满意度。例如，家庭聚会或家庭度假旅行过程中，每个家庭成员都会形成自己的满意度感知，但同时也受到其他家庭成员行为、表达和观点的影响，而且服务消费结束后，家庭成员对服务过程及互动的讨论重述及选择性记忆也会影响顾客满意度。在生产性服务业中，企业对应用一项新技术或软件服务系统（如 ERP 系统）的满意程度，不仅会受到直接使用本系统的个人和部门（如运营部）的认知影响，还会受到企业其他相关部门（如财务部、市场部等部门）看法和判断的影响。

四、顾客满意度的提升策略

由于顾客满意度受到多重因素的影响，服务型企业在提升顾客满意度时需要进行全方位、多层次的努力。服务型企业必须制定比较完善的策略，并确保有效实施才能有效提升对顾客满意水平。一般而言，提升顾客满意度需要从以下方面进行努力。

（一）塑造以顾客为中心的服务理念

以顾客为中心的服务理念是确保将顾客视为服务营销管理活动中心的基础，又是引导服务型企业管理者和一线服务人员将创造服务价值、提升顾客满意度为奋斗目标的动力。以顾客为中心构建服务营销管理系统，从价值识别到维护的整个环节聚焦顾客服务需求或现实问题，急顾客之所急、想顾客之所想，让顾客服务需求成为驱动企业及员工行为的核心动力。例如，麦当劳成功的关键就在于紧密围绕“质量、服务、卫生和价值”的服务理念，始终重视顾客需求，努力让顾客满意。

（二）科学洞察顾客的服务需求及意见

服务型企业要有效提升顾客满意水平，必须建立一套深度理解和洞察顾客需求及响应顾客意见的系统。用科学的方法和系统的手段准确识别顾客的服务需求，及时检测顾客对服务价值的满意程度，并实时反馈给服务型企业的管理层和服务人员，确保服务型企业能够准确地响应顾客服务需求，并给予顾客意见以及时反馈，以持续不断地改进服务及服务传递过程，提升顾客满意度。

（三）开发具有独特服务价值的服务产品

提升顾客满意水平，要求服务型企业的经营活动以满足顾客服务需求为出发点，将顾客服务需求作为企业创新服务的源头，针对顾客“痛点”或现实需求，充分融入前沿科技和人文关怀，做到“人无我有、人有我优、人优我新”，通过独特的服务市场定位和服务价值主张开发，针对目标顾客群体设计并开发具有独特价值的服务产品。以高价值的服务产品满足目标顾客需求，通过构建持续的顾客关系驱动顾客满意度。

（四）建立长期而有价值的顾客关系

由于顾客满意度具有动态演变的特征，是一种衡量服务价值水平的移动指标。因此，服务型企业很难通过单次的或间断的服务传递形成持续的顾客满意水平。因而，需要服务型企业致力于与目标顾客建立长期而有价值的顾客关系，在持续的顾客互动与顾客参与中，提供高品质的服务，构建结构化顾客关系，并在持续变化的顾客关系中维持顾客满意水平。

服务技能 13-1 运用“顾客满意”需要注意的问题

随着管理科学的发展，“顾客满意”这一概念越来越被企业重视，顾客满意度的调查越来越普遍与规范，但如果没有领会“顾客满意”的深刻含义，顾客满意度的调查就会陷于形式，无法发挥预定作用。

（1）首先应该明白“顾客满意”的适用对象，即顾客对什么满意。例如，顾客是对产品的某一特性（如质量、价格等）满意，还是对整个产品满意，抑或对企业的服务满意等。当然，企业追求的是对企业满意，但对企业满意是由许多子因素组成的，只有清楚顾客对哪些子因素不满意，企业才能进行有针对性的改进。

（2）应该对顾客进行调查，全面了解顾客。顾客为什么要使用我们的产品，有哪些因素影响顾客的消费心理等，这些对企业是很重要的。顾客虽然正在使用我们的产品，并不一定就意味对我们的产品满意。例如，我们花了几千元买了一件产品，虽然对它很不满意，但也不能扔了它，只好凑合用下去；又如，很多顾客购买产品其实是受了宣传的影响，根本不知道其他品牌的产品与本产品的对比，这种情况下顾客的评论对企业没有太大的意义，因为虽然说企业追求的是让顾客满意，但很多情况下是与其他品牌进行比较而言的……只有充分地了解顾客，才能知道调查时应该选择哪些顾客，调查的哪些结果对我们有实际意义。

（3）明确顾客满意度调查的目的是什么。如果没有目的，做这种调查对企业而言是没有什么意义的。我们的调查，其实是为了企业的改进，也就是说，我们调查的其实是明确顾客为什么不满意我们，调查的对象是那些正在使用我们产品的和曾经用过我们产品的顾客。

（4）改进适度的掌握很重要。改进其实是与竞争对手紧密相连的，并不是为了让顾客100%满意，而是让顾客感到我们的产品或企业比其他产品或企业更好，这样顾客就会成为我们的顾客。很多企业认为顾客是上帝，想方设法让顾客满意，这种思维也是对的，但如果抛开竞争对手，那么就存在一定的问题，要知道，我们不是在顾客中胜出，而是在市场中胜出。所谓领先、引导顾客消费等，其实都是针对对手而言的，而不是顾客。说得再简单一点，顾客如果对我们55%满意，而对我们的对手45%满意，我们就赢了。海尔的“真诚到永远”，其目的是为了竞争！管理大师要求企业要承担起社会责任，其实是告诉企业，这是企业取胜的唯一途径。

资料来源：郭国庆，贾森磊，孟捷. 服务营销管理[M]. 3版. 北京：中国人民大学出版社，2013：101-102.

第二节　理解顾客忠诚

一、顾客忠诚的内涵

对服务型企业而言，服务营销管理的成功不仅仅是统计意义上的市场占有率等，更应该体现在忠诚顾客的数量和质量。服务营销管理实践对顾客忠诚的重视推动了学术界对顾客忠诚的研究。但是，学者们均从各自的理论视角和框架进行分析，因而对顾客忠诚的内涵界定不完全统一。

从顾客忠诚内涵界定的发展历程来看，对顾客忠诚的理解经历了一个从行为忠诚到复合忠诚，从单一维度到多维度的过程（见表13-2）。早期顾客忠诚概念的提出是针对有形产品和品牌的，市场营销实践者和学者简单地将顾客忠诚定义为顾客行为，即顾客行为视角的顾客忠诚。随着对忠诚研究的深入，逐步发现顾客忠诚行为的背后是顾客的态度在起作用，即顾客态度视角的顾客忠诚。最后，有关顾客忠诚的探讨认为，不论是从行为视角还是从态度视角，都难以比较完整地阐释顾客忠诚的内涵。因此，对顾客忠诚的多维度复合理解便应运而生。

表13-2　顾客忠诚的内涵

顾客行为视角	库恩·阿尔弗雷德（Kuehn Alfred）用下一次购买的选择可能性来表征顾客对某一品牌的忠诚
	约瑟夫·纽曼（Joseph Newman）和理查德·沃贝尔（Richard Werbel）将品牌忠诚定义为重复购买某一品牌，并且只考虑该品牌，而且不需要收集其他品牌信息
	弗雷德·塞恩斯（Fred Selnes）认为，顾客忠诚是顾客对某一产品或服务的购买意向，即顾客未来购买的可能性大小
	罗伯特·帕尔马蒂尔（Robert Palmatier）等认为，顾客忠诚是指顾客执行各种行为的动机，这些行为象征着与焦点公司保持联系

（续）

顾客态度视角	约翰·杰西（John Jessy）认为，顾客忠诚度是指顾客考虑重新购买特定产品、服务或品牌，或者重新访问特定公司或商店的整体感受或态度
	雅各布·雅各比（Jacob Jacoby）认为，品牌忠诚是拒绝和接受区域中品牌的位置和比例之间距离的函数
	马歇尔·诺曼（Marshall Norman）认为，顾客忠诚是指在未来持续重新购买或重新光顾特定产品或服务的承诺
	托马斯·琼斯（Thomas Jones）和厄尔·萨瑟（Earl Sasser）认为，顾客忠诚是对企业人员、产品或服务的一种归属感或情感
多维度视角	凯文·格里芬（Kevin Griffin）认为，顾客忠诚由两个因素构成：一是顾客对于某产品或服务相对于其他产品或服务具有较高的依恋；二是重复购买
	斯托·舒梅克（Stowe Shoemaker）和罗伯特·李维斯（Robert Lewis）认为，顾客忠诚是顾客在购买意愿与从事合作关系的活动表现
	德韦恩·格兰姆勒（Dwayne Gremler）和斯蒂芬·布朗（Stephen Brown）指出，服务忠诚是一个多维度概念，包括行为忠诚、态度忠诚和认知忠诚三个维度

资料来源：根据相关资料整理。

在多维度的顾客忠诚内涵探讨中，理查德·奥利弗提出的“认知—情感—意向”模式最具有代表性。该模式认为顾客忠诚是在未来持续重购，或者再惠顾某一偏好产品或服务的一种深度承诺，从而导致对同一品牌或同一品牌某一大类产品或服务的重复购买。随后，他将顾客忠诚区分为认知忠诚、情感忠诚、意向忠诚和行为忠诚四个先后有序的发展阶段。

根据上述有关顾客忠诚内涵的系列观点，本书认为，**顾客忠诚（customer loyalty）是指顾客对特定服务型企业或服务产品所持有的持续需求偏好、深度情感承诺和稳定消费行为，是顾客满意等综合因素在顾客态度和行为层面的积极体现。**顾客忠诚是服务型企业在竞争激烈的服务市场中极力追寻的目标，是企业获取持续竞争优势的重要来源。

二、顾客忠诚的类型

根据顾客在服务消费过程中的态度和行为，可以将顾客忠诚划分为态度忠诚和行为忠诚两类：顾客的态度忠诚是指顾客内心对服务型企业及服务产品具有积极情感，反映顾客对服务产品具有的高水平依恋。顾客的行为忠诚是指顾客对服务型企业的服务产品进行不断地重复购买，与企业建立长期的互动关系。根据顾客的态度忠诚和行为忠诚两项指标，可以将顾客忠诚划分为四种类型（见图 13-5）。

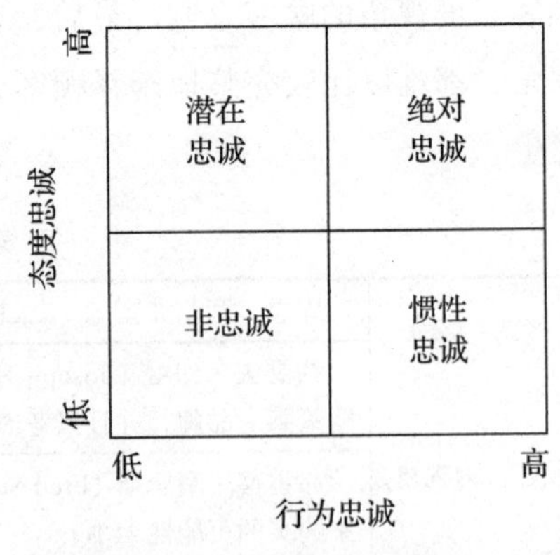

图 13-5 顾客忠诚类型

资料来源：周洁如，庄晖. 现代客户关系管理[M]. 上海：上海交通大学出版社，2008：67.

（一）低态度忠诚 / 低行为忠诚：非忠诚

由于诸多原因，某些顾客不会对一些服务产品形成积极的情感，也不能进行持续的服务消费。因此，这些顾客属于缺乏忠诚度的顾客群体，即非忠诚。非忠诚的原因既可能是顾客具有较强的价格敏感，并缺乏特定品牌偏好；也可能是服务型企业的服务产品未能满足顾客的服务需求，缺乏市场吸引力；还可能是服务市场竞争激烈，特别是服务价值同质化严重，顾客无法识别不同服务型企业的服务产品。一般来说，服务型企业需要尽量避免把市场资源投向非忠诚顾客群体。

（二）高态度忠诚 / 低行为忠诚：潜在忠诚

潜在忠诚的顾客对服务型企业的服务产品有积极的认知和评价，甚至可以说是情有独钟，但是表现出的持续或多次消费行为并不明显。造成低行为忠诚的原因可能是：服务产品不属于多频次消费服务，如出国英语培训服务、管理咨询服务等，使顾客缺乏重复进行服务消费的机会。此外，虽然顾客对特定服务品牌有积极的情感，但可能缺少进行服务消费的具体场景或机会，因而未表现出高频次服务消费行为，甚至未展开实际的消费行为。

潜在忠诚的顾客虽然缺乏高频次的服务消费行为，但因其具备积极的评价或情感，因而会极力地向亲友或同事进行服务推荐。因此，潜在忠诚的顾客会为服务型企业带来正向口碑，成为企业的“义务推销员”，从而为服务型企业带来巨大市场价值。

（三）低态度忠诚 / 高行为忠诚：惯性忠诚

惯性忠诚的顾客意味着具有多次服务消费行为，但是对服务型企业或服务本身缺乏积极的评价或认知。一般而言，惯性忠诚的形成更多的是来自顾客以外的因素，如价格、便捷性、转换成本或障碍等。如果外在限制因素消失，顾客就可能中止消费行为。例如，某类新兴服务产品通过大量补贴吸引顾客进行服务消费，一旦补贴政策或活动结束，顾客就可能结束服务消费行为，进而寻求有更多奖励或补贴的服务产品。在这种情况下，服务型企业可以通过积极地与顾客建立社会及结构化联系，同时尽量体现出本企业服务有别于主要竞争对手的优势或特征，增加顾客的转换成本，进而争取形成惯性忠诚顾客的积极态度。

（四）高态度忠诚 / 高行为忠诚：绝对忠诚

绝对忠诚的顾客意味着态度上的认同感和行为上的持续性，这是顾客忠诚的最高阶段，即真正的忠诚。绝对忠诚的顾客对服务型企业而言具有重要的经济和市场价值。绝对忠诚的顾客不仅对服务产品情有独钟、重复消费，而且还会积极地进行口碑传播，向亲友及同事推荐该服务，极大地降低服务型企业的服务营销传播投入，提升传播效益。同时，由于基于绝对忠诚的持久顾客关系的建立，使服务型企业在顾客教育、市场推广等方面显著地降低财务资源投入，进而增强服务型企业的盈利能力。

三、顾客忠诚的影响因素

为应对激烈的服务市场竞争，服务型企业都竭尽全力将潜在顾客或现实顾客转化为能够重复消费且具有积极情感的忠诚顾客。因此，服务型企业在服务营销活动中投入大量的资源追踪和测量顾客满意度，但是，顾客满意并非顾客忠诚的充分必要条件。如果服务型企业不能够全面理解影响顾客忠诚的关键因素，可能会使顾客关系管理及顾客保留等策略缺乏针对性和有效性。可见，系统分析顾客忠诚的驱动因素，是服务型企业在服务价值维护及顾客关系维持过程中的重要任务。

（一）顾客忠诚的直接驱动因素

顾客忠诚的直接驱动因素是指与顾客态度忠诚及行为忠诚密切关联的，来自顾客关系双方即服务型企业与顾客层面的关键影响因素。

1. 感知服务质量

一般而言，感知服务质量对顾客服务消费行为的影响，以及由此产生对顾客忠诚和服务型企业盈利的影响，将遵照以下逻辑过程：首先，服务型企业改善感知服务质量会提高顾客对服务过程及特性的满意水平；其次，服务过程及特性方面的满意度增加，又会导致总体顾客满意度或总体感知服务质量的提高，进而强化顾客的服务消费倾向，如更强的重复购买意愿、增加的消费规模或数量、积极的口碑传播等；最后，服务消费倾向的强化又会带来行为忠诚，最终为服务型企业带来盈利及财务绩效提升。

感知服务质量虽然不是保留及维系顾客的唯一因素，但它却是驱动顾客忠诚的首要关键因素。事实上，无论服务型企业的服务市场定位及服务价值主张是何等吸引顾客，服务人员在服务过程中是何等专注和专业，最终，顾客所获得的服务价值（即服务品质及利益）是否满足顾客的服务需求，是否契合顾客的服务期望，才是决定顾客忠诚的最关键因素。由此可见，服务价值及其带给顾客的感知服务质量是服务型企业获取和维持服务市场竞争优势的本质来源。

2. 顾客满意

顾客满意反映顾客在对服务的感知服务质量（或结果、体验等）与服务期望进行比较后，所形成的愉悦情感和积极评价。克拉斯·福内尔提出的ACSI模型已经非常明确地解释了顾客满意与顾客忠诚之间的正向关系。帕拉休拉曼、泽丝曼尔和贝里曾研究指出，对特定服务接触的满意程度积累会积极影响对服务接触的总体质量评价；同时，接触满意对总体满意和感知服务质量产生直接作用，并通过总体满意间接地影响顾客忠诚。

但是，顾客满意并不一定带来顾客忠诚，只有最高程度的顾客满意才能产生顾客忠诚。例如，医疗保健业和汽车产业中，“一般满意”的顾客的忠诚比率为23%，“比较满意”的顾客忠诚比率为31%，当顾客感到“完全满意”时，忠诚比率达到75%。施乐公司（Xerox）对办公用品顾客的满意度调查显示，“完全满意”的顾客在购买后18个月再次购买的概率是“比较满意”顾客的6倍。

3. 服务转换成本

美国战略管理学家迈克尔·波特（Michael Porter）将转换成本定义为，“当买者从一个供应商向另一个供应商转换时所面临的一次性成本”。构筑转换壁垒以增加转换成本是企业增加顾客忠诚度的常用手段。一般而言，转换成本出现在顾客面对多种消费选择的情境下，例如，首次消费会产生较大初始成本，持续消费可以获得不断增长的奖励，而改变消费对象则意味着以往投入的成本全部无效。

在服务消费中，转换成本除货币成本以外，还表现为面对转换服务后，顾客在心理、时间、精力以及社会关系重建等方面的非货币因素。由于服务具有过程性和互动性，服务的转换成本一般要高于有形产品的转换成本。服务固有的本质决定其转换成本难以有效估计，或者由于有限的服务型企业或具有特殊技能的服务人员会导致很高的转换成本。例如，健康医疗服务市场上的优质保健师或医生的数量有限，同时有关健康服务的顾客信息具有高度敏感性或私密性，会使顾客对更换医生或保健师产生心理抵触或担忧，即感知的转换成本较高。因此在服务业中，转换成本与顾客忠诚是高度正相关的。

（二）顾客忠诚的间接影响因素

顾客忠诚的间接影响因素是指与顾客态度忠诚及行为忠诚密切关联的，来自宏观及市场环境的重要影响因素。这些因素可能不会对顾客忠诚产生直接、显著的决定作用，但是作为重要的环境因素，仍然会对顾客忠诚的形成产生积极影响。

1. 科学技术

随着大数据、云计算、物联网及人工智能等新兴科学技术在服务业中不断得到应用，服务价值识别、创造、传递的效率得到极大优化，更是革新了服务传递的方式，甚至在某些情况下机器可能完全取代服务接触中的人际交互，顾客可以通过电话、互联网及物联网技术与服务型企业或服务人员跨越时空进行互动。

新兴科学技术的应用极大地增加了服务价值传递的准确性和适应性，降低了服务交互过程中的不确定性。例如，大数据技术使服务人员能够比较准确地掌握顾客服务需求及偏好的数据信息，进而为顾客提供精准服务。同时，技术的发展使服务的科技化和标准化水平提高，减少了服务人员在服务交互过程中的不确定性，增加服务双方对服务过程的控制能力。同时，先进科学技术与工具的应用，加速服务型企业对顾客需求及意见的感知和响应。例如，银行、金融、教育等行业中越来越多地运用在线呼叫及咨询中心，及时地响应顾客需求；酒店、旅游、餐饮等行业通过 App、微博、微信小程序等技术手段，实现服务的定制化和灵活性，以及高效的顾客抱怨反馈及服务补救。毫无疑问，在移动互联时代，面对新兴顾客群体，将科学技术完美地融入服务价值管理的全过程，将会极大地提升服务产品的吸引力与时代感，进而为构建忠诚的顾客群体提供坚实基础。

2. 社会规范及群体因素

社会行为规范及群体因素有时会对顾客的消费态度起强化或弱化作用。美国心理学家马丁·菲舍比（Martin Fishbein）和伊赛克·阿耶兹（Icek Ajzen）提出的理性行为理论（theory of reasoned action, TRA）认为，人是具有理性的，在实施某种行为之前会综合各种信息来考虑自身行为的意义和后果，因而主观的行为规范是影响行为倾向的主要构成部分。

在服务消费行为中，影响顾客行为的主观规范大多来自社会规范及所属群体。例如，有关忠诚的价值观，以及关于态度与行为一致性的社会规范，都会对顾客的行为忠诚和态度忠诚产生重要影响。此外，顾客的所属群体或参照群体的观念或规范，也会对服务消费行为产生影响。例如，顾客所在家庭或其他社会组织（如工作单位、班级）等形成的一些群体规范或观点，会对服务消费行为及顾客忠诚产生显著的影响作用。

3. 服务市场竞争环境

在充分竞争的市场中，顾客消费行为影响市场环境，同时市场环境也在塑造顾客消费行为。顾客忠诚作为顾客消费态度及行为的表现形式之一，也深受市场竞争环境的影响。具体来说，服务市场结构的稳定水平、竞争的激烈程度以及服务竞争焦点，会对顾客的服务消费态度及行为产生影响：①服务市场结构越稳定，即行业中参与竞争的企业数量相对比较固定，竞争方式具有可预测性，服务型企业获得和维持顾客忠诚的概率就越高；②服务市场竞争的激烈程度越高，即不同服务型企业经常主动发起竞争性市场行为，而且竞争行为的方向和程度难以预期，顾客忠诚的获得难度就越大；③服务市场中竞争焦点越是单一，越是聚焦于价格因素的竞争，服务型企业要获得和维持顾客忠诚的可能性就越低。

四、顾客忠诚的价值

顾客忠诚之所以得到服务型企业的广泛重视，是因为它能够为企业带来多重价值，使服务型企业在激烈的服务市场竞争中获得持续优势。事实上，顾客忠诚不仅能为服务型企业带来可观的财务收益，还能为企业应对市场竞争提供关键的支持。无论是财务角度还是市场角度，顾客忠诚对服务型企业都具有重要价值。

（一）财务价值

美国顾客忠诚研究的著名学者弗雷德里克·莱希赫尔德（Frederick Reichheld）在《忠诚的价值》一书中说："很少有企业关注顾客逐年对企业利润的贡献。"在一项经典的顾客忠诚研究中，弗雷德里克·莱希赫尔德和厄尔·萨瑟详细分析了不同服务行业中，随着时间的推移，忠诚顾客所能给企业带来的利润总额（见图 13-6）。研究发现，在所有行业中，随着年份的增加，顾客对企业的贡献是逐渐增长的。例如，在工业分销和汽车服务行业，随着时间的推移，忠诚顾客给企业带来的利润总额是在大幅增长的。

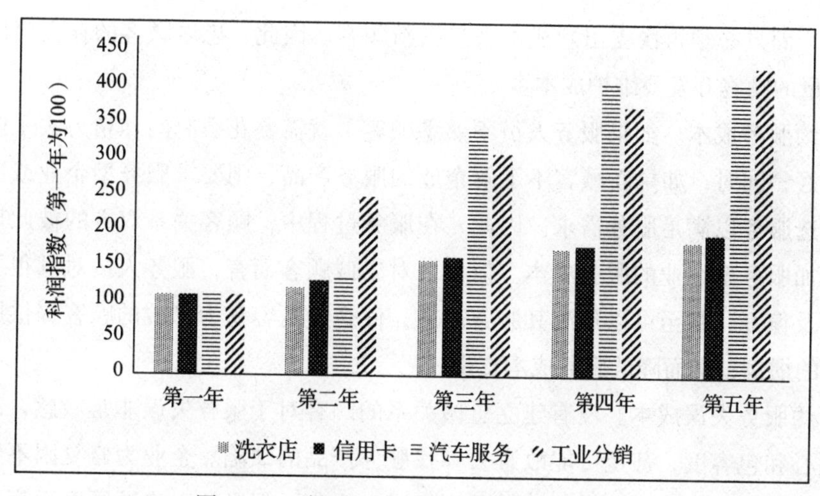

图 13-6　时间推移与顾客所能创造的利润

资料来源：Reichheld F, Sasser E. Zero Defection: Quality Comes to Services[J]. Harvard Business Review, 1990, 73(9/10): 105-111.

毫无疑问，顾客忠诚对企业利润的贡献随着时间的推移而不断增加，这正是顾客忠诚对服务型企业的财务价值所在。顾客忠诚能够通过增加服务型企业的收入，并同时降低企业的成本支出为企业带来更大的财务收益。

1. 顾客忠诚增加服务型企业的经营收入

一般来说，顾客忠诚可以通过以下几方面增加服务型企业的经营收入。

（1）顾客重复消费。忠诚顾客往往会进行重复消费，而多次消费的顾客对服务较为熟悉且满意，因而具有更大的消费数量或规模以及更高的消费频率，从而能够增加企业的营业收入。

（2）增加顾客占有率。服务型企业不仅能够从忠诚顾客的重复消费中增加营业收入，还能够从忠诚顾客的关联消费中增加销售收入。当顾客对某服务型企业或服务品牌感到亲切，或者与其建立了良好的顾客关系时，顾客不仅会增加服务消费的频次，而且还会在其消费支出中给予更大的比例，使服务型企业实现交叉销售和捆绑销售，这一现象也被称为“钱包份额效应”。

（3）对价格敏感度降低。忠诚的顾客对服务型企业或服务产品和品牌有较深的情感依赖，降低其对服务价格的关心，更不会仅仅因为服务促销而进行消费。事实上，忠诚顾客更关心服务消费的其他方面价值，如情感、认同等，而对服务价格并不敏感，并且认为良好的体验或利益足以弥补因较高价格增加的支出成本。

2. 顾客忠诚降低服务型企业的运营成本

顾客忠诚在增加服务型企业营业收入的同时，还能够在诸多环节和方面降低企业运营成本。

（1）节约获取新顾客的成本。在大多数服务行业，由于激烈的竞争、缺乏差异的服务产品等诸多原因，使服务型企业吸引顾客的成本是巨大的。在许多服务型企业，广告、促销、折扣、检查信用记录和处理申请等，是与吸引客户的相关运营成本一次性发生的。如果顾客与企业的服务交易时间较短，或者次数较少甚至仅仅是单次交易，企业便很难有效收回前期付出的成本，而且必须再次支出新成本来吸引新顾客。因此，忠诚顾客的存在使服务型企业可以节约大量的顾客开发及维护成本。

（2）节约服务成本。如果服务人员不熟悉顾客，就需要花费时间和精力去了解顾客的服务需求及偏好；同时，如果新顾客不了解企业的服务产品，则要求服务型企业或服务人员提供更多的备选服务以满足服务需求。因此，在服务过程中，顾客关系双方的彼此理解和熟悉会显著地增加服务型企业的服务成本。但是，对忠诚顾客而言，服务人员对其很了解，熟悉其服务需求及偏好，甚至可以预测其服务需求，使企业更容易为忠诚的顾客提供服务，以至于形成交易的惯例，从而降低服务成本支出。

（3）节约服务失误成本。没有建立忠诚关系的顾客对于服务失误非常敏感，缺乏对服务失误的同理心和包容度，甚至可能故意去寻找服务产品的缺陷。企业为修复因不熟悉顾客的服务需求及期望而导致的服务失误，需要增加成本支出。但是，对忠诚顾客而言，一方面服务型企业或服务人员熟悉其服务需求，甚至能够预测其需求，因而产生服务失误的可能性较小；另一方面，即使产生服务失误，真正忠诚的顾客也可能愿意在合理的范围内对某些类型的服务失误进行容忍，进而帮助服务型企业节约应对服务失误的成本支出。

（4）节约营销费用。与聚焦吸引新顾客的服务营销活动相比，服务型企业对忠诚顾客的服务营销活动效率会更高。因为服务型企业充分掌握忠诚顾客的特征及服务需求，服务营销活动可以做到有的放矢，而且忠诚顾客更容易做出积极回应，进而提高服务型企业的服务营销活动效率，降低营销成本。

总而言之，顾客对服务型企业在收入增加和成本降低两方面的积极作用，为企业带来更多的财务收益。正如弗雷德里克·莱希赫尔德和厄尔·萨瑟研究所发现的那样（见图 13-7）：随着时间的推移，忠诚顾客能够为企业创造更多额外利润；顾客忠诚给企业带来的经济价值有力地诠释了一家企业为什么比另一家企业更赚钱。

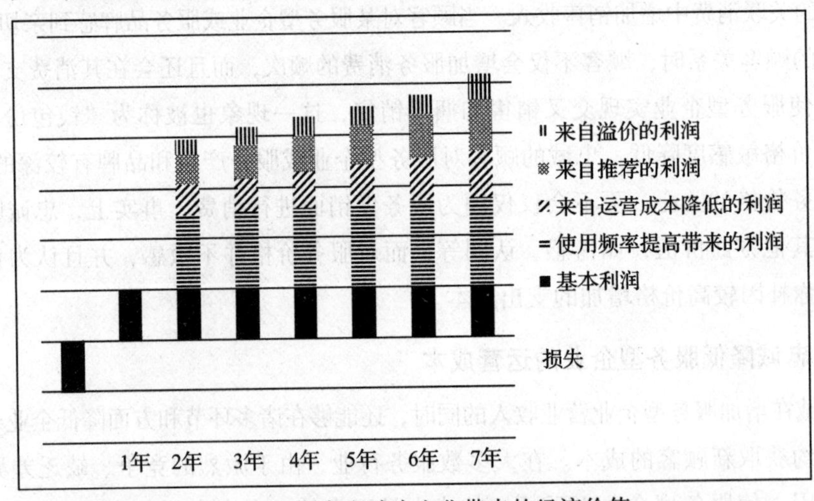

图 13-7 顾客忠诚为企业带来的经济价值

资料来源：Reichheld F, Sasser E. Zero Defection: Quality Comes to Services[J]. Harvard Business Review, 1990, 73(9/10): 105-111.

（二）市场价值

忠诚顾客的财务价值是非常显著的，但它只代表顾客忠诚对服务型企业带来收益的一部分。顾客忠诚的市场价值难以通过财务数据等可视化的经营指标来体现，同时具有长期性。如果说顾客忠诚的财务价值主要体现服务型企业的“当期收益”，那么顾客忠诚的市场价值则更多地反映服务型企业的“未来收益”。顾客忠诚的市场价值主要表现在以下几点。

（1）口碑效应。忠诚顾客经常是服务型企业免费的广告传播渠道，他们会对企业的服务产品进行正面的口头宣传，会对亲友和同事积极地推荐企业的服务产品，成为服务型企业的“义务营销人员”，是服务型企业最宝贵的市场资产。事实上，顾客服务消费行为的过程及特征已经表明，来自亲友或同事的口碑及推荐，比企业自身的商业广告更容易说服顾客，影响顾客的服务消费决策。

（2）形象效应。顾客从服务消费到满意，再从满意到向亲友及同事传播积极口碑，最后形成对服务型企业的绝对忠诚，这个过程中的每一个环节或阶段都会为服务型企业带来收益。顾客满意及忠诚带给服务型企业的不仅仅是短期财务绩效的优化，更会因良好的消费经历和服务体验为顾客留下卓越的服务形象，进而形成服务型企业或服务人员在目标顾客群体中的良好品牌形象。

（3）综合效应。对服务型企业而言，顾客忠诚具有两面性：它既是企业面对激烈服务市场竞争的防守堡垒，又是推出新服务产品、开拓新服务市场的进攻后盾。当面临竞争对手的市场进攻时，顾客忠诚能够成为企业抵御市场竞争行为的“护城河”，确保服务型企业经营绩效的基本稳定。当服务型企业需要推出新服务产品、开发新服务市场时，顾客忠诚能够成为服务型企业进行服务营销活动的“压舱石”，为企业拓展新的服务市场范围提供顾客基础和口碑支持。

第三节　基于顾客满意的顾客忠诚构建

一、顾客满意与顾客忠诚的关系

没有顾客满意，就不会有真正的顾客忠诚，即顾客满意是顾客忠诚构建的基础。高度满意或愉悦的顾客会成为服务型企业的交易伙伴，并且为企业四处传递积极的口碑，而变成企业忠诚的“传道者”；相反，不满意的顾客则会选择离去，与其他服务型企业建立业务联系。

根据约翰·托马斯和厄尔·萨瑟的观点，顾客满意和顾客忠诚之间的关系可以划分为三个区域：背弃区域（zone of defection）、中立区域（zone of indifference）和情感区域（zone of affection）（见图 13-8）。在背弃区域，顾客满意度很低，除非转换成本很高，或者是缺乏便捷的替代选择，否则顾客会转向其他服务型企业。极端不满意的顾客可能会成为“恐怖分子”，站在企业的对立面，四处传播负面的口碑。在中立区域，顾客满意度处于中等水平，如果有好的替代对象且转移成本可以接受，顾客也会考虑转换交易对象。在情感区域，顾客满意度最高。这些顾客有高度的忠诚，不会去寻找服务替代选择，是企业忠实的拥趸。这些顾客会公开赞美企业及服务，并向亲友及同事推荐该企业，因而被称为“传道者”。

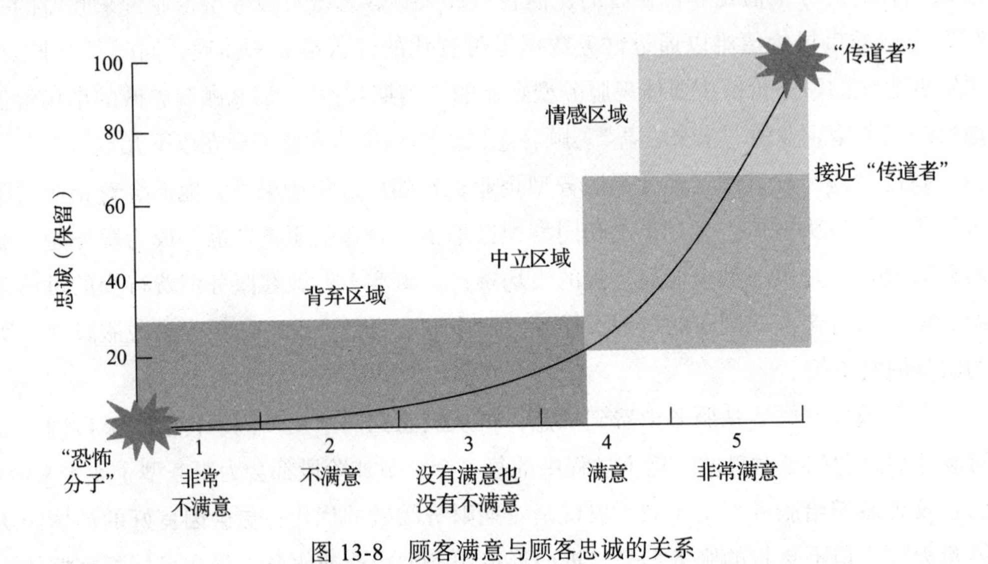

图 13-8 顾客满意与顾客忠诚的关系

资料来源：Thomas J, Sasser E. Why Satisfied Customers Defect[J]. Harvard Business Review, 1995, 73(6): 88-91.

真正的忠诚包含态度忠诚和行为忠诚，忠诚的顾客不仅大量消费企业的服务产品，而且还对企业怀有深厚的感情。行为忠诚反映在顾客重复消费、大量消费以及为企业传播正面口碑。态度忠诚表明顾客对服务型企业、服务及品牌发自内心的喜欢，是一种积极的情感。同时，需要注意的是，虽然顾客满意通常会带来顾客忠诚，但并非绝对如此。由于影响甚至决定顾客忠诚的因素很多，仅用顾客满意因素无法完全解释忠诚行为。例如，转换成本、顾客经验及知识、服务型企业与主要竞争对手的比较优势等因素，都会影响顾客忠诚的构建。

二、忠诚之轮：构建顾客忠诚

由于顾客忠诚的决定及影响因素众多，导致服务型企业要构建顾客忠诚也并非易事。大量服务营销管理实践显示，很多服务型企业投入大量资源，试图培养忠诚顾客，却很难建立真正的顾客忠诚。根据约亨·沃茨和克里斯托弗·洛夫洛克的观点，运用“忠诚之轮”（the wheel of loyalty）来阐述构建顾客忠诚的基本行动框架（见图 13-9）。

（一）奠定顾客忠诚的基础

服务型企业对顾客忠诚的构建是建立在顾客及其管理、服务及其传递等基础之上的。如果缺乏顾客忠诚的基础，任何顾客忠诚建立策略都如无源之水、无本之木，缺乏产生预期效果的根基。因此，构建顾客忠诚的首要任务便是奠定顾客忠诚的基础。

1. 科学的服务市场细分及定位

顾客忠诚构建的逻辑起点是通过科学的服务市场细分及定位，将顾客的服务需求与服务型企业的目标资源有机地匹配起来。在服务市场中，并不是所有的顾客都能够与企业的发展战略、技术及服务能力相匹配，因此，"为谁提供服务"是服务型企业必须定期思考的问题。

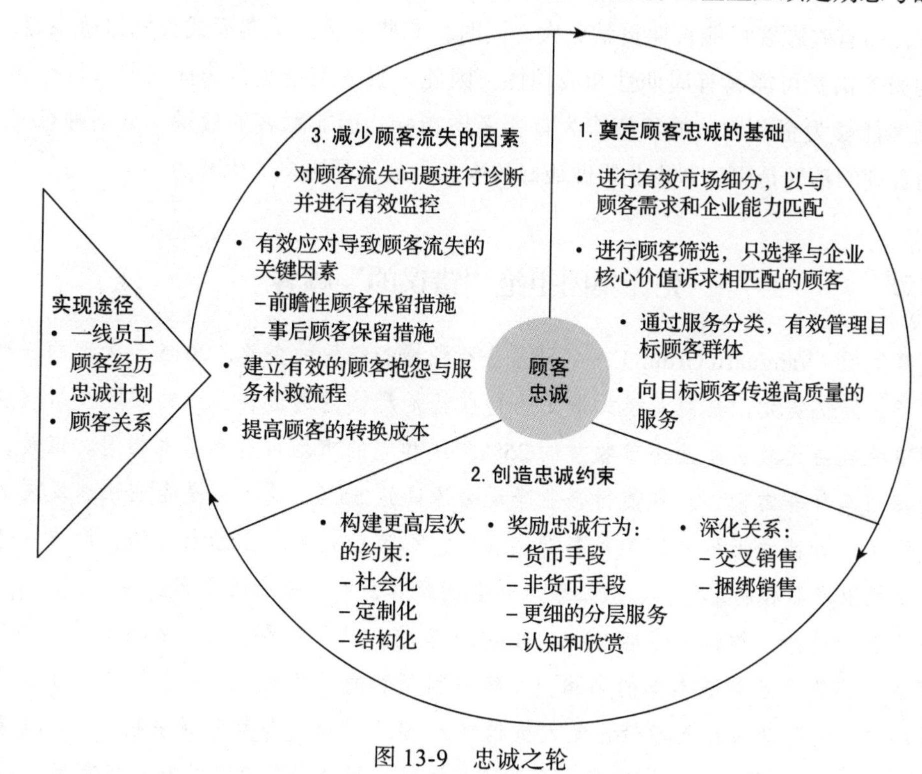

图 13-9　忠诚之轮

资料来源：Wirtz J, Lovelock C. Essentials of Services Marketing[M].3rd ed. Edinburgh Gate: Pearson Education Limited, 2018: 380.

为了构建顾客忠诚，服务型企业必须谨慎地选择目标市场。企业管理者必须充分地考虑顾客的服务需求与企业的运营能力，如速度、质量、响应水平等，以及一些有形要素，如服务设施、设备等是否匹配。同时，还需要从服务人员风格、技术能力等方面考虑，企业是否能够有效地满足目标顾客的要求。

对服务型企业而言，锁定正确的服务细分市场，获取正确的顾客，意味着长期收益和不断增加的顾客推荐，这对服务型企业运营来说意义重大。顾客能够找到满足自身需求的服务产品，服务员工能够面对自身期望为之服务的对象。正如弗雷德里克·莱希赫尔德所说，"这会出现双赢的局面，企业得到了利润，顾客以较小的成本得到了满意的服务"。因此，构建顾客忠诚的逻辑起点就是用正确的服务市场定位找到正确的顾客。

2. 重视目标顾客的价值而非数量

当前，仍然有许多服务型企业将服务营销管理的重点放在顾客数量而非每个顾客能够为企业创造的价值上。但是，喜达屋酒店度假村（Starwood Hotel & Resorts）调研发现，前 2% 的顾客创造了高达 30% 的利润。这意味着，服务产品的的重度使用者的购买频率和购买量都比偶尔购买的顾客要大，创造的利润也更为可观。那些总是试图将所有顾客都揽入囊中的服务型企业，长期的发展速度和绩效水平远低于那些在顾客选择方面非常挑剔的服务型企业。

对服务型企业来说，不同顾客的价值是不一样的。与投资类似，有些顾客可能短期盈利性比较好，而有些顾客可能长期贡献更大；同时，有些顾客的消费模式长期保持稳定，而有些顾客的服务消费可能具有周期性和波动性。因此，服务型企业在选择和获取目标顾客时，应该将顾客能够为企业创造的价值作为首要考虑指标，而非顾客的数量。从某种意义上讲，服务营销管理的精髓是服务型企业要做最好的生意，而不是更多的生意。

服务案例

先锋集团拒绝“错误的”顾客

先锋集团（Vanguard Group）是共同基金行业增长最快的企业，2015 年管理的资产数额达到了 3 万亿美元，其商业模式最大的特点就是严格遴选适合企业的顾客。新顾客给企业创造的收益大致占企业全部收益的 25%，这和它的市场占有率基本相同。但是，该集团的赎回率却非常低，这就使得企业净现金流高达 55%，这也正是企业快速发展的秘诀。先锋集团如此之低的赎回率是怎样实现的？秘密就是我们上面所说的：严格挑选顾客，审慎推出产品和制定价格，鼓励获取适合的顾客，而不是所有顾客。

先锋集团创始人约翰·博格（John Bogle）坚信，从长期看，优质的指数基金和较低的管理费用将为企业带来丰厚的利润。先锋集团顾客的管理费用很低，原因在于集团举行所谓的“三无”政策：无冲销、无人员销售、“无”广告（与竞争对手相比，广告费非常少，几乎没有）。另外一个原因是，企业不鼓励吸引那些非长期指数基金持有者。

约翰·博格将先锋集团高顾客忠诚度的原因归结为选择顾客时的“挑剔”，从基金角度看，就是所谓的赎回率问题。对待老顾客，他觉得自己“如鹰一般敏锐地注视着他们”，详细分析他们的特性，以确保获取顾客的战略始终在正确的轨道上。低赎回率意味着企业可以获取长期且忠诚度很高的顾客。稳定的忠诚顾客群无疑是先锋集团成本优势形成的最重要前提。博格在顾客筛选方面的仔细程度非常出名，他会认真检查每位顾客是否与企业的要求相匹配，当一个组织投资者仅 9 个月就从指数基金赎回 2500 万美元时，他立即意识到，企业让这个顾客“进门”会是一个错误的决定。他解释说：“我们不想要短期投资者，他们会损害长期投资者的利益。”当他即将从主席职位上退休时，他重申：“我们必须督促短期投资者离开本企业，到其地方寻找投资机会。”

这种顾客选择模式成为企业发展史上的传奇。例如，一家企业曾表示要在先锋集团投资 400 万美元，但先锋集团婉言谢绝了，因为它怀疑这家公司会在未来的几星期内抽走资金，进而增加现有顾客的交易成本。尽管这家潜在顾客向先锋集团的 CEO 也进行了抱怨，但 CEO 不仅支持这个决定，还利用这个机会来教育团队为什么要进行顾客筛选，进而强化团队的顾客选择意识。

最后，先锋集团的价格制定对老顾客来说非常有利。顾客只需一次性预付相应的费用。所有相关的基金交易都可以免费，这无疑大大降低了忠诚顾客的交易费用。对于忠诚顾客，这是一种奖励，而对于短期投资者或投机者来说，这无疑意味着惩罚。先锋集团另一种有名的针对忠诚顾客的价格策略被称为“将军股”，持有这种股份的老顾客交易费用低于普通股持有者。

资料来源：Wirtz J, Lovelock C. Services Marketing: People, Technology, Strategy[M].8th ed. New Jersey: World Scientific, 2016: 694-696.

3. 分层管理目标顾客群体

构建顾客忠诚的真正含义是维持与顾客长期和互利的关系。因此，服务型企业不能将市场资源平均分配给所有的顾客，而是要通过分层服务来有效地管理顾客群体。克里斯廷·霍姆伯格（Christian Homburg）等人的研究指出，将更多的资源配置到高端顾客群体，将有利于提升顾客的盈利率和销售收入。事实上，不同顾客群体的服务期望和需求是不一样的。瓦拉瑞尔·泽丝曼尔等的研究结果表明，对服务型企业而言，根据不同顾客的盈利能力和水平来有效地配置服务资源，是服务型企业成功的关键所在。

服务型企业可以根据行业特性，运用不同的标准对顾客进行分类。既可以根据顾客的盈利能力分类，如航空服务中的头等舱、商务舱和经济舱分类；也可以根据顾客的服务期望进行分类，如对价格的敏感、对速度的要求、对品质的要求等；还可以根据人口统计学特征对顾客进行分类。瓦拉瑞尔·泽丝曼尔等人提出了顾客金字塔模型（customer pyramid model），认为服务型企业可以将服务顾客分为四层（见图 13-10）。

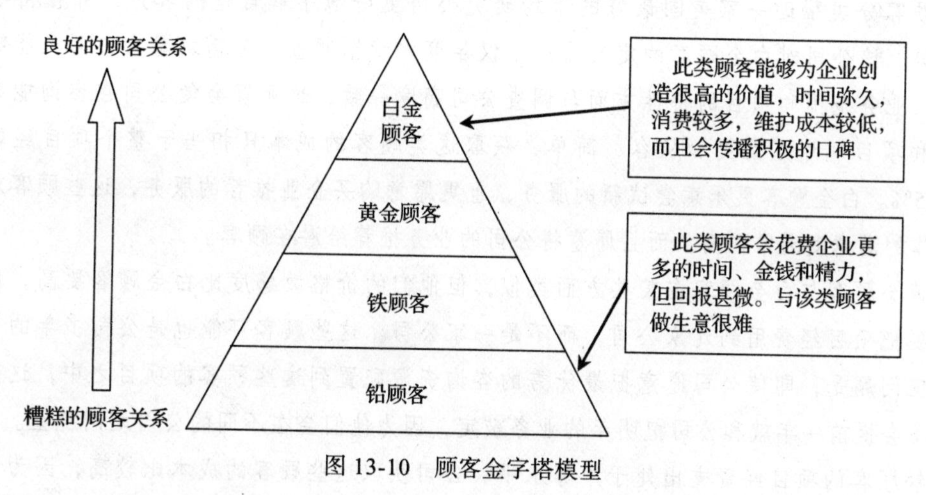

图 13-10　顾客金字塔模型

资料来源：Zeithaml V, Rust R, Lemon K. The customer pyramid: Creating and serving profitable customers[J]. California Management Review, 2001, 43（4）：118-142.

（1）白金顾客。该类顾客占服务型企业目标顾客群的比例很小，但服务需求及消费规模和频次都比较大，因而对企业利润的贡献率很高。该类顾客最典型的特征是对服务价格的变动不敏感，但具有较高的服务期望，而且愿意尝试新的服务。

（2）黄金顾客。该类顾客数量较多，但单个顾客的利润贡献率没有白金顾客高，服务需求价格弹性相对比较敏感，且忠诚度并不太高。黄金顾客较好地兼顾了顾客数量与价值的平衡，在确保服务型企业兼顾顾客规模与顾客盈利能力方面扮演着重要角色。

（3）铁顾客。该类顾客占服务型企业目标顾客群的比例最大，正是由于该类顾客的存在，企业才能够得到规模经济效益。如果缺少该类顾客，服务型企业的服务能力和服务设施可能会存在生产能力浪费的情况，因而铁顾客的存在对白金和黄金顾客起到重要的支撑作用。但是，由于铁顾客为服务型企业创造的利润十分有限，因而不能像白金和黄金顾客那样享受更多的特殊待遇。

（4）铅顾客。该类顾客给服务型企业带来的收益微乎其微，但其服务要求却与铁顾客相差无几。因此，铅顾客是服务型企业需要认真识别，并从目标顾客群体中予以剔除的顾客类型，以确保服务型企业的整体盈利能力。

顾客分类通常是基于顾客盈利性及其服务需求。服务型企业不可能向所有的顾客提供相同的服务，而是要根据不同细分市场顾客的不同服务需求和价值，给顾客提供差异化或定制化服务。例如，对白金顾客来讲，要提供其他细分市场顾客或其他类型顾客享受不到的服务。白金顾客和黄金顾客的特性决定了他们是服务型企业的服务营销管理活动重点关注的对象，也是主要竞争对手试图争夺的对象。

服务技能13-2

美国市场研究领导公司的顾客分类

顾客分类帮助一家美国最好的市场研究公司更好地了解自己的客户，并赢得了市场优势。该公司对白金顾客的定义为：不仅年度内营销调查业务需求量大，而且能够在时间、业务范围和项目的特性方面与调查公司高度一致，这无疑会使公司在咨询能力的利用和项目规划方面更加从容、简单。获取这类顾客的成本只相当于整个项目经费的2%～5%。白金顾客更乐意尝试新的服务，也更愿意购买企业推荐的服务，这些顾客对公司工作的满意度通常很高，而且愿意将公司的业务推荐给潜在顾客。

黄金顾客与白金顾客在某些方面类似，但他们的价格敏感度比白金顾客要高，而且通常要把项目经费用到几家公司，而不是一家公司。这些顾客可能也是公司多年的老顾客，但问题是，即使公司愿意把最优秀的咨询资源配置到这些顾客的项目之中，这些顾客也不会提前一年就和公司把明年的业务敲定，因为他们会在不同的公司之间观望。

铁顾客的项目经费支出处于中等水平。公司获取这些顾客的成本比较高，因为他们会要求很多家公司为他们所有的项目提供建议书，这是一笔不小的支出。这些顾客会选择出价最低的公司，这让市场研究公司根本就没有时间来展示自己的研究质量。

铅顾客最基本的要求就是价格便宜，都是一些临时应急项目，市场研究公司基本上没有机会为顾客和自身创造价值，也没有机会施展拳脚。销售成本通常会很高，因为铅顾客会邀请多家公司一起出价。同时，这些公司平时很少做类似项目，根本没有什么经验，与市场研究公司之间的合作会磕磕绊绊，需要不停地开会协调，不停地改写项目建议书。维护与这些顾客之间的关系成本较高，因为他们不懂咨询问题，所以他们会要求市场研究不断修改项目的参数、范围、完成时间，并且希望所有这一切的成本全部由研究公司承担，对于公司来说，这些顾客基本是无利可图的。

资料来源：根据“Zeithaml V, Rust R, Lemon K. The customer pyramid: Creating and serving profitable customers[J]. California Management Review, 2001, 43(4): 118-142”相关内容整理、改编。

（二）创造顾客忠诚的多重约束

服务型企业在努力奠定顾客忠诚的基础以后，还需要通过多重“约束”策略，以维持和提升顾客在态度和行为方面的忠诚水平。具体来说，创造顾客忠诚的约束策略包括以下几种。

1. 运用交叉销售与捆绑销售深化与顾客的关系

为与顾客建立更紧密和复合的业务联系，推动交叉销售和捆绑销售是行之有效的策略。例如，通信企业通过开发“家庭套餐”将整个家庭的移动通信业务、宽带业务、数字电视业务等进行组合销售，银行也试图通过“一卡通”将活期存款、信用卡、基金投资或理财产品销售等金融服务进行捆绑销售，以此深化与顾客的业务联系，使顾客的转换成本提升，极大地降低了顾客转换概率。

2. 对顾客忠诚进行奖励

如果顾客忠诚计划设计得科学，就有可能通过不断的奖励，与顾客建立起给企业带来更多收益的良好关系。奖励措施基于顾客服务消费频率、购买价值大小或者是将两者有机结合。所谓的奖励措施，可以是经济奖励，也可以是非经济奖励。

（1）经济奖励。经济奖励对顾客有较强的刺激作用，这些奖励是有形的，即“硬利益”。典型的经济奖励，如电商平台的会员额外折扣、连锁超市的顾客忠诚计划、航空公司的赠送飞行里程、信用卡的刷卡现金回馈等。需要注意的是，在制订科学奖励计划的同时，服务型企业必须为顾客提供高质量的服务，服务价格和服务成本必须与顾客感知的价值相匹配。

（2）非经济奖励。非经济奖励也称为“软利益”，是指货币形式以外的奖励。例如，服务型企业给予参与忠诚计划的顾客服务预订优先权，优先接待等。航空公司允许铂金卡旅客携带更多的行礼、优先升舱、使用专门候机室、优先登机等，均是非经济奖励的重要表现。此外，重要的非经济奖励是服务型企业或服务人员对顾客的认可和欣赏。顾客需要企业对其需求给予格外的关注，承认并尊重顾客对于企业而言的重要地位和价值。

3. 构建更高层次的顾客忠诚约束

给予奖励的顾客忠诚约束比较容易被模仿，因而很难成为构建服务型企业持久竞争优势的手段；相反，更高层次的顾客忠诚约束却有利于服务型企业形成难以模仿的顾客忠诚约束。所谓高层次的顾客忠诚约束包括社会约束、定制化约束和结构化约束三类。

（1）社会约束。主要以服务人员与顾客之间建立的人际关系为基础，是服务型企业的一种情感投入。社会约束及相关的个性化服务一般建立在服务人员与顾客个人关系基础之上。与奖励相比，社会约束的建立比较困难，需要长时间的持续投入和维护，因而竞争者模仿也比较困难。

（2）定制化约束。当服务型企业能够为忠诚顾客提供定制化服务时，就会形成定制化约束。例如，星巴克鼓励员工充分了解经常光临顾客的偏好，并向顾客提供个性化服务，万豪酒店通过顾客数据库捕捉顾客的喜好，当顾客下榻酒店时会提供具有针对性的服务，如在房间冰箱放置顾客喜爱的饮料或零食。一旦顾客开始接受并熟悉企业提供的这些定制化服务时，便开始对竞争对手的竞争行为"免疫"，逐渐成为最忠诚的顾客。

（3）结构化约束。在生产型服务行业，服务型企业会经常采用结构化约束来提升顾客的忠诚水平。结构化约束是通过建立结构性的合作关系，将顾客融入服务型企业的业务流程，进而与服务型企业建立"固化"关联。例如，技术服务提供商为客户进行技术服务，通过定制化软件开发，实时技术支持等方式，使合作双方在信息、行动等领域实现高度共享，进而实现结构化约束。

（三）减少顾客流失的因素

服务型企业在努力获取顾客的同时，要确保顾客忠诚，还需要尽可能减少顾客流失。因此，企业必须了解导致顾客流失的因素，进而有的放矢，消除或减少这些负面因素。服务型企业在减少顾客流失时需要从以下几个方面着手。

1. 顾客流失分析与监控

顾客流失分析与监控的首要目标是发现顾客流失的原因。苏珊·卡芬妮（Susan Keaveney）开展过一项涵盖多项服务行业的研究，发现了导致顾客流失的系列关键因素（见图 13-11）。它主要包括：①核心服务失误（44% 受访者）；②对服务接触不满意（34%）；③过高、具有欺诈性或不公平的价格（30%）；④服务时间、地点不方便或服务承诺的时间延迟（21%）；⑤顾客失误处理不当（17%）。研究结果表明，顾客决定离开一家服务型企业而转向另外一家，影响因素并不是单一的，可能是多种因素共同作用的结果。例如，当服务型企业出现服务失误，且服务补救也不及时，极有可能导致顾客流失。

具有前瞻性的服务型企业会定期开展顾客变动诊断，对有波动、下降以及流失的顾客数据进行分析，并由第三方研究机构对这些顾客进行深度访谈，进而对发生变动的顾客进行更深入详细的了解。例如，移动运营商会采用顾客变动预警系统（churn alert system），对单个顾客的账户进行监控，对顾客可能的流失进行研判，对那些重要的顾客提前采取介入措施如赠送礼券以进行挽留，或者通过顾客服务代表致电进一步研判与顾客的业务联系是否正常，并决定是否有必要采取必要的改进措施。

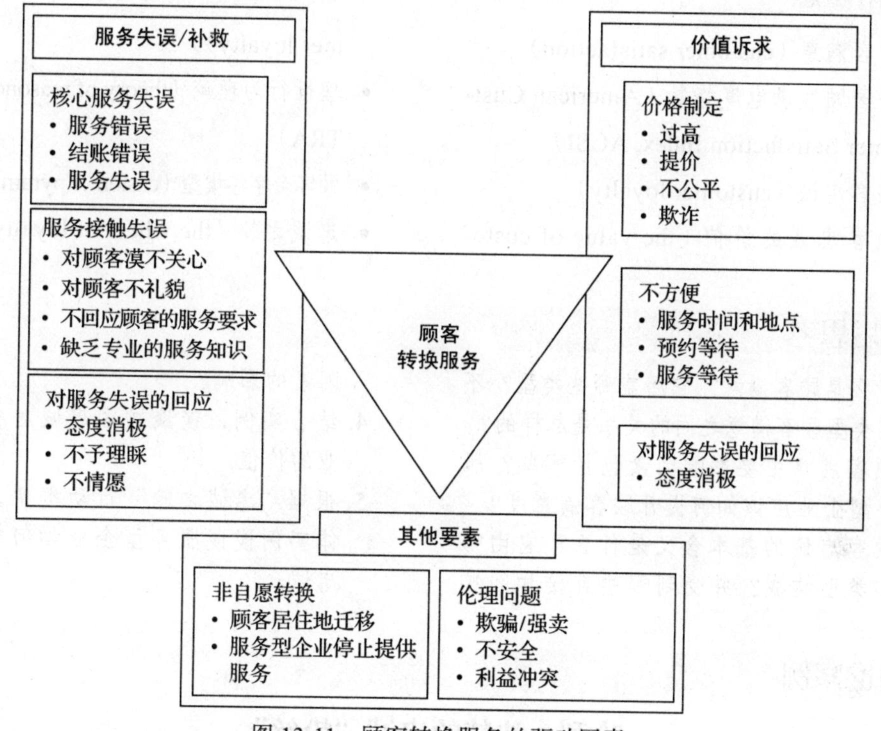

图 13-11 顾客转换服务的驱动因素

资料来源：Keaveney S. Customer switching behavior in service industries: An exploratory study[J]. Journal of Marketing, 1995, 59(4): 71-82.

2. 提高顾客服务转换成本

提高顾客转换服务型企业的额外成本，即“锁定”顾客是减少顾客流失，确保顾客行为忠诚的有效方法。服务型企业“锁定”顾客可以通过两类方式实现：①服务型企业通过提供附加价值，如更高的便利性、定制化和优先权等积极转换成本或“软锁定战略”来提高顾客转换成本，进而密切企业与顾客的关系；②“硬锁定战略”是指通过合同约定、违约罚款的方式来约束顾客服务的转换行为。例如，服务合同中的一些约定条款也可能成为顾客的服务转换成本。需要注意的是，在提高顾客服务转换成本方面，硬锁定战略比软锁定战略更直接、见效更快，但从长远角度看，软锁定战略更能为服务型企业带来顾客忠诚。

3. 实施顾客抱怨管理及服务补救

正如前文所言，服务型企业或服务人员无法完全避免顾客服务失误及顾客抱怨。因此，服务型企业要构建顾客忠诚，还需要实施有效的顾客抱怨管理机制和服务补救流程。对于那些遭遇服务失误的顾客，让其继续保持与企业业务关系的最有效方法，就是实施有效的顾客抱怨管理和出色的服务补救策略，包括顾客能够轻松地倾诉其所遇到的问题，服务型企业或服务人员对顾客反映的问题能够迅速有效地予以解决。这样，顾客就会回到满意状态，降低转换倾向，进而形成顾客忠诚。

基本概念

- 顾客满意（customer satisfaction）
- 美国顾客满意度指数（American Customer Satisfaction Index, ACSI）
- 顾客忠诚（customer loyalty）
- 顾客忠诚的价值（the value of customer loyalty）
- 理性行为理论（theory of reasoned action, TRA）
- 顾客金字塔模型（customer pyramid model）
- 忠诚之轮（the wheel of loyalty）

课后思考

1. 什么是顾客满意？它涵盖哪些类型？不同类型顾客满意之间的关系是怎样的？
2. 顾客满意主要影响因素包括哪些？服务型企业应该如何提升顾客满意度？
3. 顾客忠诚的基本含义是什么？它由哪些类型构成？并受到哪些直接和间接因素的影响？
4. 结合实例，谈谈顾客忠诚对服务型企业的价值。
5. 根据“忠诚之轮”行动框架，结合具体实例谈谈服务型企业如何构建顾客忠诚。

讨论案例

哈利·波特的忠诚“粉丝”

哈利·波特（Harry Potter）诞生于J.K.罗琳（J.K. Rowling）家附近的一家咖啡馆中。1997年，第一部“哈利·波特”系列小说正式出版；2001年，第一部“哈利·波特”系列电影正式公映；同年，第一部“哈利·波特”系列游戏正式发行；2010年，第一座“哈利·波特”系列主题公园对外开放。与此同时，一系列的“哈利·波特”周边产品也走向市场。一部小说何以能够在十多年时间里赢得顾客的青睐，不断给顾客带来惊喜和满意，培养起一大批对“哈利·波特”如痴如醉的忠诚顾客？

（1）瞄准消费者需求。J.K.罗琳创作的“哈利·波特”系列小说通过现实与非现实因素的交错精雕细琢出了一个完美的魔幻乌托邦世界。作为一部以青少年为主要读者的魔幻小说，作者在创作过程中注意在故事的背景定位、道具情节设计以及写作技巧方面契合儿童心理来创作，悉心满足儿童的种种愿望，让少年儿童在阅读时产生共鸣和认同。

（2）情感体验吸引读者。美国出版社为《哈利·波特》制订的营销方案包括：首发阶段某天的深夜12点，在美国各家书店点着蜡烛，穿着黑斗篷、戴着小眼镜的店员在销售《哈利·波特》，在宁静的夜晚制造出了一种节日的气氛，美国孩子趋之若鹜。同时这一新闻事件又引起了全美媒体的爆炒，继而向全球蔓延。在中国《哈利·波特》的首发售书现场，人民文学出版社请来小演员扮演成哈利·波特出现在人群中，并在售书时赠送杯子、圆珠笔、衬衫等纪念品，让购书与娱乐同行，使购买过程变成一种感官享受。

（3）利用品牌效应开展饥饿营销。通过炒作故事悬念开展饥饿营销，比如《哈利·波特》第七部在作者刚开始写作的时候就开始半遮半掩地告诉大家，有一个主要人物会在这一集中死去，导致了大批哈里·波特迷的疯狂猜测和期待，有人甚至贿赂印刷工人去打听，而发行前夕还多次传出神秘人物和小报把新书内容提前泄密的事件，使得舆论经常会有相关话题出现。

（4）开发延伸产品。由时代华纳拍摄的第一部《哈利·波特》电影在美国首映当日同时出现在全美3 672家电影院的8 200块银幕上，票房收入3 350万美元，创下好莱坞有史以来最好的单日票房纪录，后又在短短三天内票房达到9 030万美元，创造了最快突破亿美元票房的电影史纪录。截至2010年1月，已经上映的“哈利·波特”系列电影前六部累计票房达到惊人的54.13亿美元。

伴随图书和电影一起蜂拥而至的是大量与哈利·波特有关的商品：一类是横向延伸产品，即与哈利·波特有关的辅助读物，如哈利在魔法学校读的图书《神奇的动物在哪里》《神奇的魁地奇球》《哈利·波特的魔法世界》《哈利·波特魔法揭秘》《我和哈利·波特真实的故事》等，“哈利·波特”系列电影、CD、游戏等；另一类是纵向延伸的衍生产品，即充斥儿童文化市场的各类文体用品、游戏玩具、生活用品和服饰等品牌商品。当《哈利·波特与魔法石》上映时，市场上已经出现明信片、笔记本、飞天扫帚、魔杖、巫师帽、校服等500多种文具与玩具。据估计，哈利·波特相关商品超过1万种。2010年，美国奥兰多环球影城在其园内新建景区“哈利·波特魔法世界”。通过动态、创新的立体化营销和顾客关系管理，哈利·波特实现了品牌与消费者的共同成长，多数读者不仅没有疏远主人公，而且还影响着周围的人，使得哈利·波特迷越来越多。

资料来源：根据相关资料整理。

思考题：

1. 根据案例材料，谈谈在服务市场为什么顾客忠诚如此重要？
2. 结合哈利·波特成功的案例，谈谈在服务业中获取顾客忠诚需要从哪些方面入手？
3. 顾客满意与顾客忠诚是什么关系？服务型企业应该如何从顾客满意塑造顾客忠诚？

第十四章 创新驱动服务型企业成长

本章提要

服务创新是服务型企业实践创新驱动发展战略的重要方式，它体现为服务项目创新、服务技术创新、服务市场创新和服务传递创新四种主要类型，并被企业内外部综合因素驱动。服务型企业的绩效可以分为服务失败者、平庸者、专家和领导者四个基本层次，不同层次之间的转换也有因可循。服务利润链为服务型企业改进服务绩效水平，实现企业持续成长提供了重要的管理路径。

学习目标

- 理解服务创新的内涵及类型
- 认识服务创新的关键驱动力
- 理解服务型企业绩效的基本层次
- 认识服务利润链的基本内涵
- 掌握基于服务利润链的管理路径

引导案例

服务创新是 PetSmart 增长和利润增加的动力

虽然全球经济在衰退，但是服务创新仍然使美国大型宠物商超 PetSmart 的业绩强劲增长。它在美国、加拿大和波多黎各有超过 1 100 家宠物店，在 2012 年收入达到 57 亿美元，PetSmart 致力于通过对宠物进行“全生命周期护理”来服务于“宠物的家长”。宠物家长更喜欢将这些毛茸茸的东西当成孩子而不是宠物来看待，他们在给宠物提供产品或服务之前，常常愿意先分享他们的需求。虽然在 2001～2007 年年均收入下降超过 20%，但 PetSmart 的服务仍然在 2010 年保持 7.5% 的增长。

PetSmart 提供“全生命周期护理”，它们提供从宠物出生到死亡全方位的服务和产品。虽然它们曾经也销售宠物食品、玩具和宠物配件，但是“全生命周期护理”更有利于公司的发展。该公司还鼓励全面的宠物训练、宠物毛发梳理、全天照顾和隔夜照顾。PetSmart不仅确保宠物一天24小时的安全与健康，同时也促进专业护理和“宠物体验”，体验包括宠物们一起玩耍。在此期间，宠物可以互相交往，吃特殊的食品；宠物家长可以打电话，了解他们宠物的状况。PetSmart还给宠物提供住宿，从一个别致的“心形房间”，到包括一个动物频道的一个套间。其他附加服务包括在他们停留酒店期间，为狗狗提供训练营，有特别的食品，训练完毕还可以沐浴。通过宠物美容服务，PetSmart为宠物提供了一个包含各式各样服务的美容包，包括洗澡、毛修剪和刷光、指甲与牙齿保健以及其他一些专业服务。所有这些服务都可以附加“满意保证”，如果宠物家长不满意对他们宠物的服务，可以不用付款。

创新服务以前并不是PetSmart产品的一部分。事实上，在20世纪90年代后期，PetSmart曾被称为“集市”——一个“大盒子”组合，就是仓储式零售连锁店，几乎只关注销售食品、玩具和其他传统的宠物产品。当时其产品的利润率非常低，沃尔玛也入侵到其传统领域。与此同时PetSmart做过一个简单的网上零售尝试，但是这些都没有能够解决盈利能力萎缩的困境。在21世纪早期，PetSmart开始把产品转移到服务，再加上在其传统的零售领域关注运营效率，这样才挽救了公司。服务创新已经使PetSmart的利润显著增长，与公司让宠物过上健康长寿生活的使命及承诺非常一致。PetSmart是一个独立的致力于动物福利和宠物收养的非营利宠物慈善机构。在其网站上这个承诺非常明显，上面全是PetSmart的每一位高管及其宠物的合影，公司允许甚至鼓励员工在每星期五带宠物到公司办公室上班！

对于PetSmart来说，转型到服务行业是很大胆的，需要投资于门店的重新设计，以适应宠物美容和酒店的环境。这些领域需要更多的空间、不同的布局，以及比传统商店更独特的风格设计。进入服务行业还需要招聘和培训不同类型的员工，以使这些员工能有效地与宠物和宠物的家长在亲密的服务中互动。例如，当公司开始大规模地开展宠物美容业务时，它意识到没有足够的高质量的、训练有素的护理员工来支持新的战略，所以，公司用12周、400小时的时间来对这些护工进行培训和认证。与其他许多公司进入服务领域所面临的情况一样，PetSmart商店设计和美容师培训活动面临设计风格的展现、人力资源组织以及许多其他挑战。对于PetSmart来说，转型到服务行业的举措显然是它所做过的最棒的事情之一！

资料来源：Zeithaml V, Bitner M, Gremler D. Services Marketing[M]. 7th ed. New York: McGraw-Hill Education, 2017：218-219.

在新经济时代，创新已经成为时代主题，融入社会经济生活方方面面。PetSmart获取持续成功的例子已证明，在服务营销管理领域，创新仍然是非常重要的话题。服务创新是服务型企业实践“创新驱动发展战略”的关键手段，是在激烈的服务市场竞争中获取和维持竞争优势的基础之一。因此，认识服务创新，以服务创新推动服务型企业持续成长是服务营销管理为企业做出的“战略贡献”。

第一节 服务创新

一、服务创新的基本含义

创新概念经过近百年的不断丰富和发展，已经成为与当今经济增长与科技进步密切关联的思想。服务创新是创新行为及活动在服务经济以及企业服务营销及管理领域的具体体现，是创新思想在服务型企业内部的运用，是组织创新活动的重要形式。

（一）什么是创新

美籍奥地利经济学家约瑟夫·熊彼特（Joseph Schumpeter）在1911年出版的德文版《经济发展理论》一书中首次提出了“创新”这一概念，并将创新视为“将资源以不同的方式进行组合，创造出新的价值”。约瑟夫·熊彼特认为，创新是将一种从没有过的关于生产要素的“新组合”引入生产体系中，由此引发创新的五种形式：开发新产品、引进新技术、开辟新市场、发掘新的原材料来源、实现新的组织形式和管理模式。约瑟夫·熊彼特提出创新概念的内涵非常丰富，既涉及技术变化的创新，又涉及非技术变化的组织创新。

继约瑟夫·熊彼特奠定创新研究的基石后，国内外诸多学者均对创新特别是技术创新进行了系统的探讨。美国经济学家罗伯特·索罗（Robert Solow）在《资本化过程中的创新：对熊彼特理论的评价》一书中首次提出技术创新的两个条件，即思想来源和后续阶段的实现。詹姆斯·厄特巴克（James Utterback）在《产业创新与技术扩散》一文中认为，创新是技术的实际采用或首次应用。英国经济学家克利斯·弗里曼（Chris Freeman）在《工业创新经济学》一书中指出，技术创新是指新产品、新过程、新系统和新服务的首次商业化应用。著名管理学大师彼得·德鲁克则认为，创新是企业家独有的工具，是一种赋予资源以新的创造财务能力的行为，任何改变现有资源的财富创造潜力的行为都可以称为创新。

（二）服务创新的定义

长期以来，对创新探讨的范畴大都局限在技术创新的领域，使得有关创新议题都打上深深的“技术”烙印。随着服务经济时代的到来，服务业在国民经济中的地位日益提高，对促进经济增长和扩大就业起到越来越重要的作用，而服务业的可持续发展仍然离不开创新。

服务创新是一个相当宽泛的概念。所谓宽泛，是指服务创新活动发生的范畴不仅局限于服务业本身，其他产业和部门中同样大量出现。服务创新发生的范畴可以划分为三个层次：服务业、制造业和非营利性公共部门。因此，对服务创新的理解可以从广义和狭义两个层面进行。从广义上讲，服务创新是指一切与服务相关或针对服务的创新行为与活动。例如，认为服务创新是通过非物质制造手段增加有形或无形“产品”附加值的经济创造活动，也是以满足人类需求为目的的软技术创新活动。从狭义上讲，服务创新是指发生在服务业中的创新行为与活动。例如，强调服务创新是服务型企业引入一种更有效而尚未被采用过的新服务手段或方法。

从服务经济及服务业发展视角看，对服务创新的理解大都从狭义层面展开。例如，欧洲服务业创新系统研究项目认为，服务创新是指在服务中使用新的技术推出新产品和服务，或者在服务中对现存技术的新应用。从服务营销管理理论及实践角度看，**服务创新（service innovation）是指服务型企业在服务价值管理过程中，综合运用新理念、新技术、新模式等手段革新服务价值，更好地满足服务市场需求，并为企业维持或创造竞争优势的系列行为和活动**。因此，服务创新可以视为服务型企业围绕顾客价值，面向服务市场需求与竞争优势维持或获取所进行的系列革新行动，是服务型企业组织创新的重要表现形式。

二、服务创新的主要类型

由于对服务创新内涵理解的广泛性，使有关服务创新主要类型的观点非常多样化。不同学者从各自理论视角，运用不同的标准对服务创新进行分类：理查德·诺曼（Richard Normann）根据创新的形式，将服务创新分为社会创新、技术创新、网络创新和复制创新四类；伊恩·迈尔斯（Ian Miles）根据服务特征，将服务创新分为产品创新、过程创新和传递创新三类；乔恩·森德伯（Jon Sundbo）和法伊兹·加卢（Faiz Gallouj）根据创新对象的不同，认为服务创新可以划分为产品创新、过程创新、组织创新和市场创新四类。此外，针对许多用技术维度无法解释但仍然重要的服务创新形式，法伊兹·加卢还提出专门化创新、形式化创新、结构创新等分类。

通过上述服务创新类型的观点梳理可以发现，根据不同的分类标准，服务创新可以划分为不同的类型。因此，本书根据服务营销管理的基本内涵，以及服务型企业的营销实践，基于创新要素视角将服务创新划分为以下四种类型。

（一）服务项目创新

服务项目创新是指服务型企业在服务市场中开发并引入全新的服务产品。这种服务创新与有形产品创新很相似，只不过创新对象并不表现为有形产品，而是一种全新的利益、效用或体验，即服务型企业生成全新的服务项目。

服务项目创新大多来自技术和市场两方面的驱动。一方面，科学技术的进步和新技术的发明，为服务型企业提供了开发新兴服务项目的机会。例如，大数据、云计算等新兴信息技术的出现为移动支付服务的开发提供了技术支撑，因而出现了诸如支付宝、微信支付、Paypal、拉卡拉、快钱等移动支付服务项目。另一方面，服务市场新需求的出现，也推动了服务项目的创新。例如，保险公司根据新出现的保险服务需求，开发出诸如航班延误险等新的险种。

（二）服务市场创新

服务市场创新是指服务型企业将现有服务直接引入或改进后引入新的细分市场，从而为新细分市场带来新服务价值的创新型活动。服务市场创新的关键是识别潜在细分市场的服务需求，进而通过直接引入或改进现有服务以满足潜在细分市场的服务需求。例如，诞生于重庆地区的“加班狗”美食外卖品牌，聚焦于高端外卖市场，为顾客提供爆款美食的外卖服务。自2014年运营以来，“加班狗”的复购率达到42%，客单价230元，是普通餐饮外卖的10倍，成为“客单价最高的外卖品牌之一”。

服务市场创新的关键是运用逆向思维或跨界思维，将现有服务产品与潜在细分市场进行联结，从而形成新的服务需求供给。在缺乏技术背景的服务行业或缺少技术资源的服务型企业，基于市场角度的服务创新是企业的重要创新方向。

（三）服务技术创新

服务技术创新是指服务型企业将已有技术或新技术在服务价值创造及传递过程中进行应用，进而革新服务价值的创造型活动。例如，自动柜员机（ATM）的出现，是运用新技术对银行的传统存取款服务的革新；在移动互联网、即时位置信息及第三方支付等技术支持下，网约车通过网络预约、上门服务、移动支付等方式革新了传统出租车服务行业。服务技术创新聚焦于技术在服务价值中的应用和扩散，是服务型企业运用新兴技术或现有技术跨界应用以实现服务价值增值的创新方式，是技术导向型服务企业实践创新驱动发展战略的重要方向。

（四）服务传递创新

服务传递创新是指服务型企业向顾客进行服务价值传递的系统、路径或手段的革新活动。服务传递方式的优劣和效率的高低直接影响服务结果和顾客的感知服务质量，通过变革服务价值传递过程及手段，能够提升服务效率，减少服务失误，增强服务的品质认知。例如，随着移动互联技术的广泛应用，服务型企业为顾客参与服务过程提供了新的工具和路径，如运用定位技术提供上门服务或即时服务等基于位置的服务（location-based service, LBS），能够极大地增加服务的互动性和效率水平。从服务的本质特征上看，服务传递创新反映服务创新过程中的顾客参与和互动的特征，能够提升顾客的服务感知质量，增加顾客满意水平。

三、服务创新的基本驱动力

服务创新的基本驱动力是推动服务型企业形成创新活动的环境因素或条件，是形成服务创新的系统环境。全面、科学地理解服务创新的基本驱动力，是服务型企业促进和激发服务创新的基础。服务创新的基本驱动力主要来自服务型企业的内外部环境因素：内部因素主要涵盖服务型企业发展战略、关键职能部门以及一线服务人员；外部因素主要包括轨道、技术环境、制度环境以及顾客、竞争者、供应商和政府等行为者。这些内外部因素相互交织、共同作用，成为推动服务型企业实现服务创新的核心力量，即服务创新驱动力模型（the driving model of service innovation)(见图14-1）。

（一）内部驱动力分析

内部驱动力是服务型企业开展服务创新的基础因素，是决定服务创新成败的关键内部力量。服务型企业进行服务创新的内部驱动力，主要包括企业发展战略、关键职能部门和一线服务人员三方面因素。

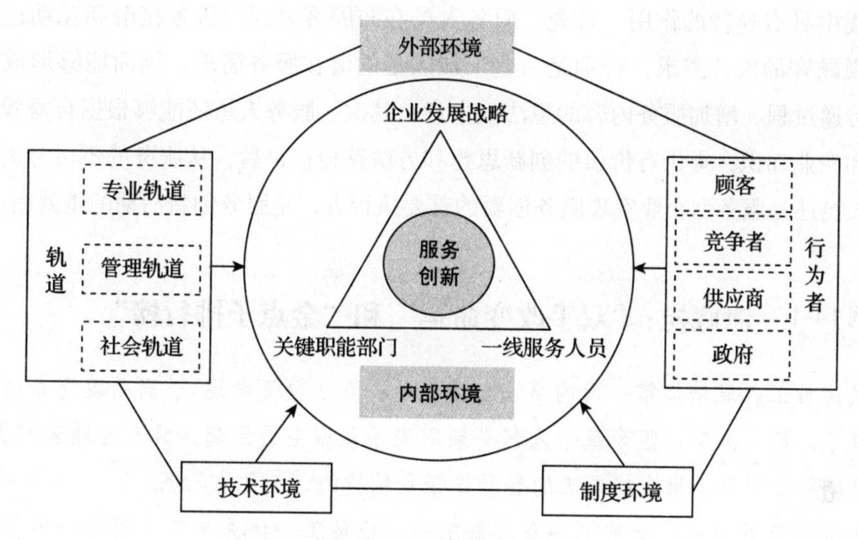

图 14-1　服务创新驱动力模型

资料来源：本书设计。

1. **企业发展战略**

发展战略是有关服务型企业自身发展的长期规划，是指导企业开展各项组织活动的根本准则。具有较强创新意识的服务型企业会将创新作为发展战略的重要组成部分，以此支配组织资源配置和能力开发，并将创新作为企业形成良好的组织形象的途径，拓展服务市场影响力和渗透力，最终获取市场竞争优势的根本手段。事实上，发展战略驱动的创新活动是一种系统性的创新活动，目前已经成为服务型企业实现服务创新的主导模式。

2. **关键职能部门**

正如管理学大师彼得·德鲁克所言："企业有且只有两种基本职能——营销与创新。"在推动服务创新过程中，与营销和创新密切关联的关键职能部门扮演着重要角色。一方面，营销管理部门是推动服务型企业实现服务创新的主要力量。由于服务创新经常是由市场驱动的，而营销管理部门是与顾客直接接触并拥有足够市场知识的职能部门，它可以根据服务市场的变化和顾客需求的演变及时做出反应，并激发某种形式的服务创新出现，如新服务项目的开发、新服务细分市场的锁定等。另一方面，服务开发及运营部门负责服务产品线及服务项目的规划、开发和运营，是服务型企业实现服务创新的着力点和集中表现。虽然在服务型企业中很少存在制造业意义上的研发部门，但是服务开发及运营部门仍然可以通过一些"内部交流"等意见收集及信息分享活动，在服务型企业内部诱发并收集创新概念，进而推动服务创新的产生。服务开发及运营部门是推动服务项目创新、服务技术创新的关键力量。

3. 一线服务人员

一线服务人员是最真实理解顾客服务感受、最客观了解顾客潜在需求的群体，因而在服务创新过程中具有独特的作用。首先，服务人员在与顾客之间的服务接触和互动过程中，能够直接发现顾客的服务需求，特别是一些未被满足的潜在服务需求，因而能够形成大量有效改进服务传递过程、增加服务内容的想法或主意；其次，服务人员还能够根据自身较为丰富的服务经验和专业知识，提供有价值的创新思想和方法路径；最后，从服务的不可分离性特征来看，服务人员还是服务型企业实现服务创新的首要执行者，是服务创新活动的重要组成部分。

服务案例 14-1 海底捞："双手改变命运"和"金点子排行榜"

海底捞员工入职培训第一天的第一句话就是：双手改变命运。"双手改变命运"不只是一句口号，而是事实。因为每个人都必须用双手从服务员干起，只有为顾客服务好了，员工才可能往上晋升。海底捞员工的晋升途径是独特的，一共有三条。

（1）管理晋升途径：新员工→合格员工→一级员工→优秀员工→领班→大堂经理→店经理→区域经理→大区总经理→副总经理。

（2）技术晋升途径：新员工→合格员工→一级员工→先进员工→标兵员工→劳模员工→功勋员工。

（3）后勤晋升途径：新员工→合格员工→一级员工→先进员工→文员、出纳、会计、采购、物流、技术部、开发部→业务经理。

在海底捞，通过这套晋升体系，即使没有学历、没有背景、没有专长的农民工，只要肯干、能吃苦、忠于企业并不断进步，他们通过自己的双手努力服务好顾客，就能成为海底捞的干部和骨干，就能有钱在城里买房子，就能改变自己的命运。

同时，海底捞还设计了有趣的"金点子排行榜"，这是海底捞服务创新火花的来源。每个月，由各大部长、片区经理组成的创新委员会，会对员工提出的创意服务做出评判，一旦评上就会推广到各个分店，该员工可以获得200～2 000元的奖励。而且，这项创意会以员工的名字来命名。

有位员工叫包丹丹，她想到了为戴眼镜的顾客提供眼镜布，店长觉得不错，便在本店执行，并上报给总部，总部也同意在各分店推广。当她的创新被海底捞各店采用后，每个店都需要支付200元的"知识产权费"，按照当时海底捞有38家店算，要支付给包丹丹7 600元，后来经过店长与之协商，给了她3 800元，另一半则作为创新基金，鼓励大家提供更多的"金点子"。这种眼镜布现在美其名曰"包丹布"。在这样的创新机制鼓励下，海底捞还推出了许多创新服务。这样一来，不但极大地尊重了员工，给予他们更多的鼓励，也提升了顾客的感知服务质量和顾客满意水平。

资料来源：王成慧．体验营销案例研究[M]. 天津：南开大学出版社，2011：29-31.

（二）外部驱动力分析

有效的服务创新离不开外部环境的支持，如市场、技术、制度以及其他关键机构或群体，外部环境是服务创新的土壤，为创新活动的展开提供环境资源。因此，对服务创新驱动力的理解，需要掌握影响服务型企业创新行动的诸多外部条件或因素。

1. 轨道

轨道是在社会系统（如一个国家、一个国际产业网络、一个地区性的专业网络等）中传播和使用的概念和逻辑，它体现宏观环境对社会行动的个体或单元，如个人或商业组织的引导和规范力量。轨道与创新活动是相互作用的。虽然单个服务型企业的服务创新活动会对既定轨道产生影响，但作为重要的创新外部驱动力，轨道会对服务型企业施加更大的作用，并使企业在轨道约束的范围内进行创新。服务型企业开展的服务创新活动主要受三种轨道的制约。

（1）专业轨道，是指存在于不同服务行业中（如律师、医疗、金融、交通）的一般性知识、基本方法和行为准则。专业轨道是影响服务创新最重要的轨道。专业轨道由特定服务行业自身的性质决定，服务创新活动的发生都必须以此为基础，在专业轨道的约束范围内进行。

（2）管理轨道，是指针对服务型企业等组织运行方式和管理模式的一般管理体系或机制，如组织架构、激励机制、服务管理系统等。管理轨道限定了服务型企业开展运营活动的基本方式和规则，因而会对服务创新活动产生影响。需要注意的是，在一些知识密集型的生产性服务业中，专业轨道和管理轨道会出现高度重叠，两者经常是统一的。

（3）社会轨道，是指影响服务型企业的服务理念、发展模式等一般性社会规范或意识，如生态及环境保护意识、以人为本的社会规范等。社会轨道既能够为服务型企业的服务创新提供契机和方向，又能限定服务创新的方式和路径。

2. 行为者

服务创新外部驱动力量中的行为者，是指与服务型企业实施开展创新活动密切相关的个人或组织，即创新相关者。在大多数情况下，行为者是服务型企业进行服务创新的重要参与者或影响者。这些行为者主要包括以下四种。

（1）顾客。在所有行为者中，顾客是最重要的一类。顾客不仅是服务信息及创新思想的关键来源，而且还能参与到服务型企业的服务创新过程中，对创新活动的顺利展开有着重要影响。从某种意义上讲，某些服务创新是顾客与服务型企业“价值共创”的结果，是双方紧密“合作”的产物。由此可见，顾客是推动服务型企业实施服务创新的首要外部驱动力。

（2）竞争者。除顾客以外，竞争者对服务创新也非常重要。服务型企业可以模仿和改进竞争者的服务创新，进而形成具有自身特色的创新活动。事实上，某些服务型企业并不会首先采取主动创新的策略，而是在充分借鉴和改进的基础上实现服务创新。这种“模仿+

改进”的服务方式不仅可以降低创新风险及试错成本，还能够极大地提升服务创新的成功率。

（3）供应商。在一些技术型或知识型服务行业，如软件开发、科技信息服务等，供应商也是创新思想的重要来源和创新活动的推动者，它们可以为服务型企业提供大量创新思想和技术支持，并帮助企业将知识或技术与服务价值融合，以新知识和新技术革新服务价值，进而实现服务创新。

（4）政府。以政府为主体的公共部门对服务型企业的服务创新也会产生一定影响，但作用在所有行为者中最小。一方面，政府机构的持续改革，公共服务的社会化和商业化转型，包括政府购买服务的大规模增长，推动服务型企业进行服务项目创新或服务市场创新，以满足新的公共服务市场需求；另一方面，公共部门还能够为服务型企业进行服务创新提供资金、政策等方面的支持，推动新兴技术的研发及商业化应用，进而活跃服务创新活动。

3. 技术环境

大量的服务技术创新、服务项目创新和服务传递创新是基于新兴技术的发展和商业化。以云技术、大数据及人工智能技术为代表的新兴技术发展，为服务型企业创新服务价值识别、创造、传递和维护全过程提供了技术基础。例如，智慧社区和智慧家居概念的提出和逐渐扩散，是以物联网、大数据及人工智能等技术为支撑的重要服务创新。远程医疗等服务的出现和发展，是计算机技术、遥控技术以及云计算、第三方支付等相关技术共同支持的结果。如果说顾客因素是为服务创新提供了必要性，那么技术因素则是为服务创新带来了可能性。

4. 制度环境

服务型企业是生存于特定制度环境中的经济行为主体，制度因素会直接影响企业的创新行为方式及路径。制度环境反映服务型企业在经营过程中需要面对的外部管制与规范的总和，它对包括服务创新在内的企业行为具有治理和规范作用。

（1）管制制度，是指对服务型企业行为具有强制性影响的制度约束条件，如政策法规、行业规划等。例如，在网约车服务市场，由国家交通运输部、工信部等七部委联合颁布的《网络预约出租汽车经营服务管理暂行办法》对网约车企业的服务创新进行了规范和限定；在互联网金融服务市场，由《关于促进互联网金融健康发展的指导意见》《最高人民法院关于审理民间借贷案件适用法律若干问题的规定》《互联网保险业务监管暂行办法》等组成系列法律法规，对互联网金融企业开展服务创新设置了严格的要求。

（2）规范制度，是那些对服务型企业行为产生直接或潜在约束期待的社会责任与行业规范，如行业惯例、消费文化及习惯等。例如，银行、保险、管理咨询等行业会形成一些明文的行业规范或约定俗成的行业管理或规则，以及旅游、酒店等行业中的特定消费文化及习惯等均会对服务型企业的服务创新活动产生影响。

服务案例 14-2

Uber 模式为何遭全球“追杀”

作为网约车“鼻祖”，Uber 在共享经济时代的服务创新过程中始终遭受质疑和批评，甚至面临一场全球范围内的“围剿”。如今，Uber 已经拓展至全球 220 个城市，并成为全美估值最高的未上市公司，风光背后，则是一波接着一波的“封杀”：

- 2014 年 7 月，韩国首尔市政府表示，将寻求封杀 Uber 打车应用。政府的公开声明称，韩国法律禁止未注册的私人或租赁汽车提供收费的运输服务，因此 Uber 是非法的。
- 2014 年 9 月，德国法兰克福的一家法院发布禁令称，在决定 Uber 是否存在不正当行为之前，将在德国全境封杀 Uber 的服务。
- 2014 年 12 月，中国台湾交通部门称，Uber 涉嫌“违法”经营打车服务，计划封杀 Uber。
- 2014 年 12 月，Uber 在印度的一位司机被控强奸女乘客之后遭到禁令，被禁止在印度首都提供任何形式的服务。
- 2014 年 12 月，西班牙法官以“专车司机未经授权，属参加不当竞争”为由命令 Uber 停止在西班牙的运营。
- 2014 年 12 月，泰国曼谷交通管理部门颁布法令，要求 Uber 立即关闭业务，以解决该公司司机缺乏管理登记以及商业保险等问题。
- 2014 年 12 月，荷兰要求 Uber 司机必须要获得出租车执照，并再次指出，如果 Uber 在该国继续经营，将即刻被处以高额罚款。
- 2015 年 6 月，Uber 在法国巴黎遭到抵制，Uber 被认定为“组织非法出租车运输服务”。早在 2014 年 12 月，法国政府就宣布，从 2015 年 1 月 1 日起，在全国范围内禁用 Uber 打车服务。
- 2016 年 8 月，在两年时间烧掉 20 亿美元后，Uber 在各种声音的包围中，从中国市场全面撤退。

从各国及地区交通主管部门的反应可以发现，Uber 模式涉嫌违法的关键点落在“不正当竞争”与“非法运营”上，而这都指向私家车接入 Uber。不得不说背靠互联网巨头的专车公司的造势非常成功，让许多普通消费者甚至媒体忽视了事件的本质是专车服务涉嫌违法。出租车行业在任何国家和地区都属于政府重度监管的行业，其性质可以说是半公益，无法取代的，这是社会整体交通结构、公共安全、就业等因素综合决定的。虽然以 Uber 为代表的共享汽车或网约出租车是新经济及技术背景下的服务创新之举，但未来在不同国家及地区面临的制度及文化限制将越发明显。

资料来源：根据相关资料整理。

第二节 服务型企业绩效评估与成长

一、服务型企业绩效评估：平衡计分卡

依据传统的观念及方法，企业几乎完全根据财务指标，如利润、销售额及投资回报率等进行绩效评估。这种短期绩效的评估方法会导致企业只重视财务指标而轻视其他绩效指标。事实上，仅以财务指标评估服务型企业的绩效具有局限性，这些大都基于营业收入的财务数据更多地体现企业过去及现在的经营水平，但不能显示未来的绩效。因此，对服务型企业绩效的评估需要引入指标更加全面、兼顾长期与短期绩效的评价体系。

平衡计分卡（balanced score card，BSC）是一种能够获取多方面综合绩效数据的战略评估系统。哈佛大学教授罗伯特·卡普兰（Robert Kaplan）将平衡计分卡视为"一套可以使企业高层管理者快捷而全面地洞悉企业的指标系统，它运用顾客满意度、内部过程和组织创新及改进活动等运营指标对财务指标进行补充，那些运营指标将是未来财务指标的驱动因素"。平衡计分卡是将企业战略落实为可操作的衡量指标和目标值的一种新型绩效管理体系，是服务型企业全面、系统评价企业绩效的重要工具（见图 14-2）。

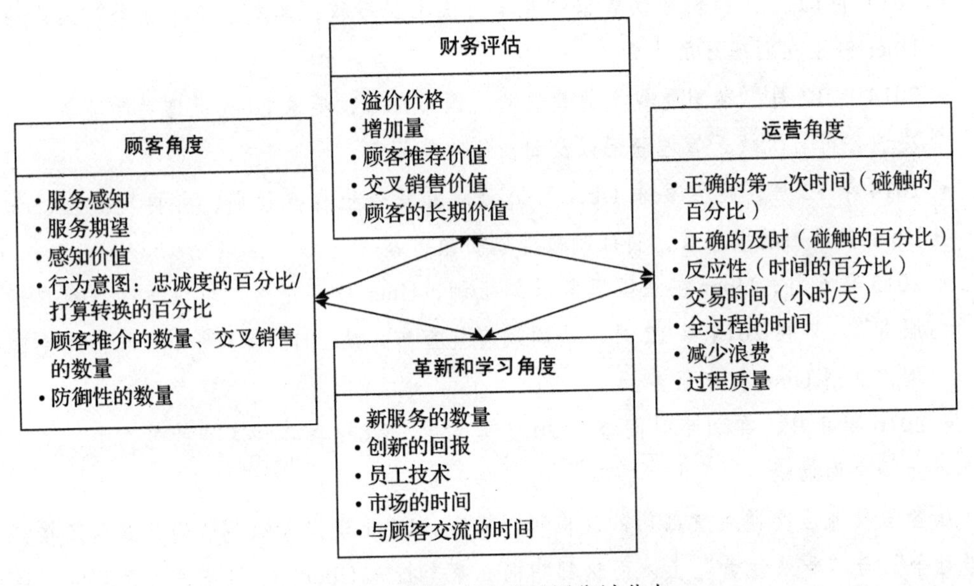

图 14-2 服务型企业的平衡计分卡

资料来源：瓦拉瑞尔·泽丝曼尔，玛丽·比特纳，德韦恩·格兰姆勒. 服务营销 [M]. 张金成，等译. 6 版. 北京：机械工业出版社，2017：309.

平衡计分卡涉及财务及其他三个方面：顾客、运营及学习，能够在绩效评估中将以往相互分离的因素联结起来，使服务型企业高层管理者超越财务思考的单一视角，从更加广泛和系统的视角思考服务营销及管理，以及企业的经营问题。近年来，随着平衡计分卡思想指导下的企业化软件不断普及，例如，UCML-BSC 战略绩效系统、Smart BSC 系统、BSC Designer 等，为服务型企业运用平衡计分卡进行绩效评估提供了系统支持。

根据平衡计分卡的分析框架，不同服务型企业在财务、顾客、运营及组织学习等方面的表现决定不同服务型企业的绩效水平差异。约亨·沃茨和克里斯托弗·洛夫洛克在2018年出版的《服务营销精要》(第3版）一书中将服务型企业的服务绩效产出分为失败者（losers)、平庸者（nonentities)、专家（professionals）和领导者（leaders）四个层次，每个层次的服务型企业在服务营销管理的关键维度上都有不同表现（见表14-1）。

表14-1　服务型企业绩效的四个层次及表现

层次	1.服务失败者	2.服务平庸者	3.服务专家	4.服务领导者
营销职能				
营销的作用	仅有策略之用；广告和促销缺少焦点；不介入产品或定价决策	混合使用销售和大众沟通，使用简单的细分战略；选择性地进行打折促销；进行基本的满意度调查	有明确的应对竞争优势的战略定位；利用有焦点且具有鲜明吸引力的沟通，来明确顾客期望并教育顾客；以价值为基础定价；监测顾客的使用，实施忠诚度项目；利用多样化的研究手段测量顾客满意度，获得服务提升的想法；与运营协同，以引入新的传递系统	特定细分市场中创新的领头羊，因营销技巧而著称；在产品/流程层面上树立品牌；执行复杂的关联数据库分析，作为一对一市场营销和积极顾客管理的输入；使用一流的研究手段；利用概念测试、观察、领先顾客作为新产品开发的来源；与运营/人力资源关系密切
竞争诉求	顾客不是因为企业表现尚好才惠顾	顾客既不主动寻找也不避讳此类企业	顾客基于其满足期望的持久信誉，主动寻求此类公司	公司的名称就是卓越服务的代名词；愉悦顾客的能力以及使其期望值达到对手无法企及的高度
顾客类别	非特定的；以最低的成本服务大众市场	了解一个或多个细分市场的基本需求	公司清晰地了解顾客群体的需求差异和他们各自对公司的价值	基于其未来对公司的价值选择与保留顾客，包括它们对公司提供新的服务商机的潜力，以及刺激创新的能力
服务质量	极具变动性，通常是不令人满意的；屈从于运营优先	满足一些顾客的期望；关注一个或两个关键维度，但不是所有的	在多个维度上持续满足甚至超越顾客期望	将顾客期望提升到新的水平；持续改进
运营职能				
运营的作用	被动的；成本导向	作为管理职能的主线，创造并传递产品，将标准化视作生产率的关键，从内部角度定义质量	在竞争战略中扮演战略角色；认识到生产率和顾客服务质量之间的平衡；愿意外包；监测竞争性操作来获取思路和威胁的信息	因创新、专注和卓越而闻名；是与营销和人力资源管理平等的搭档；具备内部研究能力，有学术关系；不断地实验
服务传递（前台）	不避免的灾难，定位和计划同顾客偏好无关，一贯忽视顾客	守旧的企业；“够用就行”，“没坏就不修”；对消费者建立严格的规则；传递过程中的每一步都独立运行	受顾客满意度而非传统驱动；愿意定制化，增强新的渠道；强调速度、便捷和舒适	围绕顾客组织无缝的传递流程；员工知道自己的服务对象；专注于不断地改进

（续）

运营职能				
后台运营	与前台脱节；在机制中无足轻重	为前台的传递步骤做出贡献，但组织是分隔的；对顾客不熟悉	流程明确地同前台联系在一起；将自身角色视作服务“内部顾客”，反过来服务外部顾客的人	即便地点相隔万里，也与前台传递紧密地整合在一起；理解自身角色如何与服务外部顾客的整体流程联系在一起；不断地进行对话
生产率	不明确；管理人员由于超出预算而受到惩罚	基于标准化；将成本控制在预算内，并从中获得好处	专注于重新构建后台流程；避免出现生产率提升却降低顾客服务体验的情况；为了效率持续地改善流程	理解质量回报的概念；积极寻求顾客参与生产力提升；不断地尝试新流程和技术
新技术的引入	较晚的应用者，迫于生存才采用	为了节约成本而随大流	当IT技术能够增强顾客服务，以及提供竞争优势的时候，就早早地采用该技术	同技术领先者一起开发新应用，以创造先驱者优势；追求竞争者无法匹敌的绩效水平
人力资源职能				
人力资源的作用	提供能够满足工作最低技能要求的廉价劳动力	招聘、培训能够胜任的员工	投资于选择性招聘和持续培训；保持贴近员工，促进向上的流动性；努力提高工作生活的质量	视员工质量为战略性优势；公司因杰出的工作环境而闻名；人力资源帮助高层管理者培育企业文化
劳动力	消极约束；糟糕的执行者，无所谓的态度，不忠诚	足够的资源，遵循程序，但缺乏创见；离职率通常较高	积极性高，工作努力，在流程选择上被授予一定的自主权，向公司提供建议	具有创新力，授权程度高；非常忠诚，认同企业价值和目标；创造流程
一线管理	控制员工	控制流程	倾听顾客；指导并帮助员工	高层管理者新理念的来源；指导员工的职业发展和提升对企业的价值

资料来源：Wirtz J, Lovelock C. Essentials of Services Marketing[M]. 3th ed. Edinburgh Gate: Pearson Education Limited, 2018: 492-493.

（一）服务失败者

服务失败者处在顾客、员工和管理视角的底层，在营销、运营和人力资源管理等方面都不合格。如果顾客会容忍服务失败者，并不是因为其服务绩效表现还可以，而是因为没有其他选择，这也是服务失败者还能够生存的原因。这类服务型企业的管理者甚至可能将服务传递视为不可避免的灾难，在迫不得已的情况下才会引入新技术；心不在焉的员工也是制约绩效提升的消极因素。

（二）服务平庸者

服务平庸者的绩效表现仍然有很多不尽如人意的地方，但是已经摆脱了失败者最糟糕的特征。服务平庸者往往被传统的运营思维模式所困，例如，高度依赖标准化以节约成本，片面强调对规模效益的追求等。平庸者秉承着“够用就行”和“没坏就不修”的理念，服务营销策略单一，人力资源和运营职能可能合二为一。顾客对服务平庸的服务型企业既不主动寻求也不避讳。

在服务运营管理中，服务平庸的服务型企业管理者不断重复诸如提升质量的陈词滥调，却不能为提升质量明确行动路径，并为不同路径设定清晰的优先关系，以及描绘出明确的实现过程，因而难以得到下属及一线服务人员的尊重和忠诚。顾客可以发现很多这样的服务型企业在既定的服务市场中进行无谓的竞争，难以将其与其他企业区分开。定期的折扣活动可能是这类服务型企业吸引新顾客的主要手段。

（三）服务专家

服务专家与服务平庸者处于不同的级别，该类服务型企业有清晰的服务市场定位，因满足目标顾客群的不同服务期望而建立起独特的品牌形象，因而目标细分市场中的顾客会主动寻求该类企业。服务专家的服务营销策略与手段也更趋复杂，例如，运用有针对性的整合服务营销传播手段，运用基于顾客感知价值的定价方法，运用市场调研来测量顾客满意水平并实现服务改进等。

服务专家可以通过实现服务运营管理与服务营销之间的协同来提升服务价值传递体系的效率水平，并实现服务生产率和顾客感知服务质量之间的平衡。相较于服务平庸者，服务专家在前台和后台行为之间建立起了更为清晰和明确的关联，并拥有一条更为主动的、投资导向的人力资源管理路径。

（四）服务领导者

如果说服务专家代表服务绩效优秀的话，那么服务领导者则意味着卓越的服务绩效水平。服务领导者是整个服务行业的领先者，该类服务型企业在不同的服务行业都是最杰出的代表，如亚马逊、谷歌、麦肯锡、美国西南航空、星巴克、丽思 - 卡尔顿等，这些卓越的服务型企业就是杰出服务的代名词，它们永远可以使顾客愉悦。在服务行业中，卓越的服务型企业具有以下共同特征。

（1）能够实现营销、运营和人力资源管理的良好协调与积极互动。这种能力来源于相对扁平且高效的组织结构，以及广泛利用团队工作，为顾客构建出无缝的服务流程，进而使卓越的服务型企业拥有更高的组织效率、更快的市场反应、更高的顾客忠诚。

（2）强调并注重洞察顾客需求。服务领导者在服务营销管理中大量运用顾客关系管理工具，对顾客服务需求有着深入的洞察力，并尽可能为顾客提供具有针对性和吸引力的服务。在卓越的服务型企业中，应对先前没有被意识到的服务需求时，会采用概念测试、观察以及同关键顾客进行沟通的方式来拓展具有创新性和突破性的服务。

（3）重视服务价值与新兴技术的完美融合。卓越的服务型企业能够使服务运营与新兴技术持续融合，开发出能够创造领先优势的新兴服务技术或应用平台，使企业的服务技术在相当长一段时间内达到主要竞争者无法企及的水平。

（4）企业与员工之间形成良性的互动关系。在卓越的服务型企业中，高层管理者将优质的员工视为企业的战略资产，努力打造并保持一种服务导向的文化，并创造出杰出的工作环境，吸引并留住优秀的人才。同时，员工也认同企业的价值理念和发展目标，并因企业的愿景而深受鼓舞，充满创造力，成为企业新理念、新思想和新方法不断产生的源泉。

事实上，所有怀有愿景和梦想的服务型企业都希望成为服务市场的佼佼者。服务型企业绩效层次的提升也是有因可循的。例如，改进和协同营销、运营、人力资源三者之间的关系；制定更具吸引力或竞争性的服务市场定位；努力提升顾客的满意水平等。服务利润链模型则为服务型企业改进绩效水平，实现持续成长提供了重要的管理路径。

二、什么是服务利润链

美国哈佛大学詹姆斯·赫斯克特（James Heskett）、托马斯·琼斯（Thomas Jones）等五位教授组成的服务管理课题组利用 20 多年追踪考察了上千家服务型企业，最后提出的“服务利润链模型”，是将市场营销、服务运营、人力资源管理和 IT 较好地整合在一起的概念模型。服务利润链的基本观点是：在服务型企业中，服务人员和顾客是最重要的资源，这也是衡量服务型企业是否成功的重要标志。**服务利润链（service-profit chain）将服务型企业的盈利能力、顾客满意、顾客忠诚、满意且忠诚的员工共同为服务型企业创造的价值，以及顾客和科技在服务运营中的作用联系起来，系统阐释了服务型企业、服务人员、顾客与利润之间的关系**（见图 14-3）。

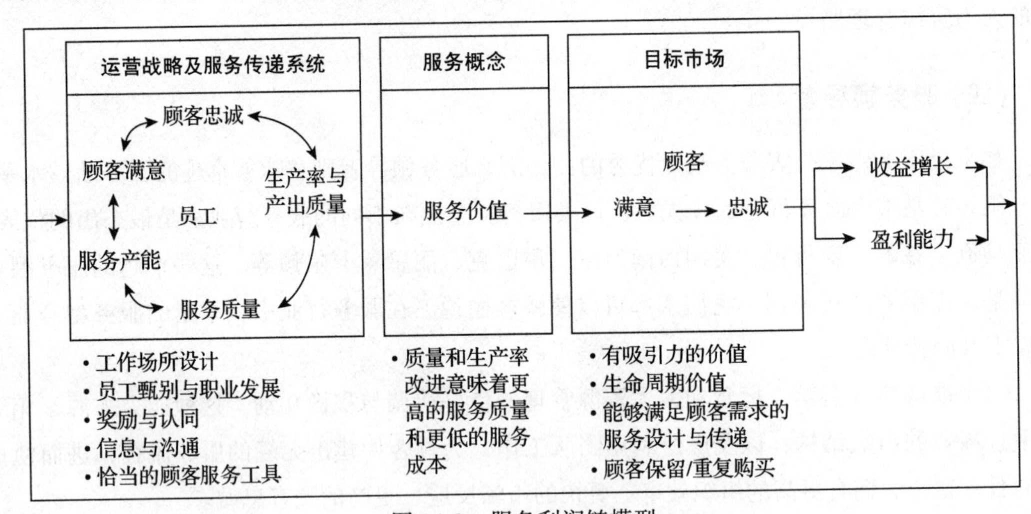

图 14-3 服务利润链模型

资料来源：Heskett J, Jones T, Loveman G, Sasser W, et al. Putting the service-profit chain to work[J]. Harvard Business Reviews, 1994, 72 (2): 164-170.

事实上，卓越服务型企业的高层管理者很少花费时间和精力来设定利润或市场占有率目标，因为在新的服务经济背景下，一线服务人员（即员工和顾客）才应该是服务型企业关注的对象。成功的服务营销管理需要聚焦能够为企业带来盈利的要素，需要在人力资源、支持一线服务人员等科技方面加大投资。例如，雇用与企业文化一致的员工，给员工提供有效的培训和良好的薪酬，这些都与服务型企业各个层面员工（包括一线服务人员）的生产率都存在密切关系。

根据服务利润链，员工满意和顾客满意等“软”行动要素很大程度上决定服务型企业的盈利能力。以服务利润链为指导，可以帮助服务型企业明确关键的管理路径和措施，最大限度地获取服务市场竞争优势，实现服务型企业的持续成长。

三、基于服务利润链的管理路径

服务利润链可以形象地理解为一条将利润增长、顾客忠诚、顾客满意、顾客获得的服务价值、服务人员能力、服务人员满意与忠诚及劳动生产率之间联系起来的纽带，是一条循环作用的闭合链，其中每一个环节的实施质量都将直接影响后续环节，最终目标是提升服务型企业的盈利水平。因此，服务利润链的基本思想为服务型企业提供了若干管理路径（见图 14-4）。

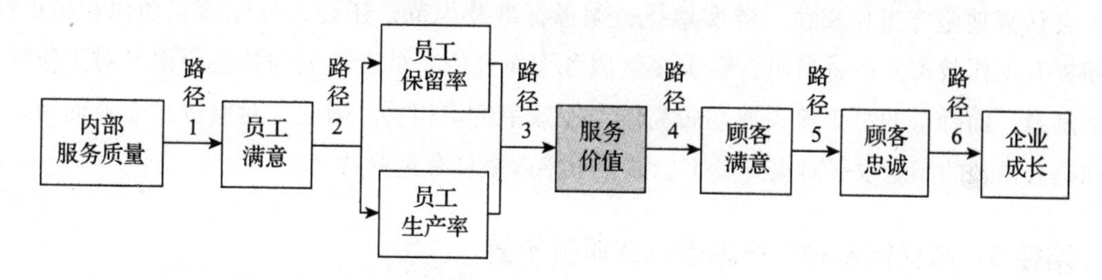

图 14-4　基于服务利润链的管理路径

资料来源：本书设计。

路径 1：服务型企业的内部质量驱动员工满意

服务型企业的内部质量是指企业员工对所处工作环境的感知，主要通过员工对企业、工作、人员之间相互关系的体验进行衡量。内部服务质量的概念表明，服务型企业要想更好地为外部顾客服务，首先必须明确为服务型企业的“内部顾客”（即企业员工）提供服务的重要性。为此，服务型企业必须设计有效并创新的人力资源管理制度，不仅包括服务人员的甄选和使用、考核和奖惩，而且还包括相关服务信息或知识的获取、技术支持设施及工作设计等，为服务人员开展服务工作创造良好的组织环境。例如，管理咨询公司上线运营新型办公室自动化（OA）办公系统，为管理咨询顾问高效开展各项工作提供了重要的技术支持；星级酒店开发的移动设备（PDA/ 智能手机）点菜系统，为餐厅服务人员高效、准确地为顾客提供餐饮服务提供重要技术支持。

同时，内部服务质量还取决于员工关系。员工关系既表现为员工之间的人际关系，又表现为员工之间的相互服务。如果员工之间能够形成一种和谐、融洽的工作氛围；在工作中，每位员工都把相互合作的其他员工看成自己的顾客，那么，这样的服务工作环境就是服务工作效率的保证，也是员工满意的保证。

事实上，服务人员对工作本身的满足程度，取决于其完成既定服务工作的技术与能力，以及在服务传递过程中所拥有的愉悦及舒适程度。当服务型企业为服务人员提供了上述两个条件时，服务人员就会因为可以达到预期工作目标而对工作满意、对企业满意，并最终对企业形成忠诚。

路径2：员工满意导致高保留率和生产率

员工满意是员工对现有工作报酬、学习晋升、企业中的地位及服务支持等物质及精神环境的综合反映及评价，由服务型企业的岗位设计、工作环境、员工选拔培养、激励机制以及服务工具与技术支持等多方面因素决定。通过向员工特别是一线服务人员提供优质的培训、职业规划以及更有吸引力的薪酬来支持其工作，能够有效地降低员工的流动率，进而提高服务型企业的整体服务水平。

员工满意程度越高，就会越热爱本职工作，因而会显著地降低员工流失率。满意的员工不仅会认真地坚守工作岗位，务实地执行服务标准及规范，还会充分发挥主动性和积极性，不断提升工作效率。调查显示，在大多数服务型企业中，员工流失的核心原因是对工作环境的不满意，而降低的员工流失率与较高的工作效率密切相关。因此，对服务型企业而言，培养和提升员工的满意水平对提升员工忠诚及工作效率具有重要意义。

路径3：高保留率和生产率带来高服务价值

在服务型企业中，由于员工满意及忠诚带来较低的员工流失率，能够减少企业在重新招聘、培训员工方面的费用支出，还能降低因服务生产率降低、服务人员频繁更换等带来顾客满意度降低引发的顾客流失风险。

在服务价值识别、创造、传递和维护的全过程中，服务型企业及服务人员的工作效率决定了服务价值的高低。在那些具备高度顾客参与及互动，如酒店、餐饮、航空、管理咨询及培训等服务的服务价值传递过程中，服务人员（即员工）的工作效率对服务价值产生巨大的影响。只有高忠诚度和服务生产效率的员工，才具有更高的组织归属感、事业成就感和工作责任心，才能真正热爱自己的工作，尽心尽力地为顾客传递服务价值。同时，长期服务工作的经验积累，以及与顾客长期交往与合作的经历，都将成为服务效率的保证，进而为目标顾客传递更高水平的服务价值。

路径4：高服务价值使得顾客满意

顾客满意来自顾客对服务价值及服务过程与体验的主观感受与评价，因而服务价值是驱动顾客满意的核心因素。服务价值既反映服务消费的结果利益、效用及体验，又包括服务过程的主观感受与认知，受服务产品的价值、服务人员及服务型企业形象价值的综合影响。同时，顾客对服务满意程度的评价还要考虑服务成本投入，这些成本主要包括服务搜寻、消费及评价整个过程中的时间、精力、金钱及潜在风险等投入或损耗，是以综合服务成本的形式得以体现的。

因此，聚焦服务价值是驱动顾客满意的关键，这要求服务型企业在服务价值的识别、创造、传递和维护全过程中，提升服务价值水平和质量；同时，在服务价值传递和维护过程中尽力降低顾客的服务消费成本投入。例如，通过规模效应降低单位服务成本及价格，通过整合服务营销传播降低顾客的服务搜寻精力投入，通过高质量服务价值维护降低顾客的潜在风险感知等。

路径 5：顾客满意带来顾客忠诚

虽然顾客忠诚受到多种因素的决定或影响，但在一般情况下，顾客的满意程度越高，其忠诚水平就会越高。顾客满意是一种心理活动或主观评价，是顾客期望和服务需求被充分满足后的愉悦感和积极评价。只有满意的顾客才会产生持续重复的服务消费行为，进而成为在态度和行为两方面都真正忠诚的顾客。

对服务型企业而言，一方面，要尽量提升顾客满意水平，因为满意的顾客能够为企业带来正面的口碑和持续的消费；另一方面，还要尽量降低服务失误的概率，一旦出现不可避免的服务失误，需要采取有效的补救措施，以免在顾客心目中造成不良影响。因此，服务型企业的一些活动都要以满足顾客服务需求、解决顾客“痛点”为出发点，通过比竞争对手做得更好使顾客满意，进而提升顾客的忠诚水平。

路径 6：顾客忠诚带来服务型企业的成长

忠诚于服务型企业的顾客经常会进行重复消费，进行积极的口碑传播，更为重要的是，对服务价格的敏感程度会极大降低。因此，顾客忠诚水平的提升能够为服务型企业带来收益的增长和盈利能力的提升。数据显示，顾客忠诚度每增加 5%，服务型企业的利润就可以增长 25%～85%。因此，服务型企业要实现持续成长，其工作重点不仅仅是追求服务市场占有水平和市场规模的增加，更要重视市场份额的质量及顾客占有水平，培养并保持忠诚顾客，即服务型企业或服务品牌的“粉丝”，以获取收入和利润的保障，进而实现服务型企业稳定、健康、快速的成长。

关键概念

- 服务创新（service innovation）
- 服务创新驱动力模型（the driving model of service innovation）
- 服务利润链（service-profit chain）
- 基于服务利润链的管理路径（managerial paths basing on service-profit chain）
- 平衡计分卡（balanced score card，BSC）

课后思考

1. 什么是服务创新？它有哪些主要类型？试举例说明。
2. 结合具体事例，谈谈服务创新内外部主要驱动力的影响作用。
3. 运用平衡计分卡对服务型企业绩效的评估与传统的评估方法有何不同？这

些不同之处为服务型企业的运营管理提出了哪些要求或启示？

4. 服务利润链的主要含义是什么？根据服务利润链，服务型企业可以通过哪些管理路径实现企业持续成长？

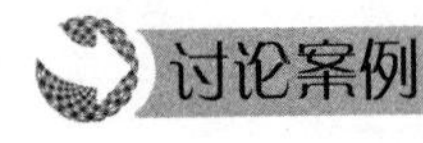

讨论案例

金科物业：用智慧连接服务，为美好生活添彩

2018年8月23日，首届中国国际智能产业博览会（以下简称“智博会”）在重庆举行，它将对各行各业产生重要的影响。随着智能科技不断深入我们的生活，各行各业都不难发现智能化的身影，在地产及服务行业，智慧物业、智慧园区、智慧社区进入高速成长通道。近年来，金科物业服务集团有限公司（以下简称“金科物业”）携手微软，构建了全球领先的基于微软数据底层之上的“天启大数据信息系统”。并与BAT三大互联网企业先后达成10余项战略合作，共同致力于打造智慧社区解决方案。此外，金科物业还与支付宝、微信生态联盟商共同开发基于社区支付的O2O场景，以多种方式全方位的合作展示出金科物业利用科技赋能物业服务的信心与能力。

（一）高品质会务团队，亮相智博会新闻中心

在智博会期间，金科物业也以专业的会务团队和卓越的服务品质，亮相智博会新闻中心，成为智博会上一道亮丽的安全风景线。众所周知，作为美好生活服务商，服务品质是金科服务管理中重要的一环，也是金科物业“美好你的生活”理念最直接的体现。为将“美好你的生活”服务理念贯穿于为业主服务的始终，金科物业不断升级物业服务标准。通过20年的沉淀总结，形成超过1 213条的安全服务标准，足以体现金科服务对“极致”与“标准”物业服务的追求。

（二）天启科技新生态，展现新零售平台

金科天启EASYGO智慧新零售平台亮相首届智博会青创馆。从大数据到云平台，从O2O到新零售，从新服务到新生态，用智慧科技连接生活，创造更多精彩未来。随着智慧化城市的发展，业主购买商品越来越便利。在金科十年城的智慧社区就诞生了一种无人值守的便利店，在其背后有着一套大数据分析系统，店内哪类商品热销，哪类商品不受欢迎，都被一一记录且直观的分析出来。这一数据系统分析也能合理定位业主的精准需求，更好地为社区业主提供服务。

金科物业以自身研发投入，抓住业主生活场景的痛点，借助移动互联网推出一整套解决方案。天启大数据中心建立起“金慧家”智慧物业体系，其中包括EBA集成系统、大管家巡航系统、智能访客系统、能耗管理系统、云视频监控系统、智慧停车场系统六大模块。2018年2月，金科建立起天启TQ园区大脑，带来更强的数据分析决策能力与服务赋能能力。对业主而言，整个大数据中心所包含的社区环境信息、业主构成、社区活动分布等模块，通过对业主画像的精准定位，实现个性化业主需求的定制，让服务更有价值。

（三）智慧社区，全面赋能新服务

智慧城市是当今城市居住者的真实需求，也是城市管理者与社区服务商对于未来的共同愿景。金科服务通过“天启云”智慧平台打通“互联网”和“物联网”两大技术体系，打造出全新的“金科服务4.0+”体系。平台集成社区智能化硬件，联动社区生活服务，为业主以

及城市带来更加智慧、便捷、美好的社区生活。

重庆天湖美镇是金科物业自建且管理运营超过13年的小区，而通过线上线下的设施设备改造，金科将其升级为金科智慧社区的最新翻版，全国其他社区也将陆续通过升级改造来实现业主的智慧化生活场景。通过这个小区，我们可以看到各种新颖便捷的科技使这个有着十余年历史的小区历久弥新。

金科物业对天湖美镇社区的车行闸、门禁、视频监控、电梯平台、消防平台、周界报警和EBA都进行了智能化改造，并拥有各自的生活云平台。各个云平台之间互联互通，作为天启物联网的组成部分，所有数据均自动上传至天启TQ大脑，成为金科智慧社区集成管理的基础。与金科物业的许多新项目一样，认证对比终端取代了传统的门禁系统。通过人脸识别对比结果的实时上传与抓拍视频，在方便业主通行的同时，更提高了小区的安全系数。

（四）智能家居，让业主生活无限便捷

智能家居是在互联网影响之下物联化的体现。通过物联网技术将家中的各种设备连接一起，提供家电控制、照明控制、防盗报警、环境监测、暖通控制以及可编程定时控制等多种功能和手段，让我们的生活更快捷、更舒适、更健康、更安全。

智能家居如何美好人们的生活？在智慧家居上一直走在前列的金科物业给了一个属于行业的答案。金科智能网关一站式解决多品牌连接和多服务打通，并将报警直接连接物业服务系统，做到真正的360°服务。

当你上班出门，家中的安防系统自然启动，时刻保护财产的安全；当你下班归家，在归家路上远程操作空调，便有适宜的温度在家等待；当你打开家门的一刻，室内灯光自动打开，一切简单而又贴心。当室内空气指标出现异常，新风系统自动开启，还你和家人一片绿色和健康。除此之外，金科智慧社区战略中还有一个活泼可爱的小身影——金科智能机器人“小白”。你不仅可以和它进行对话闲聊、查询天气新闻、缴纳物业费，还能通过小白控制家中的电灯、空调等各类智能家居。

对于金科物业而言，智能化主要是更好服务业主的手段，有了科技智能的助力，加上高标准的贴心服务及丰富的社区文化活动，旨在为金科业主营造归心社区，勾勒更加幸福更加智慧的美好社区生活。

资料来源：根据相关资料整理。

思考题：

1. 根据案例材料分析，金科服务所进行的物业服务创新主要有哪些类型？
2. 根据金科物业创新的案例，谈谈在当前市场环境下，哪些关键因素驱动物业服务的创新实践？
3. 金科物业的创新案例为我国服务型企业开展服务创新活动提供了哪些重要启示？

参考文献

[1] 程晓，邓顺国，文丹枫．服务经济崛起 [M]. 北京：中国经济出版社，2018.

[2] 戴维·阿克．管理品牌资产 [M]. 奚卫华，董春海，译．北京：机械工业出版社，2006.

[3] 道格拉斯·霍夫曼，约翰·贝特森，范秀成．服务营销精要：概念、战略和案例 [M]. 2 版·中文改编版．北京：北京大学出版社，2010.

[4] 郭国庆．服务营销 [M].4 版．北京：中国人民大学出版社，2017.

[5] 郭国庆，贾森磊，孟捷．服务营销管理 [M].3 版．北京：中国人民大学出版社，2013.1.

[6] 黄劲松．整合营销传播 [M]. 北京：清华大学出版社，2016.12.

[7] 胡质健．收益管理：有效实现饭店收入的最大化 [M]. 北京：旅游教育出版社，2009.7

[8] 邱灵．服务经济：概念内涵、本质特征和影响因素 [J]. 工业经济论坛，2015（1）：23-30.

[9] 江小涓，等．服务经济：理论演进与产业分析 [M]. 北京：人民出版社，2014.7.

[10] 克里斯廷·格罗鲁斯．服务管理与营销 [M]. 韦福祥，等译 .3 版．北京：电子工业出版社，2008.4.

[11] 克里斯托弗·洛夫洛克，约亨·沃茨，等．服务营销 [M]. 韦福祥，等译 .7 版．北京：机械工业出版社，2015.

[12] 李克芳，聂元昆．服务营销学 [M]. 北京：机械工业出版社，2015.

[13] 梁东，连漪．品牌管理 [M]. 北京：高等教育出版社，2012.

[14] 梁新弘．服务营销 [M]. 北京：中国人民大学出版社，2014.

[15] 刘世锦，任兴洲，王微．关于服务经济发展的若干认识 [J] 科学发展，2010（8）：3-17.

[16] 苏朝晖．服务营销管理 [M]. 北京：清华大学出版社，2016.

[17] 孙林岩，杨才君，张颖．中国制造企业服务转型攻略 [M]. 北京：清华大学出版社，2011.

[18] 唐·舒尔茨，海蒂·舒尔茨．整合营销传播：创造企业价值的五大关键步骤 [M]. 王茁，等译．北京：清华大学出版社，2013.

[19] 童泽林．年轻的力量：香港航空服务创新之路 [M]. 北京：北京大学出版社，2016.

[20] 王广宇．客户关系管理 [M]. 北京：清华大学出版社，2013.

[21] 王海忠．品牌管理 [M]. 北京：清华大学出版社，2014.

[22] 王永贵．服务营销与管理 [M]. 天津：南开大学出版社，2009.

[23] 韦福祥．服务营销学 [M]. 北京：对外经济贸易大学出版社，2009.

[24] 瓦拉瑞尔·泽丝曼尔，玛丽·比特纳，德韦恩·格兰姆勒．服务营销 [M]. 张金成，等译．6 版．北京：机械工业出版社，2017.

[25] 许晖，王睿智．服务营销 [M]. 北京：中国人民大学出版社，2015.

[26] 原毅军．服务创新与服务业的升级发展 [M]. 北京：科学出版社，2014.

[27] 詹姆斯·菲茨西蒙斯，莫娜·菲茨西蒙斯．服务管理：运作、战略与信息技术 [M]. 张金成，等译．7 版．北京：机械工业出版社，2013.

[28] 张淑君．服务管理 [M]. 2 版．北京：中国市场出版社，2016.

[29] 郑锐洪．中国营销理论与学派 [M]. 北京：首都经济贸易大学出版社，2010.

[30] 周振华．服务经济的内涵、特征及其发展趋势 [J]. 科学发展，2010（7）：3-14.

[31] Bitner M. Service scape : The Impact of Physical Surroundings on Customers and Employees [J]. Journal of Marketing, 1992, 56(2): 52-63.

[32] Fornell C, Johnson D, Anderson W, Cha J, Bryant E. The American Customer Satisfaction Index: Nature, Purpose, and Findings [J]. Journal of Marketing, 1996, 60(4): 7-18.

[33] Grönroos C. A Service Quality Model and Its Marketing Implication [J]. European Journal of Marketing, 1984, 18(4): 36-44.

[34] Grönroos C. Relationship Marketing Logic [J]. Asia-Australia Marketing Journal, 1996: 4(1): 7-18.

[35] Heskett J, Jones T, Loveman G, Sasser W, et al. Putting the service-profit chain to work [J]. Harvard Business Reviews, 1994, 72(2): 164-170.

[36] Hunt K. Consumer Satisfaction, Dissatisfaction, and Complaining Behavior [J].Journal of Social Issue, 1991, 47(1): 109-110.

[37] Jones M, Suh J. Transaction-Specific Satisfaction and Overall Satisfaction: An Empirical Analysis [J]. Journal of Service Marketing, 2000, 14(2): 147-159.

[38] Lovelock C. Classifying Services to Gain Strategic Marketing Insights[J].Journal of Marketing, 1983, 47(3): 9-20.

[39] Parasurman A, Zeithamal V, Berry L. SERVQUAL: A multiple-item scale for measuring consumer perceptions of service quality[J]. Journal of Retailing, 1998, 64(1): 12-40.

[40] Reichheld F, Sasser E. Zero Defection: Quality Comes to Services [J]. Harvard Business Review, 1990, 73(9/10): 108.

[41] Scott M, Lutz R, Belch G. The role of attitude toward Ad as a mediator of advertising effectiveness: A test of competing explanations [J].Journal of Marketing Research, 1986, 19(5): 130-143.

[42] Thomas J, Sasser E. Why Satisfied Customers Defect [J].Harvard Business Review, 1995, 73(6): 88-91.

[43] Wirtz J,Lovelock C. Services Marketing: People, Technology, Strategy [M]. 8th ed. New Jersey: World Scientific, 2016.

[44] Wirtz J, Lovelock C. Essentials of Services Marketing[M]. 3rd ed. Edinburgh Gate: Pearson Education Limited, 2018.

[45] Zeithaml V, Bitner M, Gremler D. Services Marketing[M]. 7th ed. New York: McGraw-Hill Education, 2017.

[46] Zeithaml V, Rust R, Lemon K. The customer pyramid: Creating and serving profitable customers [J]. California Management Review, 2001, 43(4): 118-142.

市场营销学

课程名称	书号	书名、作者及出版时间	版别	定价
市场营销学（营销管理）	978-7-111-43017-9	市场营销学（第11版）（阿姆斯特朗、科特勒）（2013年）	外版	75
市场营销学（营销管理）	978-7-111-31520-9	市场营销学（第3版）（拉姆）（2010年）	外版	49
市场营销学（营销管理）	978-7-111-38252-2	市场营销原理（亚洲版）（英文版·第2版）（科特勒）（2012年）	外版	79
市场营销学（营销管理）	978-7-111-43202-9	市场营销原理（亚洲版·第3版）（科特勒）（2013年）	外版	79
国际市场营销学	978-7-111-38840-1	国际市场营销学（第15版）（凯特奥拉）（2012年）	外版	69
服务营销学	978-7-111-48495-0	服务营销（第6版）（泽丝曼尔）（2014年）	外版	75
服务营销学	978-7-111-44625-5	服务营销（全球版·第7版）（洛夫洛克）（2013年）	外版	79
服务营销学	978-7-111-35736-0	服务营销（英文版·第5版）（泽丝曼尔）（2011年）	外版	85
市场营销专业英语	978-7-111-22485-3	市场营销专业英语（沈铖）（2007年）	本版	25
市场营销学（营销管理）	即将出版	市场营销：超越竞争，为顾客创造价值（第2版）（精品课）（杨洪涛）（2015年）	本版	39
市场营销学（营销管理）	978-7-111-42983-8	市场营销管理：需求的创造与传递（第3版）（精品课）（钱旭潮）（“十二五”普通高等教育本科国家级规划教材）（2013年）	本版	39
市场营销学（营销管理）	978-7-111-36268-5	市场营销基础与实务（第2版）（高凤荣）（2011年）	本版	35
市场营销学（营销管理）	978-7-111-37474-9	市场营销基础与实务（精品课）（肖红）（2012年）	本版	36
市场营销学（营销管理）	978-7-111-32795-0	市场营销实务（李海琼）（2011年）	本版	34
市场营销学（营销管理）	978-7-111-29816-8	市场营销实训教程（郝黎明）（2010年）	本版	32
市场营销学（营销管理）	978-7-111-42825-1	市场营销学（曹垣）（2013年）	本版	39
市场营销学（营销管理）	978-7-111-24623-7	市场营销学（兰苓）（2008年）	本版	32
市场营销学（营销管理）	978-7-111-46806-6	市场营销学（李海廷）（2014年）	本版	35
市场营销学（营销管理）	978-7-111-48755-5	市场营销学（肖志雄）（2015年）	本版	35
市场营销学（营销管理）	978-7-111-28089-7	现代市场营销学：超越竞争，为顾客创造价值（精品课）（杨洪涛）（2009年）	本版	35
市场营销学（营销管理）	978-7-111-39589-8	营销管理（第2版）（王方华）（2012年）	本版	39
国际市场营销学	978-7-111-44117-5	国际市场营销（刘宝成）（2013年）	本版	39
国际市场营销学	978-7-111-39277-4	国际市场营销学（第2版）（精品课）（李威）（2012年）	本版	38
国际市场营销学	即将出版	国际市场营销学（第3版）（精品课）（李威）（2015年）	本版	39
服务营销学	978-7-111-48247-5	服务营销：理论、方法与案例（郑锐洪）（2014年）	本版	35
服务营销学	978-7-111-39417-4	服务营销学（聂元昆）（2012年）	本版	35

市场营销学

课程名称	书号	书名、作者及出版时间	版别	定价
直复营销	978-7-111-35861-9	数据库营销（第4版）（塔普）（2011年）	外版	59
销售管理	978-7-111-32794-3	现代销售学：创造客户价值（第11版）（曼宁）（2011年）	外版	45
消费者行为学	978-7-111-35033-0	消费者行为学（巴宾）（2011年）	外版	45
消费者行为学	978-7-111-47509-5	消费者行为学（第12版）（霍金斯）（2014年）	外版	79
消费者行为学	978-7-111-48769-2	消费者行为学（英文版·第12版）（霍金斯）（2014年）	外版	89
市场调研与预测	978-7-111-36422-1	当代市场调研（第8版）（麦克丹尼尔）（2011年）	外版	78
市场调研与预测	978-7-111-27951-8	营销调研：运用Excel数据分析（英文版·第2版）（伯恩斯）（2009年）	外版	68
总部运营管理	978-7-111-33247-3	总部运营管理（刘常宝）（2011年）	本版	33
战略品牌管理	978-7-111-39240-8	战略性品牌管理与控制（李杰）（2012年）	本版	80
营销渠道	978-7-111-36412-2	营销渠道管理（郑锐洪）（2012年）	本版	32
营销策划	978-7-111-38329-1	营销策划：方法、技巧与文案（第2版）（孟韬）（2012年）	本版	39
营销策划	978-7-111-40631-0	营销策划理论与实务（赵静）（2012年）	本版	35
消费者行为学	978-7-111-48390-8	消费者行为学（第3版）（王曼）（2014年）	本版	39
消费者行为学	即将出版	消费者行为学：基于消费者洞察的营销策略（吴柏林）（2015年）	本版	39
市场分析与软件应用	978-7-111-35559-5	市场分析与软件应用（蔡继荣）（2011年）	本版	36
市场调研与预测	978-7-111-33916-8	市场调研基础与实训（杨静）（2011年）	本版	38
市场调研与预测	978-7-111-38774-9	市场调研与预测（第2版）（邱小平）（2012年）	本版	29
市场调研与预测	978-7-111-41102-4	市场研究：方法与应用（唐小飞）（2013年）	本版	39
商务谈判	978-7-111-23176-9	商务谈判实务与案例（石永恒）（2008年）	本版	28
商务谈判	即将出版	商务谈判与沟通（张国良）（2015年）	本版	30
品牌管理	978-7-111-48211-6	品牌管理（第2版）（刘常宝）（2014年）	本版	35
品牌管理	978-7-111-27809-2	品牌管理（沈铖）（2009年）	本版	32
品牌管理	978-7-111-45544-8	品牌审美与管理（李杰）（2014年）	本版	45
门店管理	978-7-111-36910-3	门店管理实务（陈方丽）（2012年）	本版	32
零售营销（管理）	978-7-111-38292-8	零售营销（李桂华）（2012年）	本版	39
客户关系管理	即将出版	客户关系管理：理念、技术与策略（第2版）（苏朝晖）（2015年）	本版	35
客户关系管理	978-7-111-39847-9	客户关系管理：理念、技术与策略（苏朝晖）（2012年）	本版	32
客户关系管理	978-7-111-47474-6	客户关系管理：销售的视角（姚飞）（2014年）	本版	35
广告策划	978-7-111-42350-8	广告策划：实务与案例（第2版）（吴柏林）（2013年）	本版	35
广告策划	978-7-111-32167-5	实战广告案例教程（第2版）（穆虹）（2010年）	本版	35